AF752477

Die Kapitalschutzfunktion des Jahresabschlusses nach dem BilMoG

Schriften zum Gesellschafts-, Bilanz- und Unternehmensteuerrecht

Herausgegeben von Barbara Grunewald und Joachim Hennrichs

Band 29

Zur Qualitätssicherung und Peer Review der vorliegenden Publikation

Die Qualität der in dieser Reihe erscheinenden Arbeiten wird vor der Publikation durch den Herausgeber der Reihe geprüft.

Notes on the quality assurance and peer review of this publication

Prior to publication, the quality of the work published in this series is reviewed by the editor of the series.

Peter Schaub

Die Kapitalschutzfunktion des Jahresabschlusses nach dem BilMoG

Auswirkungen der Bilanzrechtsmodernisierung auf den kapitalgesellschaftsrechtlichen Kapital- und Gläubigerschutz

PETER LANG

Bibliografische Information der Deutschen Nationalbibliothek
Die Deutsche Nationalbibliothek verzeichnet diese Publikation in der Deutschen Nationalbibliografie; detaillierte bibliografische Daten sind im Internet über http://dnb.d-nb.de abrufbar.

Zugl.: Würzburg, Univ., Diss., 2017

D 20
ISSN 1867-500X
ISBN 978-3-631-74975-3 (Print)
E-ISBN 978-3-631-75819-9 (E-PDF)
E-ISBN 978-3-631-75820-5 (EPUB)
E-ISBN 978-3-631-75821-2 (MOBI)
DOI 10.3726/b14230

© Peter Lang GmbH
Internationaler Verlag der Wissenschaften
Berlin 2018
Alle Rechte vorbehalten.

Peter Lang – Berlin · Bern · Bruxelles · New York ·
Oxford · Warszawa · Wien

Das Werk einschließlich aller seiner Teile ist urheberrechtlich geschützt. Jede Verwertung außerhalb der engen Grenzen des Urheberrechtsgesetzes ist ohne Zustimmung des Verlages unzulässig und strafbar. Das gilt insbesondere für Vervielfältigungen, Übersetzungen, Mikroverfilmungen und die Einspeicherung und Verarbeitung in elektronischen Systemen.

Diese Publikation wurde begutachtet.

www.peterlang.com

Meinen Eltern in ewiger Dankbarkeit,
Elena und Thea in ewiger Liebe!

Vorwort

Die vorliegende Arbeit wurde im Wintersemester 2017 von der Juristischen Fakultät Würzburg als Dissertation angenommen. Die Arbeit entstand im Wesentlichen in den Jahren 2010 bis 2013 während meiner Tätigkeit als wissenschaftlicher Mitarbeiter am Lehrstuhl für Bürgerliches Recht, Deutsches und Europäisches Handels- und Gesellschaftsrecht meines Doktorvaters Prof. Dr. Christoph Teichmann, dem ich für den wertschätzenden Umgang und die lehrreiche Zeit sowie die Betreuung meiner Dissertation herzlichen Dank sagen möchte.

Statt sämtlichen Kolleginnen und Kollegen des Lehrstuhls von Prof. Dr. Teichmann durch namentliche Nennung zu danken, möchte ich Frau Brigitte Vonhausen und Frau Ulrike Hennig besonderen Dank aussprechen, die als Sekretärinnen des Lehrstuhls stets eine wertvolle Unterstützung waren und für eine herzliche Atmosphäre sorgten.

Herrn Prof. Dr. Ralf Schenke möchte ich für die zügige Erstellung des Zweitgutachtens danken. Der Konrad-Adenauer-Stiftung e.V. danke ich für die Förderung dieser Dissertation durch Gewährung eines Promotionsstipendiums. Frau Prof. Dr. Grunewald und Herrn Prof. Dr. Hennrichs gilt Dank für die Aufnahme meiner Arbeit in diese Schriftenreihe.

Meine hochgeschätzte Schwiegermutter, die großartige Autorin Eva Völler, hat durch ihre Unterstützung zu einer korrekten Orthografie und Interpunktion der Arbeit wesentlich beigetragen. Dankbar bin ich vor allem, dass als Gegenleistung für dieses unbezahlbare Lektorat lediglich das Auf- und Ausräumen von Keller und Garage geschuldet waren.

Die Arbeit ist zum einen meinen Eltern in ewiger Dankbarkeit gewidmet. Während meines ganzen Lebens standen und stehen sie hinter mir und haben somit meinen bisherigen Lebensweg erst ermöglicht. Ohne das Wissen um ihre bedingungslose Unterstützung wäre so manche Hürde nicht zu überwinden gewesen.

Meine Ehefrau Elena musste während meiner Promotionszeit meine minutenlangen Monologe über aus ihrer Sicht „böhmische Dörfer“ und sonstige kryptisch anmutenden Thesen ertragen. Trotz dieser „Tortur“ wurde während meiner Promotionszeit unsere gemeinsame Tochter Thea geboren, die eine unendliche Bereicherung darstellt und unser Leben in der Zeit vor ihrer Geburt als unvollkommen erscheinen lässt. Ohne die Hoffnung zu hegen, dass Thea diese Arbeit jemals lesen wird, ist Elena und Thea diese Arbeit in ewiger Liebe gewidmet.

Inhaltsübersicht

Inhaltsverzeichnis

Abkürzungsverzeichnis

a.A.	andere(r) Ansicht
a.E.	am Ende
a.F.	alte Fassung
Abl.	Amtsblatt
Abl. EG	Amtsblatt der Europäischen Gemeinschaft
Abs.	Absatz
ADHGB	Allgemeines Deutsches Handelsgesetzbuch
AEUV	Vertrag über die Arbeitsweise der Europäischen Union
AG	Aktiengesellschaft; Zeitschrift „Die Aktiengesellschaft"
AktG	Aktiengesetz
AktVO	Notverordnung Aktienrecht
allg.	allgemein(e)
Alt.	Alternative
arg.	argumentum
Art.	Artikel
Aufl.	Auflage
BB	Zeitschrift „Der Betriebsberater"
BBK	Beck'scher Bilanzkommentar
BC	Zeitschrift „Bilanzbuchhalter und Controlling"
Begr.	Begründung
Beil.	Beilage
BFH	Bundesfinanzhof
BFuP	Zeitschrift „Betriebswirtschaftliche Forschung und Praxis"
BGB	Bürgerliches Gesetzbuch
BGBl.	Bundesgesetzblatt
BGH	Bundesgerichtshof
BGHZ	Sammlung der Entscheidungen des BGH in Zivilsachen
BilMoG	Bilanzrechtsmodernisierungsgesetz
BMF	Bundesministerium der Finanzen
BRat	Bundesrat
BilReG	Bilanzrechtsreformgesetz
BiRiLiG	Bilanzrichtliniengesetz
BR-Drs.	Bundesratsdrucksache
BStBl.	Bundessteuerblatt
BT-Drs.	Bundestagsdrucksache
BVerfG	Bundesverfassungsgericht
bzgl.	bezüglich

DB	Zeitschrift „Der Betrieb“
diesbzgl.	diesbezüglich
DJT	Deutscher Juristentag
DStR	Zeitschrift „Deutsches Steuerrecht“
DStZ	Zeitschrift „Deutsche Steuer-Zeitung“
DZWiR	Zeitschrift „Deutsche Zeitschrift für Wirtschaftsrecht“
EBLR	Zeitschrift „European Business Law Review“
EBOR	Zeitschrift „European Business Organization Law Review“
ECFR	Zeitschrift „European Company and Financial Law Review“
EG	Europäische Gemeinschaft
EGHGB	Einführungsgesetz zum Handelsgesetzbuch
Einf.	Einführung
Einl.	Einleitung
EStÄR	Einkommenssteuer-Änderungsrichtlinie
EStG	Einkommenssteuergesetz
EU	Europäische Union
EuR	Zeitschrift „Europarecht“
EuGH	Gerichtshof der Europäischen Union
EUV	Vertrag über die Europäische Union
EWG	Europäische Wirtschaftsgemeinschaft
EWGV	Vertrag zur Gründung der Europäischen Wirtschaftsgemeinschaft
EWIR	Zeitschrift „Entscheidungen zum Wirtschaftsrecht“
f. (ff.)	folgende, fortfolgende
Fifo	First in – first out
Fn.	Fußnote
FS	Festschrift
(US-/UK-)GAAP	Generally Accepted Accounting Principles der USA/des Vereinigten Königreichs
GE	Geldeinheit
GesRZ	Zeitschrift „Der Gesellschafter“
GG	Grundgesetz
GmbH	Gesellschaft mit beschränkter Haftung
GmbHG	Gesetz betreffend die Gesellschaft mit beschränkter Haftung
GmbHR	Zeitschrift „GmbH-Rundschau“
GoB	Grundsätze ordnungsmäßiger Buchführung
GoF	Geschäfts- oder Firmenwert
GuV	Gewinn- und Verlustrechnung
h.A.	herrschende Ansicht
HB	Handelsbilanz

h.M.	herrschende Meinung
HGB	Handelsgesetzbuch
HGB-E	Entwurfsfassung Handelsbesetzbuch
Hrsg.	Herausgeber
Hs.	Halbsatz
i.d.F.	in der Fassung
i.d.R.	in der Regel
i.S.d.	im Sinne des
i.V.m.	in Verbindung mit
IAS	International Accounting Standards
IAS-VO	Verordnung des Europäischen Parlaments und des Rates betreffend die Anwendung internationaler Rechnungslegungsstandards vom 19. Juli 2002
IASB	International Accounting Standards Board
ICAEW	Institute of Chartered Accountants in England and Wales
ICAS	Institute of Chartered Accountants of Scotland
IDW	Institut der Wirtschaftsprüfer
IDW PS	Prüfungsstandard des Instituts der Wirtschaftsrpüfer
IDW RS BFA	Stellungnahme des Bankfachausschusses des Instituts der Wirtschaftsprüfer
IFRS	International Financial Reporting Standards
IFRS-SME	International Financial Reporting Standards for small and medium-sized entities
insb.	insbesondere
InsO	Insolvenzordnung
IRZ	Zeitschrift „Zeitschrift für internationale Rechnungslegung"
JA	Zeitschrift „Juristische Arbeitsblätter"
Jura	Zeitschrift „Juristische Ausbildung"
JuS	Zeitschrift „Juristische Schulung"
JZ	Zeitschrift „Juristenzeitung"
KG	Kommanditgesellschaft
KMU	Kleine und Mittelständische Unternehmen
KonTraG	Gesetz zur Kontrolle und Transparenz im Unternehmensbereich
KoR	Zeitschrift „Kapitalmarktorientierte Rechnungslegung"
KTS	Zeitschrift „Zeitschrift für Insolvenzrecht"
LG	Landgericht
Lifo	Last in – first out
lit.	litera

m.E.	meines Erachtens
MoMiG	Gesetz zur Modernisierung des GmbH-Rechts und zur Bekämpfung von Missbräuchen
m.w.N.	mit weiteren Nachweisen
NJW	Zeitschrift „Neue Juristische Wochenschrift“
Nr.	Nummer
NZG	Zeitschrift „Neue Zeitschrift für Gesellschaftsrecht“
o.ä.	oder ähnliche(s)
OHG	Offene Handelsgesellschaft
OLG	Oberlandesgericht
OVG	Oberverwaltungsgericht
PrOVGStE	Sammlung der Entscheidung des Preußisches Oberverwaltungsgericht in Steuersachen
RabelsZ	Zeitschrift „Rabels Zeitschrift für ausländisches und internationales Privatrecht“
RefE	Referentenentwurf
RegE	Regierungsentwurf
RGSt	Sammlung der Entscheidungen des Reichsgerichts in Strafsachen
RL	Richtlinie
Rn.	Randnummer
ROHGE	Sammlung der Entscheidung des Reichsoberhandelsgerichts
RIW	Zeitschrift „Recht der internationalen Wirtschaft“
Rs.	Rechtssache
RStGB	Reichsstrafgesetzbuch
S.	Seite/Satz
S: R	Zeitschrift „Status: Recht“
SB	Steuerbilanz
Slg.	Sammlung der Entscheidungen des EuGH
sog.	sogenannt(e, er, es)
Stbg	Zeitschrift „Die Steuerberatung“
str.	streitig
StuB	Zeitschrift „Steuern und Bilanzen“
StuW	Zeitschrift „Steuern und Wirtschaft“
u.E.	unseres Erachtens
UG	Unternehmergesellschaft
u.U.	unter Umständen

VAG	Gesetz über die Beaufsichtigung der Versicherungsunternehmen
VaR	Value-at-Risk
vgl.	vergleiche
Vorb.	Vorbemerkung
WM	Zeitschrift „Wertpapiermitteilung“
WPg	Zeitschrift „Die Wirtschaftsprüfung“
WPO	Wirtschaftsprüferordnung
z.T.	zum Teil
Zfbf	Zeitschrift „Schmalenbachs Zeitschrift für betriebswirtschaftliche Forschung“
ZGR	Zeitschrift „Zeitschrift für Unternehmens- und Gesellschaftsrecht“
ZHR	Zeitschrift „Zeitschrift für das gesamte Handels- und Wirtschaftsrecht“
ZinsO	Zeitschrift „Zeitschrift für das gesamte Insolvenzrecht“
ZIP	Zeitschrift „Zeitschrift für Wirtschaftsrecht“
ZRP	Zeitschrift „Zeitschrift für Rechtspolitik“
ZVglRWiss	Zeitschrift „Zeitschrift für vergleichende Rechtswissenschaften“

A. Einleitung

„Reformen am Bilanzrecht sind Operationen am Rückgrat der Unternehmensverfassung.“[1]

I. Problemstellung – Eingrenzung des Themas

Das Kapitalschutzsystem im Gesellschaftsrecht stand in den vergangenen Jahren immer wieder im Mittelpunkt zahlreicher nationaler wie internationaler Debatten. Die Anstöße für die Kritik an „einem der ehrwürdigsten Institute deutscher Gesellschaftsrechtsdogmatik, der Kapitalerhaltung“,[2] lassen sich unter dem Stichwort „Wettbewerb der Rechtsordnungen“ zusammenfassen.[3] Auf der einen Seite entstand eine Diskussion über den Nutzen des festen Stammkapitals[4] an sich, welcher insbesondere durch die sog. *Rickford*-Gruppe massiv in Zweifel gezogen wurde.[5] Andererseits wurde durch die Rechtsprechung des EuGH ein Einfallstor für ausländische Gesellschaften in die nationalen Rechtsordnungen geöffnet. So ist es nunmehr möglich, ausländische Rechtsformen nahezu ohne Stammkapital und ohne gläubigerschützende Vorschriften in Deutschland einzusetzen. Diese Umstände veranlassten den deutschen Gesetzgeber, das Recht der GmbH einer Reform zu unterziehen, die auch Veränderungen im Kapitalschutzsystem der GmbH zur Folge hatte. Mit dem Gesetz zur Modernisierung des GmbH-Rechts und zur Bekämpfung von Missbräuchen (MoMiG) hat der Gesetzgeber erklärtermaßen den Wettbewerb der Rechtsordnungen aufgenommen.[6] Die Dynamik der bisherigen Kapitaldebatte im Gesellschaftsrecht scheint momentan durch ein „argumentatives Patt“[7] zum Erliegen gekommen zu sein.[8] Der Wettbewerb der Rechtsordnungen im Bereich des Unternehmensrechts hat damit sein Ende allerdings nicht erreicht. In jüngster Zeit ist mehr und mehr das Bilanzrecht in das Zentrum der Diskussion gerückt. Die letzten

1 *Luttermann*, ZIP 2008, 1605, 1614.

2 *Kuhner*, ZGR 2005, 753.

3 *Teichmann*, Binnenmarktkonformes Gesellschaftsrecht, 2006, S. 330 ff.; siehe dazu auch *Kieninger*, Wettbewerb der Privatrechtsordnungen im Europäischen Binnenmarkt, 2002.

4 *Eidenmüller*, ZIP 2002, 2233, 2235 f.; *Lutter* (Hrsg.), Das Kapital der Aktiengesellschaft in Europa 2006; *Rammert/Thies*, WPg 2009, 34, 35; Übersicht über die Debatte bei *Schall*, Kapitalgesellschaftsrechtlicher Gläubigerschutz, 2009, S. 37 ff.

5 *Rickford*, EBLR 15 (2004), 919 ff.

6 RegE MoMiG, BT-Drs. 16/6140, S. 1, 56, 132; *Schall*, Kapitalgesellschaftsrechtlicher Gläubigerschutz, 2009, S. 1.

7 *Fleischer*, ZGR 2001, 1, 13.

8 *Schall*, Kapitalgesellschaftsrechtlicher Gläubigerschutz, 2009, S. 1 f., 40 f.; *Verse*, in: GesR in der Diskussion 2009, S. 67, 92.

Jahrzehnte haben im Recht der Rechnungslegung zu einer starken Europäisierung und Internationalisierung geführt.[9] Durch die zunehmend global agierende Wirtschaft entwickelte sich das Bedürfnis nach einem Bilanzrecht, das verlässliche und vergleichbare Informationen liefert, um grenzüberschreitend tätige Unternehmen miteinander vergleichen zu können. So entwickelte sich unter der Ägide des angloamerikanisch dominierten *International Accounting Standards Board (IASB)*[10] ein internationaler Rechnungslegungsstandard, die sog. *International Financial Reporting Standards (IFRS).* Deren Ziel ist es, Anlegern auf den internationalen Kapitalmärkten informationsnützliche Entscheidungen (sog. *decision usefulness*) zu vermitteln.[11] Man spricht schlagwortartig von einer „investorenorientierten Rechnungslegung".[12] Andere Zwecke wie der Kapitalschutz oder die steuerliche Gewinnermittlung stehen außerhalb des Zielfeldes der IFRS. Der Gläubigerschutz erfolgt (reflexartig) über getreue Informationen.[13] Entsprechend ihrem angloamerikanisch geprägten Ursprung sind die IFRS nicht abstrakt formuliert, sondern kasuistisch ausgestaltet und haben daher einen beträchtlichen Umfang.[14]

Die internationalen Standards treffen im Mittelstand allerdings auf hohen Widerstand, da für diese Gruppe eine Rechnungslegung nach IFRS einen erheblichen zeitlichen und finanziellen Mehraufwand bedeuten würde.[15] Daneben steht dem grundsätzlich zu befürwortenden Ansatz, einen weltweit einheitlichen Rechnungslegungsstandard zu entwickeln, allerdings ein weiteres gewichtiges Argument entgegen: Der Erhalt des Gesellschaftskapitals liegt außerhalb des Fokus. Zudem sind die IFRS zukunftsorientiert, d.h. es geht weniger um die aktuelle Vermögenslage des Unternehmens als vielmehr um Ertragspotentiale und Gewinnchancen.[16] Gemäß ihrer Zwecksetzung erfolgen der Ansatz und die Bewertung von Vermögensgegenständen nach anderen Prinzipien als nach dem HGB; dabei wird häufig auf eine *fair-value*-Bewertung, d.h. eine Bewertung mit dem aktuellen Zeitwert, zurückgegriffen. Daraus ergibt sich die Gefahr, in beträchtlichem Umfang (Schein-) Gewinne – also reine Buchgewinne – auszuweisen, die zum Zeitpunkt der Ausschüttungsentscheidung noch nicht realisiert sind.[17] Ein rechtmäßig entnommener

---

9 *Hommelhoff/Sokol*, in: Teichmann (Hrsg.), Europa und der Mittelstand, S. 129, 134.

10 Bis 2000 unter der Abkürzung IASC (International Accounting Standards Committee) geführt.

11 Art. 12 IAS-Rahmenkonzept; *Buck*, JZ 2004, 883, 885; *Luttermann*, RIW 2010, 417, 420.

12 *Arbeitskreis Bilanzrecht der Hochschullehrer Rechtswissenschaft*, BB 2002, 2372, 2373.

13 *Hennrichs*, BFuP 2008, 415, 421. Nach angloamerikanischen Verständnis ist Gläubigerschutz und Gesellschaftsrecht zu trennen, siehe *Merkt*, in: Müller-Graff/Teichmann (Hrsg.), Europäisches Gesellschaftsrecht auf neuen Wegen, S. 81, 93.

14 Siehe nur *Coenenberg/Haller/Schultze*, Jahresabschluss, 24. Aufl. 2016, S. 60; *Hennrichs*, GmbHR 2011, 1065, 1067 f.

15 *Ernst/Seidler*, ZGR 2008, 631, 632, 634; *Hennrichs*, Der Konzern 2008, 478, 479 ff.

16 *Luttermann*, ZIP 2006, 1137, 1141.

17 *Hennrichs*, ZGR 2008, 361, 370.

Gewinn kann nach europäischem und deutschem Kapitalgesellschaftsrecht allerdings nicht mehr zurückgefordert werden, falls die unsicheren aktivierten Ertragserwartungen sich nicht realisieren und ggf. sogar Verluste eintreten. Die IFRS bieten daher nach wohl überwiegender Auffassung keine Grundlage für die Ausschüttungsbemessung.[18]

Das deutsche HGB liefert hingegen eine Mehrzweckbilanz,[19] die insb. auch zur Ausschüttungsbemessung herangezogen wird und Interessen der Gläubiger berücksichtigt. Der Gläubigerschutz wird im Kapitalschutzsystem der Kapitalgesellschaften vor allem durch Vorschriften der Kapitalerhaltung erreicht. Diese knüpfen zur Bemessung des ausschüttungsfähigen Gewinns einer Kapitalgesellschaft an bilanzielle Größen an und setzen der Ausschüttung Grenzen.[20] Bei der GmbH darf gem. § 30 Abs. 1 GmbHG nicht das zur Erhaltung des Stammkapitals erforderliche Vermögen der Gesellschaft an die Gesellschafter ausgezahlt werden. Bei der Aktiengesellschaft darf überhaupt nur der sog. Bilanzgewinn an die Aktionäre verteilt werden (§ 57 Abs. 3 AktG). Der Jahresabschluss liefert somit den für die Ausschüttung relevanten Betrag, der dem Unternehmen ohne Gefährdung seines Bestandes unbedenklich entzogen werden kann.[21] Das Bilanzrecht trägt unmittelbar einen Teil zur Kapitalerhaltung durch eine entsprechende (vorsichtige) Gewinnermittlung bei.[22] Richtigerweise bezeichnet *Hennrichs* das Bilanzrecht „als das rechnungsmäßige Fundament des Kapitalschutzsystems".[23] Eine Veränderung der Bilanznormen hat unweigerlich Konsequenzen für den Kapital- und Gläubigerschutz im Gesellschaftsrecht. Zwischen der Rechnungslegung und dem Gesellschaftsrecht besteht somit eine Wechselwirkung.[24] Den Wettbewerb der Bilanzrechte für kapitalmarktorientierte Gesellschaften hat der deutsche Gesetzgeber bereits verloren.[25] Seit der IAS-VO[26] sind alle Unternehmen, die an einer europäischen Börse notiert sind, gezwungen, ihren Konzernabschluss nach IFRS zu erstellen. Um den Befürchtungen entgegenzuwirken, der deutsche Mittelstand müsse zukünftig auch nach den

---

18 *Arbeitskreis Bilanzrecht der Hochschullehrer Rechtswissenschaft*, BB 2002, 2372, 2374; *Schulze-Osterloh*, ZIP 2004, 1128, 1129; *Hennrichs*, ZGR 2008, 361, 364 m.w.N.

19 Die HGB-Bilanz besitzt Informations-, Ausschüttungsbemessungs- und steuerrechtliche Gewinnermittelungsfunktion. Auch als „Einheitsbilanz" bezeichnet, vgl. *Arbeitskreis Externe Unternehmensrechnung der Schmalenbach-Gesellschaft für Betriebswirtschaft e.V.*, DB 2003, 1585, 1588.

20 *Hommelhoff*, in: Gedächtnisschrift Schindhelm, S. 365 ff.; *Hennrichs*, BFuP 2008, 415, 419; *Ull/Denecke*, in: Gedächtnisschrift Schindhelm, S. 597, 600.

21 *Rammert/Thies*, WPg 2009, 34, 37.

22 *Hommelhoff/Sokol*, in: Teichmann (Hrsg.), Europa und der Mittelstand, S. 129, 151; *Ull/Denecke*, in: Gedächtnisschrift Schindhelm, S. 597, 599.

23 *Hennrichs*, BFuP 2008, 415, 419.

24 *Mock*, Finanzverfassung der Kapitalgesellschaften, 2008, S. 25.

25 *Hommelhoff*, ZGR 2008, 250.

26 Verordnung des Europäischen Parlaments und des Rates vom 19. Juli 2002 betreffend die Anwendung internationaler Rechnungslegungsstandards (VO 1606/2002/EG).

internationalen Standards bilanzieren, hat der deutsche Gesetzgeber im Bereich der nicht kapitalmarktorientierten Unternehmen reagiert, indem er das deutsche Bilanzrecht modernisiert und sich damit dem Wettbewerb der Bilanzrechte für nicht kapitalmarktorientierte Unternehmen gestellt hat. Das am 29.5.2009 in Kraft getretene BilMoG stellt die größte Reform der handelsrechtlichen Bilanzierung seit 1985 dar, damals wurden die europäischen Bilanzrichtlinien in das deutsche Recht transformiert.[27] Die Modernisierung des Handelsbilanzrechts ist nicht nur inhaltlich weitreichend, sondern hat auch „erhebliche gesamtwirtschaftliche Bedeutung".[28] Die wirtschaftliche Realität in Deutschland besteht in erster Linie in dem Typus des eigentümer- bzw. familiengeführten Unternehmens.[29] Das BilMoG richtet sich daher konsequenterweise in erster Linie an den deutschen Mittelstand.[30] In diesem Zusammenhang werden als Mittelstand alle nicht-kapitalmarkorientierten Gesellschaften verstanden. Dabei handelt es sich immerhin um knapp 14.000 Aktiengesellschaften und über eine Million GmbHs.[31] In deren Sinne soll durch die jüngste Reform das deutsche Bilanzrecht im Verhältnis zu den internationalen Rechnungslegungsstandards zu einer „vollwertigen, aber kostengünstigeren und einfacheren Alternative weiterentwickelt" werden.[32] Die Stärkung der Informationsfunktion des Jahresabschlusses soll dem Bilanzadressaten ein den tatsächlichen Verhältnissen entsprechendes Bild der Lage des Unternehmens vermitteln. Problematisch ist, dass dies zulasten des kapital- und gläubigerschützenden Vorsichtsprinzips (§ 252 Abs. 1 Nr. 4 HGB) geht. Denn durch die Zurückdrängung der traditionell vorsichtigen Bilanzierung erhöht sich tendenziell das potentielle Ausschüttungsvolumen.[33] Folge ist eine Verschiebung der bisherigen Arithmetik zwischen Gläubigerschutz und Information im Bilanz- und Gesellschaftsrecht.

Ziel der Arbeit ist es, die Veränderungen der gesellschaftsrechtlichen Kapitalerhaltungsfunktion des Jahresabschlusses nach HGB *de lege lata* zu untersuchen. Dabei soll insbesondere der Fokus darauf gerichtet sein, ob es zu einem Absenken des Gläubigerschutzniveaus gekommen ist. Der Gläubigerschutz ist unstreitig von fundamentaler Bedeutung in der deutschen Gesellschafts- und Bilanzrechtstradition.[34] Somit stellt sich auch die Frage, ob der Gesetzgeber (ähnlich wie

27 *Fülbier/Gassen*, DB 2007, 2605.

28 *Hennrichs*, in: Bilanzrecht in Familienunternehmen, S. 101.

29 *Winkeljohann/Ull*, in: Bilanzrecht in Familienunternehmen, S. 71, 74; *Wolz/Janssen*, WPg 2009, 593, 594.

30 *Claussen*, in: KK-RechnungslegungsR 2011, § 264 HGB, Rn. 36; *Claussen*, AG 2008, 577; *Winkeljohann/Ull*, in: Bilanzrecht in Familienunternehmen, S. 71, 74.

31 Zahlen nach *Claussen*, AG 2008, 577, 579.

32 RegE BilMoG, BT-Drs. 16/10067, S. 1; Beschlussempfehlung Rechtsausschuss, BT-Drs. 16/12407, S. 1.

33 *Verse*, in: GesR in der Diskussion 2009, S. 67, 69.

34 *Beisse*, in: FS Beusch, S. 77 ff.; *Schulze-Osterloh*, ZIP 2004, 1128.

beim MoMiG[35]) auf internationale Entwicklungen adäquat reagiert, indem er traditionelle Konzepte trotz Modernisierung des Handelsbilanzrechts erhalten hat.[36]

Auf Fragen der Konzernbilanz soll indes aufgrund der divergierenden Zwecksetzung nicht eingegangen werden. Diese hat ausschließlich Informationsfunktion und dient nicht der Ausschüttungsbemessung.[37] Auch Fragen der steuerrechtlichen Gewinnermittlung[38] stehen nicht im Mittelpunkt der Abhandlung, diese sind allenfalls in Randbereichen anzusprechen. Ebenso bleiben die Übergangsregelungen und größenabhängigen Sonderausnahmen grundsätzlich außer Betracht. Das reformierte Handelsgesetzbuch wird wie üblich mit HGB bezeichnet. Die Fassung vor dem BilMoG wird mit HGB a.F. kenntlich gemacht.

II. Gang der Darstellung

Im **ersten Teil** (Abschnitt B) der Arbeit wird zunächst der konstitutive Zusammenhang zwischen der Haftungsbeschränkung und dem Kapital der Gesellschaft beschrieben.

Im **zweiten Teil** (Abschnitt C) werden die wesentlichen Grundzüge des kapitalgesellschaftsrechtlichen Gläubiger- und Kapitalschutzes behandelt. Kern des „festen Kapitals" sind die §§ 30 Abs. 1 GmbHG, 57 Abs. 1 und 3 AktG. Diese beschränken den Kapitaltransfer von der Gesellschaft auf die Gesellschafter mit der Zielsetzung, ausreichend Vermögen in der Gesellschaft vorzuhalten, um sämtliche Gläubigeransprüche zu befriedigen. Zur Konkretisierung des Umfangs des zulässigen ausschüttungsfähigen Volumens nimmt das Kapitalgesellschaftsrecht auf das Bilanzrecht Bezug.

Der **dritte Teil** (Abschnitt D) befasst sich mit den bilanziellen Rahmenbedingungen des Kapitalschutzes. Die Gewinnermittlungsgrundsätze nehmen die Vorgaben des Gesellschaftsrechts auf. Auch mittels der Historie des Handelsbilanzrechts wird die enge Verzahnung mit dem Kapitalschutz aufgezeigt. Daneben wird auch die Informationsfunktion des Jahresabschlusses insofern betrachtet, als diese für den Gläubigerschutz von Bedeutung ist. Desgleichen werden die Schwächen und Kritikpunkte – insb. die stillen Reserven und die Wahlrechte – beleuchtet.

Auf dieser Basis setzt sich der **vierte Teil** (Abschnitt E) mit den Auswirkungen der Bilanzrechtsreform auf den durch den Jahresabschluss vermittelten Kapitalschutz auseinander. Dabei werden zunächst das Ziel und die Entwicklung der Reform im Gesetzgebungsprozess dargestellt, bevor die einzelnen kapitalschutzsensiblen

---

35 Gesetz zur Modernisierung des GmbH-Rechts und zur Bekämpfung von Missbräuchen, BGBl. I, S. 2026.

36 *Hennrichs*, ZGR 2008, 361, 362.

37 Siehe nur *Coenenberg/Haller/Schultze*, Jahresabschluss, 24. Aufl. 2016, S. 617; *Winkeljohann/Rimmelspacher*, in: BBK 10. Aufl. 2016, § 297, Rn. 1; *Merkt*, in: Hopt/Merkt, Bilanzrecht 2010, § 297, Rn. 2.

38 Beispielsweise: *Herzig*, in: Bilanzrecht in Familienunternehmen, S. 123 ff.; *Künkele/Zwirner*, DStR 2010, 2263 ff.; *Rammert/Thies*, WPg 2009, 34, 39–44.

Änderungen im Einzelnen näher untersucht werden. Es werden jeweils die Unterschiede zwischen alter und neuer Rechtslage skizziert und die Neuregelungen einer eingehenden Analyse unterzogen, die mit den jeweiligen Folgerungen für den Kapitalschutz schließen. Besondere Beachtung findet auch die neue Ausschüttungssperre des § 268 Abs. 8 HGB, die als wesentliches Instrument zur Kompensation von gläubigergefährdenden Neuregelungen gedacht ist.

Im **fünften Teil** (Abschnitt F) der Arbeit erfolgen eine abschließende Würdigung des fortan geltenden Kapitalschutzes im Handelsbilanzrecht sowie ein Ausblick auf die mögliche Zukunft des gesellschaftsrechtlichen Kapitalschutzes.

B. Das Kapital als konstitutives Merkmal der Kapitalgesellschaft und Ausgleich für die beschränkte Haftung

Die Kapitalgesellschaften als juristische Personen haften für Verbindlichkeiten der Gläubiger nur mit ihrem Gesellschaftsvermögen (§§ 13 Abs. 2 GmbHG, 1 Abs. 1 S. 2 AktG). Als Funktionsmerkmal liegt diese Haftungsbeschränkung nicht im Wesen der Kapitalgesellschaften begründet, sondern beruht auf einer gesetzgeberischen Entscheidung.[39] Die Gesellschafter müssen für die Verluste der Gesellschaft grundsätzlich nicht persönlich haften.[40] Dadurch wird das Risiko wirtschaftlicher Ausfälle jedoch nicht eliminiert, sondern auf die Gläubiger der Gesellschaft verlagert.[41] Diese trifft die Gefahr des Forderungsausfalls. Um die durch die beschränkte Haftung entstandene Risikoasymmetrie[42] zu verhindern, gewährt der Gesetzgeber dieses Privileg nicht ohne zugleich besondere Regelungen aufzustellen, die den Schutz der Gesellschaftsgläubiger bezwecken. Im Gegenzug für die Haftungsbeschränkung verlangt das Gesetz daher u.a. die Aufbringung eines (Mindest-)Vermögens durch die Gesellschafter, das den Gläubigern als Kreditunterlage und Garantiekapital dienen soll.[43] Die Haftungsbeschränkung erhalten die Gründer einer Kapitalgesellschaft demgemäß nur im Gegenzug für das Bereitstellen von Haftkapital. Die Aufbringung des (Mindest-)Kapitals als eine Entstehungsvoraussetzung für die Kapitalgesellschaft stellt quasi den (Eintritts-) „Preis"[44] dar, den die Gesellschafter für die Haftungsbeschränkung zahlen müssen. Durch diese rechtliche Verselbstständigung der Kapitalgesellschaft entsteht prinzipiell ein Sondervermögen der Gesellschaft, das von der Vermögenssphäre der Gesellschafter getrennt ist (Trennungsprinzip).[45] Das (Sonder-) Vermögen der Gesellschaft dient den Gläubigern in seiner ursprünglichen Funktion als Haftungsmasse und Betriebsfonds.[46] Ein Durchgriff auf das Vermögen

39 *Blaurock*, in: FS Raiser, S. 3, 6; *Koch*, in: Hüffer/Koch, AktG 12. Aufl. 2016, § 1, Rn. 8; *Raiser/Veil*, Recht der Kapitalgesellschaften, 6. Aufl. 2015, § 9, Rn. 32.

40 Der Begriff der „beschränkten" Haftung ist ungenau. Haben die Gesellschafter die Einlage geleistet, so haften sie nicht beschränkt sondern gar nicht. Siehe: *Bezzenberger*, Das Kapital der Aktiengesellschaft, 2005, S. 11.

41 *Teichmann*, NJW 2006, 2444.

42 *Rammert*, BFuP 2004, 578, 581.

43 *Raiser/Veil*, Recht der Kapitalgesellschaften, 6. Aufl. 2015, § 9, Rn. 33; *Koch*, in: Hüffer/Koch, AktG 12. Aufl. 2016, § 1, Rn. 10.

44 Statt anderer: BGHZ 142, 315, 322; *Schön*, ZHR 166 (2002), 1, 3; *Kleindiek*, DStR 2005, 1366, 1369; *Meyer*, BB 2008, 1742, 1742; kritisch dazu jüngst *Körber*, Kapitalaufbringung, 2014, S. 153.

45 *Wiedemann*, Gesellschaftsrecht I, 1980, S. 198 f.; *Fastrich*, in: Baumbach/Hueck, GmbHG 21. Aufl. 2017, § 13, Rn. 5.

46 *Haas*, Gutachten 66. DJT, E 1, E 9.

der Gesellschafter erfolgt nur in besonderen Ausnahmefällen. Für diese Ausnahme vom allgemeinen Haftungsprinzip,[47] das im Grundsatz jede wirtschaftlich agierende Person trifft, bedarf es einer Legitimation und ggf. eines Ausgleichs für die Risikoverschiebung.[48]

I. Vorteile der Haftungsbeschränkung

Die Notwendigkeit der Haftungsbeschränkung ist heutzutage als zwingendes Element einer modernen Wirtschaftsordnung unbestritten.[49] Die Aktiengesellschaft in ihrer Ausgestaltung als große Publikumsgesellschaft erfüllt die Funktion eines Kapitalsammelbeckens.[50] Die Aktionäre verfolgen mit der Bereitstellung von Kapital in erster Linie das Ziel, Rendite zu erwirtschaften und nicht ihr Mitgliedschaftsrecht auszuüben, indem sie operativ in das Geschäft eingreifen.[51] Durch die Gefahr einer persönlichen Haftung würde diese Personengruppe von der Investition in eine Aktiengesellschaft Abstand nehmen. Die beschränkte Haftung bietet ihnen Schutz vor Verlusten über das von ihnen eingesetzte Kapital hinaus. Dies belegt auch ein Blick auf die ersten Aktiengesellschaften, welche zwecks Finanzierung großer Eisenbahnprojekte gegründet wurden.[52] Aber auch bei kleineren Kapitalgesellschaften erweist sich die Haftungsbeschränkung als wirtschafts- und rechtspolitisch sinnvolles Instrument.[53] Die wohlfahrtssteigernde Funktion wird vor allem deutlich, wenn man die Risikoaversität natürlicher Personen berücksichtigt. Unternehmer tendieren bei beschränkter Haftung dazu, ein objektiv sinnvolles Geschäft mit positiver Ertragserwartung aufgrund der als besonders hoch empfundenen Gefahr des Totalverlusts zu unterlassen.[54] Außerdem ist die Einschätzung der Risiken einer wirtschaftlichen Unternehmung zunehmend schwieriger geworden. Die Möglichkeit, ein Unternehmen zu gründen bzw. zu führen, ohne das gesamte Privatvermögen

---

47 BGHZ 134, 333, 335; 142, 315; 319; *Schmidt*, Gesellschaftsrecht, 4. Aufl. 2002, S. 540.

48 *Spindler*, JZ 2006, 839, 840.

49 *Bezzenberger*, Das Kapital der Aktiengesellschaft, 2005, S. 81 ff.; *Eidenmüller*, JZ 2001, 1041, 1042; *Fleischer*, ZGR 2001, 1, 16 ff.; *Fleischer*, in: Michalski, GmbHG 3. Aufl. 2017, Syst. Darstellung 5, Rn. 80; *Mödl*, JuS 2003, 14, 16; *Raiser*, in: FS Lutter, S. 637, 649; *Teichmann*, NJW 2006, 2444, 2445; *Roth*, in: Roth/Altmeppen, GmbHG 8. Aufl. 2015, Einleitung, Rn. 17; *Spindler*, JZ 2006, 839, 840.

50 *Roth*, ZGR 1986, 371, 373.

51 Zum sog. Anleger-Aktionär *Bayer*, Gutachten E 67. DJT, E 1, E 101.

52 *Assmann*, in: GroßkommAktG 4. Aufl. 2004, Einleitung, Rn. 44.

53 Ausführlich zur ökonomischen Analyse der Haftungsbeschränkung: *Meyer*, Haftungsbeschränkung, 2000, S. 951 ff.; *Teichmann*, Binnenmarktkonformes Gesellschaftsrecht, 2006, S. 475 ff.; *Adams*, Eigentum, Kontrolle und beschränkte Haftung, 1991; *Gloger*, Haftungsbeschränkung versus Gläubigerschutz in der GmbH, 2007, S. 20 ff.

54 Siehe *Fleischer*, ZGR 2001, 1, 18; *Kleindiek*, ZGR 2006, 335, 338; kritisch: *Meyer*, Haftungsbeschränkung, 2000, S. 1043 f.

aufs Spiel zu setzen, erhöht die kaufmännische Risikobereitschaft. Das Verlustrisiko beschränkt sich für die Gesellschafter auf den Wertverlust ihrer Anteile. Diese sind darüber hinaus grundsätzlich nicht verpflichtet, weiteres Vermögen der Gesellschaft zur Verfügung zu stellen. Zugleich werden die Gewinnchancen nach oben hin nicht begrenzt.[55] Psychologische Hürden und unüberschaubare Marktrisiken als Hemmschwellen für die unternehmerische Betätigung werden überwunden. Der beschränkten Haftung kommt somit eine investitionsfördernde Wirkung zu.[56] Das Risiko finanzieller Ausfälle wird allerdings dadurch nicht beseitigt, sondern auf die Gläubiger verlagert. Aus ökonomischer Sicht ist dies jedoch nicht zwangsläufig zu kritisieren, da dadurch eine Risikodiversifikation ermöglicht wird, wenn nicht wenige Gesellschafter, sondern eine Vielzahl von Gläubigern das Ausfallrisiko tragen.[57]

II. Gläubigergefährdung

Durch das Trennungsprinzip werden die Gesellschafter von den Gefahren abgeschirmt, die durch die wirtschaftliche Betätigung der Gesellschaft entstehen können.[58] Bedingt durch diesen Schutz der Gesellschafter besteht das Risiko, dass diese auf Kosten der Gläubiger mit dem Kapital der Gesellschaft spekulieren.[59] Durch die Abkehr vom Prinzip der unbeschränkten Haftung entsteht eine asymmetrische Anreiz- und Risikostruktur.[60] Demgegenüber besteht durch die persönliche Haftung ein Interessensgleichauf von Gesellschaftern und Gläubigern, der vorsätzliches Missmanagement und unverhältnismäßige Risikobereitschaft verhindert.[61]

Der Anreiz zu opportunistischem Verhalten in bestimmten Situationen erhöht das Verlustrisiko der Gläubiger.[62] Der grundsätzliche Interessensgleichauf zwischen Gesellschaftern und Gläubigern an einer wirtschaftlich funktionierenden

---

55 *Bezzenberger*, Das Kapital der Aktiengesellschaft, 2005, S. 90; *Janssen*, Bilanzorientierte Kapitalerhaltung oder Solvenztest, 2010, S. 25.

56 *Fleischer*, in: Michalski, GmbHG 3. Aufl. 2017, Syst. Darstellung 5, Rn. 80; *Fleischer*, ZGR 2001, 1, 18; *Eidenmüller/Engert*, GmbHR 2005, 433, 434.

57 *Eidenmüller/Engert*, GmbHR 2005, 433, 434; *Wiedemann*, Gesellschaftsrecht I, 1980, 203; *Teichmann*, NJW 2006, 2444, 2445.

58 In diesem Sinne *Lehmann*, ZGR 1986, 345, 352, der von einem „persönlichen Sicherheitsnetz“ spricht.

59 *Eidenmüller/Engert*, GmbHR 2005, 433, 435; *Kleindiek*, ZGR 2006, 335, 338; *Kleindiek*, DStR 2005, 1366; *Kuhner*, ZGR 2005, 753, 768; *Mülbert*, Der Konzern 2004, 151, 155.

60 *Bezzenberger*, Das Kapital der Aktiengesellschaft, 2005, S. 90; *Spindler*, JZ 2006, 839, 840; *Mülbert*, EBOR 7 (2006), 357, 364; *Janssen*, Bilanzorientierte Kapitalerhaltung oder Solvenztest, 2010, S. 26.

61 *Roth*, ZGR 1986, 371, 378; *Rammert*, BFuP 2004, 578, 580 f. („finanzielle Agency-Theorie“).

62 *Spindler*, JZ 2006, 839, 840. Allgemein zu den Situationen opportunistischem Verhaltens *Bezzenberger*, Das Kapital der Aktiengesellschaft, 2005, 89 ff.; *Kuhner*, ZGR 2005, 753, 766 ff.

Gesellschaft[63] wird in diesen Situationen durchbrochen. Insbesondere, wenn die Gesellschaft an Ertragskraft verliert und sich der Insolvenz nähert, sind Situationen denkbar, in denen die Gesellschafter „alles auf eine Karte setzen".[64] Durch die Verbindung von beschränktem Verlustrisiko und vermeintlich „unbeschränkter" Gewinnaussicht kann es zur Eingehung wirtschaftlich nicht vertretbarer Risiken kommen, die dem Unternehmensinteresse zuwiderlaufen (sog. *moral-hazard*-Problematik oder *gambling for resurrection*).[65] Die beschränkte Haftung der Gesellschafter befördert diesen Anreiz zusätzlich. Realisieren sich die Gewinnaussichten in hohen Erträgen, profitieren hauptsächlich die Gesellschafter; realisiert sich das Ausfallrisiko, so tragen die Gläubiger die Verluste.[66] Ebenso sind anreizbedingte Vernichtungen von Unternehmenswerten in wirtschaftlichen Krisenzeiten denkbar, wenn zum Nachteil der Gläubiger das noch vorhandene Vermögen der Gesellschaft entzogen und in das Privatvermögen der Gesellschafter verlagert wird. Die nachvertragliche Schmälerung der Haftungsmasse durch Entzug von Gesellschaftsvermögen erhöht das Ausfallrisiko der Gläubiger. Die Gefahr, dass Vermögensgegenstände dem Zugriff der Gläubiger entzogen werden, besteht zwar auch bei unbeschränkt haftenden Schuldnern, wird aber durch die Haftungsbeschränkung noch verschärft. Wird der Befriedigungsvorrang der Gläubiger nicht durch gesetzliche Regelungen gewährleistet, besteht der Anreiz, das Gesellschaftsvermögen in die Privatsphäre der Gesellschafter zu transferieren.[67]

III. Notwendigkeit des Gläubigerschutzes

Durch diese asymmetrische Risikoverteilung bei der Haftungsbeschränkung bedarf es gesetzlicher Regelungen, um den Interessensausgleich zwischen Gesellschaftern und Gläubigern wieder herzustellen.[68] Die durch die beschränkte Haftung strukturell verursachten Gefährdungssituationen für die Gläubiger sind erst durch einen gesetzgeberischen Eingriff hervorgerufen worden.[69] Das erhöhte Risiko für Ausfälle der Gläubigerforderungen wurde diesen durch das Institut der Haftungsbeschränkung aufgebürdet. Daher ist es eine Frage der Gerechtigkeit, durch gesetzliche Vorgaben einen Ausgleich herbeizuführen. Würde man die Gläubiger auf die privatautonome

---

63 Siehe *Teichmann*, NJW 2006, 2444, 2446.

64 *Kuhner*, ZGR 2005, 753, 769.

65 *Fleischer*, ZGR 2001, 1, 12; *Kahle*, WPg 2003, 262, 267; *Mülbert*, EBOR 7 (2006), 357, 369 f.; *Krüger*, Mindestkapital und Gläubigerschutz, 2005, S. 43, m.w.N.; *Baums*, ZGR 2011, 218, 244; *Kuhner*, ZGR 2005, 753, 769.

66 *Baums*, ZGR 2011, 218, 244.

67 *Kuhner*, ZGR 2005, 753, 766; *Janssen*, Bilanzorientierte Kapitalerhaltung oder Solvenztest, 2010, S. 28.

68 *Bezzenberger*, Das Kapital der Aktiengesellschaft, 2005, S. 84 ff.; *Roth*, in: Roth/Altmeppen, GmbHG 8. Aufl. 2015, Einleitung, Rn. 22; *Teichmann*, NJW 2006, 2444, 2445.

69 *Bezzenberger*, Das Kapital der Aktiengesellschaft, 2005, S. 88; *Teichmann*, NJW 2006, 2444, 2445.

Vereinbarung zusätzlicher Schutzinstrumente verweisen, hätte dies eine doppelte Benachteiligung zur Folge.[70] Der Gesetzgeber „schuldet" den Gläubigern einen Ausgleich für die Vorteile, die einem Unternehmer durch die Kapitalgesellschaft geboten werden.[71] Dem Unternehmer, der sich des Privilegs einer Kapitalgesellschaft bedienen möchte, muss somit ein „Preis"[72] abverlangt werden. Darüber besteht in den meisten Rechtsordnungen – insbesondere in den Europäischen – Einigkeit. Unterschiede ergeben sich lediglich hinsichtlich der Art und Weise sowie des Umfangs des Gläubigerschutzes.[73]

Die gläubigerschützenden Elemente im deutschen Gesellschaftsrecht bestehen in erster Linie aus Kapitalaufbringung und Kapitalerhaltung sowie im Mindestkapital.

Diese Institute greifen vor allem in Situationen, in denen die Gesellschafter dem Anreiz opportunistischen Verhaltens ausgesetzt sind. Durch die gemeinsame Nennung der Strukturprinzipien der beschränkten Haftung und des Garantiekapitals in einer Norm (§ 1 Abs. 1 AktG; § 13 Abs. 1, 2 GmbHG) bringt der Gesetzgeber zum Ausdruck, dass das Kapital der Gesellschaft als Konstruktionselement[74] und zugleich als Ausgleich für die Haftungsbeschränkung statuiert wird.[75] Das gebundene Kapital stellt sich somit als Substitut für die fehlende Haftung der Gesellschafter dar.[76] Andere Rechtsordnungen, wie zum Beispiel das englische Recht, setzen auf repressive Sanktionen (z.B. Disqualifikation) als gläubigerschützendes Instrument sowie auf die verpflichtende Bereitstellung von Informationen, um den Selbstschutz von potentiellen Gläubigern zu erleichtern.

IV. Widerstreitende Interessen zwischen Gesellschaftern und Gläubigern

Die Kapitalerhaltung im Gesellschaftsrecht reguliert den Abfluss von Gesellschaftsvermögen an die Gesellschafter. Durch eine gesetzliche Ausschüttungsbemessung soll sichergestellt werden, dass ausreichend Gesellschaftsvermögen zur Befriedigung der Gesellschaftsgläubiger vorhanden ist.[77]

Ein gänzliches Verbot von Ausschüttungen an die Aktionäre vor Liquidation der Gesellschaft würde zwar aus Sicht des Gläubigerschutzes eine optimale Absicherung bieten, zugleich aber jeden Investitionsanreiz für die Gesellschafter im

70 *Bezzenberger*, Das Kapital der Aktiengesellschaft, 2005, S. 88; *Janssen*, Bilanzorientierte Kapitalerhaltung oder Solvenztest, 2010, S. 33.
71 *Bezzenberger*, Das Kapital der Aktiengesellschaft, 2005, S. 88 f.
72 Siehe Fn. 44.
73 Siehe dazu ausführlich *Teichmann*, Binnenmarktkonformes Gesellschaftsrecht, 2006, S. 449 ff.
74 *Lutter*, Kapital, 1964, S. 51.
75 In diesem Sinne *Kessler*, GmbHR 2002, 945, 948; *Merschmeyer*, Kapitalschutzfunktion des Jahresabschlusses, 2005 S. 69 f.
76 BGHZ 117, 323, 331; *Wilhelmi*, GmbHR 2006, 13, 14.
77 *Jungmann*, ZGR 2006, 638, 646.

Keime ersticken.[78] Die Gesellschafter werden nur in ihre Gesellschaft investieren, wenn sie wirtschaftlich partizipieren können. Bei Fragen der Ausschüttung von Gesellschaftsvermögen sind die Gläubiger- und die Gesellschafterinteressen daher „diametral gegensätzlich".[79] Während das Gläubigerinteresse darin besteht, das Verlustrisiko zu reduzieren,[80] sind Gesellschafter typischerweise an der möglichst maximalen Rendite interessiert.[81]

Es ist zwischen den beiden Extrempositionen, Ausschüttungen generell zu verbieten oder jegliche Restriktionen aufzugeben, ein Ausgleich zu finden. Das Kapitalschutzrecht muss diese beiden Interessenlagen berücksichtigen und in Balance zueinander bringen.[82] Einerseits muss gläubigerschädigenden Verhaltensanreizen entgegen gewirkt und ein effektiver Gläubigerschutz gewährleistet werden, ohne aber andererseits durch unangemessen starke Regulierungen den Investitionsanreiz der Gesellschafter übermäßig stark zu belasten. Dabei spielt neben dem Gesellschaftsrecht das Rechnungslegungsrecht eine wesentliche Rolle, denn es definiert sehr detailliert und feinschichtig den Umfang der Ausschüttung.[83] Bei der konkreten Abwägung der Interessen handelt es sich um eine rechtspolitische Wertentscheidung,[84] wie die jeweiligen Interessen zueinander gewichtet werden.

V. Sinn und Zweck des Kapitals

Bei der Frage nach dem Sinn und Zweck sowie dem Nutzen des Kapitals muss zunächst zwischen dem gesetzlich vorgeschriebenen Mindestkapital, dem Stammkapital und dem Eigenkapital einer Gesellschaft unterschieden werden,[85] auch wenn sich deutliche Überschneidungen in den Funktionen ergeben werden.

1. Begriffsbestimmung

a) Kapital versus Vermögen

Schwierigkeiten bereitet zunächst die nicht immer klare Trennung der Begrifflichkeiten „Kapital" und „Vermögen" einer Kapitalgesellschaft. § 30 Abs. 1 GmbHG zeigt deutlich, dass diese Begriffe nicht synonym verwendet werden dürfen. Demnach

---

78 *Spindler*, JZ 2006, 839, 653; *Janssen*, Bilanzorientierte Kapitalerhaltung oder Solvenztest, 2010, S. 35.

79 *Teichmann*, NJW 2006, 2444, 2446.

80 *Wiedemann*, Gesellschaftsrecht I, 1980, S. 516; *Haas*, Gutachten 66. DJT, E 1, E 13; *Teichmann*, NJW 2006, 2444, 2447; *Jungmann*, ZGR 2006, 638, 640; *Ballwieser*, Der Konzern 2007, 419, 419.

81 *Janssen*, Bilanzorientierte Kapitalerhaltung oder Solvenztest, 2010, S. 35.

82 *Spindler*, JZ 2006, 839, 843; *Schön*, ZHR 166 (2002), 1, 4; *Teichmann*, NJW 2006, 2444, 2446.

83 In diesem Zusammenhang auch *Teichmann*, NJW 2006, 2444, 2446.

84 *Haas*, Gutachten 66. DJT, E 1, E 14.

85 So auch *Drygala*, ZGR 2006, 587, 590.

darf das zur Erhaltung des Stammkapitals erforderliche Vermögen der Gesellschaft nicht an die Gesellschafter ausgezahlt werden. Hierbei ist von Bedeutung, dass das „Kapital" nicht das „Vermögen" der Gesellschaft darstellt. Das „Vermögen" einer Gesellschaft ist in der Bilanz als Summe aller Aktiva erfasst, das „Kapital" die Summe aller Passiva (vgl. § 266 HGB). Das Kapital ist somit auch nicht auf der Aktivseite der Bilanz zu finden, die Auskunft über die Mittelverwendung gibt, sondern auf der Passivseite, welche die Kapitalherkunft dokumentiert. Wenn es um das Stammkapital einer Gesellschaft geht, so ist der entsprechende Passivposten nicht gegenständlich zu verstehen. Das Stammkapital ist bloß ein betragsmäßiger Rechnungsposten, von dem nicht auf einen bestimmten Gegenstand des Vermögens der Kapitalgesellschaft geschlossen werden kann. Das Kapital ist somit kein Vermögensteil, auf den sich die rechnerische Bindung beziehen kann.[86] Der Begriff „Kapitalerhaltung" ist daher auch nicht ganz zutreffend, da – wie unten noch zu zeigen sein wird – jeweils das zur Deckung des Stammkapitals erforderliche Vermögen der Gesellschaft erhalten werden muss.

Den in § 30 Abs. 1 GmbHG zum Ausdruck kommender Zusammenhang zwischen auszahlbarem Vermögen und dem Kapital einer Gesellschaft beachtet der Gesetzgeber selbst nicht konsequent. So etwa ist nach § 49 Abs. 3 GmbHG die Gesellschafterversammlung einzuberufen, wenn die Hälfte des Stammkapitals verloren ist. Gemeint ist indes, dass das Aktivvermögen betragsmäßig nicht mehr über der Hälfte des Stammkapitals liegt.[87] Auch der BGH unterliegt bisweilen terminologischen Ungenauigkeiten bei der Differenzierung von Kapital und Vermögen, wenn er beispielsweise das Stammkapital einer GmbH als Haftungsobjekt qualifiziert.[88] Wenn auch vom BGH in der Sache inhaltlich richtig angenommen, muss darauf hingewiesen werden, dass als Haftungsobjekt das gesamte Gesellschaftsvermögen dient. Das Kapital ist demnach nur eine rechnerische Bilanzgröße bzw. ein betragsmäßiger Entsprechungsposten des Aktivvermögens.[89]

b) Eigenkapital

Eine trennscharfe Definition des Begriffs „Eigenkapital" existiert weder im Gesetz noch in der Wirtschafts- oder Rechtswissenschaft.[90] Es wird allgemein zwischen Eigenkapital und Fremdkapital unterschieden. Die Passivposten Eigen- und Fremdkapital liefern Informationen darüber, wie das Vermögen einer Gesellschaft finanziert wurde – ob durch Kredite oder durch „Eigenvermögen"[91] der Gesellschaft.

86 *Joost*, ZHR 148 (1984), 27, 28; *Körber*, Kapitalaufbringung, 2014, S. 146.
87 *Joost*, GmbHR 1983, 285, 286.
88 So BGHZ 28, 77 f.
89 *Joost*, ZHR 148 (1984), 27, 29.
90 *Schmidt*, Gesellschaftsrecht, 4. Aufl. 2002, S. 515; *Wiedemann*, in: FS Beusch, S. 893, 894; zuletzt *Pöschke*, corporate finance law 2011, 195, 196.
91 *Schmidt*, Gesellschaftsrecht, 4. Aufl. 2002, S. 515.

Aber auch die Vorschriften über die Bilanz (§§ 266 III. A. und 272 HGB) enthalten keine allgemein verbindlichen und vollständigen Kriterien. Im Ausgangspunkt folgt der Begriff gesellschaftsrechtlichen Vorgaben, denn es sind das gezeichnete Kapital einer Aktiengesellschaft bzw. das Stammkapital einer GmbH sowie die Kapital- und Gewinnrücklagen als Eigenkapital auszuweisen. Jedoch sind weitere Finanzierungsmodelle denkbar, die Ergänzungen des im HGB vorgegeben Gliederungsschemas der Bilanz durch Sonderposten notwendig machen.[92] Somit behilft man sich mit einer formalen negativen Abgrenzung. Das Eigenkapital ist der Überschuss des Aktivvermögens über die Verbindlichkeiten,[93] folglich der anteilige Wert des Gesellschaftsvermögens, der nicht fremdfinanziert ist.[94] Das Eigenkapital ist letztlich der Anteil der Gesellschafter am Vermögen der Gesellschaft,[95] der dem Unternehmen unbefristet überlassen wurde, während Fremdkapital i.d.R. zeitlich befristet zur Verfügung gestellt wird.[96]

Dies bestätigt sich durch einen Blick in das Insolvenzrecht. Die geltend gemachten Ansprüche der Eigenkapitalgeber werden in der Insolvenz erst nach vollständiger Befriedigung der Fremdkapitalgeber berücksichtigt, vgl. § 199 InsO. Verluste der Gesellschaft schlagen daher zunächst auf das Eigenkapital durch, welches somit die Funktion eines Risikoträgers[97] bzw. Haftkapitals[98] besitzt. Je höher das Verhältnis des Eigenkapitals im Vergleich zum Fremdkapital ist, desto kreditwürdiger ist das Unternehmen.[99]

c) Garantiekapital

Das Stammkapital (§ 5 Abs. 1 GmbHG) einer GmbH sowie das Grundkapital (§ 6 AktG) einer Aktiengesellschaft werden in der Satzung festgelegt (§ 3 Abs. 1 Nr. 3 GmbHG, § 23 Abs. 3 Nr. 3 AktG) und bilden das in einer Geldsumme ausgedrückte Kapital, welches nach der gesetzlichen Konzeption „garantiert“ vorhanden ist.[100] Beides erscheint in der Bilanz als gezeichnetes Kapital (§§ 266 Abs. 3 A. I. HGB, 152 Abs. 1 S. 1 AktG, 42 Abs. 1 GmbHG) auf der Passivseite. Es handelt sich gem.

92 Siehe dazu *Pöschke*, corporate finance law 2011, 195, 198 ff.; *Schmidt*, Gesellschaftsrecht, 4. Aufl. 2002, S. 520 f.

93 *Kropff*, in: MüKo BilanzR 2013, § 272, Rn. 3; *Wiedemann*, in: FS Beusch, S. 893, 894; *Baetge/Kirsch/Thiele*, Bilanzen, 14. Aufl. 2017, S. 475; *Baums*, ZHR 175 (2011), 160, 162.

94 *Gloger*, Haftungsbeschränkung versus Gläubigerschutz in der GmbH, 2007, S. 50.

95 Dabei darf nicht übersehen werden, dass die Gesellschafter gegenüber ihrer Gesellschaft auch als Fremdkapitalgeber auftreten können, indem Sie der Gesellschaft im Wege eines einfachen Darlehens Geld zur Verfügung stellen.

96 *Baetge/Kirsch/Thiele*, Bilanzen, 14. Aufl. 2017, S. 479.

97 *Blaurock*, in: FS Raiser, S. 3, S. 8; *Priester*, DB 2005, 1315, 1316.

98 *Schmidt*, Gesellschaftsrecht, 4. Aufl. 2002, S. 516.

99 *Raiser/Veil*, Recht der Kapitalgesellschaften, 6. Aufl. 2015, § 17, Rn. 3.

100 Begriff nach *Schmidt*, Gesellschaftsrecht, 4. Aufl. 2002, S. 775.

§ 272 Abs. 1 S. 1 HGB um das Kapital, auf das die Haftung der Gesellschafter für die Verbindlichkeiten der Kapitalgesellschaft beschränkt ist. Aus dieser etwas missverständlichen Formulierung darf jedoch nicht der Schluss gezogen werden, für die Verbindlichkeiten der Gläubiger stünde nur dieser Betrag zur Verfügung. Vielmehr dient zur Befriedigung sämtlicher Fremdkapitalverbindlichkeiten das gesamte Vermögen der Gesellschaft. Das Stamm- bzw. Grundkapital ist die Summe der von den Gesellschaftern übernommenen Einlageverpflichtungen. Es ist das Kapital, das von den Gesellschaftern einmalig der Kapitalgesellschaft zur Verfügung gestellt wird, womit ihr Risiko auf diese Summe beschränkt ist.[101] Als Bestandteil des Eigenkapitals ist das Stamm- und Grundkapital ebenfalls bloß ein Rechnungsposten[102] und nicht gegenständliches Vermögen. Die gesetzlichen Vorschriften der Kapitalerhaltung beziehen sich in der GmbH auf das Stammkapital und sollen einen direkten oder indirekten Rückfluss an die Gesellschafter verhindern.[103] Das Garantiekapital als Passivposten bindet Aktivvermögen der Gesellschaft in entsprechender Höhe und wirkt insoweit als Ausschüttungssperre.[104] Es handelt sich daher um gebundenes Kapital.

In der Aktiengesellschaft hingegen bezieht sich die Bindungswirkung der Kapitalschutzvorschriften über das Grundkapital hinaus grundsätzlich auf das gesamte Vermögen mit Ausnahme des Bilanzgewinns (§ 57 Abs. 3 AktG).

d) *Mindestkapital*

Das Mindestkapital bildet die gesetzlich fixierte Untergrenze für das Garantiekapital einer Kapitalgesellschaft (vgl. § 7 AktG, § 5 Abs. 1 GmbHG). Dieser Betrag muss mindestens als Einlage in die jeweilige Gesellschaft eingebracht werden. Für die GmbH sind dies 25.000 €; für die Aktiengesellschaft 50.000 €. Seit dem MoMiG ist die Gründung einer GmbH in der Sonderform der UG (haftungsbeschränkt) gem. § 5a GmbHG mit einem Stammkapital von lediglich 1 € möglich.

2. Eigenkapital als Beitrag zum Interessenausgleich (Verlustpuffer und Solidarbeitrag)

Auch wenn eine allgemeingültige Definition nicht zur Verfügung steht,[105] so herrscht Einigkeit, dass das Eigenkapital das Vermögen einer Gesellschaft nach Abzug aller Verbindlichkeiten als eine Geldziffer in der Bilanz darstellt.[106] Der Posten gibt den hypothetischen Liquidationsüberschuss[107] an, der nach Tilgung aller

101 Siehe *Bitz*, in: FS Schneeloch, S. 147, 156.
102 *Joost*, ZHR 148 (1984), 27, 28; *Lutter*, Kapital, 1964, S. 42.
103 *Wiedemann*, Gesellschaftsrecht I, 1980, S. 557.
104 *Balke*, Gesellschafterhaftung in der GmbH, 2013, S. 45 f.
105 Siehe Fn. 90.
106 Siehe Fn. 93.
107 *Baums*, ZHR 175 (2011), 160, 162.

Verbindlichkeiten den Gesellschaftern verbliebe. Das „gesellschaftsrechtliche" oder auch „bilanzielle" Eigenkapital folgt aus der Einzelbewertung aller Vermögensgegenstände und Schulden.[108] Aus Sicht der Fremdkapitalgeber lässt sich aus dem Eigenkapital damit das Vermögenspolster ablesen, welches die Gesellschafter erhielten, wenn zunächst alle Gläubiger befriedigt würden. Aus der ständigen wirtschaftlichen Betätigung eines Unternehmens ergeben sich laufend Veränderungen in der Finanzierungsstruktur; Erträge und Verluste schlagen sich unmittelbar im Eigenkapital nieder, sodass dies je nach Vermögenssituation der Gesellschaft entsprechend in der Eigenkapitalziffer als variabler Passivposten erkennbar wird.[109] Man spricht auch von einer „Residualgröße".[110] So kann das Eigenkapital auch Null oder sogar weniger betragen. In diesem Fall würden die Verbindlichkeiten der Gesellschaft das Aktivvermögen übersteigen; die Gesellschaft wäre überschuldet. Eine direkte „gegenständliche" Zuordnung des Eigenkapitals zu einem bestimmten Vermögensgegenstand ist indes nicht möglich,[111] der konkrete Gegenstand ist in das Vermögen der Gesellschaft übergegangen.

a) Verlustbeteiligung der Gesellschafter

Das Eigenkapital ist eine wichtige Säule für die Finanzierungsstruktur einer Kapitalgesellschaft. Das Eigenkapital dient aus betriebswirtschaftlicher Sicht freilich der „Ingangsetzung" und Finanzierung (auch „Investitionsfunktion")[112] oder als Ausstattung der Gesellschaft mit Betriebskapital[113], jedoch stellt dies keine exklusive Funktion des Eigenkapitals dar. Auch das Fremdkapital dient der Finanzierung eines Unternehmens. Unabhängig von den rechtlichen Vorgaben des Mindestkapitals kann ein Unternehmen völlig ohne Eigenkapital gegründet werden, sofern sich ein Fremdkapitalgeber findet, der dem Unternehmen Finanzmittel zur Verfügung stellt.[114] Verlangen aber sämtliche potentielle Fremdkapitalgeber, dass der Unternehmer selbst Eigenkapital bereitstellt, bevor Kredite gewährt werden, dann ist die Funktion des Eigenkapitals aus Sicht der Fremdkapitalgeber als Gläubiger der

---

108 Dieser Eigenkapitalbegriff deckt sich in der Regel nicht mit der betriebswirtschaftlichen Sicht des effektiven Eigenkapitals, wie es sich in dem Marktwert des Unternehmens ausdrücken würde. Dies ergäbe sich aus der Gesamtbewertung des Unternehmens anhand finanzwirtschaftlicher Methoden. So *Wüstemann/Bischof*, ZHR 175 (2011), 210, 212.

109 Anschaulich dargelegt bei *Bitz*, in: FS Schneeloch, S. 147, 153 f.

110 *Pöschke*, corporate finance law 2011, 195, 196; *Mock*, in: KK-RechnungslegungsR 2011, § 272 HGB, Rn. 25; *Bezzenberger*, Das Kapital der Aktiengesellschaft, 2005, S. 15.

111 *Schmidt*, Gesellschaftsrecht, 4. Aufl. 2002, S. 516; *Baums*, ZHR 175 (2011), 160, 163.

112 *Wiedemann*, in: GroßKomm AktG 4. Aufl. 2006, Vor § 182, Rn. 5; *Wiedemann*, in: FS Beusch, S. 893, 896; dem folgend *Hirte*, Kapitalgesellschaftsrecht, 8. Aufl. 2016, Rn. 5.3.

113 *Lutter*, AG 1998, 375.

114 *Adams*, Eigentum, Kontrolle und beschränkte Haftung, 1991, S. 27; *Schneider*, DB 1987, 185, 186; *Wüstemann/Bischof*, ZHR 175 (2011), 210, 214.

Gesellschaft zu beurteilen. Für die Gläubiger ist vor allem die haftungsrechtliche Bedeutung des Eigenkapitals relevant. Das von den Gesellschaftern zur Verfügung gestellte Kapital, ergänzt um nicht entnommene Gewinne, trägt letztlich dazu bei, die fälligen Forderungen gegen die Gesellschaft zu befriedigen. Auch hier könnte noch nicht fälliges Fremdkapital zur Tilgung fälliger Drittforderungen herangezogen werden. Sowohl Eigen- als auch Fremdkapital bilden das Aktivvermögen einer Gesellschaft, das als Haftungsmasse zur Befriedigung von fälligen Gläubigerverbindlichkeiten herangezogen werden kann. Das Besondere am Eigenkapital ist aber die Schuldentilgungsfunktion.[115] Zum Schutz der Gläubiger wird es mit den Verlusten der Gesellschaft verrechnet, bevor es zum Forderungsausfall von Fremdkapitalverbindlichkeiten kommt.[116] Ein Verlust in Höhe von 100 Geldeinheiten (GE) schmälert entweder das Vermögen auf der Aktivseite, sodass auf der Passivseite der Posten Eigenkapital ebenfalls um 100 GE sinkt. Das Fremdkapital ist in diesem Fall nicht als bilanzieller Wertbetrag betroffen. Wird der Verlust durch Einbuchung einer Verbindlichkeit realisiert, steigt das Fremdkapital zulasten des Eigenkapitals. Sollte das Eigenkapital nicht mehr ausreichen, um diesen Verlust zu kompensieren, wird der Betrag des Eigenkapitals als Residualgröße negativ; die Gesellschaft ist überschuldet, da mehr Verbindlichkeiten bestehen, als diese durch das bestehende Aktivvermögen gedeckt wären. Erst wenn das Eigenkapital negativ wird, kommt es zu einem anteiligen Forderungsausfall der Fremdkapitalgeber. Das Eigenkapital gibt somit darüber Auskunft, in welcher Höhe das bilanziell ausgewiesene Vermögen noch gemindert werden könnte, bevor der Schuldner seine Verbindlichkeiten nicht mehr vollständig aus dem verbliebenen Vermögen bedienen kann.[117] Risiken und Verluste einer wirtschaftlichen Betätigung schlagen sich somit zunächst im Eigenkapital nieder, bevor die Gläubiger einen Ausfall ihrer Forderungen befürchten müssen. Durch diese Verlustverrechnung entsteht ein *Verlustpuffer*,[118] der als Sicherung der Gläubigerinteressen vorgeschaltet ist, sodass sich wirtschaftliche

---

115 Richtigerweise kommt diese Aufgabe nicht dem Eigenkapital als solches, sondern allein dem Vermögen der Gesellschaft zu. Das Eigenkapital ist lediglich der Rest, der nach Erfüllung dieser Funktion verbleibt. Dies ist jedoch eine Frage der Terminologie und hat keine inhaltliche Bedeutung.

116 *Baums*, ZHR 175 (2011), 160, 167; *Hirte*, Kapitalgesellschaftsrecht, 8. Aufl. 2016, Rn. 5.1; *Priester*, DB 2005, 1315, 1316.

117 *Bitz*, in: FS Schneeloch, S. 147, 156.

118 *Lutter*, AG 1998, 375; *Kleindiek*, ZGR 2006, 335, 339; *Schmidt*, Gesellschaftsrecht, 4. Aufl. 2002, S. 517; *Roth*, ZGR 1993, 170, 177; *Schmidt*, JZ 1984, 771, 772 („Haftungsaufgabe"); *Kanitz*, Bilanzkunde für Juristen, 3. Aufl. 2014, Rn. 483 („Haftungs- und Garantiefunktion"); ebenso *Wiedemann*, in: GroßKomm AktG 4. Aufl. 2006, Vor § 182, Rn. 6; *Bezzenberger*, Das Kapital der Aktiengesellschaft, 2005, S. 15 („Vorweghaftung"); *Baetge/Kirsch/Thiele*, Bilanzen, 14. Aufl. 2017, S. 479 („Verlustausgleichsfunktion"); ebenso *Mock*, in: KK-RechnungslegungsR 2011, § 272 HGB, Rn. 25; kritisch zur juristischen Verlustpufferfunktion: *Adams*, Eigentum, Kontrolle und beschränkte Haftung, 1991, S. 29 ff.

Fehlentwicklungen erst verzögert auf diese auswirken. Je höher das verrechenbare Eigenkapital einer Gesellschaft ist, also je mehr das Aktivvermögen die Verbindlichkeiten einer Gesellschaft übersteigt, desto größer ist der Schutz der Gläubiger davor, dass die Erfüllung ihrer Verbindlichkeiten infrage steht.[119]

Die Gesellschafter sind über ihre geleistete Einlage am Eigenkapital beteiligt. Während sie keinen Anspruch auf Rückzahlung ihrer Einlage haben (vgl. § 30 GmbHG, § 57 Abs. 1 AktG), steht einem Darlehensgeber nach Fälligkeit ein ungekürzter Anspruch auf Rückzahlung der Darlehensvaluta zu. Der Gesellschafter erhält bei Liquidation der Gesellschaft oder bei Austritt seine Einlage nicht zurück; selbst dann nicht, wenn sämtliche Fremdkapitalverbindlichkeiten gedeckt sind. Die Gesellschafter erhalten lediglich einen Anspruch auf den anteiligen Liquidationsgewinn (§ 271 Abs. 1 und Abs. 2 AktG, § 72 GmbHG) bzw. einen Abfindungsanspruch. Ein solcher entsteht aber nur, falls nach Begleichung aller Verbindlichkeiten noch Vermögen übrig bleibt. Auch im Insolvenzverfahren werden vorrangig die Gläubiger befriedigt, bevor die Gesellschafter einen Anteil am Überschuss erhalten, sofern ein solcher überhaupt vorhanden ist, vgl. § 199 S. 2 InsO. Die Beteiligung des Fremdkapitalgebers am wirtschaftlichen Risiko des Unternehmens ist gegenüber dem Risiko der Eigenkapitalgeber nachrangig.[120] Realisieren sich wirtschaftliche Risiken in Verlusten, führt dies nicht zwangsläufig zu einer anteiligen Kürzung des Rückzahlungsanspruchs. Durch diesen Verweis der Gesellschafter auf die Residualansprüche wird die Verlustbeteiligung gesetzlich abgesichert.[121] Gläubiger dürfen vor den Gesellschaftern auf das Gesellschaftsvermögen zugreifen.[122]

b) Risikopuffer

Soweit das Eigenkapital noch nicht durch Verluste aufgebraucht ist, wirkt es bezüglich künftiger Verbindlichkeiten für die Gläubiger als *Risikopuffer*[123] oder *Liquiditätspuffer*[124]. Die Vermögensbindung des Kapitalerhaltungsrechts soll Verschiebungen von Gesellschaftsvermögen in das Privatvermögen der Gesellschafter verhindern. Damit wird, über die besondere Schuldentilgungsfunktion des Eigenkapitals hinausgehend, ein Haftungsfonds abgesichert, um künftige Verluste abzufangen. Die Qualität und der Umfang der Vorsorgefunktion sind abhängig von der rechtsformspezifischen Ausgestaltung im GmbHG und AktG.[125] Während im Aktienrecht eine

119 *Baums*, ZHR 175 (2011), 160, 168.

120 *Kleindiek*, ZHR 175 (2011), 247, 274; bezeichnet die Nachrangigkeit im Insolvenzfall als eines der prägenden Elemente des bilanziellen Eigenkapitals.

121 *Wiedemann*, in: GroßKomm AktG 4. Aufl. 2006, Vor § 182, Rn. 6; *Baums*, ZHR 175 (2011), 160, 171.

122 *Jungmann*, ZGR 2006, 638, 646 nennt dies *„absolute priority rule“*.

123 *Baums*, ZHR 175 (2011), 160, 180; *Roth*, ZGR 1993, 170, 177 („Verlustpuffer im Vorfeld der Krise“).

124 *Blaurock*, in: FS Raiser, S. 3, 8.

125 Dazu ausführlich S. 94 ff.

umfassende Vermögensbindung vorgeschrieben ist (vgl. § 57 Abs. 3 AktG), wird im GmbH-Recht nur das zur Erhaltung des Stammkapitals erforderliche Vermögen (vgl. § 30 Abs. 1 GmbHG) von der Bindung erfasst.[126]

Die Vermögensbindung in der Aktiengesellschaft gilt auch gerade dann, wenn das gebundene Vermögen nicht zur Deckung bestehender Verbindlichkeiten benötigt wird und noch keine Verrechnung mit angefallenen Verlusten vorgenommen wurde (*Verlustpuffer*).[127] Dadurch wird die Gesellschaft in die Lage versetzt, künftige Verluste in entsprechendem Umfang aufzufangen.[128]

c) Verhaltenssteuerung

Die Verlustverrechnung des Eigenkapitals korrigiert außerdem die durch die Haftungsbeschränkung hervorgerufene negative Anreizstruktur.[129] Durch die vorrangige Verrechnung des Eigenkapitals mit den Verlusten wird sichergestellt, dass die Gesellschafter persönlich am Erfolg des Unternehmens interessiert sind.[130] Anderenfalls wären die Gesellschafter dem Anreiz ausgesetzt, ungeachtet eines unverhältnismäßigen Risikos wertvernichtende Investitionen vorzunehmen.[131] Aus Sicht der Gesellschafter wäre es u.U. sinnvoll, ein Geschäft zu tätigen, welches mit einer geringen Wahrscheinlichkeit einen sehr hohen Gewinn ertrüge. In der Gesamtschau könnte die Unternehmung aufgrund des sehr hohen Risikos für die Gesellschaft zwar negativ sein, jedoch für die Gesellschafter möglicherweise durchaus lohnend. Verluste wären überwiegend von den Gläubigern zu tragen; an möglichen Gewinnen allerdings würden die Gesellschafter unmittelbar partizipieren. Das Verlustrisiko würde auf die Gläubiger verlagert. Der durch die Haftungsbeschränkung entstehende Interessenskonflikt wird durch das Eigenkapital in Form eines persönlichen „Selbstbehalts“[132] ausgeglichen. Die Gesellschafter werden über die Verlustverrechnungsfunktion des Eigenkapitals auch an den Risiken ihrer wirtschaftlichen Betätigung beteiligt, sodass der Anreiz gemildert wird, das Vermögen der Gesellschaft auf Kosten der Gläubiger zu riskieren.[133]

---

126 Siehe sogleich S. 53 ff.

127 *Baums*, ZHR 175 (2011), 160, 205; *Engert*, GmbHR 2007, 337, 338.

128 Kritisch: *Drygala*, ZGR 2006, 587, 602.

129 Siehe oben S. 41 f.

130 *Engert*, ZHR 170 (2006), 296, 302.

131 Ausführlich *Bezzenberger*, Das Kapital der Aktiengesellschaft, 2005, S. 96 ff.; *Baums*, ZHR 175 (2011), 160, 183. *Baums* weist in zutreffender Weise darauf hin, dass diese Erwägungen nicht für Publikumsgesellschaften mit passiven Investoren gilt. In diesen Konstellationen müsste auf Ebene des Managements eine positive Anreizstrukur im Vergütungssystem gewählt werden.

132 *Baums*, ZHR 175 (2011), 160, S. 182; *Bitter*, Konzernrechtliche Durchgriffshaftung bei Personengesellschaften, 2000, S. 196.

133 *Bitter*, Konzernrechtliche Durchgriffshaftung bei Personengesellschaften, 2000, S. 195 f.

Dieser Interessenausgleich kann auch nicht in gleicher Weise durch mit den Kreditgebern vertraglich vereinbarten Sicherungsinstrumenten hergestellt werden.[134] Auch wenn gut informierte Gläubiger die Möglichkeit haben, die Finanzierung von individuell ausgehandelten Verträgen abhängig zu machen,[135] so hat dies nicht die gleiche Qualität des Gläubigerschutzes zur Folge. Die überwiegende Anzahl von Gläubigergruppen hat entweder nicht die Möglichkeit, sich zusätzlich abzusichern, oder es fehlt an Verhandlungsmacht oder Kompetenzen dazu.[136] Durch das Aufbringen und Vorhalten von Eigenkapital entstehen ein angemessener Interessenausgleich und angemessene Risikoverteilung zwischen Gesellschaftern und Gläubigern.[137] Je geringer das Eigenkapital, desto höher steigt die Risikoneigung der Gesellschafter. Außerdem wird das Eigenkapital nicht zwangsläufig aus dem Privatvermögen der Gesellschafter aufgebracht, sondern kann auch durch nicht entnommene Gewinne entstehen. Um eine effektive Verhaltenssteuerung zu erreichen, erscheint es sinnvoll, von den Gesellschaftern zu verlangen, zu Beginn der Geschäftstätigkeit der Gesellschaft finanzielle Mittel zur Verfügung zu stellen. Dies dient dann nicht ausschließlich als Startkapital für den Geschäftsbetrieb, sondern vor allem als Risikobeitrag, der die Gesellschafter zu entsprechender Unternehmensführung anhalten soll.[138]

d) Überschuldungsmessung

Das Eigenkapital als veränderliche Residualgröße dient auch als wichtiger Gradmesser für die Feststellung, ob eine Kapitalgesellschaft noch in ausreichendem Umfang werthaltige Vermögensgegenstände besitzt, die das Garantiekapital und die Fremdverbindlichkeiten decken (Überschuldungsmessung).[139] Sowie nicht mehr ausreichend Vermögen in der Gesellschaft vorhanden ist, entsteht bilanziell ein Überschuss der Passiva über die Aktiva. Dieser Betrag ist nach § 268 Abs. 3 HGB auf der Aktivseite unter der Bezeichnung „Nicht durch Eigenkapital gedeckter Fehlbetrag" auszuweisen. Darin spiegelt sich die buchmäßige Überschuldung der Gesellschaft wider.[140] Daraus ergibt sich für die Leitungsorgane des Unternehmens im Eigenkapital auch ein sog. Risikolimit für ihre Verhaltenspflichten.[141] Die

---

134 *Schön*, Der Konzern 2004, 162, 166 m.w.N.

135 *Adams*, Eigentum, Kontrolle und beschränkte Haftung, 1991, S. 32.

136 Siehe dazu *Merkt*, in: Müller-Graff/Teichmann (Hrsg.), Europäisches Gesellschaftsrecht auf neuen Wegen, S. 81, 94.

137 *Kleindiek*, ZGR 2006, 335, 339; *Wiedemann*, Gesellschaftsrecht I, 1980, S. 516.

138 *Engert*, GmbHR 2007, 337, 338 („Unterpfand").

139 *Pellens/Kemper/Schmidt*, ZGR 2008, 381, 385.

140 *Baetge/Kirsch/Thiele*, Bilanzen, 14. Aufl. 2017, S. 519. Davon ist die insolvenzrechtliche Überschuldung abzugrenzen. Diese wird auf Basis einer unabhängigen Überschuldungsbilanz festgestellt.

141 *Baums*, ZHR 175 (2011), 160, 185.

Eigenkapitalausstattung der Gesellschaft spielt eine prägende Rolle für die Abwehr von finanziellen Gefahren (insb. Überschuldung oder Zahlungsunfähigkeit).

3. Garantiekapital (Stamm- und Grundkapital)

Das satzungsmäßig fixierte Stamm- und Grundkapital ist ein Bestandteil des Eigenkapitals (§§ 266 Abs. 3 A. I. HGB, 152 Abs. 1 S. 1 AktG, 42 Abs. 1 GmbHG). Dieses ist zunächst nur eine satzungsmäßig fixierte Bilanzziffer[142] auf der Passivseite, die Auskunft darüber gibt, in welcher Höhe die Gesellschafter sich zur Übernahme der Gesellschaftsanteile gegen Leistung ihrer Einlage verpflichtet haben (vgl. § 5 Abs. 1, 2 GmbHG; § 2 AktG).

a) Haftungsfonds

Mit der Gründung einer Kapitalgesellschaft sind die Gesellschafter verpflichtet, das Stamm- und Grundkapital (§ 5 Abs. 1 GmbHG, § 6 AktG) aufzubringen. Nach der traditionell h.M. dient das Garantiekapital als Sondervermögen der Gesellschaft den Gläubigern als Haftungsfonds.[143] Auch die Rechtsprechung begreift die Ausstattung einer Gesellschaft mit Vermögen durch das Stamm- und Grundkapital als tragendes Element des Gläubigerschutzes.[144] Diesem Gedanken liegt die Überlegung zugrunde, dass durch das Garantiekapital der Gesellschaft zunächst Eigenkapital zur Vermögensbildung bzw. Investitionsmöglichkeit zur Verfügung gestellt wird. Durch das Trennungsprinzip entsteht ein von der persönlichen Vermögenssphäre der Gesellschafter getrenntes Sondervermögen, das die Gesellschaft in die Lage versetzt, Kredite aufzunehmen, weil das als Garantiekapital eingebrachte Vermögen als Haftungsmasse den Gläubigern Sicherheit und Garantie bietet.[145]

Durch die Einlage der Gesellschafter erhält die Gesellschaft unmittelbar Vermögen, das auch zur Aufnahme des Geschäftsbetriebs nutzbar gemacht werden kann und für die Lebensdauer der Gesellschaft als Eigenkapital fest zum Nennwert in der Bilanz erscheint.[146] Das entstandene Gesellschaftsvermögen wird aber nicht im Sinne eines separaten Haftungsfonds vom übrigen Gesellschaftsvermögen getrennt,[147] bis es zur Befriedigung von Gesellschaftsverbindlichkeiten benötigt

142 *Koch*, in: Hüffer/Koch, AktG 12. Aufl. 2016, § 1, Rn. 10.

143 Statt vieler: *Grunewald*, Gesellschaftsrecht, 8. Aufl. 2011, S. 305; *Koch*, in: Hüffer/Koch, AktG 12. Aufl. 2016, § 1, Rn. 10; *Drygala*, ZGR 2006, 587, 589; *Vetter*, ZGR 2005, 788, 801; *Röhricht*, ZIP 2005, 505.

144 BGHZ 28, 77, 78; 51, 157, 162; 117, 323, 331; 142, 315, 322; 153, 158, 162; 157, 72, 75 f.

145 BGHZ 50, 157, 162; *Vetter*, ZGR 2005, 788, 802; *Drygala*, ZGR 2006, 587, 589 m.w.N.

146 *Barta*, GmbHR 2005, 657, 659.

147 Etwa, indem es auf einem Bankkonto oder gar in einem Bankschließfach hinterlegt wird.

wird,[148] sondern es dient zur Verwirklichung des Gesellschaftszwecks, indem damit gewirtschaftet werden kann. Daher kann das Stamm- und Grundkapital auch in Anlagegüter investiert oder gar verwirtschaftet werden. Das Stamm- und Grundkapital als ein Bestandteil des Eigenkapitals einer Kapitalgesellschaft erfährt über die Kapitalerhaltungsregeln eine besondere Bindung und Schutz.[149] Allerdings kann der Gesetzgeber das Stamm- und Grundkapital nur vor Auszahlungen an die Gesellschafter schützen, nicht aber davor, dass sich Verluste des geschäftlichen Betriebs realisieren und das Garantiekapital aufgebraucht wird.[150] Auch die höchste satzungsmäßige Kapitalziffer kann keine absolute Garantie für den unternehmerischen Erfolg bieten.[151] Die Kapitalbindung bezweckt nur, den Transfer von Gesellschaftsvermögen in die private Vermögenssphäre der Gesellschafter zu verhindern.[152] Ein Rückfluss ist nur durch das formalisierte Verfahren der Kapitalherabsetzung gem. §§ 58 ff. GmbHG bzw. §§ 222 ff. AktG möglich.

Ein gravierender Mangel des Stamm- und Grundkapitals wird darin gesehen, dass die gesetzlichen Regelungen keine ausreichende und angemessene Höhe vorschreiben. Gerät eine Gesellschaft in die Insolvenz, so deckt das noch vorhandene Gesellschaftsvermögen selten die ausstehenden Verbindlichkeiten. Die Vertreter dieser Ansicht bringen vor, dass das Garantiekapital nur einen Insolvenzschutz bieten könne, wenn es sich in der Höhe an den zu erwartenden Risiken orientiere.[153] Das gegenwärtige System biete aber den Gläubigern keinen Schutz vor der Insolvenz der Gesellschaft und damit keinen Schutz vor dem Ausfall ihrer Forderungen. Die optimale Versorgung der Gesellschaft mit Eigenkapital soll und kann das Garantiekapital indes nicht leisten.[154] Allein die Bestimmung der angemessenen Höhe des Stamm- und Grundkapitals hängt von den Besonderheiten einer jeden Kapitalgesellschaft ab und kann nicht durch abstrakte gesetzliche Festlegung vorgeschrieben werden. Damit die Gläubiger jedenfalls darauf vertrauen können, dass zur Befriedigung ihrer Ansprüche ein dem Garantiekapital entsprechendes Vermögen in der Gesellschaft vorhanden ist, muss eine effektive gesetzliche Absicherung bestehen. Daher ist es rechtssystematisch konsequent, wenn dem System des gebundenen Kapitals ein striktes Kapitalerhaltungsrecht zur Seite gestellt. Der potentielle Forderungsausfall der Gläubiger, der ab bilanzieller Überschuldung der Gesellschaft droht, soll durch die Insolvenzantragspflicht, die in diesem Zeitpunkt ausgelöst wird, möglichst gering gehalten werden.

---

148 So auch *Barta*, GmbHR 2005, 657, 659; *Vetter*, ZGR 2005, 788, 799.

149 Siehe S. 69 ff.

150 *Schmidt*, Gesellschaftsrecht, 4. Aufl. 2002. S. 776; *Joost*, ZIP 2007, 2242, 2246.

151 *Drygala*, ZGR 2006, 587, 593.

152 *Joost*, in: FS Priester, S. 337, 340; dazu ausführlich S. 75.

153 *Rittershaus/Mickel*, in: FS Hommelhoff, S. 927, 933; *Mülbert*, Der Konzern 2004, 151, 154 f.; *Mülbert/Birke*, EBOR 3 (2002), 695, 718 f.

154 *Vetter*, ZGR 2005, 788, 799.

b) *Warnlampenfunktion*

Im gesetzlichen Leitbild des Kapitalerhaltungssystems nimmt das Garantiekapital im Vorfeld einer wirtschaftlichen Krisensituation die Funktion eines Gradmessers ein. Denn gem. § 49 Abs. 3 GmbHG bzw. § 92 Abs. 1 AktG müssen die Leitungsorgane der Gesellschaft unverzüglich eine Gesellschafterversammlung einberufen, wenn Verluste über die Hälfte des Stamm- und Grundkapitals eingetreten sind. Wie bereits angesprochen, ist die Formulierung der Vorschriften ungenau. Richtigerweise kommt es darauf an, dass das Aktivvermögen der Gesellschaft betragsmäßig das Stamm- und Grundkapital weniger als zur Hälfte deckt.[155] Sinn und Zweck dieser Vorschriften sind es, die Gesellschafter über die wirtschaftlich angespannte Situation zu informieren und ihnen Handlungsmöglichkeiten zu eröffnen, die Gesellschaft zu sanieren.[156] Mittelbar wird den Interessen der Gläubiger durch ein effizientes Krisenmanagement vor der Insolvenz entsprochen.[157] Das Stamm- und Grundkapital wird in diesem Zusammenhang als „Warnlampe" bezeichnet.[158] Die praktische Bedeutung wird indes bezweifelt, da eine wirtschaftliche Krise meist zu spät erkannt wird bzw. die Gesellschaft sich meist bereits in einer prekären Situation befindet.[159]

c) *Glaubwürdigkeitssignal*

Das Stamm- und Grundkapital hat für die rechtsgeschäftlichen Vertragspartner der Gesellschaft weitere Bedeutung. Oftmals entscheiden sie anhand der Vermögensstruktur der Gesellschaft, ob sie bereit sind, der Gesellschaft Kredit zu gewähren oder nicht.[160] Das Stamm- und Grundkapital vermittelt demgemäß den Gläubigern der Gesellschaft Informationen über deren Kreditwürdigkeit und wirkt zugleich als finanzielles Signal bezüglich der Risikobereitschaft der Gesellschafter.[161] So wird es gleichsam zum Kommunikationsmittel für die Gesellschafter, die auf diese Weise zum Ausdruck bringen, ob und in welchem Umfang sie die wirtschaftliche Betätigung für sinnvoll erachten. Der aus dem Eigenkapital resultierende Selbstbehalt

155 Siehe Fn. 87; vgl. auch *Koch*, in: Hüffer/Koch, AktG 12. Aufl. 2016, § 92, Rn. 2; *Bayer*, in: Lutter/Hommelhoff, GmbHG 19. Aufl. 2016, § 49, Rn. 15.

156 *Koch*, in: Hüffer/Koch, AktG 12. Aufl. 2016, § 92, Rn. 1; *Bayer*, in: Lutter/Hommelhoff, GmbHG 19. Aufl. 2016, § 49, Rn. 14.

157 *Bayer*, in: Lutter/Hommelhoff, GmbHG 19. Aufl. 2016, § 49, Rn. 14.

158 *Lutter*, AG 1998, 375, 376; *Fleischer*, in: Michalski, GmbHG 3. Aufl. 2017, Syst. Darstellung 5, Rn. 65; *Drygala*, ZGR 2006, 587, 590; *Priester*, DB 2005, 1315, 1317; *Priester*, ZIP 2005, 921; *Arbeitsgruppe europäisches Gesellschaftsrecht*, ZIP 2002, 1310, 1317; *Hadding/Kießling*, WM 2009, 145, 157.

159 *Haas*, DStR 2006, 993, 997; *Haas*, Gutachten 66. DJT, E 1, E 111; *Veil*, ZGR 2006, 374, 381 f.

160 *Barta*, GmbHR 2005, 657, 660.

161 *Drygala*, ZGR 2006, 587, 599 f.; *Ekkenga*, in: MüKo GmbHG 2. Aufl. 2015, § 30, Rn. 15.

wird somit durch die Regeln des satzungsmäßigen Garantiekapitals ergänzt, indem die Gesellschafter durch die Leistung der Einlage aus ihrem Privatvermögen finanzielle Mittel für die Gesellschaft zur Verfügung stellen und damit einen eigenen Risikobeitrag leisten.[162] Dadurch wird deren Interesse an der Wirtschaftlichkeit der Gesellschaft noch verstärkt.

Die angemessene Höhe des Garantiekapitals wird – abgesehen von den Regeln des Mindestkapitals – den Marktteilnehmern überlassen.[163] Die Gesellschafter betonen durch ein überobligatorisches Zurverfügungstellen von Kapital, dass sie von der Unternehmung überzeugt sind und sich auch am wirtschaftlichen Risiko stärker beteiligen wollen. Es wird ein Glaubwürdigkeitssignal[164] an die Fremdkapitalgeber gesetzt, das durch eine spätere Erhöhung des Garantiekapitals noch zusätzlich verstärkt werden kann. Denn hätten die Gesellschafter kein Vertrauen in die Unternehmung, so würden sie keine zusätzlichen Mittel riskieren.[165] Auch bei umgekehrter Sichtweise zeigt sich, dass durch das Garantiekapital zwischen den Marktteilnehmern Informationen ausgetauscht werden. Die Gläubiger haben nämlich ebenfalls Einfluss auf die Höhe des Kapitals, indem sie eine Kreditvergabe von der Höhe der von den Gesellschaftern selbst aufgebrachter Mittel abhängig machen können.[166] Die angemessene Höhe des Stamm- und Grundkapitals wird daher einem Marktmechanismus überlassen. Die gesetzlichen Kapitalschutzregeln stellen sicher, dass das Garantiekapital nicht mehr ohne Weiteres in die Vermögenssphäre der Gesellschafter abfließen kann. Das von den Gesellschaftern gesetzte Bonitätssignal wird somit per Gesetz abgesichert und auf diese Weise ein verlässlicher Rahmen geschaffen, der von den Gesellschaftern ausgefüllt werden kann und auf den sich die Gläubiger verlassen können,[167] ohne selbst mit der Gesellschaft weitere vertragliche Sicherungsinstrumente auszuhandeln zu müssen.[168] Anschaulich ist dieser Gedanke in der Kollektivvertragsthese[169] von *Schön* formuliert worden. Durch das Bereitstellen des Stamm- und Grundkapitals brächten die Gründer einer Gesellschaft zum Ausdruck, mindestens in dieser Höhe

---

162 *Wiedemann*, ZGR 2003, 283, 288; *Teichmann*, NJW 2006, 2444, 2446.

163 *Baums*, ZHR 175 (2011), 160, 184 („opt-in Lösung“).

164 Ohne Differenzierung zwischen Eigen- und Garantiekapital *Adams*, Eigentum, Kontrolle und beschränkte Haftung, 1991, S. 40; *Bitter*, Konzernrechtliche Durchgriffshaftung bei Personengesellschaften, 2000, 196 f.; *Drygala*, ZGR 2006, 587, 599 („Signal zur Risikobereitschaft“); *Eidenmüller*, in: FS Heldrich, S. 581, 593 („Garantiezusage an den Rechtsverkehr“); *Ekkenga*, in: MüKo GmbHG 2. Aufl. 2015, § 30, Rn. 15; *Körber*, Kapitalaufbringung, 2014, S. 162 ff.; a.A.: *Mülbert/Birke*, EBOR 3 (2002), 695, 728 f.; *Eidenmüller/Engert*, AG 2005, 97, 101.

165 *Drygala*, ZGR 2006, 587, 601.

166 *Eidenmüller/Engert*, AG 2005, 97, 105.

167 *Baums*, ZHR 175 (2011), 160, 184 f.

168 *Schön*, Der Konzern 2004, 162, 167.

169 *Schön*, ZHR 166 (2002), 1; *Schön*, Der Konzern 2004, 162, 166 ff.

zugunsten der Gläubiger haften zu wollen. Je nach Umfang der entstehenden Haftungsmasse solle dadurch ein Bonitätssignal gesetzt werden, das geeignet sei, Informationsasymmetrien auf Seiten des Geschäftspartners abzubauen.[170] Der vom Gesetzgeber fixierte institutionelle Rahmen des Kapitalschutzes sichere diese „kollektive Haftungszusage"[171] ab, sodass der Rechtsverkehr sich auf das Bonitätssignal verlassen könne.[172]

Das deutsche System des festen Kapitals erfüllt nach der wohl überwiegenden Meinung in diesem Zusammenhang die Funktion einzelvertraglicher Kreditsicherungsvereinbarungen, sog. *covenants.*[173] Die insb. in den USA verbreiteten *covenants* ermöglichen es, den Gläubigern flankierende Sicherungen in Kreditverträgen zu vereinbaren.[174] Dies ist nötig, da im amerikanischen Rechtssystem der Gläubigerschutz nicht durch gesetzlich vorgeschriebene Rechtsinstitute gewährleistet wird; dieser wird der Eigeninitiative der Gläubiger überlassen. In den *covenants* werden typischerweise Vereinbarungen über ein bestimmtes Verhältnis von Eigen- zu Fremdkapital getroffen, Informationspflichten vorgeschrieben, Dividenden- oder Gewinnauszahlungen begrenzt, Veräußerungsverbote bezüglich bestimmter Vermögensgegenstände oder eine vorsichtige Bilanzierung vereinbart.[175] Die individuell ausgehandelten *covenants* ähneln damit in ihrer Ausgestaltung dem gesetzlichen Kapitalerhaltungsrecht europäischer Prägung stark,[176] sodass man von einer schuldrechtlichen Simulation des gesetzlichen Kapitalschutzes ausgehen kann.[177] Der gesetzliche Kapitalschutz hat jedoch eindeutige Vorteile gegenüber den kreditbegleitenden Vereinbarungen. Während ein gesetzlich vorgeschriebenes System allen Gläubigergruppen zugutekommt, hängt der Schutz bei individuellen Vereinbarungen von der Verhandlungsstärke der Gläubiger ab.[178] Nur wenn ein „Verhandeln auf Augenhöhe" vorliegt, kann man von einer den beteiligten Interessen

---

170 *Schön*, ZHR 166 (2002), 1, 4; *Schön*, Der Konzern 2004, 162, 166; *Mülbert/Birke*, EBOR 3 (2002), 695, 729 f.; zustimmend *Kleindiek*, ZGR 2006, 335, 346 f.; *Spindler*, JZ 2006, 839, 843; ähnlich *Bezzenberger*, Das Kapital der Aktiengesellschaft, 2005, S. 117 f.; kritisch: *Eidenmüller/Engert*, AG 2005, 97, 101 f.; *Schall*, Kapitalgesellschaftsrechtlicher Gläubigerschutz, 2009, S. 48.

171 *Schön*, Der Konzern 2004, 162, 166.

172 *Kleindiek*, ZGR 2006, 335, 347.

173 Ausführlich zu *covenants Fleischer*, ZIP 1998, 313; *Baums*, in: Bayer/Habersack (Hrsg.), Aktienrecht im Wandel, S. 978, Rn. 31.

174 *Merkt*, ZGR 2004, 305, 313.

175 *Mülbert/Birke*, EBOR 3 (2002), 695, 723; *Merkt*, in: Müller-Graff/Teichmann (Hrsg.), Europäisches Gesellschaftsrecht auf neuen Wegen, S. 81, 94.

176 *Kuhner*, ZGR 2005, 753, 784 f.; *Haberer*, Zwingendes Kapitalgesellschaftsrecht, 2009, S. 190; *Merkt*, ZGR 2004, 305, 313 m.w.N.

177 *Schön*, ZGR 2000, 706, 727; ähnlich auch *Arbeitskreis Bilanzrecht der Hochschullehrer Rechtswissenschaft*, BB 2002, 2372, 2375 f.

178 *Spindler*, JZ 2006, 839, 841.

entsprechenden vertraglichen Absicherung ausgehen.[179] In der Realität wird aber aufgrund von Informationsasymmetrien oder unterschiedlicher Verhandlungsstärke kein idealtypischer Kompromiss ausgehandelt werden können, obwohl diese Ansicht vereinzelt vertreten wird.[180] Für kleinere Gläubiger ist die Durchsetzung ihrer Interessen durch individuell ausgehandelte Vereinbarungen mangels Marktmacht nicht möglich oder der Aufwand zu hoch.[181] Auch lohnt sich das Aushandeln individueller Kreditsicherungsvereinbarungen erst ab einem bestimmten Transaktionsvolumen.[182] Nur bei Geschäften, die einen gewissen Umfang erreichen, übersteigt der Nutzen die Kosten für die Vereinbarung (Transaktionskosten). Der Gesetzgeber bietet den Beteiligten in den gesetzlichen Kapitalschutzregeln standardisierte Kreditbedingungen deren Kontrolle und Einhaltung von unabhängiger Seite gewährleistet wird.[183] Darüber hinaus werden Deliktsgläubiger gleichermaßen vom Schutz erfasst wie schuldrechtliche Vertragspartner.[184] Auf der anderen Seite können Transaktionskosten für das Aushandeln und Kontrollieren der Kreditvereinbarungen reduziert werden.[185] Das lässt den Schluss zu, dem gesetzlichen Kapitalschutzsystem die Funktion einer effizienten Vertragsoption zur Sicherung der Gläubigerforderungen zuzusprechen.[186] Ein Beleg dafür, dass die Praxis diese „Vertragsoption" als sinnvoll ansieht, kann aus daraus abgeleitet werden, dass die meisten Aktiengesellschaften in der wirtschaftlichen Realität ein deutlich über das Mindestkapital hinausgehendes Grundkapital aufweisen.[187] Es scheint auch in Deutschland kein praktisches Bedürfnis nach vertraglich vereinbarten Ausschüttungssperren zu existieren.[188] Durch die gesetzliche Fixierung kommt die Schutzwirkung allen Gläubigern zugute, auch wenn diese keine Möglichkeit hatten, eine zusätzliche Vereinbarung zu schließen oder es aufgrund zu hoher Transaktionskosten unterlassen haben. Dabei sollte man den Blick nicht allzu stark auf die

---

179 *Wilhelmi*, GmbHR 2006, 13, 15.

180 Vgl. *Eidenmüller*, ZIP 2002, 2233, 2236.

181 *Merkt*, ZGR 2004, 305, 313.

182 *Janssen*, Bilanzorientierte Kapitalerhaltung oder Solvenztest, 2010, S. 32, m.w.N.; *Merkt*, ZGR 2004, 305, 313; *Wilhelmi*, GmbHR 2006, 13, 16; *Engert*, ZHR 170 (2006), 296, 304.

183 *Schön*, Der Konzern 2004, 162, 167; *Arbeitsgruppe europäisches Gesellschaftsrecht*, ZIP 2002, 1310, 1317.

184 *Kuhner*, ZGR 2005, 753, 764; *Spindler*, JZ 2006, 839, 841; *Wilhelmi*, GmbHR 2006, 13, 15; *Brösel/Wittko*, in: FS Dintner, S. 238, 246.

185 *Merkt*, ZGR 2004, 305, 313; *Merkt*, in: Müller-Graff/Teichmann (Hrsg.), Europäisches Gesellschaftsrecht auf neuen Wegen, S. 81, 100; *Mülbert/Birke*, EBOR 3 (2002), 695, 729 f.; *Ballwieser*, Der Konzern 2007, 419, 421.

186 *Schön*, Der Konzern 2004, 162, 167.

187 *Drygala*, ZGR 2006, 587, 593; ausgewählte Beispiele bei *Eidenmüller/Engert*, AG 2005, 97, 98.

188 *Kuhner*, ZGR 2005, 753, 785; *Leuz/Deller/Stubenrath*, Accounting and Business Research 28 (1998), S. 111, 122 ff.

Einordnungen des Kollektiv-„Vertrags" in vertragsrechtliche Kategorien verengen.[189] Durch das Garantiekapital können die Gesellschafter gegenüber Fremdkapitalgebern ein Bonitätssignal setzen und Informationsnachteile ausgleichen. Gerade für kleinere Gläubiger lohnt sich eine weitergehende Kreditwürdigkeitsprüfung kaum.[190] Die These *Schöns* veranschaulicht dieses finanzielle Signal, stellt im Ergebnis aber keine weitergehenden Folgerungen an.[191]

Die Regulierung durch Gesetz stellt eine „sinnvolle Grundsicherung"[192] dar. Der gesellschaftsrechtliche Kapitalschutz kann somit als rechtsethisch motivierte Wertentscheidung des Gesetzgebers begriffen werden, der als „Substitut für vertragliche *covenants*"[193] die Interessen aller Gläubigergruppen berücksichtigt. Daneben bleibt es den einzelnen Gläubigern unbenommen eine weiter reichende und individuell maßgeschneiderte Vorsorge zu vereinbaren. Auffällig ist bei den in den USA vereinbarten *covenants*, dass diese das in Bezug genommene Bilanzierungssystem – vor allem den US-GAAP – modifiziert haben, um unsichere und manipulationsanfällige Bilanzposten zu beseitigen.[194] Studien belegen, dass insbesondere Bewertungsmethoden, die zu höheren Gewinnen führen als konservativere Bewertungsmodelle ausgenommen werden. Daneben wird vorallem die Aktivierung immaterieller Vermögensgegenstände und des Geschäfts- oder Firmenwerts ausgeschlossen.[195] Diese kapitalschutzsensiblen Bilanzposten wurden auch bei der Reform des deutschen Handelsbilanzrechts kontrovers diskutiert.[196]

d) Entnahmesperre

In der GmbH erfüllt das Stammkapital eine zusätzliche Funktion. Die §§ 30, 31 GmbHG bestimmen, dass das zur Erhaltung des Stammkapitals erforderliche Vermögen der Gesellschaft nicht an die Gesellschafter ausgezahlt werden darf. Die Gläubiger sollen vor dem Abzug von Gesellschaftsvermögen in die Sphäre der Gesellschafter geschützt werden.[197] Durch das Stammkapital wird die Grenze zwischen zulässiger Entnahme und unzulässiger Vermögensverlagerung auf den Gesellschafter gezogen.[198]

---

189 *Baums*, ZHR 175 (2011), 160, 185; *Drygala*, ZGR 2006, 587, 599 f.

190 *Drygala*, ZGR 2006, 587, 600; *Kübler*, ZHR 159 (1995), 550, 561.

191 Bemühte man die allgemeine Rechtsgeschäftslehre, so stellte sich die Frage nach dem wirksamen Vertragsschluss. Außerdem wären Überlegungen zum Leistungsstörungsrecht etc. geboten.

192 *Schön*, ZHR 166 (2002), 1, 4.

193 *Mülbert*, Der Konzern 2004, 151, 156.

194 *Kuhner*, ZGR 2005, 753, 785.

195 *Leuz/Deller/Stubenrath*, Accounting and Business Research 28 (1998), S. 111, 115 f.

196 Siehe dazu später ausführlich S. 228 ff. und S. 243 ff.

197 *Schön*, Der Konzern 2004, 162, 168.

198 *Vetter*, ZGR 2005, 788, 802; siehe zur bilanziellen Bindung S. 117 ff.

Bei der Aktiengesellschaft ist das Grundkapital gleichfalls gesperrt. Die Bindung des Kapitals ist aber insofern weitreichender, als dass nur der Bilanzgewinn (§ 57 Abs. 3 AktG) entnommen werden darf.[199]

e) *Ergebnis*

Ob das Stamm- und Grundkapital als Haftungsfonds dienen kann, ist von der jeweiligen Höhe abhängig, die im Ermessen der Gesellschafter liegt. Dabei muss auch Erwähnung finden, dass nicht nur das Gesellschaftsvermögen im Umfang des Garantiekapitals für die Verbindlichkeiten der Gesellschaft zur Verfügung steht, sondern das gesamte Gesellschaftsvermögen.[200]

Die wohl größere Bedeutung des Garantiekapitals kommt in der Funktion als Glaubwürdigkeitssignal zum Ausdruck.[201] Den Gesellschaftern wird es als Kommunikationsmittel mit dem Rechtsverkehr an die Hand gegeben, um für eine größere Bonität und höheres Vertrauen in die unternehmerische Betätigung zu sorgen. Für die überwiegende Anzahl von Fremdkapitalgläubigern im Mittelstand erübrigt sich dadurch der Abschluss kostspieliger einzelvertraglicher Sicherungsinstrumente, weil sie sich auf die gesetzliche Absicherung des obligatorischen Solidarbeitrags verlassen können.

4. Mindestkapital

Das gesetzliche Mindestkapital beträgt für die Aktiengesellschaft gem. § 7 AktG 50.000 €; für die GmbH wird in § 5 Abs. 1 GmbHG ein Mindestkapital von 25.000 € festgelegt. Durch das MoMiG wurde darüber hinaus eine Besonderheit eingeführt. Die neue Rechtsform der UG (haftungsbeschränkt) gem. § 5a GmbHG kann als sog. „Mini"-GmbH[202] mit einem Stammkapital von 1 € gegründet werden.

a) *Ausgleich für die Haftungsbeschränkung*

Diese Beträge bilden beim Garantiekapital der Kapitalgesellschaft wertmäßige Untergrenzen für das Stamm- und Grundkapital, die bei der Gründung nicht unterschritten werden dürfen. Das Mindestkapitalerfordernis wird durch das Ziel des Schutzes der Gesellschaftsgläubiger gerechtfertigt.[203] Wie bereits gezeigt, ist der Schutz der Gläubiger aufgrund der beschränkten Haftung im Kapitalgesellschaftsrecht ein fester und unabdingbarer Bestandteil des geltenden Gesellschaftsrechts.[204]

---

199 Siehe dazu S. 70 ff.

200 Vgl. *Barta*, GmbHR 2005, 657, 659.

201 Siehe auch *Körber*, Kapitalaufbringung, 2014, S. 162 ff.

202 *Miras*, Die neue Unternehmergesellschaft, 2. Aufl. 2011, Rn. 9.

203 Ausführlich *Krüger*, Mindestkapital und Gläubigerschutz, 2005.

204 *Meyer*, BB 2008, 1742, 1742; *Wiedemann*, Gesellschaftsrecht I, 1980, S. 516 f. im Gegensatz dazu wird im angloamerikanischen Rechtskreis der Schutz der Gläubiger

Insofern findet das Mindestkapital seine Rechtfertigung in dem wirtschaftlich sinnvollen Ausgleich für die Haftungsbeschränkung.[205] Leitendes Motiv des Mindestkapitalerfordernisses ist, dass der Gesellschaft mindestens ein bestimmter Geldbetrag als Haftungssumme zufließt, der zur Befriedigung der Gläubigerverbindlichkeiten dient. In diesem Sinne wird die Funktion als Mindesthaftkapital betont.[206] Dadurch entstehe auch indirekt ein vorsorglicher Schutz der Gläubiger, indem die Wahrscheinlichkeit des insolvenzbedingten Forderungsausfalls reduziert werde.[207] Damit eng verbunden ist die Ansicht, das Mindestkapital gewährleiste gerade in der Anlaufphase eines Unternehmens ein Mindestbetriebs- und Arbeitskapital, das Verluste zu Beginn der wirtschaftlichen Tätigkeit verhindert und somit einen Puffer bis zur Überschuldung bietet und einer drohenden Insolvenz entgegenwirkt.[208] Aus der ökonomischen Analyse kann zudem argumentiert werden, dass durch Erbringung eines obligatorischen Risikobeitrags die *moral-hazard*-Problematik bei der Kapitalgesellschaft entschärft wird.[209] Das Mindestkapital ist der Risikobeitrag, den der Gesetzgeber von den Gesellschaftsgründern einfordert, um die Haftungsbeschränkung zu rechtfertigen. Den Gesellschaftern wird als Ausgleich für die Haftungsbeschränkung ein gewisses finanzielles Opfer abverlangt,[210] um die Gesellschafter am Risiko des Wirtschaftens zu beteiligen.

b) Kritik

Das gesetzliche Mindestkapital sieht sich speziell in den letzten zehn Jahren nationalen[211] wie internationalen[212] Angriffen ausgesetzt. Insbesondere die Öffnung der nationalen Rechtsordnungen für ausländische Rechtsformen durch den EuGH[213] und der dadurch zunehmende Wettbewerb der Gesellschaftsrechtsformen stellt das nach

---

in erster Linie über das Insolvenzrecht gewährleistet; siehe *Schön*, Der Konzern 2004, 162, 162 m.w.N.

205 *Lutter*, Kapital, 1964, S. 41; *Koch*, in: Hüffer/Koch, AktG 12. Aufl. 2016, § 1, Rn. 10; *Roth*, in: Roth/Altmeppen, GmbHG 8. Aufl. 2015, § 5, Rn. 4; *Schön*, Der Konzern 2004, 162, 168; *Wilhelmi*, GmbHR 2006, 13, 14.

206 *Wilhelmi*, GmbHR 2006, 13, 14; begrenzt zustimmend *Eidenmüller/Grunewald/Noack*, in: Lutter, Kapital in Europa, S. 17, 26.

207 *Mülbert*, Der Konzern 2004, 151, 155 f.; *Wilhelmi*, GmbHR 2006, 13, 20.

208 *Lutter*, AG 1998, 375; *Wilhelmi*, GmbHR 2006, 13.

209 *Schmidt*, Gesellschaftsrecht, 4. Aufl. 2002, S. 541; *Wiedemann*, ZGR 2003, 283, 288.

210 *Wiedemann*, DB 1993, 141, 147 („Opfertheorie"); *Kleindiek*, ZGR 2006, 335, 342; *Drygala*, in: KK-AktG 3. Aufl. 2011, § 57, Rn. 10.

211 *Blaurock*, in: FS Raiser, S. 3; *Eidenmüller/Engert*, GmbHR 2005, 433; *Grunewald/Noack*, GmbHR 2005, 189; *Haas*, DStR 2006, 993; *Mülbert*, Der Konzern 2004, 151; *Schön*, Der Konzern 2004, 162, 166.

212 Etwa *Armour*, EBOR 7 (2006), 5.

213 Insb. EuGH Rs. C-212/97, Slg. 1999, I-1459 *Centros*; EuGH Rs. C-208/00 *Überseering*; EuGH Rs. C-167/01, Slg. 2003, I-10155 *Inspire Art*; siehe dazu ausführlich: *Teichmann*, Binnenmarktkonformes Gesellschaftsrecht, 2006, S. 86 ff.

deutschem Recht vorgeschriebene Mindestkapital neben dem gesamten deutschen Kapitalschutzsystem immer stärker infrage. Zunehmend wird der Beitrag, den das Mindestkapital zum Gläubigerschutz leistet, in Zweifel gezogen, zumal im internationalen Kontext ausländische alternative Rechtsformen auch ohne ein Mindestkapital existieren.[214]

Als gewichtiges Argument gegen das Mindestkapitalerfordernis wird vor allem die mangelnde Eignung als Haftungsfonds vorgebracht.[215] Die Bezeichnung suggeriere, dass den Gläubigern ein fester („unantastbarer") Betrag als Haftungsmasse zur Verfügung steht, obwohl auch das Mindestkapital verwirtschaftet werden kann.[216] Denn vor Verlusten kann auch das Mindestkapital nicht schützen. Im Übrigen orientiere sich die aktuelle Höhe des Mindestkapitals von 25.000 € bei der GmbH oder 50.000 € bei der Aktiengesellschaft nicht am individuellen Finanzbedarf[217] des jeweiligen Unternehmens, sodass der Beitrag weder zur Insolvenzprophylaxe beitragen[218] noch als Betriebsmittel dienen könne.[219] Durch die Ingangsetzung des Geschäftsbetriebs werde der Betrag regelmäßig rasch verbraucht sein.[220] Das Mindestkapital sei keine ernsthafte Hilfe gegen die betriebswirtschaftlichen Risiken einer Unternehmung.[221]

Dem wird entgegengehalten, dass das Mindestkapital nicht der optimalen Eigenkapitalausstattung entsprechen müsse, um einen Effekt zu entfalten.[222] Der optimale Mindestkapitalbedarf eines Unternehmens sei allenfalls anhand theoretischer Maßstäbe feststellbar. Wenn das Mindestkapital zu gering sei, um positive Einflüsse zu entfalten, so müsse man eher eine Erhöhung in Betracht ziehen denn die Abschaffung.[223] Weiterhin hätte die gänzliche Abschaffung des Mindestkapitals auch zur Folge, dass die Warnlampenfunktion des Stamm- und Grundkapitals nicht mehr

---

214 Hervorzuheben sind vor allem die britische Limited sowie die französische société à responsablité limitée; vgl. *Roth*, in: Roth/Altmeppen, GmbHG 8. Aufl. 2015, Einleitung, Rn. 27.

215 *Blaurock*, in: FS Raiser, S. 3, 9; *Haas*, DStR 2006, 993, 998.

216 *Grunewald/Noack*, GmbHR 2005, 189, 190.

217 *Merkt*, ZGR 2004, 305, 317; *Mülbert*, Der Konzern 2004, 151, 154; *Grunewald/Noack*, GmbHR 2005, 189, 190; *Rittershaus/Mickel*, in: FS Hommelhoff, S. 927, 933; *Thiessen*, DStR 2007, 202, 204, betont die Nachteile der generalisierenden Betrachtung: für Dienstleister zu hoch, für Industrie zu niedrig.

218 *Haas*, DStR 2006, 993, 998; *Fastrich*, in: Baumbach/Hueck, GmbHG 21. Aufl. 2017, Einl., Rn. 8; *Mülbert/Birke*, EBOR 3 (2002), 695, 721 f.; *Schall*, Kapitalgesellschaftsrechtlicher Gläubigerschutz, 2009, S. 43; *Schön*, Der Konzern 2004, 162; 165; zustimmend auch *Kleindiek*, DStR 2005, 1366, 1369; *Kleindiek*, ZGR 2006, 335, 340.

219 *Haas*, DStR 2006, 993, 955; *Grunewald/Noack*, GmbHR 2005, 189, 190.

220 *Grunewald/Noack*, GmbHR 2005, 189.

221 *Arbeitsgruppe europäisches Gesellschaftsrecht*, ZIP 2003, 863, 863; *Schön*, ZHR 166 (2002), 1, 4.

222 *Wilhelmi*, GmbHR 2006, 13, 20.

223 *Kleindiek*, DStR 2005, 1366, 1369; *Kleindiek*, ZGR 2006, 335, 340; *Priester*, DB 2005, 1315, 1317; *Thiessen*, DStR 2007, 202, 204.

erfüllt werden kann. Die Warnlampe würde bereits zu Beginn der Geschäftstätigkeit aufleuchten.[224] Die Kritiker des Mindestkapitals verweisen zudem auf die hohen Kosten, die durch das gesetzlich vorgeschriebene System entstehen. Dies hätte möglicherweise[225] zur Folge, dass in Einzelfällen durch das Mindestkapital die Gründung eines rentablen Unternehmens sogar ganz verhindert werde.[226] Doch selbst wenn bisher schon auf die stark hypothetische Natur dieser Annahme verwiesen wurde,[227] so ist spätestens seit dem MoMiG diese Sorge durch die Einführung der UG (haftungsbeschränkt) gem. § 5a GmbHG beseitigt. Diese neue „Mini-GmbH"[228] kann mit einem Kapital von lediglich einem Euro gegründet werden und stellt somit keine Hürde für die Gründung einer Kapitalgesellschaft dar.

c) Seriositätsschwelle

In jüngerer Zeit wird überwiegend wohl die Funktion des Mindestkapitals als „Seriositätsschwelle" hervorgehoben,[229] die unseriöse oder gar missbräuchliche Gründungen einer Kapitalgesellschaft verhindern soll. Durch die zwingende Aufbringung des Mindestkapitals sollen unseriöse Kaufleute von vornherein abgehalten werden, eine Kapitalgesellschaft zu gründen und die Haftungsbeschränkung in Kauf zu nehmen.[230] Der Rechtsverkehr wird dadurch insgesamt vor unlauteren Gründungen geschützt. Indirekt bewirkt dies auch einen Schutz der Gläubiger. Gesellschaftsgründer, die kein Vertrauen in ihre Unternehmung haben und daher einen eigenen Risikobeitrag scheuen oder die Haftungsbeschränkung missbrauchen wollen, um auf Kosten der Gläubiger zu agieren, werden „ausgefiltert".[231] Für seriöse Kaufleute hingegen stellt das Mindestkapital keine besonders hohe Hürde dar, sodass diese von

---

224 *Priester*, ZIP 2005, 921.

225 Verlässliche empirische Daten existieren nicht; daher verweisen *Eidenmüller/Engert*, GmbHR 2005, 433, 437 zu Recht daraufhin, dass sämtliche Erwägungen nur auf „Grobschätzungen" beruhen.

226 *Grunewald/Noack*, GmbHR 2005, 189, 190.

227 Siehe *Eidenmüller/Engert*, GmbHR 2005, 433, 436.

228 Siehe Fn. 202.

229 BGHZ 142, 315; *Arbeitsgruppe europäisches Gesellschaftsrecht*, ZIP 2003, 863, 872; *Drygala*, ZGR 2006, 587, 599; *Hennrichs*, NZG 2009, 921, 922; *Kleindiek*, ZGR 2006, 335, 343; *Krejci*, in: FS Karsten Schmidt, S. 981, 989; *Lutter*, AG 1998, 375; *Mülbert*, Der Konzern 2004, 151, 158; *Schall*, Kapitalgesellschaftsrechtlicher Gläubigerschutz, 2009, S. 43; *Schön*, ZHR 166 (2002), 1, 4; *Schmidt*, Gesellschaftsrecht, 4. Aufl. 2002, S. 523; *Vetter*, ZGR 2005, 788, 800; *Wilhelmi*, GmbHR 2006, 13, 14; *Körber*, Kapitalaufbringung, 2014, S. 161 f.; a.A. *Haas*, DStR 2006, 993, 994; *Haberer*, Zwingendes Kapitalgesellschaftsrecht, 2009, S. 167; *Grunewald/Noack*, GmbHR 2005, 189, 190; *Rittershaus/Mickel*, in: FS Hommelhoff, S. 927, 935.

230 *Eidenmüller/Grunewald/Noack*, in: Lutter, Kapital in Europa, S. 17, 25.

231 *Eidenmüller/Engert*, GmbHR 2005, 433, 435; *Kleindiek*, ZGR 2006, 335, 343; *Körber*, Kapitalaufbringung, 2014, S. 158.

der Gründung einer Kapitalgesellschaft nicht abgehalten werden.[232] In diesem Sinne ist der Begriff der Seriositätsschwelle eher als „Ernsthaftigkeitsschwelle" zu verstehen, denn für unseriöse oder unredliche Gründer bereitet es keine Schwierigkeit, das Stammkapital von 25.000 € zur Verfügung zu stellen.[233] Damit eng verbunden ist der Gedanke des „Preises"[234], welcher als ordnungspolitisch und rechtsethisch motivierter Risikobeitrag für die Gewährung der Haftungsbeschränkung von den Gesellschaftern zu zahlen ist.[235] Nur demjenigen, der bereit ist, einen eigenen Beitrag zu seiner wirtschaftlichen Betätigung zu leisten, kommt die Haftungsbeschränkung zugute. Dadurch werden die Gesellschaftsgründer zu einer Risikobeteiligung ihrer Unternehmung gezwungen, was wiederum zu einer positiven Verhaltenssteuerung führen soll.[236] Diese „erzieherische Funktion" des Mindestkapitals soll zu einem soliden und seriösen Wirtschaften anhalten.[237]

Eine weitere Komponente ist mit der Einführung der UG (haftungsbeschränkt) gem. § 5a GmbHG in der Diskussion aufgekommen. Die Möglichkeit eine solche Kapitalgesellschaft nahezu ohne Mindestkapital zu gründen, wirft die Frage auf, welche Funktionen der Gesetzgeber dem Mindestkapital überhaupt noch beimisst. Der Kompromiss sieht zwar eine besondere Firmierung der UG vor, sodass die Geschäftspartner sich auf die Vermögenslosigkeit einstellen können. Gleichzeitig wird es den Gesellschaftsgründern überlassen, inwieweit sie die Seriositätsschwelle überschreiten wollen. Es ist daher der Begriff der „fakultativen Seriositätsschwelle"[238] aufgekommen. Gleichzeitig zeigt sich aber in der gesetzgeberischen Entscheidung, dass das Mindestkapital nicht als Haftungsfonds, Betriebsmittelausstattung oder Risikopuffer verstanden wird.[239] Auch die Rechtfertigung der Haftungsbeschränkung durch das Aufbringen eines Mindestkapitals wird dadurch zunehmend angreifbar. Infolgedessen ändert sich aber die Funktion des Garantiekapitals als Seriositätssignal nach außen.[240] Die Marktteilnehmer können selbst entscheiden, ob sie auf die GmbH als seriösere Rechtsform zurückgreifen. Die Gründungszahlen

---

232 *Krejci*, in: FS Karsten Schmidt, S. 981, 990; *Wilhelmi*, GmbHR 2006, 13, 23, der darin sogar einen Wettbewerbsvorteil sieht; zurückhaltender zum Nutzen *Eidenmüller/Engert*, GmbHR 2005, 433, 383.

233 *Teichmann*, NJW 2006, 2444, 2446.

234 Siehe bereits Fn. 44.

235 *Wiedemann*, Gesellschaftsrecht I, 1980, S. 565; *Wiedemann*, ZGR 2003, 283, 288; *Kleindiek*, ZGR 2006, 335, 342; *Schmidt*, Gesellschaftsrecht, 4. Aufl. 2002, S. 541.

236 *Wilhelmi*, GmbHR 2006, 13, 14; *Krejci*, in: FS Karsten Schmidt, S. 981, 989.

237 *Schmidt*, NJW 1980, 1769, 1770.

238 *Schall*, Kapitalgesellschaftsrechtlicher Gläubigerschutz, 2009, S. 105; *Körber*, Kapitalaufbringung, 2014, S. 159 („freiwilliges Seriösitätssignal").

239 Zu befürchteten Systembrüchen durch Einführung der UG *Drygala*, NZG 2007, 561.

240 Siehe nur *Schall*, Kapitalgesellschaftsrechtlicher Gläubigerschutz, 2009, S. 43; *Teichmann*, NJW 2006, 2444, 2446; *Beck/Schaub*, GmbHR 2012, 1331, 1333.

seit Einführung der UG zeigen, dass die GmbH weiterhin die meist verbreitete Kapitalgesellschaft darstellt.[241]

d) Verhindern der Startinsolvenz/Startausstattung

Durch den minimalen Verlustpuffer, den das Mindestkapital erzeugt, wird die Wahrscheinlichkeit einer Startinsolvenz reduziert.[242] Der Gesellschaft werden durch das Mindestkapital finanzielle Mittel zur Verfügung gestellt, die das unternehmerische Wirken gerade in der Startphase absichern.[243] Ein sehr niedriges Eigenkapital bringt die Gesellschaft von Beginn der wirtschaftlichen Tätigkeit an in die Nähe der Insolvenz. Auch wenn die Eignung zur Insolvenzvermeidung nicht zu den Stärken des Mindestkapitals zählen dürfte,[244] so wäre eine Kapitalgesellschaft mit einem Eigenkapital von 1 € schon bereits bei einem Jahresfehlbetrag von 2 € in der bilanziellen Überschuldung.[245] Daher erscheint es durchaus sinnvoll, Kapitalgesellschaften ein Mindestkapital vorzuschreiben, um gerade für die Anfangsphase finanziellen Spielraum zu sichern, denn je geringer das gesetzlich vorgeschriebene Mindestkapital ist und je höher der finanzielle Bedarf für das jeweilige Projekt, desto höher ist die Insolvenzanfälligkeit.[246] Aus diesem Grund wird die Beibehaltung des Mindestkapitals rechtspolitisch durchaus begrüßt.[247] Dies wird insbesondere auch mit Verweis auf die „Frühsterblichkeitsrate“ der Limited betont.[248]

e) Würdigung

Aus der vorgebrachten Kritik bezüglich der mangelnden Eignung des Mindestkapitals in der ursprünglichen Funktion als Haftungsreserve wird etwas voreilig die Forderung formuliert, das Mindestkapital müsse abgeschafft werden.[249] Wenn auch zugestanden werden muss, dass es als Mindesthaftungsfonds nur eher marginale Effekte erzielt, so dürfen andere rechtspolitisch sinnvolle Funktionen

---

241 *Niemeier*, in: Hirte/Teichmann (Hrsg.), The European Private Company – Societas Privata Europaea (SPE), S. 293, 329.

242 *Krejci*, in: FS Karsten Schmidt, S. 981, 989; ähnlich *Hadding/Kießling*, WM 2009, 145, 157; *Hennrichs*, NZG 2009, 921, 922; *Körber*, Kapitalaufbringung, 2014, S. 154.

243 *Krejci*, in: FS Karsten Schmidt, S. 981, 989.

244 Siehe bereits Fn. 218.

245 Vgl. *Hennrichs*, NZG 2009, 921, 922.

246 *Krejci*, in: FS Karsten Schmidt, S. 981, 989.

247 *Hennrichs*, NZG 2009, 921, 922; *Haberer*, Zwingendes Kapitalgesellschaftsrecht, 2009, S. 168.

248 *Niemeier*, ZIP 2007, 1794, der dies mit empirischen Zahlen unterlegt; dem folgend: *Hennrichs*, NZG 2009, 921, 922.

249 *Böcking/Dutzi*, Der Konzern 2007, 435, 433; *Mülbert*, Der Konzern 2004, 151, 154; *Grunewald/Noack*, GmbHR 2005, 189, 190; *Haas*, DStR 2006, 993, 1000; *Haas*, Gutachten 66. DJT, E 1, E 133; *Schön*, Der Konzern 2004, 162, 165.

des Mindestkapitals nicht außer Acht gelassen werden.[250] Denn die ökonomische Irrelevanz des Mindestkapitals spricht nicht gegen die Funktion der Seriositätsschwelle bzw. des rechtsethisch notwendigen Solidarbeitrags.[251] Auch wenn dadurch nur noch indirekt gläubigerschützende Wirkung erzeugt wird,[252] sind die Effekte nahezu unbestritten.

Der Vorwurf, dass die Höhe des Mindestkapitals nicht den konkreten ökonomischen Bedürfnissen der jeweiligen Gesellschaft folgt und daher keinen Nutzen hat, kann ebenfalls nicht überzeugen. Eine generell-abstrakte Festlegung der Höhe des Mindestkapitals folgt immer einer typisierenden Betrachtung durch den Gesetzgeber. Daraus folgt jedoch nicht, dass das Mindestkapital keine nützliche Funktion erfüllt.[253] Dennoch stellt das Mindestkapital das „schwächste Glied in der Normkette des kapitalorientierten Gläubigerschutzes dar".[254] Daher verdient die Wertung *Schöns* Zustimmung, wenn das gesetzliche Mindestkapital sich zwar aus Gläubigersicht nicht als hilfreich, aber für einen seriösen Unternehmensgründer auch nicht als störend darstellt.[255] Das Mindestkapital ist damit zwar keine konstitutive Voraussetzung für den gesellschaftsrechtlichen Kapitalschutz.[256] Es sprechen keine dogmatisch zwingenden Gründe dafür, das Mindestkapital in seiner derzeitigen Form beizubehalten. Weder eine Änderung in der Höhe noch die gänzliche Abschaffung würden zu gravierenden Mängeln im Kapitalschutzsystem führen. Hat indes der Gesetzgeber die rechtspolitische Entscheidung getroffen, ein bestimmtes Mindestkapital im Recht der Kapitalgesellschaft zu etablieren, folgt daraus allerdings zwingend die Entscheidung für das System des festen Kapitals, insbesondere Regelungen für die Aufbringung und Erhalt des Kapitals.[257]

An der Diskussion um das Mindestkapital verwundern bisweilen Umfang und die Schärfe der Beiträge. Angesichts der unbestreitbar marginalen Effekte, die das Mindestkapital aufweist, scheint die Vielzahl der Beiträge außer Verhältnis zu der Relevanz des Mindestkapitals zu stehen, während relevanteren Fragen zu wenig Aufmerksamkeit geschenkt wird.[258]

---

250 *Hadding/Kießling*, WM 2009, 145, 156; *Hennrichs*, NZG 2009, 921, 922.
251 *Krejci*, in: FS Karsten Schmidt, S. 981, 989.
252 *Meyer*, BB 2008, 1742.
253 *Hennrichs*, NZG 2009, 921; 922.
254 *Schön*, ZHR 166 (2002), 1, 3; *Schön*, Der Konzern 2004, 162, 165.
255 *Schön*, Der Konzern 2004, 162, 166; ähnlich *Eidenmüller/Engert*, GmbHR 2005, 433, 437 („weder Bremsklotz, noch unverzichtbarer Eckpfeiler des Gläubigerschutzes"); siehe auch *Teichmann/Knaier*, GesRZ 2014, 285, 294.
256 RegE MoMiG, BT-Drs. 16/6140, S. 31; siehe auch *Bezzenberger*, Das Kapital der Aktiengesellschaft, 2005, S. 31; *Eidenmüller/Engert*, GmbHR 2005, 433; *Haas*, Gutachten 66. DJT, E 1, E 133 ff.
257 *Eidenmüller/Grunewald/Noack*, in: Lutter, Kapital in Europa, S. 17, 20.
258 Vgl. *Arbeitsgruppe europäisches Gesellschaftsrecht*, ZIP 2003, 863, 872.

VI. Wertung und Folgerung

Oftmals geht die Kritik fehl, das Kapital könne mangels ausreichender Höhe nicht als Haftungsfonds dienen. Haftungsobjekt ist nicht das Stamm- oder Eigenkapital, sondern das gesamte Gesellschaftsvermögen.[259] Unbestreitbar dient das Eigenkapital an sich auch als Betriebskapital. Aus Gläubigerschutzperspektive kommt dem Eigenkapital aber eine weitere Aufgabe zu, denn es bildet den Anteil am Gesellschaftsvermögen ab, der aktuell nicht zur Befriedigung von Fremdkapitalforderungen benötigt wird. Die Gefahr des Forderungsausfalls besteht für die Gläubiger erst, wenn das Eigenkapital aufgebraucht ist. Wirtschaftliche Fehlentwicklungen sind zunächst im Eigenkapital spürbar, bevor es zu einer Beeinträchtigung der Gläubigerinteressen kommt. Dadurch erhält das Eigenkapital unstreitig die Funktion eines „Ausfallpuffers" für zukünftige Verbindlichkeiten.[260] Die Größe und der Umfang und damit die Sicherheit für die Gläubiger lassen sich an dem im Jahresabschluss ausgewiesenen Eigenkapital ablesen. Die vorrangige Verlustbeteiligung gegenüber den Fremdkapitalgebern bewirkt einen Verhaltensanreiz für Gesellschafter und Unternehmensleitung, der missbräuchliches Verhalten zulasten des Gesellschaftsvermögens eindämmen soll. Die rechtlichen Regelungen zur Erhaltung des Kapitals sichern dessen Risikoverteilungsfunktion ab, um die Ausfallrisiken der Gläubiger abzudämpfen.[261] Auf diese Weise wird die verhaltenssteuernde Wirkung durch finanzielle Selbstbeteiligung der Gesellschafter das grundlegende Argument für die Bindung des Kapitals.[262] Es entspricht einer gefestigten Rechtstradition, dass durch die Risikobeteiligung der Gesellschafter das „rechtsethische Prinzip der Symmetrie von Chancen und Risiken" hergestellt wird.[263]

Der bilanzielle Bezugsrahmen muss diese Wertungen aufnehmen und umsetzen. Bei einer Reform der handelsrechtlichen Rechnungslegung sollte tunlichst darauf geachtet werden, eine Verschiebung des Risikogefüges zwischen Gesellschaftern und Gläubigern zu vermeiden. Eine deutlich „frühzeitigere Gewinnrealisation"[264] liefe dieser Grundintention zuwider.

Darüber hinaus können die Gesellschafter durch die selbst gewählte Höhe des Garantiekapitals ein Signal an den Rechtsverkehr setzen und dadurch eine bessere Bonität erhalten. Der gesetzliche Rahmen des Kapitalschutzes muss sicherstellen,

---

259 Vgl. *Barta*, GmbHR 2005, 657, 659.

260 *Merschmeyer*, Kapitalschutzfunktion des Jahresabschlusses, 2005, S. 80; siehe auch *Kahle*, WPg 2003, 262, 268; *Lutter*, AG 1998, 375.

261 *Merschmeyer*, Kapitalschutzfunktion des Jahresabschlusses, 2005, S. 74; *Hirte*, Kapitalgesellschaftsrecht, 8. Aufl. 2016, Rn. 5.1.

262 *Drygala*, ZGR 2006, 587, 597; *Wiedemann*, DB 1993, 141, 147; vgl. auch BGHZ 98, 276, 281 = NJW 1987, 189, 191.

263 *Merschmeyer*, Kapitalschutzfunktion des Jahresabschlusses, 2005, S. 73 f.

264 *Merschmeyer*, Kapitalschutzfunktion des Jahresabschlusses, 2005, S. 84.

dass der Rechtsverkehr auf das Zeichen vertrauen kann.[265] Das erfordert eine möglichst objektive bilanzielle Darstellung und den Ausschluss zweifelhafter Vermögenswerte. Das Bilanzrecht muss diese Vorgaben bei der Ergebnisermittlung berücksichtigen und für Verlässlichkeit der bilanziellen Abbildung sorgen.

Das Mindestkapital hat eine Funktionsänderung hin zu einer rechtspolitisch sinnvollen Seriositätsschwelle und zu einem verhaltenssteuernden Solidarbeitrag erfahren.[266] Aus der Entbehrlichkeit des Mindestkapitals kann aber nicht auf die Entbehrlichkeit des Kapitalschutzes insgesamt geschlossen werden,[267] denn für diesen ist das Mindestkapital keine notwendige Voraussetzung.

---

265 Explizit für die Kapitalaufbringungsvorschriften *Körber*, Kapitalaufbringung, 2014, S. 171.

266 *Schall*, Kapitalgesellschaftsrechtlicher Gläubigerschutz, 2009, S. 65; *Schall*, ZGR 2009, 126, 128; *Meyer*, BB 2008, 1742, 1742.

267 *Haas*, Gutachten 66. DJT, E 1, E 143.

C. Kapitalschutz im Gesellschaftsrecht

I. Grundlegung

In der Wissenschaft sind die Regeln des festen Kapitals seit jeher ohne größeren Widerstand befürwortet worden. Die Normen des Kapitalschutzes verkörperten eine „Kulturleistung ersten Ranges“[268] und die Kapitalerhaltung sei „eines der ehrwürdigsten Institute deutscher Gesellschaftsrechtsdogmatik“[269].

Aufgrund der vorrangigen Haftung des Eigenkapitals durch die Verlustverrechnung besteht für die Gesellschafter der Anreiz der Vermögensverlagerung aus dem Gesellschaftsvermögen in ihr Privatvermögen.[270] Im Sinne des Gläubigerschutzes muss das Gesetz Wege finden, dies zu verhindern, denn eine solche Auskehr von Vermögenswerten erhöht für die Gläubiger das Risiko des Zahlungsausfalls.[271] Das von den Gesellschaftern aufgebrachte Kapital muss nach den gesetzlichen Bestimmungen für die Dauer des Bestehens in der Gesellschaft verbleiben. Diese Aufgabe kommt den Kapitalerhaltungsregeln zu, indem der Befriedigungsvorrang der Fremdkapitalgeber gegenüber den Eigenkapitalgebern gesichert wird.[272] Die Kapitalsicherung dient nach der tradierten Ansicht der Legitimierung der beschränkten Haftung.[273] Es entspricht den Gläubigerinteressen, wenn das satzungsmäßig fixierte Grund- und Stammkapital nicht an die Gesellschafter ausbezahlt wird.[274] Das Kapitalerhaltungsrecht schützt die Gesellschaft vor Mittelentzug durch ihre Gesellschafter. Diese Funktion ist unabhängig vom Mindestkapital[275] und stellt die wichtigste Funktion des Kapitalerhaltungsrechts dar.[276] Sowohl die Sicherung eines Haftungsfonds für die Gläubiger durch Vermeidung opportunitätsbedingter Übergriffe der Gesellschafter[277] als auch die Risikosteuerung durch Sicherung des aufgebrachten Solidarbeitrags[278] werden durch das Kapitalerhaltungsrecht gewährleistet. Allerdings besteht für die Gesellschafter

---

268 *Wiedemann*, Gesellschaftsrecht I, 1980, S. 557.
269 *Kuhner*, ZGR 2005, 753.
270 *Kleindiek*, ZGR 2006, 335, 339.
271 *Haas*, Gutachten 66. DJT, E 1, E 121; *Rickford*, EBLR 15 (2004), 919, 967.
272 *Haas*, Gutachten 66. DJT, E 1, E 130 ff.; *Cahn/Spannenberg*, in: Spindler/Stilz, AktG 3. Aufl. 2015, § 57, Rn. 6.
273 *Hennrichs*, StuW 2005, 256, 257; *Hennrichs*, NZG 2009, 921.
274 *Meyer*, BB 2008, 1742, 1743.
275 *Haas*, Gutachten 66. DJT, E 1, E 133 f.
276 *Schön*, Der Konzern 2004, 162, 168; ebenso *Mülbert*, Der Konzern 2004, 151, 159.
277 *Wiedemann*, Gesellschaftsrecht I, 1980, S. 441; *Bayer*, in: MüKo AktG 4. Aufl. 2016, § 57, Rn. 1; *Hennrichs*, StuW 2005, 256, 257; *Haberer*, Zwingendes Kapitalgesellschaftsrecht, 2009, S. 174.
278 *Drygala*, in: KK-AktG 3. Aufl. 2011, § 57, Rn. 10.

ein berechtigtes Interesse an dem Vermögensanteil der Gesellschaft, der nicht zur Befriedigung der Gläubigeransprüche dient. Auf diesen Anteil haben die Gesellschafter einen Anspruch. So dienen die gesellschaftsrechtlichen Ausschüttungssperren zwar dem Gläubigerschutz, wirken aber im Verhältnis der Gesellschafter zur Gesellschaft.[279] Mit dem Ziel diesem Interessensausgleich gerecht zu werden, reguliert das Kapitalerhaltungsrecht die Ausschüttungen an die Gesellschafter. Leistungen der Gesellschaft an ihre Gesellschafter sind nur in den gezogenen Grenzen zulässig (vgl. vor allem §§ 57 Abs. 1, Abs. 3 AktG, § 30 GmbHG). Eine unzulässige Auszahlung muss an die Gesellschaft zurückgewährt werden (§ 62 Abs. 1 AktG, § 31 Abs. 1 GmbHG).

II. Aktienrecht

1. Verbot der Einlagerückgewähr

a) Bilanzgewinn als Ausnahme zur umfassenden Vermögensbindung

Der Gedanke der Erhaltung des Kapitals kommt in der Aktiengesellschaft zuvorderst in § 57 AktG zum Ausdruck. Nach § 57 Abs. 1 S. 1 AktG dürfen den Aktionären ihre Einlagen nicht zurückgewährt werden. Dabei kommt es aber nicht darauf an, dass dem Aktionär seine Einlage i.S.d. § 54 Abs. 1 AktG zurückgewährt wird. Das Verbot der Einlagenrückgewähr verbietet entgegen dem etwas missverständlichen und unvollständigen Wortlaut nämlich nicht nur die Auszahlung desjenigen Anteils des Gesellschaftsvermögens, der zur Deckung des Grundkapitals erforderlich ist, sondern geht darüber hinaus. Nach vorherrschendem weitem Verständnis der Norm ist jede wertmäßige Beeinträchtigung des Gesellschaftsvermögens untersagt, wenn sie nicht aus dem Bilanzgewinn (§ 57 Abs. 3 AktG) erfolgt oder ausnahmsweise durch Gesetz zugelassen ist.[280] Damit werden auch Vermögensbestandteile in der Aktiengesellschaft gebunden, welche nicht zum Erhalt des Grundkapitals erforderlich sind. Es entsteht ein zusätzlicher Vermögensstock, der den Gläubigern als weiterer Puffer dient, bevor das zur Erhaltung des Grundkapitals erforderliche Vermögen aufgezehrt wird.[281] Statt von dem zu engen Begriff der Kapitalerhaltung sind die aktienrechtlichen Regelungen (insb. § 57 AktG) daher als Prinzip der **umfassenden Vermögensbindung** zu beschreiben.[282] Inhaltlich bezieht sich die

---

279 *Bezzenberger*, Das Kapital der Aktiengesellschaft, 2005, S. 17.

280 Siehe nur BGHZ 90, 381, 386; BGH NZG 2008, 106, 107; OLG Frankfurt AG 1992, 194, 196; *Koch*, in: Hüffer/Koch, AktG 12. Aufl. 2016, § 57, Rn. 2; *Bayer*, in: MüKo AktG 4. Aufl. 2016, § 57, Rn. 8.

281 *Koch*, in: Hüffer/Koch, AktG 12. Aufl. 2016, § 150, Rn. 1; *Henze*, AG 2004, 405, 406.

282 *Bayer*, in: MüKo AktG 4. Aufl. 2016, § 57, Rn. 11; *Drygala*, in: KK-AktG 3. Aufl. 2011, § 57, Rn. 17; *Fleischer*, in: Schmidt/Lutter, Aktiengesetz 3. Aufl. 2015, § 57, Rn. 1; *Koch*, in: Hüffer/Koch, AktG 12. Aufl. 2016, § 57, Rn. 2.

Bindung nicht auf einzelne Vermögensgegenstände, sondern lediglich auf einen rechnerisch zu bestimmenden wertmäßigen Anteil des Gesellschaftsvermögens.[283] Der Kapitalziffer muss ein entsprechendes Aktivvermögen der Gesellschaft gegenüberstehen; wie sich dieses zusammensetzt, wird nicht vorgeschrieben.

Die Kapital- bzw. die Vermögensbindung ist nach h.M. das notwendige Korrelat zu der beschränkten Haftung.[284] Daraus ergibt sich, dass das Ziel der Vermögensbindung in der Aktiengesellschaft vornehmlich im Schutz der Gläubiger zu erblicken ist.[285] Von dieser umfassenden Bindung des Gesellschaftsvermögens ist einzig der „Bilanzgewinn" (§ 57 Abs. 3 AktG) als an die Gesellschafter verteilbares Vermögen ausgenommen. Der Anspruch der Mitglieder auf Auszahlung des Bilanzgewinns gem. § 58 Abs. 4 AktG entsteht jedoch erst durch Beschluss der Hauptversammlung über die Verwendung des Bilanzgewinns (§ 174 Abs. 1 S. 1 AktG). Inhaltlich ergänzt dies das Verbot der Einlagenrückgewähr nach § 57 Abs. 1 AktG.[286] Die Beschränkung der Aktionärsansprüche auf den Bilanzgewinn als Obergrenze für zulässige Ausschüttungen dient damit auch der Kapitalerhaltung.[287] Der Bilanzgewinn ermittelt sich aus dem Jahresüberschuss unter Berücksichtigung etwaiger Gewinnvorträge oder Entnahmen aus Gewinnrücklagen abzüglich der gesetzlich zu bildenden Rücklage (§ 150 AktG) und der satzungsmäßig vorgeschriebenen Gewinnrücklage (§ 58 AktG).[288] Der Jahresüberschuss bezeichnet den positiven Saldo von Erträgen, Aufwendungen und Steuern in der Gewinn- und Verlustrechnung gem. § 275 Abs. 2 und Abs. 3 HGB. Der Bilanzgewinn ist somit nicht mit dem Ergebnis des Jahresüberschusses zu verwechseln, sondern ergibt sich erst aus der Weiterrechnung der bilanziellen Gewinnermittlung.

---

283 BGHZ 157, 72, 75; *Cahn/Spannenberg*, in: Spindler/Stilz, AktG 3. Aufl. 2015, § 57, Rn. 15; *Fleischer*, in: Schmidt/Lutter, Aktiengesetz 3. Aufl. 2015, § 57, Rn. 9; *Bayer*, in: MüKo AktG 4. Aufl. 2016, § 57, Rn. 11; *Ballerstedt*, Kapital, Gewinn und Ausschüttungen bei Kapitalgesellschaften, 1949, S. 134 f.; *Joost*, ZHR 149 (1985), 419, 420; *Lutter*, Kapital, 1964, S. 52.

284 *Bayer*, in: MüKo AktG 4. Aufl. 2016, § 57, Rn. 1; *Bitter*, ZHR 168 (2004), 302, 310; *Henze*, AG 2004, 405.

285 Daneben wird auch der Schutz von Minderheiten durch die Gleichbehandlung aller Aktionäre verfolgt. Dazu *Bitter*, ZHR 168 (2004), 302; *Drygala*, in: KK-AktG 3. Aufl. 2011, § 57, Rn. 11; für einen ausschließlich gläubigerschützenden Charakter: *Cahn/Spannenberg*, in: Spindler/Stilz, AktG 3. Aufl. 2015, § 57, Rn. 6; *Fleischer*, in: Schmidt/Lutter, Aktiengesetz 3. Aufl. 2015, § 57, Rn. 3.

286 *Fleischer*, in: Schmidt/Lutter, Aktiengesetz 3. Aufl. 2015, § 57, Rn. 72; *Bayer*, in: MüKo AktG 4. Aufl. 2016, § 57, Rn. 213.

287 *Koch*, in: Hüffer/Koch, AktG 12. Aufl. 2016, § 58, Rn. 5.

288 *Bayer*, in: MüKo AktG 4. Aufl. 2016, § 58, Rn. 4; *Drygala*, in: KK-AktG 3. Aufl. 2011, § 58, Rn. 9; *Koch*, in: Hüffer/Koch, AktG 12. Aufl. 2016, § 58, Rn. 3.

b) Bilanzgewinn als Konkretisierung der Kapitalerhaltung

Durch die Bezugnahme der zentralen Kapitalerhaltungsvorschrift des § 57 Abs. 1, 3 AktG erhält die Ermittlung des Bilanzgewinns eine kapitalschutzrechtliche Perspektive.[289] Die Regeln der aktienrechtlichen Kapitalerhaltung beschränken sich auf die bloße formale Vorgabe, dass Beträge jenseits des Bilanzgewinns einer Ausschüttungssperre unterliegen. Der Umfang und die Qualität der Kapitalerhaltung in der Aktiengesellschaft ergeben sich durch den mittels Handelsbilanz ermittelten Bilanzgewinn.[290] Erst im Zusammenspiel von Gesellschaftsrecht und Bilanzrecht realisiert sich die Kapitalerhaltung.[291] Der Gedanke, dass nur der „entziehbare Gewinn" an die Aktionäre verteilt werden soll, prägt seit der Reform 1884 die bilanzielle Kapitalerhaltung in der Aktiengesellschaft.[292] Nur Gewinne, die der Aktiengesellschaft sicher entnommen werden können, ohne die Substanz der Gesellschaft im Übrigen anzugreifen, sollen unter den Aktionären verteilbar sein. Daraus leitet sich die Folgerung für das Bilanzrecht ab, dass im Jahresabschluss nur solche Gewinne ausgewiesen werden dürfen, die an die Gesellschafter verteilt werden können.[293] Durch diese tatbestandliche Anknüpfung[294] wird das Bilanzrecht zu einem „Hilfs- und Folgerecht"[295] des gesellschaftsrechtlichen Kapitalschutzsystems.[296] Der Bilanzgewinn stellt die Rückausnahme von der im Aktienrecht umfassenden Vermögensbindung dar. Die Effektivität des aktienrechtlichen Kapitalschutzes ist folglich abhängig von der handelsrechtlichen Gewinnermittlung; diesem muss von der bilanziellen Gewinnermittlung Rechnung getragen werden. Die Vermögensbindung im Aktienrecht bewirkt eine Ausschüttungssperre im Vorfeld der Insolvenz und stellt damit eine Ausprägung eines präventiven Gläubigerschutzes dar. Diese Ausschüttungssperre ist prägendes Merkmal der Finanzverfassung der Aktiengesellschaft.[297]

2. Beschränkung der Kapitalbindung/abgestufte Bindung

In jüngerer Zeit ist der Umfang der Bindung des Gesellschaftsvermögens infrage gestellt worden. Aus Gläubigerschutzgründen sei eine umfassende Bindung des Vermögens nicht notwendig. Nicht gebundene Rücklagen seien von dieser Vermögensbindung auszunehmen, da sie bei Konsens aller Aktionäre aufgelöst werden

289 *Merschmeyer*, Kapitalschutzfunktion des Jahresabschlusses, 2005, S. 88; *Strobl*, in: FS Clemm, S. 389, 404.
290 Siehe *Haas*, Gutachten 66. DJT, E 1, E 139.
291 *Strobl*, in: FS Clemm, S. 389, 400.
292 *Schön*, ZHR 161 (1997), 133, 140 ff.; ausführlich S. 120 ff.
293 *Gross*, in: FS Ludewig, S. 333, 337.
294 *Mock*, Finanzverfassung der Kapitalgesellschaften, 2008, S. 24, 195.
295 *Schön*, ZHR 159 (1995), 351, 359.
296 *Claussen*, in: FS Kropff, S. 431, 436; *Claussen*, in: FS Ulmer, S. 801, 806.
297 *Altmeppen*, in: FS Hüffer, S. 1, 7.

können und dadurch in den ausschüttbaren Bilanzgewinn einfließen.[298] Dabei ist vorweg zu beachten, dass nicht vom Umfang her, jedoch bezüglich der Festigkeit der Vermögensbindung, zwei Schichten zu unterscheiden sind.[299] Als besonders „harter Kern“[300] kann das zur Deckung des Grundkapitals erforderliche Vermögen betrachtet werden, sowie die gebundenen gesetzlichen Rücklagen gem. § 150 Abs. 1 AktG. Als zweite „lockerere“ Schicht, lassen sich die freien Rücklagen qualifizieren, die mit keiner zwingenden Bindung belegt sind.

a) gesetzliche Rücklagen

§ 150 Abs. 1 und 2 AktG schreibt die Bildung einer gesetzlichen Rücklage vor, die zusammen mit der Kapitalrücklage (§ 272 Abs. 2 HGB) 10 % des Grundkapitals beträgt, wobei in der Satzung ein höherer Wert festgelegt werden kann. Durch diese „Rücklagendotierung“[301] wird der Bilanzgewinn gemindert, bevor der Betrag in die Verwendungskompetenz der Hauptversammlung fällt.[302] Die Auflösung und Verwendung darf nur zu den gesetzlich vorgeschriebenen Zwecken erfolgen (§ 150 Abs. 3 AktG). Zur Gewinnausschüttung ist dies nicht möglich.[303] Das somit gebundene Vermögen wirkt als eine dem Grundkapital vorgeschaltete Pufferzone. Dieser „gesetzliche Reservefonds“[304] dient ebenfalls der Kapitalsicherung und damit dem Gläubigerschutz.[305] Erwirtschaftete Verluste betreffen dann zunächst die gesetzlichen Rücklagen, bevor es zu einer Aufzehrung des zur Deckung der Grundkapitalziffer erforderlichen Vermögens kommt. Dieser „harte Kern“ steht vor Auflösung der Gesellschaft nicht zur Ausschüttung an die Gesellschafter zur Verfügung.

Nach europäischem Recht ist der durch die gesetzliche Rücklage vermittelte Reservefonds nicht zwingend vorgesehen.[306] Der zusätzlich durch die Rücklage zur Ausschüttung gesperrte Betrag stellt eine Verschärfung des Kapitalschutzes dar.

---

298 *Drygala*, in: KK-AktG 3. Aufl. 2011, § 57, Rn. 19; *Henze*, AG 2004, 405, 408; *Henze*, NZG 2005, 115, 419; *Henze*, WM 2005, 717, 721; *Altmeppen*, ZIP 2006, 1025, 1030; *Schön*, in: FS Röhricht, S. 559, 562.

299 *Cahn/Spannenberg*, in: Spindler/Stilz, AktG 3. Aufl. 2015, § 57, Rn. 10; ausführlich *Bezzenberger*, Das Kapital der Aktiengesellschaft, 2005, S. 18 ff.

300 *Bezzenberger*, Das Kapital der Aktiengesellschaft, 2005, S. 18.

301 *Gelhausen/Althoff*, WPg 2009, 584, 587.

302 *Röhricht*, Gläubigerschutz, 2011, S. 105.

303 *Hennrichs/Pöschke*, in: MüKo AktG 3. Aufl. 2013, § 150, Rn. 2, 24.

304 ADS, § 150 AktG, Rn. 2; *Hennrichs/Pöschke*, in: MüKo AktG 3. Aufl. 2013, § 150, Rn. 3.

305 Siehe nur *Henze*, AG 2004, 405, 406; *Lutter*, Kapital, 1964, S. 469 ff.; *Koch*, in: Hüffer/Koch, AktG 12. Aufl. 2016, § 150, Rn. 1; *Hennrichs/Pöschke*, in: MüKo AktG 3. Aufl. 2013, § 150, Rn. 4.

306 *Röhricht*, Gläubigerschutz, 2011, S. 105; *Rickford*, EBOR 7 (2006), 135, 140; a.A. *Mülbert/Birke*, EBOR 3 (2002), 695, 704.

b) *freie Rücklagen*

Daneben existieren satzungsmäßig vorgeschriebene, freie (Gewinn-)Rücklagen gem. § 58 AktG. Diese werden vom Gesetz als „andere Gewinnrücklagen" bezeichnet (§§ 58, 150 Abs. 1–3, 158 AktG, §§ 266, 272 Abs. 3 HGB) und bilden ein zusätzliches Polster, das einen weiteren Verlustpuffer bewirkt und daher nützlich für den Erhalt des Grundkapitals ist. Jedoch können diese Rücklagen durch Entscheidung von Vorstand und Aufsichtsrat ohne weitere materielle Beschränkungen aufgelöst werden (vgl. §§ 170, 172 AktG), sodass sie in den Bilanzgewinn einfließen und damit zur Ausschüttung bereit stünden. Die freien Rücklagen müssen gem. § 150 Abs. 3 AktG zum Ausgleich von Verlusten aufgelöst werden, bevor der Grundbetrag der gebundenen Rücklagen angegriffen werden darf. Die freien Rücklagen unterliegen gegenüber den gesetzlich gebundenen Rücklagen lediglich einer verfahrensrechtlichen Bindung,[307] indem eine Auflösung nur durch Hauptversammlungsbeschluss erfolgen darf.

Es wird nun teilweise vorgebracht, dass die Erfassung der nicht gebundenen Rücklage von der strengen Vermögensbindung durch den Gläubigerschutz nicht zu rechtfertigen sei und die nicht gebundenen Rücklagen zur freien Ausschüttung an die Gesellschafter zur Verfügung stehen sollten.[308] Es handle sich um eine bloße Formalität, die freien Rücklagen mit einer Ausschüttungssperre zu belegen. Daher sei die Bindung auf das Grundkapital und die gesetzlichen Rücklagen zu beschränken. Das verbleibende Vermögen der Aktiengesellschaft stehe den Gesellschaftern zur freien Verfügung.[309] Dies wird von der wohl überwiegenden Meinung abgelehnt.[310] Auch bei einer lediglich verfahrensrechtlichen Bindung, die nicht zur Disposition der Aktionäre steht, liege der Normzweck im Gläubigerschutz.[311] Zudem spreche auch die historische Entwicklung der Kapitalbindung nicht für eine Einschränkung der Vermögensbindung, denn stets sei das gesamte Vermögen der Aktiengesellschaft – mit Ausnahme des Bilanzgewinns – der Bindung unterworfen gewesen.[312]

c) *Zwischenergebnis*

Letztendlich hat dieser Streit aber keine Folgen für die bilanzielle Erfassung des Gesellschaftsvermögens. Der kapitalschützende Charakter des Bilanzgewinns bleibt unangetastet, wenn lediglich ein Bestandteil, namentlich die freien Rücklagen, aus

---

307 *Cahn/Spannenberg*, in: Spindler/Stilz, AktG 3. Aufl. 2015, § 57, Rn. 10.

308 Siehe Fn. 298.

309 *Drygala*, in: KK-AktG 3. Aufl. 2011, § 57, Rn. 19.

310 *Bayer*, in: Bayer/Habersack (Hrsg.), Aktienrecht im Wandel, S. 755, Rn. 116; *Bayer*, in: MüKo AktG 4. Aufl. 2016, § 57, Rn. 8; *Cahn/Spannenberg*, in: Spindler/Stilz, AktG 3. Aufl. 2015, § 57, Rn. 10; *Koch*, in: Hüffer/Koch, AktG 12. Aufl. 2016, § 57, Rn. 2.

311 *Cahn/Spannenberg*, in: Spindler/Stilz, AktG 3. Aufl. 2015, § 57, Rn. 10.

312 Siehe *Bayer*, in: Bayer/Habersack (Hrsg.), Aktienrecht im Wandel, S. 755, Rn. 117 ff.

der Vermögensbindung herausgelöst würde. Jedoch kann die im Vergleich zu den europäischen Vorgaben stärkere Kapitalbindung durch die zwingende gesetzliche Rücklage als eine vom deutschen Gesetzgeber bewusste stärkere Betonung des Gläubigerschutzes verstanden werden.[313]

3. Rechtsfolgen eines Verstoßes

a) Verstoß gegen die Vermögensbindung

Wird gegen die umfassende Vermögensbindung des § 57 AktG verstoßen, sanktioniert § 62 Abs. 1 AktG dies mit einem selbstständigen aktienrechtlichen Rückgewähranspruch der Aktiengesellschaft bzgl. der empfangenen Leistung.[314] Als zentraler Bestandteil des Systems der Kapitalerhaltung sichert § 62 AktG die umfassende Bindung des Vermögens der Gesellschaft.[315] Danach werden offene und verdeckte Verstöße[316] gegen die Kapitalerhaltungsvorschriften erfasst. So muss jede unzulässige Vermögensverschiebung in das Privatvermögen eines Aktionärs wieder rückgängig gemacht werden. Dadurch soll verhindert werden, dass der von den Gesellschaftern geleistete Risikobeitrag wieder in das Privatvermögen der Gesellschafter abfließt.[317]

b) Verstoß gegen Gewinnermittlungsvorschriften

§ 62 Abs. 1 S. 1 AktG findet aber auch Anwendung, wenn die Leistung an die Gesellschafter gegen andere Vorgaben des AktG verstößt. Daher werden auch die Fälle erfasst, in denen bei Aufstellung des Jahresabschlusses gegen die Gewinnermittlungsvorschriften verstoßen wurde.[318] Dies gilt jedoch nicht bei sämtlichen Bilanzierungsverstößen, sondern nur, wenn der Gewinnverwendungsbeschluss wegen Nichtigkeit des Jahresabschlusses über § 253 AktG selbst nichtig ist. Ein nichtiger Gewinnverwendungsbeschluss kann keine Grundlage für eine Ausschüttung an die

---

313 *Röhricht*, Gläubigerschutz, 2011, S. 105.

314 *Drygala*, in: KK-AktG 3. Aufl. 2011, § 62, Rn. 16; *Bayer*, in: MüKo AktG 4. Aufl. 2016, § 62, Rn. 7; *Fleischer*, in: Schmidt/Lutter, Aktiengesetz 3. Aufl. 2015, § 62, Rn. 5.

315 *Drygala*, in: KK-AktG 3. Aufl. 2011, § 62, Rn. 5 f.; *Cahn/Spannenberg*, in: Spindler/Stilz, AktG 3. Aufl. 2015, § 57, Rn. 3; *Bayer*, in: MüKo AktG 4. Aufl. 2016, § 62, Rn. 1; str. ist, ob sich der Anspruch auf den empfangenen Gegenstand bezieht oder ob lediglich Wertersatz zu leisten ist. Siehe dazu m.w.N. *Drygala*, in: KK-AktG 3. Aufl. 2011, § 62, Rn. 56 ff.; *Bayer*, in: MüKo AktG 4. Aufl. 2016, § 62, Rn. 46 ff.

316 Dazu *Drygala*, in: KK-AktG 3. Aufl. 2011, § 57, Rn. 34 ff.; *Cahn/Spannenberg*, in: Spindler/Stilz, AktG 3. Aufl. 2015, § 57, Rn. 30 ff.; *Bayer*, in: MüKo AktG 4. Aufl. 2016, § 57, Rn. 45 ff.

317 *Drygala*, in: KK-AktG 3. Aufl. 2011, § 62, Rn. 61; *Joost*, in: FS Priester, S. 337, 340.

318 *Lutter*, Kapital, 1964, S. 369.

Aktionäre darstellen. Es handelt sich dann um eine verbotene Leistung i.S.d. § 62 AktG, die an die Gesellschaft zurückzugewähren ist.[319]

Der Anspruch aus § 62 AktG wegen Nichtigkeit des Jahresabschlusses kann aber nur geltend gemacht werden, solange noch keine Heilung des Jahresabschlusses über § 256 Abs. 6, 253 Abs. 1 S. 2 AktG erfolgt ist.[320]

c) Nichtigkeit des Jahresabschlusses

Eine besonders scharfe Sanktion für die falsche Aufstellung der Bilanz stellt die Nichtigkeit des Jahresabschlusses gem. § 256 AktG dar. So wird insb. in der Generalklausel[321] des § 256 Abs. 1 Nr. 1 AktG die Nichtigkeit des Jahresabschlusses angeordnet, wenn gläubigerschützende Vorschriften verletzt werden. Eine Konkretisierung erfährt die Norm durch die Vorschrift des § 256 Abs. 5 AktG.[322] Danach sind gem. § 256 Abs. 5 S. 1 Nr. 1 AktG vor allem solche Überbewertungen nichtig, die – anders als bei korrekter Anwendung der Rechnungslegungsnormen – zu einem überhöhten Jahresgewinn führen.[323] Der Umkehrschluss zu Abs. 5 S. 1 Nr. 2 zeigt auch, dass im Falle der Überbewertung sogar kein subjektives Element erforderlich ist, um die Nichtigkeit des Jahresabschlusses anzunehmen.[324] Bei nur geringfügigen Überbewertungen wird für die Nichtigkeit eine Grenze gesetzt.[325] Außerdem ist es erforderlich, dass nach dem subjektiven Fehlerbegriff die fehlerhafte Bewertung für einen außenstehenden ordentlichen Kaufmann erkennbar ist.[326] Ist der festgestellte Jahresabschluss nichtig, so führt dies nach § 253 AktG zwingend zur Nichtigkeit eines auf diesem beruhenden Gewinnverwendungsbeschluss nach § 174 AktG.[327]

d) Begrenzung der Rückgewähransprüche

Relevanter Zeitpunkt für die Beurteilung einer gesetzeswidrigen Ausschüttung ist der Empfang der Leistung.[328] Dies ergibt sich aus § 62 Abs. 1 S. 2 AktG, der dem Schutz des gutgläubigen Empfängers einer unzulässigen Leistung dient. Im

---

319 *Drygala*, in: KK-AktG 3. Aufl. 2011, § 62, Rn. 47; *Cahn*, in: Spindler/Stilz, AktG 3. Aufl. 2015, § 62, Rn. 6.

320 *Drygala*, in: KK-AktG 3. Aufl. 2011, § 62, Rn. 47; *J. Koch*, in: MüKo AktG 4. Aufl. 2016, § 256, Rn. 68.

321 *Koch*, in: Hüffer/Koch, AktG 12. Aufl. 2016, § 256, Rn. 7.

322 *Mylich*, AG 2011, 765, 766.

323 So etwa der Sachverhalt bei BGHZ 83, 341.

324 *Mylich*, AG 2011, 765, 766.

325 BGHZ 83, 341, 347 (GmbH); *Koch*, in: Hüffer/Koch, AktG 12. Aufl. 2016, § 256, Rn. 25; *J. Koch*, in: MüKo AktG 4. Aufl. 2016, § 256, Rn. 59 m.w.N.

326 *Mylich*, AG 2011, 765, 766; *Rölike*, in: Spindler/Stilz, AktG 3. Aufl. 2015, § 256, Rn. 65.

327 *J. Koch*, in: MüKo AktG 4. Aufl. 2016, § 253, Rn. 9.

328 *Bayer*, in: MüKo AktG 4. Aufl. 2016, § 62, Rn. 75; *Cahn*, in: Spindler/Stilz, AktG 3. Aufl. 2015, § 62, Rn. 27.

Umkehrschluss kann eine ex ante zulässige Gewinnausschüttung nicht nachträglich gegen die Regelungen des Aktiengesetzes verstoßen. Ein Rückgewähranspruch ist demzufolge ausgeschlossen, wenn die Ausschüttung an die Aktionäre auf einer vertretbaren Anwendung der in Bezug genommen Gewinnermittlungsvorschriften basiert.[329] Dem System des präventiven Gläubigerschutzes kann angesichts dessen nur Rechnung getragen werden, wenn der ermittelte Bilanzgewinn dem systemprägenden Gedanken des präventiven Gläubigerschutzes folgt, indem nur der „entziehbare Gewinn“[330] in die Vermögenssphäre der Aktionäre transferiert wird. Die zeitliche und sachliche Begrenzung des Rückgewähranspruchs setzt folglich ein bilanzielles Bezugssystem voraus, das die Belange des Gläubiger- bzw. des Kapitalschutzes in angemessener Weise berücksichtigt. Insbesondere ist ein hoher Objektivierungsgrad des Bilanzrechts erforderlich, da ansonsten über eine Erweiterung des Rückgewähranspruchs nachgedacht werden müsste. Beträge, die über den entziehbaren Gewinn hinausgehen, wären ansonsten endgültig dem Gesellschaftsvermögen verloren.[331]

4. Folgerichtigkeit des Bilanzrechts

Das Prinzip der Satzungsstrenge gem. § 23 Abs. 5 AktG legt vor allem aus Gründen des Gläubigerschutzes, des Minderheitenschutzes und des Schutzes zukünftiger Aktionäre eine Vielzahl aktienrechtlicher Normen als zwingendes Recht fest.[332] Die Satzungsstrenge stellt eine Einschränkung der im Privatrecht grundsätzlich geltenden Privatautonomie in der besonderen Ausprägung der Satzungsautonomie dar. Die das Aktienrecht prägenden Prinzipien von Rechtssicherheit und -klarheit sorgen für die Verkehrsfähigkeit der Aktien und stärken das Vertrauen des Rechtsverkehrs in die Gesellschaftsform der Aktiengesellschaft.[333] Es versteht sich nahezu von selbst, dass die Kapitalschutzbestimmungen ebenfalls nicht disponibel sind.[334] Gläubigerschützende Vorschriften ohne zwingenden Charakter würden ihre Funktion nicht erfüllen. *Ballerstedt* sprach gar von einem „ordre public“ des Aktienrechts.[335]

---

329 *Merschmeyer*, Kapitalschutzfunktion des Jahresabschlusses, 2005, S. 89, 97; vgl. auch *Gross*, in: FS Ludewig, S. 333, 339.

330 Siehe Fn. 292.

331 *Merschmeyer*, Kapitalschutzfunktion des Jahresabschlusses, 2005, S. 90.

332 *Koch*, in: Hüffer/Koch, AktG 12. Aufl. 2016, § 23, Rn. 34; *Seibt*, in: Schmidt/Lutter, Aktiengesetz 3. Aufl. 2015, § 23, Rn. 53; *Limmer*, in: Spindler/Stilz, AktG 3. Aufl. 2015, § 23, Rn. 28.

333 *Arnold*, in: KK-AktG 3. Aufl. 2010, § 23, Rn. 130.

334 *Bayer*, in: MüKo AktG 4. Aufl. 2016, § 57, Rn. 4; *Fleischer*, in: Schmidt/Lutter, Aktiengesetz 3. Aufl. 2015, § 57, Rn. 4.

335 *Ballerstedt*, Kapital, Gewinn und Ausschüttungen bei Kapitalgesellschaften, 1949, S. 134.

Auch wenn in jüngster Zeit eine Differenzierung zwischen börsennotierten und nicht börsennotierten Aktiengesellschaften bezüglich des Umfangs der Satzungsstrenge gefordert wird,[336] besteht Einigkeit, dass eine vollständige Aufgabe des Prinzips der Satzungsstrenge nicht sinnvoll ist und vor allem im Bereich des Kapitalschutzsystems und der Gläubigerschutzbestimmungen eine Lockerung nicht infrage kommt.[337] Vor dem Hintergrund der Beziehung von aktienrechtlicher Kapitalerhaltung und bilanzieller Gewinnermittlung wird weiter deutlich, dass ein „folgerichtiges" Bilanzrecht nötig ist, um dem Prinzip eines zwingenden gesellschaftsrechtlichen Kapitalschutzes zu genügen.[338] Dies erfordert ein objektiviertes Rechnungslegungsrecht,[339] das die Entscheidungsspielräume für die bilanzierende Gesellschaft möglichst gering hält.[340] Bei gesetzgeberischen Eingriffen in das Rechnungslegungsrecht ist dies zu berücksichtigen, da auch kleine Veränderungen im Bilanzrecht eine Entwertung des aktienrechtlichen Kapitalschutzes durch die Hintertür bedeuten würden.

III. GmbH-Recht

Wie im Recht der Aktiengesellschaft unterliegt auch das Vermögen einer GmbH zum Zwecke des Gläubigerschutzes einer gesetzlichen Bindung,[341] die zur Grenzziehung zulässiger Ausschüttungen an die Gesellschafter dient.

1. Auszahlungsverbot, § 30 Abs. 1 GmbHG

In der GmbH darf gem. § 30 Abs. 1 GmbHG das zur Erhaltung des Stammkapitals erforderliche Vermögen der Gesellschaft nicht an die Gesellschafter ausgezahlt werden. Leistungen, die zu einer sog. Unterbilanz[342] führen, sind gem. § 31 Abs. 1 GmbHG der Gesellschaft zu erstatten. Eine Unterbilanz entsteht, wenn das Aktivvermögen der GmbH nicht mehr die Summe aus Verbindlichkeiten, Rückstellungen und Stammkapital zu decken in der Lage ist.[343] Auszahlungen

---

336 Vgl. nur *Grunewald*, NZG 2009, 967, 969; *Bayer*, Gutachten E 67. DJT, E 1, E 129; *Seibt*, in: Schmidt/Lutter, Aktiengesetz 3. Aufl. 2015, § 23, Rn. 53 m.w.N.

337 *Habersack*, AG 2009, 1, 7; *Grunewald*, NZG 2009, 967, 969; siehe auch die ablehnenden Beschlüsse des 67. DJT Abteilung Wirtschaftsrecht, I.1, I.2, II.A.4, II.C.9; II.D.19.

338 *Merschmeyer*, Kapitalschutzfunktion des Jahresabschlusses, 2005, S. 91.

339 Zum Objektivierungsgrundsatz *Beisse*, in: FS Beusch, S. 77, 83; jüngst *Küting*, DB 2011, 1404. Siehe außerdem S. 151.

340 *Merschmeyer*, Kapitalschutzfunktion des Jahresabschlusses, 2005, S. 91.

341 *Fastrich*, in: Baumbach/Hueck, GmbHG 21. Aufl. 2017, § 30, Rn. 1; *Heidinger*, in: Michalski, GmbHG 3. Aufl. 2017, § 30, Rn. 1; *Kuntz*, in: Gehrlein/Born/Simon, GmbHG 3. Aufl. 2017, § 30, Rn. 1.

342 BGHZ 31, 258, 276.

343 Stellvertretend *Heidinger*, in: Michalski, GmbHG 3. Aufl. 2017, § 30, Rn. 27; *Fastrich*, in: Baumbach/Hueck, GmbHG 21. Aufl. 2017, § 30, Rn. 15; *Mödl*, JuS 2003, 14.

an die Gesellschafter oder auch an diesen nahestehende Dritte[344] sind demnach unzulässig, wenn sie das zur Erhaltung des Stammkapitals erforderliche (Rein-) Vermögen der Gesellschaft angreifen würden.[345] Dabei ist nach h.M. nicht nur das Auskehren von Barmitteln, sondern jede Vermögensverringerung erfasst.[346] Hier wird wiederum die notwendige Differenzierung zwischen Stammkapital und Vermögen einer Gesellschaft deutlich. Missverständliche Begriffsverwendungen in der Rechtsprechung[347] können den Eindruck entstehen lassen, dass die Bindung des Gesellschaftsvermögens nur bis zur Höhe des Stammkapitals bestehe und ansonsten die Gesellschafter frei darüber disponieren können. Richtigerweise schützt § 30 GmbHG nicht nur bis zur Höhe der Stammkapitalziffer, sondern es muss zunächst ausreichend Vermögen vorhanden sein, damit alle Verbindlichkeiten und Rückstellungen zusätzlich neben dem Stammkapital gedeckt sind.[348] Damit erzeugt das Stammkapital einen zusätzlichen „Sicherungsring" neben der rechnerischen Deckung der Verbindlichkeiten.[349]

Oberhalb der Stammkapitalschwelle steht den Gesellschaftern das Gesellschaftsvermögen zur freien Verfügung.[350] Diese in Abweichung zum Aktienrecht wesentlich weniger umfassende Bindung des Gesellschaftsvermögens erlaubt es einer GmbH, Ausschüttungen an die Gesellschafter erheblich flexibler zu gestalten. Dies ist der unterschiedlichen wirtschaftlichen und personellen Struktur der beiden Rechtsformen geschuldet.[351] Trotz vergleichbarer Zielrichtung besteht zwischen dem Kapitalschutzsystem in der Aktiengesellschaft und der GmbH ein qualitativer Unterschied.[352]

Auch wenn das GmbHG nicht auf den Bilanzgewinn als Bezugsgröße für zulässige Ausschüttungen zurückgreift, so ist zur Ermittlung des Reinvermögens und damit zur Abgrenzung zwischen Gesellschaftsvermögen, das den Gläubigern zusteht, und

---

344 Dazu *Heidinger*, in: Michalski, GmbHG 3. Aufl. 2017, § 30, Rn. 124.

345 *Hennrichs*, StuW 2005, 256, 257.

346 BGHZ 31, 258, 276; 122, 333, 337 f.; *Heidinger*, in: Michalski, GmbHG 3. Aufl. 2017, § 30, Rn. 59; *Fastrich*, in: Baumbach/Hueck, GmbHG 21. Aufl. 2017, § 30, Rn. 33; *Hommelhoff*, in: Lutter/Hommelhoff, GmbHG 19. Aufl. 2016, § 30, Rn. 8.

347 Vgl. BGHZ 28, 77 f. („Stammkapital stellt das Haftungsobjekt dar"); darüber hinaus BGHZ 9, 157, 169; 107, 326, 333.

348 Dazu *Joost*, GmbHR 1983, 285; *Eusani*, Jura 2009, 502, 503.

349 *Joost*, ZIP 2007, 2242, 2246; *Gehrlein*, Der Konzern 2007, 771, 785.

350 BGHZ 122, 333, 336; *Fastrich*, in: Baumbach/Hueck, GmbHG 21. Aufl. 2017, § 30, Rn. 6; *Gehrlein*, Der Konzern 2007, 771, 785.

351 *Heidinger*, in: Michalski, GmbHG 3. Aufl. 2017, § 30, Rn. 4; *Fastrich*, in: Baumbach/Hueck, GmbHG 21. Aufl. 2017, § 30, Rn. 6, jeweils m.w.N.

352 *Hirte*, Kapitalgesellschaftsrecht, 8. Aufl. 2016, Rn. 5.77 f.; *Fastrich*, in: Baumbach/Hueck, GmbHG 21. Aufl. 2017, § 30, Rn. 3; *Heidinger*, in: Michalski, GmbHG 3. Aufl. 2017, § 30, Rn. 3; *Hommelhoff*, in: Lutter/Hommelhoff, GmbHG 19. Aufl. 2016, § 30, Rn. 4; *Arbeitsgruppe europäisches Gesellschaftsrecht*, ZIP 2002, 1310, 1317.

dem Vermögen, das den Gesellschaftern zusteht, die Bilanz heranzuziehen.[353] Die Berechnung erfolgt nach allgemeinen Bilanzierungsgrundsätzen unter Fortführungswerten.[354] Es wird nur der Betrag ausgeschüttet, der über die den Gläubigern zugesagte Haftungssumme hinausgeht. Daher gilt prinzipiell das gleiche wie im Aktienrecht. Die Ausrichtung des bilanziellen Bezugssystems ist für die Ermittlung des Nettoaktivvermögens von wesentlicher Bedeutung. Indem durch das Handelsbilanzrecht der Umfang des ausschüttungsgesperrten Haftungsfonds gesteuert wird, kommt diesem eine Risikoverteilungsfunktion zu.[355]

2. Rückzahlungsanspruch gem. § 31 GmbHG

Erfolgt verbotswidrig eine Auszahlung an die Gesellschafter, so steht der Gesellschaft ein verschuldensunabhängiger Rückgewähranspruch aus § 31 Abs. 1 GmbHG zu. Dem Rückerstattungsanspruch kommt in Ergänzung zum Auszahlungsverbot des § 30 Abs. 1 GmbHG die Aufgabe zu, das Gesellschaftsvermögen in Höhe des Stammkapitals vor unzulässigen Verlagerungen in das Vermögen der Gesellschafter zu schützen und dadurch das Mindestbetriebsvermögen der Gesellschaft und die Befriedigungsreserve zugunsten der Gesellschaftsgläubiger zu erhalten.[356] Das durch die Auszahlung geschmälerte Vermögen soll durch den Rückzahlungsanspruch wieder auf seinen alten Wert gebracht werden und dadurch die Lücke in der Kapitaldeckung beseitigen.[357] Dabei ist nicht zwingend die Auszahlung vollständig zu kompensieren, sondern lediglich in der bis zur Deckung des Stammkapitals erforderlichen Höhe. Nur insoweit, als es sich um eine verbotene Auszahlung handelt, die das Stammkapital angreift, entsteht der Erstattungsanspruch. Dieser umfasst aber auch den Betrag, der zur Beseitigung einer durch die Auszahlung verursachten Überschuldung erforderlich ist.[358]

Qualifiziert man die (Stamm-)Kapitalfunktion als Risiko- oder Solidarbeitrag der Gesellschafter, so dürfen diese nicht aus dem übernommenen Risiko entlassen werden.[359] Die Risikobeteiligung der Gesellschafter wird durch den Erstattungsanspruch

---

353 *Heidinger*, in: Michalski, GmbHG 3. Aufl. 2017, § 30, Rn. 27; *Hirte*, Kapitalgesellschaftsrecht, 8. Aufl. 2016, Rn. 5.77; *Hommelhoff*, in: Lutter/Hommelhoff, GmbHG 19. Aufl. 2016, § 30, Rn. 11.

354 *Fastrich*, in: Baumbach/Hueck, GmbHG 21. Aufl. 2017, § 30, Rn. 17; *Hommelhoff*, in: Lutter/Hommelhoff, GmbHG 19. Aufl. 2016, § 30, Rn. 12; *Kuntz*, in: Gehrlein/Born/Simon, GmbHG 3. Aufl. 2017, § 30, Rn. 18.

355 *Merschmeyer*, Kapitalschutzfunktion des Jahresabschlusses, 2005, S. 94.

356 BGHZ 157, 72, 75; 176, 62, 65.

357 *Hommelhoff*, in: FS Kellermann, S. 165, 168; *Hommelhoff*, in: Lutter/Hommelhoff, GmbHG 19. Aufl. 2016, § 31, Rn. 1; *Schmidt*, JZ 2008, 734, 736.

358 BGHZ 136, 125, 127; *Hommelhoff*, in: Lutter/Hommelhoff, GmbHG 19. Aufl. 2016, § 31, Rn. 9; *Heidinger*, in: Michalski, GmbHG 3. Aufl. 2017, § 30, Rn. 47; *Eusani*, Jura 2009, 502, 503.

359 *Drygala/Kremer*, ZIP 2007, 1289, 1291.

sichergestellt. Auch hier gilt, dass einmal rechtmäßige Auszahlungen nicht mehr zurückgefordert werden können, auch wenn diese sich aus ex-post Perspektive als falsch herausstellen, aber auf ursprünglich vertretbaren Auslegungen der Bilanzvorschriften beruhen.[360] Insoweit besteht für das Aktien- als auch das GmbH-Recht die parallele Schlussfolgerung, dass es Aufgabe des bilanziellen Bezugssystems ist, vorschnelle Vermögensverlagerungen in die Sphäre der Gesellschafter zu verhindern.[361] Erforderlich ist eine konsequent ausschüttungsbegrenzende Rechnungslegung, die unsichere Vermögensbestandteile von der Auszahlungsmöglichkeit eliminiert.

3. Neuregelungen des MoMiG[362]

a) Überblick

Der Gesetzgeber hat durch das MoMiG den Kapitalschutz reformiert und teilweise eingeschränkt.[363] In § 30 Abs. 1 S. 2 GmbHG sind Ausnahmen vom Auszahlungsverbot festgelegt. Demnach sind Zahlungen im Rahmen eines Beherrschungs- oder Gewinnabführungsvertrages nach § 291 AktG ausgeschlossen. Rechtfertigung erfährt diese Ausnahmeregelung durch besondere Regelungen zum Gläubigerschutz (§ 303 AktG) und zur Verlustübernahme (§ 302 Abs. 1 AktG). Des Weiteren wurde in § 30 Abs. 1 S. 2 GmbHG die Rückkehr zur bilanziellen Betrachtungsweise angeordnet. Die von der Rechtsprechung entwickelten Regeln zum Eigenkapitalersatzrecht, nach denen Gesellschafterdarlehen wie haftendes Eigenkapital behandelt werden (§§ 32 a, b GmbHG a.F.), sind durch § 30 Abs. 1 S. 3 GmbHG ausdrücklich aufgegeben worden. Die diesbezügliche Problematik wurde aus dem GmbH-Recht in die insolvenzrechtlichen Regelungen der §§ 44a, 135, 143 InsO verlagert. Ebenso ist die bisher im GmbHG geregelte Insolvenzantragspflicht in § 15a InsO überführt worden. Durch die Verlagerung einiger Rechtsinstitute in die InsO ist eine tendenzielle Stärkung des repressiven Gläubigerschutzes zu beobachten.[364]

b) Rückkehr zur bilanziellen Betrachtungsweise bei Darlehensgewährung

Die Rückkehr zur bilanziellen Betrachtungsweise bei Darlehensgewährung an die Gesellschafter hat der Gesetzgeber durch die Einführung des § 30 Abs. 1 S. 2 GmbHG

---

360 Vgl. Fn. 329.

361 *Merschmeyer*, Kapitalschutzfunktion des Jahresabschlusses, 2005, S. 97.

362 Gesetz zur Modernisierung des GmbH-Rechts und zur Bekämpfung von Missbräuchen (MoMiG) vom 23. Oktober 2008, BGBl. I S. 2026.

363 *Heidinger*, in: Michalski, GmbHG 3. Aufl. 2017, § 30, Rn. 5.

364 *Teichmann/Körber*, in: Bachner/Cierpial/Lemanska/Liebscher (Hrsg.), Aktuelle Entwicklungen im polnischen, deutschen und österreichischen Privatrecht, S. 109, 116; vgl. auch *Fastrich*, in: Baumbach/Hueck, GmbHG 21. Aufl. 2017, § 30, Rn. 9.

unterstrichen. Diese Gesetzesänderung durch das MoMiG bezweckte die Abkehr[365] vom sog. „November-Urteil" des BGH.[366] Die bilanzielle Betrachtungsweise wird vom Gesetzgeber als „roter Faden" des neuen Haftkapitalsystems bezeichnet.[367] Zunächst sollen die bilanzrechtlichen Zusammenhänge erläutert werden, um anschließend die BGH Rechtsprechung zu erläutern, die das Eingreifen des Gesetzgebers ausgelöst hat.

aa) Bilanzielle Grundsätze

Die bilanzielle Erfassung einer Darlehensforderung erfolgt als Posten auf der Aktivseite der Bilanz nach § 266 Abs. 2 B. II. HGB. Die Forderung wird in Höhe des Auszahlungsbetrags des Darlehens als Anschaffungskosten gem. § 253 Abs. 1 S. 1, 255 Abs. 1 HGB angesetzt.[368] Voraussetzung ist, dass die Forderung vollwertig und mit keinem über das allgemeine Bonitätsrisiko hinausgehenden Risiko behaftet ist.[369] Dies gebietet der Grundsatz der Einzelbewertung (§ 253 Abs. 1 Nr. 3 HGB) und das Vorsichtsprinzip (§ 253 Abs. 1 Nr. 4 HGB). Maßgebend ist die vernünftige kaufmännische Beurteilung.[370] Dabei ist jedoch eine an Sicherheit grenzende Wahrscheinlichkeit der Anspruchserfüllung nicht zu fordern, weil diese nur in den seltensten Fällen erreichbar ist.[371] Sollten bereits von Anfang an Zweifel an der Vollwertigkeit bestehen, so ist die Forderung mit einem niedrigeren Betrag anzusetzen oder bei später auftretenden Zweifeln eine Zwangsabschreibung auf den niedrigeren beizulegenden Wert gem. § 253 Abs. 4 S. 2 HGB vorzunehmen.[372]

Neben fehlender Erbringlichkeit können Abschläge auf die Forderung notwendig sein, wenn diese un- oder unterverzinslich ist. In solchen Fällen, der nicht marktgerechten Verzinsung ist bereits bei Aktivierung die Forderung bilanziell abzuzinsen und nur der Barwert der Forderung anzusetzen.[373] Umstritten ist, ob die Frage der Verzinsung im Rahmen des § 30 Abs. 1 GmbHG eine Rolle spielen sollte. So wird die Ansicht vertreten, dass eine Diskontierung der Forderung bei fehlender Verzinsung im Umkehrschluss zur Folge haben solle, dass ein erhöhtes Ausfallrisiko durch einen höheren Zins kompensiert werden könnte.[374] Zumindest bei längerfristigen

---

365 Vgl. Begr. RegE MoMiG, BT-Drs. 16/6140, S. 93.

366 BGHZ 157, 72 ff.; aufgegeben in BGHZ 179, 71.

367 RegE MoMiG BT-Drs. 16/6140, S. 78.

368 *Schubert/Gadek*, in: BBK 10. Aufl. 2016, § 255, Rn. 254.

369 *Hommelhoff*, in: Lutter/Hommelhoff, GmbHG 19. Aufl. 2016, § 30, Rn. 28; *Heidinger*, in: Michalski, GmbHG 3. Aufl. 2017, § 30, Rn. 191; *Schall*, ZGR 2009, 126, 142 f.; *Winter*, DStR 2007, 1484, 1486.

370 BGHZ 179, 71, 78; *Fastrich*, in: Baumbach/Hueck, GmbHG 21. Aufl. 2017, § 30, Rn. 42.

371 *Hommelhoff*, in: Lutter/Hommelhoff, GmbHG 19. Aufl. 2016, § 30, Rn. 28; *Habersack*, in: Ulmer/Habersack/Winter, GmbHG 2010, § 30, Rn. 20.

372 Dazu *Schubert/Roscher*, in: BBK 10. Aufl. 2016, § 253, Rn. 558 ff.

373 *Schubert/Roscher*, in: BBK 10. Aufl. 2016, § 253, Rn. 592.

374 *Habersack*, in: Ulmer/Habersack/Winter, GmbHG 2010, § 30, Rn. 21 m.w.N.

unverzinslichen Darlehen kann die Geldentwertung jedoch zu keinem anderen Schluss führen, als dass die Forderung abzuzinsen ist und dies auch im Rahmen des § 30 Abs. 1 GmbHG Berücksichtigung finden muss.[375] Folge wäre anderenfalls eine Auszahlung durch die „Hintertür". Darlehen mit einer Laufzeit von mehr als einem Jahr sind bei nicht marktgerechter Verzinsung auf den Barwert abzuzinsen, sodass eine Auszahlung in Höhe der Zinsdifferenz vorliegt.[376] Die Notwendigkeit einer bilanziellen Abwertung wegen unabsehbarer negativer Entwicklungen führt indes nicht nachträglich zu einer verbotenen Abwertung.[377] Allenfalls kann die Nichtgeltendmachung am Ende der Laufzeit oder die Verlängerung des Darlehens eine eigenständig zu bewertende Auszahlung darstellen.[378]

Ist die Darlehensforderung allerdings vollwertig und marktüblich verzinst, liegt nur ein bilanzneutraler Aktivtausch vor. Der Aktivposten „Bankguthaben" (§ 266 Abs. 2 B. IV. HGB) wird gegen die Darlehensforderung (§ 266 Abs. 2 B. II HGB) eingetauscht. Die Aktivseite verändert sich dabei nicht; der Vorgang ist erfolgsneutral. Bei einer Aktivierung zum Barwert der Forderung oder einer späteren Abschreibung liegt kein Aktivtausch mehr vor. Durch einen erfolgswirksamen Geschäftsvorfall kommt es zu einer Vermögensreduzierung.

Im Falle einer Darlehensgewährung einer GmbH an einen ihrer Gesellschafter ging die h.M. früher bei Vollwertigkeit und marktüblicher Verzinsung von einem bilanzneutralen Aktivtausch aus.[379] Das Vermögen der Gesellschaft blieb unverändert, es handelte sich nicht um eine unzulässige Auszahlung i.S.d. § 30 GmbHG. Lediglich bei un- oder unterverzinslichen Darlehen konnte die daraus folgende Vermögensminderung das Auszahlungsverbot auslösen.[380]

bb) Novemberurteil

Im „November"-Urteil[381] wertete der BGH eine Darlehenshingabe der GmbH an einen Gesellschafter – ungeachtet der Vollwertigkeit des Rückzahlungsanspruchs – als verbotene Auszahlung i.S.d. § 30 Abs. 1 GmbHG, die zu einer Unterbilanz führte, wenn infolge zeitlich hinausgeschobener Fälligkeit die Darlehenssumme nicht als liquides Mindestbetriebsvermögen der Gesellschaft zu Verfügung steht. Unabhängig von bilanziellen Regeln komme es allein auf den tatsächlichen Liquiditätsabfluss an,

---

375 *Fastrich*, in: Baumbach/Hueck, GmbHG 21. Aufl. 2017, § 30, Rn. 56; *Hommelhoff*, in: Lutter/Hommelhoff, GmbHG 19. Aufl. 2016, § 30, Rn. 30; *Gehrlein*, Der Konzern 2007, 771, 785; *Winter*, DStR 2007, 1484, 1487.

376 *Drygala/Kremer*, ZIP 2007, 1289, 1293; *Winter*, DStR 2007, 1484, 1487; *Gehrlein*, Der Konzern 2007, 771, 785.

377 RegE MoMiG, BT-Drs. 16/6140, S. 41.

378 *Gehrlein*, Der Konzern 2007, 771, 785 f.

379 Siehe nur *Fastrich*, in: Baumbach/Hueck, GmbHG 21. Aufl. 2017, § 30, Rn. 36; *Hommelhoff*, in: FS Kellermann, S. 165, 166.

380 Stellvertretend *Hommelhoff*, in: FS Kellermann, S. 165, 166; *Eusani*, Jura 2009, 502, 505.

381 BGHZ 157, 72 ff.

auch wenn ein vollwertiges und marktüblich verzinstes und somit bilanzneutrales Darlehen vorliegt. Damit wurde vom BGH zur Erhaltung der Stammkapitalziffer eine reale Haftungsmasse verlangt, wodurch verhindert werden sollte, dass liquide Haftungsmasse durch einen schuldrechtlichen Anspruch mit hinausgeschobener Fälligkeit ausgetauscht wird. Der BGH erweitert den Schutz des gebunden Kapitals auf mittelbare Beeinträchtigungen durch eine Verschlechterung der Befriedigungsaussichten der Gesellschaftsgläubiger, selbst wenn der Gesellschafter kreditwürdig ist.[382] Damit hatte der BGH den Versuch unternommen, über den bilanziellen Vermögensschutz hinaus eine liquiditätsorientierte Komponente einzuführen.[383] Diesbezüglich wurde kritisiert, dass dadurch eine tief greifende Systemänderung im GmbH-rechtlichen Gläubigerschutz vorgenommen wurde.[384] Insbesondere beim Cash-Pooling führte die Änderung des Auszahlungsbegriffs zu immensen Unsicherheiten.[385] Beim Cash-Pool als Mittel der Konzernfinanzierung werden die Konten aller Tochterunternehmen von der Konzernmutter verwaltet und die Einzelsalden täglich auf einem sog. Zielkonto zusammengeführt. Vorteil dieser Vorgehensweise ist, dass ein Soll-Saldo eines Tochterunternehmens nicht durch teure Bankkredite ausgeglichen werden muss, sondern innerhalb des Konzerns Liquidität zu günstigen Konditionen kurzfristig zur Verfügung gestellt werden kann.[386] Durch die BGH-Entscheidung bestand die Gefahr, dass bilanzneutrale Leistungen im Rahmen der kurzfristigen wechselseitigen Darlehensbeziehungen möglicherweise unkontrolliert aus dem gebundenen Vermögen erfolgten, was zu einem Verstoß gegen § 30 Abs. 1 GmbHG geführt hätte.[387]

cc) Gesetzgeberische Reaktion

Der Gesetzgeber sah sich durch die Rechtsprechung gezwungen, das (wirtschaftlich sinnvolle) Cash-Pooling für Konzerne zu erleichtern und auf eine rechtssichere Grundlage zu stellen.[388] Nach dem neu eingeführten § 30 Abs. 1 S. 2 Hs. 2 GmbHG findet keine unzulässige Auszahlung statt, wenn ein vollwertiger und marktgerecht verzinster Darlehensrückgewähranspruch gegen die Gesellschafter besteht. Es liegt damit nur eine bilanzneutrale Vermögensumschichtung vor und kein Verstoß gegen § 30 Abs. 1 GmbHG. Ein zusätzlicher Liquiditätsschutz – wie vom BGH verfolgt – ist nach dem Willen des Gesetzgebers nicht im Rahmen der Ausschüttungssperre,

382 *Böcker*, ZGR 2006, 213, 215.
383 *Böcker*, ZGR 2006, 213, 217; *Eusani*, Jura 2009, 502, 505 m.w.N.
384 *Böcker*, ZGR 2006, 213, 215 („systemändernd").
385 Statt vieler *Kerber*, ZGR 2005, 437; *Henze*, WM 2005, 717; *Eusani*, Jura 2009, 502, 504.
386 Zum Cash-Pool ausführlich *Sieder*, Cash Pooling im GmbH-Konzern, 2011.
387 *Eusani*, Jura 2009, 502, 505.
388 *Fastrich*, in: Baumbach/Hueck, GmbHG 21. Aufl. 2017, § 30, Rn. 8; *Heidinger*, in: Michalski, GmbHG 3. Aufl. 2017, § 30, Rn. 11; siehe dazu auch *Wanner*, GmbH in der Krise, 2014, S. 156 ff.

sondern über andere Instrumente zu erreichen. Die durch Mittelabfluss befürchteten Schutzlücken können durch andere Tatbestände hinreichend geschlossen werden. In Betracht kommen die Haftung wegen Existenzvernichtung, die Haftung des Geschäftsführers nach § 43 sowie § 64 S. 3 GmbHG.[389]

dd) Austauschverträge

Durch das neue Deckungsgebot (Satz 2 a.E.) gilt die bilanzielle Betrachtungsweise nicht nur für die Darlehensgewährung, sondern auch für sonstige Austauschgeschäfte. Der Zahlungsanspruch gegen einen Gesellschafter aufgrund eines Austauschvertrags muss den Wert des geleisteten Gegenstandes nach Marktwerten decken.[390] Es genügt nicht, dass der Zahlungsanspruch zwar den Bilanzwert des geleisteten Gegenstandes, nicht aber dessen höheren Marktwert deckt. Ein solches Auseinanderfallen der Werte ergibt sich insbesondere bei stillen Reserven. So kann ein Grundstück, dass zu Anschaffungskosten bilanziert wurde (§ 253 Abs. 1 S. 1 HGB), oder ein bereits auf 1 € abgeschriebener PKW (§ 253 Abs. 2 S. 2, 3 HGB) nicht zu den Bilanzwerten an einen Gesellschafter verkauft werden. Die Forderung aus dem PKW-Verkauf über 1 € wäre zwar bilanziell „vollwertig", jedoch würde sie den Marktwert des PKW nicht „decken".[391] In der Unterbilanz müssen auch die stillen Reserven des geleisteten Vermögensgegenstandes durch die Gegenleistung abgedeckt sein.[392] Ohne die Ergänzung der bilanziellen Betrachtungsweise durch das Deckungsgebot könnten abgeschriebene oder nicht aktivierungsfähige Vermögenswerte an die Gesellschafter ausgekehrt werden. Bilanziell wäre das Stammkapital in seinem rechnerischen Wert nicht betroffen, aber es käme zu einem Abfluss von bilanziell nicht erfasstem Gesellschaftsvermögen.[393]

Soweit eine wertmäßige Kompensation durch einen vollwertigen Gegenanspruch für die Gesellschaft gegeben ist, liegt ebenfalls keine unzulässige Auszahlung vor.[394] Das Deckungsgebot war bereits vor der gesetzlichen Normierung allgemein anerkannt, um Schwächen der bilanziellen Betrachtungsweise insb. bei stillen Reserven

---

389 *Eusani*, Jura 2009, 502, 506.

390 *Hommelhoff*, in: Lutter/Hommelhoff, GmbHG 19. Aufl. 2016, § 30, Rn. 32; *Gehrlein*, Der Konzern 2007, 771, 786; *Kuntz*, in: Gehrlein/Born/Simon, GmbHG 3. Aufl. 2017, § 30, Rn. 84; ausführlich *Eusani*, GmbHR 2009, 512, 513 ff.; *Körber*, Kapitalaufbringung, 2014, S. 76 ff.

391 *Winter*, DStR 2007, 1484, 1486; *Drygala/Kremer*, ZIP 2007, 1289, 1292.

392 *Winter*, DStR 2007, 1484, 1486.

393 *Gehrlein*, Der Konzern 2007, 771, 786; *Drygala/Kremer*, ZIP 2007, 1289, 1294. Die früher oftmals als Paradebeispiel herangezogenen selbst geschaffenen immateriellen Vermögensgegenstände des Anlagevermögens können nunmehr nach dem BilMoG gem. § 248 Abs. 2 HGB aktiviert werden. Sie sind jedoch von einer bilanziellen Ausschüttungssperre gem. § 268 Abs. 8 S. 1 HGB erfasst. Dazu ausführlich S. 309 ff.

394 *Heidinger*, in: Michalski, GmbHG 3. Aufl. 2017, § 30, Rn. 187.

zu kompensieren,[395] damit es in der Phase der Unterbilanz zu keinem (sanktionslosen) Abfluss von Vermögenswerten kommt.

c) Festhalten an bilanzgestützter Kapitalerhaltung

Der vielfach vorgetragenen Forderung nach einer alternativen oder fakultativen liquiditätsorientierten Ausschüttungsbemessung in Form eines Solvenztests nach amerikanischem Vorbild[396] hat der Gesetzgeber durch das Festhalten an der bilanzgestützten Kapitalerhaltung eine klare Absage erteilt.[397] Weiterhin ist die Handelsbilanz das Medium zur Ermittlung des in der GmbHG gebundenen Vermögens. Zwar bestehen Schwächen der Kapitalerhaltung im Bereich der insolvenzverursachenden Zahlungen, denn das Kapitalschutzrecht verhindert nur unzulässige Vermögensverlagerungen der Gesellschaft hin zu den Gesellschaftern. Gegen das Verwirtschaften des Gesellschaftsvermögens werden die Gläubiger über diese Regelungen nicht geschützt. Die Ausschüttungssperren sind keine „Insolvenzstopper".[398] Kommt es nun zu wirtschaftlichen Betätigungen, welche die Insolvenz der Gesellschaft zur Folge haben, wird der Gläubigerschutz über die Haftung des Geschäftsführers nach § 64 S. 3 GmbHG sinnvoller erreicht.[399]

Die jetzigen Kapitalschutzregelungen sind flexibler und zugleich rechtssicherer für die mittelständische GmbH als ein liquiditätsorientierter Solvenztest, da oberhalb der Stammkapitalschwelle jederzeit eine Entnahme möglich ist.[400] Der Umfang der Ausschüttungen ist einfach zu ermitteln und verlässlich nachprüfbar.[401] Der Gesetzgeber hat ferner durch die Rückkehr zur bilanziellen Betrachtungsweise klargestellt, dass der Schutz durch § 30 GmbHG sich ausdrücklich nur auf die nominelle Kapitalerhaltung bezieht und nicht auf die Qualität des Gesellschaftsvermögens. Ein Schutz liquider Haftungsmasse erfolgt nicht.[402] Dies ist vor allem deswegen konsequent und richtig, weil der Schutz des Gesellschaftsvermögens sich nicht auf dessen gegenständliche Zusammensetzung bezieht, sondern nur den rechnerischen

---

395 RegE MoMiG, BT-Drs. 16/6140, S. 52; *Habersack*, in: Ulmer/Habersack/Winter, GmbHG 2010, § 30, Rn. 8; *Eusani*, Jura 2009, 502, 505; *Winter*, DStR 2007, 1484, 1486 jeweils m.w.N.

396 Zum Solvenztest siehe *Jungmann*, ZGR 2006, 638; *Pellens/Sellhorn*, in: Lutter, Kapital in Europa, S. 451, 471 ff.; *Pellens/Jödicke/Richard*, DB 2005, 1393; *Böcking/Dutzi*, Der Konzern 2007, 435; *Janssen*, Bilanzorientierte Kapitalerhaltung oder Solvenztest, 2010.

397 *Schall*, Kapitalgesellschaftsrechtlicher Gläubigerschutz, 2009, 180 f.; *Hennrichs*, NZG 2009, 921, 922; *Eusani*, Jura 2009, 502, 502.

398 *Schall*, Kapitalgesellschaftsrechtlicher Gläubigerschutz, 2009, S. 180.

399 *Schall*, Kapitalgesellschaftsrechtlicher Gläubigerschutz, 2009, S. 180.

400 *Schall*, Kapitalgesellschaftsrechtlicher Gläubigerschutz, 2009, S. 180 f.

401 Eine liquiditätsorientierte Grenzziehung erfolgt über § 64 S. 3 GmbHG. Siehe dazu ausführlich S. 100.

402 *Heidinger*, in: Michalski, GmbHG 3. Aufl. 2017, § 30, Rn. 7; *Habersack*, in: Ulmer/Habersack/Winter, GmbHG 2010, § 30, Rn. 8.

Wert.[403] Ist ein Ansatz der Forderung zum Nennwert jedoch nicht möglich, da von Beginn an Zweifel an der Erbringlichkeit der Forderungen bestanden oder diese später abgeschrieben werden musste, so stellt die Darlehensgewährung auch nach bilanzieller Betrachtung eine verbotene Auszahlung dar, wenn dadurch eine Unterbilanz erzeugt wird.[404] Der Kapitalschutz konkretisiert sich somit im Bilanzrecht, das dessen Qualität und Umfang näher definiert. Die Frage der Vollwertigkeit der Darlehensforderung richtet sich gemäß der gesetzgeberischen Begründung nach den „allgemeinen Bilanzierungsgrundsätzen".[405] Unter diesen sind die für die Bewertung von Forderungen allgemein geltenden Bewertungsregeln zu verstehen.[406] Sofern eine Forderung nach bilanziellen Grundsätzen vollwertig ist, müssen keine Abschreibungen vorgenommen werden. Dann darf auch keine qualitative Beurteilung des Vermögensgegenstands „Darlehensforderung" im Vergleich zum Vermögensgegenstand „Bankguthaben" vorgenommen werden. Die Vermögensgegenstände sind aus Sicht des Gesellschaftsrechts als gleichwertig zu beurteilen, denn die kapitalschutzrechtlichen Wertungen sind grundsätzlich durch das Bilanzrecht vorzunehmen. Der Gesetzgeber hält somit eindeutig an der bilanzgestützten Kapitalerhaltung fest.

d) Kapitalschutzrechtliche Besonderheiten der UG (haftungsbeschränkt)

Der Gesetzgeber sah sich aufgrund des verstärkten Zuzugs von britischen Limiteds gezwungen, für Kleinunternehmer eine Rechtsform mit geringer Kapitalausstattung und vereinfachter Gründung zu schaffen.[407] Zuvor war auch eine gänzliche Abschaffung des Mindestkapitals diskutiert worden.[408] Der Gesetzgeber hat jedoch durch das MoMiG in dem neu eingeführten § 5a GmbHG keine neue eigenständige Rechtsform geschaffen, sondern die Unternehmergesellschaft (haftungsbeschränkt) als eine „Einstiegsvariante" der GmbH ausgestaltet.[409] Die UG als deutsche Antwort auf die englische Limited,[410] ist gekennzeichnet durch die Möglichkeit, für die Gründer ein Stammkapital unterhalb des Mindestkapitalerfordernisses von 25.000 €

---

403 Vgl. *Joost*, ZHR 148 (1984), 27, 29.

404 *Habersack*, in: Ulmer/Habersack/Winter, GmbHG 2010, § 30, Rn. 19.

405 RegE MoMiG, BT-Drs. 16/6140, S. 41.

406 *Drygala/Kremer*, ZIP 2007, 1289, 1293; *Sieder*, Cash Pooling im GmbH-Konzern, 2011, S. 238.

407 Begr. RegE MoMiG, S. 56; *J. Schmidt*, in: Michalski, GmbHG 3. Aufl. 2017, § 5a, Rn. 2; *Rieder*, in: MüKo GmbHG 2. Aufl. 2015, § 5a, Rn. 4; *Gehrlein*, Der Konzern 2007, 771, 778 f.

408 Siehe exemplarisch *Eidenmüller/Grunewald/Noack*, in: Lutter, Kapital in Europa, S. 17.

409 Begr. RegE MoMiG, S. 70; *J. Schmidt*, in: Michalski, GmbHG 3. Aufl. 2017, § 5a, Rn. 3; *Veil*, ZGR 2009, 623, 625; *Waldenberger/Sieber*, GmbHR 2009, 114.

410 *Miras*, Die neue Unternehmergesellschaft, 2. Aufl. 2011, Rn. 60; *Schmitz*, in: Gehrlein/Born/Simon, GmbHG 3. Aufl. 2017, § 5a, Rn. 2.

festzulegen (§ 5a Abs. 1 GmbHG). Die Höhe des Stammkapitals kann von den Gesellschaftern zwischen 1–24.999 € gewählt werden.

aa) Sonderrecht

Als Ausgleich für den Verzicht auf ein Mindestkapital von 25.000 € wurden Sonderregeln (vgl. § 5a Abs. 1–4 GmbHG) eingeführt, die den reduzierten Gläubigerschutz kompensieren sollen.[411]

Konkret hat der Gesetzgeber folgende Sonderregeln erlassen:[412]

- eine besondere Firmierung, § 5a Abs. 1 GmbHG
- Volleinzahlungsgebot, § 5a Abs. 2 S. 1 GmbHG und das Verbot der Sacheinlage, § 5a Abs. 2 S. 2 GmbHG
- Eine zweckgebundene, gesetzliche (Ansammel-)Rücklage gem. § 5a Abs. 3 GmbHG
- Pflicht zur Einberufung bei drohender Zahlungsunfähigkeit, § 5a Abs. 4 GmbHG

Im Übrigen bleibt das GmbHG anwendbar. Dies gilt insb. für die Regeln der Kapitalerhaltung und der Geschäftsleiterpflichten.[413]

bb) Zwangsrücklage

(1) Funktionsweise

Das „Herzstück“[414] der gläubigerschützenden Sondernormen ist die Pflicht, in der Bilanz eine gesetzliche Rücklage zu bilden, in die ein Viertel des um einen etwaigen Verlustvortrag geminderten Jahresüberschusses einzustellen ist, vgl. § 5a Abs. 3 S. 1 GmbHG. Die Gesellschafter dürfen in Abweichung von § 46 Nr. 1 GmbHG den erwirtschafteten Gewinn nicht beliebig verwenden, sondern sind zur Rücklagenbildung verpflichtet. Die nach § 5a Abs. 3 GmbHG zu bildende Rücklage ist gem. § 266 Abs. 3 A. III. Nr. 1 HGB als Passivposten unter der Rubrik „Eigenkapital“ zu bilanzieren. Die Rücklage ist streng zweckgebunden und darf nur zu den in § 5a Abs. 3 GmbHG genannten Zwecken verwendet werden. Daher ist sie als eigener Bilanzposten neben dem Stammkapital gesondert auszuweisen.[415] Die (Ansammel-)Rücklage[416] soll erreichen, dass durch Zwangsthesaurierung das

---

411 *Kleindiek*, in: Lutter/Hommelhoff, GmbHG 19. Aufl. 2016, § 5a, Rn. 7; *Rieder*, in: MüKo GmbHG 2. Aufl. 2015, § 5a, Rn. 1; *Teichmann/Körber*, in: Bachner/Cierpial/Lemanska/Liebscher (Hrsg.), Aktuelle Entwicklungen im polnischen, deutschen und österreichischen Privatrecht, S. 109, 114; *Veil*, ZGR 2009, 623, 625.

412 Nach *Hennrichs*, NZG 2009, 921, 923.

413 *Rieder*, in: MüKo GmbHG 2. Aufl. 2015, § 5a, Rn. 1; *Hennrichs*, NZG 2009, 921, 923; *Schmitz*, in: Gehrlein/Born/Simon, GmbHG 3. Aufl. 2017, § 5a, Rn. 5.

414 *Veil*, ZGR 2009, 623, 625.

415 *J. Schmidt*, in: Michalski, GmbHG 3. Aufl. 2017, § 5a, Rn. 17; *Hennrichs*, NZG 2009, 921, 924.

416 *Hennrichs*, NZG 2009, 921, 924.

reguläre Mindestkapital sukzessive angespart wird.[417] Darin kommt der Übergangscharakter der UG deutlich zum Ausdruck.[418]

Zu betonen ist, dass die Rücklagenbildung – ähnlich wie schon beim Stammkapital[419] – trotz der Zweckbindung nicht zum Vorhalten liquider Mittel zwingt. Die zur Deckung der Rücklage erforderlichen Mittel können für betriebliche Zwecke verwendet werden.[420] Der Einsatz der finanziellen Mittel für Vermögensgegenstände lässt das Eigenkapital aus bilanzieller Hinsicht unberührt, da lediglich ein Aktivtausch vorliegt. Durch die Möglichkeit der Gründung einer UG mit einem geringen Mindestkapital hat der Gesetzgeber Seriositätsaspekte zurückgestellt, um die vereinfachte Gründung einer Kapitalgesellschaft anzubieten.[421] § 5a Abs. 3 GmbHG ist als funktionales Äquivalent zu der Pflicht, ein bestimmtes Stammkapital aufzubringen, anzusehen.[422] Der Vorgang der Kapitalaufbringung wird auf einen bestimmten Zeitraum gestreckt, aber nicht gänzlich aufgegeben. Die Pflicht zur Zwangsthesaurierung bleibt bestehen, bis die UG durch förmlichen Beschluss das Stammkapital auf mindestens 25.000 € erhöht hat und in eine reguläre GmbH umgewandelt wurde, vgl. § 5a Abs. 5 GmbHG. Für die Kapitalerhöhung ist die gesetzliche Rücklage selbstverständlich nutzbar (§ 5a Abs. 3 S. 1 i.V.m. § 57c GmbHG). Dadurch wird eine Drucksituation für die Gesellschafter erzeugt, denn das Sonderrechtsregime wird erst beendet, wenn die GmbH ihr Stammkapital nach § 57c GmbHG erhöht.[423] In der Bilanz wird der Eigenkapital-Posten „gesetzliche Rücklage" in den anderen Eigenkapital-Posten „gezeichnetes Kapital" gem. § 266 Abs. 3 A. I. HGB überführt. Das Eigenkapital bleibt somit unverändert.

Die gesetzliche Rücklage ist streng zweckgebunden, sie darf nur zu den in Abs. 3 S. 2 genannten Gründen verwendet werden: Für eine Kapitalerhöhung aus Gesellschaftsmitteln, zum Ausgleich eines Jahresfehlbetrags und zum Ausgleich eines

---

417 RegE MoMiG, BT-Drs. 16/6140, S. 32; *Rieder*, in: MüKo GmbHG 2. Aufl. 2015, § 5a, Rn. 26; *Schmitz*, in: Gehrlein/Born/Simon, GmbHG 3. Aufl. 2017, § 5a, Rn. 25.

418 *Miras*, Die neue Unternehmergesellschaft, 2. Aufl. 2011, Rn. 213; *J. Schmidt*, in: Michalski, GmbHG 3. Aufl. 2017, § 5a, Rn. 16.

419 Siehe S. 53.

420 *Miras*, Die neue Unternehmergesellschaft, 2. Aufl. 2011, Rn. 217; *Miras*, Die neue Unternehmergesellschaft, 2. Aufl. 2011, Rn. 217; *Hennrichs*, NZG 2009, 921, 924; a.A. *Waldenberger/Sieber*, GmbHR 2009, 114, 117.

421 *Kleindiek*, in: Lutter/Hommelhoff, GmbHG 19. Aufl. 2016, § 5a, Rn. 8; *Joost*, ZIP 2007, 2242, 2245.

422 *Veil*, ZGR 2009, 623, 641.

423 *Fastrich*, in: Baumbach/Hueck, GmbHG 21. Aufl. 2017, § 5a, Rn. 21; *Rieder*, in: MüKo GmbHG 2. Aufl. 2015, § 5a, Rn. 28; *J. Schmidt*, in: Michalski, GmbHG 3. Aufl. 2017, § 5a, Rn. 20; *Miras*, Die neue Unternehmergesellschaft, 2. Aufl. 2011, Rn. 70; *Joost*, ZIP 2007, 2242, 2245.

Verlustvortrags.[424] Insbesondere darf sie nicht für Ausschüttungen an die Gesellschafter herangezogen werden. Die Zwangsthesaurierung wirkt wie die Ausschüttungssperre nach § 30 Abs. 1 GmbHG.[425] Strukturell ähnelt die Zwangsrücklage dem § 150 AktG.[426] Ungeachtet von Abweichungen im Detail wird auch hier über das Garantiekapital hinaus zusätzliches Kapital in der Gesellschaft gebunden.

(2) Zweck und Sicherung der Rücklage

Die Rücklage gem. § 5a Abs. 3 GmbHG dient dem Gläubigerschutz. Ein Verstoß gegen die Rücklagenbildung führt daher gem. § 256 Abs. 1 Nr. 1 AktG analog[427] zur Nichtigkeit des festgestellten Jahresabschlusses und über § 253 AktG analog zur Nichtigkeit des Gewinnverwendungsbeschlusses.[428] Ausschüttungen, die aufgrund nichtiger Beschlüsse zu Unrecht an die Gesellschafter ausgeschüttet wurden, können von der Gesellschaft sowohl über § 812 Abs. 1 S. 1 BGB also auch über ein analoge Anwendung der §§ 30, 31 GmbHG zurückgefordert werden.[429] Eine direkte Anwendung der Kapitalerhaltungsvorschriften ist ausgeschlossen, weil es sich bei der gesetzlichen Rücklage eben noch nicht um Stammkapital handelt.[430] Jedoch ist eine Analogie zu §§ 30, 31 GmbHG geboten, da die thesaurierten Beträge nach dem Willen des Gesetzgebers in Stammkapital umgewandelt werden sollen.[431] Daher kann von „schwebendem Stammkapital" gesprochen werden, das von § 30, 31 GmbHG geschützt wird.[432]

---

424 Dazu näher *Kleindiek*, in: Lutter/Hommelhoff, GmbHG 19. Aufl. 2016, § 5a, Rn. 44 ff.

425 *Veil*, ZGR 2009, 623, 633; *Miras*, Die neue Unternehmergesellschaft, 2. Aufl. 2011, Rn. 246; *Hennrichs*, NZG 2009, 921, 924, dieser zieht den Vergleich zu § 268 Abs. 8 HGB.

426 *Kleindiek*, in: Lutter/Hommelhoff, GmbHG 19. Aufl. 2016, § 5a, Rn. 37; *Waldenberger/Sieber*, GmbHR 2009, 114, 117.

427 Zur Analogen Anwendung des § 256 AktG auf die GmbH siehe *J. Koch*, in: MüKo AktG 4. Aufl. 2016, § 256, Rn. 87.

428 *Kleindiek*, in: Lutter/Hommelhoff, GmbHG 19. Aufl. 2016, § 5a, Rn. 37; *Rieder*, in: MüKo GmbHG 2. Aufl. 2015, § 5a, Rn. 30; *J. Schmidt*, in: Michalski, GmbHG 3. Aufl. 2017, § 5a, Rn. 22; *Veil*, ZGR 2009, 623, 634; *Hennrichs*, NZG 2009, 921, 924.

429 *Fastrich*, in: Baumbach/Hueck, GmbHG 21. Aufl. 2017, § 5a, Rn. 26; *Rieder*, in: MüKo GmbHG 2. Aufl. 2015, § 5a, Rn. 30; *Miras*, Die neue Unternehmergesellschaft, 2. Aufl. 2011, Rn. 232; *Gehrlein*, Der Konzern 2007, 771, 781; wohl a.A. *Waldenberger/Sieber*, GmbHR 2009, 114, 118. Die praktischen Auswirkungen für die Unterscheidung der Anspruchsgrundlagen ergeben sich aus unterschiedlichen Verjährungsfristen.

430 *Mock*, Finanzverfassung der Kapitalgesellschaften, 2008, S. 224.

431 RegE MoMiG, BT-Drs. 16/6140, S. 32.

432 *Miras*, Die neue Unternehmergesellschaft, 2. Aufl. 2011, Rn. 232 f.; *J. Schmidt*, in: Michalski, GmbHG 3. Aufl. 2017, § 5a, Rn. 23.

cc) Unterbilanz

Für §§ 30, 31 GmbHG bleibt die Stammkapitalziffer relevanter Bezugspunkt, auch wenn dieses ggf. deutlich unter dem bisherigen Niveau liegt. Selbst bei einem Stammkapital von 1 € muss dieses vom Aktivvermögen der UG gedeckt sein. Diese Grenzverschiebung führt zwar zu einem früheren Einsetzen der Unterbilanz; in der Funktion ändert sich aber nichts. Auch ein geringeres Stammkapital dient als Ausschüttungsgrenze.[433] Die gesetzliche Rücklage nach § 5a Abs. 3 GmbHG steht, zudem auch wenn keine ausdrückliche gesetzliche Regelung getroffen wurde, unter dem Schutz des § 30 GmbHG. Diese ist strikt zweckgebunden und kann im Gegensatz zu freien Rücklagen nicht aufgelöst werden. Sie muss daher bilanziell durch das Aktivvermögen gedeckt sein. Ansonsten könnte sie ihren gesetzlichen Zweck der Gewinnthesaurierung nicht erfüllen.[434]

dd) Überschuldungsproblematik

Im Zusammenhang mit der UG wird oftmals das Bedenken geäußert, dass eine UG mit einem Stammkapital vom lediglich 1 € mit einem Bein in der Überschuldung stehe.[435] So betragen allein die Gründungskosten ungefähr 300 €. Allein diese Anlaufkosten führen bei sehr geringem Eigenkapital zur drohenden Überschuldung.[436] Jedoch tritt bei einer bilanziellen Unterdeckung nicht zwangsläufig eine insolvenzrechtliche Überschuldung der UG ein. Der Gesetzgeber ist durch die Einführung des § 19 Abs. 2 S. 2 InsO zum zweistufigen Überschuldungsbegriff zurückgekehrt.[437] Die rechnerische Überschuldung liegt vor, wenn das Aktivvermögen die Verbindlichkeiten nicht mehr deckt. Für die rechtliche Überschuldung i.S.d. § 19 Abs. 2 InsO muss im zweiten Schritt noch eine negative Fortführungsprognose hinzukommen.[438] Diese muss durch objektive, plausible und gesicherte Anhaltspunkte gerechtfertigt sein. Je geringer das Kapital der neu gegründeten Gesellschaft allerdings ist, desto schwerer wird eine positive Prognose fallen.[439]

---

433 *Joost*, ZIP 2007, 2242, 2246; *Hennrichs*, NZG 2009, 921, 923; *Kuntz*, in: Gehrlein/Born/Simon, GmbHG 3. Aufl. 2017, § 30, Rn. 2; *Waldenberger/Sieber*, GmbHR 2009, 114, 116.

434 *Joost*, ZIP 2007, 2242, 2247.

435 *Drygala*, NZG 2007, 561, 563; *Hennrichs*, NZG 2009, 921, 924; ferner *Wilhelmi*, GmbHR 2006, 13, 14; *Priester*, ZIP 2005, 921.

436 *Fastrich*, in: Baumbach/Hueck, GmbHG 21. Aufl. 2017, § 5a, Rn. 30.

437 Zur Problematik des alten Überschuldungsbegriffs *Drygala*, NZG 2007, 561, 536; kritisch zum aktuellen Überschuldungsbegriff im Bezug zur UG: *Veil*, ZGR 2009, 623, 628 f. Die ursprüngliche zeitliche Befristung bis 31.12.2013 hat der Gesetzgeber am 5.12.2012 aufgehoben, siehe dazu *Böcker/Poertzgen*, GmbHR 2013, 17.

438 Dazu näher *Uhlenbruck*, in: Uhlenbruck/Hirte/Vallender, Insolvenzordnung 13. Aufl. 2010, § 19, Rn. 11 ff.

439 *Rieder*, in: MüKo GmbHG 2. Aufl. 2015, § 5a, Rn. 12; *Böcker/Poertzgen*, GmbHR 2013, 17, 21.

Auch wenn die Gesellschafter das Stammkapital unangetastet lassen und jegliche Investitionen auf andere Weise bestreiten, ist es ratsam, der UG ein gewisses Liquiditätspolster in Form von Stammkapital zu Verfügung zu stellen, um gerade in der Anfangsphase einen Puffer zu haben. Für die Überschuldung genügt schon eine geringe Schadensersatzforderung bzw. der Ausfall einer Gesellschaftsforderung.[440]

Daher wird empfohlen, die UG mit einem höheren Stammkapital zu gründen,[441] was nach ersten Untersuchungen in der Praxis auch erfolgt.[442] Auch ein Blick auf international vergleichbare Rechtsformen, wie etwa die SARL in Frankreich, zeigt, dass diese durchschnittlich mit 3500 € gegründet werden. Die englische Limited weist im Schnitt ein Kapital von ca. 500 Pfund auf.[443] Auch würde wohl eine UG mit einem Stammkapital von 1 € bei potentiellen Geschäftspartnern Zweifel erzeugen, sodass sich auch aus Seriositätsgründen ein moderates Stammkapital empfiehlt.[444] Von der Überschuldungsproblematik losgelöst, besteht hinsichtlich der zu erwartenden Rechtsprechung bezüglich der Unterkapitalisierungshaftung noch keine klare Prognose.[445] Auch wenn der Gesetzgeber im Zusammenhang mit dem MoMiG eine Unterkapitalisierungshaftung ausdrücklich abgelehnt hat,[446] ist der BGH nicht daran gehindert, aufgrund des erhöhten Missbrauchspotentials bei der UG eine persönliche Haftung nach § 826 BGB in Betracht zu ziehen.[447] Für die GmbH hat der BGH eine solche Haftung ausdrücklich abgelehnt.[448]

ee) Wertung

Durch die Einführung der UG hat der Gesetzgeber eine Lücke im deutschen Gesellschaftsrecht geschlossen. Die Ausgestaltung als „Übergangsform“ verhindert auch einen Verdrängungswettbewerb zur GmbH.[449] Dies zeigt, dass der Gesetzgeber an dem bewährten Kapitalschutzsystem festhalten will. Freilich erwies sich die

---

440 *Miras*, Die neue Unternehmergesellschaft, 2. Aufl. 2011, Rn. 73 f.

441 *J. Schmidt*, in: Michalski, GmbHG 3. Aufl. 2017, § 5a, Rn. 8; *Drygala*, NZG 2007, 561, 562.

442 *Bayer/Hoffmann*, GmbHR 2009, 124, 125 (Durchschnittliches Stammkapital im Jahr 2008: 1.173 €). Der überwiegende Teil der im Jahr 2009 bereits wieder gelöschten bzw. aufgelösten UGs hatte eine anfängliche Stammkapitalausstattung von weniger als 500 €, *Bayer/Hoffmann*, GmbHR 2011, R 321–322.

443 *Rieder*, in: MüKo GmbHG 2. Aufl. 2015, § 5a, Rn. 11.

444 *Miras*, Die neue Unternehmergesellschaft, 2. Aufl. 2011, Rn. 64 f.; *Kleindiek*, in: Lutter/Hommelhoff, GmbHG 19. Aufl. 2016, § 5a, Rn. 18.

445 *Hennrichs*, NZG 2009, 921, 924; *Veil*, ZGR 2009, 623, 638 ff.

446 RegE MoMiG, BT-Drs. 16/6140, S. 30.

447 *Rieder*, in: MüKo GmbHG 2. Aufl. 2015, § 5a, Rn. 48; ausführlich *Miras*, Die neue Unternehmergesellschaft, 2. Aufl. 2011, Rn. 66 ff.; ablehnend *Waldenberger/Sieber*, GmbHR 2009, 114, 123.

448 BGHZ 176, 204 = NJW 2008, 2437.

449 *Miras*, Die neue Unternehmergesellschaft, 2. Aufl. 2011, Rn. 415.

konkrete Ausgestaltung der UG als „Kunstgriff",[450] um der englischen Limited Paroli zu bieten, ohne Grundlagen des bisherigen Systems prinzipiell infrage zu stellen.

Die sukzessive Kapitalaufbringung entlässt die Gesellschafter nicht aus ihrer Pflicht, einen eigenen Risikobeitrag zum Vermögen der Gesellschaft zu leisten, sondern streckt diese Pflicht lediglich.[451] Auch die Möglichkeit des Verzichts auf ein Mindestkapital ändert nicht die prinzipielle Funktionsweise der Kapitalerhaltung, an der vom Gesetzgeber festgehalten wird. Denn wie schon gezeigt, ist das Mindestkapital keine strukturelle Notwendigkeit für das System des festen Kapitals.[452]

Obwohl das Modell der Zwangsthesaurierung als anfällig für Missbrauch und Umgehungen kritisiert wird,[453] ergeben sich hieraus keine abweichenden Vorgaben für das Handelsbilanzrecht. Eher lässt sich noch argumentieren, dass gerade bei einem geringen Stammkapital umso mehr Wert auf den Ausschluss unsicherer Vermögenswerte in der Bilanz gelegt werden müsse.

4. Folgerungen

Im Gegensatz zum Kapitalerhaltungsrecht der Aktiengesellschaft werden bei der GmbH die Ausschüttungen nicht auf den Bilanzgewinn beschränkt, sondern es wird lediglich der Bestand des Stammkapitals geschützt. Ausschüttungen, die diesen Anteil des Gesellschaftsvermögens unberührt lassen, sind zulässig (§ 30 Abs. 1 GmbHG). Daher zielt das Kapitalschutzsystem in der GmbH auf die Erhaltung eines bestimmten Vermögens ab, während in der Aktiengesellschaft an die Gewinnermittlung als relevanter Maßstab angeknüpft wird (§ 57 Abs. 3 AktG).[454] Auch eine dem Aktienrecht vergleichbare Regelung würde zu einer stärkeren Bindung des Kapitals führen, wie sie aus Gründen des Kapital- und Gläubigerschutzes gefordert wird.[455] Jedoch würde man der vornehmlich mittelständisch geprägten GmbH die bisherigen flexiblen Regelungen nehmen. Festzuhalten bleibt, dass die Ausschüttungssperre im GmbHG deutlich hinter der des AktG zurückbleibt. Nur Ausschüttungen, die das Stammkapital berühren, sind untersagt. Die Sicherung der Haftungsgrundlage[456] kann angesichts der gewandelten Kapitalteleologie nicht mehr als vorrangiger Zweck der Ausschüttungssperren in der GmbH angesehen werden. Ungeachtet dessen werden die Vorrangstellung der Fremdkapitalgeber und die Verlustverrechnungsfunktion des Eigenkapitals gesichert. Darüber hinaus wird auch gewährleistet, dass die Gesellschafter nicht aus ihrem Risiko entlassen werden, welches sie durch

---

450 *Joost*, ZIP 2007, 2242, 2245.

451 *Veil*, ZGR 2009, 623, 642.

452 Siehe S. 65 f.

453 *Veil*, ZGR 2009, 623, 634; ähnlich *Rieder*, in: MüKo GmbHG 2. Aufl. 2015, § 5a, Rn. 58.

454 Vgl. *Mock*, Finanzverfassung der Kapitalgesellschaften, 2008, S. 217; *Hirte*, Kapitalgesellschaftsrecht, 8. Aufl. 2016, Rn. 5.77 f.

455 *Wiedemann*, ZGR 2003, 283, 294.

456 *Strobl*, in: FS Clemm, S. 389, 405.

die Leistung ihrer Einlage übernommen haben. Das System der nominellen Kapitalerhaltung bleibt damit jedoch zugleich weiterhin zweckadäquat.

IV. Gemeinsames bilanzielles Bezugssystem

Das System der Kapitalerhaltung basiert sowohl bei der GmbH als auch bei der Aktiengesellschaft auf den gleichen theoretischen Grundlagen. § 30 GmbHG vermittelt ebenso wie § 57 AktG eine rechnerische Wertbindung, im Gegensatz zu einer gegenständlichen Bindung einzelner Vermögensgegenstände.[457] Sowohl der „Bilanzgewinn" (§ 57 Abs. 3 GmbHG) als auch das „zur Erhaltung des Stammkapitals erforderliche Vermögen" (§ 30 Abs. 1 GmbHG) als Tatbestände der Ausschüttungssperren ergeben sich aus der Handelsbilanz.[458] Somit stellt die Handelsbilanz nach dem HGB für das deutsche Kapitalgesellschaftsrecht das gemeinsame bilanzielle Bezugssystem dar. Diese Gemeinsamkeit ist Ausdruck des Trennungsprinzips und der vergleichbaren Interessenlage zwischen Aktiengesellschaft und GmbH. Aus der beschränkten Haftung folgt die Notwendigkeit gläubigerschützender Vorschriften. Die wirtschaftlich sinnvolle Haftungsfreistellung darf nicht einseitig zulasten der Gläubiger gehen.[459] Daher muss der Gesetzgeber seiner Ordnungsfunktion nachkommen, um die schädlichen Auswirkungen der Haftungsfreistellung möglichst gering zu halten. Diese in der Aktiengesellschaft und GmbH parallelen Interessenlagen erfordern folgerichtig einen gleich gelagerten Gläubigerschutz, der auf dem Gedanken der wertmäßigen Bindung des Gesellschaftsvermögens beruht.[460]

Der gesellschaftsrechtliche Kapitalschutz muss sich daher in den Rechnungslegungsnormen direkt fortsetzen. Vor dem Hintergrund der aus dem Trennungsprinzip folgenden Wertungen handelt es sich bei den Rechnungslegungsvorschriften um unmittelbare Interessensregelungen.[461] Dabei geht das Kapitalerhaltungsrecht insbesondere von der präventiv gläubigerschützenden Zielsetzung aus, dass unzulässige Vermögensverschiebungen in die Sphäre der Gesellschafter zu verhindern sind.[462] Diese Gemeinsamkeit muss in einer parallel ausgestalteten Rechnungslegung zum Ausdruck kommen. Auch wenn es in der GmbH mehr auf einen Vermögensschutz

---

457 BGHZ 157, 72, 75 (GmbH); *Joost*, ZHR 149 (1985), 419, 419 f.

458 BGHZ 106, 7, 12; 109, 334, 337; *Koch*, in: Hüffer/Koch, AktG 12. Aufl. 2016, § 58, Rn. 3; *Mock*, Finanzverfassung der Kapitalgesellschaften, 2008, S. 194; scheinbar a.A. *Schön*, ZHR 159 (1995), 351, 359, dieser bezieht seine Ablehnung der Maßgeblichkeit der Handelsbilanz aber nur auf die Bestimmung des Auszahlungszeitpunkts.

459 *Röhricht*, in: FS BGH, S. 83, 98 f.

460 *Merschmeyer*, Kapitalschutzfunktion des Jahresabschlusses, 2005, S. 96 f.; *Joost*, ZHR 149 (1985), 419, 419 f.; *Schulze-Osterloh*, in: FS 100 Jahre GmbHG, S. 501, 510, der dies anhand des Beispiels des Anschaffungskostenprinzips erläutert.

461 *Baetge/Thiele*, in: FS Beisse, S. 11, 19; *Merschmeyer*, Kapitalschutzfunktion des Jahresabschlusses, 2005, S. 97; *Streim/Esser*, StuB 2003, 736, 737.

462 Siehe S. 80 f.

als auf die Ermittlung des entziehbaren Gewinns ankommt, ändern diese rechtsformspezifischen Sonderregelungen nichts an der Feststellung, dass „Differenzierungen im Kernbereich" des bilanziellen Bezugsrahmens für Aktiengesellschaft und GmbH nicht wünschenswert sind.[463]

V. Verlustanzeigepflichten

1. Allgemein

§ 92 Abs. 1 AktG verpflichtet den Vorstand, unverzüglich die Hauptversammlung einzuberufen, wenn aufgrund der Bilanz oder bei pflichtgemäßen Ermessen anzunehmen ist, dass ein Verlust in Höhe der Hälfte des Grundkapitals besteht. Für die Parallelvorschrift des § 49 Abs. 3 GmbHG gilt im Ergebnis insofern dasselbe, als dort bestimmt wird, dass die Gesellschafterversammlung unverzüglich einzuberufen ist, wenn aus der Jahresbilanz oder einer Zwischenbilanz hervorgeht, dass die Hälfte des Stammkapitals verloren ist. Der primäre Zweck dieser Vorschriften liegt darin, durch das Setzen eines „Krisensignals"[464] den Fortbestand der Gesellschaft zu sichern, indem die Gesellschafter über eine krisenhafte Situation informiert werden und dadurch die Möglichkeit erhalten, auf diese Krise zu reagieren.[465] Diese Krisenwarnfunktion hat darüber hinaus zwar nicht unmittelbar, aber reflexartig auch (präventiv)[466] gläubigerschützende Wirkung.[467] Diesen kommt es zugute, wenn die Gesellschafter Maßnahmen zur Abwendung einer Insolvenz treffen können, sodass die Forderungen der Gläubiger nicht ausfallen. Eine Handlungsverpflichtung besteht aber nicht.[468] Insbesondere sind die Gesellschafter nicht zum Bereitstellen weiteren Stamm- oder Eigenkapitals verpflichtet.[469]

Die Einberufungspflicht im Falle des hälftigen Verlusts des Garantiekapitals stellt eine Konkretisierung der Generalnormen der §§ 49 Abs. 2 Alt. 2 GmbHG, 121 Abs. 1, 111 Abs. 3 AktG dar.[470] Danach ist die Einberufung der Versammlung vorgeschrieben, wenn es das Wohl bzw. das Interesse der Gesellschaft erfordert. Die

---

463 *Merschmeyer*, Kapitalschutzfunktion des Jahresabschlusses, 2005, S. 98.

464 *Müller*, ZGR 1985, 191, 193; *Römmermann*, in: Michalski, GmbHG 3. Aufl. 2017, § 49, Rn. 8; *Wanner*, GmbH in der Krise, 2014, S. 13, 72.

465 *Fleischer*, in: Spindler/Stilz, AktG 3. Aufl. 2015, § 92, Rn. 4; *Koch*, in: Hüffer/Koch, AktG 12. Aufl. 2016, § 92, Rn. 1; *Müller*, ZGR 1985, 191, 202; *Priester*, ZGR 1999, 533, 536 f.; *Teichmann*, in: Gehrlein/Born/Simon, GmbHG 3. Aufl. 2017, § 49, Rn. 13.

466 *Hüffer*, in: Ulmer/Habersack/Winter, GmbHG 2006, § 49, Rn. 23.

467 *Bayer*, in: Lutter/Hommelhoff, GmbHG 19. Aufl. 2016, § 49, Rn. 14; *Priester*, ZGR 1999, 533, 536; *Wanner*, GmbH in der Krise, 2014, S. 13.

468 *Bayer*, in: Lutter/Hommelhoff, GmbHG 19. Aufl. 2016, § 49, Rn. 14; *Fleischer*, in: Spindler/Stilz, AktG 3. Aufl. 2015, § 92, Rn. 4.

469 Siehe S. 39 f.

470 *Mertens*, AG 1983, 173, 174; *Müller*, ZGR 1985, 191, 193.

Konstellation des hälftigen Kapitalverlusts begrenzt das Ermessen des Vorstandes. Die Versammlung ist im Interesse der Gesellschaft zwingend einzuberufen.

2. Anknüpfung an die Handelsbilanz

Wenn diese missverständliche gesetzliche Formulierung vom Verlust des hälftigen Stamm- oder Grundkapitals spricht, so werden die bilanziellen Begriffe Kapital und Vermögen nicht korrekt gebraucht. Entscheidend ist nach h.M. vielmehr, dass eine hälftige bilanzielle Unterdeckung des Stamm- oder Grundkapitals durch das Aktivvermögen der Gesellschaft eintritt.[471] Anders formuliert entsteht die Einberufungspflicht, wenn das Aktivvermögen der Gesellschaft nicht mehr die Hälfte des Nennkapitals, wie es in der Satzung festgelegt ist, deckt.[472]

a) Bewertung zu Fortführungswerten

Nach dem Wortlaut der Vorschriften muss zur Feststellung der bilanziellen Unterdeckung des hälftigen Garantiekapitals die Jahresbilanz herangezogen werden. Maßgeblich für die Verlustermittlung sind nach h.M. die für den Jahresabschluss geltenden Ansatz- und Bewertungsregeln (§§ 252 ff. HGB).[473] Demnach gelten insbesondere das Stichtags-, das Realisations- und das Imparitätsprinzip, sowie das going-concern-Prinzip, sodass grundsätzlich die Bewertung zu Fortführungswerten erfolgt.[474]

b) Bewertung zu Zerschlagungswerten

Allenfalls bei eindeutig negativer Fortbestehensprognose muss auch bei den Verlustanzeigepflichten von der Zerschlagung des Unternehmens ausgegangen werden.[475] Dies führt allerdings nicht zu einer besonderen Auslegung im Rahmen der §§ 92 Abs. 1 AktG, 49 Abs. 3 GmbHG, sondern gilt für jede ordnungsmäßige Bilanzierung. Selbst wenn man davon ausgeht, dass die betreffende Gesellschaft sich im Vorfeld

471 *Mertens/Cahn*, in: KK-AktG 3. Aufl. 2010, § 92, Rn. 8; *Joost*, ZIP 2007, 2242, 2247.

472 *Fleischer*, in: Spindler/Stilz, AktG 3. Aufl. 2015, § 92, Rn. 7; *Koch*, in: Hüffer/Koch, AktG 12. Aufl. 2016, § 92, Rn. 1; *Bayer*, in: Lutter/Hommelhoff, GmbHG 19. Aufl. 2016, § 49, Rn. 15; *Römmermann*, in: Michalski, GmbHG 3. Aufl. 2017, § 49, Rn. 104; *Roth*, in: Roth/Altmeppen, GmbHG 8. Aufl. 2015, § 49, Rn. 12.

473 *Fleischer*, in: Spindler/Stilz, AktG 3. Aufl. 2015, § 92, Rn. 8; *Koch*, in: Hüffer/Koch, AktG 12. Aufl. 2016, § 92, Rn. 3; *Hüffer*, in: Ulmer/Habersack/Winter, GmbHG 2006, § 49, Rn. 23; *Bayer*, in: Lutter/Hommelhoff, GmbHG 19. Aufl. 2016, § 49, Rn. 8; *Müller*, ZGR 1985, 191, 204 ff.; *Priester*, ZGR 1999, 533, 539; *Teichmann*, in: Gehrlein/Born/Simon, GmbHG 3. Aufl. 2017, § 49, Rn. 14; *Wanner*, GmbH in der Krise, 2014, S. 78.

474 Vgl. dazu *Teichmann*, in: Gehrlein/Born/Simon, GmbHG 3. Aufl. 2017, § 49, Rn. 15.

475 *Müller*, ZGR 1985, 191, 203; *Bayer*, in: Lutter/Hommelhoff, GmbHG 19. Aufl. 2016, § 49, Rn. 8; *Hüffer*, in: Ulmer/Habersack/Winter, GmbHG 2006, § 49, Rn. 25.

einer Krise oder sogar schon in einer solchen befindet, ist von diesem Befund nicht abzuweichen. Die Verlustanzeigepflicht soll es den Gesellschaftern bzw. Aktionären ermöglichen, durch geeignete Maßnahmen die Krise abzuwenden. Eine zu frühzeitige Bewertung zu Zerschlagungswerten würde dieses Vorhaben zusätzlich erschweren. Auch aus Objektivierungsgründen ist es nicht geboten, zu Zerschlagungswerten überzugehen, wenn die Fortführungsprognose nicht mit hinreichender Sicherheit als negativ zu beurteilen ist. Zerschlagungswerte sind wesentlich stärker von subjektiven Erwartungen und Einschätzungen bestimmt.[476] Letztlich würde die Bewertung zu Zerschlagungswerten vor dem Hintergrund der Generalnormen der §§ 121 Abs. 1 AktG, 49 Abs. 2 GmbHG nicht dazu führen, dass die bilanzielle Unterdeckung früher eintreten würde und die Gesellschafter in der Lage wären eher eine schwere Krise abzuwenden. Bei zweifelhafter Überlebensprognose sollte es schon das „Wohl bzw. das Interesse der Gesellschaft" erforderlich machen, die Gesellschafterversammlung bzw. die Hauptversammlung einzuberufen.[477]

c) Verweis auf handelsbilanzielle Technik

§ 49 Abs. 3 GmbHG stellt darauf ab, dass sich die Unterdeckung aus der Jahresbilanz oder einer Zwischenbilanz ergeben muss. Dies hätte bei strikter wortlautgetreuer Auslegung zur Folge, dass die Verlustanzeigepflicht erst greift, wenn sich der Verlust aus einer Bilanz ergibt. § 92 Abs. 1 AktG lässt es dagegen genügen, dass bei pflichtgemäßem Ermessen ein Verlust anzunehmen sei. Hier wird auf das Erfordernis der Aufstellung einer Bilanz verzichtet.[478] Trotz der abweichenden Formulierung besteht kein sachlicher Unterschied zwischen den Regelungen.[479] Entscheidend ist die bilanzielle Unterdeckung des hälftigen Aktivvermögens der Gesellschaft. Die Geschäftsleitung kann aus verschiedenen Kennzahlen und Indikatoren erkennen, dass möglicherweise eine bilanzielle Unterdeckung gegeben ist oder unmittelbar bevorsteht. Dann ist sie zur permanenten Beobachtung der Vermögenslage durch Aufstellung oder Fortschreibung von Zwischenbilanzen verpflichtet.[480] Anderenfalls könnten sich die Leitungsorgane der Gesellschaft durch bloßes Nichtaufstellen von Bilanzen der Verlustanzeigepflicht entziehen.[481] In Ausnahmefällen kann

---

476 *Müller*, ZGR 1985, 191, 201.

477 Vgl. *Hüffer*, in: Ulmer/Habersack/Winter, GmbHG 2006, § 49, Rn. 22; *Teichmann*, in: Gehrlein/Born/Simon, GmbHG 3. Aufl. 2017, § 49, Rn. 15.

478 *Priester*, ZGR 1999, 533, 539.

479 *Müller*, ZGR 1985, 191, 211; *Hüffer*, in: Ulmer/Habersack/Winter, GmbHG 2006, § 49, Rn. 22.

480 *Müller*, ZGR 1985, 191, 212; *Römmermann*, in: Michalski, GmbHG 3. Aufl. 2017, § 49, Rn. 100; *Fleischer*, in: Spindler/Stilz, AktG 3. Aufl. 2015, § 92, Rn. 9; *Teichmann*, in: Gehrlein/Born/Simon, GmbHG 3. Aufl. 2017, § 49, Rn. 13; *Wanner*, GmbH in der Krise, 2014, S. 75 f.

481 *Müller*, ZGR 1985, 191, 212; *Priester*, ZGR 1999, 533, 539.

sogar eine „Bilanz im Kopf des Vorstandes oder des Geschäftsführers“ ausreichen.[482] Der Verweis auf die Handelsbilanz betrifft damit nicht den Zeitpunkt der Verlustanzeigepflichten, sondern allein die technische Ermittlung der tatbestandlichen Voraussetzungen der §§ 92 Abs. 1 AktG, 49 Abs. 3 GmbHG durch die Gegenüberstellung von Aktiva und Passiva.

Dieser Verweis auf die Technik der Handelsbilanz beantwortet auch die Frage der Berücksichtigung stiller Reserven. Diese dürfen im Rahmen der §§ 92 Abs. 1 AktG, 49 Abs. 3 GmbHG nur aufgelöst werden, wenn die Regeln des Jahresabschlusses dies erlauben.[483] Die Auflösung stiller Reserven nach Belieben der Gesellschaft würde die Lage beschönigen und dem Zweck der Normen somit nicht gerecht werden. Der durch die stillen Reserven vermittelte Puffer im Gesellschaftsvermögen würde im Falle einer Auflösung verschwinden und die prekäre Lage der Gesellschaft unnötig weiter verschlechtern. Außerdem käme es zu einer Verzerrung der Vermögenslage,[484] denn mit der Auflösung stiller Reserven gehen subjektive Bewertungsspielräume einher, da für die Bewertung stiller Reserven eben keine Bewertungsvorschriften existieren. Auch Wahlrechte dürfen nicht anders als im Jahresabschluss ausgeübt werden.[485]

3. Besonderheiten bei der UG

Abweichend von § 49 Abs. 3 GmbHG muss bei der UG bereits bei drohender Zahlungsunfähigkeit unverzüglich gem. § 5a Abs. 4 GmbHG die Gesellschafterversammlung einberufen werden. Dem liegt die Überlegung zugrunde, dass bei sehr niedrigem Stammkapital der Unterschreitung des hälftigen Stammkapitals keine ausreichende „Frühwarnfunktion“ mehr zugesprochen werden könnte.[486] Sinn ist es auch hier, die Gesellschafter frühzeitig in die Lage zu versetzen, eine drohende Insolvenz durch geeignete Maßnahmen noch zu verhindern; insofern bewirkt dies auch einen mittelbaren Gläubigerschutz.[487] § 5a Abs. 4 GmbHG ist als lex specialis zu § 49 Abs. 3 GmbHG ausgestaltet, sodass die Einberufungspflicht bei Verlust der

---

482 So *Müller*, ZGR 1985, 191, 212; zustimmend *Roth*, in: Roth/Altmeppen, GmbHG 8. Aufl. 2015, § 49, Rn. 14; *Zöllner/Noack*, in: Baumbach/Hueck, GmbHG 21. Aufl. 2017, § 49, Rn. 20; *Wanner*, GmbH in der Krise, 2014, S. 76 f.

483 *Römmermann*, in: Michalski, GmbHG 3. Aufl. 2017, § 49, Rn. 109; *Bayer*, in: Lutter/Hommelhoff, GmbHG 19. Aufl. 2016, § 49, Rn. 15; *Fleischer*, in: Spindler/Stilz, AktG 3. Aufl. 2015, § 92, Rn. 8; *Müller*, ZGR 1985, 191, 205; *Priester*, ZGR 1999, 533, 401; *Teichmann*, in: Gehrlein/Born/Simon, GmbHG 3. Aufl. 2017, § 49, Rn. 13; a.A.: vereinzelt und ohne nähere Begründung BGH WM 1958, 1416, 1417.

484 Vgl. *Hüffer*, in: Ulmer/Habersack/Winter, GmbHG 2006, § 49, Rn. 23.

485 *Müller*, ZGR 1985, 191, 205; *Priester*, ZGR 1999, 533, 540 f.

486 RegE MoMiG, BT-Drs. 16/6140, S, 32; *Rieder*, in: MüKo GmbHG 2. Aufl. 2015, § 5a, Rn. 35.

487 *Miras*, Die neue Unternehmergesellschaft, 2. Aufl. 2011, Rn. 248.

Hälfte des Stammkapitals entfällt.[488] § 5a Abs. 4 GmbHG ist somit an den § 18 InsO angelehnt. Die Effektivität der Regelung muss sich erst noch erweisen; bislang wird die Mitteilung der Information im Zeitpunkt der drohenden Zahlungsunfähigkeit regelmäßig als zu spät angesehen.[489]

4. Folgerung

Die praktische Wirksamkeit der Regelungen wird vielfach angezweifelt. Die tatbestandliche Anknüpfung an die hälftige bilanzielle Unterdeckung erfolge meist zu spät, um wirksame Gegenmittel zu ergreifen und eine Insolvenz abzuwenden.[490] Zur Stärkung des Kapitalschutzes wird daher zum Teil eine Vorverlagerung des Einberufungszeitpunkts gefordert.[491]

Unabhängig vom konkreten Zeitpunkt der Entstehung der Einberufungspflicht ist der tatbestandliche Rückgriff auf die Handelsbilanz ein sinnvolles Kriterium. Durch den bilanziellen Bezugspunkt erhält der Vorstand bzw. der Geschäftsführer ein schematisiertes und objektives Krisenkennzeichen.[492] Seine Handlungspflicht ist klar umrissen und losgelöst von subjektiven Bewertungsspielräumen. Geboten ist dies insbesondere angesichts dessen, dass ein Verstoß gegen die Verlustanzeigepflicht nach §§ 401 Abs. 1 AktG, 84 Abs. 1 GmbHG strafbewehrt ist. Aber auch für den gesellschaftsrechtlichen Kapitalschutz ist die Anknüpfung an die Handelsbilanz sinnvoll. Dem im Vorfeld des MoMiG vielfach geforderten Solvenztest erteilt der Gesetzgeber auch hier eine Absage. Ein nicht bilanzorientierter Solvenztest leidet notwendigerweise unter Ermessensspielräumen und prognostischen Unsicherheiten. Die für die Verlustermittlung maßgeblichen Ansatz- und Bewertungsvorschriften bieten demgegenüber ein höheres Maß an Rechtssicherheit und Transparenz und sind daher besser geeignet als ein Solvenztest.[493] Der Rückgriff auf die Handelsbilanz erfolgt gerade, um einen objektiven Maßstab zu erhalten.[494] Die Effektivität der Krisenwarnfunktion hängt entscheidend von zweifelsfrei feststellbaren Parametern ab. Die Unternehmensleitungen könnten ansonsten im Rahmen einer Ermessensentscheidung dazu tendieren, die Verlustanzeigepflicht hinauszuzögern. Dies macht wiederum deutlich, dass das Kapitalgesellschaftsrecht ein objektiviertes bilanzielles Bezugssystem erfordert, das möglichst wenige Spielräume lässt.[495] Änderungen im

---

488 *Miras*, Die neue Unternehmergesellschaft, 2. Aufl. 2011, Rn. 250 f.

489 *Rieder*, in: MüKo GmbHG 2. Aufl. 2015, § 5a, Rn. 35; *Gehrlein*, Der Konzern 2007, 771, 779; *Joost*, ZIP 2007, 2242, 2248; *Wanner*, GmbH in der Krise, 2014, S. 80.

490 Siehe Fn. 159; außerdem *Roth*, in: Roth/Altmeppen, GmbHG 8. Aufl. 2015, § 49, Rn. 11; *Roth*, ZGR 1993, 170.

491 *Roth*, ZGR 1993, 170, 196; *Roth*, NZG 2003, 1081, 1083 f.; siehe auch *Wanner*, GmbH in der Krise, 2014, S. 78 ff. m.w.N.

492 *Müller*, ZGR 1985, 191, 195.

493 Siehe *Joost*, ZIP 2007, 2242, 2247.

494 Vgl. *Müller*, ZGR 1985, 191, 195, 204.

495 *Merschmeyer*, Kapitalschutzfunktion des Jahresabschlusses, 2005, S. 102.

Bilanzrecht haben auch hier zwangsläufig Auswirkungen auf den Tatbestand der Verlustanzeigepflicht. Der Zeitpunkt der Anzeigepflicht würde zwar weiterhin von der Feststellung der bilanziellen Unterdeckung abhängen, jedoch träte diese zu einem anderen Zeitpunkt ein. Auch muss bei Reformen des Bilanzrechts darauf geachtet werden, dass der Zeitpunkt eindeutig feststellbar bleibt.

VI. Liquiditätsorientierter Kapitalschutz

1. Problem der rein rechnerischen Wertbindung

Der Gesetzgeber hat durch das MoMiG ausdrücklich an der bilanzgestützten Kapitalerhaltung festgehalten und Forderungen nach einem alleinigen liquiditätsorientierten Solvenztest eine Absage erteilt.[496] Dennoch erscheint die Ergänzung der bilanzgestützten Ausschüttungssperren durch eine situative Ausschüttungssperre durchaus sinnvoll. Die lediglich rechnerische Wertbindung ohne Rücksicht auf die Zusammensetzung des Gesellschaftsvermögens und die Liquidität lässt die Regeln der Kapitalerhaltung als „holzschnittartig"[497] erscheinen.

Denn die rein rechnerische Wertbindung des „festen Kapitals" hat den Nachteil, dass nicht berücksichtigt werden muss, ob liquides Vermögen zu Verfügung steht, mit dem Forderungen gegen die Gesellschaft beglichen werden können. Eine Kapitalgesellschaft kann laut Bilanz ausreichend Aktivvermögen besitzen, um alle Verbindlichkeiten zu decken, zugleich aber zahlungsunfähig sein. Dies ist der Fall, wenn das bilanzielle Vermögen sich ausschließlich aus hochwertigem Anlagevermögen zusammensetzt, aber keine liquiden Mittel (etwa Barmittel oder Bankguthaben) ausweist. Bei der Ermittlung des ausschüttungsfähigen Betrags werden keine Liquiditätsaspekte berücksichtigt, sodass dieser auch nicht in Form von Barvermögen vorliegen muss. Solange der Passivposten „gezeichnetes Kapital" von dem Aktivvermögen gedeckt ist, kann eine Ausschüttung vorgenommen werden.[498] Durch einen ergänzenden situativen Liquiditätsschutz kann der Schutz der Gläubiger erhöht werden, indem gewährleistet wird, dass die Gesellschaft fällige Verbindlichkeiten begleichen kann.[499]

2. Einführung einer liquiditätsorientierten Komponente durch das MoMiG

Bislang war man in der Literatur bestrebt, die allgemeinen Sorgfaltspflichten des Geschäftsführers zur ständigen Beobachtung der finanziellen Lage der Gesellschaft dahin gehend zu konkretisieren, dass Ausschüttungen in der Nähe der Insolvenz

---

496 Siehe S. 86 f.

497 *Haas*, Gutachten 66. DJT, E 1, E 131.

498 Dazu auch *Röhricht*, Gläubigerschutz, 2011, S. 58 f., 112.

499 Vgl. *Haas*, in: Baumbach/Hueck, GmbHG 21. Aufl. 2017, § 64, Rn. 3.

verboten sind.[500] Durch das MoMiG wurde § 64 S. 3 GmbHG als ausdrückliche Rechtsgrundlage eingeführt, wonach der Geschäftsführer keine Zahlungen an die Gesellschafter leisten darf, „soweit diese zur Zahlungsunfähigkeit der Gesellschaft führen mussten, es sei denn, dies war auch bei Beachtung der Sorgfalt eines ordentlichen Geschäftsmanns nicht erkennbar." Weiterhin wurde die entsprechende Parallelvorschrift des § 92 Abs. 3 S. 3 AktG als „Folgeänderung"[501] normiert. Durch eine liquiditätsorientierte Kapitalschutzkomponente soll erreicht werden, dass Ausschüttungen an die Gesellschafter nur zulässig sind, wenn künftige Verbindlichkeiten auch bedient werden können.[502]

3. Verbot der insolvenzverursachenden Zahlungen gem. § 64 S. 3 GmbHG

Die Neuregelung des § 64 S. 3 GmbHG nimmt für die Rechtsfolge Bezug auf § 64 S. 1 GmbHG, der bereits vor dem MoMiG Zahlungen nach Eintritt der Zahlungsunfähigkeit oder Überschuldung dem Geschäftsführer untersagte. Daher soll zunächst diese Regelung als Ausgangspunkt skizziert werden.

a) Ausgangspunkt: Zahlungen nach Zahlungsunfähigkeit oder Überschuldung gem. § 64 S. 1 GmbHG

Nach Eintritt der Insolvenzreife darf der Geschäftsführer einer GmbH gem. § 64 S. 1 GmbHG keine Zahlungen mehr leisten. Dadurch soll die verteilungsfähige Vermögensmasse einer insolvenzreifen GmbH im Interesse der Gläubigergesamtheit erhalten werden.[503] Es sind dabei nicht nur Zahlungen erfasst, die zu bilanziellen Schmälerungen des Gesellschaftsvermögens führen, sondern auch solche Leistungen zulasten des Gesellschaftsvermögens, die der Gesellschaft Liquidität entziehen, welche zur Befriedigung von Gläubigeransprüchen notwendig ist.[504] Das Tatbestandsmerkmal der „Zahlung" ist nicht auf rein liquide Barzahlungen beschränkt. Im Sinne eines umfassenden Schutzes der Gläubiger in der Insolvenz ist der Begriff weit auszulegen.[505] Auch sonstige Leistungen, die zulasten des Gesellschaftsvermögens

---

500 *Hennrichs*, Der Konzern 2008, 42, 45; *Böcking/Dutzi*, Der Konzern 2007, 435, 440.

501 RegE-MoMiG, BT-Drs. 16/6140, S. 52.

502 Vgl. *Schön*, EBOR 7 (2006), 181, 189.

503 Siehe nur *Kleindiek*, in: Lutter/Hommelhoff, GmbHG 19. Aufl. 2016, § 64, Rn. 2; *Haas*, in: Baumbach/Hueck, GmbHG 21. Aufl. 2017, § 64, Rn. 2; *Goette*, in: FS Kreft, S. 53, 58.

504 Vgl. BGHZ 126, 181, 194.

505 BGHZ 143, 184, 186 f.; *Goette*, in: FS Kreft, S. 53, 61; *Knof*, DStR 2007, 1536, 1537; *Kleindiek*, in: Lutter/Hommelhoff, GmbHG 19. Aufl. 2016, § 64, Rn. 51; *Mertens/Cahn*, in: KK-AktG 3. Aufl. 2010, § 92, Rn. 39; mit Beispielen *Haas*, in: Baumbach/Hueck, GmbHG 21. Aufl. 2017, § 64, Rn. 66.

gehen, insbesondere Sachleistungen, werden erfasst.[506] Nicht von der Vorschrift erfasst ist das Eingehen von Verbindlichkeiten. Für diese Annahme spricht zum einen der eindeutige Wortlaut der Norm. Zum anderen führt die reine Begründung einer Verbindlichkeit noch zu keinem Abfluss liquider Gesellschaftsmittel. Erst die spätere Erfüllung der Verbindlichkeit nach Insolvenzreife kann dazu führen, dass Vermögen aus der Gesellschaft abfließt, welches zur Befriedigung von Gläubigeransprüchen in der Insolvenz dient.[507] Dass hier keine rein bilanzielle Betrachtungsweise angelegt wird, ist aber konsequent und widerspricht nicht den Erwägungen des Gesetzgebers im Rahmen des § 30 Abs. 1 S. 2 GmbHG,[508] da die Norm den Schutz der Liquidität der Gesellschaft bezweckt.

Der Geschäftsführer einer GmbH haftet nach § 64 S. 1 GmbHG für die verbotswidrige Zahlung. Dabei handelt es sich nicht um einen Schadensersatzanspruch, sondern um einen Erstattungsanspruch eigener Art der Gesellschaft gegen den Geschäftsführer, gerichtet auf die unerlaubt ausgezahlten Beträge.[509] Allerdings kommt dem Geschäftsführer die Ausnahmevorschrift des § 64 S. 2 GmbHG zugute, wenn er nachweisen kann, dass die Zahlung mit der Sorgfalt eines ordentlichen Kaufmanns vereinbar ist. Dies richtet sich nach den Gläubigerinteressen und dem öffentlichen Interesse am Erhalt des Unternehmens.[510]

b) Insolvenzverursachende Zahlungen nach § 64 S. 3 GmbHG

aa) Ergänzung des Kapitalschutzes

Von der Grundregel des § 64 S. 1 GmbHG ausgehend, dass ein GmbH-Geschäftsführer solche Zahlungen zu ersetzen hat, die er nach Eintritt der Zahlungsunfähigkeit (§ 17 InsO) oder nach festgestellter Überschuldung (§ 19 InsO) geleistet hat, erweitert der Gesetzgeber durch den neu eingeführten § 64 S. 3 GmbHG das Zahlungsverbot auf Zahlungen an die Gesellschafter, soweit diese zur Zahlungsunfähigkeit der Gesellschaft führen mussten. Dieses durch das MoMiG eingeführte Zahlungsverbot greift bereits vor der Insolvenzreife. Demnach ist der Geschäftsführer der GmbH nach § 64 S. 3 GmbHG zum Ersatz von Zahlungen an die Gesellschafter verpflichtet, soweit diese zur Zahlungsunfähigkeit der Gesellschaft führen mussten, es sei denn, dies

---

506 *Knof*, DStR 2007, 1536, 1537; *Kleindiek*, in: Lutter/Hommelhoff, GmbHG 19. Aufl. 2016, § 64, Rn. 51.

507 Dazu ausführlich: *Knof*, DStR 2007, 1536, 1538; *Mertens/Cahn*, in: KK-AktG 3. Aufl. 2010, § 92, Rn. 39; *Cahn*, Der Konzern 2009, 7, 8; *Sandhaus*, in: Gehrlein/Born/Simon, GmbHG 3. Aufl. 2017, § 64, Rn. 11; *Altmeppen*, in: Roth/Altmeppen, GmbHG 8. Aufl. 2015, § 64, Rn. 12. Ausnahme ist die Bestellung von Sicherheiten, siehe *Mertens/Cahn*, in: KK-AktG 3. Aufl. 2010, § 92, Rn. 40 f.

508 Siehe S. 86 f.

509 Siehe nur BGHZ 146, 264, 278; *Röhricht*, ZIP 2005, 505, 509; *Haas*, in: Baumbach/Hueck, GmbHG 21. Aufl. 2017, § 64, Rn. 7 jeweils m.w.N.

510 *Haas*, in: Baumbach/Hueck, GmbHG 21. Aufl. 2017, § 64, Rn. 89; *Kleindiek*, in: Lutter/Hommelhoff, GmbHG 19. Aufl. 2016, § 64, Rn. 33.

war bei Beachtung der Sorgfalt eines ordentlichen Geschäftsmanns nicht erkennbar (vgl. S. 2). Der Zeitpunkt, ab dem der durch diese Vorschrift vermittelte Gläubigerschutz greift, wird zeitlich deutlich vorverlagert.[511] § 30 Abs. 1 GmbHG wird insoweit ergänzt, als nicht nur das zum Erhalt des Stammkapitals notwendige Vermögen geschützt wird, sondern auch Zahlungen verboten werden, welche die Liquidität der Gesellschaft beeinträchtigen und somit zur Zahlungsunfähigkeit führen.[512] Ähnlich wie beim richterrechtlichen Institut der Existenzvernichtungshaftung soll das Gesellschaftsvermögen vor insolvenzverursachenden Eingriffen geschützt werden, die sich nicht bilanziell erfassen lassen und über §§ 30, 31 GmbHG hinausgehen.[513] § 64 S. 3 GmbHG ist zwar der Gesellschafterhaftung wegen existenzvernichtenden Eingriffs nachgebildet, trifft allerdings den Geschäftsführer.[514]

bb) Zurechnungszusammenhang

Verboten sind solche Zahlungen, die die „Zahlungsunfähigkeit herbeiführen mussten". Aus der Formulierung ergibt sich, dass ein enger Zusammenhang zwischen Zahlung und Zahlungsunfähigkeit bestehen muss.[515] Der Gesetzgeber bringt dadurch zum Ausdruck, dass er den § 64 S. 3 GmbHG – ähnlich wie das richterrechtliche Institut der Existenzvernichtungshaftung – auf Evidenz- bzw. Missbrauchsfälle beschränken will.[516] Der Geschäftsführer soll nicht das allgemeine Risiko des wirtschaftlichen Scheiterns tragen, das allen unternehmerischen Betätigungen innewohnt.[517] Eine allzu weite Auslegung der Norm ist nicht bezweckt.

---

511 *Mertens/Cahn*, in: KK-AktG 3. Aufl. 2010, § 92, Rn. 38; *Fleischer*, in: Spindler/Stilz, AktG 3. Aufl. 2015, § 92, Rn. 38; *Kleindiek*, in: FS Karsten Schmidt, S. 893, 901; *Greulich/Bunnemann*, NZG 2006, 681, 684; *Knof*, DStR 2007, 1536, 1539; *Poertzgen/Meyer*, ZinsO 2012, 249, 250.

512 RegE-MoMiG BT-Drs. 16/6140, S. 46; *Kleindiek*, in: Lutter/Hommelhoff, GmbHG 19. Aufl. 2016, § 64, Rn. 48; *Teichmann/Körber*, in: Bachner/Cierpial/Lemanska/Liebscher (Hrsg.), Aktuelle Entwicklungen im polnischen, deutschen und österreichischen Privatrecht, S. 109, 121; *Hirte*, NZG 2008, 761, 764; *Greulich/Bunnemann*, NZG 2006, 681, 682.

513 Vgl. *Vetter*, ZGR 2005, 788, 811; *Greulich/Bunnemann*, NZG 2006, 681, 682.

514 *Geißler*, DZWIR 2011, 309, 314; *Greulich/Rau*, NZG 2008, 284, 284; *Schmidt*, GmbHR 2008, 449, 455; *Hirte*, NZG 2008, 761, 764; *Kleindiek*, in: FS Karsten Schmidt, S. 893, 903.

515 In der ursprünglichen Entwurfsfassung hieß es noch: *„(...) wenn durch Zahlungen an Gesellschafter die Zahlungsunfähigkeit der Gesellschaft herbeigeführt wird (...)"*. Durch die jetzige Formulierung kommt zum Ausdruck, dass ein deutlich engerer Zurechnungszusammenhang besteht. *Haas*, in: Baumbach/Hueck, GmbHG 21. Aufl. 2017, § 64, Rn. 133; *Wanner*, GmbH in der Krise, 2014, S. 197.

516 RegE-MoMiG BT-Drs. 16/6140, S. 47; *Kleindiek*, in: Lutter/Hommelhoff, GmbHG 19. Aufl. 2016, § 64, Rn. 49.

517 *Knof*, DStR 2007, 1536, 1539.

Um den Zurechnungszusammenhang zwischen Auszahlung und Zahlungsunfähigkeit der Gesellschaft nicht zu überdehnen, sind nicht jegliche Zahlungen, die in irgendeiner Weise kausal für Zahlungsunfähigkeit sind, zu ersetzen. Die Zahlung soll zwar ohne Hinzutreten weiterer Kausalbeiträge zur Zahlungsunfähigkeit der Gesellschaft führen.[518] Dies kann aber nicht bedeuten, dass die Zahlung die einzige Ursache für die Zahlungsunfähigkeit der Gesellschaft darstellen muss.[519] Es genügt, wenn der Geschäftsführer die wesentliche Leistung erbringt, die dazu führt, dass die Gesellschaft mit überwiegender Wahrscheinlichkeit ihre fälligen Verbindlichkeiten nicht mehr erfüllen kann[520] und sich somit als „Weichenstellung ins Aus" darstellt.[521] Entscheidend ist nicht der unmittelbare Eintritt der Insolvenz, sondern dass im Moment der Leistung erkennbar ist, dass unter dem normalen „Verlauf der Dinge die Verbindlichkeiten der Gesellschaft nicht mehr erfüllt werden können".[522] Zugleich stellt der BGH fest, dass § 64 S. 3 GmbHG nicht anwendbar ist, wenn die Gesellschaft bereits zahlungsunfähig ist.[523]

cc) Solvenztest als Entlastungsmöglichkeit des Geschäftsführers?

Am Ende von § 64 S. 3 GmbHG wird ein Verschuldenserfordernis des Geschäftsführers normiert. Das Verschulden wird zwar vermutet, jedoch hat der Geschäftsführer die Möglichkeit der Entlastung, wenn er mit der Sorgfalt eines ordentlichen Geschäftsmanns nicht erkennen konnte, dass die Zahlung an den Gesellschafter zur Zahlungsunfähigkeit führen musste.

(1) Forderung einer Solvenzprognose

Zur Beurteilung, ob eine Zahlung zur Zahlungsunfähigkeit der Gesellschaft „führen musste", soll eine auf den Zahlungszeitpunkt bezogene Solvenzprüfung vorzunehmen sein.[524] Der Gesetzgeber geht in Übereinstimmung mit der Literatur davon aus, dass Parallelen zum sog. *solvency test* bestehen.[525] Dabei habe der Geschäftsführer

518 RegE-MoMiG BT-Drs. 16/6140, S. 46.

519 *Haas*, in: Baumbach/Hueck, GmbHG 21. Aufl. 2017, § 64, Rn. 136; *Greulich/Rau*, NZG 2008, 284, 288; *Kleindiek*, in: FS Karsten Schmidt, S. 893, 905.

520 *Geißler*, DZWIR 2011, 309, 315; *Greulich/Bunnemann*, NZG 2006, 681, 685; *Poertzgen/Meyer*, ZinsO 2012, 249, 256; *Thümmel/Burkhardt*, AG 2009, 885, 892; *Sandhaus*, in: Gehrlein/Born/Simon, GmbHG 3. Aufl. 2017, § 64, Rn. 69; *Wanner*, GmbH in der Krise, 2014, S. 202.

521 *Greulich/Bunnemann*, NZG 2006, 681, 685; *Greulich/Rau*, NZG 2008, 284, 288.

522 RegE-MoMiG BT-Drs. 16/6140, S. 47; *Knof*, DStR 2007, 1536, 1539; *Kleindiek*, in: FS Karsten Schmidt, S. 893, 905.

523 BGH NZG 2012, 1379, 1380.

524 *Kleindiek*, in: Lutter/Hommelhoff, GmbHG 19. Aufl. 2016, § 64, Rn. 64; *Kleindiek*, in: FS Karsten Schmidt, S. 893, 906; *Wanner*, GmbH in der Krise, 2014, S. 202.

525 RegE-MoMiG BT-Drs. 16/6140, S. 46; *Ekkenga*, in: MüKo GmbHG 2. Aufl. 2015, § 30, Rn. 267 („Insolvenztest"); *Fleischer*, in: Spindler/Stilz, AktG 3. Aufl. 2015, § 92, Rn. 38; *Altmeppen*, in: Roth/Altmeppen, GmbHG 8. Aufl. 2015, § 64, Rn. 63

eine (Solvenz-)Prognose zu erstellen, ob die Gesellschaft auch nach einer Zahlung an die Gesellschafter noch in der Lage ist, ihre fällig werdenden Verbindlichkeiten zu erfüllen.[526] Eine solche Solvenzprüfung setzt im Gegensatz zum Auszahlungsverbot des § 30 Abs. 1 GmbHG nicht statisch an, sondern enthält eine situative Ausschüttungssperre, die einzelfallspezifisch anhand einer konkreten Ausschüttungsmaßnahme in einer bestimmten wirtschaftlichen Situation ansetzt.[527] Ziel einer solchen Ausschüttungssperre ist, das zur Gläubigerbefriedigung notwendige liquide Vermögen in der Gesellschaft zu erhalten.[528]

Zur konkreten Frage, ob die Gesellschaft ihre Verbindlichkeiten in Zukunft erfüllen kann oder nicht, enthält das MoMiG keine Kriterien. Zwar verweist die Gesetzesbegründung ausdrücklich auf die Parallelen zum *„solvency test"*,[529] was aber für die Ableitung einer konkreten Verhaltenspflicht wenig hilfreich ist, da es einen Solvenztest in Deutschland nicht gibt und überdies ein solcher in den verschiedenen Rechtsordnungen nicht einheitlich ausgestaltet ist.[530] Statt auf eine Konkretisierung der Solvenzprüfung soll es vielmehr auf eine wertende Entscheidung im Haftungsprozess unter Berücksichtigung aller Umstände des Einzelfalls ankommen.[531] Auf den Geschäftsführer kommen damit erhebliche Zweifelsfragen zu. So wird gerade in Grenzfällen schwierig zu beurteilen sein, ob eine Zahlung zulässig ist oder nicht. Die gesetzgeberische Absicht, den Anwendungsbereich von § 64 S. 3 GmbHG auf Evidenz- bzw. Missbrauchsfälle zu beschränken, wird zwar durch das Abstellen auf eine wertende Betrachtung im Einzelfall unterstrichen,[532] allerdings erhält der Geschäftsführer keinen *„safe harbor"*,[533] indem er klare Kriterien zur Beurteilung erhält. Daher sei der Geschäftsführer gut beraten, Zahlungspläne aufzustellen[534] und eine

---

m.w.N.; *Teichmann/Körber*, in: Bachner/Cierpial/Lemanska/Liebscher (Hrsg.), Aktuelle Entwicklungen im polnischen, deutschen und österreichischen Privatrecht, S. 109, 121; *Noack*, DB 2006, 1475, 1479; *Kleindiek*, in: FS Karsten Schmidt, S. 893, 902; *Greulich/Bunnemann*, NZG 2006, 681, 683 („faktischer Solvenztest"); *Greulich/Rau*, NZG 2008, 284, 286; *Hirte*, NZG 2008, 761, 764; *Hirte*, ZGR 2008, 284, 292 („deutscher *solvency test*"); *Gehrlein*, Der Konzern 2007, 771, 795; *Hölzle*, GmbHR 2007, 729, 730; *Schmolke*, Kapitalerhaltung, 2009, § 30, Rn. 24 („eine Art Solvenztest").

526 Siehe *Greulich/Bunnemann*, NZG 2006, 681, 683; *Knof*, DStR 2007, 1536, 1540.

527 *Kuhner*, ZGR 2005, 753, 777.

528 Vgl. *Hirte*, NZG 2008, 761, 765; *Hirte*, Referat 66. DJT, P 11, P 21 ff.

529 RegE-MoMiG BT-Drs. 16/6140, S. 46.

530 *Knof*, DStR 2007, 1536, 1540; *Wanner*, GmbH in der Krise, 2014, S. 203.

531 *Kleindiek*, in: Lutter/Hommelhoff, GmbHG 19. Aufl. 2016, § 64, Rn. 64; ähnlich *Greulich/Rau*, NZG 2008, 284, 288.

532 RegE-MoMiG BT-Drs. 16/6140, S. 47.

533 Vgl. *Rickford*, EBLR 15 (2004), 919, 981.

534 Siehe *Noack*, DB 2006, 1475, 1479; *Greulich/Bunnemann*, NZG 2006, 681, 685; *Knof*, DStR 2007, 1580, 1583; *Gehrlein*, Der Konzern 2007, 771, 795; *Hölzle*, GmbHR 2007, 729, 731.

sorgfältige Dokumentation vorzunehmen.[535] Ein ordnungsgemäß erstellter Finanz- und Liquiditätsplan solle alle voraussichtlichen Auszahlungen den entsprechenden Zahlungseingängen im jeweiligen Prognosezeitraum gegenüberstellen.[536] Ein Ansatz für die Praxis könne ein schematischer Rückgriff auf den IDW Prüfungsstandard 800 sein, der Aussagen zur „Beurteilung eingetretener oder drohender Zahlungsunfähigkeit bei Unternehmen" trifft und einen exemplarischen Finanzplan enthält. Das Gesetz verlange daher von dem Geschäftsführer die unbedingte Aussage über die Zahlungsfähigkeit der Gesellschaft. Er sei verpflichtet, laufend die wirtschaftliche Lage des Unternehmens zu beobachten, insbesondere sind die für die Beurteilung der Zahlungsfähigkeit relevanten Informationen zu erheben. Dadurch werde der Solvenztest zu einer konkreten Verhaltenspflicht für den Geschäftsführer.[537]

(2) Beschränkung auf Plausibilitätsprüfung

Jeder Prognose über die Erfassung zukünftiger Zeiträume sind Unsicherheiten immanent. Insbesondere bei der Planung zukünftiger finanzieller Zu- und Abflüsse (cash-flows) sind diese nicht im Sinne einer absoluten Vorhersagesicherheit zu prognostizieren.[538] Daher kann es nicht darum gehen, die Zahlungsunfähigkeit als sicheres Ereignis vorherzusagen. Anhand anerkannter betriebswirtschaftlicher Methoden ist vielmehr eine plausible Finanzplanung vorzunehmen.[539] Aus Gründen der Praktikabilität und Justitiabilität kommt als Prognosezeitraum nur das aktuelle und kommende Geschäftsjahr in Betracht. Einen wesentlich längeren Zeitraum wird man kaum rechtssicher voraussehen können.[540] Auch muss die Prognose aus ex-ante Sicht eines objektiven Betrachters in der Position des Geschäftsführers erfolgen, nicht etwa ex-post aus Sicht eines Richters.[541] Der Geschäftsführer muss im Moment der Zahlung beurteilen, ob diese zur Zahlungsunfähigkeit der Gesellschaft führt. Später hinzutretende unvorhersehbare Momente, etwa der Ausfall von Forderungen, können nicht zu einem Vorwurf der Pflichtverletzung führen. Die Beurteilung, ob die Auszahlungsentscheidung des Geschäftsführers sachgerecht war, kann nicht aufgrund nachträglicher Erkenntnisse geschehen, sondern muss die Informationslage im Zeitpunkt der Zahlung berücksichtigen. Mangels gesetzlich normierter Vorgaben muss sich eine gerichtliche Überprüfung des § 64 S. 3 GmbHG

535 *Knof*, DStR 2007, 1580, 1584; *Cahn*, Der Konzern 2009, 7, 14.

536 *Haas*, in: Baumbach/Hueck, GmbHG 21. Aufl. 2017, § 64, Rn. 138.

537 *Knof*, DStR 2007, 1536, 1540; *Hölzle*, GmbHR 2007, 729, 731.

538 Vgl. *Drukarczyk/Schüler*, WPg 2003, 56, 59 f.

539 *Knof*, DStR 2007, 1580, 1581; so ähnlich auch IDW PS 800, Rn. 21.

540 *Knof*, DStR 2007, 1580, 1582; *Gehrlein*, Der Konzern 2007, 771, 795; *Wanner*, GmbH in der Krise, 2014, S. 205.

541 *Schall*, Kapitalgesellschaftsrechtlicher Gläubigerschutz, 2009, S. 200; *Kleindiek*, in: FS Karsten Schmidt, S. 893, 907; unklar, aber wohl a.A. *Röhricht*, Gläubigerschutz, 2011, S. 228 („ex-post regulierende Haftungsandrohung").

daher auf einen bloßen Plausibilitätstest beschränken,[542] woran sich erneut die Beschränkung auf Ausnahmefälle zeigt. Für den Geschäftsführer bedeutet dies zwar einerseits ein hohes Maß an Rechtsunsicherheit, andererseits kann ihm aber, solange er die Grundsätze seiner Planung plausibel machen kann, kein Fehlverhalten zur Last gelegt werden.

(3) Solvenztest als Handlungspflicht?

Aus der Entlastungsmöglichkeit und dem Prognoseelement kann eine „proaktive Verhaltensanforderung" an den Geschäftsführer abgeleitet werden, mittels derer er der Haftung entgehen kann.[543] Der Geschäftsführer muss eine auf Plausibilität überprüfbare Solvenzprognose durchführen. Es stellt sich nun die Frage nach der konkreten Ausgestaltung und Reichweite dieser Verhaltensanforderung: Muss der Geschäftsführer immer einen umfassenden Solvenztest vornehmen[544] oder genügt ein anlassbezogener Insolvenztest, ähnlich wie bei der Überprüfung der (drohenden) Zahlungsunfähigkeit im Insolvenzrecht?[545]

Ein Insolvenztest unterscheidet sich von einem allgemeinen Solvenztest durch seine anlassbezogene Anwendung. Der Insolvenztest wäre nur bei Vorliegen besonderer Umstände durchzuführen, etwa bei außergewöhnlich hohen Zahlungen oder in einer wirtschaftlich angespannten Situation der Gesellschaft. Die Frage nach der Reichweite wird bei Betrachtung des engen Zurechnungszusammenhangs zwischen Zahlung und Zahlungsunfähigkeit der Gesellschaft deutlich. Dieser Zusammenhang ist vom Gesetzgeber ausdrücklich besonders eng gefasst, um lediglich Extremfälle einzubeziehen. Zur Erfassung extremer Ausplünderungsfälle oder Ähnlichem ist aber ein Solvenztest nicht erforderlich. Für Extremfälle und Ausplünderungen im Vorfeld der Insolvenz genügt die allgemeine Pflicht der Geschäftsleitung zur Beobachtung der wirtschaftlichen Lage.[546] Es scheint sogar zweifelhaft, ob ein anlassbezogener Insolvenztest angezeigt ist, denn lässt sich die Reichweite einer Zahlung erst anhand eines detaillierten Zahlungsplans bestimmen, so handelt es sich in der Regel nicht um einen Extremfall, der unter den engen Zurechnungszusammenhang fällt. Nur wenn die Insolvenz mit überwiegender Wahrscheinlichkeit voraussehbar ist, ist das Kriterium erfüllt.[547] Zudem ist auch unbestritten, dass die Intensität und der

---

542 Vgl. allgemein für einen Solvenztest *Ekkenga*, in: MüKo GmbHG 2. Aufl. 2015, § 30, Rn. 40.

543 *Schall*, Kapitalgesellschaftsrechtlicher Gläubigerschutz, 2009, S. 202.

544 So etwa *Schmidt*, GmbHR 2007, 1, 5; *Hölzle*, GmbHR 2007, 729, 730; *Greulich/Rau*, NZG 2008, 284, 289.

545 *Hennrichs*, Der Konzern 2008, 42, 44; *Schall*, Kapitalgesellschaftsrechtlicher Gläubigerschutz, 2009, S. 203.

546 *Hennrichs*, ZGR 2008, 361, 366; *Schall*, Kapitalgesellschaftsrechtlicher Gläubigerschutz, 2009, S. 203.

547 *Schall*, Kapitalgesellschaftsrechtlicher Gläubigerschutz, 2009, S. 203.

Umfang der Beobachtungspflichten des Geschäftsführers von der wirtschaftlichen Situation abhängen. Je schlechter die Situation der Gesellschaft, desto genauer muss diese geprüft werden.[548] Daraus lässt sich indessen nicht der Schluss nach einem unbedingt erforderlichen Solvenztest ziehen. Schon das Gesetz lässt die Kriterien, die zur Entlastung des Geschäftsführers notwendig sind, weitgehend offen. Ein Solvenztest bei jeglichen Zahlungen an die Gesellschafter, kann vom Geschäftsführer nicht gefordert werden.

Um sich in einen „*safe harbour*" zu begeben, sollte der Geschäftsführer jedoch bei begründeten Zweifeln einen Insolvenztest durchführen.[549] Die Belastung des Geschäftsführers wird damit nicht überstrapaziert.[550] Die Prüfung im begründeten Einzelfall ist praxisverträglicher und gleichfalls zielführend.[551] Die Kriterien zur Feststellung der Fortbestehensprognose bzw. der drohenden Zahlungsunfähigkeit im Rahmen der Solvenzprognose nach § 64 S. 3 GmbHG anzuwenden,[552] scheint ebenfalls sachgerecht und dient der Begrenzung auf „den eng begrenzten Anwendungsbereich"[553] der Norm. Die vertretene Ansicht widerspricht auch nicht der Annahme, dass die Solvenzprognose zu einer konkreten Verhaltenspflicht für den Geschäftsführer geworden ist,[554] sondern modifiziert lediglich den Umfang der Prognose. Allerdings kann von dem Geschäftsführer keine „unbedingte Aussage"[555] zur Zahlungsfähigkeit der Gesellschaft gefordert werden. Dies verträgt sich nicht mit dem Wesen einer Prognose, die lediglich auf Plausibilität zu überprüfen ist.

(4) Zwischenergebnis

Daher ist mit § 64 S. 3 GmbHG trotz gegenteiliger Annahmen der Solvenztest nicht als Handlungspflicht des Gesetzgebers in das deutsche Recht eingeführt worden. Die Pflicht zur Solvenzprognose ist lediglich anlassbezogen durchzuführen; eine ständige Liquiditätsüberwachung geht damit nicht einher.

---

548 *Haas*, in: Baumbach/Hueck, GmbHG 21. Aufl. 2017, § 64, Rn. 105; vgl. auch BGH NJW 2007, 2118.

549 *Schall*, Kapitalgesellschaftsrechtlicher Gläubigerschutz, 2009, S. 202 sieht darin eine Obliegenheit gegen sich selbst.

550 *Knapp*, DStR 2008, 2371, 2373 der auch vor „überzogenen Anforderungen" an die Solvenzprognose warnt. Diese Forderung wird auch allgemein für einen Solvenztest erhoben, siehe *Jungmann*, ZGR 2006, 638, 665.

551 *Schall*, Kapitalgesellschaftsrechtlicher Gläubigerschutz, 2009, S. 205.

552 *Schall*, Kapitalgesellschaftsrechtlicher Gläubigerschutz, 2009, S. 205; ausführlich *Knof*, DStR 2007, 1536, 1542; *Knof*, DStR 2007, 1580 ff.

553 RegE-MoMiG BT-Drs. 16/6140, S. 47.

554 Siehe Fn. 537.

555 *Knof*, DStR 2007, 1536, 1540.

dd) Rechtsfolge

Als Rechtsfolge für eine unzulässige Ausschüttung wird ein Ersatzanspruch sui generis gegen den Geschäftsführer normiert.[556] Im Gegensatz zu einem Schadensersatzanspruch ist die Haftung auf den Auszahlungsbetrag beschränkt; eine komplette Schadensregulierung findet nicht statt.[557] Dafür spricht schon der Wortlaut der Vorschrift („soweit"). Vereinzelt wurde statt einer Haftung des Geschäftsführers ein Rückzahlungsanspruch gegen die Gesellschafter gefordert.[558] In der Regel ist der Geschäftsführer einer GmbH aber zugleich deren Gesellschafter. Außerdem sind die Gesellschafter bereits im Falle eines existenzvernichtenden Eingriffs heranzuziehen. Die Erstattungspflicht an das Leitungsorgan zu richten, hat jedoch den Vorteil, dass dieses die finanzielle Situation der Gesellschaft naturgemäß eher im Blick hat.[559]

c) Lückenschluss der bilanzorientierten Kapitalerhaltung

Der bilanzorientierte Kapitalschutz des § 30 GmbHG ist durch § 64 S. 3 GmbHG um eine liquiditätsorientierte Komponente ergänzt worden. Eine Auszahlung an die Gesellschafter ist demnach auch dann verboten, wenn das Stammkapital (bilanziell) nicht berührt wird, dies aber zur Zahlungsunfähigkeit der Gesellschaft führen musste. Insbesondere durch die Rückkehr zur bilanziellen Betrachtungsweise und die Einführung der Ausnahme für die Rückzahlung von Gesellschafterdarlehen gem. § 30 Abs. 1 S. 3 GmbHG wurde eine Kompensation der Schutzdefizite notwendig. Dadurch ist nunmehr auch die Rückgewähr eines Gesellschafterdarlehens erfasst, die nach neuer Rechtslage nicht mehr in den Anwendungsbereich des § 30 GmbHG fällt (vgl. § 30 Abs. 1 S. 3 GmbHG).[560] Dies gilt jedoch nur, wenn die Zahlung unter Verstoß der gebotenen Sorgfalt vorgenommen wurde. Stellt sich erst bei einer ex-post-Betrachtung heraus, dass eine Zahlung die Zahlungsunfähigkeit der Gesellschaft verursacht hat, kann dies dem Geschäftsführer nicht vorgeworfen werden.[561]

Mit § 64 S. 3 GmbHG wurde eine flankierende (situative) Ausschüttungssperre eingeführt, um den allein an der Bilanz orientierten Gläubigerschutz zu ergänzen.[562] Durch das zeitliche Eingreifen vor Insolvenzreife wird deutlich, dass der

---

556 *Poertzgen/Meyer*, ZinsO 2012, 249, 257.

557 Vgl. nur *Kleindiek*, in: Lutter/Hommelhoff, GmbHG 19. Aufl. 2016, § 64, Rn. 47; *Sandhaus*, in: Gehrlein/Born/Simon, GmbHG 3. Aufl. 2017, § 64, Rn. 75.

558 *Greulich/Rau*, NZG 2008, 284, 286 f. („Inkonsistenz des Haftungsgefüges"); *Vetter*, Referat 66. DJT, P 75, P 107 („Zersplitterung der Rechtsfolgen").

559 *Röhricht*, Gläubigerschutz, 2011, S. 228.

560 *Kleindiek*, in: Lutter/Hommelhoff, GmbHG 19. Aufl. 2016, § 64, Rn. 48; *Fleischer*, in: Spindler/Stilz, AktG 3. Aufl. 2015, § 92, Rn. 38; *Hölzle*, GmbHR 2007, 729, 732; *Altmeppen*, in: Roth/Altmeppen, GmbHG 8. Aufl. 2015, § 64, Rn. 73, m.w.N.; aber a.A. *Altmeppen*, in: Roth/Altmeppen, GmbHG 8. Aufl. 2015, § 64, Rn. 82 m.w.N.

561 A.A.: *Schmidt*, GmbHR 2008, 449, 453.

562 Vgl. RegE MoMiG, BT-Drs. 16/6140, S. 42; *Knof*, DStR 2007, 1536, 1537; *Gehrlein*, Der Konzern 2007, 771, 795; *Hölzle*, GmbHR 2007, 729, 731 f.; *Kleindiek*, in: FS

Regelungszweck der Norm in der Reduzierung der Insolvenzwahrscheinlichkeit zu sehen ist.[563] Wenn schon diese neue Regelung eine Insolvenz nicht verhindern kann, so sollen jedenfalls die klassischen Ausplünderungen unmittelbar vor drohender Insolvenzreife verhindert werden.[564] Die Regelung sichert – gemäß der Eigenkapitalteleologie[565] – die Vorrangstellung der Gesellschaftsgläubiger in der Insolvenz.[566] Diese würde beeinträchtigt, wenn die Zweckbindung des Gesellschaftsvermögens schon nicht beachtet würde und die Insolvenz der Gesellschaft zur Folge hätte. Die Vorschrift bedient sich eines präventiv verhaltenssteuernden Instrumentariums.[567] Der Geschäftsführer wird durch die drohende Haftung angehalten, vor jeder Zahlung an die Gesellschafter eine Liquiditätsprüfung vorzunehmen. Mit Anweisung der Zahlung erklärt der Geschäftsführer zumindest konkludent, dass die konkrete Auszahlung nicht zur Zahlungsunfähigkeit der Gesellschaft führt.[568] Der Geschäftsführer erhält dadurch die „Rolle des Wächters über die Liquidität".[569] Eine Sicherung erfährt diese Position durch die Unzulässigkeit von Weisungen der Gesellschafter für Zahlungen entgegen § 64 S. 3 GmbHG, vgl. §§ 64, S. 4, 43 Abs. 3 S. 3 GmbHG.[570] Die Weisungsgebundenheit endet für den Geschäftsführer dort, wo durch die Ausführung der Weisungen eine gesetzliche Pflicht verletzt würde. Im Zweifelsfalle solle laut der Gesetzesbegründung der Geschäftsführer sein Amt niederlegen, um der Haftung zu entgehen.[571] Der BGH gesteht demgegenüber Gesellschaft und Geschäftsführer ein Leistungsverweigerungsrecht zu, wenn die Prüfung der Liquidität der Gesellschaft ergibt, dass die Zahlung zur Zahlungsunfähigkeit führen würde.[572] Eine entsprechende Weisung der Gesellschafter ist nichtig. Nach wohl einhelliger

---

Karsten Schmidt, S. 893, 902; *Altmeppen*, in: Roth/Altmeppen, GmbHG 8. Aufl. 2015, § 64, Rn. 67 m.w.N.

563 *Greulich/Bunnemann*, NZG 2006, 681, 684.

564 *Kleindiek*, in: FS Karsten Schmidt, S. 893, 904; *Fleischer*, in: Spindler/Stilz, AktG 3. Aufl. 2015, § 92, Rn. 39; *Mertens/Cahn*, in: KK-AktG 3. Aufl. 2010, § 92, Rn. 60; *Fleischer*, in: Spindler/Stilz, AktG 3. Aufl. 2015, § 92, Rn. 40; *Thümmel/Burkhardt*, AG 2009, 885.

565 Sie oben S. 48 ff.

566 *Haas*, in: Baumbach/Hueck, GmbHG 21. Aufl. 2017, § 64, Rn. 6, 122; *Greulich/Bunnemann*, NZG 2006, 681, 683; *Knof*, DStR 2007, 1536, 1537; *Mertens/Cahn*, in: KK-AktG 3. Aufl. 2010, § 92, Rn. 38; *Thümmel/Burkhardt*, AG 2009, 885, 892.

567 *Greulich/Rau*, NZG 2008, 284, 285 f.; *Wanner*, GmbH in der Krise, 2014, S. 182.

568 *Knof*, DStR 2007, 1580, 1584; *Greulich/Rau*, NZG 2008, 284, 285 f.

569 *Greulich/Rau*, NZG 2008, 284, 286; ähnlich auch *Schmidt*, GmbHR 2007, 1072, 1078.

570 *Schmidt*, GmbHR 2008, 449, 455; *Schmidt*, GmbHR 2008, 449, 765; *Wanner*, GmbH in der Krise, 2014, S. 208.

571 So RegE MoMiG, BT-Drs. 16/6140, S. 47. An der Sinnhaftigkeit zweifelnd *Schmidt*, GmbHR 2008, 449, 455.

572 BGH NZG 2012, 1379, 1381 m.w.N.; *Cahn*, Der Konzern 2009, 7, 13; *Sandhaus*, in: Gehrlein/Born/Simon, GmbHG 3. Aufl. 2017, § 64, Rn. 76 f.; *Wanner*, GmbH in der Krise, 2014, S. 209 f. Kritisch dazu *Haas*, NZG 2013, 41, 44 ff.; *Haas*, DStR 2010, 1991.

Meinung stellt dieser neue Haftungstatbestand für den Geschäftsführer keine übermäßige Mehrbelastung dar. Zum einen sei der „Anwendungsbereich der Norm eng begrenzt und die Tatbestandsvoraussetzungen klar erkennbar“.[573] Zum anderen ähnelt die anzustellende Liquiditätsprüfung der Prognose, die für die drohende Zahlungsunfähigkeit im Rahmen Insolvenzantragspflicht besteht.[574]

4. § 92 Abs. 2 S. 3 AktG

a) *Folgeänderung*

Die durch § 64 S. 3 GmbHG eingeführte Rechtslage soll ebenso im Aktienrecht gelten. § 92 Abs. 2 S. 3 i.V.m. § 93 Abs. 3 Nr. 6 AktG sei laut Gesetzesbegründung eine bloße „Folgeänderung“.[575] Daher gelten die Ausführungen zu § 64 S. 3 GmbHG prinzipiell auch für die Aktiengesellschaft. Fraglich erscheint aber die Sinnhaftigkeit dieser Regelung, da im Aktienrecht, über den Bilanzgewinn hinaus, sämtliche Zahlungen an die Aktionäre untersagt sind (vgl. § 57 Abs. 3 AktG).[576] In der Gesetzesbegründung wird lapidar auf die weitgehende Gleichartigkeit zwischen dem Recht der Aktiengesellschaft und der GmbH verwiesen: Auch im Aktienrecht „könnten“ trotz des allgemeinen Verbots der Einlagenrückgewähr Lücken im Bereich des Schutzes der Gesellschaftsgläubiger vor Vermögensverschiebungen zwischen Gesellschaft und Aktionären bestehen.[577] Die Formulierung im Konjunktiv lässt die Vermutung aufkommen, dass der Gesetzgeber sich selbst nicht sicher war, ob für die Regelung des § 92 Abs. 2 S. 3 AktG überhaupt ein sinnvoller Anwendungsbereich existiert.[578]

b) *Verhältnis zur Vermögensbindung nach § 57 AktG*

§ 92 Abs. 2 S. 3 AktG greift nur bei solchen Zahlungen, die von der Vermögensbindung nach § 57 AktG nicht erfasst sind. Eine Verschärfung im Vergleich zum bisher geltenden Vermögensschutz soll die Vorschrift insbesondere dann darstellen, wenn ordnungsgemäß beschlossene Dividendenausschüttungen zur Zahlungsunfähigkeit der Gesellschaft führen mussten.[579] Es sind aber nicht nur Dividenden erfasst, sondern alle Zahlungen an die Aktionäre mit der Folge der Zahlungsunfähigkeit. Vom Wortlaut her fielen auch sämtliche Zahlungen in den Anwendungsbereich

573 RegE MoMiG, BT-Drs. 16/6140, S. 47.

574 *Haas*, in: Baumbach/Hueck, GmbHG 21. Aufl. 2017, § 64, Rn. 138; *Kleindiek*, in: FS Karsten Schmidt, S. 893, 907; *Wanner*, GmbH in der Krise, 2014, S. 204; a.A. *Schmidt*, GmbHR 2007, 1072, 1078.

575 RegE MoMiG, BT-Drs. 16/6140, S. 52.

576 *Noack*, DB 2006, 1475, 1479.

577 RegE MoMiG, BT-Drs. 16/6140, S. 52.

578 Vgl. *Altmeppen*, in: FS Hüffer, S. 1, 2.

579 *Cahn*, Der Konzern 2009, 7, 10; *Mertens/Cahn*, in: KK-AktG 3. Aufl. 2010, § 92, Rn. 44.

der Norm, die auf einer vertraglichen Vereinbarung beruhen (etwa Kaufpreisforderungen, Löhne, usw.), solange auch nur eine Aktie an der Gesellschaft gehalten wird.[580] Das Recht des Aktionärs, in geschäftlichen Kontakt mit der Aktiengesellschaft zu treten, würde auf diese Weise stark eingeschränkt. Es ist nicht ersichtlich, warum der Aktionär bei Austauschverträgen anders behandelt werden sollte als ein Drittgläubiger. Daher können von der Vorschrift nicht sämtliche Auszahlungen der Aktiengesellschaft an einen oder mehrere Aktionäre gemeint sein.

Als mögliches Abgrenzungskriterium wird vorgeschlagen, dass lediglich solche Zahlungen erfasst werden, die *causa societatis* erfolgen, d.h. wegen der Aktionärseigenschaft, nicht aber solche, die nur zufällig an einen oder mehreren Aktionären stattfinden.[581] Nur wenn sich nicht ausschließen lässt, dass die Zahlungen der Gesellschaft aufgrund der Aktionärseigenschaft des Empfängers erfolgen, greift das Zahlungsverbot des § 92 Abs. 3 S. 2 AktG.[582] Wenn gewöhnliche Austauschverträge zwischen Aktiengesellschaft und Aktionären nicht erfasst werden, verbleibt nur ein geringer Anwendungsbereich für „Zahlungen", die nicht von der umfassenden aktienrechtlichen Vermögensbindung erfasst wären.[583] So ist bereits auf den ersten Blick klar, dass die Vorschrift des § 92 Abs. 2 S. 3 AktG im Gegensatz zur GmbH-rechtlichen Parallelbestimmung einen viel geringeren Anwendungsbereich besitzt. In der GmbH beschränkt sich die Vermögensbindung auf das zur Erhaltung des Stammkapitals erforderliche Gesellschaftsvermögen, sodass erheblich weitergehende Möglichkeiten für liquiditätsorientierte Auszahlungen an Gesellschafter existieren, die nicht gegen die §§ 30, 31 GmbHG verstoßen.[584] Dagegen sind in der Aktiengesellschaft gem. § 57 Abs. 1, 3 AktG Ausschüttungen nur zulässig, wenn diese sich aus dem Bilanzgewinn speisen. Nur Zahlungen, die das bilanzielle Vermögen nicht beeinträchtigen und daher nicht schon nach § 57 AktG zu beanstanden sind, jedoch zu Entzug von Liquidität führen, sollen von § 92 Abs. 2 S. 3 AktG erfasst werden.

580 *Cahn*, Der Konzern 2009, 7, 10; *Mertens/Cahn*, in: KK-AktG 3. Aufl. 2010, § 92, Rn. 45.

581 *Cahn*, Der Konzern 2009, 7, 11; *Mertens/Cahn*, in: KK-AktG 3. Aufl. 2010, § 92, Rn. 45 f.; a.A. aber im Ergebnis ebenso *Altmeppen*, in: FS Hüffer, S. 1, 3. Nach *Altmeppen* können Austauschverträge schon gar nicht in den Anwendungsbereich der Vorschrift fallen.

582 *Cahn*, Der Konzern 2009, 7, 12; *Mertens/Cahn*, in: KK-AktG 3. Aufl. 2010, § 92, Rn. 46.

583 *Altmeppen*, in: FS Hüffer, S. 1.

584 *Mertens/Cahn*, in: KK-AktG 3. Aufl. 2010, § 92, Rn. 59; *Cahn*, Der Konzern 2009, 7, 14; *Fleischer*, in: Spindler/Stilz, AktG 3. Aufl. 2015, § 92, Rn. 40; a.A. *Altmeppen*, in: FS Hüffer, S. 1, 9 ff., 13, dieser sieht die möglichen Anwendungsfälle bereits über die allgemeine Organhaftung gem. § 43 GmbHG erfasst.

5. Fazit

Der Gesetzgeber hält mit dem MoMiG am bewährten System des bilanzorientierten Kapitalschutzes fest, statt es durch einen „*solvency test*" zu ersetzen. Dennoch wird zwecks Ergänzung des bisherigen Systems eine Solvenzprüfung „aufgesattelt".[585] Damit ist aber nicht die Einführung eines zusätzlichen Solvenztests verbunden. Ein solcher detaillierter Liquiditätstest ist nur in begründeten Ausnahmefällen nötig.

Die Solvenzprüfung mit der Plausibilitätskontrolle wirft zwar im Hinblick auf Überprüfbarkeit und Rechtssicherheit einige Fragen auf, die an der Effektivität des neuen liquiditätsorientierten Instruments der Insolvenzvermeidung zweifeln lassen. Aus Sicht des Gläubiger- bzw. Kapitalschutzes kann dies jedoch hingenommen werden, da es die Lücken des weiterhin geltenden nominellen Kapitalschutzes schließt und diesen lediglich um eine weitere Komponente ergänzt. Statt dem präventiv wirkenden Konzept des „festen Kapitals" wird durch die Regelungen des §§ 64 S. 3 GmbHG, 92 Abs. 2 S. 3 AktG ein konkret-repressiver Ansatz gewählt. Es wird anhand der konkreten finanziellen Situation der Gesellschaft nur so viel Vermögen gebunden, wie nötig ist, um die Forderungen der Gläubiger zu befriedigen.[586]

Festzuhalten ist, dass durch die Regelungen der §§ 64 S. 3 GmbHG, 92 Abs. 2 S. 3 AktG eine zahlungsstromorientierte (In-)solvenzprüfung in das deutsche Recht Einzug gehalten hat.[587] Das fortan geltende Kapitalerhaltungsrecht vereint damit bilanz- und liquiditätsorientierte Mechanismen.[588]

VII. Wertung und Folgerung

Der gesellschaftsrechtliche Kapitalschutz soll Vermögensverlagerungen in die Privatsphäre der Gesellschafter verhindern; damit soll ausreichend Gesellschaftsvermögen zur Befriedigung von Verbindlichkeiten in der Gesellschaft gebunden werden. Ausschüttungen dürfen bei der Aktiengesellschaft nur aus dem Bilanzgewinn (§ 57 Abs. 3 AktG) erfolgen, bei der GmbH muss so viel Gesellschaftsvermögen vorhanden sein, dass alle Verbindlichkeiten und das Stammkapital gedeckt sind (§ 30 Abs. 1 S. 1 GmbHG). Dies sichert den Befriedigungsvorgang der Gläubiger und die Risikobeteiligung der Gesellschafter. Auch mit der Wirkung des Garantiekapitals als Seriositätssignal ließe es sich nicht vereinbaren, wenn das erbrachte Vermögensopfer wieder aus der Gesellschaft entnommen werden könnte.[589] Der Kapitalschutz bildet insofern das Korrelat für die Haftungsbeschränkung.

---

585 *Hölzle*, GmbHR 2007, 729, 732; vgl. auch *Greulich/Bunnemann*, NZG 2006, 681, 683.

586 *Röhricht*, Gläubigerschutz, 2011, S. 228.

587 Siehe *Pellens/Kemper/Schmidt*, ZGR 2008, 381, 426; *Hirte*, ZGR 2008, 284, 292.

588 *Hennrichs*, ZGR 2008, 361, 367.

589 *Schall*, Kapitalgesellschaftsrechtlicher Gläubigerschutz, 2009, S. 181.

Das Prinzip des festen Garantiekapitals erreicht dadurch einen abstrakt präventiven Gläubigerschutz, der unabhängig von Liquiditätsaspekten greift.[590] Der Gesetzgeber hat sich bewusst gegen ein alternatives Gläubigerschutzsystem und für die bilanzgestützte Kapitalerhaltung entschieden. Jedoch wurde der Kapitalschutz begrüßenswerterweise um eine liquiditätsorientierte Komponente ergänzt.[591] Diese greift allerdings nur in Evidenzfällen, sodass von keiner grundsätzlichen Änderung im Kapitalschutz ausgegangen werden kann.

Vorteil des Systems des „festen Kapitals" ist die einfache und rechtssichere Handhabung, wodurch auch die Bürokratiekosten überschaubar bleiben.[592] Die Leitungsorgane der Gesellschaft erhalten Regeln, mit denen ein Kapitaltransfer ohne größeres Risiko vollzogen werden kann.[593] Die Gewinnermittlung ist auch im Nachhinein einfach überprüfbar. Denn ein ausschließlich *ex post* wirkendes repressives Sanktionssystem würde das Risiko auf die Gläubiger verlagern. Die Wirkung träte erst ein, wenn das Gesellschaftsvermögen bereits reduziert wäre.[594] Besonders hervorzuheben ist allerdings, dass die gesellschaftsrechtlichen Kapitalerhaltungsregeln (§§ 57 Abs. 3 AktG, 30 Abs. 1 GmbHG) an bilanzielle Größen anknüpfen und dabei zunächst rein formaler Natur sind; die inhaltliche Konkretisierung erfolgt über einen Rückgriff auf das Bilanzrecht.[595] Auch die Verlustanzeigepflichten (§§ 49 Abs. 3 GmbHG, 92 Abs. 1 AktG) knüpfen an die Handelsbilanz an. Die Qualität des Kapitalerhaltungsrechts erschließt sich somit erst durch die Prinzipien bilanzieller Gewinnermittlung. Die Wirkungskraft des kapitalgesellschaftsrechtlichen Gläubigerschutzes wird durch die jeweils in Bezug genommene Rechnungslegungsordnung bestimmt.[596] Das Bilanzrecht erfüllt somit „Flankenschutzfunktion" und liefert dem Kapitalschutz sein „rechnungsmäßiges Fundament".[597] Der sich aus der Verknüpfung von Gesellschafts- und Bilanzrecht ergebende unmittelbare Funktionszusammenhang stellt zwingende Determinanten für das Handelsbilanzrecht auf, welches die vom Gesellschaftsrecht vorgegebenen Wertungen zu vollziehen und in

---

590 *Röhricht*, ZIP 2005, 505, 511; *Röhricht*, Gläubigerschutz, 2011, S. 111, mit Kritik diesbzgl. S. 58 ff.

591 Siehe dazu S. 100 ff.

592 *Kuhner*, ZGR 2005, 753, 786; *Vetter*, ZGR 2005, 788, 805; *Engert*, ZHR 170 (2006), 296, 317; *Teichmann*, NJW 2006, 2444, 2247.

593 *Jungmann*, ZGR 2006, 638, 641.

594 *Janssen*, Bilanzorientierte Kapitalerhaltung oder Solvenztest, 2010, S. 44; *Haas*, Gutachten 66. DJT, E 1, E 17.

595 *Baetge*, in: FS Leffson, S. 12, 26; *Rammert*, BFuP 2004, 578, 582; *Röhricht*, Gläubigerschutz, 2011, S. 113; ähnlich auch *Balke*, Gesellschafterhaftung in der GmbH, 2013, S. 41.

596 *Merkt*, ZGR 2004, 305, 318; *Claussen*, in: FS Ulmer, S. 801, 807; *Schulze-Osterloh*, ZIP 2003, 93, 95; *Merschmeyer*, Kapitalschutzfunktion des Jahresabschlusses, 2005, S. 98; *Balke*, Gesellschafterhaftung in der GmbH, 2013, S. 41.

597 *Hennrichs*, StuW 2005, 256, 257.

der Ausgestaltung des Gläubigerschutzes zu beachten hat.[598] Das Bilanzrecht wird durch diese Bezugnahme und angesichts der historischen Entwicklung[599] zu einem „Hilfs- und Folgerecht"[600] des gesellschaftsrechtlichen Kapitalschutzsystems.[601] Es bildet letztlich die Finanzverfassung der Kapitalgesellschaften. Änderungen am bilanziellen Bezugssystem haben daher unmittelbar Auswirkungen auf den Kapital- und Gläubigerschutz. Eine Verlagerung des Verlustrisikos ergäbe sich etwa durch einen frühzeitigeren Gewinnausweis oder durch Objektivierungsdefizite im Bilanzrecht.[602] Denn nur durch ein funktionierendes und schlüssiges Kapitalerhaltungsrecht entsteht Vertrauen der Gläubiger in den versprochenen Risikobeitrag der Gesellschafter und in das durch das Garantiekapital vermittelte Seriositätssignal.[603] Dies erfordert auch ein bilanzielles Bezugssystem, das weitestgehend frei von Ermessensspielräumen für den Bilanzierenden ist.

598 *Röhricht*, Gläubigerschutz, 2011, S. 113.
599 Dazu ausführlich S. 120 ff.
600 Siehe Fn. 295.
601 *Claussen*, in: FS Kropff, S. 431, 436; *Claussen*, in: FS Ulmer, S. 801, 806.
602 *Merschmeyer*, Kapitalschutzfunktion des Jahresabschlusses, 2005, S. 84.
603 *Drygala*, ZGR 2006, 587, 602.

D. Bilanzielle Implikationen des Kapitalschutzes

Der kapitalgesellschaftsrechtliche Kapitalschutz erschöpft sich in einer formalen rechnerischen Bindung des Kapitals. Erst über das bilanzielle Bezugssystem ergeben sich Qualität und Umfang des Gläubiger- und Kapitalschutzes. Als Hilfs- und Folgerecht muss das Bilanzrecht die Wertungen des Gesellschaftsrechts aufnehmen und umsetzen. Um die durch das BilMoG verursachten Änderungen bewerten zu können, sind zunächst die Grundprinzipien des bilanziellen Kapitalschutzes darzustellen und zu untersuchen. In diesem Kapitel sollen daher die kapitalschutzrelevanten Bereiche des nationalen Rechnungslegungsrechts aufgezeigt werden ohne dabei auf die durch das BilMoG verursachten Veränderungen einzugehen.

I. Bilanzielle Bindung des Gesellschaftsvermögens

1. Grundsatz

Im Recht der Kapitalgesellschaften wird ein bestimmtes Garantiekapital (Stamm- bzw. Grundkapital) vorgeschrieben. Durch die Kapitalerhaltungsvorschriften soll gewährleistet werden, dass kein Rückfluss des gebundenen Kapitals an die Gesellschafter stattfindet. Die Bindung des Kapitals erfolgt aber nicht in natura, sondern lediglich wertmäßig.[604] Ausschüttungen sind nur dann statthaft, wenn das nach der Bilanz ermittelte Eigenkapital eine gewisse Wertsumme übersteigt.[605] Bilanztechnisch wird diese Bindung erreicht, indem auf der Passivseite ein Posten neben den Verbindlichkeiten angesetzt wird, der durch das Aktivvermögen gedeckt sein muss, bevor das Gesellschaftsvermögen durch Ausschüttungen an die Gesellschafter reduziert werden darf. Bilanzieller Gewinn kann nur entstehen, wenn die Summe aller Aktiva höher liegt als die auf der Passivseite ausgewiesenen Verbindlichkeiten und das Garantiekapital.[606] Auf diese Weise wird sichergestellt, dass ausreichend Gesellschaftsvermögen zur Deckung der Verbindlichkeiten vorhanden ist und zusätzlich ein weiterer Vermögensstock besteht. Der Bilanzposten des gebundenen Kapitals bewahrt somit eine Wertsumme in entsprechender Höhe vor Ausschüttungen und wirkt dadurch als Ausschüttungssperre.[607] In der Aktiengesellschaft sind neben dem Grundkapital auch bestimmte Rücklagen von den Ausschüttungsschranken betroffen.[608]

---

604 Siehe oben S. 44, 70.

605 *Bezzenberger*, Das Kapital der Aktiengesellschaft, 2005, S. 17.

606 *Wiedemann*, Gesellschaftsrecht I, 1980, S. 556 f.

607 *Bezzenberger*, Das Kapital der Aktiengesellschaft, 2005, S. 18; *Ballwieser*, Der Konzern 2007, 419; *Kübler*, ZHR 159 (1995), 550, 552; *Funke*, Gläubigerschutz durch Information im Recht der Aktiengesellschaft, 2011, S. 177.

608 Siehe S. 72 ff.

2. Ansatzvorschriften

Das in § 246 Abs. 1 S. 1 HGB verankerte Vollständigkeitsgebot schreibt die Erfassung aller Vermögensgegenstände, Schulden und Rechnungsabgrenzungsposten durch den Jahresabschluss vor, soweit gesetzlich nicht etwas anderes bestimmt ist. Dadurch ergibt sich im Grundsatz aus der Ansatz*fähigkeit* sogleich eine Ansatz*pflicht*.[609] Zentrale Voraussetzung für die Ansatzfähigkeit sind die Begriffe des „Vermögensgegenstandes" und der „Schuld". Denn der bilanzielle Ausweis des Erfolges eines Geschäftsjahres ergibt sich aus dem Saldo von Vermögen und Kapital. Erfüllt ein Sachverhalt nicht die Voraussetzungen des Vermögensgegenstandsbegriffs, werden die Ausgaben der Gesellschaft zwingend als Aufwand erfasst, der den Gewinn mindert.[610] Der Begriff des Vermögensgegenstandes ist somit von großer Bedeutung für die Ausschüttungsbemessung. Die für ein Gut aufgewendeten Ausgaben wirken sich nur dann nicht gewinnmindernd aus, wenn ihnen ein objektiv konkretisierter Wert[611] gegenübersteht. Dann ist ein Geschäftsvorfall erfolgsneutral.[612]

a) Vermögensgegenstandsbegriff

Der Begriff des ‚Vermögensgegenstandes' ist mangels gesetzlicher Definition in der Literatur strittig, sodass verschiedene Abgrenzungskriterien genannt werden.[613] Nach h.M. kommt es vor allem auf die selbstständige Verwertbarkeit bzw. Einzelverwertbarkeit des Gutes an.[614] Auch die Gesetzesbegründung des BilMoG stellt auf dieses Merkmal ab.[615] Dahinter steckt die Überlegung, dass ein Vermögensgegenstand im Insolvenzfall einzeln verwertbar sein soll, um zur Tilgung offener Schulden beitragen zu können. Ein Vermögensgegenstand muss somit wirtschaftlich nutzbares Potential aufweisen.[616] Auch dies dient dem Gläubigerschutz, indem Güter von der Bilanzierung ausgeschlossen werden, die keine Schuldendeckungsfähigkeit aufweisen.[617] Die bloße Möglichkeit des Verkaufs im Rahmen einer Unternehmensveräußerung ist nicht ausreichend, da im Insolvenzfall eine Unternehmensveräußerung

---

609 *Kleindiek*, in: GroßKomm HGB 5. Aufl. 2014, § 246, Rn. 6.

610 Siehe *Röhricht*, Gläubigerschutz, 2011, S. 117 f.

611 *Moxter*, BB 1987, 1846, 1847.

612 Siehe *Wolf*, JuS 2012, 486, 489.

613 Siehe dazu im Einzelnen ADS, § 246, Rn. 16 ff.; *Ballwieser*, in: MüKo HGB 2. Aufl. 2008, § 246, Rn. 13 ff.

614 ADS, § 246, Rn. 15, 26 ff.; *Kleindiek*, in: GroßKomm HGB 5. Aufl. 2014, § 246, Rn. 9; *Schubert/Waubke*, in: BBK 10. Aufl. 2016, § 247, Rn. 13; *Hennrichs*, in: MüKo BilanzR 2013, § 246, Rn. 30; *Baetge/Kirsch/Thiele*, Bilanzen, 14. Aufl. 2017, S. 160; *Luttermann/Großfeld*, Bilanzrecht, 4. Aufl. 2005, Rn. 359; *Hennrichs*, DB 2008, 537, 539.

615 RegE BilMoG, BT-Drs. 16/10067, S. 50.

616 *Merkt*, in: Hopt/Merkt, Bilanzrecht 2010, § 246 HGB, Rn. 5; *Baetge/Kirsch/Thiele*, Bilanzen, 14. Aufl. 2017, S. 160.

617 *Baetge/Kirsch/Thiele*, Bilanzen, 14. Aufl. 2017, S. 159 f.

meist nicht mehr möglich ist.[618] Die Verwertung kann durch Veräußerung, Einräumung eines Nutzungsrechts, bedingten Verzicht, durch Verarbeitung und Verbrauch oder im Wege der Zwangsvollstreckung erfolgen.[619] Nicht ansatzfähig sind damit bloße Erwartungen und Chancen, z.B. günstige Verkaufslagen, Mitarbeiterpotentiale, künftige Verkaufschancen eines revolutionären Produkts, etc.[620]

b) Bilanzieller Schuldbegriff

Auf der Passivseite bildet „Schuld" den Obergriff für Verbindlichkeiten und Rückstellungen.[621] Nach allgemeiner Auffassung werden folgende Kriterien zur Bestimmung einer Schuld im i.S.d. Bilanzrechts herangezogen:[622]

- Es muss eine *Verpflichtung* gegenüber einem Dritten gegeben sein,
- es muss für das bilanzierende Unternehmen eine *wirtschaftliche Belastung* vorliegen
- und die *Inanspruchnahme* muss *hinreichend wahrscheinlich* sein.

Aus kapitalschutzrechtlicher Sicht ist es entscheidend, dass der Leistungszwang hinreichend konkretisiert und wahrscheinlich ist, das heißt, dass er sich anhand von Tatsachen bestimmen und auf diese Weise objektivieren lässt.[623] Konzeptionell ist die Belastung des Gesellschaftsvermögens für den Ansatz von Schulden maßgebliches Kriterium. Die hierdurch erfolgte Begrenzung der Passivierungsfähigkeit auf hinreichend konkretisierte Sachverhalte stellt auch eine Grenze des Gläubigerschutzes dar. Die Gläubiger sollen nicht vor bloßen allgemeinen Risiken, sondern vor konkreten Risiken geschützt werden.[624]

Die Ansatzkonzeption des HGB erfordert sowohl für den Ansatz von Vermögensgegenständen als auch für Schulden einen gewissen Objektivierungsgrad. Die Aktivseite erfährt dabei allerdings eine wesentlich stärkere Konkretisierung als die Passivseite, wodurch es tendenziell zu einem niedrigeren Ausweis von Aktiva als Passiva kommt. Die Ansatzvorschriften steuern und begrenzen den bilanziellen

618 *Wöhe/Mock*, Die Handels- und Steuerbilanz, 6. Aufl. 2010, S. 90.

619 ADS, § 246, Rn. 28; *Kleindiek*, in: GroßKomm HGB 5. Aufl. 2014, § 246, Rn. 8.

620 *Schubert/Waubke*, in: BBK 10. Aufl. 2016, § 247, Rn. 10; *Hennrichs*, in: MüKo BilanzR 2013, § 246, Rn. 29.

621 *Schubert*, in: BBK 10. Aufl. 2016, § 247, Rn. 201; *Braun*, in: KK-RechnungslegungsR 2011, § 246 HGB, Rn. 21; *Kleindiek*, in: GroßKomm HGB 5. Aufl. 2014, § 246, Rn. 29.

622 ADS, § 246, Rn 103; *Baetge/Kirsch/Thiele*, Bilanzen, 14. Aufl. 2017, S. 176; *Schubert*, in: BBK 10. Aufl. 2016, § 247, Rn. 201; *Braun*, in: KK-RechnungslegungsR 2011, § 246 HGB, Rn. 22.

623 *Schubert*, in: BBK 10. Aufl. 2016, § 247, Rn. 207; *Röhricht*, Gläubigerschutz, 2011, S. 119.

624 *Baetge/Kirsch/Thiele*, Bilanzen, 14. Aufl. 2017, S. 173; *Röhricht*, Gläubigerschutz, 2011, S. 119; *Moxter*, Bilanzrechtsprechung, 6. Aufl. 2007, S. 86.

Vermögensausweis und damit zugleich das Ausschüttungspotential.[625] Dies dient dem vom Kapitalgesellschaftsrecht vorgegebenen Prinzip der Kapitalerhaltung.

II. Zwecke der Rechnungslegung

Im deutschen Recht fehlt es an einer umfassenden und ausdrücklichen Zweckbestimmung für den Jahresabschluss.[626] Die Ermittlung erfolgt durch Analyse des gesamten Handelsbilanzrechts auf die vom Gesetzgeber intendierten Zwecke. Instruktiv für die Zweckbestimmung ist auch die historische Entwicklung des nationalen Handelsbilanzrechts, die zuvor ausführlich dargestellt werden soll, bevor eine Darstellung und Gewichtung der Rechnungslegungszwecke im deutschen Recht erfolgt.

1. Historie des nationalen Bilanzrechts

Die historische Entwicklung des nationalen Handelsbilanzrechts zeigt eine starke Verzahnung von Gesellschafts- und Bilanzrecht. Die gegenwärtige Rechnungslegung entstand aus einer jahrhundertelangen Entwicklung, deren theoretisch-methodische Grundlagen sich zumeist an den Bedürfnissen der Praxis ausgerichtet haben.[627]

a) Die Anfänge auf deutschem Boden

Die ersten Rechtsregeln über Buchführung und Bilanzierungen entstammten dem französischen *ordonnance de commerce* aus dem Jahr 1673,[628] der in den *Code de commerce* von 1806 überging. Dieses Regelwerk stand für viele spätere Systeme Pate und war auch Vorbild für das deutsche Handelsrecht.[629] Eine für ganz Deutschland einheitliche Regelung für Buchführung und Bilanzierung wurde erstmals 1861 in den Art. 28 ff. ADHGB geschaffen. Auch wenn die Grundprinzipien der Buchführung bis in das frühe Mittelalter zurückreichen,[630] so markiert das Allgemeine Handelsgesetzbuch von 1861 jedenfalls den Beginn des deutschen Handelsbilanzrechts. Art. 28 Abs. 1 ADHGB verpflichtete jeden Kaufmann, Bücher zu führen, „aus welchen seine

---

625 *Röhricht*, Gläubigerschutz, 2011, S. 119.

626 *Baetge/Kirsch/Thiele*, Bilanzen, 14. Aufl. 2017, S. 93; *Coenenberg/Haller/Schultze*, Jahresabschluss, 24. Aufl. 2016, S. 18; *Küting/Lauer*, DB 2011, 1985.

627 *Luttermann*, in: MüKo/AktG 2. Aufl. 2003, EinfBilanzrecht, Rn. 61.

628 *Barth*, Die Entwicklung des deutschen Bilanzrechts, 1953, S. 65; *Icking*, Die Rechtsnatur des Handelsbilanzrechts, 2000, S. 64 bezeichnet dies als „Geburtsstunde des modernen Handelsbilanzrechts".

629 *Icking*, Die Rechtsnatur des Handelsbilanzrechts, 2000, S. 68; *Luttermann*, in: MüKo/AktG 2. Aufl. 2003, EinfBilanzrecht, Rn. 58; *Niemann*, Immaterielle Wirtschaftsgüter im Handels- und Steuerrecht, 2. Aufl. 2006, S. 28 f.

630 *Icking*, Die Rechtsnatur des Handelsbilanzrechts, 2000, S. 58 ff.; *Coenenberg/Haller/Schultze*, Jahresabschluss, 24. Aufl. 2016, S. 10.

Handelsgeschäfte und die Lage seines Vermögens vollständig zu ersehen sind". Aus heutiger Sicht mutet die Ausgestaltung als *lex imperfecta* seltsam an.[631] Die Pflicht Bücher zu führen, war bei Nichtbeachtung mit keinerlei unmittelbaren Sanktionen bedroht. Bei näherer Betrachtung scheint es für den Kaufmann lediglich eine Obliegenheit gewesen zu sein, Bücher zu führen. Waren diese ordnungsgemäß geführt, so brachte das gem. Art. 34 ff. ADHGB beweisrechtliche Vorteile im Zivilprozess. Diese Funktion ergab sich jedoch nur als Folge des eigentlich zugrunde liegenden Telos. Die Buchführung hatte ursprünglich nur den Zweck, den Kaufmann über die Lage seines Handelsgewerbes zu informieren.[632] Der damalige Gesetzgeber ging davon aus, dass es für einen Kaufmann wichtig sei, einen sicheren Einblick in die wirtschaftlichen Vorgänge seines Gewerbes zu haben. Die Gefahr eines Bankrotts sei durch eine fehlende Buchführung erhöht, da diesem meist eine leichtsinnige, verschwenderische und unordentliche Geschäftsführung zugrunde liege.[633] Ein nachlässiger Kaufmann, ohne Überblick über seine Geschäfte, gerät somit eher in Konkurs als ein umsichtiger Kaufmann, der ordentlich Buch führt. Vorrangig dienten Buchführung und Bilanz dem Eigeninteresse des Kaufmanns. Eine Informationspflicht nach außen im Sinne der heutigen Offenlegungsvorschriften (§§ 325 ff. HGB) gab es nicht.[634] Der Schutz für die Gläubiger erfolgte damit nur reflexartig als Nebenzweck, ausgehend von der Annahme, dass ein ordentlicher Geschäftsmann, der Buch führt, auch seine Verbindlichkeiten stets zurückzahlen kann. Das Bilanzrecht war somit im Sinne einer Konkursvorsorge ausgestaltet.[635] Dies bestätigt sich auch mit Blick auf die zweite Rechtsfolge mangelhafter Buchführung: „Kaufleute, welche ihre Zahlungen eingestellt" haben, wurden im Falle eines „betrügerischen Bankrutts" gem. §§ 281 Nr. 3, 283 Nr. 2 RStGB mit Zuchthaus bestraft.[636] Der Kaufmann sollte auf Grundlage einer ordnungsgemäßen Bilanz sinnvolle geschäftliche Entscheidungen treffen und somit nicht in Gefahr der Zahlungsunfähigkeit kommen, sodass Forderungen der Gläubiger stets befriedigt werden konnten.[637]

Bei der materiell-rechtlichen Ausgestaltung des Bilanzrechts blieb die Verteilung des erwirtschafteten Gewinns unberücksichtigt, obwohl das ADHGB in Art. 106–109, 161 f. für die Ausschüttungsansprüche von OHG- und KG-Gesellschaftern auf die Bilanz verwies. Als innere Angelegenheit überließ man dies der privatautonomen Entscheidung der Gesellschafter untereinander.[638] Die Erhaltung des

631 *Schön*, ZHR 161 (1997), 133, 135 f.

632 *Coenenberg/Haller/Schultze*, Jahresabschluss, 24. Aufl. 2016, S. 10; *Schön*, ZHR 161 (1997), 133, 136.

633 RGSt 4, 418, 419.

634 *Coenenberg/Haller/Schultze*, Jahresabschluss, 24. Aufl. 2016, S. 10.

635 *Schön*, ZHR 161 (1997), 133, 135.

636 Der *ordonnance de commerce* sanktionierte den „banqueroute" sogar mit der Todesstrafe, vgl. *Leffson*, GoB, 7. Aufl. 1987, S. 46; ausführlich *Barth*, Die Entwicklung des deutschen Bilanzrechts, 1953, S. 123.

637 *Schön*, ZHR 161 (1997), 133, 138.

638 *Schön*, ZHR 161 (1997), 133, 139.

Kapitals von Gesellschaften war bei Inkrafttreten des ADHGB noch außerhalb des gesetzgeberischen Fokus.

Daraus erklärt sich auch, dass im ADHGB keine Bewertungsprinzipien normiert waren.[639] Art. 31 Abs. 1 ADHGB legte nur fest, dass „sämtliche Vermögenstücke und Forderungen nach dem Werthe anzusetzen sind, welcher ihnen zur Zeit der Aufnahme beizulegen ist". Demgemäß lag es nahe, einen vermeintlich objektiven Zeitwert für die Bewertung von Bilanzposten anzunehmen. Eine Konkretisierung nahm die Rechtsprechung vor, die bei Zugrundelegung des damaligen Bilanzzwecks den Zeitwert als fiktiven Veräußerungserlös unter der Bedingung der Weiterführung der Gesellschaft festlegte.[640] Der Grundgedanke der Fortführungsprognose hat sich bis heute im HGB gehalten, vgl. § 252 Abs. 1 Nr. 2 HGB.

In der Literatur wurde allmählich aber auch die Unterbewertung von Vermögensgegenständen zum Zwecke des Gläubigerschutzes gefordert.[641] Die Eigeninformation des Kaufmanns durch die Bilanz trat schrittweise in den Hintergrund. Der Bilanzzweck veränderte sich zu der „statischen Bilanzierung",[642] wonach sichergestellt sein sollte, dass das vorhandene Aktivvermögen im Falle der vollständigen Zerschlagung die offenen Verbindlichkeiten der Gläubiger deckt. Durch die Bilanz sollte das Schuldendeckungspotential des Kaufmanns ermittelt werden.[643] Allerdings waren Zu- und Abschreibungen der Bilanzposten weiterhin beliebig möglich,[644] wodurch dem Bilanzierenden ein erheblicher Spielraum geboten war, sein Vermögen darzustellen. In der Folgezeit war die Entwicklung der bilanzrechtlichen Vorschriften stark geprägt vom Recht der Aktiengesellschaft.

b) Aktienrechtsreform 1884

Die Reform des Aktiengesetzes von 1884[645] erfolgte aufgrund der Erfahrungen des Gründerkrachs von 1873. Durch den vorangegangenen wirtschaftlichen Aufschwung und die Abschaffung des Konzessionssystems[646] durch die Aktienrechtsnovelle von 1870[647] im Aktienrecht kam es zu einem regelrechten Boom der

---

639 *Barth*, Die Entwicklung des deutschen Bilanzrechts, 1953, S. 130 ff.

640 Grundsatzentscheidung vom 3.12.1873: ROHGE 12, 15, 19.

641 *Neukamp*, ZHR 48 (1899), 450, 455 ff.

642 Ausführlich *Baetge/Kirsch/Thiele*, Bilanzen, 14. Aufl. 2017, S. 14 ff.

643 ROHGE 12, 15, 17 f.

644 *Schön*, ZHR 161 (1997), 133, 140.

645 Gesetz, betreffend die Kommanditgesellschaften auf Aktien und die Aktiengesellschaften vom 18.7.1884, RGBl. I, S. 123; *Geßler*, in: Muthesius (Hrsg.), 75 Jahre Deutsche Treuhand-Gesellschaft 1890–1965, S. 129, 135 bezeichnet die Aktienrechtsnovelle als den „eigentlichen" Beginn des heutigen Bilanzrechts.

646 Ausführlich *Schubert*, ZGR 1981, 285 ff.; *Barth*, Die Entwicklung des deutschen Bilanzrechts, 1953, S. 71 ff.

647 Gesetz, betreffend die Kommanditgesellschaften auf Aktien und die Aktiengesellschaften vom 11.6.1870, BGBl. des Norddeutschen Bundes Band 1870, Nr. 21, S. 375–386.

Aktiengesellschaft.[648] Der Wegfall der staatlichen Gründungskontrolle und die Einführung des sog. Normativsystems machten 1870 eine stärkere Überwachung der Aktiengesellschaft sowie eine detailliertere Ausgestaltung der aktienrechtlichen Normen, insbesondere zur Gründung, Kapitalaufbringung und Kapitalerhaltung, notwendig. Im Zuge dessen geriet das Bilanzrecht als ein Überwachungsinstrument in den Mittelpunkt gesetzgeberischer Tätigkeit.[649] Fortan mussten die Bilanzen in den Gesellschaftsblättern veröffentlicht werden, vgl. Art. 239 Abs. 1 S. 2 ADHGB von 1870.[650] Die Publizität der Rechnungslegung sollte ein wirksames Instrument der Unternehmenskontrolle durch die Marktteilnehmer darstellen.[651] Jedoch konnte dadurch der Gründerkrach von 1873 nicht verhindert werden. Eine beträchtliche Anzahl der neu gegründeten Gesellschaften ging nach kurzer Zeit wieder in Konkurs. Die Rechtsform der Aktiengesellschaft wurde – ohne dem Risiko der persönlichen Haftung ausgesetzt zu sein – missbraucht, um hochspekulative Geschäfte zu tätigen.[652]

Die vielen Neugründungen hatten als Kapitalsammelbecken zur Folge, dass eine große Anzahl von Bürgern begann, Aktien zu zeichnen. Um die Anleger zur Investition zu bewegen, wurden die Bewertungsspielräume, die der damalige Zeitwertansatz bot, genutzt, um unrealistische Gewinne auszuweisen. Die Folge war, dass den Gläubigern der Gesellschaft auf diese Weise das haftende Grundkapital entzogen wurde.[653] Die korrekte Gewinnermittlung hatte fortan nicht mehr nur eine gesellschaftsinterne Dimension. Im Sinne der Gesellschaftsgläubiger wurde nach Mitteln zur Sicherung des Kapitals gesucht.[654] So sollte die Aufstellung der Bilanz der dauernden Erhaltung des Grundkapitals dienen.[655] Einige gravierende Mängel in der Konzeption des Aktienrechts, allen voran die Kapitalschutzbestimmungen, erwiesen sich jedoch als unzureichend, was als eine maßgebliche Ursache für den Gründerkrach von 1873 angesehen werden kann.[656] Zwar ist den gesetzgeberischen

---

648 *Barth*, Die Entwicklung des deutschen Bilanzrechts, 1953, S. 75; ausführlich zu der Reform: *Hommelhoff*, in: Schubert/Hommelhoff (Hrsg.), Hundert Jahre modernes Aktienrecht, S. 53.

649 *Icking*, Die Rechtsnatur des Handelsbilanzrechts, 2000, S. 90, 96.

650 *Ballwieser*, in: FS Clemm, S. 1, 4; *Döllerer*, BB 1958, 1281.

651 *Döllerer*, BB 1958, 1281; *Icking*, Die Rechtsnatur des Handelsbilanzrechts, 2000, S. 97.

652 *Hommelhoff*, in: Schubert/Hommelhoff (Hrsg.), Hundert Jahre modernes Aktienrecht, S. 53, 55 ff.; *Icking*, Die Rechtsnatur des Handelsbilanzrechts, 2000, S. 99 f.

653 *Schön*, ZHR 161 (1997), 133, 141.

654 *Schubert*, ZGR 1981, 285, S. 288 f. Daraus entwickelte sich auch eine Diskussion um die Rechtsnatur des Handelsbilanzrechts, siehe nur: *Rehm*, Die Bilanzen der Aktiengesellschaften, 1903, S. 20 ff.

655 Motive zur Aktienrechtsnovelle 1870, in: Stenographische Berichte über die Verhandlungen des Reichstages des Norddeutschen Bundes, I. Legislaturperiode, Session 1870. 4. Band, Anlage Nr. 158, S. 655.

656 *Assmann*, in: GroßkommAktG 4. Aufl. 2004, Einleitung, Rn. 84 ff.

Motiven zu der Aktienrechtsnovelle zu entnehmen, dass es notwendig sei, „im Interesse der Gläubiger Festsetzungen zu treffen und dadurch der Tendenz, die Bilanz so einzurichten, dass hohe Dividenden verteilt werden können, entgegenzuwirken",[657] jedoch war es offensichtlich nicht gelungen, geeignete Instrumente für dieses Ziel zu entwickeln.[658] Um den Schutz der Gläubiger zu erhöhen, wurde das Bilanzrecht an die Zwecksetzung des Kapitalgesellschaftsrechts angepasst, indem man die Ausschüttungsmöglichkeiten zugunsten des Gläubigerschutzes begrenzte.[659] Die Ausschüttung unrealistischer Gewinne sollte unterbunden werden.[660] Der Ansatz mit Zeitwerten wurde durch das Prinzip der vorsichtigen Bewertung ersetzt.[661] „Im Interesse größerer Solidität" sei es erforderlich, dass die Jahresbilanz „vorsichtig und zutreffend aufgestellt" wird.[662] Die neu eingeführten Art. 185a, 239b ADHGB bestimmten, dass alle Vermögensgegenstände höchstens mit den historischen Anschaffungs- oder Herstellungskosten angesetzt werden durften. Abnutzbare Gegenstände mussten abgeschrieben werden; ein Gewinn durfte erst ab Realisierung ausgewiesen werden. Damit sollte „verhindert werden [...], dass nicht schon ein zwar nominell vorhandener, tatsächlich aber noch nicht durch Verkauf der betreffenden Vermögensstücke verwirklichter Gewinn zur Verteilung gelangt."[663] Das Realisationsprinzip wurde für die Aktiengesellschaft zwingend.[664]

Die Selbstinformation des Kaufmanns musste hinter den Schutz der Gläubiger zurücktreten. Die Rechtsprechung sah in den neuen Vorschriften den Zweck, „eine trügerische Höherbewertung hintanzuhalten".[665] So wurden Unterbewertungen und

---

657 Motive zur Aktienrechtsnovelle 1870, in: Stenographische Berichte über die Verhandlungen des Reichstages des Norddeutschen Bundes, I. Legislaturperiode, Session 1870. 4. Band, Anlage Nr. 158, S. 657.

658 So der damalige Gesetzgeber in der Selbsteinschätzung: Motive zur Aktienrechtsnovelle 1884, in: Stenographische Berichte über die Verhandlungen des Reichstages, 5. Legislaturperiode, IV. Session 1884, 3. Band, Anlagen zu den Verhandlungen des Reichstages, S. 302.

659 *Schulze-Osterloh*, in: FS 100 Jahre GmbHG, S. 501, 506; *Luttermann*, in: MüKo/AktG 2. Aufl. 2003, EinfBilanzrecht, Rn. 72.

660 *Götz*, KTS 2003, 1, 20; *Geßler*, in: Muthesius (Hrsg.), 75 Jahre Deutsche Treuhand-Gesellschaft 1890–1965, S. 129, 138.

661 *Geßler*, in: Muthesius (Hrsg.), 75 Jahre Deutsche Treuhand-Gesellschaft 1890–1965, S. 129, 139; *Schön*, ZHR 161 (1997), 133, 141; *Moxter*, ZVerglRWiss 103 (2004), 268, 269 f.

662 Motive zur Aktienrechtsnovelle 1884, in: Stenographische Berichte über die Verhandlungen des Reichstages, 5. Legislaturperiode, IV. Session 1884, 3. Band, Anlagen zu den Verhandlungen des Reichstages, S. 302.

663 Motive zur Aktienrechtsnovelle 1884, in: Stenographische Berichte über die Verhandlungen des Reichstages, 5. Legislaturperiode, IV. Session 1884, 3. Band, Anlagen zu den Verhandlungen des Reichstages, S. 303.

664 *Moxter*, BB 1984, 1780; *Icking*, Die Rechtsnatur des Handelsbilanzrechts, 2000, S. 102.

665 RGZE 43, 123, 127.

die Bildung stiller Reserven als allgemein sinnvolles Instrument betrachtet, um die wirtschaftlichen Grundlagen des Geschäftsbetriebs zu stärken.[666] Stille Reserven sind nicht ohne Weiteres aus den bilanziellen Daten ersichtlich, somit sind diese von Ausschüttungen an die Aktionäre ausgenommen. Auch bewirken stille Reserven einen gewissen Puffer, der in schlechten Jahren nahezu unbemerkt aufgelöst werden kann und dadurch etwaige Verluste der Gesellschaft verhindern kann. Der vormals geltende „wahre (Zeit-)Wert" sei nicht mehr als eine Fiktion, die abhängig von subjektiven Maßstäben sei und daher nicht als objektiv bezeichnet werden könne.[667] Insbesondere im Kapitalgesellschaftsrecht trat die Ermittlung des ausschüttungsfähigen Gewinns, angetrieben von der Wissenschaft, als Bilanzzweck hervor.[668] Seit der Aktienrechtsreform 1884 prägt somit der Gedanke des „entziehbaren Gewinns" die bilanzielle Kapitalerhaltung.[669] Der durch die Bilanz ermittelte Gewinn soll zugleich aus der Gesellschaft sicher entnommen werden können. Das Realisationsprinzip war dabei für die Aktiengesellschaft als Gewinnverteilungsschranke gedacht.[670] Das Preußische OVG erklärte eingängig, die Bilanz des Einzelkaufmanns sei „Vermögensbilanz, die Bilanz der Aktiengesellschaft Verteilungsbilanz."[671] Die Interessen der Aktionäre blieben in der damaligen Diskussion noch völlig unberücksichtigt. Insbesondere wurde die Gefahr nicht bedacht, dass eine zu ungünstige Darstellung der Vermögens- und Ertragslage der Gesellschaft zu einer Bewertung der Aktien unter dem reellen Preis führen kann.[672]

c) Das HGB von 1897

Bei Einführung der GmbH 1892 wurden §§ 41, 42 GmbHG als bilanzrechtliche Vorschriften für die neue Rechtsform aufgenommen. Diese orientierten sich an den geltenden aktienrechtlichen Regeln und blieben bis 1985 nahezu unverändert.[673] Die bestehenden Regeln wurden 1897 im Wesentlichen ohne Änderung in das HGB übernommen. Neu war allerdings – ohne dass damit eine sachliche Änderung verbunden war –, dass der damals eingeführte § 38 HGB a.F. eine Art Generalklausel

---

666 RGZE 98, 318, 322; *Geßler*, in: Muthesius (Hrsg.), 75 Jahre Deutsche Treuhand-Gesellschaft 1890–1965, S. 129, 140.

667 *Simon*, Bilanzen der Aktiengesellschaften, 1898, S. 295 f.; vgl. auch *Schön*, ZHR 161 (1997), 133, 141.

668 *Rehm*, Die Bilanzen der Aktiengesellschaften, 1903, S. 75 ff.; *Simon*, Bilanzen der Aktiengesellschaften, 1898, S. 5 ff.

669 *Moxter*, in: FS Clemm, S. 231, 237 f.; vgl. auch die sehr plakative Darstellung bei *Gross*, in: FS Ludewig, S. 333, 337 f.

670 *Moxter*, BB 1984, 1780, 1781; *Simon*, Bilanzen der Aktiengesellschaften, 1898, S. 336.

671 PrOVGStE 18, 111, 121.

672 *Geßler*, in: Muthesius (Hrsg.), 75 Jahre Deutsche Treuhand-Gesellschaft 1890–1965, S. 129, 139; *Kropff*, WPg 1964, 565, 569.

673 *Schulze-Osterloh*, in: FS 100 Jahre GmbHG, S. 501, der von einer „bemerkenswerten Stabilität" spricht.

darstellte, die den Kaufmann auf die „Grundsätze ordnungsmäßiger Buchführung“[674] verwies. Diesen Grundsätzen ist der Kaufmann bis heute verpflichtet (siehe §§ 243 Abs. 1, 264 Abs. 2 HGB). Die Einführung dieser Rechtsfigur löste eine Diskussion um deren normative Qualität aus.[675] Die anfangs vorherrschende Auffassung, bei den Grundsätzen ordnungsmäßiger Buchführung handele es sich um empirische Handelsbräuche, die aus betriebswissenschaftlichen Erkenntnissen gewonnen werden müssten,[676] konnte sich nicht durchsetzen.[677] Für das juristisch ausgerichtete Schrifttum war es nicht hinnehmbar, dass aus den tatsächlichen Übungen der kaufmännischen Praxis auf den Inhalt einer Rechtsregel geschlossen werden sollte. Insbesondere *Döllerer* machte deutlich, dass die Grundsätze ordnungsmäßiger Buchführung objektive Gebote darstellen, die „nicht durch statistische Erhebungen, sondern durch Nachdenken ermittelt werden“.[678] In diesem Sinne stellte der große Senat des BFH fest, dass handelsrechtliche „Grundsätze ordnungsmäßiger Buchführung Regeln sind, nach denen der Kaufmann zu verfahren hat, um zu einer dem gesetzlichen Zweck entsprechenden Bilanz zu gelangen.“[679] Der Inhalt der Grundsätze ordnungsmäßiger Buchführung soll somit teleologisch aus dem Sinn und Zweck der Bilanz ermittelt werden.[680] Demgemäß war klargestellt, dass der Inhalt der Grundsätze ordnungsmäßiger Buchführung nicht durch eine abweichende Praxis infrage gestellt werden konnte. Ausschlaggebend für den normativen Charakter der Grundsätze wurde die rechtliche Ausschüttungsbemessungsfunktion der Bilanz als Argument herangezogen.[681] Vor diesem Hintergrund entwickelte sich das Vorsichtsprinzip als einer der prägendsten Grundsätze des deutschen Handelsbilanzrechts. Die spätere gesetzliche Kodifikation einiger Grundsätze ordnungsmäßiger Buchführung durch das Bilanzrichtlinien-Gesetz von 1985[682] hat den Streit an Bedeutung verlieren lassen, da nunmehr der normative Charakter nicht mehr bestritten werden konnte.

---

674 Zum Begriff grundlegend *Leffson*, GoB, 7. Aufl. 1987, S. 17 ff.

675 Übersicht zu den Ansichten: *Knobbe-Keuk*, Bilanz- und Unternehmenssteuerrecht, 9. Aufl. 1993, S. 42 f.; *Schmidt*, Handelsrecht, 6. Aufl. 2014, S. 518 ff.; *Moxter*, ZGR 1980, 254.

676 Zur sog. „Induktive Methode“ siehe *Schmalenbach*, Zfbf 1933, 225, 231 ff.; BGHZ 34, 324, 327 f.

677 *Schön*, ZHR 161 (1997), 133, 144.

678 *Döllerer*, BB 1959, 1217; zustimmend *Moxter*, ZGR 1980, 254, 259; *Beisse*, StuW 1984, 1, 6.

679 BFH v. 31.05.1967, BStBl III 1967, S. 607; ebenso *Leffson*, GoB, 7. Aufl. 1987, S. 35; *Baetge/Kirsch/Thiele*, Bilanzen, 14. Aufl. 2017, S. 104 f.

680 Zur sog. „Deduktiven Methode“ siehe *Leffson*, GoB, 7. Aufl. 1987, S. 29 ff.; *Döllerer*, BB 1959, 1217.

681 *Beisse*, in: FS Moxter, S. 3, 8 ff.

682 Siehe weiter unten Fn. 716.

d) Erneute Reform des Aktienrechts

aa) AktVO 1931

Neben dem Gläubigerschutz fanden zunehmend auch die Interessen der Aktionäre Beachtung.[683] Die Kapitalgeber einer Aktiengesellschaft sind an Informationen interessiert. Einerseits, um eine individuelle Kaufentscheidung zu treffen, zum anderen, um kollektive Kontrolle über die Geschäftsleitung mittels Hauptversammlung ausüben zu können.[684] Demgemäß kam die AktVO 1931[685] diesen Bedürfnissen nach, indem die Vorschriften über die Gliederung der Bilanz (§ 261a Abs. 1 HGB) und der Gewinn- und Verlustrechnung (GuV) reformiert und mit umfangreichen Offenlegungspflichten versehen wurden.[686] Als Bilanzzweck wurde erstmals in § 260b HGB a.F. definiert, dass der Jahresabschluss einen „möglichst sicheren Einblick in die Lage der Gesellschaft" bieten solle. Eine wesentlich verbesserte Informationsbasis lieferte der Jahresabschluss durch die neue Generalnorm indes nicht. Durch die weitere unbeschränkte Zulassung der Bildung stiller Reserven war nämlich ein sicherer Einblick in die Lage der Gesellschaft nicht möglich.[687] Als weiteres Kontrollelement führte der Gesetzgeber in § 262a Abs. 1 HGB verbindlich die Pflichtprüfung durch einen externen Prüfer ein.

bb) Aktiengesetz von 1937

Das Aktiengesetz von 1937[688] brachte eine erhebliche Stärkung des Vorstandes. Diesem wurden große Freiheiten bei der Gewinnermittlung eingeräumt.[689] Er setzte eigenständig den Jahresabschluss fest (§ 125 AktG a.F.). Durch das Fehlen eines Rückstellungskatalogs und fester Wertuntergrenzen für Aktiva war es der Unternehmensleitung möglich, ohne nähere Begründung eine Rücklage zu bilden und den auszuweisenden Gewinn nach Belieben herabzusetzen.[690] Den Aktionären in der Hauptversammlung wurde nur noch die Entscheidung überlassen, ob der Reingewinn ausgeschüttet werden sollte oder nicht (§ 126 AktG a.F.).[691] Dies ging insbesondere

683 *Geßler*, in: Muthesius (Hrsg.), 75 Jahre Deutsche Treuhand-Gesellschaft 1890–1965, S. 129, 147, der darin aber noch keinen grundlegenden Wandel hin zum Aktionärsschutz sieht.

684 *Schön*, ZHR 161 (1997), 133, 148.

685 Notverordnung Aktienrecht vom 19. September 1931, RGBl. I S. 493.

686 *Luttermann*, in: MüKo/AktG 2. Aufl. 2003, EinfBilanzrecht, Rn. 81; *Geßler*, in: Muthesius (Hrsg.), 75 Jahre Deutsche Treuhand-Gesellschaft 1890–1965, S. 129, 139.

687 *Geßler*, in: Muthesius (Hrsg.), 75 Jahre Deutsche Treuhand-Gesellschaft 1890–1965, S. 129, 149.

688 Aktiengesetz vom 30. Januar 1937, RGBl. I S. 107.

689 *Ballwieser*, in: FS Clemm, S. 1, 5.

690 *Moxter*, Der Einfluss von Publizitätsvorschriften auf das unternehmerische Verhalten, 1962, S. 91.

691 Vgl. amtliche Begründung des Aktiengesetzes von 1937; zitiert nach *Barth*, Die Entwicklung des deutschen Bilanzrechts, 1953, S. 102.

zulasten der Aktionäre, denen keine Rechte gegen die Bildung stiller Reserven zustanden. Die Nichtigkeit des Jahresabschlusses war nur im Falle eines Verstoßes gegen die guten Sitten gem. § 202 AktG a.F. vorgesehen; ein solcher wurde von der h.M. aber für die unzulässige Bildung stiller Rücklagen nicht angenommen.[692] Motiv für diese Regelungen war der Schutz der Gläubiger und des Gesellschaftskapitals. Zu ihren Gunsten sollte das Haftkapital der Gesellschaft gesichert werden.[693] Durch diese Modifikationen wurde das Bilanzrecht verfeinert.[694] Damit waren jedoch keine grundlegenden Änderungen verbunden. Der Gläubiger- und Gesellschaftsschutz dominierte weiterhin die Ausrichtung der Rechnungslegungsnormen.

cc) Aktiengesetz 1965

Spätestens in der großen Reform des Aktiengesetzes 1965[695] trat der Aktionärsschutz gleichberechtigt neben den Gläubigerschutz.[696] Um die Informationsinteressen der Aktionäre gleichrangig neben den Sicherungsinteressen der Gläubiger zu verwirklichen, folgte man dem Weg der „gläsernen, aber verschlossenen Tatsachen".[697] Die Bildung stiller Reserven wurde eingeschränkt (§ 146 Abs. 2–4 AktG 1965) und gleichzeitig die Ausschüttung der offengelegten Werte begrenzt.[698] Abschreibungen und Rückstellungen mussten durch konkrete Wertverluste und Risiken gerechtfertigt werden. Außerdem wurden ein abschließender Rückstellungskatalog (§ 152 Abs. 7 AktG 1965) und feste Wertuntergrenzen (§ 154 Abs. 2 AktG 1965) eingeführt. Willkürliche Unterbewertungen aus Gründen des Kapitalschutzes waren fortan untersagt, um Einsicht in die wahre Vermögens- und Ertragslage zu ermöglichen.[699] Die Unternehmensleitung sollte gegenüber dem Aktionär Rechenschaft ablegen.[700]

---

692 *Geßler*, in: Muthesius (Hrsg.), 75 Jahre Deutsche Treuhand-Gesellschaft 1890–1965, S. 129, 151, m.w.N.

693 *Ballwieser*, in: FS Clemm, S. 1, 5.

694 *Geßler*, in: Muthesius (Hrsg.), 75 Jahre Deutsche Treuhand-Gesellschaft 1890–1965, S. 129, 150; *Schön*, ZHR 161 (1997), 133, 149.

695 Aktiengesetz, Neufassung vom 6. September 1965, BGBl. I S. 1089.

696 *Geßler*, in: Muthesius (Hrsg.), 75 Jahre Deutsche Treuhand-Gesellschaft 1890–1965, S. 129, 159: „Die Prinzipien des Gläubigerschutzes und des Aktionärsschutzes stehen organisch geordnet nebeneinander, ohne dass Konfliktsituationen zu befürchten sind." Wenn auch im Zweifel für den Gläubigerschutz plädiert wird; dem zustimmend: *Kropff*, WPg 1964, 565 ff.; *Forster*, WPg 1964, 422 ff.; *Ballwieser*, in: FS Clemm, S. 1, 6; *Luttermann*, in: MüKo/AktG 2. Aufl. 2003, EinfBilanzrecht, Rn. 87.

697 Diese viel zitierte Phrase geht zurück auf *Kronstein/Claussen*, Publizität und Gewinnverteilung im neuen Aktienrecht, 1960, S. 136.

698 *Forster*, WPg 1964, 422, 423; *Schön*, ZHR 161 (1997), 133, 150; *Küting*, DStR 2009, 288.

699 Bericht des Rechtsausschuss, 4. Wahlperiode, BT-Drucksache IV/3296, S. 30; *Forster*, WPg 1964, 422, 427.

700 *Geßler*, in: Muthesius (Hrsg.), 75 Jahre Deutsche Treuhand-Gesellschaft 1890–1965, S. 129, 154.

Zugegebenermaßen verblieben dennoch etliche Möglichkeiten zur Bildung stiller Reserven, sodass ein wirklicher Einblick in die Vermögens- und Ertragslage der Gesellschaft allein durch das Verbot willkürlicher Unterbewertung noch nicht erreicht wurde.[701] Das Publizitätsgesetz von 1969 trug dem zunehmenden Interesse der Öffentlichkeit an einer Transparenz des wirtschaftlichen Handelns von Großunternehmen Rechnung. Die zeitgenössische politische Diskussion in Deutschland drehte sich um die Kontrolle wirtschaftlicher Macht von Großunternehmen. Auch dies trat als Bilanzzweck hinzu.[702] Die Regeln zur Gewinnermittlung blieben indes unverändert.[703]

e) Bilanzrichtliniengesetz 1985

aa) Europarechtliche Grundlagen

Das Bilanzrecht erfuhr – wie auch die meisten anderen Rechtsgebiete – seit der Gründung der EWG neue Impulse, die nicht mehr allein durch die nationale Debatte bestimmt wurden. Ziel der EWG war die Schaffung eines gemeinsamen Wirtschaftsraums. Die Schaffung gleicher rechtlicher Mindestbedingungen wurde als wichtiger Schritt für die Gewährleistung der Niederlassungsfreiheit im gemeinsamen Binnenmarkt angesehen. Die Harmonisierung der nationalen Vorschriften erfolgte auf der Rechtsgrundlage des Art. 54 Abs. 3 lit. g EWGV (heute: Art. 50 Abs. 2 lit. g) AEUV). Diese Vorschrift ermächtigt den europäischen Gesetzgeber zur Koordination der einzelstaatlichen Schutzbestimmungen auf dem Gebiet des Gesellschaftsrechts, um ein gleichwertiges Niveau in allen Mitgliedsstaaten zu erreichen. Auf dieser Ermächtigungsnorm basierend, wurden mehrere gesellschaftsrechtliche Richtlinien erlassen. Bereits die erste gesellschaftsrechtliche EG-Richtlinie von 1968, die Publizitätsrichtlinie,[704] betraf das Bilanzrecht. Durch diese wurden die Offenlegungsvorschriften von Kapitalgesellschaften europaweit angeglichen. Gemäß Art. 2 Abs. 1 lit. f) Publizitätsrichtlinie betrifft dies auch den Jahresabschluss. In Deutschland wurden die Regelungen in §§ 325 ff. HGB umgesetzt.[705]

Um rechtlich gleiche Ausgangsbedingungen für alle Kapitalgesellschaften in Europa zu schaffen, bedurfte es über die Veröffentlichungspflicht hinaus noch der Harmonisierung der einzelstaatlichen materiellen Bilanzrechtsnormen. Die

---

701 *Schön*, ZHR 161 (1997), 133, 150. Die dem Gesetz innewohnende Tendenz zur Unterbewertung zeigt sich beispielsweise im Anschaffungs- und Herstellungskostenprinzip, Imparitätsprinzip, Realisationsprinzip, Aktivierungsverbot selbst geschaffener immaterieller Vermögensgegenstände und dem Niederstwertprinzip.

702 *Icking*, Die Rechtsnatur des Handelsbilanzrechts, 2000, S. 146 f.

703 *Ballwieser*, in: FS Clemm, S. 1, 6.

704 Richtlinie 2009/101/EG vom 16. September 2009; ursprünglich Erste Richtlinie 68/151/EWG vom 9. März 1968.

705 Siehe dazu *Großfeld*, NJW 1986, 955, 960.

Jahresabschlussrichtlinie[706] 1978, die Konzernabschlussrichtlinie[707] 1983 und die Wirtschaftsprüferrichtlinie[708] 1984 machten eine Anpassung der nationalen Vorschriften notwendig, die der Gesetzgeber durch das Bilanzrichtliniengesetz (BiRiLiG)[709] von 1985 vornahm. Die Richtlinien bezwecken die Errichtung eines gemeinschaftsweit gleichwertigen und verlässlichen Systems von Informationen über die typischerweise grenzüberschreitend agierenden Kapitalgesellschaften.[710]

Die Jahresabschlussrichtlinie und die Konzernabschlussrichtlinie wurden Mitte 2013 in eine einheitliche europäische Bilanzrichtlinie zusammengeführt.[711] Dadurch traten jedoch kaum gravierende inhaltliche Änderungen auf. Die Richtlinie dient vornehmlich der Deregulierung und besseren Verständlichkeit, indem fortan nur noch ein statt zwei Regelwerke zu beachten ist.

bb) Einheitliches Bilanzrecht

Der deutsche Gesetzgeber nutzte die Umsetzung der siebten und achten Richtlinien zu einer umfassenden und grundlegenden Reform des Handelsbilanzrechts. Auch wenn die Jahresabschlussrichtlinie nur für Kapitalgesellschaften galt, entschied sich der deutsche Gesetzgeber, die Rechnungslegungsvorschriften für alle Kaufleute und Gesellschaften gleichermaßen im HGB umfassend zu kodifizieren. Das Bilanzrichtliniengesetz[712] vom 19.12.1985 fasste die zuvor in mehreren Gesetzen verteilten Bilanzierungsvorschriften im neu geschaffenen Dritten Buch des HGB (§§ 238–342e HGB) zusammen. Damit vollzog sich ein grundlegender Wandel im deutschen Handelsbilanzrecht. Die Zersplitterung des Rechnungslegungsrechts in viele spezialgesetzliche Einzelregelungen (insb. im Aktienrecht) wurde zugunsten eines eigenständigen Regelungskomplexes im HGB beendet. Das Dritte Buch des HGB ordnet das Bilanzrecht nunmehr übersichtlicher und zugleich detaillierter als zuvor; es bildet das „Grundgesetz des Bilanzrechts".[713] Es finden sich nur noch einige wenige rechtsformspezifische Normen in den jeweiligen Spezialgesetzen.

In den §§ 238–263 HGB, die den ersten Abschnitt des dritten Buchs des HGB bilden, wurden allgemeine Rechnungslegungsvorschriften normiert, die für alle Kaufleute sowie Personenhandels- und Kapitalgesellschaften gelten. Diese Vorschriften bilden einen „Allgemeinen Teil" des neu ausgeformten Rechnungslegungsrechts.

---

706 Vierte Richtlinie 78/660/EWG vom 25. Juli 1978.

707 Siebente Richtlinie 83/349/EWG vom 13. Juni 1983.

708 Achte Richtlinie 84/253/EWG vom 10. April 1984.

709 Gesetz zur Durchführung der Vierten, Siebten und Achten Richtlinie des Rates der Europäischen Gemeinschaften zur Koordinierung des Gesellschaftsrechts (Bilanzrichtliniengesetz – BiRiLiG) vom 19.12.1985, BGBl. I, S. 2355.

710 *Schwarz*, Europäisches Gesellschaftsrecht, 1. Aufl. 2000, Rn. 397; *Habersack/Verse*, Europäisches Gesellschaftsrecht, 4. Aufl. 2011, § 9 Rn. 1.

711 Richtlinie 2013/34/EU vom 26. Juni 2013.

712 Ausführlich zum BiRiLiG *Großfeld*, NJW 1986, 955 ff.

713 *Claussen*, AG 1986, 145; *Merkt*, in: Hopt/Merkt, Bilanzrecht 2010, Einl. v. § 238, Rn. 2.

Die vor allem für Aktiengesellschaften bedeutsamen Vorschriften wurden in einen „Besonderen Teil" (§§ 264–339 HGB) überführt, der nunmehr ein einheitliches Bilanzrecht für alle Kapitalgesellschaften darstellt. Diese umfassende Reform bedeutete für die Aktiengesellschaft aber keine gravierenden Änderungen materiellrechtlicher Natur.[714] „Im Sinne der Rechtssicherheit"[715] wurden einige bisher als ungeschriebene Rechtssätze geltende Grundsätze ordnungsmäßiger Buchführung in den §§ 246–256 HGB ausdrücklich kodifiziert.[716]

cc) Einführung des „true and fair view" als Generalnorm?

Neben die detaillierten Bewertungsregeln wurde die Generalklausel des § 264 Abs. 2 S. 1 HGB gestellt, die den Grundsatz des *„true and fair view"* aufgrund europarechtlicher Vorgaben im deutschen Recht verankert. Diese Konzeption des europäischen Bilanzrechts ist allerdings von einem Konflikt geprägt. Ziel des Jahresabschlusses ist es, „ein den tatsächlichen Verhältnissen entsprechendes Bild der Vermögens-, Finanz- und Ertragslage der Gesellschaft" zu vermitteln.[717] Dieser Grundsatz des sog. *„true and fair view"* entstammt dem angelsächsischen Recht[718] und zielt auf eine möglichst realitätsgetreue Abbildung der Lage des Unternehmens. Dies steht im Gegensatz zum Vorsichtsprinzip, welches aus Gründen des Gläubigerschutzes eher zurückhaltende Bewertungsansätze fordert und sich gleichfalls im europäischen Bilanzrecht findet. Das daraus resultierende Spannungsverhältnis wurde von den Richtlinien nicht gelöst.[719] Sowohl die vorsichtige Bilanzierung (§ 252 Abs. 1 Nr. 4 HGB) als auch das transformierte Prinzip des *„true and fair view"* (§ 264 Abs. 2 S. 1 HGB) sind fortan im deutschen Bilanzrecht zu finden.

Bei näherer Betrachtung stellt sich das Spannungsverhältnis jedoch als weniger konfliktträchtig dar, als man zunächst annehmen könnte. Der EuGH spricht in seiner Judikatur zum europäischen Bilanzrecht von dem „Grundsatz der Bilanzwahrheit"[720], der als „Hauptziel der Richtlinie"[721] ein den tatsächlichen Verhältnissen entsprechendes Bild der Vermögens-, Finanz- und Ertragslage der Gesellschaft vermitteln soll. Der hieraus naheliegende Schluss, dass im europäischen Bilanzrecht der *„true and fair view"* als dominierendes Leitpinzip gilt, bestätigt sich bei genauerer Analyse der

---

714 *Claussen*, AG 1986, 145, 148; *Schulze-Osterloh*, ZHR 150 (1986), 532, 533.

715 Bilanzrichtliniengesetz, BT-Drs. 10/317, 76.

716 *Leffson*, GoB, 7. Aufl. 1987, S. 26 f.

717 Art. 2 Abs. 3 Jahresabschluss-RL 78/660/EWG.

718 Zur Entstehung dieses Grundsatzes *Beisse*, in: FS Clemm, S. 27, 30 ff.

719 *Hommelhoff/Sokol*, in: Teichmann (Hrsg.), Europa und der Mittelstand, S. 129, 137; *Hommelhoff*, RabelsZ 62 (1998), 381, 395.

720 EuGH, Rs. C-234/94, *Tomberger*, Slg. 1996, I-3133 ff.; EuGH, Rs. C-275/97, *DE + ES Bauunternehmung*, Slg. 1999, S.-I 5331 ff.; EuGH, Rs. C-322/12, *Belgien/Gimle SA*, ABl. 2013, Nr. C 344, S. 34 ff.; EuGH, Rs. C-444/16, C-445/16, *Immo Chiaradia SPRL bzw. Docteur De Bruyne SPRL*, ECLI:EU:C:2013:632, Rn. 40.

721 EuGH, Rs. C-275/97, *DE + ES Bauunternehmung*, Slg. 1999, S.-I 5331, S.-I 5358; EuGH, Rs. C-322/12, *Belgien/Gimle SA*, ABl. 2013, Nr. C 344, S. 34 ff.

Urteile jedoch nicht. In den Judikaten des EuGH kam es nicht zum Schwur in dem zwischen dem Grundsatz der vorsichtigen Bilanzierung und dem Grundsatz der Bilanzwahrheit angelegten Konflikt.[722] In den von dem EuGH zu entscheidenden Sachverhalten führten beide Grundsätze zu den gleichen Ergebnissen. Der EuGH führte aus, dass der Grundsatz der Bilanzwahrheit sich weitgehend an den allgemeinen Bewertungsregeln in Art. 31 der Jahresabschlussrichtlinie zu orientieren habe, wobei dem Vorsichtsprinzip eine besondere Bedeutung zu komme.[723] In der Rechtsahce *Gimle SA* betonte der EuGH sogar, dass eine etwaige Unterbewertung von Vermögensgegenständen im Einklang mit dem Vorsichts- und Realisationsprinzip stehe, weil die Anschaffungs- und Herstellungskosten die Wertobergrenze für die Bewertung von Vermögensgegenständen bilden.[724] Eine abweichende Bewertung zum tatsächlichen Wert sei demnach auch nicht durch den Grundsatz der Bilanzwahrheit gerechtfertigt, selbst wenn der tatsächliche Wert eklatant von den Anschaffungskosten abweicht.[725] Die Unterbewertung sei demgegenüber notwendige Folge des europäischen Gesetzgebers für eine Bewertung mit Anschaffungskosten.[726] Die Grundsätze der Bilanzwahrheit und der Vorsicht sind europarechtlich somit vielmehr als Gleichlauf und nicht als gegensätzliche Prinzipien zu verstehen.[727] Bilanzwahrheit in diesem Sinne ist als Einhaltung der geltenden Bilanzierungsregeln zu verstehen. Im Ergebnis räumt der EuGH dem Anschaffungskostenprinzip sogar Vorrang gegenüber dem Grundsatz der Bilanzwahrheit ein, denn in der Lesart des EuGH bedeutet Bilanzwahrheit nicht Zeitwertbewertung.[728] Der EuGH verfolgt in der Auslegung des europäischen Bilanzrechts somit im Besonderen kontinentaleuropäische Traditionen und weniger ein angelsächsisches Verständnis des *„true and fair view"*.[729]

Der deutsche Gesetzgeber hat es schon bei bei systematischen Umsetzung der Richtlinie vermieden, den *„true and fair view"* nach angelsächsischer Tradition als ein *„overriding principle"* auszugestalten,[730] sondern beließ es lediglich als Generalnorm für die bloßen Informationsnormen. Nach dem HGB ist die Generalklausel des *„true and fair view"* nicht wie das Vorsichtsprinzip als GoB zu verstehen. Dies zeigt sich schon deutlich an der systematischen Stellung des § 264 Abs. 2 S. 1 HGB in dem Abschnitt, der nur für Kapitalgesellschaften gilt; ein Rückgriff als allgemeiner Grundsatz für alle Kaufleute sollte dadurch ausgeschlossen sein.[731] Außerdem steht

722 *Teichmann*, Binnenmarktkonformes Gesellschaftsrecht, 2006, S. 229.
723 EuGH, Rs. C-234/94, *Tomberger*, Slg. 1996, I-3133 ff. Rn. 18; EuGH, Rs. C-322/12, *Belgien/Gimle SA*, ABl. 2013, Nr. C 344, S. 34 ff. Rn. 32.
724 EuGH, Rs. C-322/12, *Belgien/Gimle SA*, ABl. 2013, Nr. C 344, S. 34 ff. Rn. 33 f.
725 Vgl. auch *Hennrichs*, WPg 2015, 315, 317.
726 EuGH, Rs. C-322/12, *Belgien/Gimle SA*, ABl. 2013, Nr. C 344, S. 34 ff. Rn. 38 f.
727 *Teichmann*, Binnenmarktkonformes Gesellschaftsrecht, 2006, S. 230; vgl. auch *Schön*, ZHR 178 (2014), 373, 381.
728 *Hennrichs*, WPg 2015, 315, 317 f.
729 Schön, ZHR 178 (2014), 373, 382; *Hennrichs*, WPg 2015, 315, 317 f.
730 ADS, § 264, Rn. 51, 93; *Beisse*, in: FS Beusch, S. 77, 79 f.
731 *Beisse*, in: FS Clemm, S. 27, 33.

das Einblicksgebot des § 264 Abs. 2 S. 1 HGB weiterhin unter dem Vorbehalt der „Beachtung der GoB", sodass nicht von einer einschneidenden Wendung hin zu einer reinen Informationsbilanz gesprochen werden kann. § 243 Abs. 1 HGB verweist dem gegenüber für das gesamte deutsche Handelsbilanzrecht auf die GoB. Die damals eingeführte Generalnorm des § 264 Abs. 2 S. 1 HGB soll folglich nur in den Konstellationen eingreifen, die von den GoB nicht erfasst werden. Nach der sog. Abkoppelungsthese[732] handelt es sich bei § 264 Abs. 2 S. 1 HGB nicht um einen materiell-rechtlichen Bilanzgrundsatz, sondern er beschränkt sich in seiner Bedeutung auf Informationsnormen. Sollte durch den Jahresabschluss kein korrektes Bild der tatsächlichen Lage des Unternehmens vermittelt werden, ist dieses Informationsdefizit vornehmlich durch den in § 264 Abs. 1 S. 1 HGB neu eingeführten Anhang auszugleichen.

Auch wenn nach allgemeinem Verständnis der § 264 Abs. 2 S. 1 HGB zu keiner grundlegenden Änderung gegenüber dem § 149 Abs. 1 S. 2 AktG a.F. führt,[733] wird jedoch dadurch eine willkürliche, nicht aus den GoB begründete Bildung und Auflösung stiller Reserven ausgeschlossen.[734] Allerdings verblieben bei dieser großen Reform des Bilanzrechts noch Möglichkeiten zur Bildung stiller Reserven. Zum Ausdruck kommt dies beispielsweise in der durch § 249 Abs. 2 HGB a.F. eingeräumten Befugnis Aufwandsrückstellungen zu bilden, die sich im Ergebnis nicht von Gewinnrücklagen unterscheiden.[735] Der teilweise angemahnte Widerspruch der Umsetzung der europäischen Vorgaben in das Deutsche Recht,[736] scheint vor dem Hintergrund der beschrieben Rechtsprechung des EuGH indes nur von dogmatischer Naur.

dd) Keine europaweite Vereinheitlichung

Bedingt durch die langen und schwierigen Verhandlungen findet sich in den europäischen Richtlinien eine Vielzahl von Kompromissen in Form von Wahlrechten.[737] Dadurch entstand aber kein europaweit einheitliches System.[738] Das Verhältnis von Informationsfunktion und Ausschüttungsbemessung ist aufgrund dieser Inkonsistenz nicht eindeutig. In den Erwägungsgründen ist vorrangig der

---

732 Grundlegend *Moxter*, BB 1978, 1629, 1630 f.; *Moxter*, AG 1979, 141 f.; *Moxter*, Bilanzlehre II, 3. Aufl. 1991, S. 67 f.; vgl. auch *Beisse*, in: FS Beusch, S. 77, 93 f.; *Beisse*, in: FS Clemm, S. 27, 38; ADS, § 264, Rn. 88.

733 Beschlussempfehlung des Rechtsausschusses zum Bilanzrichtlinie-Gesetz, BT-Drs. 10/4268, S. 91; *Beisse*, in: FS Clemm, S. 27, 45 ff.; *Schulze-Osterloh*, ZHR 150 (1986), 532, 539 f.; a.A. *Großfeld*, NJW 1986, 955, 959.

734 *Claussen*, AG 1986, 145, 148.

735 *Schulze-Osterloh*, ZHR 150 (1986), 403, 423 f. m.w.N.

736 Kritisch zur Umsetzung *Habersack/Verse*, Europäisches Gesellschaftsrecht, 4. Aufl. 2011, § 9 Rn. 36.

737 *Habersack/Verse*, Europäisches Gesellschaftsrecht, 4. Aufl. 2011, § 9, Rn. 10; *Hennrichs*, Wahlrechte, 1999.

738 Siehe nur *Claussen*, AG 1986, 145, 153; *Kleindiek*, GmbHR 2010, 1333, 1334; *Küting*, DStR 2009, 288; *Schön*, ZHR 161 (1997), 133, 153.

Informationszweck des Jahresabschlusses betont. Ausschüttungsbemessung und Gläubigerschutz sind dagegen nicht angesprochen. Daher wird angenommen, dass der Schutz der Gläubiger weniger durch bilanzrechtliche Entnahmesperren als vielmehr durch Verbesserung der Information für die Fremdkapitalgeber bewirkt werden sollte.[739] Eine Abwendung von dem Prinzip der vorsichtigen Bilanzierung ist aber nicht zwingend. Der nationale Gesetzgeber hatte vielmehr durch die Vielzahl der Wahlrechte die Möglichkeit, an der vom Vorsichtsprinzip geprägten kapitalschützenden Bilanzierung festzuhalten.[740]

f) Von BiRiLiG zum BilMoG

Im Anschluss an das BiRiLiG wurden zahlreiche Einzelaspekte im deutschen Bilanzrecht geändert. Betroffen waren aber weniger das materielle Bilanzrecht, sondern formelle Fragen, wie die Anpassung von Größenkriterien und die Verbesserung von Transparenz und Kontrolle der Jahresabschlüsse.[741]

g) Fazit

Insbesondere die Entwicklung des Aktienrechts war für das heutige Bilanzrecht wegweisend.[742] Diese Entwicklung veranschaulicht, dass die Bilanzierung immer abhängig von dem zugrunde liegenden Zweck ist. Nachdem ursprünglich auf eine Begrenzung der Bewertung von Vermögensgegenständen verzichtet wurde, entwickelte sich die Intention des Gläubigerschutzes zum Taktgeber für die Entwicklung der Bewertungsvorschriften. Daran hält der Gesetzgeber bis heute trotz gegenläufiger europäischer Einflüsse unverändert fest.

2. Zweckbestimmung

Aus der historischen Entwicklung und der Systematik des deutschen Handelsbilanzrechts lassen sich im Allgemeinen die Dokumentationsfunktion, die Informationsfunktion und die Ausschüttungsbemessungsfunktion ableiten.

a) Dokumentation

Als Ausgangspunkt lässt sich § 238 Abs. 1 S. 1, 2 HGB anführen, der den Kaufmann zur übersichtlichen, vollständigen und für sachverständige Dritte nachvollziehbaren Buchführung verpflichtet, wodurch ein zusammenfassender Bericht über die wirtschaftliche Situation des Unternehmens gegeben werden soll. Das Gesetz hat somit

---

739 *Schön*, ZHR 161 (1997), 133, 152.

740 *Habersack/Verse*, Europäisches Gesellschaftsrecht, 4. Aufl. 2011, § 9, Rn. 10.

741 *Küting*, DStR 2009, 288 f.

742 So auch *Ballwieser*, in: FS Clemm, S. 1, 4; *Luttermann*, in: FS Ludewig, S. 595, 614 f.; *Beisse*, in: FS Moxter, S. 3, 8, der von einem „Schrittmacher" für die allgemeine Rechnungslegung spricht.

die Dokumentation der Geschäftsvorfälle des Unternehmens im Blick.[743] Dies ist die Grundvoraussetzung für die Erfüllung der weiteren Zwecke des Jahresabschlusses.

b) Ausschüttungsbemessung

aa) Gewinnermittlung

Der zentrale Zweck des Jahresabschlusses ist die Gewinnermittlung.[744] Die Gewinnermittlungsbilanz des Handelsbilanzrechts unternimmt einen Reinvermögensvergleich verschiedener Perioden und weist als Gewinn den Betrag aus, um den das Vermögen in einer Periode angewachsen ist.[745] Diese schon durch das Kapitalgesellschaftsrecht vorgegebene Funktion erfordert aber eine bestimmte Art von Gewinn. Nach der Gewinnkonzeption des HGB wird der Betrag als Gewinn ausgewiesen, über den nunmehr verfügt werden kann. Es soll grundsätzlich der entziehbare bzw. verteilungsfähige Gewinn ermittelt werden, der an die Gesellschafter bedenkenlos ausgeschüttet werden kann.[746] Dadurch soll auch der Vermögensstamm als Quelle künftiger Gewinne erhalten bleiben.[747] Darin zeigt sich deutlich, dass die HGB-Bilanzierung die Vorgabe des gesellschaftsrechtlichen Kapitalschutzsystems aufgreift, indem die Gewinnermittlung auf den verteilungsfähigen Gewinn beschränkt wird. Die Grundlage der Gewinnermittlung findet sich vor allem im Vorsichtsprinzip.[748]

bb) Gläubigerschutz

Der Entziehbarkeitsgedanke sichert in erster Linie die Interessen der Gläubiger, sodass erst ein verteilungsfähiger Gewinn entsteht, wenn die Ansprüche der Gläubiger durch das bilanzielle Vermögen abgedeckt sind. Das gesellschaftsrechtlich vorgegebene Ziel des Gläubigerschutzes durch Kapitalerhaltung soll durch die Handelsbilanz weiterverfolgt werden.[749] Welche Beträge in die Gewinnermittlung einfließen, wird durch diese definiert und konkretisiert.[750] Der Gläubigerschutz, als tragendes

---

743 *Baetge/Kirsch/Thiele*, Bilanzen, 14. Aufl. 2017, S. 94 f.; *Küting/Lauer*, DB 2011, 1985.

744 *Pöschke*, in: GroßKomm HGB 5. Aufl. 2014, § 242, Rn. 8.

745 *Pöschke*, in: GroßKomm HGB 5. Aufl. 2014, § 242, Rn. 8; *Streim/Esser*, StuB 2003, 736, 737; *Mock*, Finanzverfassung der Kapitalgesellschaften, 2008, S. 50 f.

746 *Baetge/Kirsch/Thiele*, Bilanzen, 14. Aufl. 2017, S. 98 f.; *Moxter*, ZVerglRWiss 103 (2004), 268, 270; *Moxter*, in: FS Clemm, S. 231; *Strobl*, in: FS Clemm, S. 389, 395; *Budde/Steuber*, AG 1996, 542, 548; *Mock*, Finanzverfassung der Kapitalgesellschaften, 2008, S. 36, 51. Siehe auch zur historischen Entwicklung dieser Konzeption S. 122 ff.

747 *Moxter*, ZVerglRWiss 103 (2004), 268, 270.

748 *Mock*, Finanzverfassung der Kapitalgesellschaften, 2008, S. 51; ausführlich dazu S. 144 ff.

749 *Röhricht*, Gläubigerschutz, 2011, S. 98.

750 *Hennrichs*, ZGR 2008, 361, 366.

Prinzip des HGB-Bilanzrechts[751] tritt vor dem Hintergrund der Bilanzierungsgrundsätze noch deutlicher zutage. Durch das in Deutschland geltende Vorsichtsprinzip (§ 252 Abs. 1 Nr. 4 HGB) begibt sich das HGB auf die „sichere Seite", indem unsichere Vermögensgegenstände tendenziell vorsichtiger und zurückhaltender bilanziert werden. So sind lediglich voraussichtliche, aber tatsächlich noch nicht realisierte Gewinne („Buch- bzw. Scheingewinne") außer Acht zu lassen (Realisationsprinzip, vgl. § 252 Abs. 1 Nr. 4 Hs. 2 HGB). Die Einschränkung der Gewinnermittlung ergibt sich durch den (teilweisen) Nichtausweis bestimmter Bilanzpositionen, deren Wert als unsicher betrachtet wird. Statt des Zeitwerts werden die jeweiligen unsicheren Vermögensgegenstände in der Bilanz entweder vollständig ausgeblendet oder ein geringerer Wert angesetzt, der sicher erreicht wird.[752] Dies dient vor allem der Kapitalerhaltung; Beträge, die nicht in die Bilanz eingehen, stehen auch nicht zur Ausschüttung bereit. Die auf diese Weise ermittelte Ausschüttungsgröße darf nicht als betriebswirtschaftlich korrekter Gewinn missverstanden werden.[753]

Konzeptionell werden die Gläubiger durch den niedrigeren Gewinnausweis vor Vermögensabflüssen geschützt, die das Ausfallrisiko ansteigen ließen. Durch die bilanziellen Ausschüttungssperren auf Ebene der Gewinnermittlung werden Scheingewinne ausgeschlossen. Der Jahresabschluss als Ausgangsbasis für die Ausschüttungsbemessung verfolgt damit den zentralen Zweck des Kapitalschutzes.[754]

c) Informationsfunktion

Eng verwandt mit der Dokumentationsfunktion ist die Informationsfunktion des Jahresabschlusses. Der Jahresabschluss vermittelt aber nicht nur dem Bilanzierenden selbst, sondern im Sinne einer Rechenschaftslegung auch weiteren Adressaten Informationen. Dazu gehören insb. die Gesellschafter, Arbeitnehmer, aktuelle und potentielle Gläubiger und übrige Marktteilnehmer.[755] Anknüpfungspunkt für die Informationsfunktion bildet § 264 Abs. 2 HGB, der das sog. Einblicksgebot enthält. Demnach hat der Jahresabschluss einer Kapitalgesellschaft unter Beachtung der Grundsätze ordnungsmäßiger Buchführung[756] ein den tatsächlichen Verhältnissen entsprechendes Bild der Vermögens-, Finanz- und Ertragslage der Kapitalgesellschaft zu vermitteln. Die Heterogenität der verschiedenen Gruppen macht es aber

---

751 *Winkeljohann/Schellhorn*, in: BBK 10. Aufl. 2016, § 264 HGB, Rn. 35; *Claussen*, in: FS Kropff, S. 431, 441; *Beisse*, in: FS Beusch, S. 77, 90; *Eusani*, Jura 2009, 502, 504.

752 *Mock*, Finanzverfassung der Kapitalgesellschaften, 2008, S. 51.

753 *Gros/Wallek*, Der Konzern 2009, 541; *Funke*, Gläubigerschutz durch Information im Recht der Aktiengesellschaft, 2011, S. 177.

754 Siehe nur *Küting/Lauer*, DB 2011, 1985, 1986; *Küting/Pfitzer/Weber*, IFRS oder HGB?, 2. Aufl. 2013, S. 8 f.; *Beisse*, in: FS Beusch, S. 77, 90; *Hennrichs*, Wahlrechte, 1999, S. 14; *Eusani*, Jura 2009, 502, 504.

755 Siehe zum Adressatenkreis *Leffson*, GoB, 7. Aufl. 1987, S. 42; *Hommelhoff/Sokol*, in: Teichmann (Hrsg.), Europa und der Mittelstand, S. 129, 130 ff.

756 Siehe dazu ausführlich S. 141 ff.

unmöglich, alle Informationsinteressen im gleichen Umfang zu befriedigen.[757] Dazu kommt, dass Gesellschafter und Leitungsorgane kleinerer Gesellschaften ein berechtigtes Interesse an der Geheimhaltung bestimmter Informationen haben können.[758] Der Funktionsmechanismus des § 264 Abs. 2 S. 1 HGB zeigt aber, dass die Informationsfunktion unter der Zweckvorgabe der Zahlungsbemessung und der Rechenschaft steht.[759] Vorrangiges Ziel des Jahresabschlusses ist es nicht, Kapitalmarktteilnehmer umfassend für ihre Anlageentscheidung zu unterrichten.[760] Adressaten des Jahresabschlusses sind nach der gesetzlichen Konzeption in erster Linie die Gesellschafter und die aktuellen Gläubiger. Informationsdefizite in der Bilanz, die sich aus der vorsichtigen Ermittlung des Gewinns ergeben, sollen durch Angaben im Anhang ausgeglichen werden (§ 264 Abs. 2 S. 2 HGB). Durch diese Regelung können Auswirkungen auf das Ausschüttungsvolumen vermieden werden, ohne die Informationsfunktion des Jahresabschlusses zu vernachlässigen.

Der Kompromisscharakter des § 264 Abs. 2 S. 1 HGB geht auf die Harmonisierungsbemühungen der EU zurück. Art. 4 Abs. 3 Bilanzrichtlinie (ehemals Art. 2 Abs. 3 Jahresabschlussrichtlinie) unternimmt den Versuch, die angelsächsische und die kontinentaleuropäische Rechnungslegungstradition in Einklang zu bringen.[761] Während das angelsächsische Prinzip des „*true and fair view*" als sog. *overriding principle* ausgestaltet ist, hat der deutsche Gesetzgeber im Bilanzrichtliniengesetz entschieden, die Verpflichtung, dass der Jahresabschluss ein den tatsächlichen Verhältnissen entsprechendes Bild zu zeichnen hat, unter den Vorbehalt der GoB zu stellen.[762] § 264 Abs. 2 HGB ist damit nicht als ein vorrangig zu beachtendes Prinzip ausgestaltet, sondern bildet lediglich einen subsidiären Prüfungsmaßstab gegenüber den Einzelvorschriften.[763] Die Vorschrift ist nach der h.M. diesbezüglich nur bei Auslegungszweifeln oder bei gesetzlichen Lücken heranzuziehen. Insbesondere ermächtigt sie nicht, den Inhalt und den Umfang des Jahresabschlusses in Abweichung von gesetzlichen Vorschriften zu bestimmen.[764] Die Europarechtskonformität

---

757 *Küting/Lauer*, DB 2011, 1985, 1985.

758 *Reuther/Fink*, BB 2010, 363, 364; *Claussen*, AG 2008, 577, 582.

759 *Röhricht*, Gläubigerschutz, 2011, S. 116; siehe auch ADS, § 264, Rn. 89.

760 *Küting/Pfitzer/Weber*, IFRS oder HGB?, 2. Aufl. 2013, S. 9.

761 *Hüttemann/Meyer*, in: GroßKomm HGB 5. Aufl. 2014, § 264, Rn. 15; *Hennrichs*, Wahlrechte, 1999, S. 141; *Mock*, Finanzverfassung der Kapitalgesellschaften, 2008, S. 53.

762 *Graf/Bisle*, in: MüKo BilanzR 2013, § 264, Rn. 39. Siehe bereits S. 131 f.

763 *Reiner*, in: MüKo HGB 3. Aufl. 2013, § 264, Rn. 54; *Winkeljohann/Schellhorn*, in: BBK 10. Aufl. 2016, § 264 HGB, Rn. 25; *Kanitz*, Bilanzkunde für Juristen, 3. Aufl. 2014, Rn. 262; *Mock*, Finanzverfassung der Kapitalgesellschaften, 2008, S. 55; a.A. *Luttermann*, in: MüKo/AktG 2. Aufl. 2003, § 264 HGB, Rn. 140.

764 Siehe nur *Winkeljohann/Schellhorn*, in: BBK 10. Aufl. 2016, § 264 HGB, Rn. 31; *Merkt*, in: Hopt/Merkt, Bilanzrecht 2010, § 264 HGB, Rn. 15; *Reiner*, in: MüKo HGB 2. Aufl. 2008, § 264, Rn. 45 m.w.N.

dieser Umsetzung ist heute nahezu unstrittig,[765] da auch der EuGH im Ergebnis den Grundsatz der Bilanzwahrheit nicht als *overriding principle* versteht, wonach Abweichungen von den gesetzlich vorgesehenen Ansatz- und Bewertungsregeln gerechtfertigt werden können.[766]

Die primäre Schutzwirkung des Einblicksgebots ist die Rechenschaft.[767] Dies umfasst die Bilanzwahrheit und Bilanzklarheit mit der Forderung an den Rechenschaftspflichtigen, er solle ein getreues Bild der Unternehmenslage liefern.[768] Ein solches getreues Bild entsteht nur unter Einhaltung und Beachtung der Grundsätze ordnungsmäßiger Buchführung. Insbesondere bei nichtbörsennotierten Unternehmen wird das Informationsbedürfnis durch eine vorsichtige Ausschüttungsbilanz befriedigt, die die Gläubiger über den Stand der Haftungsmasse und die Gesellschafter über den Wert ihrer Anteile in Kenntnis setzt.[769] Auch die Anteilseigner werden über ihren Gewinnanteil ausreichend durch einen solchen Jahresabschluss informiert, da der ermittelte Gewinn zugleich den ausschüttungsfähigen Gewinn darstellt. Die Rechenschaftsfunktion des Jahresabschlusses ermöglicht es den Gesellschaftern zudem, ihre Kontrollaufgabe wahrzunehmen.[770] Die externe Rechnungslegung ist ein Informationsinstrument für die Gesellschafter, um ihre eigene Kontroll- und Dispositionsentscheidung zu treffen und ihre Mitgliedschaftsrechte sachgerecht auszuüben.[771] Grundbedingung ist ein möglichst objektiviertes Rechnungslegungsrecht. Bilanzpolitische Spielräume müssen derart begrenzt werden, dass der (kontrollierte) Bilanzierende keine irreführenden Verzerrungen vornehmen kann. Nur bei ausreichender Verlässlichkeit der Informationen durch eine hinreichend manipulationsfreie Abbildung kann der Jahresabschluss als Rechenschaftsinstrument infrage kommen. Dabei ist zu beachten, dass aus Rechenschaftsgründen nachgefragte Informationen sich zwingend auf in der Vergangenheit getroffene

765 *Claussen*, in: KK-RechnungslegungsR 2011, § 264 HGB, Rn. 25; ADS, § 264, Rn. 42 ff.; *Hüttemann/Meyer*, in: GroßKomm HGB 5. Aufl. 2014, § 264, Rn. 19; *Schulze-Osterloh*, in: FS 100 Jahre GmbHG, S. 501, 542; a.A. *Streim*, in: FS Moxter, S. 391, 396; vgl. auch *Habersack/Verse*, Europäisches Gesellschaftsrecht, 4. Aufl. 2011, § 9, Rn. 37.

766 Siehe hierzu ausführlich S. 131 ff.

767 *Luttermann*, RIW 2010, 417, 418; *Baetge/Kirsch/Thiele*, Bilanzen, 14. Aufl. 2017, S. 97; *Kleindiek*, ZGR 1998, 466, 472.

768 *Luttermann*, ZIP 2008, 1605, 1606; *Luttermann*, in: MüKo/AktG 2. Aufl. 2003, § 264 HGB, Rn. 19.

769 *Schön*, ZGR 2000, 706, 731; vgl. auch *Funke*, Gläubigerschutz durch Information im Recht der Aktiengesellschaft, 2011, S. 180.

770 *Coenenberg/Straub*, KoR 2008, 17, 18 f.; *Leffson*, GoB, 7. Aufl. 1987, S. 64; *Kleindiek*, ZGR 1998, 466, 471 f.; *Colbe*, in: Wagner (Hrsg.), Ökonomische Analyse des Bilanzrechts, S. 11, 19; *Funke*, Gläubigerschutz durch Information im Recht der Aktiengesellschaft, 2011, S. 178.

771 *Kleindiek*, ZGR 1998, 466, 471; *Funke*, Gläubigerschutz durch Information im Recht der Aktiengesellschaft, 2011, S. 179.

Entscheidungen beziehen.[772] Durch die Vergangenheitsorientierung können die bilanziellen Daten objektiviert und anschließend auch mit hinreichender Sicherheit überprüft werden.

Die Vermittlung entscheidungsnützlicher Informationen für die Beurteilung der zukünftigen Entwicklung der Gesellschaft stand zumindest bisher nicht im Zweckkanon der HGB-Bilanz. Die Implementierung von Rechnungslegungsvorschriften zum Zwecke der Entscheidungsnützlichkeit in einen rechenschaftsorientierten Jahresabschluss wird angezweifelt.[773] Die Informationsfunktion wendet sich somit vorrangig an die Gläubiger und Gesellschafter als Kontrollierende der jeweiligen Gesellschaft. Für die sonstigen Adressaten erfüllt der Jahresabschluss einen allgemeinen Informationszweck, welcher aber nicht auf deren Interessen abgestimmt ist. Der Jahresabschluss wirkt für alle übrigen Adressaten, die sich nicht über sog. *covenants* umfangreiche Informationen durch privatautonome Verhandlungen beschaffen können, als „kollektives Informationsregime",[774] um Informationsasymmetrien abzubauen. Bei der Informationsfunktion geht es indes nicht darum, möglichst viele Informationen zu erfassen. Für den Bilanzleser geht es um eine möglichst effiziente Berichterstattung.[775]

d) Hierarchie der Bilanzzwecke

Dem handelsrechtlichen Jahresabschluss liegt ein Funktionspluralismus[776] zugrunde, da er sowohl das Bezugssystem für die gesellschaftsrechtliche Ausschüttungsbemessung enthält als auch Informationen über das Unternehmen vermittelt. Der Jahresabschluss nach HGB verfolgt somit mehrere Ziele parallel. Soweit hierbei unterschiedliche Zweckrichtungen nebeneinander vorliegen können, ist es gleichwohl nicht möglich, alle divergierenden Interessen in gleichem Umfang zu berücksichtigen.[777]

Der Gläubigerschutz in der Bilanz wäre etwa am effektivsten, wenn das Aktivvermögen als sehr gering ausgewiesen und damit das Ausschüttungsvolumen auf null reduziert würde.[778] Dies widerspräche aber den Interessen der Gesellschafter an der Partizipation des wirtschaftlichen Erfolgs der Gesellschaft. Auch steht eine zu vorsichtige Rechnungslegung, die das Gesellschaftsvermögen sehr stark unterbewertet, im Widerspruch zur Informationsfunktion des Jahresabschlusses.

---

772 *Coenenberg/Straub*, KoR 2008, 17, 22.

773 Etwa *Coenenberg/Straub*, KoR 2008, 17, 22.

774 *Funke*, Gläubigerschutz durch Information im Recht der Aktiengesellschaft, 2011, S. 180.

775 *Baetge/Kirsch/Thiele*, Bilanzen, 14. Aufl. 2017, S. 95, sprechen daher von der Rechenschaftsfunktion.

776 *Gros/Wallek*, Der Konzern 2009, 541; *Leffson*, GoB, 7. Aufl. 1987, S. 59 ff.

777 *Baetge/Thiele*, in: FS Beisse, S. 11, 18; *Beisse*, in: FS Moxter, S. 3, 15.

778 Vgl. *Mock*, Finanzverfassung der Kapitalgesellschaften, 2008, S. 52.

Die Festlegung einer Rangordnung fällt mangels gesetzlicher Regelung nicht ganz leicht. Formell herrscht zwischen den Zwecken des Jahresabschlusses Gleichrangigkeit.[779] Aus der Systematik ergab sich nach der h.M. jedoch die Vorrangigkeit des Gläubigerschutzes.[780] Ob sich dies auch nach der Bilanzrechtsmodernisierung zutrifft, soll nach Analyse des BilMoG beurteilt werden.[781]

3. Exkurs: Verschränkungen der steuerrechtlichen Bilanzierung

Auch für Zwecke der steuerrechtlichen Bilanzierung wird gemäß § 5 Abs. 1 S. 1 EStG auf die handelsrechtliche Bilanzierung zurückgegriffen. Nach dem sog. Maßgeblichkeitsprinzip ist für den steuerlichen Bilanzansatz auf die handelsrechtlichen Grundsätze ordnungsgemäßer Buchführung zurückzugreifen, soweit keine Abweichungen in den Steuergesetzen vorgesehen sind. Dies hat zur Folge, dass der Wertansatz aus der Handelsbilanz für die steuerliche Gewinnermittlung dem Grunde und der Höhe nach in der Steuerbilanz zu übernehmen ist. Das Maßgeblichkeitsprinzip war in ursprünglich von dem Gedanken getragen, dass der Staat nur auf den von dem Kaufmann erwirtschafteten Gewinn zugreifen als Besteuerungsmaßstab zugreifen sollte. Dieser Ausgangspunkt wurde jedoch zunehmend aufgegeben. Die Steuerbilanz verfolgt die von der Handelsbilanz abweichende Zielsetzung die finanzielle Leistungsfähigkeit des Kaufmanns vollständig und gleichheitsgerecht darzustellen. Hinzu kommen finanz- und wirtschaftspolitische Zielsetzungen. Die Abweichungen zwischen Steuer- und Handelsbilanz sind in der Vergangenheit zunehmend größer geworden.[782]

III. Gewinnermittlungsgrundsätze

Statt für die unterschiedlichen Bilanzierungssachverhalte spezielle Einzelfalllösungen aufzustellen, ist das deutsche Bilanzrecht prinzipienorientiert.[783] Es werden abstrakte Grundsätze vorgegeben, an die der Ersteller der Bilanz sich zu halten hat. Die Gewinnermittlungsgrundsätze sind dabei Werturteile über die Gewichtung der Interessen von Gesellschaftern und Gläubigern.[784]

---

779 *Baetge/Kirsch/Thiele*, Bilanzen, 14. Aufl. 2017, S. 103; *Baetge/Thiele*, in: FS Beisse, S. 11, 18; *Budde/Steuber*, AG 1996, 542, 545; *Mock*, Finanzverfassung der Kapitalgesellschaften, 2008, S. 69.

780 *Winkeljohann/Schellhorn*, in: BBK 10. Aufl. 2016, § 264 HGB, Rn. 35; *Küting/Lauer*, DB 2011, 1985, 1986; *Kleindiek*, ZGR 1998, 466, 469; *Kübler*, NZG 2003, 358; kritisch *Budde/Steuber*, AG 1996, 542, 542.

781 Siehe S. 341 ff.

782 Siehe zu den Abweichungen *Scheffler*, Der Konzern 2016, 482 ff.; Ertel/Rosnitschek/Schanz, DStR 2017, 2068 ff.

783 Siehe nur *Hennrichs/Pöschke*, in: Fink/Schultze/Winkeljohann (Hrsg.), Bilanzpolitik und Bilanzanalyse nach neuem Handelsrecht, S. 47, 53.

784 *Rammert*, BFuP 2004, 578, 583.

1. Grundsätze ordnungsmäßiger Buchführung (GoB)

a) Rechtsnatur

Von besonderer Bedeutung sind die Grundsätze ordnungsmäßiger Buchführung (§ 243 Abs. 1 HGB), nach denen der Jahresabschluss aufgestellt werden muss. Unter den GoB versteht man allgemein anerkannte Regeln, nach welchen ein auf fachgerechte Rechnungslegung bedachter Kaufmann verfährt, verfahren kann oder darf, um jederzeit Übersicht über seine Handelsgeschäfte und die Lage seines Vermögens zu behalten.[785] Die GoB konkretisieren und ergänzen die Einzelvorschriften, wenn ein bestimmter Bilanzierungssachverhalt nicht normativ erfasst werden kann.[786] Zielrichtung der Grundsätze ist die Erfüllung der gesetzlichen Aufgaben des handelsrechtlichen Jahresabschlusses.[787] Die GoB prägen somit in ihrer Funktion und ihrem Inhalt die deutsche Rechnungslegungstradition[788] und konkretisieren den Gläubigerschutz.[789]

Die Rechtsnatur der GoB ist umstritten. Sie werden z.T. als Gewohnheitsrecht, z.T. als Handelsbräuche angesehen.[790] Die Rechtsverbindlichkeit der GoB ist aber mittlerweile unbestritten.[791] Rechtstechnisch handelt es sich bei den GoB um unbestimmte Rechtsbegriffe,[792] die ausgelegt werden müssen. Der Gesetzgeber lässt durch die Verwendung der GoB Spielraum, um den Jahresabschluss an die zukünftigen Entwicklungen der Wirtschaftspraxis anpassen zu können.[793] Auch wenn es sich früher um ausschließlich ungeschriebene Rechtsätze handelte, hat der Gesetzgeber durch das Bilanzrichtliniengesetz[794] die meisten GoB in den §§ 242, 246 ff. HGB gesetzlich verankert.[795]

---

785 *Crezelius*, JA 1990, 366, 368.

786 *Hennrichs/Pöschke*, in: Fink/Schultze/Winkeljohann (Hrsg.), Bilanzpolitik und Bilanzanalyse nach neuem Handelsrecht, S. 47, 49.

787 *Baetge/Kirsch/Thiele*, Bilanzen, 14. Aufl. 2017, S. 105; *Leffson*, GoB, 7. Aufl. 1987, S. 21.

788 Siehe auch S. 125 f.

789 *Beisse*, in: FS Beusch, S. 77, 82.

790 *Schmidt/Usinger*, in: BBK 10. Aufl. 2016, § 243 HGB, Rn. 11; *Merkt*, in: Hopt/Merkt, Bilanzrecht 2010, § 238 HGB, Rn. 11.

791 *Schmidt/Usinger*, in: BBK 10. Aufl. 2016, § 243 HGB, Rn. 11; *Beisse*, StuW 1984, 1, 6; *Wüstemann/Wüstemann*, in: FS Krawitz, S. 753, 755.

792 *Braun*, in: KK-RechnungslegungsR 2011, § 243 HGB, Rn. 5; *Schmidt/Usinger*, in: BBK 10. Aufl. 2016, § 243 HGB, Rn. 12; *Hennrichs/Pöschke*, in: Fink/Schultze/Winkeljohann (Hrsg.), Bilanzpolitik und Bilanzanalyse nach neuem Handelsrecht, S. 47, 49; *Leffson*, GoB, 7. Aufl. 1987, S. 21.

793 *Drüen*, in: KK-RechnungslegungsR 2011, § 238 HGB, Rn. 16.

794 Bilanzrichtliniengesetz (BiRiLiG) vom 19.12.1985, BGBl. I S. 2355.

795 Überblick über die kodifizierten GoB bei *Braun*, in: KK-RechnungslegungsR 2011, § 243 HGB, Rn. 8 f.

b) Ermittlung

Zentrales Problem eines jeden unbestimmten Rechtsbegriffs ist die Ermittlung seines Sinngehaltes. In der früheren Rechtsprechung und Literatur wurden das Verhalten des durchschnittlichen ehrbaren Kaufmanns und die Ansichten der Praxis als Quelle für die GoB verstanden.[796] Aus diesem empirisch zu ermittelnden Verhalten müssen dann die GoB induktiv abgeleitet werden (sog. induktive Methode). Der Rückschluss von den gegebenen Konstellationen auf die gesuchten Voraussetzungen führt aber zu einem logischen Zirkelschluss. Erfahrungswissenschaftlich gewonnene Erkenntnisse führen nicht zwangsläufig zum Maßstab der „Ordnungsmäßigkeit". Die Anforderungen an den gewissenhaften und ordentlichen Geschäftsleiter dürfen sich nicht anhand des Üblichen, sondern müssen sich vielmehr anhand des Erforderlichen orientieren.[797] Anderenfalls wäre eine Überprüfung, ob die Sorgfalt eines gewissenhaften, vernünftigen Kaufmanns eingehalten wurde, anhand eines normativen Maßstabs nicht möglich.[798] Die herrschende deduktive Methode leitet die GoB logisch aus den Zwecken des Jahresabschlusses ab.[799] Statt statistischer Erhebungen sollen die GoB vielmehr „durch Nachdenken" ermittelt werden.[800] Für die Auslegung und Konkretisierung des unbestimmten Rechtsbegriffs der GoB ist die juristische Methodenlehre gefragt. Dabei sind die bekannten Auslegungsmethoden (Wortlaut, Telos, Systematik, Historie) für die Ermittlung von nicht kodifizierten GoB bzw. die Auslegung gesetzlich normierter GoB heranzuziehen.[801] Bei der deduktiven Herleitung liefern aber die Gepflogenheiten der Praxis auch eine wichtige Erkenntnisquelle, sodass die deduktive und die induktive Ermittlung sich gegenseitig ergänzen.[802] Dadurch besteht die Möglichkeit, die GoB anhand der praktischen Bedürfnisse weiterzuentwickeln, zugleich aber auch normative Wertungen zu berücksichtigen. In Konfliktfällen ist der deduktiven Methode jedoch

796 Siehe etwa BGHZ 34, 324; *Schmalenbach*, Zfbf 1933, 225, 231 ff.; *Schmidt/Usinger*, in: BBK 10. Aufl. 2016, § 243 HGB, Rn. 12.

797 Vgl. *Schaub/Schaub*, ZIP 2013, 656, 661.

798 *Hennrichs/Pöschke*, in: Fink/Schultze/Winkeljohann (Hrsg.), Bilanzpolitik und Bilanzanalyse nach neuem Handelsrecht, S. 47, 50.

799 *Leffson*, GoB, 7. Aufl. 1987, S. 29 ff.; *Merkt*, in: Hopt/Merkt, Bilanzrecht 2010, § 238 HGB, Rn. 11; *Schmidt/Usinger*, in: BBK 10. Aufl. 2016, § 243 HGB, Rn. 14; *Baetge/Kirsch/Thiele*, Bilanzen, 14. Aufl. 2017, S. 108.

800 *Döllerer*, BB 1959, 1217, 1220; zustimmend *Moxter*, ZGR 1980, 254, 259; ähnlich *Kleindiek*, in: MüKo BilanzR 2013, § 243, Rn. 4.

801 *Hennrichs/Pöschke*, in: Fink/Schultze/Winkeljohann (Hrsg.), Bilanzpolitik und Bilanzanalyse nach neuem Handelsrecht, S. 47, 50; *Schmidt/Usinger*, in: BBK 10. Aufl. 2016, § 243 HGB, Rn. 18; *Wüstemann/Wüstemann*, in: FS Krawitz, S. 753, 755.

802 *Schmidt/Usinger*, in: BBK 10. Aufl. 2016, § 243 HGB, Rn. 17; *Merkt*, in: Hopt/Merkt, Bilanzrecht 2010, § 238 HGB, Rn. 11; *Hennrichs/Pöschke*, in: Fink/Schultze/Winkeljohann (Hrsg.), Bilanzpolitik und Bilanzanalyse nach neuem Handelsrecht, S. 47, 50; *Moxter*, ZGR 1980, 254, 262; *Baetge/Kirsch/Thiele*, Bilanzen, 14. Aufl. 2017, S. 109 ff., die dies unter dem Stichwort „Hermeneutik" aufgreifen.

Vorrang einzuräumen. Kaufmännische Praktiken, die den gesetzlichen Vorschriften widersprechen, können keinen GoB begründen.[803]

Die GoB konkretisieren bilanzrechtliche Regelungen, bedürfen aber selbst einer wertenden Konkretisierung, denn auch diese sind ihrerseits unbestimmt und geben dem Rechtsanwender keine inhaltlichen Kriterien für die Beurteilung eines gesetzlich nicht erfassten Bilanzierungssachverhalts vor. Gradmesser für die Auslegung einer offenen Bilanzierungsfrage sind Sinn und Zweck der jeweiligen gesetzlichen Bestimmung und die allgemeinen Bilanzierungs- und Bewertungsgrundsätze.[804] Es ist das ganze System der HGB-Bilanzierung in den Blick zu nehmen und die jeweilige Bilanzierungsfrage in einen systemorientierten „schonenden Ausgleich" zu bringen.[805]

2. Bilanzklarheit und Übersichtlichkeit, § 238 Abs. 1 S. 2; § 243 Abs. 2 HGB

Der Jahresabschluss muss klar und übersichtlich sein. Das Gebot dient vornehmlich dem Ziel, eine verschleiernde Darstellung zu verhindern.[806] Für einen sachverständigen Dritten muss ein Einblick in den Jahresabschluss ohne Weiteres möglich sein. Es ist auf eine übersichtliche Aufgliederung zu achten (vgl. § 247 Abs. 1 HGB).

3. Bilanzwahrheit, § 246 Abs. 1 HGB

Im Sinne eines Vollständigkeitsgebotes schreibt dieser Grundsatz vor, dass der Jahresabschluss nicht nur formal, sondern auch materiell ordnungsmäßig sein muss. Damit ist allerdings keine objektive Wahrheit verbunden, sondern darunter ist die Richtigkeit in Bezug auf den jeweiligen Bilanzzweck, die gesetzlichen Vorschriften und die GoB zu verstehen.[807] Die Bilanz darf nichts Falsches enthalten und sämtliche Vermögensgegenstände und Schulden müssen aufgeführt sein. Nach § 264 Abs. 2 HGB soll der Jahresabschluss von Kapitalgesellschaften ein den tatsächlichen Verhältnissen entsprechendes Bild vermitteln; dies gilt allerdings nur unter Beachtung der GoB. Der Gläubigerschutz als ein Zweck des Jahresabschlusses fordert unter Umständen für den Wertansatz eines bestimmten Bilanzierungsobjektes einen

---

803 *Schmidt/Usinger*, in: BBK 10. Aufl. 2016, § 243 HGB, Rn. 18; *Hennrichs/Pöschke*, in: Fink/Schultze/Winkeljohann (Hrsg.), Bilanzpolitik und Bilanzanalyse nach neuem Handelsrecht, S. 47, 51.

804 *Hennrichs/Pöschke*, in: Fink/Schultze/Winkeljohann (Hrsg.), Bilanzpolitik und Bilanzanalyse nach neuem Handelsrecht, S. 47, 54.

805 *Hennrichs*, Wahlrechte, 1999, S. 146 ff. m.w.N.; *Hennrichs/Pöschke*, in: Fink/Schultze/Winkeljohann (Hrsg.), Bilanzpolitik und Bilanzanalyse nach neuem Handelsrecht, S. 47, 53 f.

806 *Wolz/Janssen*, WPg 2009, 593, 597.

807 *Merkt*, in: Hopt/Merkt, Bilanzrecht 2010, § 243 HGB, Rn. 5; *Wöhe/Mock*, Die Handels- und Steuerbilanz, 6. Aufl. 2010, S. 86 f.

niedrigeren Wert als den objektiven Marktpreis. Vom Standpunkt der Zielsetzung ist dieser als richtig und zweckmäßig anzusehen. So entsprechen derartige Bilanzansätze den gesetzlichen Vorschriften und einer ordnungsmäßigen Buchführung und sind demnach als sachlich richtig anzusehen, auch wenn ein objektiv falsches Bild der Vermögens-, Finanz- und Ertragslage entsteht.[808]

4. Grundsatz der Fortführung der Unternehmenstätigkeit, § 252 Abs. 1 Nr. 2 HGB

Dieser auch als „going-concern-Prinzip" bekannte GoB besagt, dass bei Bewertung der einzelnen Vermögensgegenstände grundsätzlich von einer Unternehmensfortführung ausgegangen werden muss, solange nicht rechtliche oder tatsächliche Gegebenheiten entgegenstehen. Denn es besteht ein fundamentaler Unterschied für den Wert des einzelnen Gegenstandes, je nachdem, ob dieser im normalen Geschäftsbetrieb genutzt oder ob das Unternehmen abgewickelt und zerschlagen wird. Im Falle der Liquidation sind für gebrauchte Gegenstände am Absatzmarkt regelmäßig geringere Erlöse zu erwarten. Solche sog. Zerschlagungswerte sind erst anzusetzen, wenn die Fortführungsprognose aus tatsächlichen oder rechtlichen Gegebenheiten negativ ist.[809] Bloße Zweifel genügen indes noch nicht.[810] Es ist ein Prognosezeitraum anzunehmen, für den die Unternehmensfortführung noch mit hinreichender Sicherheit erwartet werden kann. Als Orientierungswert kann auf die den Abschlussstichtag folgenden 12 Monate, also das folgende Geschäftsjahr abgestellt werden.[811]

5. Vorsichtsprinzip, § 252 Abs. 1 Nr. 4 HGB

Der prägendste Grundsatz des deutschen Handelsbilanzrechts ist das Vorsichtsprinzip. In der Bilanz sind die Vermögensgegenstände und Schulden vorsichtig zu bewerten, ohne dass dies gesetzlich näher konkretisiert wird. Mangels dieser Konkretisierung bleibt insb. die Reichweite des Vorsichtsprinzips unklar.[812] Entgegen einer starken Ansicht, die das Vorsichtsprinzip als einen dem gesamten deutschen Rechnungslegungsrecht übergeordneten Grundsatz sieht, der auf das gesamte Bilanzierungssystem einstrahlt,[813] gibt das Vorsichtsprinzip lediglich für Auslegungsspielräume eine Leitlinie vor. Es gilt wie für alle GoB, dass die konkrete Einzelnorm

---

808 *Wöhe/Mock*, Die Handels- und Steuerbilanz, 6. Aufl. 2010, S. 87; *Winkeljohann/Schellhorn*, in: BBK 10. Aufl. 2016, § 264 HGB, Rn. 32 f.

809 *Kaiser*, ZIP 2012, 2478, 2485 ff.; *Merkt*, in: Hopt/Merkt, Bilanzrecht 2010, § 252 HGB, Rn. 7.

810 *Hennrichs*, in: MüKo BilanzR 2013, § 252, Rn. 27.

811 *Kaiser*, ZIP 2012, 2478, 2484; *Merkt*, in: Hopt/Merkt, Bilanzrecht 2010, § 252 HGB, Rn. 7; *Winkeljohann/Büssow*, in: BBK 10. Aufl. 2016, § 252, Rn. 11.

812 Vgl. *Merschmeyer*, Kapitalschutzfunktion des Jahresabschlusses, 2005, S. 110.

813 *Beisse*, in: FS Beusch, S. 77, 83.

anhand ihres jeweiligen Zwecks „aus sich selbst heraus“ auszulegen ist.[814] Dabei stehen Vorsichtsprinzip und die einzelnen Bilanzierungsvorschriften in einem Komplementärverhältnis.[815] Das Vorsichtsprinzip ergänzt offene Fragen für die konkrete Bilanzierung; zugleich tragen diese in ihrer spezifischen Ausgestaltung der vorsichtigen Bilanzierung Rechnung.[816] Durch das Vorsichtsprinzip ist bei Ermessensspielräumen und Zweifelsfällen grundsätzlich eine Unterbewertung von Aktiva oder eine Überwertung von Passiva vorzunehmen.[817] Es findet durch das Realisations-, das Imparitäts- und das Niederstwertprinzip seine konkrete Ausprägung. Darauf deutet insbesondere die Formulierung „namentlich“ in § 252 Abs. 1 Nr. 4 HGB hin.

a) Realisationsprinzip, § 252 Abs. 1 Nr. 4 Hs. 2 HGB

Aus Sicht des gesellschaftsrechtlichen Kapitalschutzes ist die Steuerung des Periodengewinns durch das bilanzielle Bezugssystem entscheidend. Speziell im Aktienrecht zeigt sich die Schnittstelle zwischen Gesellschafts- und Bilanzrecht, wenn der Bilanzgewinn als ausschüttungsfähiger Betrag (vgl. § 58 Abs. 4 AktG) festgelegt wird. Für die Anforderungen eines bilanziellen Gläubigerschutzes ist die „Kapitalschutzkompatibilität der Erfolgserfassung“ daher oberster Maßstab.[818] Das in § 252 Abs. 1 Nr. 4 Hs. 2 HGB normierte Realisationsprinzip vollzieht vor diesem Hintergrund die grundsätzliche Weichenstellung für den Ausweis von Gewinnen.

aa) Gewinnrealisierung

Nach dem Realisationsprinzip dürfen nur solche Gewinne in der Bilanz ausgewiesen werden, die sich durch Umsatzakt realisiert haben. Die grundsätzliche Möglichkeit, einen Vermögensgegenstand zu einem späteren (bestimmten oder unbestimmten) Zeitpunkt zu veräußern, rechtfertigt noch nicht deren bilanzielle Berücksichtigung. Der Realisationszeitpunkt bestimmt sich nach der wirtschaftlichen Betrachtungsweise.[819] So wird ganz überwiegend der Zeitpunkt der Leistungserbringung als Zeitpunkt der Realisierung des Ertrags angesehen.[820] Nicht ausreichend ist der Zeitpunkt

---

814 *Hennrichs*, Wahlrechte, 1999, S. 81, 84; *Merschmeyer*, Kapitalschutzfunktion des Jahresabschlusses, 2005, S. 111.

815 Vgl. *Luttermann/Großfeld*, Bilanzrecht, 4. Aufl. 2005, Rn. 234.

816 *Claussen*, in: KK-RechnungslegungsR 2011, § 252 HGB, Rn. 40.

817 *Winkeljohann/Büssow*, in: BBK 10. Aufl. 2016, § 252, Rn. 32; *Claussen*, in: KK-RechnungslegungsR 2011, § 252 HGB, Rn. 38.

818 *Merschmeyer*, Kapitalschutzfunktion des Jahresabschlusses, 2005, S. 113.

819 *Claussen*, in: KK-RechnungslegungsR 2011, § 252 HGB, Rn. 45; *Winkeljohann/Büssow*, in: BBK 10. Aufl. 2016, § 252, Rn. 43.

820 *Claussen*, in: KK-RechnungslegungsR 2011, § 252 HGB, Rn. 45; *Winkeljohann/Büssow*, in: BBK 10. Aufl. 2016, § 252, Rn. 44; *Baetge/Kirsch/Thiele*, Bilanzen, 14. Aufl. 2017, S. 132; *Kanitz*, Bilanzkunde für Juristen, 3. Aufl. 2014, Rn. 327; *Kleindiek*, in: GroßKomm HGB 5. Aufl. 2014, § 252, Rn. 32; *Leffson*, GoB, 7. Aufl. 1987, S 260 ff.; *Merschmeyer*, Kapitalschutzfunktion des Jahresabschlusses, 2005, S. 114.

des Vertragsabschlusses, obwohl zu diesem Zeitpunkt bereits eine Forderung zur Leistungserbringung entstanden ist. Das deutsche Handelsbilanzrecht sieht in diesem Zeitpunkt den Reinvermögenszuwachs noch nicht als hinreichend sicher an. Erst wenn mit größtmöglicher Sicherheit von der Ertragsrealisierung am Absatzmarkt auszugehen ist, darf der Gewinn in der Bilanz verbucht werden. Zuvor muss der Vermögensgegenstand mit seinen Anschaffungs- oder Herstellungskosten angesetzt werden (§ 253 Abs. 1 HGB). Das Anschaffungskostenprinzip[821] stellt für die Vermögensgegenstände eine Bewertungshöchstgrenze dar, die bis zu dem Zeitpunkt der Gewinnrealisierung gilt. Erst wenn ein „Sprung zum Absatzmarkt"[822] erfolgt ist und der Vermögensgegenstand dem Bilanzierenden bei wirtschaftlicher Betrachtung nicht mehr zuzurechnen ist, darf eine erfolgswirksame Ertragsbuchung vorgenommen werden.

Bei einem Kaufvertrag kann der Realisationszeitpunkt analog zum Gefahrübergang (§ 446 BGB) bestimmt werden. Sobald der Erwerber die wirtschaftliche Verfügungsgewalt über die Sache erhält und die Gefahr des zufälligen Untergangs trägt, kann von einer Gewinnrealisierung für den Veräußerer ausgegangen werden. Dieser kann den Vermögensgegenstand aus- und die Forderung auf den Kaufpreis einbuchen. Es kommt zur Aktivierbarkeit der Kaufpreisforderung und somit zur Gewinnrealisierung.[823] Realisations- und Anschaffungskostenprinzip sind dadurch miteinander verknüpft und steuern gemeinsam die Gewinnrealisierung.[824] Ohne die Bewertungsobergrenze des Anschaffungskostenprinzips wäre das Realisationsprinzip sinnentleert.

bb) Ziel: Ausschluss von Scheingewinnen

Das Realisationsprinzip verhindert, dass bloße Marktpreisschwankungen zu einer Erhöhung des bilanziellen Gewinns führen. Solange sich die Werterhöhung des jeweiligen Vermögensgegenstandes nicht durch eine Umsatzrealisierung bestätigt hat, besteht die Gefahr, dass es durch eine spätere negative Veränderung der Marktpreise zu einem verfrühten Gewinnausweis kommt. Leitgedanke des Realisationsprinzips ist es aber, solche „verfrühten Gewinnausweise" zu verhindern. Positive Wertentwicklungen, die lediglich absehbar, aber noch nicht hinreichend sicher sind, bleiben bei bilanziellen Vermögenserfassungen im Sinne einer kapitalschutzadäquaten Erfolgsermittlung ausgeblendet.[825] Die Entstehung von sog.

---

821 Siehe S. 148 ff.

822 *Leffson*, GoB, 7. Aufl. 1987, S. 247; *Baetge/Kirsch/Thiele*, Bilanzen, 14. Aufl. 2017, S. 132.

823 Siehe *Hennrichs*, in: MüKo/AktG 2. Aufl. 2003, § 246 HGB, Rn. 119.

824 BGHZ 109, 334, 338; *Hennrichs*, in: MüKo/AktG 2. Aufl. 2003, § 246 HGB, Rn. 101; *Kleindiek*, in: GroßKomm HGB 5. Aufl. 2014, § 252, Rn. 30; *Merschmeyer*, Kapitalschutzfunktion des Jahresabschlusses, 2005, S. 115; *Baetge/Kirsch/Thiele*, Bilanzen, 14. Aufl. 2017, S. 132.

825 *Merschmeyer*, Kapitalschutzfunktion des Jahresabschlusses, 2005, S. 120 f.

„Scheingewinnen" bzw. „Buchgewinnen" wird im Sinne des Kapitalschutzes ausgeschlossen. Denn eine einmal zulässige Ausschüttung an die Gesellschafter ist nicht mehr rückholbar.[826] Positive Wertsteigerungen werden erst als erfolgsrelevant betrachtet, wenn diese als weitestgehend endgültig und definitiv erscheinen, also eine hinreichend sichere Vermögensmehrung vorliegt.[827] Dadurch verhindert das Gesetz den Ausweis von Erträgen, die am Absatzmarkt noch nicht bestätigt wurden. Vage Gewinnchancen und -erwartungen führen somit nicht zu einer Erhöhung des Ausschüttungspotentials.[828] Erst mit Realisation kann von einem ausschüttungsfähigen Gewinn ausgegangen werden. Zuvor ist der Ausweis noch nicht realisierter Gewinne ausgeschlossen.[829]

cc) Objektivierungsfunktion

Das Realisationsprinzip trägt auch zur Objektivierung der Rechnungslegung bei. Die Bewertung eines Vermögensgegenstandes über seine Anschaffungs- oder Herstellungskosten hinaus erfolgt erst, wenn der Wert durch einen Realisationsakt grundsätzlich unverrückbar feststeht. In der Realisation manifestiert sich die Wertveränderung nach außen. Der Bilanzierende kann nicht willkürlich Einfluss auf das Ergebnis des Jahresabschlusses nehmen und dadurch das Jahresergebnis beeinflussen.[830] Für die Gewinnermittlung ist es mit Rücksicht auf die Ausschüttungsbemessungsfunktion von Bedeutung, dass diese nach objektiven Kriterien bestimmt werden kann.[831]

b) Imparitätsprinzip, § 252 Abs. 1 Nr. 4 Hs. 1 HGB

In Einschränkung des Realisationsprinzips werden nach dem Imparitätsprinzip Risiken und Verluste nicht auf dieselbe Weise behandelt wie Gewinne. Solche dürfen nur ausgewiesen werden, wenn diese zum Abschlussstichtag bereits realisiert sind. Demgegenüber sind „alle vorhersehbaren Risiken und Verluste, die bis zum Abschlussstichtag entstanden sind, zu berücksichtigen". Verluste, die sich noch nicht durch Umsatz realisiert haben, sind gleichwohl zu berücksichtigen, wenn sie zu erwarten sind, nicht erst dann, wenn sie sich im Umsatz auswirken. § 252 Abs. 1 Nr. 4 Hs. 1 HGB bringt diese bilanzielle Verlustantizipation von vorhersehbaren Risiken

---

826 Siehe S. 76 f.

827 *Gross*, in: FS Ludewig, S. 333, 335 ff.; *Arbeitskreis Bilanzrecht der Hochschullehrer Rechtswissenschaft*, BB 2002, 2372, 2373; *Beisse*, in: FS Beusch, S. 77, 116; *Merschmeyer*, Kapitalschutzfunktion des Jahresabschlusses, 2005, S. 119.

828 *Kleindiek*, in: GroßKomm HGB 5. Aufl. 2014, § 252, Rn. 30; *Tiedchen*, in: MüKo/AktG 2. Aufl. 2003, § 252 HGB, Rn. 60.

829 *Beisse*, in: FS Beusch, S. 77, 84; *Brösel/Wittko*, in: FS Dintner, S. 238, 248.

830 *Leffson*, GoB, 7. Aufl. 1987, S. 81.

831 *Schön*, StuW 1995, 366, 376.

und Verlusten zum Ausdruck.[832] Dadurch wird der Periodengewinn reduziert, um die Deckung eines drohenden negativen Erfolgsbeitrages in den folgenden Perioden sicherzustellen.[833] Dies ergibt sich spiegelbildlich zu der Vermeidung von Scheingewinnen. Denn auch durch das Imparitätsprinzip wird die Überbewertung von Aktiva vermieden. Das Ausschüttungspotential wäre im Hinblick auf den Kapitalschutzgedanken zu hoch, wenn „nicht (mehr) realisierbare Wertpotentiale"[834] in der Bilanz Berücksichtigung finden würden.

Ausdruck findet das Imparitätsprinzip auch in § 249 Abs. 1 S. 1 Alt. 2 HGB, wo die Bildung von Rückstellungen für drohende Verluste aus schwebenden Geschäften vorgeschrieben wird.[835] Drohende Verluste aus schwebenden Geschäften sind in dem Umfang in der Bilanz aufzuzeigen, wie sie durch den Wert der entsprechenden Gegenforderungen nicht gedeckt sind. Dieser Verpflichtungsüberschuss ergibt sich aus der Saldierung der wechselseitigen Ansprüche und Verpflichtungen.[836] Die Passivierung der drohenden Lasten fügt sich in das Konzept des Gläubigerschutzes durch Kapitalerhaltung ein, indem die drohende Reinvermögensminderung das Ausschüttungspotential reduziert.[837] Dies folgt konsequent der Prämisse des Handelsbilanzrechts, dass der ermittelte Gewinn unbedenklich entzogen werden kann. Herrscht Klarheit über den Eintritt bzw. das Ausbleiben der Risiken, können die Rückstellungen wieder aufgelöst werden.

6. Anschaffungs-/Herstellungskostenprinzip

a) Bewertungsobergrenze

Den Ausgangspunkt für die Zugangsbewertung von Vermögensgegenständen normiert § 253 Abs. 1 S. 1 HGB, wonach Vermögensgegenstände höchstens mit den Anschaffungs- und Herstellungskosten, vermindert um zwingend vorzunehmende Abschreibungen anzusetzen sind.[838] Von diesem Bewertungsmaßstab darf in der Folgebewertung nur abgewichen werden, wenn eine andere Bewertungsvorschrift

832 *Winkeljohann/Büssow*, in: BBK 10. Aufl. 2016, § 252, Rn. 34; *Merkt*, in: Hopt/Merkt, Bilanzrecht 2010, § 252 HGB, Rn. 11; *Hennrichs*, in: MüKo BilanzR 2013, § 252, Rn. 56.

833 *Baetge/Kirsch/Thiele*, Bilanzen, 14. Aufl. 2017, S. 137.

834 *Merschmeyer*, Kapitalschutzfunktion des Jahresabschlusses, 2005, S. 125.

835 *Winkeljohann/Büssow*, in: BBK 10. Aufl. 2016, § 252, Rn. 41; *Merkt*, in: Hopt/Merkt, Bilanzrecht 2010, § 252 HGB, Rn. 11.

836 *Schubert*, in: BBK 10. Aufl. 2016, § 249, Rn. 63; *Merkt*, in: Hopt/Merkt, Bilanzrecht 2010, § 249, Rn. 11.

837 *Schubert*, in: BBK 10. Aufl. 2016, § 249, Rn. 51; *Hennrichs*, in: MüKo/AktG 2. Aufl. 2003, § 249 HGB, Rn. 7; *Merschmeyer*, Kapitalschutzfunktion des Jahresabschlusses, 2005, S. 127.

838 *Schubert/Roscher/Andrejewski*, in: BBK 10. Aufl. 2016, § 253, Rn. 1; *Kleindiek*, in: GroßKomm HGB 5. Aufl. 2014, § 252, Rn. 41.

zu einer niedrigeren Bewertung zwingt.[839] Das Anschaffungskostenprinzip wirkt als eine grundsätzliche Wertobergrenze für Vermögensgegenstände.[840] Positive Wertveränderungen bleiben solange außer Betracht, bis diese (nahezu) unverrückbar durch Realisationsakt bestätigt wurden. Darin wird der bereits angedeutete innere Zusammenhang zwischen Anschaffungskostenprinzip und Realisationsprinzip deutlich. Für Anschaffungsvorgänge dienen gem. § 255 Abs. 1 HGB die Erwerbskosten als Bewertungsgrundlage.[841] Der dadurch hergestellte tatsächliche Marktbezug gewährleistet eine starke Wertobjektivierung.[842] Die Gefahr von bewussten oder unbewussten Überbewertungen zulasten der Gläubiger wird durch den Rückgriff auf den objektiv am Markt erzielten Wert stark reduziert. Der Beschaffungsvorgang ist in der Folge eine ergebnisneutrale Vermögensumschichtung.[843] Die Zugangsbewertung von Aktiva führt damit grundsätzlich nicht zu einem Gewinn oder Verlust.

Die Bewertung der Herstellungskosten (§ 255 Abs. 2 und 3 HGB) ist demgegenüber nicht mit derselben Objektivierungsqualität verbunden. Sind Vermögensgegenstände nicht fremdbezogen, sondern selbst geschaffen, existiert kein Äquivalent mit Marktbezug. Daher erfasst das Gesetz in § 255 Abs. 2 S. 1 HGB die Aufwendungen als Herstellungskosten, die für den Verbrauch von Gütern und die Inanspruchnahme von Diensten für die Herstellung, Erweiterung oder wesentliche Verbesserung eines Vermögensgegenstandes notwendig werden. Neben den in § 255 Abs. 2 S. 2 HGB mit einer Einbeziehungspflicht auferlegten Kostenbestandteilen sieht § 255 Abs. 2 S. 3 HGB ein Einbeziehungswahlrecht vor. Dieses mehrfach gestufte und differenzierte Bewertungssystem[844] eröffnet dem Bilanzierenden für die Zuordnung der einzelnen Kostenbestandteile zu den Herstellungskosten einen erheblichen individuellen Einschätzungsspielraum.[845] Die Herstellungskosten stellen daher nur sehr eingeschränkt einen objektiven Wertmaßstab dar. Ob die für die Herstellung

---

839 *Küting*, DB 2012, 1521, 1522.

840 *Schubert/Gadek*, in: BBK 10. Aufl. 2016, § 255, Rn. 1; *Drüen*, in: GroßKomm HGB 5. Aufl. 2014, § 255, Rn. 1; *Merschmeyer*, Kapitalschutzfunktion des Jahresabschlusses, 2005, S. 129.

841 *Ekkenga*, in: KK-RechnungslegungsR 2011, § 255 HGB, Rn. 14; *Drüen*, in: GroßKomm HGB 5. Aufl. 2014, § 255, Rn. 6; *Baetge/Kirsch/Thiele*, Bilanzen, 14. Aufl. 2017, S. 193.

842 *Merschmeyer*, Kapitalschutzfunktion des Jahresabschlusses, 2005, S. 130.

843 *Schubert/Gadek*, in: BBK 10. Aufl. 2016, § 255, Rn. 20; *Ekkenga*, in: KK-RechnungslegungsR 2011, § 255 HGB, Rn. 2; *Drüen*, in: GroßKomm HGB 5. Aufl. 2014, § 255, Rn. 2; *Coenenberg/Haller/Schultze*, Jahresabschluss, 24. Aufl. 2016, S. 97.

844 *Ekkenga*, in: KK-RechnungslegungsR 2011, § 255 HGB, Rn. 84.

845 *Hennrichs*, Wahlrechte, 1999, S. 59; *Merschmeyer*, Kapitalschutzfunktion des Jahresabschlusses, 2005, S. 131; *Lengsfeld/Wielenberg*, WPg 2008, 321, 327. *Drüen*, in: GroßKomm HGB 5. Aufl. 2014, § 255, Rn. 23 weist allerdings darauf hin, dass die Spielräume nach der Bilanzmodernisierung reduziert worden sind. Siehe dazu S. 181 ff.

des Vermögensgegenstandes aufgebrachten Kosten wirklich am Markt realisiert werden, bleibt vor der tatsächlichen Veräußerung unklar. Daher unterstellt das Gesetz zwangsläufig, dass der Kaufmann hinsichtlich der Absetzbarkeit und der Produktionskosten eine sorgsame Kalkulation vornimmt.[846]

Dadurch ergeben sich bei den Herstellungskosten allerdings bilanzpolitische Spielräume, welche die Gefahr unangemessener Gewinnausschüttungen möglich erscheinen lassen.

Als Bewertungsobergrenze stellt das Anschaffungs-/Herstellungskostenprinzip den zentralen Bewertungsmaßstab und maßgebliches Instrument für die Ausschüttungsbemessung im Handelsbilanzrecht dar.[847] Unsichere und unrealisierte Erträge werden auf den Zeitpunkt des Gefahrübergangs verschoben, um überhöhte Ausschüttungspotentiale zu verhindern.[848] Vorteile des Prinzips sind die relativ einfache Ermittlung und deren objektive Nachprüfbarkeit.[849]

b) Niederstwertprinzip, § 253 Abs. 3 und 4 HGB

Das Niederstwertprinzip ergänzt und konkretisiert das Imparitätsprinzip, indem das Absinken der Zeitwerte von Vermögensgegenständen unter deren Anschaffungs- oder Herstellungskosten grundsätzlich zum Ansatz zu bringen ist. Die grundsätzliche Bewertung von Vermögensgegenständen zu dem historischen Anschaffungs- oder Herstellungswert (§ 253 Abs. 1 HGB) stellt eine Obergrenze für die Bewertung dar. Sinkt der Wert der Vermögensgegenstände darunter, muss bzw. darf ein niedrigerer Wert angesetzt werden (§§ 253 Abs. 3 S. 5, Abs. 4 HGB). Dies hat ebenfalls zur Folge, dass drohende, aber am Bilanzstichtag noch nicht realisierte Verluste antizipiert werden müssen.

So sind zeitlich begrenzt nutzbare Vermögensgegenstände des Anlagevermögens planmäßig abzuschreiben, § 253 Abs. 3 S. 1 HGB. Unabhängig von der begrenzten zeitlichen Nutzbarkeit muss eine außerplanmäßige Abschreibung erfolgen, wenn eine voraussichtlich dauerhafte Wertminderung vorliegt, § 253 Abs. 3 S. 5 HGB. Bei einer bloß vorübergehenden Wertminderung darf eine Abschreibung nicht vorgenommen werden. Daher wird von dem „gemilderten“ Niederstwertprinzip gesprochen.[850] Für Gegenstände des Umlaufvermögens gilt dagegen das sog. „strenge“ Niederstwertprinzip.[851] Ist für Umlaufgegenstände eine Wertminderung zu verzeichnen, die sich aus einem Börsen- oder Marktpreis am Abschlussstichtag ergibt, muss

846 *Merschmeyer*, Kapitalschutzfunktion des Jahresabschlusses, 2005, S. 131.

847 *Siegel/Bareis*, BB 1993, 1477, 1482 („Wer das Anschaffungskostenprinzip aus den Angeln hebt, schafft ein neues – und u.E. äußerst gefährliches – Bilanzrechtssystem.“).

848 *Küting/Lauer*, DB 2011, 1985, 1986.

849 *Küting*, DB 2012, 1521, 1522.

850 ADS, § 253, Rn. 449.

851 ADS, § 253, Rn. 484; *Hennrichs*, Wahlrechte, 1999, S. 378.

gem. § 253 Abs. 4 S. 1 HGB dieser niedrigere beizulegende Wert angesetzt werden, und zwar unabhängig davon, ob die Wertminderung nur vorübergehender Natur oder von Dauer ist. Ist ein Börsen- oder Marktpreis nicht feststellbar, wird nach S. 2 der Wert des Vermögensgegenstandes angesetzt, der sich aus dem niedrigeren Wert am Beschaffungs- oder Absatzmarkt bestimmt.[852] Der Beschaffungsmarkt stellt den Wiederbeschaffungs- oder Reproduktionswert dar, während der Absatzmarkt den Verkaufswert abzüglich der bis zum Absatz noch anfallenden Aufwendungen bildet. Sofern sich sowohl ein Beschaffungs- als auch ein Absatzmarktpreis ermitteln lässt, ist der geringere Wert maßgebend.[853]

Die teilweise vorgetragene Forderung aus betriebswirtschaftlichen Gründen eine strikt absatzmarktorientierte Bewertung[854] vorzunehmen, kann nicht gefolgt werden. Ein genereller Vorrang des Absatzmarktes vor dem Beschaffungsmarkt ist nicht mit den prinzipienbasierten GoB zu vereinbaren. Insbesondere würde der Einzelbewertungsgrundsatz (§ 252 Abs. 1 Nr. 3 HGB) durchbrochen, wenn Vermögensgegenstände für unfertige Erzeugnisse zwecks Bewertung fiktiv zusammengefasst würden.[855] Stellt sich in späteren Jahren heraus, dass die maßgeblichen Gründe, die zu der außerplanmäßigen Abschreibung geführt haben nicht mehr bestehen, ist die außerplanmäßige Abschreibung in der Folgezeit rückgängig zumachen und der betreffende Vermögensgegenstand wieder zu fortgeführten Anschaffungskosten fortzuführen, § 253 Abs. 5 S. 1 HGB. Hierbei handelt es sich um das sog. Wertaufholungsgebot.[856]

Die Abschreibungsvorschriften haben zur Folge, dass der ausgewiesene Wert eines Vermögensgegenstandes nicht seinen tatsächlichen Wert überschreitet. Dies entspricht der Intention des Vorsichtsprinzips und dient damit dem Gläubigerschutz.[857] Ein Ansatz, der gegen das Niederstwertprinzip verstößt, hat für die Aktiengesellschaft gem. § 256 Abs. 5 S. 2 AktG sogar die Nichtigkeit des Jahresabschlusses zur Folge. Das unterstreicht die große Bedeutung dieser Vorschriften und bringt die gläubigerschützende Zielrichtung des nationalen Handelsbilanzrechts zum Ausdruck.

7. Objektivierungsgrundsatz

Eine interessensausgleichende Regelung sollte möglichst frei von Ermessensspielräumen der Beteiligten ausgestaltet sein. Das Handelsbilanzrecht stellt einen Kompromiss zwischen den Interessen der Gläubiger an einer kapitalschutzadäquaten Ausgestaltung und den Interessen der Gesellschafter an einer Erhöhung

852 Siehe dazu ausführlich ADS, § 253, Rn. 488 ff.; *Schubert/Roscher*, in: BBK 10. Aufl. 2016, § 253, Rn. 516 ff.
853 *Haaker/Velte*, BB 2014, 970, 972.
854 *Gelhausen/Fey/Rimmelspacher/Fey*, WPg 2012, 1235 ff.
855 *Haaker/Velte*, BB 2014, 970, 973.
856 *Baetge/Kirsch/Thiele*, Bilanzen, 14. Aufl. 2017, S. 279.
857 *Mock*, Finanzverfassung der Kapitalgesellschaften, 2008, S. 39.

des Ausschüttungsvolumens dar. Der Handelsbilanz liegt daher auch ohne ausdrückliche Kodifizierung, ausgehend von den Zwecken des Jahresabschlusses, der Gedanke der Objektivierung zugrunde.[858] Der Leser der Bilanz kann die darin enthaltenen Informationen nur für sich nutzbar machen, wenn er sich auf diese verlassen kann. Jedem Rechnungslegungssystem muss daher ein hoher Objektivierungsgrad zugrunde liegen, damit es die grundsätzlichen Aufgaben einer Bilanz erfüllen kann. Eine objektivierbare Abbildung muss frei von subjektiver Willkür und von außenstehenden Dritten intersubjektiv nachvollziehbar und kontrollierbar sein.[859] Potentielle Missbrauchsmöglichkeiten des Bilanzierenden müssen so weit als möglich ausgeschlossen sein. Durch einen hohen Objektivierungsgrad des Jahresabschlussergebnisses wird Rechtssicherheit und Rechtsklarheit bewirkt.[860] Der Objektivierungsgedanke setzt die Interessen der Gläubiger und der Gesellschafter nicht in Widerspruch zueinander, sondern ist für beide Gruppen gleichermaßen überzeugend. Denn Informationen, die nicht nachvollziehbar zustande gekommen sind, sind für sämtliche Adressaten nicht nützlich.[861] Der Objektivierungsgrundsatz ist für die Bilanzzwecke Rechenschaft, Ausschüttungsbemessung und Informationsvermittlung gleichermaßen notwendig.[862]

Für eine konsequente Umsetzung des Objektivierungsgrundsatzes sollten bilanzpolitische Spielräume möglichst gering gehalten und weitgehend auf Wahlrechte verzichtet werden.[863]

8. Fazit: Gläubigerschutzcharakter der GoB

Die vorsichtige Gewinnermittlung führt durch die Antizipation von Verlusten bzw. Risken und die Vermeidung des Ausweises von noch nicht realisierten Gewinnen zu einer Reduzierung von Ausschüttungspotentialen. Dies geschieht im Interesse der Gläubiger, um den Ausweis von reinen Buchgewinnen und den Rückfluss von Gesellschaftsvermögen zurück an die Gesellschafter zu verhindern. Das Realisationsprinzip wirkt als Gewinnverteilungssperre/-schranke, da bloße Wertsteigerungen über die Anschaffungs-/Herstellungskosten noch keinen verteilungsfähigen Gewinn darstellen.[864] Durch das Realisationsprinzip wird verhindert, dass Gewinne

858 *Beisse*, in: FS Beusch, S. 77, 83; *Küting*, DB 2011, 1404; *Kleindiek*, ZGR 1998, 466, 484; *Leffson*, GoB, 7. Aufl. 1987, S. 80 ff.; *Luttermann*, RIW 2009, 1, 9; *Schön*, StuW 1995, 366, 376.

859 *Beisse*, in: FS Beusch, S. 77, 83; *Brösel/Wittko*, in: FS Dintner, S. 238, 248; *Kleindiek*, ZGR 1998, 466, 484; *Wolz/Janssen*, WPg 2009, 593, 596.

860 *Küting*, DB 2011, 1404, 1405; *Luttermann*, AG 2010, 341, 342.

861 *Küting*, DB 2011, 1404, 1405; *Wolz/Janssen*, WPg 2009, 593, 596.

862 *Schulze-Osterloh*, Der Konzern 2004, 173, 177; *Schulze-Osterloh*, ZIP 2003, 93, 101; *Kleindiek*, ZGR 1998, 466, 484.

863 Vgl. *Schulze-Osterloh*, ZIP 2003, 93, 101; *Coenenberg/Straub*, KoR 2008, 17, 19.

864 *Moxter*, BB 1984, 1780, 1781.

ausgeschüttet werden, die auf bloßen Ertragserwartungen beruhen. Aus diesem Grund ist dem deutschen Bilanzrecht eine Bewertung zu Zeitwerten weitgehend unbekannt.[865]

Durch den Erhalt der Haftungsmasse wird das Risiko des Forderungsausfalls für die Gläubiger reduziert. Auch wird sichergestellt, dass die Risikobeteiligung der Gesellschafter länger erhalten bleibt. Die Einlage als bloße Kapitalziffer verbleibt zwar unabhängig von den übrigen Bilanzierungsregeln erhalten, jedoch sinkt deren Anreizwirkung, wenn die Gesellschafter durch einen zeitigen Gewinnausweis Vermögen aus der Gesellschaft herausholen können, das lediglich auf den Ausweis von Buchgewinnen zurückzuführen ist. Somit wird durch das Vorsichtsprinzip in erster Linie der Gläubigerschutz verfolgt.[866] Auch dient es dem Bestandsschutz der Gesellschaft als solcher, da durch die vorsichtige Bestimmung des verteilungsfähigen Gewinns das Haftkapital erhalten bleiben soll.[867]

Der durch das Bilanzrecht ermittelte Gewinn stellt in der Konzeption des deutschen Bilanzrechts gleichzeitig auch den ausschüttungsfähigen Gewinn dar.[868] Durch die vorsichtige Gewinnermittlung erfolgt ein späterer Ausweis von Gewinnen und somit auch eine spätere Ausschüttung. Dadurch wird auch die Argumentationsschwelle für die Begründung einer Ausschüttung angehoben.[869] Es wird bereits auf Ebene der Gewinnermittlung der Interessenskonflikt zwischen Gesellschaftern und Gläubigern sowie das spezifische durch die Haftungsbeschränkung entstehende Risiko der Gläubiger berücksichtigt,[870] indem nur der Betrag als Gewinn ausgewiesen wird, der unbedenklich ausgeschüttet werden kann.[871] Es werden in der Bilanz nur solche Werte angesetzt, die möglichst ohne Risiken zu ermitteln und objektiv nachprüfbar sind. Eine Auszahlung an die Gesellschafter führt nicht zur Reduzierung der Substanz der Gesellschaft und die Vermögensmasse als Basis zukünftiger Gewinne bleibt erhalten.[872] Aus diesen Gründen wird vom Vorsichtsprinzip auch als einem

---

865 *Siegel/Bareis/Rückle/Schneider/Sigloch/Streim/Wagner*, ZIP 1999, 2077, 2079; *Mock*, Finanzverfassung der Kapitalgesellschaften, 2008, S. 34.

866 Siehe nur *Hennrichs*, in: MüKo BilanzR 2013, § 252, Rn. 47; *Merkt*, in: Hopt/Merkt, Bilanzrecht 2010, § 252 HGB, Rn. 10; *Claussen*, in: KK-RechnungslegungsR 2011, § 252 HGB, Rn. 38; *Beisse*, in: FS Beusch, S. 77, 80.

867 *Baetge/Kirsch/Thiele*, Bilanzen, 14. Aufl. 2017, S. 100; *Budde/Steuber*, AG 1996, 542, 549.

868 *Mock*, Finanzverfassung der Kapitalgesellschaften, 2008, S. 35; *Moxter*, in: FS Clemm, S. 231 ff.

869 *Ballwieser*, Der Konzern 2007, 419.

870 *Hennrichs*, Wahlrechte, 1999, S. 82; *Ballwieser*, in: FS Clemm, S. 1, 11; *Gross*, in: FS Ludewig, S. 333, 335 ff.

871 *Moxter*, ZVerglRWiss 103 (2004), 268, 270; *Moxter*, in: FS Clemm, S. 231; *Strobl*, in: FS Clemm, S. 389, 395; *Mock*, Finanzverfassung der Kapitalgesellschaften, 2008, S. 36, 51.

872 *Moxter*, ZVerglRWiss 103 (2004), 268, 270.

„Kapitalerhaltungsgrundsatz" gesprochen.[873] Letztlich sichert das Vorsichtsprinzip im Bilanzrecht das kapitalgesellschaftsrechtlich vorgegebene Gebot der Kapitalerhaltung.[874]

IV. Das Phänomen der stillen Reserven

1. Definition und Bildung

Ein besonderes Phänomen im deutschen Handelsbilanzrecht stellen die sog. stillen Reserven dar.[875] Diese bilden einen Teil des Eigenkapitals, der jedoch in der Bilanz nicht ausgewiesen wird und daher nicht ersichtlich ist.[876] Stille Reserven auf der Aktivseite bezeichnen die Differenz zwischen Buchwert und einem höheren tatsächlichen Vergleichswert; auf der Passivseite die Differenz zwischen Buchwert und einem niedrigeren tatsächlichen Vergleichswert. Bei stillen Reserven werden Aktiva zu niedrig oder gar nicht, bei Passiva zu hoch angesetzt. Dies hat unmittelbar Konsequenzen für den Ergebnisausweis: In dem Umfang der stillen Reserven wird ein zu hoher Aufwand oder ein zu geringer Ertrag gebucht. Folge ist ein niedrigerer Ansatz des Eigenkapitals und damit ein niedrigerer Gewinnausweis. Im Umkehrschluss ergeben sich bei Auflösung die gegenteiligen Folgen.[877] Die Bildung stiller Reserven wird insbesondere durch die vorsichtige Gewinnermittlung begünstigt.[878] Für den Bilanzleser sind Existenz und Umfang stiller Rücklagen meist nicht zu erkennen.[879]

Stille Reserven lassen sich in Zwangs-, Ermessens- und Willkürreserven einteilen.[880] Stille Zwangsreserven sind im Gegensatz zu den Ermessens- und Willkürreserven noch unrealisierte Gewinne. Ermessens- und Willkürreserven sind dagegen bereits realisierte Erträge, die aber nicht in der Bilanz ausgewiesen werden.

---

873 *Baetge/Kirsch/Thiele*, Bilanzen, 14. Aufl. 2017, S. 136 f.

874 *Strobl*, in: FS Clemm, S. 389, 405.

875 Für einen historischen Überblick siehe *Schön*, ZHR 161 (1997), 133, 148 ff.

876 *Luttermann/Großfeld*, Bilanzrecht, 4. Aufl. 2005, Rn. 688; *Coenenberg/Haller/Schultze*, Jahresabschluss, 24. Aufl. 2016, S. 357.

877 *Funke*, Gläubigerschutz durch Information im Recht der Aktiengesellschaft, 2011, S. 187.

878 *Hennrichs*, in: MüKo BilanzR 2013, § 252, Rn. 51; *Baetge/Kirsch/Thiele*, Bilanzen, 14. Aufl. 2017, S. 139 f.; *Gros/Wallek*, Der Konzern 2009, 541, 542; *Kübler*, ZHR 159 (1995), 550, 552; *Luttermann/Großfeld*, Bilanzrecht, 4. Aufl. 2005, Rn. 689.

879 *Baetge/Kirsch/Thiele*, Bilanzen, 14. Aufl. 2017, S. 140.

880 Mit jeweils kleineren Abweichungen in der Terminologie ADS, Vorb. §§ 252–256, Rn. 21; *Coenenberg/Haller/Schultze*, Jahresabschluss, 24. Aufl. 2016, S. 351 f.; *Claussen*, in: FS Welf Müller, S. 409, 411; *Siegel/Bareis/Rückle/Schneider/Sigloch/Streim/Wagner*, ZIP 1999, 2077, 2079.

Die *stillen Zwangsreserven* ergeben sich zwangsläufig aus der Beachtung der gesetzlichen Bewertungs- und Ansatzvorschriften. Speziell das Anschaffungskostenprinzip trägt zu deren Entstehung maßgeblich bei.[881] Die Bewertung zu Anschaffungs- oder Herstellungskosten gem. § 253 HGB stellt im HGB eine grundsätzliche Bewertungsobergrenze dar. Soweit der Zeitwert des Vermögensgegenstandes diese Grenze übersteigt, bildet er eine stille Zwangsreserve. Dies ist jedoch auch folgerichtig, da das Anschaffungskostenprinzip den Ausweis und die Ausschüttung unrealisierter Gewinne verhindern soll.[882] Erst durch den Verkauf des Vermögensgegenstandes („Sprung zum Absatzmarkt") wird die Wertdifferenz in der GuV aufgeführt und hat eine Erhöhung des ausgewiesenen Gewinns zur Folge. Zu berücksichtigen ist, dass durch den Jahresabschluss nur der ausschüttungsfähige Gewinn ermittelt werden soll. Die durch das Anschaffungskosten- und Realisationsprinzip entstandenen Zwangsrücklagen sind aber nicht ausschüttungsfähig. Die Bildung der stillen Zwangsreserven ist daher dem deutschen Rechnungslegungsrecht – bedingt durch das Realisations- und Imparitätsprinzip – systemimmanent.[883] Ein weiteres Beispiel ist das Aktivierungsverbot für Marken, Drucktitel und andere in § 248 Abs. 2 S. 2 HGB genannte, nicht entgeltlich erworbene immaterielle Vermögensgegenstände des Anlagevermögens.

Ermessensreserven ergeben sich bei der Ausübung von Wahlrechten und bei Anwendung von Schätzungen bzw. Bewertungsverfahren.[884] So führt die Ungewissheit von Schätzungen regelmäßig zur Abweichung des angesetzten Wertes von dem tatsächlichen Wert des Vermögensgegenstandes. So muss beispielsweise die „voraussichtliche" Nutzungsdauer von abnutzbarem Anlagevermögen bei der planmäßigen Abschreibung gem. § 255 Abs. 3 S. 2 HGB geschätzt werden, wodurch es naturgemäß zu Differenzen kommen kann. Auch die (Nicht-)ausübung von Wahlrechten führt zu Ermessensreserven.[885] Zu nennen sind etwa das Ansatzwahlrecht für selbst geschaffene immaterielle Vermögensgegenstände des Anlagevermögens gem. § 248 Abs. 2 S. 1 HGB, das Verfahren der Vorratsbewertung (Festwert-, Lifo-, Fifo-Verfahren) gem. § 256 HGB oder die Höhe der Herstellungskosten gem. § 255 Abs. 2 S. 3 HGB.

Willkürreserven sind dagegen unzulässig.[886] Diese entstehen bei Verstößen gegen Bilanzierungsvorschriften oder bei bewusster Bilanzierung entgegen einer vernünftigen kaufmännischen Beurteilung. Der Gesetzgeber geht mit scharfen Mitteln gegen Willkürreserven vor. Zum einen können Aktionäre im Wege der Sonderprüfung

---

881 ADS, Vorb. §§ 252–256, Rn. 21.

882 *Claussen*, in: FS Welf Müller, S. 409, 412 f.; *Siegel/Bareis/Rückle/Schneider/Sigloch/Streim/Wagner*, ZIP 1999, 2077, 2079. Allgemein zum Anschaffungs- und Herstellungskostenprinzip siehe S. 148 ff.

883 *Claussen*, in: FS Welf Müller, S. 409, 415.

884 ADS, Vorb. §§ 252–256, Rn. 21.

885 *Hennrichs*, Wahlrechte, 1999, S. 19.

886 ADS, Vorb. §§ 252–256, Rn. 21; *Coenenberg/Haller/Schultze*, Jahresabschluss, 24. Aufl. 2016, S. 357; *Claussen*, in: FS Welf Müller, S. 409, 421.

vorgehen (§§ 258 ff. AktG), zum anderen droht bei unzulässiger Über- oder Unterbewertung die Nichtigkeit des Jahresabschlusses (§ 256 Abs. 5 HGB).

Das Einblicksgebot des § 264 Abs. 2 HGB steht der Bildung stiller Reserven nicht entgegen und zwingt auch nicht zur Aufdeckung.[887] Zwar soll ein Einblick in die Vermögens-, Finanz- und Ertragslage der Kapitalgesellschaft gegeben werden; dieser erfolgt aber auf Grundlage des bilanziellen Vermögens, wie es sich aus der Anwendung der Bilanzierungsvorschriften ergibt. Soweit stille Reserven gesetzlich ermöglicht werden, wird auch nicht gegen das Einblicksgebot verstoßen.[888]

2. Rechtfertigung

Als Hauptargument für die Bildung stiller Reserven wird die Stärkung der Unternehmenssubstanz angeführt. Durch einen relativ niedrigeren Gewinnausweis verbleibe mehr Substanz im Unternehmen. Dadurch werde die Gesellschaft lebens- und widerstandsfähiger.[889] In Krisensituationen könnten die Reserven aufgelöst und das bilanzielle Ergebnis geglättet werden. Die Beeinträchtigung des Aussagegehaltes des Jahresabschlusses wird mit Verweis auf Insolvenzvorsorge, Schutz vor Wertschwankungen von Vermögensgegenständen und mit der Sicherung des *good will* hingenommen.[890] Stille Reserven sollen somit auch den Gläubigern dienen. Bedingt durch deren Bildung steht der Gesellschaft mehr Vermögen zur Verfügung, als dies aus der Bilanz ersichtlich ist.

3. Kritik

Die Rechtfertigung stiller Reserven aus Gründen des Gläubigerschutzes wird allerdings überwiegend kritisiert.[891] Stille Rücklagen können nicht nur die Interessen der Anteilseigner, sondern auch der Gläubiger beeinträchtigen. Darüber hinaus stellen diese eine massive Beeinträchtigung der Informationsfunktion des Jahresabschlusses dar.

a) Gläubigernachteile

Eine Insolvenzvorsorge ergibt sich aus stillen Reserven nur, wenn diese tatsächlich bestehen. Solange die Gesellschaft Gewinne erwirtschaftet, ist es aber für den Gläubigerschutz unerheblich, ob weitere unsichtbare Reserven bestehen. Sobald

887 Vgl. *Winkeljohann/Schellhorn*, in: BBK 10. Aufl. 2016, § 264 HGB, Rn. 44; ADS, § 264, Rn. 123.
888 *Mock*, Finanzverfassung der Kapitalgesellschaften, 2008, S. 57.
889 BGHZ 132, 263, 276; vgl. auch *Leffson*, GoB, 7. Aufl. 1987, S. 84.
890 BVerfG, ZIP 1999, 1801, 1803 = NJW 2000, 129, 130.
891 *Böcking*, WPg 2002, 925, 926; *Colbe*, ZGR 2000, 651, 667; *Funke*, Gläubigerschutz durch Information im Recht der Aktiengesellschaft, 2011, S. 238 f.; *Siegel/Bareis/Rückle/Schneider/Sigloch/Streim/Wagner*, ZIP 1999, 2077, 2081.

allerdings keine Gewinne erwirtschaftet werden, erfolgt i.d.R. eine Auflösung der stillen Reserven. In wirtschaftlichen Krisen existieren dann meist keine Puffer mehr.[892]

Hinzu kommt, dass die Auflösung ebenfalls still und somit für Externe nicht erkennbar erfolgt, z.B. beim Abgang unterbewerteter Vermögensgegenstände oder bei Auflösung überbewerteter Rückstellungen. Die dadurch generierten Erträge werden im Posten „sonstige betriebliche Erträge" gem. § 275 Abs. 2 Nr. 4 bzw. Abs. 3 Nr. 6 HGB in der GuV verbucht und erwecken einen positiven Eindruck der Ertragslage.[893] Sollte sich für die Geschäftsleitung eine schlechte Ertragslage abzeichnen, könnten somit durch die stille Auflösung stiller Rücklagen Verluste aus der Geschäftstätigkeit ausgeglichen werden. Stille Auflösungen führen dadurch zu einer Verschleierung von wirtschaftlichen Schwierigkeiten; dies läuft dem Gläubigerschutzgedanken zuwider.[894] Durch die Möglichkeit der stillen Auflösung wird die Unternehmenssubstanz nicht dauerhaft gestärkt, da die stillen Reserven beliebig wieder aufgelöst werden können. Ob zusätzliches Eigenkapital in Form von stillen Reserven in der Gesellschaft vorhanden ist, kann über den Jahresabschluss nicht ermittelt werden. Eine Gesellschaft kann in großem Umfang über stille Reserven verfügen oder diese in der Vergangenheit bereits aufgebraucht haben. Somit können stille Reserven nicht dem Kapitalerhaltungszweck dienen.[895] Das Vorsichtsprinzip darf daher nicht zur Rechtfertigung der Bildung stiller Reserven genutzt werden, indem Aktiva beliebig unterbewertet und Passiva beliebig überbewertet werden. Dies würde ungerechtfertigte Manipulationsspielräume eröffnen.[896]

Stille Reserven behindern daneben die Gläubiger der Gesellschaft auch bei der Bildung sachgerechter Investitionsentscheidungen, um ggf. Vorsorge zu treffen, denn durch die mangelnde Erkennbarkeit aus der Bilanz ist eine Unternehmensbewertung kaum möglich.[897] Insbesondere für den Aspekt des informationellen Gläubigerschutzes stellen die stillen Reserven ein großes Hindernis dar.[898] Ferner sind es in diesem Zusammenhang wiederum die kleineren Gläubiger, die im Vergleich zu den größeren benachteiligt werden. Die Bevorzugung großer Gläubiger

---

892 *Leffson*, GoB, 7. Aufl. 1987, S. 86; *Mock*, Finanzverfassung der Kapitalgesellschaften, 2008, S. 58; *Strobl*, in: FS Clemm, S. 389, 408.

893 ADS, Vorb. §§ 252–256, Rn. 22; *Baetge/Kirsch/Thiele*, Bilanzen, 14. Aufl. 2017, S. 130; *Merkt*, in: Hopt/Merkt, Bilanzrecht 2010, § 275, Rn. 8.

894 *Siegel/Bareis/Rückle/Schneider/Sigloch/Streim/Wagner*, ZIP 1999, 2077, 2082; *Leffson*, GoB, 7. Aufl. 1987, S. 86; *Baetge/Kirsch/Thiele*, Bilanzen, 14. Aufl. 2017, S. 140; *Kleindiek*, ZGR 1998, 466, 486.

895 *Baetge/Kirsch/Thiele*, Bilanzen, 14. Aufl. 2017, S. 140; *Mock*, Finanzverfassung der Kapitalgesellschaften, 2008, S. 58.

896 *Leffson*, GoB, 7. Aufl. 1987, S. 466; *Hennrichs*, in: MüKo BilanzR 2013, § 252, Rn. 51; *Baetge/Kirsch/Thiele*, Bilanzen, 14. Aufl. 2017, S. 140.

897 *Siegel/Bareis/Rückle/Schneider/Sigloch/Streim/Wagner*, ZIP 1999, 2077, 2082.

898 Siehe hierzu ab Seite 122.

ergibt sich aus deren Möglichkeit, umfangreiche Informationsrechte vertraglich zu vereinbaren und somit den Bestand stiller Reserven zutreffender einschätzen zu können. Die übrigen Gläubiger verfügen dagegen nicht über diese Informationen und können daher keine entsprechende strategische Entscheidung treffen.[899]

b) Gesellschafternachteile

Der geringere Gewinnausweis hat für die Anteilseigner zunächst eine Verringerung ihrer Partizipationsansprüche an dem wirtschaftlichen Erfolg der Gesellschaft zur Folge.[900] Für die gesetzlichen Zwangsreserven stellt dies allerdings keine Beeinträchtigung der Gesellschafter dar, denn es handelt sich um noch nicht realisierte Erträge, auf die kein Anspruch besteht. Anderes gilt aber für die Ermessensreserven, die beispielsweise durch entsprechende Ausübung von Wahlrechten zu einer bewussten Manipulation des Ergebnisausweises beitragen.

Die stille Auflösung der Reserven und die daraus folgende Ergebnisglättung birgt jedoch vor allem die Gefahr, dass Management-Fehler verdeckt werden.[901] Die Kontrollmöglichkeiten der Gesellschafter werden stark verzerrt, wenn diese nicht über die tatsächliche Lage der Gesellschaft informiert werden. Dieses Problem tritt vor allem bei der Aktiengesellschaft zutage. Grundsätzlich gilt die Beeinträchtigung auch für die Gesellschafter einer GmbH, wenngleich in weniger virulenter Form. Denn es bestehen in der GmbH i.d.R. umfangreichere Einsichtsmöglichkeiten für die Gesellschafter.[902] Speziell die Entscheidung der Aktionäre über die Entlastung der Vorstands- und Aufsichtsratsmitglieder gem. § 119 Abs. 1 Nr. 3 AktG kann aufgrund der Bildung und Auflösung stiller Reserven nicht immer auf einer fundierten Entscheidung beruhen. Vielmehr kann der Vorstand durch die Möglichkeit der Glättung des Geschäftsergebnisses Fehler in der Unternehmensleitung verschleiern und seine Absetzung verhindern.[903]

Die stillen Reserven bergen überdies die Gefahr der unzulässigen Ungleichbehandlung der Aktionäre (§ 53a AktG). Eine Begünstigung ergibt sich für Aktionäre, die einen Wissensvorsprung bezüglich der stillen Reserven gegenüber den restlichen Aktionären besitzen. Regelmäßig ist der Großaktionär ein „wissender Insider“,

899 *Mock*, Finanzverfassung der Kapitalgesellschaften, 2008, S. 58 f.; *Böcking*, WPg 2002, 925, 926.

900 Nach dem Urteil des BVerfG (ZIP 1999, 1801, 1803 = NJW 2000, 129, 130) treten deren Interessen aber hinter den Interessen der Gesellschaft an der Unternehmenssicherung zurück.

901 *Siegel/Bareis/Rückle/Schneider/Sigloch/Streim/Wagner*, ZIP 1999, 2077, 2078; *Mock*, Finanzverfassung der Kapitalgesellschaften, 2008, S. 59.

902 Vgl. *Mock*, Finanzverfassung der Kapitalgesellschaften, 2008, S. 59.

903 *Siegel/Bareis/Rückle/Schneider/Sigloch/Streim/Wagner*, ZIP 1999, 2077, 2082 („Schutz gegen das Entlassungsrisiko“); *Böcking/Herold/Müßig*, Der Konzern 2004, 664, 670.

im Gegensatz zum unwissenden Kleinaktionär, der wegen der fehlenden Kenntnis seine Anteile möglicherweise unter Wert verkauft.[904]

c) Eingeschränktes Auskunftsrecht der Aktionäre

Die denkbare Ungleichbehandlung verschiedener Aktionäre wird auch nicht durch das grundsätzlich umfangreiche Auskunftsrecht gem. § 131 Abs. 1 AktG beseitigt. Denn § 131 Abs. 3 Nr. 3 AktG normiert eine Ausnahme von diesem Grundsatz, sodass der Vorstand die Erteilung der Auskunft an einen Aktionär bezüglich stiller Reserven verweigern kann. Dabei wird das Auskunftsverweigerungsrecht sehr weit ausgelegt. Es dürfen demnach auch Auskünfte verweigert werden, die auch nur mittelbar zur Aufdeckung stiller Reserven beitragen könnten.[905] Nur für den Fall einer Unterbilanz sollen die Aktionäre ein berechtigtes Interesse an der Beantwortung der Frage haben, ob durch Auflösung der stillen Reserven die Unterbilanz ausgeglichen werden kann.[906]

Das Bundesverfassungsgericht hat zu dieser Norm 1999 entschieden, dass jedem Aktionär grundsätzlich ein grundrechtlich geschütztes Informationsrecht zusteht, § 131 Abs. 3 Nr. 3 AktG aber eine zulässige Inhalts- und Schrankenbestimmung gem. Art. 14 Abs. 1 S. 2 GG darstellt.[907] Das Urteil ist mit Verweis auf die bereits angesprochenen Gefahren der stillen Reserven in der Literatur teilweise kritisiert worden.[908] Zugleich ist der Entscheidung aber auch im Ergebnis beigepflichtet worden. Die Grenze des Auskunftsrechts ergebe sich aus den legitimen Geheimhaltungsinteressen der Gesellschaft gegenüber dem Wettbewerb.[909] Die Kernproblematik liegt allerdings nicht in dem Auskunftsverweigerungsrecht gem. § 131 Abs. 3 Nr. 3

---

904 *Hennrichs*, Wahlrechte, 1999, S. 19; *Luttermann/Großfeld*, Bilanzrecht, 4. Aufl. 2005, Rn. 691; *Siegel/Bareis/Rückle/Schneider/Sigloch/Streim/Wagner*, ZIP 1999, 2077, 2083; *Böcking*, WPg 2002, 925, 926. Das Bundesverfassungsgericht erwähnt diesen Aspekt nicht, sieht aber einen Interessensausgleich zwischen Groß- und Kleinaktionären, siehe BVerfG ZIP 1999, 1801, 1803 = NJW 2000, 129, 130.

905 LG Berlin AG 2000, 288; *Spindler*, in: Schmidt/Lutter, Aktiengesetz 3. Aufl. 2015, § 131, Rn. 80; *Kersting*, in: KK-AktG 3. Aufl. 2010, § 131, Rn. 331; kritisch dazu *Heidel*, in: Heidel, AnwaltsK-Aktienrecht 2003, § 131, Rn. 67.

906 OLG Stuttgart AG 1992, 459; *Heidel*, in: Heidel, AnwaltsK-Aktienrecht 2003, § 131, Rn. 69; *Mock*, Finanzverfassung der Kapitalgesellschaften, 2008, S. 60.

907 BVerfG, ZIP 1999, 1801, 1802 = NJW 2000, 129. Zur Frage der Europarechtswidrigkeit der Vorschrift *Kersting*, in: KK-AktG 3. Aufl. 2010, § 131, Rn. 327.

908 *Siegel/Bareis/Rückle/Schneider/Sigloch/Streim/Wagner*, ZIP 1999, 2077 ff.; *Grüner*, NZG 2000, 196, 197; *Heidel*, in: Heidel, AnwaltsK-Aktienrecht 2003, § 131, Rn. 68; *Funke*, Gläubigerschutz durch Information im Recht der Aktiengesellschaft, 2011, S. 196 f.

909 *Claussen*, in: FS Welf Müller, S. 409, 411, 422; *Kubis*, in: MüKo/AktG 2. Aufl. 2003, § 131 AktG, Rn. 107; *Spindler*, in: Schmidt/Lutter, Aktiengesetz 3. Aufl. 2015, § 131, Rn. 80; *Luttermann*, EWIR 1999, 1033, 1034; a.A. *Kersting*, in: KK-AktG 3. Aufl. 2010, § 131, Rn. 324, mit Verweis auf § 131 Abs. 3 Nr. 1 AktG.

AktG, sondern in der vorgelagerten Fragestellung, inwieweit der Gesetzgeber die Bildung stiller Reserven für zulässig erachtet. Das Auskunftsverweigerungsrecht ist dann nur folgerichtig.[910]

4. Fazit

Die Bildung stiller Reserven wird durch das Vorsichtsprinzip teilweise begünstigt. Die Beeinträchtigung der Informationsfunktion des Jahresabschlusses durch umfangreiche stille Reserven liegt auf der Hand. Bei der Bewertung ist allerdings je nach Art der stillen Reserven zu differenzieren. Während gesetzliche Zwangsreserven sich notwendig aus dem Verbot der Ausschüttung unrealisierter Gewinne ergeben und damit der Konzeption des deutschen Rechnungslegungsrechts systemimmanent sind, entstehen Ermessensreserven durch die Ausübung bzw. Nichtausübung von Wahlrechten und ermöglichen dem Bilanzierenden erhebliche Spielräume für die Ergebnisbeeinflussung. Die Rechtfertigung stiller (Ermessens-) Reserven zum Zwecke des Gläubigerschutzes überzeugt daher nicht. Durch die Möglichkeit der stillen Auflösung dienen sie nicht als Vermögensreserve für den institutionellen Gläubigerschutz. Wegen der Beeinträchtigung der Informationsfunktion sind sowohl die Gläubiger als auch die Anteilseigner nicht in der Lage sachgerechte Entscheidungen zu treffen. Die Konsequenz dieser Feststellung besteht darin, insbesondere der Bildung von Ermessensreserven entgegen zu wirken. Dadurch können bilanzpolitische Spielräume reduziert und die Vergleichbarkeit der Abschlüsse erhöht werden, ohne dabei den Gläubigerschutz zu beeinträchtigen.

Daneben verfolgt der Gesetzgeber im BilMoG den Ansatz, die durch das Vorsichtsprinzip bedingten stillen Zwangsreserven zu reduzieren, indem bisherige Aktivierungsverbote zu Aktivierungsgeboten oder -wahlrechten umgestellt werden unter gleichzeitiger Normierung einer Ausschüttungssperre für die nunmehr aktivierten (unsicheren) Vermögensgegenstände.[911]

V. Wahlrechte

1. Allgemeines

Wahlrechte ermöglichen dem Bilanzierenden eine Wahl zwischen mehreren Rechtsfolgen, die für das Vorliegen eines bestimmten Tatbestandes vorgesehen sind.[912] Neben Gliederungswahlrechten (§ 268 HGB) existieren Ansatz- und Bewertungswahlrechte.[913] Ansatzwahlrechte gewähren dem Bilanzierenden einen

910 *Koch*, in: Hüffer/Koch, AktG 12. Aufl. 2016, § 131, Rn. 29; *Siems*, in: Spindler/Stilz, AktG 3. Aufl. 2015, § 131, Rn. 45; *Claussen*, in: FS Welf Müller, S. 409, 422; ähnlich *Mock*, Finanzverfassung der Kapitalgesellschaften, 2008, S. 61.

911 Siehe dazu S. 309 ff.

912 *Winnefeld*, Bilanzhandbuch, 4. Aufl. 2006, C 660.

913 Zur Differenzierung siehe *Luttermann/Großfeld*, Bilanzrecht, 4. Aufl. 2005, Rn. 415; ausführliche Systematisierung bei *Hennrichs*, Wahlrechte, 1999, S. 66 ff.

Entscheidungsspielraum, *ob* eine bestimmte Position im Jahresabschluss berücksichtigt wird. Bewertungswahlrechte betreffen dagegen die Art und Weise der Bewertung von Vermögensgegenständen, also das *Wie* der Bilanzierung.

2. Ratio

Der grundlegende Zweck für Wahlrechte wurde früher in der Einräumung eines Entscheidungsspielraums gesehen, damit der Bilanzierende eine vorsichtige Bilanzierung wählen kann.[914] In dieser Allgemeinheit kann der Begründung nicht zugestimmt werden. Dem Vorsichtsgedanken widerspricht schon die Einräumung eines Wahlrechts an sich, denn unter dieser Begründung müsste vielmehr die vorsichtigere Variante des Wahlrechts zwingend vorgeschrieben werden.[915] Der Gesetzgeber verfolgt durch die Einräumung von Wahlrechten unterschiedliche Zwecke: Vereinfachung, Vermeidung unbilliger bilanzieller Härten, wirtschaftspolitische Ziele, Kompromisse.[916]

Das auf der Umsetzung der Jahresabschlussrichtlinie beruhende BiRiLiG hatte zu einer Erhöhung der Anzahl der Wahlrechte im deutschen Handelsbilanzrecht beigetragen. In der Richtlinie wurde ein Spagat zwischen angelsächsischer, an Einblick orientierter Rechnungslegung und dem auf Gläubigerschutz abstellenden kontinentaleuropäischen System versucht. Die schwierigen Verhandlungen führten zu einer Vielzahl von Kompromissen und somit zu 76 Wahlrechten, die vom deutschen Gesetzgeber überwiegend übernommen wurden.[917]

3. Wahlrechte und Einblicksgebot

Bilanzielle Wahlrechte sind die Ursache für sog. Bilanzpolitik. Durch den Einfluss auf das bilanzielle Ergebnis ermöglichen diese den Leitungsorganen der Gesellschaft, stille Reserven zu bilden und die Gewinnhöhe bewusst zu steuern.[918] Folglich wird die Aussagekraft und Vergleichbarkeit der Jahresabschlüsse beeinträchtigt.[919] Aufgrund des negativen Einflusses auf die Informationsfunktion des Jahresabschlusses stehen die Wahlrechte in einem Spannungsverhältnis zum Einblicksgebot des § 264 Abs. 2 S. 1 HGB. Dennoch soll die Verzerrung des Aussagegehalts des Jahresabschlusses nach der h.M. keine Beschränkung für die Ausübung bilanzieller

---

914 Siehe nur *Kropff*, WPg 1966, 369, 373 f.; *Müller*, BB 1987, 1629, 1631 m.w.N.

915 *Hennrichs*, Wahlrechte, 1999, S. 67, 72; ähnlich *Schulze-Osterloh*, ZIP 2004, 1128, 1129.

916 *Hennrichs*, Wahlrechte, 1999, S. 67 ff.; *Mock*, Finanzverfassung der Kapitalgesellschaften, 2008, S. 64; *Winnefeld*, Bilanzhandbuch, 4. Aufl. 2006, C 661.

917 *Claussen*, in: KK-RechnungslegungsR 2011, § 264 HGB, Rn. 56.

918 *Clemm*, WPg 1989, 357, 358; *Kleindiek*, ZGR 1998, 466, 486; *Winnefeld*, Bilanzhandbuch, 4. Aufl. 2006, C 677; *Hennrichs*, Wahlrechte, 1999, S. 23 f. Zu den stillen Reserven siehe S. 154 ff.

919 *Hennrichs*, Wahlrechte, 1999, S. 336 f.

Wahlrechte – bis zur Grenze des Rechtsmissbrauchs[920] – zur Folge haben.[921] Die h.M. verweist im Wesentlichen auf die Tätigkeit des Gesetzgebers. Wenn dieser bewusst und ausdrücklich einen Spielraum für den Bilanzierenden schafft, dürfe dieser Spielraum nicht nachträglich durch das Einblicksgebot wieder eingeengt werden.[922] Hingewiesen wird auch auf die ansonsten drohenden Rechtsfolgen der Strafandrohung der §§ 331 ff. HGB und der Nichtigkeit gem. § 256 Abs. 1 S. 1 AktG, die zu einer für den Bilanzierenden kaum hinnehmbaren Rechtsunsicherheit führen könnten.[923] Das Informationsdefizit werde im Übrigen durch entsprechende Angaben im Anhang gem. § 284 Abs. 2 Nr. 1 und 3 HGB ausgeglichen.[924]

Außerdem ist der Grundsatz der Stetigkeit (§ 252 I Nr. 6 HGB) zu beachten.[925] Dieser schreibt vor, dass in den Folgejahren die auf den vorhergehenden Jahresabschluss angewandten Bewertungsmethoden beizubehalten sind. Ein willkürlicher Wechsel von bilanziellen Wahlrechten ist damit ausgeschlossen. Dadurch soll die Vergleichbarkeit aufeinanderfolgender Abschlüsse eines Unternehmens verbessert werden. Auch entspricht es dem grundlegenden Verständnis der Gesetzesauslegung, wenn die Wahlrechte als lex specialis dem Einblicksgebot als lex generalis vorgehen. Denn nach h.M. ist § 264 Abs. 2 S. 1 HGB zu den jeweiligen Einzelnormen subsidiär.[926] Daher ist es vorzugswürdig, keine Beschränkung der Ausübung von Wahlrechten durch § 264 Abs. 2 S. 1 HGB anzunehmen. Das Problem der sinkenden Aussagekraft der Jahresabschlüsse ergibt sich aus der Einräumung von Wahlrechten durch den Gesetzgeber an sich. Eine Korrektur durch die Hintertür kann dieses Problem nicht abschließend lösen.[927]

---

920 *Winnefeld*, Bilanzhandbuch, 4. Aufl. 2006, C 667; *Luttermann*, in: MüKo/AktG 2. Aufl. 2003, § 264 HGB, Rn. 157; *Winkeljohann/Schellhorn*, in: BBK 10. Aufl. 2016, § 264 HGB, Rn. 29.

921 ADS, § 264, Rn. 107; *Winkeljohann/Schellhorn*, in: BBK 10. Aufl. 2016, § 264 HGB, Rn. 28; *Winnefeld*, Bilanzhandbuch, 4. Aufl. 2006, C 667; *Merkt*, in: Hopt/Merkt, Bilanzrecht 2010, § 264 HGB, Rn. 18; *Streim*, in: FS Moxter, S. 391, 398. Einen Überblick zum Meinungsstreit gibt *Hennrichs*, Wahlrechte, 1999, S. 330 ff. m.w.N.

922 ADS, § 264, Rn. 107; *Schulze-Osterloh*, ZHR 150 (1986), 532, 542; *Clemm*, in: FS Budde, S. 135, 141.

923 *Winkeljohann/Schellhorn*, in: BBK 10. Aufl. 2016, § 264 HGB, Rn. 28, 56 ff.; siehe auch *Mock*, Finanzverfassung der Kapitalgesellschaften, 2008, S. 66.

924 *Winnefeld*, Bilanzhandbuch, 4. Aufl. 2006, C 667; *Schulze-Osterloh*, ZHR 150 (1986), 532, 543; *Streim*, in: FS Moxter, S. 391, 405.

925 *Winkeljohann/Büssow*, in: BBK 10. Aufl. 2016, § 252, Rn. 55–63; ausführlich *Hennrichs*, Wahlrechte, 1999, S. 251 ff.

926 *Graf/Bisle*, in: MüKo BilanzR 2013, § 264, Rn. 40; *Winkeljohann/Schellhorn*, in: BBK 10. Aufl. 2016, § 264 HGB, Rn. 31; *Beisse*, in: FS Moxter, S. 3, 23.

927 *Mock*, Finanzverfassung der Kapitalgesellschaften, 2008, S. 66.

4. Fazit

Bilanzielle Wahlrechte mindern die Aussagekraft des Jahresabschlusses und behindern die Vergleichbarkeit sowohl zwischen verschiedenen Perioden desselben Unternehmens als auch zwischen verschiedenen Unternehmen. Durch die fehlende Begrenzung der Ausübung von Wahlrechten haben die Gesellschaften einen erheblichen Spielraum für Bilanzpolitik. Dies ist unvereinbar mit dem Objektivierungsgrundsatz, der essentiell für den Bilanzzweck der Rechenschaft ist.[928]

Getreue, dem Zweck der Bilanzwahrheit dienende Rechenschaftslegung steht in einem unvereinbaren Gegensatz zur Ergebnisbeeinflussung durch den Bilanzierenden. Soweit der zur Bilanzierung Verpflichtete selbst wählen kann, was an Vermögensgegenständen ausgewiesen wird und wie diese bewertet werden, wird die Informationsfunktion des Jahresabschlusses sowohl für Gläubiger als auch Gesellschafter massiv beeinträchtigt.[929] Denn eine objektive, der Rechenschaft dienende Rechnungslegung erfordert eine inhaltlich eindeutige, intersubjektiv nachprüfbare und damit wahlrechtsfreie Rechnungslegung.[930] Daher ist bereits früh die rechtspolitische Forderung nach einer weitgehenden Streichung von Wahlrechten erhoben worden. Dies könne zu einer erheblichen Modernisierung des deutschen Handelsbilanzrechts beitragen.[931]

VI. Informationeller Gläubigerschutz

In jüngerer Zeit wurden zunehmend Forderungen nach einer Verlagerung des Gläubigerschutzes auf ein informationsbasiertes Model erhoben.[932] Der institutionelle Gläubigerschutz führe zu ungerechtfertigten Verzerrungen des Informationsgehalts der Jahresabschlüsse. Insbesondere die Bildung und Auflösung stiller Reserven gewährt den Fremdkapitalgebern nicht immer einen vollständigen Einblick in die tatsächliche Entwicklung von Unternehmen.[933]

Das Konzept des informationellen Gläubigerschutzes bezweckt, die Gläubiger durch sachgerechte Informationen über die Vermögens-, Finanz- und Ertragslage

---

928 *Leffson*, GoB, 7. Aufl. 1987, S. 83; *Kleindiek*, ZGR 1998, 466, 486; *Ballwieser*, in: FS Clemm, S. 1, 12; *Hennrichs*, in: Bilanzrecht in Familienunternehmen, S. 101, 104; *Hennrichs*, Wahlrechte, 1999, S. 75 f. m.w.N.

929 *Kleindiek*, ZGR 1998, 466, 486.

930 *Hennrichs*, Wahlrechte, 1999, S. 435.

931 *Hennrichs*, Wahlrechte, 1999, S. 436; *Hennrichs*, in: Henze/Hoffmann-Becking (Hrsg.), Gesellschaftsrecht 2003, S. 101, 133; *Kleindiek*, ZGR 1998, 466, 486; *Schulze-Osterloh*, ZIP 2004, 1128, 1130.

932 *Funke*, Gläubigerschutz durch Information im Recht der Aktiengesellschaft, 2011, S. 120 f.; 393.

933 *Arbeitskreis Bilanzrecht der Hochschullehrer Rechtswissenschaft*, BB 2002, 2372, 2375; *Funke*, Gläubigerschutz durch Information im Recht der Aktiengesellschaft, 2011, S. 238 f.

und eine Verbesserung der Entscheidungsgrundlagen in die Lage zu versetzen, selbst über Investitionen und das Engagement als Fremdkapitalgeber zu entscheiden.[934] Ziel ist vor allem der Abbau von Informationsasymmetrien. Nach *Kübler* ist der Gläubiger „nicht als Objekt paternalistischer Fürsorge, sondern als zu rationaler Entscheidung befähigter Akteur“[935] zu betrachten. Der Gläubiger könne sich mithilfe der bilanziellen Informationen selbst schützen, indem vertragliche Schutzklauseln (*covenants*) vereinbart und überwacht werden.[936]

1. Entscheidungsrelevanz für den Mittelstand (KMU)

Im Gegensatz zu kapitalmarktorientierten Unternehmen erhalten kleine und mittelständische Unternehmen (KMU) ihr Fremdkapital nicht von anonymen Investoren, sondern entweder von Kreditinstituten oder von anderen Vertragspartnern wie Lieferanten oder Kunden. Die kreditgebenden Banken ermitteln über den Jahresabschluss hinaus die für sie relevanten Informationen über ausführliche Kreditgespräche.[937] In der Unternehmensfinanzierung des Mittelstands haben kleinere Gläubiger neben den Kreditinstituten eine herausragende Stellung.[938] Für einen informationellen Gläubigerschutz sind daher spezielle Anforderungen an die Rechnungslegung zu stellen, damit für diese kleineren Gläubiger entscheidungsnützliche Informationen vermittelt werden.

Dem Jahresabschluss kommt im Hinblick auf den informationellen Gläubigerschutz eine Kontrollfunktion zu, in dessen Rahmen der Bilanzierende Rechenschaft über seine unternehmerische Tätigkeit ablegen muss. Dabei gibt die Bilanz Auskunft über die Entwicklung im vergangenen Geschäftsjahr. Gläubiger können kontrollieren, ob ihre Erwartungen und Prognosen erfüllt wurden und ob ausreichend Vermögen zur Erfüllung ihrer Verbindlichkeiten vorhanden ist.[939] Eine wirksame Kontrolle bedingt aber in erster Linie die Nachprüfbarkeit der vermittelten Informationen. Daher müssen gezielte Einflussmöglichkeiten des Bilanzierenden (Gestaltungs- und Ermessensspielräume) ausgeschlossen werden.[940] Die Kontrollfunktion setzt somit den Objektivierungsgrundsatz[941] voraus. Die Informationen müssen in erster Linie intersubjektiv nachprüfbar sein, denn je größer die Gestaltungsmöglichkeiten, desto geringer ist die Relevanz der Informationen. Diese Prämisse gilt allerdings

---

934 *Ballwieser*, in: FS Clemm, S. 1, 15 ff.; *Gros/Wallek*, Der Konzern 2009, 541, 542.
935 *Kübler*, ZHR 159 (1995), 550, 555.
936 *Gros/Wallek*, Der Konzern 2009, 541, 542.
937 *Massenberg/Borchardt*, BFuP 2007, 346, 351.
938 *Kleindiek*, GmbHR 2010, 1333, 1139; *Wolz/Janssen*, WPg 2009, 593, 594; *Winkeljohann/Haenelt*, in: FS Baetge, 2007, S. 719, 731.
939 *Kleindiek*, GmbHR 2010, 1333, 1339; *Wolz/Janssen*, WPg 2009, 593, 595.
940 *Kleindiek*, GmbHR 2010, 1333, 1338; *Wolz/Janssen*, WPg 2009, 593, 596; vgl. auch *Funke*, Gläubigerschutz durch Information im Recht der Aktiengesellschaft, 2011, S. 215 f.
941 Siehe S. 151 f.

unabhängig von der Adressatenstellung generell für die Rechnungslegung. Für die Gläubiger ist aber der Gegenwartsbezug der dargestellten Informationen wichtig. Im Gegensatz zu potentiellen Investoren haben Gläubiger ein geringeres Interesse an zukünftigen Ertragspotentialen. Das Interesse der Gläubiger beschränkt sich in seiner Höhe auf die Tilgungs- und Zinszahlungen.[942] Die durch die Rechnungslegung vermittelten Informationen können nicht für potentielle Investoren und Gläubiger gleichermaßen relevant sein.

2. Größenabhängige Nutzenvorteile

Aus den genannten Gründen konzentriert sich der informationelle Gläubigerschutz auf die besondere Gruppe der Fremdkapitalgeber, schützt dabei aber nicht alle Gläubiger in gleichem Maße und stößt insbesondere bei Delikts- und Kleingläubigern an seine Grenzen. Diese Gläubigergruppen haben nicht dieselben Möglichkeiten wie Gläubiger von entsprechender Größe und Marktmacht. Von einem ausschließlich informationellen Gläubigerschutz haben diese keine Vorteile. Die Deliktsgläubiger gehen schon nicht freiwillig eine schuldrechtliche Beziehung mit der jeweiligen Gesellschaft ein, sodass für sie nur ein institutioneller Gläubigerschutz in Betracht kommt. Ebenso können kleine Gläubiger ohne Marktmacht kaum entsprechende Schutzinstrumente mit ihren Vertragspartnern aushandeln.[943] Auch die bestmöglichen Informationen helfen den Gläubigern allenfalls, eine ungünstige Geschäftsentwicklung vorherzusehen, bieten aber keinen Schutz vor Maßnahmen von Gesellschaftern und Geschäftsführern zulasten des Gesellschaftsvermögens.[944] Große Gläubiger sind darüber hinaus auch eher imstande, sich relevante Informationen im Wege von Verhandlungen über Investitionen zu beschaffen. Ein etwaiges Informationsdefizit kann daher auch – ähnlich wie bei *covenants* – bei Bedarf durch Verhandlungen ausgeglichen werden. Diese Gläubiger haben auch den größten Bedarf an entscheidungsnützlichen Informationen, während die übrigen Gläubiger stärker an einem institutionalisierten Gläubigerschutz interessiert sind. Ein zu starker informationeller Gläubigerschutz bevorzugt damit marktstarke Gläubiger und ginge zulasten der übrigen Gläubiger. Eine solche einseitige Ausrichtung ist unserer Rechts- und Wirtschaftsordnung aber fremd. Das gesetzgeberische Ziel muss ein Ausgleich zwischen den unterschiedlichen Interessen sein.[945]

---

942 *Wolz/Janssen*, WPg 2009, 593, 596; siehe auch *Jessen/Haaker*, DStR 2009, 499, 502.

943 Siehe zu der Diskussion S. 51 f.

944 *Brösel/Wittko*, in: FS Dintner, S. 238, 245; *Kahle*, WPg 2003, 262, 267; *Arbeitskreis Bilanzrecht der Hochschullehrer Rechtswissenschaft*, BB 2002, 2372, 2375.

945 *Arbeitskreis Bilanzrecht der Hochschullehrer Rechtswissenschaft*, BB 2002, 2372, 2375.

3. Fazit

Ein wirksamer Gläubigerschutz kann daher nicht ausschließlich auf informationeller Basis erfolgen und sollte bloß eine ergänzende Rolle einnehmen.[946] Zwar besteht ein grundsätzliches Bedürfnis an der Steigerung des Informationswertes des Jahresabschlusses, wenn es zu Verzerrungen, insb. bei der Vergleichbarkeit zwischen unterschiedlichen Gesellschaften kommt, die sich aus Ermessenswahlrechten oder stillen Reserven ergeben. Mit einem Verzicht auf Ausschüttungsbeschränkungen, etwa für unsichere Gewinne, könnte aber der Gläubigerschutzgedanke, der im deutschen Handelsbilanzrecht vorherrscht, nicht aufrechterhalten werden.[947] Ein Gläubigerschutz durch Informationen wird „zur Farce"[948], wenn die ermittelten Werte Scheingewinne darstellen, die durch das Vorsichtsprinzip (insb. in Form des Realisationsprinzips) verhindert werden sollen. Entscheidend für einen effektiven Schutz aller Gläubiger bleibt ein Handelsbilanzrecht, das die Wertungen der gesellschaftsrechtlichen Kapitalerhaltung aufnimmt und den Jahresabschluss unter dem Gesichtspunkt der Ausschüttungsbemessung ermittelt.

VII. Folgerung: Wechselwirkung mit Gesellschaftsrecht

Durch die tatbestandliche Anknüpfung des gesellschaftsrechtlichen Kapitalschutzsystems an bilanzielle Größen wird das Bilanzrecht zu einem „Hilfs- und Folgerecht".[949] Das Bilanzrecht definiert den Umfang des gebundenen und des freien Gesellschaftsvermögens und ist demgemäß von überragender Bedeutung für die Qualität des Kapitalerhaltungsrechts. Diese Wechselwirkung zwischen Gesellschafts- und Bilanzrecht zeigt sich auch in der historischen Entwicklung des Kapitalschutzes. Das Kapitalgesellschaftsrecht stellt die Zielvorgabe „Gläubigerschutz durch Kapitalerhaltung" auf.[950] Daher stehen auch die Regeln der bilanziellen Vermögens- und Gewinnermittlung unter dem Primat des Gläubigerschutzes.[951] Die Aufgabe des Jahresabschlusses aus kapitalgesellschaftsrechtlicher Sicht kann somit als die der Bestimmung des vorsichtig ermittelten, umsatzabhängigen und verlustantizipierten Gewinns, der ohne ausschüttungsindizierte Gläubigergefährdung entnehmbar ist, qualifiziert werden.[952]

---

946 *Siegel*, in: FS Baetge, 1997, S. 118, 135; *Schön*, ZGR 2000, 706, 729.

947 *Brösel/Wittko*, in: FS Dintner, S. 238, 245; *Kahle*, WPg 2003, 262, 267 f.; *Siegel*, in: FS Baetge, 1997, S. 118, 124.

948 *Haaker*, DB 2014, Heft 22, M 1.

949 Siehe bereits Fn. 295.

950 *Röhricht*, Gläubigerschutz, 2011, S. 98.

951 *Rammert*, BFuP 2004, 578.

952 *Gros*, Der Konzern 2008, 466, 471.

Letztlich ist damit Hauptzweck des nationalen Bilanzrechts die Bestimmung des „entziehbaren" oder „ausschüttungsfähigen" Gewinns.[953] Dies leistet der Jahresabschluss, indem durch bilanzielle Ausschüttungssperren bei der Gewinnermittlung Buchgewinne ausgeschlossen werden.[954]

Insbesondere ist nochmals daran zu erinnern, dass Gläubigerschutz in diesem Zusammenhang die Verhinderung unberechtigter Ausschüttungen an die Gesellschafter bedeutet.[955] Das Vorsichtsprinzip ist aus dieser Perspektive Bedingung für die Gestattung von Entnahmen aus dem Gesellschaftsvermögen vor Beendigung und Abwicklung der Gesellschaft, denn einmal zulässige Ausschüttungen können nicht mehr zurückgefordert werden, auch wenn sich herausstellt, dass die Mittel später zur Befriedigung von Gläubigeransprüchen benötigt werden. Daher hat das Bilanzrecht durch Berücksichtigung vorhersehbarer Verluste bei gleichzeitiger Außerachtlassung noch nicht realisierter Gewinne und bloßer Chancen den Gläubigerinteressen Rechnung zu tragen.[956]

Auch die Ausrichtung an einer möglichst starken Objektivierung steht ganz in dieser Zwecksetzung. Ein objektiviertes Bilanzrecht führt zum Ausschluss von subjektiver Willkür und trägt zum Schutz der Gläubiger durch Nachvollziehbarkeit und Kontrollierbarkeit bei.[957] Daher muss eine Modernisierung des nationalen Handelsbilanzrechts die Reduzierung von Wahlrechten und stillen Reserven verfolgen. Diese beeinträchtigen zum einen die Informationsfunktion und tragen zum anderen auch nichts zum Schutz der Gläubiger bei. Dadurch würde auch der neuen Teleologie des Stamm- und Grundkapitals entsprochen. Denn das Bonitätssignal, welches durch die Garantiekapitalziffer vermittelt wird, dient dem Abbau von Informationsrisiken. In den Folgejahren wird dieses Signal im Jahresabschluss fortgeschrieben.[958] Das Bilanzrecht muss auch diese Vorgabe konsequent umsetzen. Durch Ermessenspielräume und unsichere Bilanzposten wäre eine Entwertung des Glaubwürdigkeitssignals zu befürchten, wodurch das Vertrauen des Rechtsverkehrs in die offengelegten Zahlen sinken könnte. Die Reduzierung von subjektiven bilanzpolitischen Spielräumen und die Vermeidung von unrealisierten Erträgen würden dieses Instrument dagegen weiter unterstützen. Ein am Gläubigerschutz ausgerichtetes Bilanzrecht dient aber auch dem Unternehmen an sich, indem Anreize zum langfristigen Wirtschaften und zur Nachhaltigkeit gefördert werden.[959] Das Vorsichtsprinzip führt tendenziell zu einer negativeren Abbildung künftiger Zahlungen im Jahresabschluss; dies setzt für die Geschäftsleitung den Verhaltensanreiz zu einer

953 *Moxter*, in: FS Clemm, S. 231 ff.; vgl. auch *Balke*, Gesellschafterhaftung in der GmbH, 2013, S. 42.

954 *Brösel/Wittko*, in: FS Dintner, S. 238, 248; *Röhricht*, Gläubigerschutz, 2011, S. 96.

955 *Brösel/Wittko*, in: FS Dintner, S. 238, 240.

956 *Schön*, Der Konzern 2004, 162, 169.

957 *Beisse*, in: FS Beusch, S. 77, 86 f.

958 *Schön*, Der Konzern 2004, 162, 167.

959 *Beisse*, in: FS Beusch, S. 77, 83.

risikoaverseren Geschäftspolitik.[960] Hohe Gewinne lassen dann einen verlässlicheren Rückschluss auf erfolgreiches Wirtschaften zu.[961]

Diese Ausrichtung des deutschen Handelsbilanzrechts ist Ausdruck einer bestimmten Wirtschaftsgesinnung, die Erhalt und Sicherung der Unternehmen fördert. Die Interessen von Investoren, die nicht zwingend auf ein langfristiges Engagement abzielen, sind nicht primär maßgebend.[962]

960 *Baetge/Thiele*, in: FS Beisse, S. 11, 20; *Ballwieser/Kuhner*, Rechnungslegungsvorschriften und wirtschaftliche Stabilität, 1994, S. 97 f.

961 *Coenenberg/Straub*, KoR 2008, 17, 19.

962 *Beisse*, in: FS Beusch, S. 77, 87; *Beisse*, in: FS Moxter, S. 3, 15.

E. Bilanzrechtsmodernisierung

Das Bilanzrechtsmodernisierungsgesetz (BilMoG) gilt als größte Reform des Handelsbilanzrechts seit 20 Jahren. Es liegt auf der Hand, dass dadurch kapitalschutzrelevante Bereiche stark betroffen waren. Im Folgenden soll ein Überblick über die Entstehungsgeschichte der Reform gegeben werden, welche Ziele der Gesetzgeber verfolgt hat und welche Normen davon betroffen waren. Im Anschluss werden die kapitalschutzrelevanten Änderungen hinsichtlich ihrer Auswirkungen auf den Kapital- und Gläubigerschutz untersucht und abschließend eine eigene Gesamtbeurteilung gegeben.

I. Anlass

Das deutsche Bilanzrecht galt vor dem BilMoG als veraltet und reformbedürftig.[963]

Vermehrt wurde auf die mangelnde internationale Akzeptanz hingewiesen.[964] Diese resultiere aus der Vielzahl von Wahlrechten im deutschen Recht und der Gefahr der übermäßigen Bildung stiller Reserven, die der Geschäftsleitung in großem Umfang Gestaltungspotential ermöglicht. Der Grundsatz der Maßgeblichkeit,[965] die Wahlrechte[966] und das Vorsichtsprinzip wurden insbesondere als Manko des deutschen Handelsbilanzrechts aufgeführt, die es für die Darstellung der wirtschaftlichen Lage des Unternehmens ungeeignet machten. Zur Veranschaulichung der Diskrepanzen zwischen deutscher und internationaler Rechnungslegung wird das Beispiel der Daimler-Benz AG an der New York Stock Exchange angeführt. Während der HGB-Abschluss zu einem Gewinn von 600 Mio. DM führte, zwang der Abschluss nach US-GAAP die Daimler-Benz AG die Verzinsungsdifferenzen für Pensionsrückstellungen, die als stille Reserven nicht in der Bilanz auftauchten, in die Rückstellungen einzustellen, was zu einem Verlust von 1,8 Mrd. DM führte. Dass es trotz des Vorsichtsprinzips im deutschen Recht zu einem höheren Gewinnausweis

---

963 *Arbeitskreis Bilanzrecht der Hochschullehrer Rechtswissenschaft*, BB 2002, 2372, 2378; *Hommelhoff*, RabelsZ 62 (1998), 381, 382 f.; *Hommelhoff*, ZGR 2008, 250, 252 f.; *Schulze-Osterloh*, ZIP 2003, 93, 100 f.; *Schulze-Osterloh*, Der Konzern 2004, 173, 177.

964 Siehe nur *Claussen*, AG 1993, 278; *Hommelhoff*, ZGR 2008, 250, 252; *Kleindiek*, ZGR 1998, 466, 486; *Siegel/Bareis/Rückle/Schneider/Sigloch/Streim/Wagner*, ZIP 1999, 2077, 2078 f.

965 *Arbeitskreis Bilanzrecht der Hochschullehrer Rechtswissenschaft*, DStR 2008, 1057 ff.; *Schön*, ZHR 161 (1997), 133, 143; *Schulze-Osterloh*, DStR 2008, 63; *Hennrichs*, in: Henze/Hoffmann-Becking (Hrsg.), Gesellschaftsrecht 2003, S. 101, 133.

966 *Arbeitskreis Bilanzrecht der Hochschullehrer Rechtswissenschaft*, BB 2008, 152, 153; *Schulze-Osterloh*, Der Konzern 2004, 173, 177; *Hennrichs*, in: Bilanzrecht in Familienunternehmen, S. 101, 103; *Hennrichs*, Wahlrechte, 1999, S. 35 ff.

nach dem HGB kommen konnte, ergibt sich aus einem besonderen Passivierungswahlrecht für gewisse Pensionsrückstellungen, welches nicht im Einklang mit den GoB steht.[967] Als Konsequenz mussten deutsche Unternehmen einen Abschluss nach amerikanischem Bilanzrecht erstellen, um am Handel an der New York Stock Exchange zugelassen zu werden.[968]

Auch das Spannungsverhältnis von Ausschüttungsbemessung und Informationsfunktion wurde in der Wissenschaft als Ursache für die Unattraktivität des deutschen Rechts ausgemacht.[969] Der deutsche Gesetzgeber hat mit dem BilMoG die umfassendste Reform des Bilanzrechts seit dem BilRiLiG aus dem Jahr 1985 vollzogen, um der internationalen Entwicklung Rechnung zu tragen. Das BilMoG wurde zudem vom Gesetzgeber zum Anlass genommen, zwei Rechtsakte der EU umzusetzen. Dabei handelt es sich um die sog. Abänderungsrichtlinie[970], welche die Änderung der Richtlinien 78/660/EWG über den Jahresabschluss von Gesellschaften bestimmter Rechtsformen, 83/349/EWG über den konsolidierten Abschluss, 86/635/EWG über den Jahresabschluss und den konsolidierten Abschluss von Banken und anderen Finanzinstituten und 91/674/EWG über den Jahresabschluss und den konsolidierten Abschluss von Versicherungsunternehmen zum Gegenstand hatte. Durch diese Richtlinie wurden insbesondere neue Angabe- und Erläuterungspflichten in Anhang und Lagebericht in das HGB aufgenommen, etwa die zu außerbilanziellen Geschäften (§ 285 Nr. 3 und 3a HGB) oder zu wesentlichen Transaktionen mit nahe stehenden Unternehmen oder Personen (§§ 285 Nr. 21 HGB). Außerdem wurde die sog. Abschlussprüferrichtlinie[971] zur Änderung der Richtlinien 78/660/EWG und 83/349/EWG sowie zur Aufhebung der Richtlinie 84/253/EWG in deutsches Recht umgesetzt. Ziel ist die europaweite Harmonisierung im Recht der Abschlussprüfung. Der Umsetzungsbedarf war in Deutschland jedoch sehr gering, da zentrale Vorschriften vorausschauend bereits durch das Abschlussprüferaufsichtsgesetz[972] und das Bilanzrechtsreformgesetz[973] in deutsches Recht umgesetzt worden war.[974]

---

967 Siehe für die Ursache S. 222 ff.

968 *Hommelhoff*, RabelsZ 62 (1998), 381, 383; *Claussen*, AG 1993, 278, 279; ausführlich *Pellens/Fülbier/Gassen/Sellhorn*, Internationale Rechnungslegung, 9. Aufl. 2014, S. 36 ff.

969 Siehe dazu *Hommelhoff*, ZGR 2008, 250, 253.

970 RL 2006/46/EG, ABl. EG L 224 S. 1. Mit Einzelheiten hierzu *Ernst/Seidler*, ZGR 2008, 631, 670 ff.

971 RL 2006/43/EG. ABl. EG L 157 S. 87. Mit Einzelheiten hierzu *Ernst/Seidler*, ZGR 2008, 631, 660 ff.; *Petersen/Zwirner*, KoR-Beilage (1) 2009, 1, 41 ff.

972 BGBl. I Nr. 65, S. 3166 vom 4. Dezember 2004.

973 BGBl. I Nr. 76, S. 3846 vom 31. Dezember 2004.

974 *Petersen/Zwirner*, in: Petersen/Zwirner (Hrsg.), Bilanzrechtsmodernisierungsgesetz, S. 371, 373; *Petersen/Zwirner*, KoR-Beilage (1) 2009, 1, 3; *Melcher/Schaier*, DB-Beilage (5) 2009, 4.

II. Entstehung

1. Maßnahmenkatalog

Bereits im Februar 2003 legte die damalige Bundesregierung einen Maßnahmenkatalog „Unternehmensintegrität und Anlegerschutz“ vor. In Rahmen dieses 10-Punkte-Programms wurden die Fortentwicklung der Bilanzregeln und die Anpassung an internationale Rechnungslegungsgrundsätze angekündigt. Damit reagierte die Bundesregierung auf zahlreiche Bilanzskandale der vergangenen Jahre.[975] Vorgesehen war u.a. die Abschaffung zahlreicher nicht mehr zeitgemäßer Wahlrechte, die Abschaffung des Passivierungswahlrechts für Aufwandsrückstellungen sowie die Begrenzung der Bewertungsvereinfachungsmethoden.[976] Nach dieser ersten Weichenstellung kündigte der Gesetzgeber in der Gesetzesbegründung zum Bilanzrechtsreformgesetz (BilReG)[977] vom 24.6.2004 bereits einen ersten Entwurf zur Bilanzrechtsmodernisierung für Ende 2004 an.[978] Dieses Versprechen konnte allerdings nur mit 3-jähriger Verspätung eingehalten werden.

2. Referentenentwurf

Der Referentenentwurf des BilMoG wurde am 8.11.2007 mit konkreten Änderungen und Neuerungen vorgestellt.[979] Dem Aufruf zur Stellungnahme wurde von Wissenschaft und Praxis rege gefolgt. Am 8.1.2008 wurde eine nicht öffentliche Anhörung im Bundesministerium für Justiz durchgeführt. Neben Vertretern des Finanz- und Wirtschaftsministeriums erschienen 100 Sachverständige aus 45 Organisationen. Vielfach wurde die Eigenständigkeit der HGB-Bilanzierung gegenüber den internationalen Standards und die damit einhergehende konzeptionelle Beibehaltung des traditionellen Kapitalschutzsystems gefordert.[980]

3. Regierungsentwurf

Die zahlreichen Stellungnahmen wurden von der Bundesregierung teilweise aufgenommen und fanden im Regierungsentwurf vom 21.5.2008 Berücksichtigung. Im Regierungsentwurf wurde daraufhin eine Vielzahl von Annäherungen an die

975 *Solmecke*, Auswirkungen BilMoG, 2009, S. 43.

976 *Seibert*, BB 2003, 693, 696; *Petersen/Zwirner*, in: Petersen/Zwirner (Hrsg.), Bilanzrechtsmodernisierungsgesetz, S. 371, 373.

977 „Gesetz zur Einführung internationaler Rechnungslegungsstandards und zur Sicherung der Qualität der Abschlussprüfung – Bilanzrechtsreformgesetz“ (BilReG), BGBl I, Nr. 65, S. 3166.

978 RegE BilReG, BT-Drs. 15/3419, S. 24.

979 *Petersen/Zwirner*, KoR-Beilage (1) 2008, 1.

980 *Petersen/Zwirner*, in: Petersen/Zwirner (Hrsg.), Bilanzrechtsmodernisierungsgesetz, S. 371, 374.

IFRS wieder zurückgenommen.[981] Nach Zuleitung des Regierungsentwurfs an den Bundesrat erfolgte am 4.7.2008 eine Stellungnahme, worin eine teilweise stärkere Annäherung an die IFRS befürwortet wurde.[982] Die Bundesregierung gab eine Gegenäußerung am 30.7.2008 ab. In der ersten Lesung des Regierungsentwurfs am 25.9.2008 erfolgte nach kurzer Beratung eine Verweisung an den Rechtsausschuss.

4. Rechtsausschuss

Der federführende Rechtsausschuss hielt am 17.12.2008 in einer öffentlichen Sitzung eine Sachverständigenanhörung mit elf Experten aus Wissenschaft und Praxis ab.[983] Gegenstände der kontrovers geführten Diskussion waren insbesondere die Zeitwertbewertung von Finanzinstrumenten des Handelsbestands, die Aktivierung selbst erstellter immaterieller Vermögensgegenstände und die Bilanzierung aktiver latenter Steuern.[984]

Am 18. März 2009 hat der Rechtsausschuss den Regierungsentwurf abschließend beraten und unter Berücksichtigung der Kritik aus Wissenschaft und Praxis in zentralen Fragestellungen verändert: Die Zeitwertbewertung von bestimmten Finanzinstrumenten wurde auf Kreditinstitute beschränkt. Statt einer Aktivierungspflicht für aktiv latente Steuern wurde ein Wahlrecht geschaffen. Ebenfalls wurde die Aktivierungspflicht für selbst erstellte immaterielle Vermögensgegenstände des Anlagevermögens durch ein explizites Wahlrecht ersetzt. Diese Korrekturen geschahen vor dem Eindruck der weltweiten Finanzkrise. Die vorgesehenen Annäherungen an die internationalen Standards fielen zurückhaltender aus als noch im Referenten- bzw. im Regierungsentwurf vorgesehen.[985]

In der Begründung zur Beschlussempfehlung begrüßte der Rechtsausschuss das mit dem Gesetzentwurf verfolgte Ziel, das deutsche Bilanzrecht zu modernisieren und den Unternehmen damit eine gleichwertige, aber einfachere und kostengünstigere Alternative zu den IFRS zu bieten. Nachdrücklich wird die Beibehaltung des handelsrechtlichen Jahresabschlusses als maßgebliche Grundlage

---

981 Mit einem Gesamtüberblick zu den Änderungen: *Petersen/Zwirner*, in: Petersen/Zwirner (Hrsg.), Bilanzrechtsmodernisierungsgesetz, S. 371, 374 f.; *Petersen/Zwirner*, KoR-Beilage (3) 2008, 1, 3.

982 Stellungnahme BRat, BR-Drs. 344/08. Siehe auch die kritische Würdigung von *Hoffmann/Zülch*, DB 2008, 1643.

983 Beschlussempfehlung Rechtsausschuss, BT-Drs. 16/12407, S. 79. Die Expertenrunde bestand aus Hennig Göbel, Prof. Dr. Joachim Hennrichs, Prof. Dr. Michael Hoffmann-Becking, Dirk Jäger, Dr. Manfred Lutz, Prof. Dr. Karlheinz Küting, Dr. Matthias Müller, Prof. Dr. Klaus-Peter Naumann, Prof. Dr. Henry Schäfer, Dr. Horst Vinken, Prof. Dr. Franz-Christoph Zeitler.

984 Siehe *Petersen/Zwirner*, in: Petersen/Zwirner (Hrsg.), Bilanzrechtsmodernisierungsgesetz, S. 371, 376.

985 *Petersen/Zwirner*, in: Petersen/Zwirner (Hrsg.), Bilanzrechtsmodernisierungsgesetz, S. 371, 376; *Petersen/Zwirner*, KoR-Beilage (1) 2009, 1, 4 ff.; *Solmecke*, Auswirkungen BilMoG, 2009, S. 45.

der Gewinnausschüttung gelobt. Die Eckpfeiler der handelsrechtlichen Rechnungslegung sollten dadurch gewahrt bleiben.[986]

5. Gesetz

Der Bundestag stimmte am 26.3.2009 in zweiter und dritter Lesung der Beschlussempfehlung zu. Daraufhin wurde der Gesetzesbeschluss mit Drucksache 270/09 vom 27.3.2009 sowie eine Berichtigung zu dieser Drucksache vom 2.4.2009 auf die Tagesordnung des Bundesrates gesetzt. Dieser stimmte am 3.4.2009 dem BilMoG zu. Mit der Beschlussfassung des Bundesrates hatte das BilMoG alle Hürden genommen. Das Gesetz konnte somit am 29.5.2009 einen Tag nach der Verkündung in Kraft treten. Kaum eine Gesetzesreform wurde in den letzten Jahren derart intensiv diskutiert. Die meisten Neuregelungen für den handelsrechtlichen Einzelabschluss müssen für ab dem 31.12.2009 beginnende Geschäftsjahre angewandt werden.[987] Aufgrund der umfassenden Übergangsvorschriften wird es einige Jahre dauern, bis alle Änderungen vollumfänglich angewendet und die Auswirkungen somit sichtbar werden.

III. Zielsetzung

Trotz der relativ langen Entstehungsgeschichte und der teilweise deutlichen Änderungen vom Referentenentwurf über den Regierungsentwurf bis hin zur endgültigen Gesetzesfassung blieb die allgemeine Zielsetzung des BilMoG unverändert. Das erklärte Ziel des Gesetzgebers war die Stärkung der Informationsfunktion unter gleichzeitiger Wahrung der Zahlungsbemessungsfunktion und des Gläubigerschutzes.[988] Der Zweckpluralismus des Jahresabschlusses wird demnach ausdrücklich beibehalten.[989] Das bewährte nationale Bilanzrecht sollte zu einer „dauerhaften und im Verhältnis zu den IFRS vollwertigen, aber kostengünstigeren und einfacheren Alternative weiterentwickelt werden."[990] Mittel zur Zielerreichung ist eine Anhebung des Informationsniveaus des Jahresabschlusses durch maßvolle und punktuelle Annäherung an die internationalen Standards und die weitgehende Beseitigung nicht mehr zeitgemäßer handelsrechtlicher Ansatz-, Ausweis- und Bewertungswahlrechte.[991] Insbesondere die Abschaffung von Wahlrechten beschränkt den

---

986 Beschlussempfehlung Rechtsausschuss, BT-Drs. 16/12407, S. 83.

987 Die Übergangsvorschriften finden sich in Art. 66 f. EGHGB.

988 RegE BilMoG, BT-Drs. 16/10067, S. 32 ff.; vgl. auch *Velte*, KoR 2008, 61, 73; *Wüstemann/Wüstemann*, in: FS Krawitz, S. 753.

989 *Böcking/Dutzi*, in: FS Krawitz, S. 785, 786; *Pellens/Kemper/Schmidt*, ZGR 2008, 381, 400; *Hommelhoff*, ZGR 2008, 250, 253 („doppelfunktionale Einheitsbilanz").

990 RegE BilMoG, BT-Drs. 16/10067, S. 32; Beschlussempfehlung Rechtsausschuss, BT-Drs. 16/12407, S. 1.

991 RegE BilMoG, BT-Drs. 16/10067, S. 34; *Böcking/Gros*, Der Konzern 2009, 355, 356; *Arbeitskreis Bilanzrecht der Hochschullehrer Rechtswissenschaft*, BB 2008, 152, 153; *Hommelhoff*, ZGR 2008, 250, 254.

bilanzpolitischen Spielraum, sodass die Darstellung der Vermögens-, Finanz- und Ertragslage der Gesellschaft von bisherigen Verzerrungen befreit wird und die Vergleichbarkeit der Abschlüsse in Deutschland und international verbessert wird.[992] Zugleich soll eine Ausweitung der IFRS-Bilanzierung vor allem auf kleine und mittlere Unternehmen vermieden werden.[993] Die Bundesregierung argumentierte, dass einerseits offen sei, ob die „relativ jungen" IFRS sich „durchsetzen und bewähren". Andererseits sei den kleinen und mittelgroßen Unternehmen die Bilanzierung nach den internationalen Standards nicht zuzumuten, da IFRS wesentlich komplexer und kostenintensiver seien als die HGB-Rechnungslegung. Außerdem bestehe die Gefahr, dass aufgrund des Detaillierungsgrades der IFRS wettbewerbsrelevante Daten preisgegeben werden müssen, was bei mittelständischen Unternehmen bis zur Existenzgefährdung führen könne. Den mittelständischen Interessen würde daher besser entsprochen, wenn Komponenten der IFRS nur teilweise, soweit notwendig, in das deutsche Bilanzrecht integriert würden.[994] Verfolgt man den Entstehungsprozess des Gesetzes, so zeigt sich, dass der Gesetzgeber trotz der Annäherung an die IFRS keine Rückgriffe auf diese zulassen möchte, sondern weiterhin auf ein eigenständiges Rechnungslegungssystem setzt.[995] Während im Referentenentwurf noch eine Vielzahl von Verweisen auf die IFRS zu finden war,[996] wurden diese im Gesetzgebungsverfahren wieder gestrichen. Ein Instrument der Bilanzrechtsmodernisierung ist somit die Annäherung der deutschen Rechnungslegung an die IFRS, um eine „Internationalisierung" zu bewirken, ohne dabei die bestehenden Grundsätze einer Änderung auszusetzen. Dadurch soll den deutschen Unternehmen eine gleichwertige Alternative geboten werden. Der Gesetzgeber berücksichtigt somit den „Internationalisierungsprozess hin zu einer mehr informationsorientierten Rechnungslegung".[997]

Die stärkere Betonung der Informationsfunktion soll aber nicht auf Kosten der Ausschüttungsbemessungsfunktion erfolgen. Der Gläubigerschutz als „Eckpfeiler"[998] der handelsrechtlichen Bilanzierung soll zugleich erhalten bleiben, d.h., dass die Bilanzierungsprinzipien und -grundsätze nicht wesentlich verändert werden sollen.[999] Zwar werden Vorsichtsprinzip, Realisationsprinzip und Stichtagsprinzip mit Blick auf eine stärker im Vordergrund stehende Informationsfunktion punktuell anders gewichtet,[1000] die primäre Aufgabe der handelsrechtlichen GoB wird aber bestätigt, wenngleich der Gesetzgeber nunmehr von einem Gleichrang der

992 *Hommelhoff*, ZGR 2008, 250, 254.
993 *Böcking/Gros*, Der Konzern 2009, 355, 361.
994 RegE BilMoG, BT-Drs. 16/10067, S. 33.
995 *Solmecke*, Auswirkungen BilMoG, 2009, S. 45.
996 RefE BilMoG, S. 94, 99, 108.
997 RegE BilMoG, BT-Drs. 16/10067, S. 32.
998 RegE BilMoG, BT-Drs. 16/10067, S. 34.
999 *Solmecke*, Auswirkungen BilMoG, 2009, S. 45.
1000 RegE BilMoG, BT-Drs. 16/10067, S. 35.

Gläubigerschutz- und Informationsfunktion ausgeht.[1001] Durch die Modernisierung soll außerdem eine erhebliche Senkung der Rechnungslegungskosten durch Deregulierungsmaßnahmen erreicht werden. Durch die Anhebung der Schwellenwerte für kleine und mittelgroße Kapitalgesellschaften sollen künftig mehr Unternehmen als bisher die größenabhängigen Erleichterungen in Anspruch nehmen können.[1002]

IV. Überblick über die Änderungen

Aufgrund der Fülle der Änderungen der einzelnen Vorschriften sollen an dieser Stelle nur die jeweiligen Regelungsbereiche angedeutet werden. Die Darstellung und Bewertung ausgewählter kapitalschutzrelevanter Vorschriften erfolgt an späterer Stelle.

1. Stärkung der Informationsfunktion

Durch die Abschaffung nahezu aller handelsrechtlichen Wahlrechte verfolgt der Gesetzgeber das Ziel, die Informationsfunktion des Jahresabschlusses zu steigern.[1003] Außerdem erfolgte eine Anhebung des Informationsniveaus durch die Eliminierung verzerrender steuerlicher Einflüsse, insb. durch Wegfall der umgekehrten Maßgeblichkeit (§ 254 HGB a.F.; § 5 Abs. 1 S. 2 EStG a.F.).[1004] Im Bereich der Ansatz- und Bewertungsnormen erfolgte eine moderate Annäherung an die internationale Rechnungslegung, um einen besseren Einblick in die Vermögenslage der Unternehmen zu erreichen (vgl. Ansatzwahlrecht für immaterielle Vermögensgegenstände, § 248 Abs. 2 S. 1 HGB oder Berücksichtigung von Preis- und Kostensteigerungen bei Rückstellungsbewertungen gem. § 253 Abs. 2 HGB). Dadurch sollte eine umfassende Übernahme der IFRS verhindert werden.[1005]

Demgegenüber wurden Vorschläge, die noch in dem Referentenentwurf enthalten waren, vor dem Hintergrund der Finanzkrise nicht umgesetzt: Das Wahlrecht zur Erstellung des Jahresabschlusses nach den internationalen Rechnungslegungsregeln (§ 264e HGB-E i.d.F. RefE) wurde gestrichen.[1006] Außerdem war eine umfassende Zeitwertbewertung für zu Handelszwecken erworbene Finanzinstrumente vorgesehen (§ 253 I HGB-E i.d.F. RefE), die im BilMoG auf wenige Sonderfälle beschränkt wurde (vgl. §§ 253 Abs. 1 S. 3, 4; 246 Abs. 2 S. 2; 340e III HGB).

1001 RegE BilMoG, BT-Drs. 16/10067, S. 59.

1002 RegE BilMoG, BT-Drs. 16/10067, S. 32, 34.

1003 *Graf/Bisle*, in: MüKo BilanzR 2013, § 264, Rn. 64.

1004 *Hommelhoff*, ZGR 2008, 250, 254; *Arbeitskreis Bilanzrecht der Hochschullehrer Rechtswissenschaft*, DStR 2008, 1057 ff.

1005 *Petersen/Zwirner*, KoR-Beilage (1) 2009, 1, 2.

1006 Wobei weiterhin eine Bilanz und GuV nach dem HGB im Anhang aufzunehmen gewesen wären, die auch für die Ausschüttungsbemessung maßgeblich gewesen wären.

2. Deregulierung im Bereich der Publizitätspflichten

Der Gesetzgeber hat die Schwellenwerte der Größenklassen von kleinen, mittelgroßen und großen Kapitalgesellschaften rückwirkend für die Geschäftsjahre, die nach dem 31.12.2007 beginnen, um ca. 20 % angehoben (§ 267 HGB). Dies ist von großer Bedeutung für die Inanspruchnahme verschiedener Befreiungen und Erleichterungen bei der Rechnungslegung, insb. für die Prüfungspflicht und die Offenlegung der Gewinn- und Verlustrechnung nebst Anhangangaben. Damit sollen erhebliche Kostensenkungen für die begünstigten Unternehmen einhergehen.[1007] Außerdem wurden die Schwellenwerte für die größenabhängigen Befreiungen von der Verpflichtung zur Aufstellung eines Konzernabschlusses ebenfalls um 20 % erhöht (§ 293 HGB).

3. Konzernrechnungslegung

Der handelsrechtliche Konzernabschluss wird durch die Abschaffung von Wahlrechten und die Erweiterung des Konsolidierungskreises aufgewertet.[1008] In diesem Bereich erfolgten die deutlichsten Annäherungen an die IFRS.

4. Abschlussprüfung

Neben den vielfachen Änderungen im Bereich des materiellen Bilanzrechts enthält das BilMoG auch Neuerungen bei den die Abschlussprüfung betreffenden Paragrafen im HGB und der WPO.[1009] Diese beruhen auf der neuen Abschlussprüferrichtlinie[1010] und verfolgen die Zielsetzung, die Jahresabschlussprüfung an internationale Gepflogenheiten anzupassen.

5. Änderungen im handelsrechtlichen Einzelabschluss

Im Einzelnen werden durch das BilMoG folgende Änderungen und Neuerungen im Einzelabschluss in das HGB eingeführt:[1011]

- Wirtschaftliche Zurechnung von Vermögensgegenständen des Kaufmanns (§ 246 Abs. 1 HGB)
- Geschäfts- oder Firmenwert wird mittels Fiktion als Vermögensgegenstand behandelt (§ 246 Abs. 1 S. 4 HGB)
- Verrechnungspflicht für bestimmte Vermögensgegenstände und Schulden sowie Aktivierungspflicht eines nach Saldierung die Schulden übersteigenden Betrags (§ 246 Abs. 2 HGB)

1007 RegE BilMoG, BT-Drs. 16/10067, S. 63.
1008 Siehe dazu *Petersen/Zwirner*, KoR-Beilage (1) 2009, 1, 26 ff.
1009 Siehe dazu *Petersen/Zwirner*, KoR-Beilage (1) 2009, 1, 41 ff.
1010 Siehe Fn. 971.
1011 Mit einem Überblick hierzu *Petersen/Zwirner*, KoR-Beilage (1) 2009, 1, 9, 34 f.

- gesetzliche Normierung der Ansatzstetigkeit (§ 246 Abs. 3 HGB)
- teilweise Aufhebung des Aktivierungsverbots für selbst erstellte immaterielle Vermögensgegenstände des Anlagevermögens zugunsten eines Aktivierungswahlrechts (§ 248 HGB)
- Abschaffung der umgekehrten Maßgeblichkeit (§§ 247 Abs. 3, 254, 273, 279 Abs. 2, 280 Abs. 1, 281, 285 Nr. 5 HGB a.F.)
- Abschaffung von Aufwandsrückstellungen (§ 249 HGB)
- Veränderungen im Rechnungsabgrenzungsposten (§ 250 HGB)
- Konkretisierung der Bewertungsstetigkeit (§ 252 HGB)
- Änderungen der Verbindlichkeitsbewertung (§ 253 Abs. 1 HGB)
- Änderung der Rückstellungsbewertung (§ 253 Abs. 1 und 2 HGB)
- Abschaffung des Wahlrechts für Abschreibungen wegen künftiger Wertschwankungen und nach vernünftiger kaufmännischer Beurteilung (§ 253 Abs. 3 und Abs. 5 HGB)
- Bildung von Bewertungseinheiten (§ 254 HGB)
- Anpassung der Herstellungskostenuntergrenze (§ 255 Abs. 2 HGB)
- Regelungen zur Aktivierung von Entwicklungsaufwendungen (§ 255 Abs. 2a HGB)
- Angaben zur Vorgehensweise bei der Ermittlung des beizulegenden Zeitwerts (§ 255 Abs. 4 HGB)
- Änderungen bei den zulässigen Verbrauchsfolgeverfahren (§ 256 HGB)
- Währungsumrechnung (§ 256a HGB)
- Ausweitung der Informationspflichten für nicht konzernrechnungslegungspflichtige kapitalmarktorientierte Unternehmen (§ 264 Abs. 1 S. 2 HGB)
- Legaldefinition des Begriffs „kapitalmarktorientiert" (§ 264d HGB)
- Anpassung des Bilanzgliederungsschemas an die Ansatz- und Ausweisänderungen im Rahmen einzelner Regelungen (§ 266 HGB)
- Erhöhung der Schwellenwerte für Kapitalgesellschaften (§ 267 HGB)
- Einführung einer Ausschüttungssperre für bestimmte unsichere Beträge (§ 268 Abs. 8 HGB)
- Abschaffung der Aktivierung von Ingangsetzungs- und Erweiterungsaufwendungen (§ 269 HGB a.F.)
- Änderung des Eigenkapitalausweises (§ 272 HGB)
- Ausweitung der Abgrenzung latenter Steuern (§ 274 HGB)
- Konkretisierung und Erfassung bestimmter Aufwendungen und Erträge in der GuV (§ 277 Abs. 5 HGB)
- Ausdehnung der Angabepflichten im Anhang (§ 285 HGB)
- Wegfall der gesonderten Aufstellung des Anteilsbesitzes (§ 287 HGB a.F.)
- Ausweitung der größenabhängigen Erleichterungen im Bereich der Anhangangaben (§ 288 HGB)
- Erweiterung der Lageberichterstattung (§ 289 HGB)
- Aufnahme der Erklärung zur Unternehmensführung (§ 289a HGB)
- Einrichtung eines Prüfungsausschusses (§ 324 HGB)

V. Kapitalschutzrelevante Änderungen

1. Allgemein

Durch die Änderungen der Ansatz- und Bewertungsvorschriften können sich Veränderungen im Eigenkapital und bilanziellen Ergebnis ergeben. Dies hat Auswirkungen auf den Umfang des ausschüttungsfähigen Volumens und die Überschuldungsmessung.

So können sich folgende Aktivenerhöhungspotentiale ergeben:[1012]

- Aktivierung eines entgeltlich erworbenen Geschäfts- oder Firmenwerts
- selbst erstellte immaterielle Vermögensgegenstände des Anlagevermögens
- latente Steuern
- teilweise Zeitwertbewertung
- Beschränkung außerplanmäßiger Abschreibungen
- Anhebung der Herstellungskostenuntergrenze

Aber auch Effekte auf der Passivseite können das Ausschüttungsvolumen beeinflussen:

- Wegfall der Aufwandsrückstellungen
- Abzinsung von Rückstellungen
- Ausweis des gezeichneten Kapitals

Gegenläufige Effekte finden sich aber auch:

- Pensionsrückstellungen
- Abschaffung der Bilanzierungshilfe für Ingangsetzungs- und Erweiterungskosten

Im Folgenden soll untersucht werden, ob die genannten Bilanzposten zu einer Veränderung im Kapital- und Gläubigerschutz geführt haben. Teilweise erkennt der Gesetzgeber selbst, dass mit der Bilanzrechtsreform negative Auswirkungen auf das Vorsichtsprinzip verbunden sind und versucht diese mit der einer neu eingeführten Ausschüttungssperre nach § 268 Abs. 8 HGB zu kompensieren.

2. Bewertungsmaßstäbe

Am grundlegenden Prinzip der Zugangs- und Folgebewertung wurde durch das BilMoG keine Veränderung vorgenommen. Die Anschaffungs- und Herstellungskosten stellen weiterhin begrifflich die Wertobergrenze für Vermögensgegenstände dar. Allerdings wurde die Überschrift des § 255 HGB von „Anschaffungs- und Herstellungskosten" in „Bewertungsmaßstäbe" geändert, um deutlich zu machen, dass Anschaffungs- und Herstellungskosten nicht mehr den alleinigen handelsrechtlichen

1012 Siehe *Hennrichs*, in: Bilanzrecht in Familienunternehmen, S. 101, 114; *Zwirner*, StuB 2011, 643, 645.

Bewertungsmaßstab bilden, sondern die Bewertung zum beizulegenden Zeitwert als weiterer Bewertungsmaßstab hinzukommt.[1013]

a) Abschaffung von Wahlrechten

Erklärtes Ziel des Gesetzgebers war es, das deutsche Handelsbilanzrecht von unzeitgemäßen Wahlrechten zu befreien, welche die Aussagekraft, Verlässlichkeit und Vergleichbarkeit der Jahresabschlüsse beeinträchtigen.[1014] Vor allem im Bereich der Bewertung von Vermögensgegenständen und Schulden eröffneten eine Vielzahl von Wahlrechten dem Bilanzierenden bilanzpolitische Möglichkeiten.

aa) Keine Auswirkungen für Kapitalgesellschaften

Indessen galten bereits vor der Bilanzrechtsreform die meisten Wahlrechte in Bezug auf die Zugangs- und Folgebewertung nicht für Kapitalgesellschaften. Die Sondervorschriften der §§ 279, 280 HGB a.F. normierten statt der für Personengesellschaften und Einzelkaufleute geltenden Wahlrechte entweder ein Abwertungsverbot (z.B. § 279 Abs. 1 S. 2 HGB a.F.: bei vorübergehenden Wertminderungen nach § 253 Abs. 2 S. 3 HGB a.F.) oder ein Wertaufholungsgebot (z.B. § 280 Abs. 1 S. 1 HGB a.F.: beim Entfall der Gründe für die dauerhafte Wertminderung gem. § 253 Abs. 5 HGB).[1015] Die Abschaffung der Wahlrechte nach §§ 253 Abs. 2 S. 3, 253 Abs. 4, 253 Abs. 5 HGB hatte somit keine Auswirkungen auf Kapitalgesellschaften.

bb) Wahlrecht für Wertschwankungen im Umlaufvermögen, § 253 Abs. 3 S. 3 HGB a.F.

Einzig das Wahlrecht für erwartete zukünftige Wertschwankungen gem. § 253 Abs. 3 S. 3 HGB a.F. galt zuvor auch für Kapitalgesellschaften und wurde durch das BilMoG abgeschafft. § 253 Abs. 3 S. 3 HGB a.F. erlaubte, unabhängig von den Verhältnissen am Stichtag, zukünftige Wertentwicklungen nach unten durch Abschreibungen zu berücksichtigen (erweitertes Niederstwertprinzip).[1016] Überwiegend wurde in diesem Wahlrecht ein sog. „Vorsichtswahlrecht" gesehen, das dem Bilanzierenden die Möglichkeit einer vorsichtigen Bewertung eröffnen sollte.[1017] Wie bereits angesprochen, rechtfertigen Vorsichtserwägungen aber die Gewährung eines Wahlrechts nicht. Sollte tatsächlich eine vorsichtige Bilanzierung bezweckt sein, müsste stattdessen ein zwingendes Abwertungsgebot vorgeschrieben werden. Die Gläubiger – die durch das Vorsichtsgebot geschützt werden sollen – haben darüber

---

1013 RegE BilMoG, BT-Drs. 16/10067, S. 59.

1014 RegE BilMoG, BT-Drs. 16/10067, S. 34, 45.

1015 Siehe die Übersicht bei *Gelhausen/Fey/Kämpfer*, Rechnungslegung, 2009, S. 220.

1016 *Ellrott/Ring*, in: BBK 6. Aufl. 2006, § 253, Rn. 616.

1017 ADS, § 253, Rn. 546; *Hennrichs*, Wahlrechte, 1999, S. 381; *Kropff*, WPg 1966, 369, 373 f.

hinaus keinen Anspruch auf die Ausübung des Wahlrechts.[1018] Die wohl h.M. ließ eine Ausübung des Wahlrechts unabhängig vom Stetigkeitsgebot zu, sodass über die Ausübung des Wahlrechts in jedem Einzelfall entschieden werden konnte.[1019] Das eröffnete einen erheblichen bilanzpolitischen Gestaltungsspielraum.

Hennrichs spezifiziert das Wahlrecht als (politisches) Kompromisswahlrecht, dessen Ursprung in Art. 39 Abs. 1 lit. c) S. 1 Jahresabschlussrichtlinie lag.[1020] Dieses war als Mitgliedsstaatenwahlrecht konzipiert, wonach zwei gleichwertige Regelungsalternativen für die nationale Umsetzung zur Verfügung stehen. Der deutsche Gesetzgeber hatte dieses Wahlrecht durch die Umsetzung in § 253 Abs. 3 S. 3 HGB a.F. an die Unternehmen weitergegeben. Es erscheint zweifelhaft, ob dies eine richtlinienkonforme Umsetzung darstellte. Nach dem eindeutigen Wortlaut der Richtlinie sollte es nämlich nicht den einzelnen Unternehmen, sondern den Mitgliedsstaaten überlassen bleiben, wie die konkrete nationalstaatliche Umsetzung erfolgt. Dadurch entstand eine verzerrte Darstellung der Vergleichbarkeit verschiedener Unternehmen, die von der Richtlinie nicht beabsichtigt war.

Hennrichs folgerte daraus zwar nicht die Europarechtswidrigkeit des § 253 Abs. 3 S. 3 HGB a.F., allerdings hielt er eine richtlinienkonforme Auslegung dahin gehend für geboten, dass bei der Ausübung des Wahlrechts das Stetigkeitsgebot zu beachten sei.[1021] Dadurch war zumindest auch die intertemporale Vergleichbarkeit der Jahresabschlüsse einer Gesellschaft gewährleistet. Im Hinblick auf die Vergleichbarkeit zwischen den Unternehmen bleibt die Frage der Europarechtskonformität aber weiterhin bestehen.

Aber selbst die stetige Ausübung des Wahlrechts ermöglichte die Legung stiller Reserven, auch wenn darin nicht der Zweck des § 253 Abs. 3 S. 3 HGB a.F. bestand.[1022] Der Gesetzgeber erkannte, dass dies mit einer den tatsächlichen Verhältnissen entsprechenden Darstellung der Vermögens-, Finanz- und Ertragslage nicht vereinbar war, und schaffte diese „Überbetonung" des Vorsichtsprinzips ab.[1023] Auswirkungen auf den Kapitalschutz sind damit nicht unmittelbar verbunden. Zwar wird den Bilanzierenden die Möglichkeit genommen, Verluste zu antizipieren. Dies war aber auch bisher nicht voraussetzungslos möglich. Auch hatten die Gläubiger keinen Anspruch auf eine bestimmte Art der Ausübung des Wahlrechts. Aus Informationsgesichtspunkten ist die Abschaffung des Wahlrechts zu begrüßen, vor allem, weil dadurch bilanzpolitischer Spielraum reduziert wird. Auch wurden etwaige Zweifel an der Europarechtskonformität obsolet. Der europäische

1018 Siehe S. 161. Speziell zu § 253 Abs. 3 S. 3 HGB a.F. siehe *Hennrichs*, Wahlrechte, 1999, S. 382.

1019 Darstellung und Nachweise bei *Hennrichs*, Wahlrechte, 1999, S. 383 f.

1020 *Hennrichs*, Wahlrechte, 1999, S. 382 f.; ähnlich auch *Moxter*, Bilanzlehre II, 3. Aufl. 1991, S. 58 f.

1021 *Hennrichs*, Wahlrechte, 1999, S. 385 ff.

1022 *Ellrott/Ring*, in: BBK 6. Aufl. 2006, § 253, Rn. 16; *Hennrichs*, Wahlrechte, 1999, S. 382; *Solmecke*, Auswirkungen BilMoG, 2009, S. 98 f.; *Wolz/Janssen*, WPg 2009, 593, 604.

1023 RegE BilMoG, BT-Drs. 16/10067, S. 57.

Gesetzgeber ist dem BilMoG „gefolgt“ und das Wahlrecht in der neukodifizierten Bilanzrichtlinie gestrichen.

b) Bewertung von Herstellungskosten

aa) Verschiebung der Herstellungskostenuntergrenze

Herstellungskosten werden in § 255 Abs. 2 S. 1 HGB als die Aufwendungen definiert, die infolge des Verbrauchs von Gütern und Inanspruchnahme von Dienstleistungen für die Herstellung eines Vermögensgegenstandes, seiner Erweiterung oder seiner wesentlichen Verbesserung entstehen. Das HGB differenziert dabei zwischen Einzel- und Gemeinkosten.

Einzelkosten sind Kosten, deren Maßeinheiten nach Menge und Zeit dem einzelnen Vermögensgegenstand als Bezugsobjekt unmittelbar zugerechnet werden können.[1024] Das entspricht auch dem Wortlaut des Art. 2 Nr. 7 Bilanzrichtlinie (Art. 35 Abs. 3 lit. a Jahresabschlussrichtlinie).[1025] Zu den Einzelkosten zählen Materialeinzelkosten, Fertigungseinzelkosten und Sondereinzelkosten der Fertigung.[1026] Können die Aufwendungen nur durch eine Schlüsselung oder Umlage den hergestellten Vermögensgegenständen zugeordnet werden, weil ein unmittelbarer quantitativer Bezug fehlt, handelt es sich um Gemeinkosten.[1027] Diese bestehen aus Materialgemeinkosten, Fertigungsgemeinkosten und dem Wertverzehr des Anlagevermögens, soweit dieser durch die Fertigung veranlasst ist.[1028] Die Gemeinkosten haben regelmäßig den Charakter von Fixkosten.[1029] Dies ist aber nicht zwingend, sodass die Gemeinkosten in Abhängigkeit von der produzierten Menge variieren können.[1030] Als unechte Gemeinkosten werden Einzelkosten bezeichnet, die, obwohl sie grundsätzlich Einzelkosten darstellen, in der Kostenrechnung im Hinblick auf Verhältnismäßigkeit und Wirtschaftlichkeit als Gemeinkosten behandelt werden.[1031]

1024 BFH, 31.7.1967 – I 219/63 = BFHE 90, 128 = BeckRS 1967 21000873; *Schubert/Pastor*, in: BBK 10. Aufl. 2016, § 255, Rn. 347; ADS, § 255, Rn. 138; *Ekkenga*, in: KK-RechnungslegungsR 2011, § 255 HGB, Rn. 99; *Tiedchen*, in: MüKo BilanzR 2013, § 255, Rn. 82.

1025 Herstellungskosten bezeichnet „die Anschaffungskosten der Roh-, Hilfs- und Betriebsstoffe und die sonstigen dem einzelnen Erzeugnis unmittelbar zurechenbaren Kosten“.

1026 Zu den unterschiedlichen Einzelkostenarten siehe *Küting*, StuB 2008, 419, 423.

1027 *Schubert/Pastor*, in: BBK 10. Aufl. 2016, § 255, Rn. 347; *Jonas/Elprana/Heyes*, in: Heidel/Schall, HGB 2. Aufl. 2015, § 255, Rn. 66; *Merkt*, in: Hopt/Merkt, Bilanzrecht 2010, § 255 HGB, Rn. 17; *Lengsfeld/Wielenberg*, WPg 2008, 321, 322 ff.

1028 Zu den unterschiedlichen Gemeinkostenarten siehe *Küting*, StuB 2008, 419, 424 f.

1029 *Jonas/Elprana/Heyes*, in: Heidel/Schall, HGB 2. Aufl. 2015, § 255, Rn. 66.

1030 *Lengsfeld/Wielenberg*, WPg 2008, 321, 322; *Coenenberg/Haller/Schultze*, Jahresabschluss, 24. Aufl. 2016, S. 101.

1031 *Schubert/Pastor*, in: BBK 10. Aufl. 2016, § 255, Rn. 353; *Mellwig*, in: FS Budde, S. 397, 407; *Lengsfeld/Wielenberg*, WPg 2008, 321 m.w.N.

Eine Wertuntergrenze wird durch die aktivierungspflichtigen Aufwendungen abgesteckt. Nach altem Recht bestand eine Aktivierungspflicht für Material-, Fertigungs- und Sondereinzelkosten der Fertigung gem. § 253 Abs. 2 S. 2 HGB a.F. Der Kreis der aktivierungspflichtigen Aufwendungen wurde durch das BilMoG um die Materialgemeinkosten, die Fertigungsgemeinkosten und den Wertverzehr des Anlagevermögens, also die sog. „produktionsbezogenen Gemeinkosten“, erweitert (§ 255 Abs. 2 S. 2 Hs. 2 HGB).[1032] Diese produktionsbezogenen Gemeinkosten konnten nach altem Recht nur über ein Aktivierungswahlrecht (§ 255 Abs. 2 S. 3 HGB a.F.) in den Jahresabschluss miteinbezogen werden. Empirische Untersuchungen legen aber die Annahme nahe, dass bereits vor dem BilMoG eine ganz überwiegende Zahl von Unternehmen von dem Wahlrecht Gebrauch gemacht haben.[1033] Die Wertuntergrenze ergibt sich nunmehr aus der Summe von Einzelkosten und den genannten Gemeinkosten.[1034]

Die Anhebung der Untergrenze verfolgt im Sinne einer besseren Informationsvermittlung das Ziel der Annäherung des Herstellungskostenbegriffs an den produktionsbezogenen Vollkostenbegriff der IFRS.[1035] Die Neufassung des § 255 Abs. 2 HGB bewirkt, dass der Differenzierung zwischen Einzel- und Gemeinkosten keine bilanzpolitische Bedeutung mehr zukommt.[1036] Allerdings dürfen Gemeinkosten im Gegensatz zu den Einzelkosten nicht vollumfänglich, sondern nur in einem angemessenen Umfang aktiviert werden, sodass ein gewisser Gestaltungsspielraum eröffnet bleibt.[1037] Der Angemessenheitsvorbehalt soll bewirken, dass der Ansatz der Gemeinkosten vernünftigen betriebswirtschaftlichen Kriterien entsprechen muss, sodass eine willkürliche Zurechnung von Gemeinkosten nicht zulässig ist.[1038] Dieses Willkürverbot resultiert aus dem Vorsichtsprinzip.[1039] Nach dem Angemessenheitsprinzip dürfen in jedem Fall nur die tatsächlich angefallenen Kosten verrechnet werden.[1040]

Die Wertobergrenze für die Herstellungskosten ergibt sich aus der zusätzlichen Summe der Aufwendungen, für die ein Aktivierungswahlrecht besteht. Ein solches

---

1032 *Merkt*, in: Hopt/Merkt, Bilanzrecht 2010, § 255 HGB, Rn. 14; *Schubert/Pastor*, in: BBK 10. Aufl. 2016, § 255, Rn. 346.

1033 *Keitz/Wenk/Jagosch*, DB 2011, 2503, 2504; vgl. auch *Küting*, StuB 2008, 419, 420.

1034 *Künkele/Koss*, in: Petersen/Zwirner (Hrsg.), Bilanzrechtsmodernisierungsgesetz, S. 433, 438; *Tiedchen*, in: MüKo BilanzR 2013, § 255, Rn. 84; *Baetge/Kirsch/Thiele*, Bilanzen, 14. Aufl. 2017, S. 201; *Küting*, StuB 2008, 419, 422.

1035 RegE BilMoG, BT-Drs. 16/10067, S. 59; *Drüen*, in: GroßKomm HGB 5. Aufl. 2014, § 255, Rn. 2; *Petersen/Zwirner*, KoR-Beilage (1) 2009, 1, 16; *Lengsfeld/Wielenberg*, WPg 2008, 321, 322; *Winkeljohann/Ull*, in: Bilanzrecht in Familienunternehmen, S. 71, 96.

1036 *Jonas/Elprana/Heyes*, in: Heidel/Schall, HGB 2. Aufl. 2015, § 255, Rn. 67; *Küting*, StuB 2008, 419, 422.

1037 *Ekkenga*, in: KK-RechnungslegungsR 2011, § 255 HGB, Rn. 82.

1038 ADS, § 255, Rn. 157; *Gelhausen/Fey/Kämpfer*, Rechnungslegung, 2009, S. 226; *Schubert/Pastor*, in: BBK 10. Aufl. 2016, § 255, Rn. 355.

1039 *Schubert/Pastor*, in: 9. Aufl. 2014, § 255, Rn. 355; *Küting*, StuB 2008, 419, 424.

1040 *Küting*, StuB 2008, 419, 424.

besteht nach neuer Rechtslage nur noch für die Kosten der allgemeinen Verwaltung, Aufwendungen für betriebliche soziale Einrichtungen, Aufwendungen für freiwillige soziale Leistungen sowie Aufwendungen für betriebliche Altersversorgung (§ 255 Abs. 2 S. 3 HGB). Diese Aufwendungen müssen sich auf den Herstellungszeitraum beziehen.[1041]

Ein ausdrückliches Aktivierungsverbot wird für die Forschungs- und Vertriebskosten in § 255 Abs. 2 S. 4 HGB definiert.

bb) Auswirkungen auf den Kapitalschutz

Die aktivierungspflichtigen Kostenbestandteile haben sich durch das BilMoG signifikant erhöht. So führt *Küting* als Beispiel an, dass die Fertigungsgemeinkosten häufig mehr als 400 % der Fertigungseinzelkosten betrügen.[1042] Es ist klar festzustellen, dass durch die Erhöhung der Herstellungskostenuntergrenze tendenziell ein höherer Gewinnausweis erfolgt und sich damit das Eigenkapital der Gesellschaften erhöht.[1043] Ob dies für das jeweilige Unternehmen zutrifft, muss aber im konkreten Fall begutachtet werden, da auch nach altem Recht die Herstellungskosten durch die Ausübung des Wahlrechts entsprechend angesetzt werden konnten. In der Praxis wurde indes nur selten die bisher geltende Wertuntergrenze gewählt, sondern es wurden in der Regel auch die Gemeinkosten in die Herstellungskosten einbezogen. Diese Annahme wird auch von einer neueren empirischen Studie gestützt, bei der von 24 untersuchten Unternehmen in dem Jahr der BilMoG-Umstellung (2009) lediglich ein Unternehmen nur die Einzelkosten angesetzt hat.[1044] Als Grund kann angeführt werden, dass nach Steuerbilanzrecht bereits die Herstellungskostenuntergrenze auch die angemessenen Gemeinkosten erfasste.[1045] Mit der Einbeziehungspflicht der Gemeinkosten wurde aber auch der bilanzpolitische Gestaltungsspielraum stark eingeschränkt und die Möglichkeit stiller Reserven reduziert.[1046] Das Bewertungswahlrecht des Herstellungskostenbegriffs war unter Informationsgesichtspunkten zu kritisieren.[1047] Die Abschaffung trägt zur besseren Vergleichbarkeit zwischen den Unternehmen bei.

Zu begrüßen ist, dass der Gesetzgeber an dem Prinzip festhält, dass die bloße Herstellung als erfolgsneutrale Vermögensumschichtung anzusehen ist und damit noch keine Vermögensmehrung oder -minderung eintritt. Durch die Anhebung der Herstellungskostenuntergrenze wird dieses Prinzip sogar noch unterstützt, da die

---

1041 *Merkt*, in: Hopt/Merkt, Bilanzrecht 2010, § 255 HGB, Rn. 19.

1042 *Küting*, StuB 2008, 419, 426.

1043 Siehe *Pellens/Kemper/Schmidt*, ZGR 2008, 381, 408; *Hennrichs*, GmbHR 2010, 17, 18.

1044 *Keitz/Wenk/Jagosch*, DB 2011, 2503, 2504.

1045 *Küting*, StuB 2008, 419, 420, 426.

1046 *Drüen*, in: GroßKomm HGB 5. Aufl. 2014, § 255, Rn. 23; *Küting*, StuB 2008, 419, 420; *Arbeitskreis Bilanzrecht der Hochschullehrer Rechtswissenschaft*, BB 2008, 209, 213; *Schulze-Osterloh*, ZIP 2004, 1128, 1133.

1047 Vgl. *Arbeitskreis Bilanzrecht der Hochschullehrer Rechtswissenschaft*, BB 2008, 152, 153.

Nichteinbeziehung von Gemeinkosten nicht mehr erfolgswirksam zur Ergebnisreduzierung genutzt werden kann.[1048]

Die Herstellungskosten bleiben – zusammen mit den Anschaffungskosten – als absolute Wertobergrenze im Sinne der Kapitalerhaltung bestehen. Einzig bei den Sonderfällen nach §§ 255 Abs. 4, 253 Abs. 1 S. 3 und 4 HGB wird der beizulegende Zeitwert als zusätzlicher Bewertungsmaßstab in Form einer Ausnahme in das deutsche Handelsbilanzrecht implementiert. Die Herstellungskostenobergrenze bleibt ebenfalls unverändert, sodass von keiner Schwächung des Kapitalschutzes ausgegangen werden kann.

Als hilfreich für die Unternehmen wurde allgemein die Angleichung der Herstellungskostenuntergrenze an die Steuerbilanz bewertet.[1049] Allerdings hat die Steuerverwaltung mit BMF-Schreiben vom 12.3.2012 die steuerliche Herstellungskostenuntergrenze um die angemessenen Kosten der allgemeinen Verwaltung, die angemessenen Aufwendungen für soziale Einrichtungen des Betriebs, für freiwillige soziale Leistungen und für die betriebliche Altersversorgung angehoben (siehe R 6.3 Abs. 1 und Abs. 5 EStÄR 2012). Der Gleichlauf von Handels- und Steuerbilanz existiert seitdem nicht mehr. Es bleibt abzuwarten, ob dadurch in Zukunft die Praxis zu dem Vollkostenansatz übergehen wird. Laut der angesprochenen Studie wählten im ersten Jahr nach der BilMoG-Umstellung 18 von 24 Unternehmen die Herstellungskostenuntergrenze und 6 den Vollkostenansatz (inkl. § 255 Abs. 2 S. 3 HGB).[1050]

cc) Exkurs: Europarechtskonformität?

Die Herstellungskosten gem. § 255 HGB sind Ergebnis der Umsetzung des Art. 35 Jahresabschlussrichtlinie, wobei nicht der Wortlaut der Richtlinie übernommen wurde, „sondern eine inhaltlich übereinstimmende, aber den bestehenden Verhältnissen besser entsprechende Fassung“.[1051] Gem. Art. 2 Nr. 7 Bilanzrichtlinie (Art. 35 Abs. 3 Jahresabschlussrichtlinie) sind neben den Anschaffungskosten der Roh-, Hilfs- und Betriebsstoffe nur die dem „einzelnen Erzeugnis unmittelbar zurechenbaren Kosten“, also die Einzelkosten, aktivierbar. Im deutschen Recht besteht dagegen ein mehrfach gestuftes und differenziertes Bewertungssystem, das dem Steuerrecht entspricht.[1052]

Im alten Recht bestand für die Roh-, Hilfs- und Betriebsstoffe, die den einzelnen Erzeugnissen nicht unmittelbar zugeordnet und somit nicht als Einzelkosten eingestuft werden konnten, nach § 255 Abs. 2 S. 3 HGB a.F. lediglich ein Aktivierungswahlrecht. Die Roh-, Hilfs- und Betriebsmittel können dem einzelnen hergestellten

---

1048 *Küting*, StuB 2008, 419, 422.

1049 RegE BilMoG, BT-Drs. 16/10067, S. 60; *Schubert/Pastor*, in: BBK 10. Aufl. 2016, § 255, Rn. 346; *Gelhausen/Fey/Kämpfer*, Rechnungslegung, 2009, S. 255; *Pellens/Kemper/Schmidt*, ZGR 2008, 381, 407.

1050 *Keitz/Wenk/Jagosch*, DB 2011, 2503, 2504.

1051 RegE BilRiliG, BT-Drs. 10/317, S. 88.

1052 *Ekkenga*, in: KK-RechnungslegungsR 2011, § 255 HGB, Rn. 84; *Schubert/Pastor*, in: BBK 10. Aufl. 2016, § 255, Rn. 343.

Vermögensgegenstand nur mittelbar zugeordnet werden, sind aber nach Art. 2 Nr. 7 Bilanzrichtlinie (Art. 35 Abs. 3 lit. a, Art. 39 Abs. 2 S. 1 Jahresabschlussrichtlinie) zwingend zu aktivieren. Die deutsche Regelung wurde als partiell richtlinienwidrig bewertet.[1053] Nach der Neuregelung des § 255 Abs. 2 HGB sind nun auch die Gemeinkosten in die aktivierungspflichtigen Herstellungskosten miteinbezogen. Dies ist zu begrüßen, da somit die Kritik hinsichtlich der Europarechtswidrigkeit hinfällig ist. Daneben bleiben Bedenken bezüglich des Wahlrechts zur Einbeziehung der Kosten für die allgemeine Verwaltung und der Aufwendungen für die sozialen Einrichtungen des Betriebs unverändert bestehen. Diese Aufwendungen haben kaum einen Bezug zum konkreten Herstellungsprozess. Eine zumindest mittelbare Zurechenbarkeit zum einzelnen Erzeugnis ist daher durchaus zweifelhaft.[1054] Weder lassen sich die Aufwendungen eindeutig auf den Zeitraum der Herstellung umlegen, wie dies § 255 Abs. 2 S. 3 a.E. HGB zur Bedingung macht, noch ist eine klare Abgrenzung der Verwaltungsfunktionen (Personal, Vertrieb, Aufwendungen für Geschäftsleitung etc.) möglich.[1055] Welche zur Herstellung des jeweiligen Erzeugnisses dienen, kann kaum bestimmt werden. Die Zurechenbarkeit ist aber nach Art. 2 Nr. 7 Bilanzrichtlinie (Art. 35 Abs. 3 lit. b); Art. 39 Abs. 2 S. 1 Jahresabschlussrichtlinie) Voraussetzung für die Aktivierung als Herstellungskosten. Aus diesem Grund wurde die Herstellungskostenobergrenze im deutschen Recht schon vor dem BilMoG als europarechtswidrig angesehen.[1056] Diskutiert wird sogar ein Verstoß gegen das Vorsichtsprinzip, da eine willkürfreie Zurechnung der Aufwendungen für die allgemeine Verwaltung nicht möglich sei.[1057]

Der Gesetzgeber sieht die Umsetzung als richtlinienkonform an, indem er die dem einzelnen Erzeugnis unmittelbar zurechenbaren Aufwendungen als solche interpretiert, die in Abhängigkeit von der Erzeugnismenge variieren.[1058] Der Gesetzgeber geht ferner davon aus, dass es sich bei den Kosten der allgemeinen Verwaltung, Aufwendungen für soziale Einrichtungen des Betriebs, sowie Aufwendungen für freiwillige soziale Leistungen und betriebliche Altersvorsorgung um Aufwendungen handelt, die unabhängig von der Erzeugnismenge anfallen und somit nur mittelbar

1053 *Kleindiek*, in: GroßKomm HGB 4. Aufl. 2002, § 255, Rn. 33; *Tiedchen*, in: MüKo/AktG 2. Aufl. 2003, § 255 HGB, Rn. 72; *Hartung*, BB 1992, 2392; *Hartung*, BB 1997, 1627, 1632; *Schulze-Osterloh*, ZIP 2004, 1128, 1134; *Schulze-Osterloh*, DStR 2008, 63, 65; zur Möglichkeit der richtlinienkonformen Auslegung *Hartung*, BB 1997, 1627, 1628.

1054 *Kleindiek*, in: GroßKomm HGB 4. Aufl. 2002, § 255, Rn. 34; ausführlich *Hartung*, BB 1992, 2392, 2393 f.

1055 *Hartung*, BB 1992, 2392, 2393.

1056 *Kleindiek*, in: GroßKomm HGB 4. Aufl. 2002, § 255, Rn. 34; *Arbeitskreis Bilanzrecht der Hochschullehrer Rechtswissenschaft*, BB 2008, 209, 213; *Hartung*, BB 1992, 2392, 2392; *Schulze-Osterloh*, ZIP 2004, 1128, 1134; a.A. *Moxter*, BB 1988, 937, 938, 940.

1057 *Hartung*, BB 1992, 2392, 2394 f.; ähnlich *Moxter*, BB 1988, 937, 938.

1058 RegE BilMoG, BT-Drs. 16/10067, S. 59; ähnlich *Mellwig*, in: FS Budde, S. 397, 399; *Moxter*, BB 1988, 937.

den einzelnen Erzeugnissen zugerechnet werden können.[1059] Dies würde Art. 2 Nr. 7 Bilanzrichtlinie (Art. 35 Abs. 3 lit. b) Jahresabschlussrichtlinie) entsprechen. Aus den oben genannten Gründen ist das jedoch zweifelhaft. Auch wenn die Aufwendungen unabhängig von der Erzeugnismenge anfallen, müssen sie dennoch zurechenbar sein. Die willkürfreie Zurechenbarkeit kann aber nicht in jedem Fall angenommen werden.

Es wäre daher wünschenswert gewesen, wenn der Gesetzgeber das Wahlrecht für die Herstellungskostenobergrenze ebenfalls abgeschafft und somit einerseits den bilanzpolitischen Spielraum weiter eingeschränkt und andererseits zugleich die Zweifel bezüglich der Vereinbarkeit mit den europäischen Richtlinien beseitigt hätte.

c) Beizulegender Zeitwert

Im neu geschaffenen § 255 Abs. 4 HGB wurde der beizulegende Zeitwert als Bewertungsmaßstab in das deutsche Bilanzrecht eingeführt; er soll nach den Vorstellungen des Gesetzgebers als weiterer Bewertungsmaßstab neben die Anschaffungs- und Herstellungskosten in das deutsche Bilanzrecht treten, was durch die Änderung der Überschrift des § 255 HGB zum Ausdruck kommen soll.[1060] Dieser Maßstab gilt für alle Kaufleute, aber nur in den eng umgrenzten Sonderfällen der § 253 Abs. 1 S. 3 und 4 HGB. Danach ist der Zeitwert bei Bestimmung gewisser Altersversorgungsverpflichtungen und der zu verrechnenden Vermögensgegenstände gem. § 246 Abs. 2 S. 2 HGB zu beachten. Außerdem gilt der Zeitwert als Wertmaßstab für Kreditinstitute, die Finanzinstrumente des Handelsbestands mit dem Zeitwert bewerten müssen (§ 340 e Abs. 3 S. 1 HGB).

aa) Ermittlung/Begriffsbestimmung

Der Wertmaßstab des beizulegenden Zeitwerts wird kraft einer abgestuften Bewertungshierarchie nach § 255 Abs. 4 HGB ermittelt.[1061] Auf erster Ebene (Abs. 4 S. 1) richtet sich der beizulegende Zeitwert nach dem Marktpreis, der auf einem aktiven Markt ermittelt wird. Ein solcher liegt vor, „wenn der Marktpreis an einer Börse, von einem Händler, von einem Broker, von einer Branchengruppe, von einem Preisberechnungsservice oder von einer Aufsichtsbehörde leicht und regelmäßig erhältlich ist und auf aktuellen und regelmäßig auftretenden Markttransaktionen zwischen unabhängigen Dritten beruht".[1062] Liegt ein aktiver Markt nicht

---

1059 RegE BilMoG, BT-Drs. 16/10067, S. 60.

1060 RegE BilMoG, BT-Drs. 16/10067, S. 59.

1061 *Braun*, in: KK-RechnungslegungsR 2011, § 340e HGB, Rn. 119; *Drüen*, in: GroßKomm HGB 5. Aufl. 2014, § 255, Rn. 43; *Kümpel/Oldewurtel/Wolz*, StuB 2012, 171, 172; *Scharpf/Schaber/Löw/Treitz/Weigel/Goldschmidt*, WPg 2010, 439, 447.

1062 IDW RS BFA 2 Rn. 39; *Böcking/Morawietz/Torabian*, in: MüKo HGB 3. Aufl. 2013, § 340e, Rn. 50; vgl. auch *Böcking/Torabian*, BB 2008, 265, 266; *Scharpf/Schaber/Löw/Treitz/Weigel/Goldschmidt*, WPg 2010, 439, 447.

vor,[1063] ist auf zweiter Ebene der beizulegende Zeitwert mithilfe allgemein anerkannter Bewertungsmethoden zu bestimmen (Abs. 4 S. 2). Unter diesen Bewertungsmethoden werden vor allem das Discounted-Cash-Flow-Verfahren, die Ertragswertmethode sowie Optionsmodelle genannt.[1064] Aber auch andere Bewertungsmodelle sind denkbar, soweit sie dem Marktstandard entsprechen.[1065] Ist weder ein Marktpreis vorhanden noch eine Ermittlung auf Grundlage der Bewertungsmethoden möglich, sind nach Abs. 4 S. 3 die Anschaffungskosten gem. § 253 Abs. 4 HGB fortzuführen, wobei der zuletzt ermittelte beizulegende Zeitwert als Anschaffungskosten gilt (§ 255 Abs. 4 S. 4 HGB).

Das Prüfungsschema des § 253 Abs. 4 HGB ähnelt stark dem sog. *mark-to-market* Konzept der internationalen Rechnungslegung zur Bestimmung des *fair value* (IAS 39).[1066]

bb) Gefahren der Zeitwertbewertung für den Kapitalschutz

Die Bewertung zum beizulegenden Zeitwert oder in der Terminologie der internationalen Bilanzierungsstandards zum „fair value" gehört zu den umstrittensten Themen im deutschen Bilanzrecht.[1067] Von den Befürwortern als essentiell für die Informationsfunktion bezeichnet, wird die Einführung in das deutsche Recht indes überwiegend abgelehnt. Die Zeitwertbewertung stellt als Bewertungsmaßstab einen Fremdkörper im deutschen Handelsbilanzrecht dar und führt zu einer Modifikation mehrerer grundlegender Prinzipien des deutschen Handelsbilanzrechts.[1068]

1063 Siehe zur Bestimmung eines aktiven Marktes *Löw/Scharpf/Weigel*, WPg 2008, 1011, 1015 f.; *Scharpf/Schaber/Löw/Treitz/Weigel/Goldschmidt*, WPg 2010, 439, 448; *Tiedchen*, in: MüKo BilanzR 2013, § 255, Rn. 129.

1064 *Drüen*, in: GroßKomm HGB 5. Aufl. 2014, § 255, Rn. 48; *Böcking/Morawietz/Torabian*, in: Müko HGB 3. Aufl. 2013, § 340e, Rn. 50; *Böcking/Torabian*, BB 2008, 265, 266.

1065 IDW RS BFA 2 Rn. 44; *Gelhausen/Fey/Kämpfer*, Rechnungslegung, 2009, S. 111; *Tiedchen*, in: MüKo BilanzR 2013, § 255, Rn. 133.

1066 *Böcking/Torabian*, BB 2008, 265, 266; *Gemeinhardt/Bode*, StuB 2008, 170, 174; zu den IAS siehe *Pellens/Fülbier/Gassen/Sellhorn*, Internationale Rechnungslegung, 9. Aufl. 2014, S. 570 f.

1067 Kritisch *Arbeitskreis Externe Unternehmensrechnung der Schmalenbach-Gesellschaft für Betriebswirtschaft e.V.*, BB 2008, 994, 995 f.; *Bieg/Bofinger/Küting/Kußmaul/Waschbusch/Weber*, DB 2008, 2549; *Böcking/Dreisbach/Gros*, Der Konzern 2008, 207; *Gemeinhardt/Bode*, StuB 2008, 170; *Jessen/Haaker*, DStR 2009, 499; *Küting/Lauer*, BFuP 2009, 547; *Wolz/Janssen*, WPg 2009, 593; für die Implementierung der Zeitwertbewertung votieren dagegen *Böcking/Flick*, DB 2009, 185; *Zülch/Hoffmann*, DB 2009, 189.

1068 Zum Folgenden siehe *Arbeitskreis Bilanzrecht der Hochschullehrer Rechtswissenschaft*, BB 2008, 209, 212; *Hasenburg/Hausen*, DB-Beilage (5) 2009, 38, 43; *Küting/Kessler/Keßler*, WPg 2008, 494, 503; *Küting/Kessler/Keßler*, WPg 2008, 748, 752; *Küting/Kußmaul/Keßler*, DB 2009, 2557, 2559; *Wolz/Oldewurtel*, StuB 2009, 424, 427.

(1) Durchbrechung des Anschaffungskosten- und des Realisationsprinzips

Zuvorderst ist die Durchbrechung des Anschaffungskostenprinzips zu nennen.[1069] Das Anschaffungskostenprinzip trägt einerseits zur Objektivierung der bilanziellen Werte bei und steht andererseits in einem engen Zusammenhang mit dem Realisationsprinzip, das den Ausweis und die Ausschüttung unrealisierter Gewinne verhindern soll. Durch die Zeitwertbewertung steigt das Aktivvermögen über die Anschaffungskosten des jeweiligen Vermögensgegenstands, sodass die grundsätzlich im HGB geltende Bewertungsobergrenze[1070] durchbrochen wird. Solche Vermögenssteigerungen sind erfolgswirksam zu erfassen. Dabei entstehen aber unsichere Buch- oder Scheingewinne, die mangels Marktbestätigung keine Objektivierung erfahren haben und noch nicht als realisiert eingestuft werden können. Dies bedeutet eine Durchbrechung des Realisationsprinzips.[1071] In enger Beziehung dazu steht der Grundsatz der Nichtbilanzierung schwebender Gewinne, der durch die Zeitwertbewertung ebenfalls außer Kraft gesetzt wird, wenn eine ergebniswirksame Vereinnahmung der aus der Zeitwertbewertung resultierenden Erträge vorgenommen wird, die sich nicht durch einen Verkauf am Markt vollzogen haben. Im vom Vorsichtsprinzip und Gläubigerschutz geprägten deutschen Handelsbilanzrecht hat die Einführung der Zeitwertbewertung somit Auswirkungen auf die Ausschüttungsbemessung. Denn sowohl das Realisationsprinzip als auch das Anschaffungskostenprinzip bezwecken im Sinne eines hinreichenden Gläubigerschutzes den Ausweis unsicherer Erträge zu vermeiden. Die aus der Zeitwertbewertung resultierenden (Schein-)Gewinne stehen potentiell zur Ausschüttung bereit.[1072] Der Abfluss von Gesellschaftsvermögen, das auf unsicheren Erträgen beruht, kann zudem nicht mehr zurückgeholt werden, wenn sich im Nachhinein der Ansatz als unzutreffend herausstellt.[1073] Der bilanzielle Gläubigerschutz erfordert, dass die Ausschüttung „fiktiver Dividenden" ausgeschlossen ist.[1074]

(2) Prozyklische Wirkung

Als weiterer Nachteil wird die starke prozyklische Ergebnisvolatilität der Zeitwertbewertung genannt.[1075] Der Zeitwert kann stark über den Anschaffungspreis ansteigen, da keine Bewertungsobergrenze existiert. In wirtschaftlich guten Zeiten steigen

---

1069 *Bieg/Bofinger/Küting/Kußmaul/Waschbusch/Weber*, DB 2008, 2549.

1070 Siehe dazu S. 148 f.

1071 Siehe nur *Gelhausen/Fey/Kämpfer*, Rechnungslegung, 2009, S. 757; *Gemeinhardt/Bode*, StuB 2008, 170, 173; *Helke/Wiechens/Klaus*, DB-Beilage (5) 2009, 30, 35 f.; *Scharpf/Schaber/Löw/Treitz/Weigel/Goldschmidt*, WPg 2010, 439, 447; *Schulze-Osterloh*, in: Festgabe 100 Jahre Deloitte, S. 413, 421.

1072 Vgl. *Kümpel/Oldewurtel/Wolz*, StuB 2012, 171, 176 f.; *Drüen*, in: GroßKomm HGB 5. Aufl. 2014, § 255, Rn. 45.

1073 Siehe S. 76 f., 80 f.

1074 *Hennrichs*, BFuP 2008, 415, 419.

1075 *Bieg/Bofinger/Küting/Kußmaul/Waschbusch/Weber*, DB 2008, 2549, 2551; *Küting/Lauer*, BFuP 2009, 547, 554 ff.

die Werte der Vermögensgegenstände und damit die Gewinne. Die prozyklische Wirkung zeigt sich bei einem Konjunkturabschwung. Die fallenden Preise schlagen sich in voller Höhe in der Bilanz nieder. Muss dagegen ein Vermögensgegenstand, der anhand der Anschaffungs- und Herstellungskosten in der Bilanz aktiviert wurde, abgeschrieben werden, ist die Höhe der Abschreibung deutlich geringer. Die Auswirkungen auf das Ergebnis sind bei der Zeitwertbewertung wesentlich stärker und belasten die Unternehmen in einem größeren Umfang. Dadurch tritt eine krisenverschärfende Wirkung ein.[1076]

(3) Mangelnde Objektivierung

Aber auch die Entscheidungsnützlichkeit der Zeitwertbewertung ist nicht unbestritten. Die Ermittlung des Zeitwerts ist komplizierter als auf den ersten Blick vermutet werden kann. Das in § 255 Abs. 4 HGB eingeführte Stufenkonzept zur Bestimmung des beizulegenden Zeitwerts verdeutlicht, dass der Wert nicht immer objektiv zu bestimmen ist. Vor allem auf der zweiten Stufe der Bewertungshierarchie ergeben sich erhebliche Gestaltungs- und Ermessensspielräume.[1077] Der Bilanzierende hat die Auswahl unter mehreren Bewertungsmethoden, wodurch sich ein Bündel vertretbarer Werte ergibt. Dies steht dem Objektivierungsgrundsatz entgegen, wonach die Rechnungslegung möglichst frei von subjektiven Einschätzungen des Bilanzierenden sein soll.[1078] Die Zeitwertbewertung führt also nicht zwingend zu einer Verbesserung der Informationsfunktion und Vergleichbarkeit der Jahresabschlüsse. Vielmehr kann damit auch eine Entobjektivierung verbunden sein.[1079]

(4) Fazit

Die Einführung der Zeitwertbewertung steht in einem Spannungsverhältnis zur Haltung des Gesetzgebers, an den „Eckpfeilern der handelsrechtlichen Rechnungslegung“ und am System der GoB unverändert festzuhalten.[1080] Auch wenn die Einführung auf wenige Ausnahmen reduziert ist, sind erhebliche Auswirkungen auf den Kapital- und Gläubigerschutz zu befürchten. Der Gesetzgeber versucht, den Sorgen mit speziellen Sicherungsinstrumenten zu begegnen, die im Folgenden näher untersucht werden.

1076 *Bieg/Bofinger/Küting/Kußmaul/Waschbusch/Weber*, DB 2008, 2549, 2551; *Küting/Lauer*, BFuP 2009, 547, 557.

1077 *Ballwieser/Küting/Schildbach*, BFuP 2004, 529, 539 ff.; *Bieg/Bofinger/Küting/Kußmaul/Waschbusch/Weber*, DB 2008, 2549.

1078 Siehe ausführlich S. 151 f.

1079 *Bieg/Bofinger/Küting/Kußmaul/Waschbusch/Weber*, DB 2008, 2549; *Küting*, DStR 2009, 288, 293; ähnlich auch *Drüen*, in: GroßKomm HGB 5. Aufl. 2014, § 255, Rn. 45; *Tiedchen*, in: MüKo BilanzR 2013, § 255, Rn. 123.

1080 RegE BilMoG, BT-Drs. 16/10067, S. 32.

cc) Verrechnung von Vermögensgegenständen und Schulden, § 246 Abs. 2 S. 2 und 3 HGB

(1) Ausgangspunkt: Verrechnungsverbot gem. § 246 Abs. 2 S. 1 HGB

Das bereits vor dem BilMoG geltende Verrechnungsverbot in § 246 Abs. 2 S. 1 HGB schreibt vor, dass Aktivposten nicht mit Passivposten verrechnet werden dürfen.[1081] Es ist Ausfluss des Grundsatzes der Bilanzklarheit und Übersichtlichkeit und des Vollständigkeitsgebots.[1082] Die unsaldierte Darstellung aller Aktiva und Passiva versetzt die Bilanzadressaten in die Lage, die einzelnen Vermögenspositionen zu analysieren. Dies ist Grundvoraussetzung für einen hinreichenden Einblick in die Vermögens-, Finanz- und Ertragslage der Gesellschaft.[1083]

(2) Verrechnungsgebot bei Deckungsvermögen

Eine der auffälligsten Annäherungen an die internationalen Standards wurde durch die Schaffung des Verrechnungs*gebots* gem. § 246 Abs. 2 S. 2 und 3 HGB bei Deckungsvermögen für Schulden aus Altersversorgungsverpflichtungen erreicht.[1084] Dies bedeutet eine Durchbrechung des bislang geltenden Verrechnungsverbots.

i. Voraussetzungen des Verrechnungsgebots

Die Saldierung von Vermögensgegenständen und Schulden ist nach § 246 Abs. 2 S. 2 HGB ausnahmsweise zulässig, wenn die Vermögensgegenstände dem Zugriff der übrigen Gläubiger entzogen sind und ausschließlich der Erfüllung von Schulden aus Altersversorgungsverpflichtungen oder vergleichbaren langfristig fälligen Verpflichtungen dienen (sog. Planvermögen oder auch Deckungsvermögen).[1085] Unter „vergleichbaren Verpflichtungen“ sind in der Regel Pensionsverpflichtungen, Altersteilzeitverpflichtungen, Verpflichtungen aus Lebensarbeitszeitmodellen und andere vergleichbare langfristig fälligen Verpflichtungen an Arbeitnehmer zu verstehen.[1086] Auf gleiche Weise ist für die zugehörigen Aufwendungen und Erträge aus Abzinsung sowie aus dem zu verrechnenden Vermögen zu verfahren.

1081 Zu den Ausnahmen siehe *Ballwieser*, in: Müko HGB 3. Aufl. 2013, § 246, Rn. 131 ff.; *Braun*, in: KK-RechnungslegungsR 2011, § 246 HGB, Rn. 92 f.; *Schmidt/Ries*, in: BBK 10. Aufl. 2016, § 246, Rn. 105 ff.

1082 *Ballwieser*, in: Müko HGB 3. Aufl. 2013, § 246, Rn. 128; *Braun*, in: KK-RechnungslegungsR 2011, § 246 HGB, Rn. 91; *Schmidt/Ries*, in: BBK 10. Aufl. 2016, Rn. 100; *Hennrichs*, in: MüKo BilanzR 2013, § 246, Rn. 231.

1083 *Braun*, in: KK-RechnungslegungsR 2011, § 246 HGB, Rn. 91.

1084 *Petersen/Zwirner*, KoR-Beilage (1) 2009, 1, 10.

1085 *Hennrichs*, in: MüKo BilanzR 2013, § 246, Rn. 237.

1086 RegE BilMoG, BT-Drs. 16/10067, S. 48; *Braun*, in: KK-RechnungslegungsR 2011, § 246 HGB, Rn. 97; *Höfer/Rhiel/Veit*, DB 2009, 1605, 1606; ausführlich zu den unterschiedlichen Verpflichtungen *Gelhausen/Fey/Kämpfer*, Rechnungslegung, 2009, S. 20 ff.

Als Altersversorgungsverbindlichkeiten deckendes Vermögen kommen nach dem Wortlaut und der systematischen Stellung der Vorschrift nur Vermögensgegenstände i.S.d. § 246 Abs. 1 S. 1 HGB in Betracht. Eine Verrechnung darf nur mit solchem Vermögen erfolgen, das die Ansatzvoraussetzungen erfüllt.[1087] Allerdings macht das Gesetz keine Vorschrift bezüglich der „Anlage- oder Verwendungsform";[1088] in Betracht kommen Finanzinstrumente, materielle oder immaterielle Vermögensgegenstände.[1089] Es muss gewährleistet werden, dass die zur Deckung der Altersversorgungsverbindlichkeiten herangezogenen Vermögensgegenstände ausschließlich zur Erfüllung der korrespondierenden Schulden dienen. Vermögensgegenstände des Anlagevermögens, die zum Betrieb des Unternehmens notwendig sind, werden daher vom Gesetzgeber grundsätzlich als ungeeignet erachtet, da sie nicht jederzeit zur Erfüllung der Schulden zur Verfügung stehen.[1090] Um die dauerhafte Zweckbestimmung (Zweckexklusivität) des Deckungsvermögens zu sichern, müssen die jeweiligen Vermögensgegenstände in geeigneter Art und Weise von dem übrigen Vermögen getrennt werden.[1091] Die Leitungsorgane des bilanzierenden Unternehmens können dann die zweckbestimmten Vermögensgegenstände keiner anderen Nutzung mehr zuführen und verlieren die alleinige Verfügungsmacht über diese.[1092]

Die Separierung soll aber außerdem sicherstellen, dass die zweckbestimmten Vermögensgegenstände nicht dem Zugriff der übrigen Gläubiger unterliegen, weder in der Insolvenz noch im Wege der Zwangsvollstreckung.[1093] Kriterien, wann von der Insolvenzfestigkeit ausgegangen werden kann, sind gesetzlich nicht definiert. Laut Regierungsentwurf müssen die Vermögensgegenstände dem Zugriff der Gläubiger – sowohl bei Einzelvollstreckung als auch bei einer Insolvenz – im selben Maße entzogen sein wie dem Zugriff der Gläubiger eines von dem bilanzierenden Unternehmen unabhängigen Rechtsträgers, auf den die Vermögensgegenstände übertragen wurden. Ob diese Voraussetzungen erfüllt sind, müsse im Einzelfall festgestellt werden.[1094] Ein ergänzender Hinweis zur Konkretisierung findet sich in der Stellungnahme des Rechtsausschusses. Demnach könne von einer hinreichenden Trennung ausgegangen werden, wenn die Voraussetzungen des § 7e Abs. 2 SGB

1087 *Hasenburg/Hausen*, DB-Beilage (5) 2009, 38, 41.

1088 *Gelhausen/Fey/Kämpfer*, Rechnungslegung, 2009, S. 23.

1089 *Ballwieser*, in: Müko HGB 3. Aufl. 2013, § 246, Rn. 142; *Gelhausen/Fey/Kämpfer*, Rechnungslegung, 2009, S. 23.

1090 Beschlussempfehlung Rechtsausschuss, BT-Drs. 16/12407, S. 85; *Gelhausen/Fey/Kämpfer*, Rechnungslegung, 2009, S. 31; *Hasenburg/Hausen*, DB-Beilage (5) 2009, 38, 43.

1091 *Ballwieser*, in: Müko HGB 3. Aufl. 2013, § 246, Rn. 142; *Gelhausen/Fey/Kämpfer*, Rechnungslegung, 2009, S. 23.

1092 *Gelhausen/Fey/Kämpfer*, Rechnungslegung, 2009, S. 24.

1093 RegE BilMoG, BT-Drs. 16/10067, S. 48; *Bertram/Johannleweling/Roß/Weiser*, WPg 2011, 57, 59; *Gelhausen/Fey/Kämpfer*, Rechnungslegung, 2009, S. 27 f.

1094 RegE BilMoG, BT-Drs. 16/10067, S. 48.

IV vorliegen.[1095] „Zugriffsfrei“ abgesondert sind die Vermögensgegenstände demnach, wenn sie weder von einem Insolvenzverwalter noch von sonstigen Dritten beansprucht werden können.[1096]

Ein viel genanntes Instrument zur Herstellung der Vollstreckungs- und Insolvenzfestigkeit ist die sog. „doppelseitige Treuhand“.[1097] Dabei werden die zur Erfüllung der Verbindlichkeiten dienenden Vermögensgegenstände einem Treuhänder übertragen, der diese fiduziarisch für die Anspruchsberechtigten verwaltet.[1098] Bilanzrechtlich werden die Vermögensgegenstände weiterhin dem Unternehmen als Treugeber zugerechnet. Die Insolvenzfestigkeit entsteht, indem im Falle der Insolvenz der Treuhänder die Ansprüche nach § 51 Nr. 1 InsO für die Anspruchsberechtigten geltend machen kann, sodass dieses Vermögen für die Erfüllung der zu sichernden Ansprüche zur Verfügung steht. Die begünstigten Arbeitnehmer erwerben dabei auf Basis eines Vertrags zugunsten Dritter (§ 328 BGB) mit Eintritt des Sicherungsfalls einen eigenen Anspruch.[1099] Als Regelfall wird die Saldierung von Pensionsverpflichtungen mit dem insolvenzfesten Anspruch einer Rückdeckungsversicherung genannt.[1100]

ii. Bewertung der Altersversorgungsverbindlichkeiten und des Deckungsvermögens

Für die genaue Berechnung des zu verrechnenden Vermögens ist nach dem Einzelbewertungsgrundsatz eine separate Bewertung der Altersversorgungsverbindlichkeiten und des korrespondierenden Zweckvermögens vorzunehmen.[1101] Die Rückstellungen für Altersversorgungsverbindlichkeiten sind gem. § 253 Abs. 1 S. 2 HGB in der Höhe des nach vernünftiger kaufmännischer Beurteilung notwendigen Erfüllungsbetrags anzusetzen. Dadurch soll die Berücksichtigung zukünftiger Kosten- und Preisverhältnisse zum Ausdruck kommen, sodass eine Bewertung der Verbindlichkeiten mittels versicherungsmathematischer Verfahren unter Berücksichtigung zukünftiger Gehalts- und Rentensteigerung zu erfolgen hat.[1102]

1095 Beschlussempfehlung Rechtsausschuss, BT-Drs. 16/12407, S. 84 f.

1096 *Höfer/Rhiel/Veit*, DB 2009, 1605, 1606; siehe auch *Hasenburg/Hausen*, DB-Beilage (5) 2009, 38, 42.

1097 *Arbeitskreis Bilanzrecht der Hochschullehrer Rechtswissenschaft*, BB 2008, 209, 212; *Schulze-Osterloh*, DStR 2008, 63, 66; *Hennrichs*, in: MüKo BilanzR 2013, § 246, Rn. 239. Zu weiteren Sicherungsmodellen siehe *Gelhausen/Fey/Kämpfer*, Rechnungslegung, 2009, S. 25 ff.; *Hasenburg/Hausen*, DB-Beilage (5) 2009, 38, 43.

1098 *Schulze-Osterloh*, DStR 2008, 63, 66.

1099 *Gelhausen/Fey/Kämpfer*, Rechnungslegung, 2009, S. 27.

1100 *Rossmanith*, in: Jahrbuch für Controlling und Rechnungswesen, S. 51, 59; *Schulze-Osterloh*, DStR 2008, 63, 66; zur Ausgestaltung siehe auch *Höfer/Rhiel/Veit*, DB 2009, 1605, 1606.

1101 *Gelhausen/Fey/Kämpfer*, Rechnungslegung, 2009, S. 32.

1102 Siehe dazu ausführlicher S. 215 ff. und S. 221.

Die Vermögensgegenstände, die zum Deckungsvermögen zählen, sind gem. § 253 Abs. 1 S. 4 HGB mit dem beizulegenden Zeitwert nach § 255 Abs. 4 HGB zu bewerten.[1103] Den mit der Bewertung zum beizulegenden Zeitwert verbundenen Gefahren für den Kapital- und Gläubigerschutz versucht der Gesetzgeber durch die Implementierung der Ausschüttungssperre gem. § 268 Abs. 8 S. 1 und 3 HGB mit einem ausgleichenden Kompromiss zu begegnen. Darauf wird an späterer Stelle näher eingegangen.[1104]

iii. Zweck

Der Gesetzgeber bezweckte mit der Saldierung eine Annäherung an die internationalen Standards (IAS 19) und verfolgt damit die Steigerung des Informationsniveaus des Jahresabschlusses. Hinter dieser Regelung steht der Gedanke, dass Vermögen, welches nicht als Haftungsmasse für die Gläubiger zur Verfügung steht, auch nicht in der Bilanz ausgewiesen werden muss.[1105] Die Vermögensgegenstände können zwar nicht zur Deckung anderer Verbindlichkeiten verwendet werden; zugleich stellen aber die korrespondierenden Verbindlichkeiten aus Altersversorgungszusagen keine wirtschaftliche Belastung für die Gesellschaft dar.[1106] Die Leitungsorgane der Gesellschaft haben dadurch keine Verfügungsmacht über die Vermögensgegenstände, sodass eine Abbildung in der Bilanz nicht nötig erscheint.[1107] Dies erhöht die Transparenz und Klarheit des Jahresabschlusses und soll zu einem besseren Einblick in die Vermögens-, Finanz- und Ertragslage der Gesellschaft beitragen.[1108] Der Bilanzleser erfährt durch den saldierten Ausweis, ob und in welcher Höhe noch langfristige Altersversorgungsverpflichtungen bestehen, welche eine nicht vom Deckungsvermögen gedeckte wirtschaftliche Belastung für die Gesellschaft darstellen.[1109] Aus diesem Grund ist auch die Bewertung des Deckungsvermögens zum beizulegenden Zeitwert nötig, da ansonsten dem Ziel, die tatsächliche wirtschaftliche Belastung der Gesellschaft zu zeigen, nicht hinreichend entsprochen würde.[1110] Mit dieser Zwecksetzung wird auch die Durchbrechung des in Art. 6 Abs. 1 lit. g

1103 Für die Ermittlung des beizulegenden Zeitwerts siehe S. 186.

1104 Siehe S. 309 ff.

1105 *Ernst/Seidler*, ZGR 2008, 631, 636; *Gelhausen/Fey/Kämpfer*, Rechnungslegung, 2009, S. 19.

1106 RegE BilMoG, BT-Drs. 16/10067, S. 49; *Braun*, in: KK-RechnungslegungsR 2011, § 246 HGB, Rn. 99; vgl. auch *Luttermann*, ZIP 2008, 1605, 1609; *Rossmanith*, in: Jahrbuch für Controlling und Rechnungswesen, S. 51, 59.

1107 *Korth*, in: KK-RechnungslegungsR 2011, § 266 HGB, Rn. 211; *Solmecke*, Auswirkungen BilMoG, 2009, S. 59.

1108 *Gelhausen/Fey/Kämpfer*, Rechnungslegung, 2009, S. 19; *Hennrichs*, in: MüKo BilanzR 2013, § 246, Rn. 232.

1109 *Gelhausen/Fey/Kämpfer*, Rechnungslegung, 2009, S. 31; *Küting/Kessler/Keßler*, WPg 2008, 748, 752.

1110 *Küting/Kessler/Keßler*, WPg 2008, 494, 503; *Küting/Kußmaul/Keßler*, DB 2009, 2557, 2559.

Bilanzrichtlinie (Art. 7 Jahresabschlussrichtlinie) vorgeschriebenen Verrechnungsverbots von Aktiv- und Passivposten gerechtfertigt.[1111] Denn gem. Art. 4 Abs. 3 und 4 Bilanzrichtlinie (Art. 2 Abs. 3 und Abs. 5 Jahresabschlussrichtlinie) kann in Ausnahmefällen von einer Vorschrift der Richtlinie abgewichen werden, wenn dies eine zutreffendere Darstellung des den tatsächlichen Verhältnissen entsprechenden Bildes der Vermögens-, Finanz- und Ertragslage der Gesellschaft vermittelt.

iv. Ausweis des Unterschiedsbetrags

In den seltensten Fällen wird der Betrag des Deckungsvermögens exakt dem der zu deckenden Verbindlichkeiten entsprechen, sodass entweder ein aktiver oder ein passiver Unterschiedsbetrag aus der Verrechnung verbleibt. Falls der Wert des Deckungsvermögens den Buchwert der zugehörigen Schulden unterschreitet, entsteht eine sog. Unterdeckung.[1112] Der Fehlbetrag wird trotz der terminologischen Unschärfe weiterhin auf der Passivseite unter dem Gliederungspunkt „Rückstellungen für Pensionen und ähnliche Verpflichtungen" (§ 266 Abs. 3 Nr. 1 HGB) verbucht. Es wird vorgeschlagen, zur Verdeutlichung die Postenbezeichnung in „Rückstellungen für Pensionen und ähnliche Verpflichtungen nach Verrechnung des Deckungsvermögens" auf Grundlage von § 265 Abs. 1 und 6 HGB zu ändern.[1113] Überschreitet der Wert des Deckungsvermögens den Erfüllungsbetrag der zu deckenden Schulden, liegt eine Überdeckung vor.[1114] Im Regierungsentwurf war die Zeitwertbewertung auf den Erfüllungsbetrag der zu verrechnenden Schulden begrenzt. Dadurch wäre kein die Schulden übersteigender beizulegender Zeitwert zu aktivieren gewesen.[1115] Ohne diese Bewertungsrestriktion kann es allerdings zu einem aktiven Überhang aus der Zeitwertbewertung kommen.[1116] Ein solcher die Schulden übersteigender Differenzbetrag der mit dem beizulegenden Zeitwert bewerteten Vermögensgegenständen ist auf der Aktivseite unter dem Posten „Aktiver Unterschiedsbetrag aus der Vermögensverrechnung" (§ 266 Abs. 2 E. HGB) auszuweisen. Dabei handelt es sich nicht um einen Vermögensgegenstand, sondern um einen Verrechnungsposten.[1117] Der die Anschaffungskosten übersteigende Zeitwert verkörpert einen

---

1111 RegE BilMoG, BT-Drs. 16/10067, S. 48 f.

1112 *Gelhausen/Fey/Kämpfer*, Rechnungslegung, 2009, S. 38; *Bertram/Johannleweling/Roß/Weiser*, WPg 2011, 57, 67.

1113 *Gelhausen/Fey/Kämpfer*, Rechnungslegung, 2009, S. 38; *Bertram/Johannleweling/Roß/Weiser*, WPg 2011, 57, 67.

1114 *Korth*, in: KK-RechnungslegungsR 2011, § 266 HGB, Rn. 211; vgl. auch *Ballwieser*, in: Müko HGB 3. Aufl. 2013, § 246, Rn. 146.

1115 § 253 Abs. 1 S. 4 HGB lautete: „Satz 3 gilt entsprechend für nach § 246 Abs. 2 Satz 2 zu verrechnende Vermögensgegenstände, jedoch begrenzt auf den Erfüllungsbetrag der Schulden." Siehe RegE BilMoG, BT-Drs. 16/10067, S. 6, 54. Siehe auch *Küting/Kessler/Keßler*, WPg 2008, 748, 753.

1116 *Oser/Roß/Wader/Drögemüller*, WPg 2009, 573, 576; *Gelhausen/Fey/Kämpfer*, Rechnungslegung, 2009, S. 38.

1117 Beschlussempfehlung Rechtsausschuss, BT-Drs. 16/12407, S. 85.

unsicheren bilanziellen Wert und trägt nicht zum Schuldendeckungspotential im handelsrechtlichen Sinne bei.[1118] Es fehlt diesem Posten auch an der selbstständigen Verwertbarkeit, sodass es sich um keinen Vermögensgegenstand nach dem HGB handeln kann.[1119]

Da es durch die Zeitwertbewertung zu einem Ausweis unrealisierter Gewinne kommen kann,[1120] wird der Betrag gem. § 268 Abs. 8 S. 3 i.V.m. S. 1 HGB von der neu eingeführten Ausschüttungssperre erfasst.[1121]

Es bestehen allerdings bezüglich des Inhalts und des Umfangs dieses neuen Bilanzpostens einige Unklarheiten. Bei der Entstehung eines aktiven Überhangs ist zwischen zwei Möglichkeiten zu differenzieren, da mit dieser Unterscheidung erhebliche Auswirkungen auf den Charakter des Differenzbetrags und die Bestimmung der Ausschüttungssperre verbunden sind.[1122] Unmittelbar aus dem Wortlaut des § 246 Abs. 2 S. 3 HGB ist die Fallkonstellation zu entnehmen, dass der beizulegende Zeitwert des Deckungsvermögens die Verbindlichkeiten aus Altersversorgung übersteigt. Dieser Betrag wird dann als Sonderposten gem. § 266 Abs. 2 E. HGB verbucht. Andererseits können bereits die Anschaffungs- und Herstellungskosten des Deckungsvermögens die Verbindlichkeiten aus Altersversorgung übersteigen; dadurch kann ein Saldo entstehen, der auf der Aktivseite zu buchen ist.[1123] Es stellt sich daher die Frage, aus welchen Bestandteilen der Sonderposten gem. § 266 Abs. 2 E. HGB besteht. Nach einer Ansicht soll nur der auf der Zeitwertbewertung beruhende Differenzbetrag (nach Saldierung von Deckungsvermögen und korrespondierenden Schulden) in den Verrechnungsposten einbezogen werden, da der Verrechnungsposten zur Aufdeckung der stillen Reserven diene.[1124] Der Anteil der Überdeckung, der auf die Anschaffungs- und Herstellungskosten zurückzuführen ist soll als herkömmlicher Vermögensgegenstand aktiviert werden. Die gegenteilige Auffassung differenziert bezüglich des Ausweises des Verrechnungspostens nicht in der Entstehungsursache und lehnt eine Beschränkung auf die aufgedeckten Reserven ab.[1125] Problematisch scheint der Wortlaut des § 246 Abs. 2 S. 3 HGB. Demnach ist der Sonderposten zu aktivieren, wenn „der beizulegende Zeitwert der Vermögensgegenstände den Betrag der Schulden" übersteigt. Bei strenger wortlautgetreuer Auslegung ist Voraussetzung für den Ansatz, dass es zu einem aktiven Überhang kommt, der auf der Bewertung mit dem beizulegenden Zeitwert beruht. Ob dies allerdings auch den Umfang des Postens betrifft oder lediglich eine Voraussetzung für den Ansatz darstellt, ist unklar. Für die Einbeziehung der die Schulden

---

1118 *Gelhausen/Fey/Kämpfer*, Rechnungslegung, 2009, S. 38 f.

1119 *Gelhausen/Fey/Kämpfer*, Rechnungslegung, 2009, S. 39; *Küting/Kußmaul/Keßler*, DB 2009, 2557, 2561.

1120 Siehe S. 187 ff.

1121 Zur Ausschüttungssperre ausführlich S. 309 ff.

1122 *Küting/Kußmaul/Keßler*, DB 2009, 2557, 2560.

1123 *Küting/Kessler/Keßler*, WPg 2008, 748, 753.

1124 *Gelhausen/Fey/Kämpfer*, Rechnungslegung, 2009, S. 39.

1125 *Küting/Kußmaul/Keßler*, DB 2009, 2557, 2560; *Roß*, BB 2011, 1835, 1836 f.

übersteigenden Anschaffungs- und Herstellungskosten in den Verrechnungsposten spricht dagegen der 2. Halbsatz der Norm, wonach der „übersteigende Betrag" zu aktivieren ist.[1126] Aber auch die gesetzlich vorgegebene Terminologie des Sonderpostens „Aktiver Unterschiedsbetrag aus der Vermögensverrechnung" deutet nicht auf eine Beschränkung auf die stillen Reserven hin.[1127] Unklar bleibt dann allerdings, warum keine Beschränkung des Umfangs des Sonderpostens auf die aufgedeckten stillen Reserven erfolgt, wenn für den Ansatz doch Voraussetzung sein soll, dass es einen übersteigenden Zeitwert des Deckungsvermögens gibt. Aufgrund des unklaren Wortlauts muss zur Bestimmung des Umfangs des Sonderpostens auf dessen Sinn und Zweck zurückgegriffen werden. Der Bilanzadressat wird durch den Posten über die Saldierungseffekte des § 246 Abs. 2 S. 2 HGB informiert. Würde der Sonderposten nur aus stillen Reserven bestehen, wäre das gesamte Potential des Deckungsvermögens nur unzureichend in der Bilanz wiedergegeben. Inwiefern sich der aktive Überhang aus den Anschaffungs- und Herstellungskosten oder der Zeitwertbewertung zusammensetzt, ergibt sich auch bereits aus den Anhangangaben gem. § 285 Nr. 25 HGB.[1128] Eine Beschränkung des Sonderpostens auf den durch die Zeitwertbewertung resultierenden Betrag ist daher nicht nötig.

Gegen die separate Aktivierung der die Buchwerte der Schulden übersteigenden Anschaffungs- und Herstellungskosten als herkömmlichen Vermögensgegenstand spricht auch, dass die Leitungsorgane keine Verfügungsgewalt mehr über die dem Deckungsvermögen zugeordneten Vermögensgegenstände besitzen. Gänzlich auf den Ansatz der die Schulden übersteigenden Anschaffungs- und Herstellungskosten zu verzichten, wäre indes keine logische Alternative. Statt der objektivierbaren und damit auch der im Sinne des Handelsbilanzrechts realisierbaren Anteile des Differenzbetrags zwischen Deckungsvermögen und zu verrechnenden Schulden würden nur die unsicheren bzw. unrealisierten Anteile, die aus der Zeitwertbewertung resultieren, in der Bilanz unter dem Sonderposten ausgewiesen. Eine solche Lösung wäre gänzlich systemwidrig. Daher ist es vorzugswürdig, den gesamten aktiven Überhang aus der Verrechnung von Deckungsvermögen und korrespondierenden Schulden im Sonderposten „Aktiver Unterschiedsbetrag aus der Vermögensverrechnung" nach § 266 Abs. 2 E. HGB auszuweisen.

v. Anwendungsbereich der Ausschüttungssperre

Die mit der Zeitwertbewertung einhergehenden Bewertungsunsicherheiten sollen durch das Koppeln mit der neu eingeführten Ausschüttungssperre (§ 268 Abs. 8 S. 3 i.V.m. S. 1 HGB) ausgeglichen werden. Dies stellt eine Kompromisslösung[1129] dar, um die Beeinträchtigung des Gläubigerschutzes und speziell des Realisationsprinzips

1126 *Roß*, BB 2011, 1835, 1836 leitet daraus ab, dass der Wortlaut gegen eine Beschränkung auf die stillen Reserven spricht.
1127 *Roß*, BB 2011, 1835, 1837.
1128 *Roß*, BB 2011, 1835, 1837.
1129 *Küting/Kußmaul/Keßler*, DB 2009, 2557, 2559.

zu verhindern und zeitgleich das Informationsniveau der Bilanz zu steigern. Dies ist notwendig, da mit der Einordnung als Deckungsvermögen eine Auslagerung von Vermögensgegenständen verbunden ist, deren Zeitwerte über dem Buchwert liegen. Mit den Vermögensgegenständen werden in entsprechendem Umfang Altersversorgungsverbindlichkeiten aus der Bilanz ausgebucht. Dadurch können die Gesellschaften einen Ertrag generieren. Denn es werden Verbindlichkeiten in einem größeren Umfang[1130] aus der Bilanz ausgebucht als die bilanzielle Deckung bei der Bewertung zur Anschaffungs- und Herstellungskosten stattgefunden hat.[1131] In der Folge steigt durch die Verrechnung mit nicht realisierten Gewinnen das Eigenkapital entgegen dem Vorsichts- und Realisationsprinzip.[1132]

Unklarheiten bestehen in Bezug auf den Umfang des gesperrten Betrags. Laut Beschlussempfehlung des Rechtsausschusses soll der Verrechnungsposten durch § 268 Abs. 8 HGB ausschüttungsgesperrt sein.[1133] Die Aussage lässt den Eindruck entstehen, dass ein Zusammenhang zwischen dem Sonderposten gem. § 266 Abs. 2 E. HGB und dem ausschüttungsgesperrten Betrag existiert. Dieser Auslegung muss jedoch widersprochen werden. Nach § 268 Abs. 8 S. 3 gilt die Ausschüttungssperre für den Betrag, „der die Anschaffungskosten übersteigt“. Erfasst wird also der Differenzbetrag in der Höhe, um welche die beizulegenden Zeitwerte die Anschaffungskosten übersteigen.[1134] Aber nicht nur der Verrechnungsposten fällt unter die Ausschüttungssperre.[1135] Unabhängig davon, ob nach der Saldierung von Deckungsvermögen und korrespondierenden Schulden ein aktiver Überhang entsteht, ist der Differenzbetrag zwischen Zeitwert und Anschaffungs- und Herstellungskosten von der Ausschüttung ausgenommen. Die Ausschüttungssperre nach § 268 Abs. 8 S. 3 HGB erfasst damit den Betrag, der aufgrund der Zeitwertbewertung gewinnerhöhende Wirkung aufweist.[1136] Ein Zusammenhang zwischen Verrechnungsposten und Ausschüttungssperre existiert nicht.[1137] Der Verrechnungsposten und der Umfang des ausschüttungsgesperrten Betrags gem. § 268 Abs. 8 S. 1 und 3 HGB können voneinander abweichen.

Bsp. 1:[1138]

1130 Theoretisch kann der Zeitwert der Vermögensgegenstände aber auch unterhalb der Anschaffungskosten liegen. In dieser Konstellation greift die Ausschüttungssperre auch nicht ein.

1131 *Küting/Kußmaul/Keßler*, DB 2009, 2557, 2561.

1132 *Wolz/Oldewurtel*, StuB 2009, 424, 427.

1133 Beschlussempfehlung Rechtsausschuss, BT-Drs. 16/12407, S. 85.

1134 *Gelhausen/Fey/Kämpfer*, Rechnungslegung, 2009, S. 42 f., 326; *Korth*, in: KK-RechnungslegungsR 2011, § 266 HGB, Rn. 216.

1135 So aber die Formulierungen bei *Ballwieser*, in: Müko HGB 3. Aufl. 2013, § 246, Rn. 146; *Braun*, in: KK-RechnungslegungsR 2011, § 246 HGB, Rn. 102.

1136 *Link*, Ausschüttungssperre, 2014, S. 121.

1137 *Gelhausen/Fey/Kämpfer*, Rechnungslegung, 2009, S. 327; *Roß*, BB 2011, 1835, 1835.

1138 Die Darstellung ist angelehnt an die instruktiven Beispiele bei *Roß*, BB 2011, 1835, 1836 f.

	Anschaffungs- und Herstellungskosten	Beizulegender Zeitwert	Erfüllungsbetrag Verbindlichkeiten
Deckungsvermögen	40 GE	50 GE	
Altersversorgungsverbindlichkeiten			35 GE
Verrechnungsposten		(50./.35 =) 15 GE	
Ausschüttungssperre		10 GE	

In diesem Beispiel übersteigen die Anschaffungskosten bereits den Erfüllungsbetrag der Verbindlichkeiten (40./.35 = 5 GE). Dieser Anteil besteht allerdings nicht aus unrealisierten Gewinnen; eine Ausschüttungssperre ist diesbezüglich nicht erforderlich. Die Ausschüttungssperre bezieht sich lediglich auf den Differenzbetrag zwischen Anschaffungskosten und beizulegendem Zeitwert (50./.40 = 10 GE).

Bsp. 2:

	Anschaffungskosten	Beizulegender Zeitwert	Erfüllungsbetrag Verbindlichkeiten
Deckungsvermögen	40 GE	50 GE	
Altersversorgungsverbindlichkeiten			50 GE
Verrechnungsposten		–	
Ausschüttungssperre		10 GE	

In dieser Konstellation entsteht kein Verrechnungsposten, da Zeitwert und Erfüllungsbetrag der Verbindlichkeiten sich decken. Dennoch ist der Differenzbetrag zwischen Anschaffungskosten und beizulegendem Zeitwert (50./.40 = 10 GE) ausschüttungsgesperrt.[1139]

Diese Feststellung entschärft auch die oben beschriebene Problematik bezüglich des Inhalts des Postens. Der angebliche Zusammenhang zwischen Verrechnungsposten und Ausschüttungssperre wird teilweise als Argument herangezogen, den Umfang des Verrechnungspostens auf den Betrag der Zeitwertbewertung zu beschränken.[1140] Dies ist aber nach dem Sinn und Zweck der Ausschüttungssperre, unsichere Gewinne von der Möglichkeit der Ausschüttung auszunehmen,[1141] nicht erforderlich. Dem wird ohne Weiteres entsprochen, da losgelöst vom Sonderposten

1139 Vgl. auch *Link*, Ausschüttungssperre, 2014, S. 122.
1140 So bei *Gelhausen/Fey/Kämpfer*, Rechnungslegung, 2009, S. 39.
1141 An anderer Stelle dann aber *Gelhausen/Fey/Kämpfer*, Rechnungslegung, 2009, S. 327.

der ausschüttungsgesperrte Betrag auf die unsicheren Bestandteile, die aus der Zeitwertbewertung resultieren, beschränkt ist.[1142] Die Ausführungen in der Beschlussempfehlung des Rechtsausschusses müssen dahin gehend verstanden werden, dass, wenn der Verrechnungsposten durch die Zeitwertbewertung des Deckungsvermögens entsteht, dieser *auch* von der Ausschüttungssperre erfasst wird.[1143]

Aus kapitalschutzrechtlicher Sicht wäre es außerdem sinnvoll gewesen, bei Vermögensgegenständen, die grundsätzlich planmäßig abzuschreiben wären, die Ausschüttungssperre an der Differenz zwischen beizulegendem Zeitwert und dem jeweiligen hypothetischen Buchwert (fortgeführte Anschaffungs- und Herstellungskosten) zu orientieren.[1144] Der Umfang der Ausschüttungssperre würde dann im Laufe der Zeit zwar anwachsen und eine Art Nebenrechnung erfordern. Allerdings wäre dann der Betrag von der Ausschüttung ausgenommen, „der nicht hätte vereinnahmt werden können, wenn für die Vermögensgegenstände die Zeitwertbewertung nicht vorgesehen wäre".[1145] Jedoch wird in der Beschlussempfehlung des Rechtsausschusses ein solches Vorgehen aus Vereinfachungsgründen ausdrücklich abgelehnt.[1146]

vi. Steigerung des Informationsniveaus

Die Regelung soll eine Steigerung des Informationsniveaus bewirken, da für den Bilanzleser die tatsächliche wirtschaftliche Belastung des Unternehmens aus Altersversorgungsverpflichtungen erkennbar wird. Die erfolgte Anpassung an die internationalen Standards wurde überwiegend begrüßt.[1147] Es wurde aber auch auf die grundsätzlichen Probleme der Zeitwertbewertung hingewiesen, insb., dass ohne aktiven Markt die Bewertung zu anerkannten Bewertungsmethoden erhebliche Ermessensspielräume und Objektivierungsschwierigkeiten verursacht und daher auch bei der Verrechnung die Anschaffungskosten als Obergrenze beibehalten werden sollte.[1148]

Als gegenläufige Tendenz wird auf die Bilanzverkürzung als Folge der Saldierung verwiesen, wodurch sich weder die vollständige Höhe der Verpflichtungen aus Altersversorgung noch der Wert der Vermögensgegenstände, die zu deren Erfüllung dienen, aus der Bilanz ergibt.[1149] Das durch die Saldierung entstandene

---

1142 *Link*, Ausschüttungssperre, 2014, S. 122.

1143 Ähnlich *Roß*, BB 2011, 1835, 1836.

1144 Auch im Folgenden *Gelhausen/Fey/Kämpfer*, Rechnungslegung, 2009, S. 328 f.

1145 *Gelhausen/Fey/Kämpfer*, Rechnungslegung, 2009, S. 328.

1146 Beschlussempfehlung Rechtsausschuss, BT-Drs. 16/12407, S. 87.

1147 *Arbeitskreis Bilanzrecht der Hochschullehrer Rechtswissenschaft*, BB 2008, 209, 212; *Hasenburg/Hausen*, DB-Beilage (5) 2009, 38, 46; *Petersen/Zwirner*, KoR-Beilage (1) 2009, 1, 10.

1148 *Arbeitskreis Bilanzrecht der Hochschullehrer Rechtswissenschaft*, BB 2008, 209, 212; *Baetge/Kirsch/Solmecke*, WPg 2009, 1211, 1217.

1149 *Böcking/Gros*, Der Konzern 2009, 355, 357; ähnlich *Wolz/Oldewurtel*, StuB 2009, 424, 427.

Informationsdefizit kann aber durch die Pflicht zu Angaben im Anhang gem. § 285 Nr. 25 HGB kompensiert werden. Dort sind die Anschaffungskosten und der beizulegende Zeitwert der verrechneten Vermögensgegenstände sowie der Erfüllungsbetrag der korrespondierenden Schulden und der Aufwendungen und Erträge anzugeben. Dies gewährt einen Überblick über den Absicherungsstand der Altersversorgung, insb. die Wertentwicklung der Vermögensgegenstände von den Anschaffungskosten zum aktuellen Zeitwert.[1150]

(3) Auswirkungen auf den Kapitalschutz

Durch die Regelung des § 253 Abs. 1 S. 4 HGB hält die Zeitwertbewertung von Vermögensgegenständen zumindest in der beschriebenen Konstellation Einzug in das HGB, die sich ohne die ursprünglich geplante Bewertungsrestriktion sogar auf das bilanzielle Aktivvermögen auswirkt.[1151] Um die Erhöhung des Ausschüttungsvolumens aufgrund unsicherer Bewertung zu vermeiden, wird der übersteigende Betrag durch die Ausschüttungssperre gem. § 268 Abs. 8 S. 3 HGB erfasst. Im Referentenentwurf war noch keine Ausschüttungssperre für den die Anschaffungskosten übersteigenden Betrag vorgesehen. Nachdem Forderungen aus der Literatur[1152] laut wurden, erweiterte der Gesetzgeber den Anwendungsbereich der Ausschüttungssperre des § 268 Abs. 8 HGB. Die Berücksichtigung dieser Forderung ist zu begrüßen. Der Konflikt mit dem Realisationsprinzip lässt sich durch die Ausschüttungssperre entschärfen, da die unsicheren aus der Zeitwertbewertung entstehenden Vermögensbestandteile nicht an die Gesellschafter ausgeschüttet werden können.

Allerdings hat der Gesetzgeber an anderer Stelle ein Problemfeld wieder eröffnet, das im Referentenentwurf noch geschlossen war. Die Ausschüttungssperre verhindert zwar die Auskehrung von unsicheren Vermögensbestandteilen, löst aber nicht ein anderes grundlegendes Problem der Zeitwertbewertung. Der Zeitwert ist seinem Wesen nach stark volatil.[1153] Die Kursschwankungen von Aktien, die oftmals als Deckungsvermögen verwendet werden, schlagen sich unmittelbar im bilanziellen Ausweis nieder. Es ist daher nicht einsichtig, warum die ursprünglich vorgesehene Bewertungsrestriktion des Zeitwerts auf den Erfüllungsbetrag der Altersversorgungsverbindlichkeiten nicht beibehalten wurde. Soweit der aktive Überhang aus der Saldierung auf der Bewertung zum beizulegenden Zeitwert beruht, handelt es sich um einen flüchtigen Wert. Dieser ist zudem der Verfügungsmacht der Leitungsorgane entzogen und dient daher nicht zur Schuldendeckung der übrigen Verbindlichkeiten. Der Gesetzgeber selbst stuft den Posten nicht als Vermögensgegenstand ein. Daher wird trotz der Ausschüttungsrestriktion das Erfolgspotential der Gesellschaft falsch eingeschätzt. Die Zeitwertbewertung kann aufgrund ihrer immanenten Volatilität zu massiven Fehleinschätzungen in wirtschaftlich

---

1150 *Höfer/Rhiel/Veit*, DB 2009, 1605, 1612.

1151 *Küting/Kußmaul/Keßler*, DB 2009, 2557, 2560.

1152 *Küting/Kessler/Keßler*, WPg 2008, 494, 503.

1153 Siehe nur *Küting/Lauer*, BFuP 2009, 547, 554 ff.

krisenhaften Situationen führen, da der Marktpreis dann in der Regel stark fällt.[1154] Eine solche Darstellung in der Bilanz widerspricht dem Vorsichtsprinzip.

Sinnvoller wäre eine Bewertungsrestriktion – wie noch im Referentenentwurf vorgesehen – in Höhe des Erfüllungsbetrags der Schulden aus Altersversorgung gewesen. Zugegebenermaßen können dadurch stille Reserven entstehen. Diese beeinträchtigen den Einblick in die Vermögenslage der Gesellschaft in diesem Fall aber weniger stark, da sie aufgrund der Zweckexklusivität des Deckungsvermögens nicht für andere Zwecke genutzt werden können. Der Differenzbetrag zwischen den mit dem beizulegenden Wert bewerteten „zugriffsfreien" Vermögensgegenständen und den entsprechenden Altersversorgungsverbindlichkeiten stellt zum einen schon nur einen Verrechnungsposten und keinen Vermögensgegenstand dar, zum anderen ist auch dieser dem Zugriff der übrigen Gläubiger entzogen. Eine stille Auflösung der stillen Reserven ist daher nicht zu befürchten. Nur wenn nach einer Liquidation der Gesellschaft und damit nach der vollständigen Befriedigung aller Altersversorgungsverbindlichkeiten Vermögen verbleibt, kann es anderweitig zur Schuldendeckung herangezogen werden. Aufgrund der Bewertung zum Marktpreis wäre eine solche Annahme aber höchst unsicher. Unter Zugrundelegung der Konzeption des deutschen Handelsbilanzrechts, das bereits den Ausweis unsicherer Vermögenswerte verhindern soll, ist der Ansatz des Sonderpostens, soweit er auf der Zeitwertbewertung beruht, systemwidrig.[1155] Die Aktivierung des Verrechnungspostens über den Wert der Anschaffungskosten hinaus trägt auch nicht zu der gewünschten Stärkung des Informationsniveaus bei; es ist aus der Bilanz nicht ersichtlich, ob der Vermögensüberhang auf der Zeitwertbewertung beruht oder bereits auf den Anschaffungs- und Herstellungskosten.[1156] Daher wäre es sinnvoller gewesen, die Zeitwertbewertung von zugriffsfreien bzw. ausgelagerten Vermögensgegenständen über die Höhe der Verpflichtungen hinaus zu vermeiden.

dd) Ansatz von Finanzinstrumenten des Handelsbestands zum Zeitwert, § 340e Abs. 3 HGB

Neben der für alle Kaufleute geltenden Bewertung des Deckungsvermögens wurde die Zeitwertbewertung durch das BilMoG noch für den Spezialfall der Bewertung von Finanzinstrumenten des Handelsbestands bei Kreditinstituten eingeführt (§ 340e Abs. 3 HGB). Diese branchenspezifische Regelung betrifft zwar nicht die breite Mehrheit der mittelständischen Unternehmen, zeigt aber dennoch die Bemühungen des Gesetzgebers, Informationsfunktion und Kapitalschutz in einem Regelungssystem in Einklang zu bringen.

1154 *Höfer/Rhiel/Veit*, DB 2009, 1605, 1610; *Küting/Kußmaul/Keßler*, DB 2009, 2557, 2562.
1155 *Küting/Kußmaul/Keßler*, DB 2009, 2557, 2563.
1156 *Küting/Kußmaul/Keßler*, DB 2009, 2557, 2562.

(1) Regierungsentwurf

Im Referenten- und im ursprünglichen Regierungsentwurf war noch ein uneingeschränkter Zeitwertansatz für zu Handelszwecken erworbene Finanzinstrumente vorgesehen (§ 253 Abs. 1 S. 3 HGB-E).[1157] Aufgrund der massiven Kritik an der Zeitwertbewertung[1158] sowie der Erfahrungen mit der Finanzkrise[1159] und der Gefahr, in hohem Umfang unrealisierte Gewinne auszuweisen, hat der Rechtsausschuss den „ersten Einbruch des Fair-Value-Prinzips in die vom Anschaffungskostenprinzip geprägte Welt des HGB“[1160] im Gesetzesentwurf deutlich eingeschränkt.

Die im Entwurf zu findende Passage, die Bewertung des zu Handelszwecken erworbenen Finanzinstruments zum beizulegenden Marktwert sei – auch ohne dass dies bisher gesetzlich geregelt wäre – generell für alle Handelsunternehmen üblich und werde teilweise schon als Grundsatz ordnungsmäßiger Bilanzierung bezeichnet,[1161] wird nicht näher belegt. Diese bloße Behauptung wurde mit Verwunderung aufgenommen, denn es ist nahezu unstreitig, dass die Zeitwertbewertung mit grundlegenden GoB (Realisationsprinzip, Anschaffungskostenprinzip) nicht im Einklang steht.[1162] Der Grundsatz des Nichtausweises schwebender Geschäfte wäre durch die vorgesehene Bewertung durchbrochen worden, denn die Zeitwertbilanzierung hätte erfolgswirksam durchgeführt werden müssen.[1163] Insbesondere problematisch wäre die Zeitwertbewertung von Finanzinstrumenten gewesen, die nicht an einem aktiven Markt gehandelt werden.[1164] Dies hätte aber für den überwiegenden Teil der Finanzinstrumente zugetroffen.[1165]

Aufgrund etlicher Hürden für den Handel mit Finanzinstrumenten wäre aber die praktische Bedeutung der Zeitwertbilanzierung für Nicht-Banken wohl gering gewesen.[1166] Dennoch hätte sich die Einführung einer neuen Bewertungskonzeption für alle Kaufleute als „erster Einstieg und Türöffner“[1167] erweisen können. Der

---

1157 RegE BilMoG, BT-Drs. 16/10067, S. 53.

1158 Siehe Fn. 1067.

1159 Beschlussempfehlung Rechtsausschuss, BT-Drs. 16/12407, S. 85.

1160 *Arbeitskreis Bilanzrecht der Hochschullehrer Rechtswissenschaft*, BB 2008, 209, 211.

1161 RefE BilMoG, S. 105; RegE BilMoG, BT-Drs. 16/10067, S. 53; siehe auch *Ernst/Seidler*, ZGR 2008, 631, 644.

1162 *Lüdenbach/Hoffmann Wolf-Dieter*, DStR-Beihefter (50) 2007, 3, 11; *Theile*, GmbHR 2007, 1296, 1299; *Schulze-Osterloh*, DStR 2008, 63, 69; a.A. *Böcking/Torabian*, BB 2008, 265, 267, die eine Konkretisierung des Realisationsprinzips annehmen.

1163 *Theile*, GmbHR 2007, 1296, 1299; *Schulze-Osterloh*, DStR 2008, 63, 68 f.; *Ernst/Seidler*, ZGR 2008, 631, 644 („eingeschränkt“).

1164 *Arbeitskreis Bilanzrecht der Hochschullehrer Rechtswissenschaft*, BB 2008, 209, 211; *Schulze-Osterloh*, DStR 2008, 63, 69; vgl. auch *Baetge/Kirsch/Solmecke*, WPg 2009, 1211, 1217.

1165 *Küting*, DStR 2009, 288, 293.

1166 *Baetge/Solmecke*, Status: Recht 2009, 124, 125; *Löw/Scharpf/Weigel*, WPg 2008, 1011, 1012 f.; *Theile*, GmbHR 2007, 1296, 1299.

1167 *Küting*, DStR 2009, 288, 293.

Bundesrat hatte in seiner Stellungnahme eine entsprechende Beschränkung der geplanten Regelung auf Kreditinstitute mangels Relevanz für die übrigen Unternehmen gefordert.[1168]

(2) BilMoG – Sonderregelung für Kreditinstitute, § 340e Abs. 3 und 4 HGB

Diesen Einwänden ist der Gesetzgeber gefolgt und hat die Zeitwertbewertung für Finanzinstrumente des Handelsbestandes auf Kredit- und Finanzdienstleistungsinstitute beschränkt und mit weiteren Sicherungsmaßnahmen versehen. Bei diesen war es in der Tat bereits vor der Bilanzrechtsmodernisierung gängige Bilanzierungspraxis, Finanzinstrumente mit dem Zeitwert zu bewerten.[1169] Durch das BilMoG wurde das Vorgehen unter Beachtung bestimmter Sicherungsmechanismen gesetzlich kodifiziert. Über diese branchenspezifische Neuregelung hinaus bleibt es für die übrigen Gesellschaften bei der Bewertung zu Anschaffungs- und Herstellungskosten gem. § 253 Abs. 1 HGB. Kreditinstitute müssen nunmehr die Finanzinstrumente des Handelsbestands[1170] zum beizulegenden Zeitwert abzüglich eines Risikoabschlags in die Bilanz aufnehmen. Ausweislich der Beschlussempfehlung des Rechtsausschusses sollte mit der Einführung des § 340e Abs. 3 und 4 HGB die bereits angewandte Praxis der Kreditinstitute gesetzlich normiert werden.[1171] Im Ergebnis bedeutet dies keine Änderung der Bilanzierungsvorschriften, sondern eine „Legalisierung" der bisherigen („unzulässigen"[1172]) Praxis, die von der Bankenaufsicht für aufsichtsrechtliche Zwecke akzeptiert wurde.[1173] Dadurch soll ein sachgerechter Einblick in die Vermögens-, Finanz- und Ertragslage einer im Handelsgeschäft aktiven Bank sichergestellt werden.[1174] Gleichzeitig entsteht die Gefahr des Ausweises unsicherer Buch- oder Scheingewinne, da der Anstieg des Zeitwerts erfolgswirksam zu erfassen ist.

Der Gesetzgeber versucht indes, durch zwei Sicherungsinstrumente den mit der Zeitwertbewertung verbundenen Schwächen hinsichtlich des Kapitalschutzes beizukommen. Gem. § 340e Abs. 3 S. 1 HGB sind Finanzinstrumente des Handelsbestandes zum beizulegenden Zeitwert abzüglich eines Risikoabschlags zu bewerten.

1168 Stellungnahme BRat, BR-Drs. 344/08, S. 4 f.

1169 Siehe dazu *Kütter/Prahl*, WPg 2006, 9 ff. Mit Hinweis auf die Rechtswidrigkeit dieses Vorgehens *Jessen/Haaker*, DStR 2009, 499, 501 f.

1170 Zur Abgrenzung siehe *Böcking/Morawietz/Torabian*, in: Müko HGB 3. Aufl. 2013, § 340e, Rn. 41 ff.; *Gelhausen/Fey/Kämpfer*, Rechnungslegung, 2009, S. 751 ff.

1171 Beschlussempfehlung Rechtsausschuss, BT-Drs. 16/12407, S. 92.

1172 *Jessen/Haaker*, DStR 2009, 499, 502; *Lüdenbach/Hoffmann Wolf-Dieter*, DStR-Beihefter (50) 2007, 3, 11.

1173 *Waschbusch*, in: Petersen/Zwirner (Hrsg.), Bilanzrechtsmodernisierungsgesetz, S. 584, 586; ähnlich *Helke/Wiechens/Klaus*, DB-Beilage (5) 2009, 30, 35.

1174 *Böcking/Morawietz/Torabian*, in: Müko HGB 3. Aufl. 2013, § 340e, Rn. 48.

Aufgrund der erhöhten Gefahr von bloßen Buchgewinnen ist außerdem nach § 340e Abs. 4 S. 1 HGB für zum Zeitwert bewertete Finanzinstrumente ein Sonderposten „Fonds für allgemeine Bankrisiken" gem. § 340g HGB zu bilden, der nicht ausgeschüttet werden darf.[1175]

i. Risikoabschlag

Durch die Zeitwertbewertung sind neben realisierten auch bloß realisierbare Gewinne erfolgswirksam im Jahresabschluss zu erfassen, sodass eine Beeinträchtigung des Realisationsprinzips besteht. § 340e Abs. 3 S. 1 HGB schreibt daher vor, dass der Zeitwert der Finanzinstrumente um einen Risikoabschlag zu kürzen ist. Der Abschlag ist in seiner konkreten Höhe nicht vorgeschrieben, soll aber den Ausfallwahrscheinlichkeiten der bloß realisierbaren Gewinne Rechnung tragen.[1176] Auch eine Bewertungsmethode für den Abschlag wird durch das HGB nicht vorgeschrieben. Allerdings hatte der Gesetzgeber sog. Value-at-risk-Abschläge unter Anwendung finanzmathematischer Verfahren vor Augen.[1177] Auf diese Weise wird der potentiell künftige Verlust eines gegebenen Portfolios ermittelt, der unter normalen Marktbedingungen mit einer bestimmten Wahrscheinlichkeit innerhalb eines festgelegten Zeitraums nicht überschritten wird.[1178] Dadurch erfolgt eine Berücksichtigung von latenten Wertminderungsrisiken.[1179]

Der Risikoabschlag bewirkt, dass der ausgewiesene Ertrag aus Handelsgeschäften reduziert wird, sodass damit eine „ausschüttungssperrende Wirkung" verbunden ist.[1180] Sinn und Zweck des Abschlags soll die Vermeidung des Ausweises eines unrealisierten Buchgewinns[1181] und die Wahrung des Vorsichtsprinzips[1182] sein. Der Risikoabschlag stellt damit ein Surrogat für die sonst geltende Ausschüttungssperre gem. § 268 Abs. 8 HGB dar.[1183]

1175 *Löw*, in: MüKo BilanzR 2013, § 340e, Rn. 31.

1176 RegE BilMoG, BT-Drs. 16/10067, S. 95; siehe auch IDW RS BFA 2, Rn. 48.

1177 Beschlussempfehlung Rechtsausschuss, BT-Drs. 16/12407, S. 92; *Scharpf/Schaber/Löw/Treitz/Weigel/Goldschmidt*, WPg 2010, 439, 450.

1178 *Löw*, in: MüKo BilanzR 2013, § 340e, Rn. 25; *Böcking/Morawietz/Torabian*, in: Müko HGB 3. Aufl. 2013, § 340e, Rn. 48; ausführlich zu den VaR-Abschlägen *Scharpf/Schaber/Löw/Treitz/Weigel/Goldschmidt*, WPg 2010, 439, 450 f.

1179 *Scharpf/Schaber/Löw/Treitz/Weigel/Goldschmidt*, WPg 2010, 439, 451.

1180 *Böcking/Morawietz/Torabian*, in: Müko HGB 3. Aufl. 2013, § 340e, Rn. 52.

1181 *Braun*, in: KK-RechnungslegungsR 2011, § 340e HGB, Rn. 12; *Löw*, in: MüKo BilanzR 2013, § 340e, Rn. 25; *Löw/Scharpf/Weigel*, WPg 2008, 1011, 1014.

1182 *Böcking/Morawietz/Torabian*, in: Müko HGB 3. Aufl. 2013, § 340e, Rn. 52.

1183 RegE BilMoG, BT-Drs. 16/10067, S. 95; *Löw/Scharpf/Weigel*, WPg 2008, 1011, 1014. Zur Ausschüttungssperre ausführlich siehe S. 309 ff.

ii. Sonderposten „Fonds für allgemeine Bankrisiken" (§ 340e Abs. 4 HGB)

Neben dem obligatorischen Risikoabschlag nach § 340 e Abs. 3 HGB wurde als zusätzliche „risikovorsorgende Maßnahme"[1184] die Bildung eines Sonderpostens „Fonds für allgemeine Bankrisiken" nach § 340g HGB vorgeschrieben. Diesem ist in jedem Geschäftsjahr ein Betrag von mindestens 10 % der Nettoerträge des Handelsbestands zuzuführen, bis der Sonderposten einen Bestand von 50 % des Durchschnitts der letzten fünf jährlichen Nettoerträge des Handelsbestands erreicht hat (§ 340e Abs. 4 S. 2 Nr. 2 HGB). Sind in einem Geschäftsjahr Nettoaufwendungen getätigt worden, erfolgt keine Zuführung.[1185] Der Passivposten darf nur zu den in § 340e Abs. 4 S. 2 HGB genannten Zwecken aufgelöst werden. Durch diese Restriktion wird das ausschüttungsfähige Volumen weiter reduziert, wobei diese Quasi-Ausschüttungssperre sich nicht auf unsichere Erträge bezieht, sondern auf Basis einer pauschalierten Betrachtung greift.[1186]

Die Einführung zweier Sicherungsmechanismen wurde als „Gürtel-Hosenträger-Prinzip" bezeichnet.[1187] Die Bezeichnung suggeriert, dass der Sonderposten der gleichen Zwecksetzung wie der Risikoabschlag dient. Trotz der ähnlichen gewinnreduzierenden Wirkung beinhaltet der Sonderposten allerdings noch eine weitere Zwecksetzung. Indem nach § 340e Abs. 4 S. 2 HGB eine Auflösung des Postens zum Ausgleich eines Nettohandelsaufwands möglich ist, kann die prozyklische Wirkung der Zeitwertbewertung abgemildert werden.[1188] Ein unvorhergesehener Abfall der Preise an den Finanzmärkten hat in der Finanzkrise aufgrund der Volatilität und prozyklischen Wirkung der Zeitwertbewertung zu massivem Abschreibungsbedarf geführt. Diese Auswirkungen können durch Auflösung des Sonderpostens gemildert werden, sodass eine Ergebnisglättung bewirkt wird.[1189]

(3) Auswirkungen auf den Kapitalschutz

Die Zeitwertbewertung hat unstreitig Auswirkungen auf das Realisations- und das Anschaffungskostenprinzip. Es ist aber zweifelhaft, ob der Risikoabschlag und der Sonderposten die Durchbrechungen ausgleichen können. Auch die Vermittlung von entscheidungsnützlichen Informationen wird je nach Jahresabschlussadressat durch die Zeitwertbewertung nicht bedingungslos gesteigert. Die aus der

---

1184 *Böcking/Morawietz/Torabian*, in: Müko HGB 3. Aufl. 2013, § 340e, Rn. 55; *Scharpf/Schaber/Löw/Treitz/Weigel/Goldschmidt*, WPg 2010, 439, 452 („Risikopuffer").

1185 Beschlussempfehlung Rechtsausschuss, BT-Drs. 16/12407, S. 93; *Böcking/Morawietz/Torabian*, in: Müko HGB 3. Aufl. 2013, § 340e, Rn. 55.

1186 *Helke/Wiechens/Klaus*, DB-Beilage (5) 2009, 30, 35; vgl. auch *Scharpf/Schaber/Löw/Treitz/Weigel/Goldschmidt*, WPg 2010, 439, 446 („faktische Ausschüttungssperre").

1187 *Scharpf/Schaber/Löw/Treitz/Weigel/Goldschmidt*, WPg 2010, 439, 452.

1188 *Böcking/Morawietz/Torabian*, in: Müko HGB 3. Aufl. 2013, § 340e, Rn. 57.

1189 Beschlussempfehlung Rechtsausschuss, BT-Drs. 16/12407, S. 93; *Böcking/Morawietz/Torabian*, in: Müko HGB 3. Aufl. 2013, § 340e, Rn. 57.

Zeitwertbewertung folgenden Bilanzansätze sind für Externe schwieriger nachprüfbar. Bewertungsunsicherheiten und Ermittlungsschwierigkeiten führen zu einer Entobjektivierung.[1190]

i. Historischer Vergleich

Dabei ist die Zeitwertbewertung dem deutschen Handelsbilanzrecht nicht gänzlich fremd. Bei der aktuellen Diskussion ist ein Blick in die Historie und Entwicklung des deutschen Handelsbilanzrechts sehr aufschlussreich.[1191] Das erste deutsche bilanzielle Regelwerk schrieb 1861 in Art. 31 Abs. 1 ADHGB für alle Vermögensgegenstände die Bewertung mit dem beizulegenden Wert vor.[1192] Es dauerte aber nur wenige Jahre bis zum sog. Gründerkrach von 1873, als die Zeitwertbewertung als ein maßgeblicher Faktor für die krisenhafte wirtschaftliche Situation identifiziert wurde. Nach Abschaffung der Konzessionspflicht wurden zahlreiche Aktiengesellschaften mit einer geringen Kapitalausstattung gegründet. Um Investoren anzulocken, wurde die Zeitwertbewertung genutzt, um die wirtschaftliche Situation der Gesellschaften in einem unverhältnismäßig guten Licht darzustellen, indem in großem Umfang unrealisierte Gewinne ausgewiesen wurden. Bedingt durch diesen Fehlanreiz mangelte es den Gesellschaften an Krisenresistenz, sodass es zu einer Vielzahl an Konkursen kam. Es bestand Einigkeit, dass es an einem hinreichenden Gläubigerschutz fehlte. Als Konsequenz aus diesen Erfahrungen war es Ziel der Aktienrechtsnovelle von 1884, unrealisierte Gewinne zu begrenzen.[1193] Im Sinne eines stärkeren Gläubigerschutzes wurde von dem System der Zeitwertbewertung zugunsten einer vorsichtigen Gewinnermittlung Abstand genommen. Mit Artt. 185a, 239b ADHGB wurde das Anschaffungskostenprinzip als generelle Bewertungsobergrenze eingeführt, um eine Sicherung des Gesellschaftsvermögens durch die Bilanz zu gewährleisten. Der das damalige Bilanzrecht prägende Wissenschaftler *Hermann Simon* bezeichnete den Zeitwert als bloße Fiktion, der keinen objektiven Kriterien genüge.[1194] Die historische Erfahrung zeigt also, dass im Umgang mit der Bewertung zum beizulegenden Zeitwert im deutschen Bilanzrecht Zurückhaltung geboten ist.

ii. Branchenspezifische Beschränkung

Es ist zu begrüßen, dass die im Referentenentwurf vorgesehene Bewertung von zu Handelszwecken erworbenen Finanzinstrumenten für alle Kaufleute nicht durch das BilMoG umgesetzt wurde. Die branchenspezifische Beschränkung auf einen kleinen Teil der Finanzinstrumente kann für die spezielle Stellung von Kreditinstituten im gesamtwirtschaftlichen Gefüge hingenommen werden. Deren geschäftliches

---

1190 *Jessen/Haaker*, DStR 2009, 499, 501; *Küting*, DB 2011, 1404, 1406 ff.

1191 Vgl. auch *Böcking/Dreisbach/Gros*, Der Konzern 2008, 207, 209; *Schulze-Osterloh*, in: Festgabe 100 Jahre Deloitte, S. 413, 420; *Zülch/Hoffmann*, DB 2009, 189 f.

1192 Siehe ausführlich bereits S. 120 ff.

1193 Siehe S. 122 f.

1194 *Simon*, Bilanzen der Aktiengesellschaften, 1898, S. 295 f.

Betätigungsfeld folgt anderen Bedürfnissen als des in Deutschland traditionell starken Mittelstands. Für die hinreichende Darstellung der Finanz-, Ertrags- und Vermögenslage von Kreditinstituten ist die Erfassung von Finanzinstrumenten von größerer Bedeutung. Außerdem können die Bedenken gegen die Zeitwertbewertung abgemildert werden, wenn man die starke Regulierung und die zusätzlichen Eigenkapitalvorschriften für das Betreiben eines Kreditinstituts bedenkt.

Die Bilanzierungspraxis bei Finanzinstituten, die sich bereits zuvor durchgesetzt hatte, unterstreicht die branchenspezifische Besonderheit. Ob durch eine in der Praxis angewandte Methode auf die sachgerechte Fortentwicklung der GoB geschlossen werden darf,[1195] muss durchaus kritisch hinterfragt werden. Der Gesetzgeber hat allerdings gut daran getan, diesen Anwendungsfall im Sinne der Rechtssicherheit zu klären. Es ist dabei auch zu begrüßen, dass die Kodifizierung nach § 340e HGB die zuvor gängige Bilanzierungspraxis einschränkt, da nunmehr zwei Vorsorgeinstrumente eingebaut wurden. Nach bisherigem Vorgehen erfolgte zwar ein Risikoabschlag, aber keine Zuführung eines Gewinnanteils zu dem Sonderposten nach § 340g HGB. Der Gesetzgeber bringt damit grundsätzlich zum Ausdruck, dass durch diese Instrumente neben der Informationsfunktion auch der Kapitalschutz Berücksichtigung findet. Zu untersuchen ist allerdings, ob hierdurch auch ein hinreichender Schutz gewährleistet werden kann.

iii. Kapitalschutzadäquate Ausgestaltung?

Größtes Problem hinsichtlich des Kapitalschutzes ist, dass durch die ergebniswirksame Erfassung von Erträgen aus der Zeitwertbewertung unrealisierte Gewinne zur Ausschüttung bereitstehen. Das Grundgerüst des bilanziellen Gläubigerschutzes ist auf die Vermeidung unsicherer Schein- und Buchgewinne ausgerichtet. Nur nach dem Realisationsprinzip als sicher geltende Gewinne sollen grundsätzlich in der Bilanz ausgewiesen werden. Es wurde teilweise argumentiert, dass die Zeitwertbewertung keine Durchbrechung des Realisationsprinzips darstelle, da durch die Ermittlung des Zeitwerts an einem aktiven Markt ein quasi-sicherer Ertrag vorliege, der jederzeit durch Verkauf und erneuten Einkauf realisierbar sei.[1196] Das Realisationsprinzip werde vielmehr zu einem faktischen Wahlrecht, wenn man die Zeitwertbewertung nicht vorschreibe. Es liege dann in der Hand des Bilanzierenden, ob die Finanzinstrumente zu Anschaffungskosten in der Bilanz verbleiben oder ob durch einen Verkauf mit anschließendem Wiedereinkauf zu einem höheren Wert quasi der Zeitwert angesetzt wird.[1197] Dieser Argumentation kann allerdings nur sehr eingeschränkt gefolgt werden. Notwendige Voraussetzung ist das Vorliegen eines aktiven Marktes, an dem ständig der tatsächliche Zeitwert ermittelt werden

---

1195 So etwa *Böcking/Morawietz/Torabian*, in: Müko HGB 3. Aufl. 2013, § 340e, Rn. 51; *Scharpf/Schaber/Löw/Treitz/Weigel/Goldschmidt*, WPg 2010, 439, 449.

1196 *Böcking/Torabian*, BB 2008, 265, 267; *Böcking/Dreisbach/Gros*, Der Konzern 2008, 207, 211.

1197 *Wolz/Janssen*, WPg 2009, 593, 601.

kann (*mark-to-market*). Dann genügt die Zeitwertbewertung auch dem Objektivierungsgedanken und führt zur Steigerung des Informationswertes für die Bilanzadressaten, da der Wert intersubjektiv nachprüfbar ist und keine Ermessens- und Gestaltungsspielräume beim Bilanzierenden verbleiben.[1198]

Sobald man auf der zweiten Bewertungsebene (§ 255 Abs. 4 S. 2 HGB) auf die anerkannten Bewertungsmethoden zugreifen muss, eröffnen sich bereits bei der Wahl der Bewertungsmethode Gestaltungsspielräume.[1199] Die Ergebnisse sind für die Bilanzadressaten nicht mehr einfach nachprüfbar, was erheblich zulasten der Objektivität geht. Die Ermittlung über Bewertungsmodelle führt dann zu keiner Steigerung der entscheidungsnützlichen Informationen.[1200]

Aber auch, wenn ein aktiver Markt vorliegt, kann noch nicht sicher von der jederzeitigen Realisierbarkeit ausgegangen werden. Die Möglichkeit des Verkaufs und des sofortigen Rückerwerbs stellt noch kein ausreichendes Kriterium für die Vereinbarkeit mit dem Realisationsprinzip dar. Denn letztlich kann durch diese fiktionale Betrachtung nicht der Verkauf des gesamten Portfolios gesichert werden.[1201] Dass die aus der Zeitwertbewertung entstandenen Gewinne jederzeit realisierbar seien, ist insbesondere in Krisenzeiten ein Trugschluss.

Der Durchbrechung grundlegender Prinzipien des deutschen Handelsbilanzrechts versucht der Gesetzgeber durch zwei kapitalschützende Instrumente beizukommen. Sowohl der Risikoabschlag als auch der Sonderposten dienen zum Ausgleich der Schwächen, die mit der Zeitwertbewertung verbunden sind. Der Risikoabschlag gem. § 340e Abs. 3 S. 1 HGB führt zu einer Reduzierung der erfolgswirksam zu erfassenden Erträge. Dadurch sollen die Ausfallwahrscheinlichkeiten berücksichtigt und damit dem Vorsichtsprinzip Rechnung getragen werden. Aber anders als bei der in § 268 Abs. 8 HGB verankerten Ausschüttungssperre ist die Ermittlung des Abschlags nur aufgrund komplizierter finanzmathematischer Verfahren möglich. Auch hier leidet die Objektivität des Jahresabschlusses, da durch die Wahlmöglichkeit verschiedener Verfahren ein Korridor vertretbarer Abschlagshöhen entsteht. Durch die zukunftsorientierte Ermittlung wird eine Schwäche der Zeitwertbewertung in ein Instrument übertragen, dass gerade dieses Defizit kompensieren soll. Der Risikoabschlag verhindert außerdem nicht, dass unrealisierte Schein- oder Buchgewinne nicht in der Bilanz ausgewiesen werden.[1202] Ein hinreichender ausschüttungsbegrenzender Gläubiger- und Kapitalschutz wird durch den Risikoabschlag nicht vermittelt. Die vorgesehene Surrogatfunktion im Vergleich zur Ausschüttungssperre kann der Risikoabschlag nicht erfüllen.

1198 *Kümpel/Oldewurtel/Wolz*, StuB 2012, 171, 176; *Wolz/Janssen*, WPg 2009, 593, 601 f.
1199 *Wolz/Janssen*, WPg 2009, 593, 601.
1200 *Kümpel/Oldewurtel/Wolz*, StuB 2012, 171, 176.
1201 *Jessen/Haaker*, DStR 2009, 499, 504.
1202 *Jessen/Haaker*, DStR 2009, 499, 506; vgl. auch *Velte/Köster*, Buchführung, Bilanzierung, Kostenrechnung 2009, 959, 963.

Auch die pauschale Abführung von Mitteln in den Sonderposten nach § 340g HGB bietet im Hinblick auf die Gefahr der Ausschüttung unrealisierter Gewinne ebenfalls keinen vergleichbar effektiven Kapitalschutz wie das Realisationsprinzip und genügt daher nicht den Grundsätzen des Gläubigerschutzes.[1203] Stattdessen wurde eine unternehmensindividuelle risikoorientierte Zuführung vorgeschlagen.[1204] Für die praktische Durchführbarkeit ist die Pauschalierung aber durchaus sinnvoll, denn auch eine am individuellen Unternehmensrisiko orientierte Zuführung führt einerseits zu Ermessensspielräumen und ist andererseits bei unvorhergesehenen Ereignissen, wie der aktuellen Finanzkrise, weniger hilfreich. Dies gilt insbesondere unter Berücksichtigung des Zwecks des Sonderpostens, der prozyklischen Wirkung[1205] der Zeitwertbewertung entgegenzuwirken. Zum Ausgleich der durch die Zeitwertbewertung verursachten stärkeren Volatilität ist der Sonderposten durchaus sinnvoll. Gerade dieses Phänomen wurde als krisenverschärfendes Defizit der international üblichen *fair-value*-Bewertung bezeichnet.[1206] Zwar kann auch der Sonderposten die Problematik nicht vollständig beseitigen, führt aber durch dessen Auflösung bei durch die Zeitwertbewertung verursachten Verlusten (§ 340e Abs. 4 S. 2 Nr. 1 HGB) zu Glättungseffekten, die das Phänomen abschwächen. Unter diesem Gesichtspunkt ist die Einführung des Sonderpostens zu begrüßen; die Beeinträchtigungen des Kapitalschutzes werden aber nicht vollständig kompensiert.

Es ist daher festzuhalten, dass die vom Gesetzgeber gewählten Sicherungsinstrumente nur bedingt geeignet sind, die Gefahren für den Gläubiger- und Kapitalschutz auszugleichen.

iv. Systemkonforme Ausrichtung

In Anbetracht der Beeinträchtigung der Gläubiger- und Kapitalschutzfunktion des Jahresabschlusses wird die Integration der Zeitwertbewertung in das deutsche Handelsbilanzrecht als „Systembruch" bezeichnet.[1207] Der Gesetzgeber verfolgt mit dem BilMoG aber auch ausdrücklich das Ziel der Stärkung der Informationsfunktion und geht sogar von einer Gleichrangigkeit mit der Kapital- und Gläubigerschutzfunktion aus.[1208] Trotz der beschriebenen Umsetzungsdefizite bezüglich der Zeitwertbewertung von Finanzinstrumenten bei Kreditinstituten ergeben sich Möglichkeiten, beide Zielrichtungen möglichst konsistent in Einklang zu bringen. Zu beachten ist aber auch, dass die eingeführte Regelung nur im Falle eines aktiven Marktes zu einer Steigerung entscheidungsnützlicher Informationen führt. Auch an dieser Stellschraube besteht Nachbesserungsbedarf.

1203 *Jessen/Haaker*, DStR 2009, 499, 502.

1204 *Helke/Wiechens/Klaus*, DB-Beilage (5) 2009, 30, 35 f.

1205 *Küting/Lauer*, BFuP 2009, 547, 554 ff.; *Jessen/Haaker*, DStR 2009, 499; *Schildbach*, DStR 2008, 2381, 2382.

1206 *Küting/Lauer*, BFuP 2009, 547, 556.

1207 Jüngst *Kümpel/Oldewurtel/Wolz*, StuB 2012, 171, 177.

1208 RegE BilMoG, BT-Drs. 16/10067, S. 59.

Zur Steigerung der Informationsfunktion empfiehlt sich, die Ermittlung des Zeitwerts auf einen aktiven Markt zu beschränken.[1209] Liegt ein solcher aktiver und funktionierender Markt nicht vor, wird, statt auf Bewertungsmethoden zurückzugreifen (*markt-to-model*), der Zeitwert zu fortgeführten Anschaffungskosten bewertet, falls ein zuvor aktiver Markt inaktiv wird. Dadurch wird die zweite Bewertungsebene (§ 255 Abs. 4 S. 2 HGB) gestrichen, die sowohl für das bilanzierende Unternehmen einen erhöhten Bewertungsaufwand bedeutet als auch für den Bilanzadressaten keine verlässliche Nachprüfbarkeit der Werte zulässt. Nur bei einem aktiven Markt führt die Zeitwertbewertung zu einer Steigerung der Relevanz unter gleichzeitiger Beachtung des Objektivierungsgrundsatzes. Bemerkenswerterweise wird in IFRS-SME 11.8 auf diese Weise verfahren.[1210] Die Bewertung des Zeitwerts erfolgt durch Ermittlung am aktiven Markt. Wenn dies nicht möglich ist, wird zu fortgeführten Anschaffungskosten bewertet.

Der Risikoabschlag gem. § 340e Abs. 3 S. 1 HGB und der Sonderposten gem. § 340g HGB sollen die Ausschüttung unrealisierter Gewinne verhindern und damit die Beeinträchtigung des Realisationsprinzips kompensieren. Wie bereits gezeigt, eignen sich diese Instrumente hierfür aber nur sehr eingeschränkt. Wenn auch der Sonderposten unter der Zwecksetzung der Abmilderung der Volatilität durchaus eine sinnvolle Ergänzung darstellt, bleibt der Grund für die Einführung des Risikoabschlags rätselhaft. Wahrscheinlich hat sich der Gesetzgeber an der bisherigen Bankenpraxis orientiert, die ohne gesetzliche Regelung eine Zeitwertbilanzierung abzüglich eines solchen Abschlags vorgenommen hat.[1211] Eine Kompensation der eindeutigen Abschwächung des Gläubigerschutzes erfolgt dadurch aber kaum. Fraglich bleibt, warum der Gesetzgeber neben der neu eingeführten Ausschüttungssperre gem. § 268 Abs. 8 HGB den Risikoabschlag als deren Surrogat eingeführt hat. Es ist sachlich nicht begründbar, warum für Finanzinstitute anders verfahren wird als für die übrigen Gesellschaften. Die Implementierung einer vollumfänglichen Ausschüttungssperre kann einerseits die Vereinbarkeit mit dem Realisationsprinzip herstellen,[1212] andererseits würden die durch die unterschiedlichen finanzmathematischen Bewertungsverfahren entstandenen Gestaltungsspielräume eingeschränkt und dadurch die Relevanz und Objektivität der Rechnungslegung erhöht.

Statt der in § 340e Abs. 3 und 4 HGB umgesetzten Regelung zur Zeitwertbilanzierung von Finanzinstrumenten des Handelsbestands bei Kreditinstituten hätte sich somit eine einfachere Variante angeboten, die sowohl Kapitalschutz und Informationsfunktion besser in Einklang gebracht und zudem die Objektivität der Rechnungslegung gesteigert hätte. Finanzinstrumente des Handelsbestands sollten mit ihrem

1209 So auch *Schulze-Osterloh*, in: Festgabe 100 Jahre Deloitte, S. 413, 421; *Wolz/Janssen*, WPg 2009, 593, 602; *Zülch/Hoffmann*, DB 2009, 189, 190.

1210 Dazu ausführlich *Kirsch*, IFRS-KMU, 3. Aufl. 2016, S. 80 ff.

1211 Beschlussempfehlung Rechtsausschuss, BT-Drs. 16/12407, S. 92.

1212 *Jessen/Haaker*, DStR 2009, 499, 504 f.; *Kümpel/Oldewurtel/Wolz*, StuB 2012, 171, 177; *Haaker*, DB 2014, Heft 22, M 1.

Zeitwert bewertet werden, sofern dieser an einem aktiven Markt ermittelt werden kann. Flankierend sollten die die Anschaffungskosten übersteigenden unsicheren Erträge von der neu eingeführten Ausschüttungssperre des § 268 Abs. 8 HGB erfasst werden.[1213] Der Sonderposten gem. § 340g HGB kann diesen Mechanismus ergänzen, um den Gefahren aus der Volatilität der Zeitwertbewertung zu begegnen.

3. Rückstellungen

Den Rückstellungen kommt mit einem durchschnittlichen Anteil von über 10 % an der Bilanzsumme der Unternehmen eine hohe Bedeutung zu.[1214] Ihre Bewertung wurde in der Diskussion als Schwachstelle der handelsrechtlichen Rechnungslegung im Vergleich zu den internationalen Standards betrachtet. Vor allem bei der Bewertung von Pensionsrückstellungen ist für den Bilanzleser nicht eindeutig festzustellen, wie hoch die wahren Lasten sind, da die bisherigen Wertansätze nach einhelliger Meinung zu niedrig waren.[1215]

a) Begriff und Arten

aa) Allgemeines

Rückstellungen sind auf der Passivseite für bestimmte Verpflichtungen zu bilden, die zu künftigen Ausgaben führen und deren zugehöriger Aufwand dem abzuschließenden oder einem früheren Geschäftsjahr zuzurechnen ist.[1216] Die Abgrenzung zu den Verbindlichkeiten erfolgt danach, dass die künftigen Ausgaben dem Grunde und/oder der Höhe nach ungewiss sind.[1217] Ihre Bildung erfolgt aufwandswirksam, sodass Rückstellungen zu einer Ergebnisminderung führen. Bilanzrechtlich zählen Rückstellungen zu den Schulden, da sie die Passivierungsvoraussetzungen erfüllen.[1218] Eine Systematisierung kann aufgrund des jeweiligen Charakters der zugrunde liegenden Verbindlichkeit erfolgen. Diese lassen sich in Innenverpflichtungen und Außenverpflichtungen unterscheiden, je nachdem wem gegenüber die Verpflichtung besteht.[1219] Bei Außenverpflichtungen ist die Gesellschaft zur Leistung gegenüber einem Dritten verpflichtet. Bei Innenverpflichtungen handelt es sich um sog. eigenbetrieblichen Aufwand, der zum Zwecke der Vorsorge für konkrete künftige Aufwendungen entsteht, denen sich der Kaufmann nicht entziehen kann,

---

1213 Siehe auch S. 335.

1214 *Zülch/Hoffmann*, StuB 2009, 369.

1215 RegE BilMoG, BT-Drs. 16/10067, S. 52; *Ernst/Seidler*, ZGR 2008, 631, 641.

1216 *Baetge/Kirsch/Thiele*, Bilanzen, 14. Aufl. 2017, S. 417; *Coenenberg/Haller/Schultze*, Jahresabschluss, 24. Aufl. 2016, S. 430; *Schubert*, in: BBK 10. Aufl. 2016, § 249, Rn. 1.

1217 *Altenburger*, in: KK-RechnungslegungsR 2011, § 249, Rn. 27 ff.; *Schubert*, in: BBK 10. Aufl. 2016, § 249, Rn. 2.

1218 Siehe S. 119 f.

1219 *Ballwieser*, in: Müko HGB 3. Aufl. 2013, § 249, Rn. 7; *Baetge/Kirsch/Thiele*, Bilanzen, 14. Aufl. 2017, S. 417 ff.

wenn er seinen Geschäftsbetrieb fortführen will.[1220] Dabei liegt keine Verpflichtung gegenüber einem Dritten vor, sodass die Rückstellungen für Innenverbindlichkeiten keinen Schuldcharakter aufweisen und als „Fremdkörper“[1221] nur in Form der Aufwandrückstellungen (§ 249 Abs. 1 S. 2 Nr. 1 HGB) zulässig sind.

Der allgemeine Passivierungsgrundsatz wird für Rückstellungen durch die Vorschrift des § 249 HGB ergänzt, die eine abschließende Aufzählung von vier Rückstellungsarten und die jeweiligen Tatbestandsvoraussetzungen enthält:[1222] Rückstellungen für ungewisse Verbindlichkeiten (Abs. 1 S. 1 Alt. 1), für drohende Verluste aus schwebenden Geschäften (sog. Drohverlustrückstellungen) (Abs. 1 S. 1 Alt. 2), für Aufwandsrückstellungen (Abs. 1 S. 2 Nr. 1) und für Gewährleistungen ohne rechtliche Verpflichtung (sog. Kulanzrückstellungen) (Abs. 1 S. 2 Nr. 2). Für andere Zwecke dürfen keine Rückstellungen gem. § 249 Abs. 2 S. 1 HGB gebildet werden.[1223] Im Bilanzschema sind die Rückstellungen (§ 266 Abs. 3 B. HGB) auf der Passivseite zwischen den Posten „Eigenkapital“ und „Verbindlichkeiten“ angesiedelt.

bb) Aufwandsrückstellungen

Aufwandsrückstellungen sind Innenverpflichtungen, denen keine gegenwärtige rechtliche oder faktische Verpflichtung gegenübersteht.[1224] Es handelt sich um sog. antizipative Passivposten, die einer periodengerechten Abgrenzung dienen sollen.[1225] Der Bilanzierende kann bis zur tatsächlichen Ausgabe des innerbetrieblichen Aufwands notwendige Finanzmittel ansammeln und auf diese Weise die Geschäftsjahre gleichmäßig belasten.[1226] Aufwandsrückstellungen ersetzen bilanztechnisch eine aufwendige außerplanmäßige Abschreibung.[1227] Aufwandsrückstellungen sind z.B. denkbar für ausstehende Generalüberholungen, Instandhaltungsmaßnahmen, Großreparaturen, Abbruchvorhaben, Entsorgungsmaßnahmen und Sicherheitsinspektionen sowie Kosten für die Jahresabschlussprüfung.[1228]

1220 *Hennrichs*, in: MüKo BilanzR 2013, § 249, Rn. 121.

1221 *Hennrichs*, in: MüKo BilanzR 2013, § 249, Rn. 121; ähnlich auch *Ballwieser*, in: Müko HGB 3. Aufl. 2013, § 249, Rn. 81.

1222 *Baetge/Kirsch/Thiele*, Bilanzen, 14. Aufl. 2017, S. 419 f.; *Coenenberg/Haller/Schultze*, Jahresabschluss, 24. Aufl. 2016, S. 432; *Schubert*, in: BBK 10. Aufl. 2016, § 249, Rn. 6.

1223 Ausnahmen gelten für Versicherungen gem. §§ 341e bis h HGB und § 56a VAG.

1224 ADS, § 249, Rn. 188; *Coenenberg/Haller/Schultze*, Jahresabschluss, 24. Aufl. 2016, S. 430.

1225 ADS, § 249, Rn. 189.

1226 *Röhricht*, Gläubigerschutz, 2011, S. 125.

1227 *Moxter*, Bilanzlehre II, 3. Aufl. 1991, S. 29.

1228 *Baetge/Kirsch/Thiele*, Bilanzen, 9. Aufl. 2007, S. 446; *Husemann/Hofer*, DB 2008, 2661.

cc) *Drohverlustrückstellungen*

Die Drohverlustrückstellungen antizipieren spätere Verbindlichkeiten und entsprechen damit der Zielsetzung des Vorsichts- und Imparitätsprinzips.[1229] Es gilt zwar prinzipiell der Grundsatz der Nichtbilanzierung schwebender Geschäfte, wonach beiderseits noch nicht erfüllte Verträge nicht bilanziert werden dürfen.[1230] Eine Bilanzierung erfolgt aber ausnahmsweise dennoch, wenn durch die Vollziehung des Vertrags mit einem drohenden Verlust zu rechnen ist. Getreu dem Imparitätsprinzip werden Verluste bereits dann ausgewiesen, wenn sie zu erwarten sind, während Gewinne hingegen erst bei tatsächlicher Realisation berücksichtigt werden dürfen. Diese Art Rückstellungen dienen der Kapitalerhaltung, denn es wird drohender Aufwand der kommenden Periode aufwandswirksam antizipiert.[1231]

dd) *Verbindlichkeitsrückstellungen*

Verbindlichkeitsrückstellungen (§§ 249 Abs. 1 S. 1, Abs. 1 S. 2 Nr. 2 HGB) lassen sich auf das Vorsichts- und Realisationsprinzip zurückführen.[1232] Diese erfassen am Bilanzstichtag ungewisse Verbindlichkeiten gegenüber Dritten, deren Existenz und/oder Höhe unsicher, aber hinreichend wahrscheinlich ist.[1233] Durch diese Art der Rückstellungen soll eine periodengerechte Erfolgsermittlung erfolgen, aber auch zu erwartende Belastungen im Sinne der Kapitalerhaltung bereits vor tatsächlichem Eintreten aufwandswirksam erfasst werden.

ee) *Prognoseelement der Rückstellungsbildung*

In dem Merkmal der Ungewissheit hinsichtlich Entstehung und/oder Höhe der betreffenden Verpflichtung zeigt sich der Prognose-Charakter dieses Bilanzpostens, dem Unsicherheiten bei der Ermittlung inhärent sind.[1234] In den seltensten Fällen lässt sich der genaue Umfang exakt ermitteln, sodass meist eine Bandbreite plausibler Bewertungen vorgenommen werden kann.[1235] Die Rückstellungsbildung ist somit immer mit bilanzpolitischem Gestaltungspotential verbunden.

1229 *Ballwieser*, in: Müko HGB 3. Aufl. 2013, § 249, Rn. 8; *Schubert*, in: BBK 10. Aufl. 2016, § 249, Rn. 3; *Hennrichs*, in: MüKo BilanzR 2013, § 249, Rn. 9; *Moxter*, Bilanzlehre II, 3. Aufl. 1991, S. 27 f.

1230 *Moxter*, Bilanzlehre II, 3. Aufl. 1991, S. 27; siehe auch *Karrenbrock*, WPg 1994, 97, 99.

1231 *Baetge/Kirsch/Thiele*, Bilanzen, 14. Aufl. 2017, S. 451; *Karrenbrock*, WPg 1994, 97, 99.

1232 *Ballwieser*, in: Müko HGB 3. Aufl. 2013, § 249, Rn. 8; *Hennrichs*, in: MüKo BilanzR 2013, § 249, Rn. 8; ähnlich aber mit Verweis auf das Imparitätsprinzip *Coenenberg/Haller/Schultze*, Jahresabschluss, 24. Aufl. 2016, S. 429.

1233 *Ballwieser*, in: Müko HGB 3. Aufl. 2013, § 249, Rn. 10.

1234 *Fink/Kunath*, DB 2010, 2345, 2346; *Theile/Stahnke/Nagafi*, StuB 2011, 323, 324.

1235 ADS, § 253, Rn. 190; *Baetge/Kirsch/Thiele*, Bilanzen, 14. Aufl. 2017, S. 427; *Hoyos/Ring*, in: BBK 6. Aufl. 2006, § 253, Rn. 154.

b) Rückstellungsbewertung

aa) Zugangsbewertung

(1) Alte Rechtslage

Infolge der Ungewissheit der den Rückstellungen zugrunde liegenden Verbindlichkeiten erfolgte eine Schätzung der Werte. Die Rückstellungen mussten nach § 253 Abs. 1 S. 2 HGB a.F. mit dem Betrag angesetzt werden, der nach vernünftiger kaufmännischer Beurteilung notwendig war. Es genügte somit eine für einen sachkundigen Dritten nachvollziehbare und in sich schlüssige Bewertung.[1236] Dies hatte unter Berücksichtigung der allgemeinen Bewertungsgrundsätze, insbesondere dem Vorsichtsprinzip zu erfolgen.[1237] Es mussten aber sämtliche Umstände – positive wie negative – berücksichtigt werden, sodass weder der niedrigste noch der höchste vertretbare Betrag angesetzt werden durfte.[1238] Maßgeblich sollte der Betrag sein, den der Bilanzierende für die ungewisse Verbindlichkeit voraussichtlich aufzubringen hatte (sog. voraussichtlicher Erfüllungsbetrag).[1239]

Umstritten war vor allem, ob künftige Preis- und Kostensteigerungen zu berücksichtigen waren.[1240] Dafür sprach die Gleichbehandlung mit (sicheren) Verbindlichkeiten, die schon immer mit dem Rückzahlungsbetrag anzusetzen waren.[1241] Auch aus Gründen des Kapitalschutzes sollten Rückstellungen in der Höhe dotiert werden, in der bei Fälligkeit der ihr zugrunde liegenden Verbindlichkeiten Mittel aus dem Vermögen des Bilanzierenden abfließen.[1242] Dagegen beschränkte der BFH unter Verweis auf das Stichtagsprinzip die Höhe der Rückstellung auf den Betrag, den der Bilanzierende am Abschlussstichtag hätte aufwenden müssen.[1243] Zukünftige Preis- und Kostensteigerungen mussten außen vor bleiben, solange sie am Stichtag noch nicht eingetreten waren.

1236 ADS, § 253, Rn. 189.

1237 *Kleindiek*, in: GroßKomm HGB 4. Aufl. 2002, § 253, Rn. 22.

1238 ADS, § 253, Rn. 191; *Solmecke*, Auswirkungen BilMoG, 2009, S. 76; *Ballwieser*, in: MüKo HGB 2. Aufl. 2008, § 253, Rn. 96; *Hoyos/Ring*, in: BBK 6. Aufl. 2006, § 253, Rn. 154.

1239 *Hoyos/Ring*, in: BBK 6. Aufl. 2006, § 253, Rn. 151; *Ballwieser*, in: MüKo HGB 2. Aufl. 2008, § 253, Rn. 93; *Schulze-Osterloh*, BB 2003, 351, 352; vgl. auch *Moxter*, Bilanzrechtsprechung, 6. Aufl. 2007, S. 230 f.

1240 Siehe *Drinhausen/Ramsauer*, DB-Beilage (5) 2009, 46, 50; *Küting/Cassel/Metz*, DB 2008, 2317, 2318; *Küting/Kessler/Keßler*, WPg 2008, 494, 499; *Schulze-Osterloh*, BB 2003, 351, 352 m.w.N.; *Hoyos/Ring*, in: BBK 6. Aufl. 2006, § 253, Rn. 174.

1241 *Schulze-Osterloh*, DStR 2008, 63, 70.

1242 *Schulze-Osterloh*, BB 2003, 351, 352; *Siegel*, DStR 2001, 1674, 1675; *Küting/Cassel/Metz*, DB 2008, 2317, 2318; *Küting/Kessler/Keßler*, WPg 2008, 494, 499; vgl. auch ADS, § 253, Rn. 200 f.

1243 BFHE 149, 55, 60; 170, 433, 435; siehe auch *Moxter*, Bilanzrechtsprechung, 6. Aufl. 2007, S. 231.

(2) Neue Rechtslage

Nach dem BilMoG sind Rückstellungen gem. § 253 Abs. 1 S. 2 HGB in Höhe des nach vernünftiger kaufmännischer Beurteilung notwendigen „Erfüllungsbetrags" anzusetzen. Der Begriff „Erfüllungsbetrag" soll auf eine zukunftsgerichtete Rückstellungsbewertung hinweisen, die künftige Preis- und Kostensteigerungen im Zeitpunkt der Erfüllung der Verpflichtung berücksichtigt.[1244] Die Terminologie soll Klarheit in die Auslegung der bisherigen Begrifflichkeit bringen.[1245] Damit wird einer – der finanzgerichtlichen Rechtsprechung widersprechenden[1246] – gängigen Praxis Rechnung getragen.[1247]

Dennoch erfolgt eine Einschränkung durch das Merkmal der „vernünftigen kaufmännischen Beurteilung" hinsichtlich des notwendigen Erfüllungsbetrags. Daraus folgt, dass bei der Bemessung der Rückstellungen auf der einen Seite auch das Vorsichtsprinzip beachtet werden muss, ohne aber auf der anderen Seite die tatsächlichen wirtschaftlichen Verhältnissen außer Acht zu lassen.[1248] Dies erfordert aber ausreichende objektive Hinweise auf den Eintritt der künftigen Preis- und Kostensteigerung.[1249] Die Kostensteigerungen unterliegen einer vorsichtigen Schätzung, wonach im Zweifel die Rückstellungen höher anzusetzen sind. Eine willkürliche Überbewertung ist aber aufgrund der vernünftigen kaufmännischen Beurteilung nicht zulässig.[1250] Es kommt daher – mit Durchbrechung des Stichtagsprinzips[1251] – auf die Preis- und Kostenverhältnisse im Zeitpunkt der Erfüllung der Verbindlichkeit an.[1252]

Die Dynamisierung der Rückstellungsbewertung führt zu einer realistischeren Bemessung.[1253] Das bedeutet aber auch, dass künftige Senkungen der Kosten berücksichtigt werden müssen.[1254] Ansonsten wäre der Informationsfunktion nicht Genüge getan und das Ziel einer realistischeren Darstellung der Vermögens-, Ertrags- und

---

1244 RegE BilMoG, BT-Drs. 16/10067, S. 52; *Ernst/Seidler*, ZGR 2008, 631, 641; *Gros/Wallek*, Der Konzern 2009, 541, 545.

1245 *Drinhausen/Ramsauer*, DB-Beilage (5) 2009, 46, 50.

1246 Siehe Fn. 1243.

1247 *Petersen/Zwirner*, KoR-Beilage (1) 2009, 1, 13; *Tiedchen*, in: MüKo BilanzR 2013, § 253, Rn. 28 m.w.N.

1248 *Coenenberg/Haller/Schultze*, Jahresabschluss, 24. Aufl. 2016, S. 434; *Weinand/Oldewurtel/Wolz*, KoR 2011, 161, 164; *Wulf*, DStZ 2011, 667, 669.

1249 RegE BilMoG, BT-Drs. 16/10067, S. 52; *Ernst/Seidler*, ZGR 2008, 631, 641; *Gelhausen/Fey/Kämpfer*, Rechnungslegung, 2009, S. 179 f.; *Zülch/Hoffmann*, StuB 2009, 369, 370.

1250 *Wulf*, DStZ 2011, 667, 669.

1251 RegE BilMoG, BT-Drs. 16/10067, S. 52; *Pellens/Kemper/Schmidt*, ZGR 2008, 381, 408.

1252 RegE BilMoG, BT-Drs. 16/10067, S. 52.

1253 *Ernst/Seidler*, ZGR 2008, 631, 641.

1254 *Fink/Kunath*, DB 2010, 2345, 2347; *Wulf*, DStZ 2011, 667, 668; *Zülch/Hoffmann*, StuB 2009, 369, 370.

Finanzlage nicht erreichbar. Die mit der Berücksichtigung von Kostensenkungen einhergehende Minderung hat zur Folge, dass die Rückstellung in Höhe des nicht mehr benötigten Betrags ertragswirksam aufzulösen ist. Das hat eine leichte Schwächung des Imparitätsprinzips zur Folge, wonach absehbare Verluste zu antizipieren und Erträge erst bei tatsächlicher Realisation zu berücksichtigen sind.[1255] Das Vorsichtsprinzip gebietet es aber, dass bei Kostensenkungen höhere Anforderungen als bei Kostensteigerungen zu stellen.[1256]

Die den Interessen der Praxis folgende Zukunftsausrichtung der Rückstellungsbewertung führt einerseits zwar zu einer realitätsnäheren Darstellung der Lage der Gesellschaft, andererseits können die künftigen Preis- und Kostensteigerungen nur durch Prognosen bestimmt werden. Durch die notwendige Schätzung ergeben sich breite Ermessens- und Gestaltungsspielräume für die Bilanzierenden bei der Bewertung von Rückstellungen.[1257]

bb) Folgebewertung

(1) Alte Rechtslage

Nach der bisherigen Rechtslage gem. § 253 Abs. 2 S. 2 Hs. 2 HGB a.F. durften Rückstellungen nur abgezinst werden, soweit die ihnen zugrunde liegende Verbindlichkeiten einen Zinsanteil enthielten. Dies war grundsätzlich nur bei Verbindlichkeitsrückstellungen zulässig.[1258] Umstritten war, ob diese Regelung auch für Drohverlust- und Aufwandsrückstellungen gelten konnte.[1259]

(2) Neue Rechtslage

i. Abzinsungsgebot für Rückstellungen, § 253 Abs. 2 S. 1 HGB

§ 253 Abs. 2 S. 1 HGB bestimmt, dass Rückstellungen mit einer Restlaufzeit von mehr als einem Jahr künftig mit dem ihrer Restlaufzeit entsprechenden durchschnittlichen Marktzinssatz der vergangenen sieben Geschäftsjahre abzuzinsen sind. Bei kurzfristigen Rückstellungen, deren Laufzeit unter einem Jahr liegt, ist im Umkehrschluss eine Abzinsung nicht vorzunehmen.[1260]

1255 Siehe S. 147.

1256 *Wulf*, DStZ 2011, 667, 669.

1257 *Drinhausen/Ramsauer*, DB-Beilage (5) 2009, 46, 50; *Hennrichs*, in: Bilanzrecht in Familienunternehmen, S. 101, 111; *Küting/Cassel/Metz*, DB 2008, 2317, 2318; zustimmend *Baetge/Kirsch/Solmecke*, WPg 2009, 1211, 1216; *Böcking/Dutzi*, in: FS Krawitz, S. 785, 795; *Weinand/Oldewurtel/Wolz*, KoR 2011, 161, 164.

1258 *Schulze-Osterloh*, BB 2003, 351, 353.

1259 Dazu *Ballwieser*, in: MüKo HGB 2. Aufl. 2008, § 253, Rn. 97 ff. Dagegen etwa *Hoyos/Ring*, in: BBK 6. Aufl. 2006, § 253, Rn. 176; ADS, § 253, Rn. 201 f.; *Karrenbrock*, WPg 1994, 97, 101. Dafür *Baetge/Kirsch/Thiele*, Bilanzen, 9. Aufl. 2007, S. 452.

1260 RegE BilMoG, BT-Drs. 16/10067, S. 54.

ii. Abzinsungswahlrecht für kurzfristige Rückstellungen?

Überwiegend wird angenommen, dass mangels eines ausdrücklich gesetzlich normierten Abzinsungsverbots für kurzfristige Rückstellungen ein Abzinsungswahlrecht bestehe.[1261] Dieser Auslegung kann jedoch nicht gefolgt werden. Der Gesetzgeber äußert in der Regierungsbegründung ausdrücklich, dass „Rückstellungen mit einer Restlaufzeit von einem Jahr und weniger nicht abzuzinsen sind."[1262] Es verwundert daher, wenn auf die nicht eindeutige Formulierung des gesetzgeberischen Willens verwiesen wird.[1263] Es ist ferner auch das generelle Ziel der Bilanzrechtsmodernisierung gewesen, die Anzahl der Wahlrechte zu reduzieren.[1264] Auch wenn an der einen oder anderen Stelle neue Wahlrechte hinzugekommen sind, ist dies allein auf die gesetzgeberische Tätigkeit zurückzuführen. Für den Fall kurzfristiger Rückstellungen hat der Gesetzgeber dagegen eine sog. „geplante Regelungslücke"[1265] geschaffen, die zur Ausfüllung zwingender systematischer Gründe bedürfte. Aber auch solche lassen sich nicht finden.[1266] Vielmehr besteht auch für Verbindlichkeiten kein Abzinsungswahlrecht, obwohl diesbezüglich kein ausdrückliches Verbot im HGB zu finden ist.[1267] Im Übrigen besteht mit der Abzinsung von Rückstellungen ein Konflikt mit dem Realisationsprinzip, da die aus der Abzinsung entstehenden Erträge lediglich unterstellt werden, gleichgültig, ob diese sich tatsächlich realisieren.[1268] Es sprechen damit die besseren Gründe gegen ein Wahlrecht zur Abzinsung von Rückstellungen mit Laufzeit von weniger als einem Jahr.[1269] Dies gilt im Prinzip auch, wenn die Restlaufzeit einer ursprünglich mehrjährigen Rückstellung am Bilanzstichtag nur noch weniger als ein Jahr beträgt. Um einen Gleichlauf mit der Behandlung von vorneherein kurzfristigen Rückstellungen zu erzielen, ist es geboten, für unterjährige Zeiträume der Restlaufzeit auf eine Abzinsung zu verzichten. Der Erfüllungsbetrag sollte nur auf volle Jahre abgezinst werden. Dafür

---

1261 *Bertram/Kessler*, DB 2012, 985, 985; *Fink/Kunath*, DB 2010, 2345, 2347; *Gelhausen/Fey/Kämpfer*, Rechnungslegung, 2009, S. 187; *Haas/David/Skowronek*, KoR 2010, 483, 485; *Schubert*, in: BBK 10. Aufl. 2016, § 253, Rn. 180; *Küting/Cassel/Metz*, DB 2008, 2317, 2321.

1262 Siehe Fn. 1260.

1263 So *Fink/Kunath*, DB 2010, 2345, 2347; *Haas/David/Skowronek*, KoR 2010, 483, 485 in dortiger Fn. 13.

1264 RegE BilMoG, BT-Drs. 16/10067, S. 34.

1265 *Küting/Cassel/Metz*, DB 2008, 2317, 2320.

1266 A.A. *Küting/Cassel/Metz*, DB 2008, 2317, 2320.

1267 Vgl. *Schulze-Osterloh*, DStR 2008, 63, 70.

1268 Dazu ausführlich sogleich unter S. 219 f. Mit ähnlicher Argumentation *Kropp/Wirtz*, DB 2011, 541, 543.

1269 So auch *Tiedchen*, in: MüKo BilanzR 2013, § 253, Rn. 53; *Coenenberg/Haller/Schultze*, Jahresabschluss, 24. Aufl. 2016, S. 435 f.; *Drinhausen/Ramsauer*, DB-Beilage (5) 2009, 46, 50; *Theile/Stahnke/Nagafi*, StuB 2011, 323, 326; *Wulf*, DStZ 2011, 667, 670; *Zülch/Hoffmann*, StuB 2009, 369, 371 f.; ähnlich auch *Kropp/Wirtz*, DB 2011, 541, 543.

spricht vor allem, dass auch die Bundesbank nur auf volle Jahre bezogene Zinssätze veröffentlicht.[1270] Die Ermittlung der Zinssätze wäre anderenfalls sehr aufwendig und zudem mit großen Unsicherheiten verbunden, da eine taggenaue Ermittlung kaum möglich ist.[1271]

iii. Zinssatz

Die Abzinsungssätze werden gem. § 253 Abs. 2 S. 4 HGB einheitlich von der Bundesbank ermittelt und monatlich bekannt gegeben. Dies bewirkt eine Objektivierung und die Vermeidung von Ermessenspielräumen. Die Wahl des Zinssatzes wird der bilanzpolitischen Gestaltungsmöglichkeit des Bilanzierenden entzogen.[1272] Auch die Vergleichbarkeit der Jahresabschlüsse wird durch die einheitliche Festlegung der Zinssätze erhöht, wenn auch zulasten der unternehmensindividuellen Darstellung.[1273] Die Orientierung an einem durchschnittlichen Marktzins, der sich an den letzten sieben Geschäftsjahren bemisst, soll zu einem hinreichenden Glättungseffekt führen, der zufällige Zinssprünge eliminiert.[1274]

Der Bundesrat hatte in seiner Stellungnahme vorgeschlagen, statt auf den durchschnittlichen Marktzinssatz der letzten sieben Perioden auf den Stichtagsmarktzinssatz abzustellen, um eine weitere Annäherung an die IFRS zu erreichen und den Informationsgehalt zu erhöhen.[1275] Dies wurde von der Bundesregierung mit dem Argument der Reduzierung von Ermessenspielräumen und der damit verbundenen besseren Vergleichbarkeit abgelehnt. Im Übrigen sei die Anwendung der Abzinsungssätze der Bundesbank praktikabler und kostengünstiger.[1276] Auch die noch im Referentenentwurf vorgesehene Differenzierung nach Rückstellungslaufzeiten unter einem Jahr, bis zu fünf Jahren und von mehr als fünf Jahren mit jeweils unterschiedlichen Zinssätzen, wurde aus Praktikabilitätsgründen aufgegeben.[1277]

1270 Siehe dazu sogleich im nächsten Gliederungspunkt.

1271 *Kropp/Wirtz*, DB 2011, 541, 543; *Theile/Stahnke/Nagafi*, StuB 2011, 323, 326; *Zülch/Hoffmann*, StuB 2009, 369, 372 schlagen eine Auf- oder Abrundung der Laufzeit auf volle Jahre vor. A.A. *Gelhausen/Fey/Kämpfer*, Rechnungslegung, 2009, S. 187.

1272 *Tiedchen*, in: MüKo BilanzR 2013, § 253, Rn. 59; *Baetge/Kirsch/Solmecke*, WPg 2009, 1211, 1216; *Gelhausen/Fey/Kämpfer*, Rechnungslegung, 2009, S. 187; *Küting/Cassel/Metz*, DB 2008, 2317, 2322; zurückhaltend *Wulf*, DStZ 2011, 667, 671; *Fink/Kunath*, DB 2010, 2345, 2347 f.

1273 *Gelhausen/Fey/Kämpfer*, Rechnungslegung, 2009, S. 186 ff.; *Kropp/Wirtz*, DB 2011, 541, 543; ähnlich auch *Küting/Cassel/Metz*, DB 2008, 2317, 2322.

1274 RegE BilMoG, BT-Drs. 16/10067, S. 55; siehe auch *Drinhausen/Ramsauer*, DB-Beilage (5) 2009, 46, 51; *Gelhausen/Fey/Kämpfer*, Rechnungslegung, 2009, S. 188; *Wulf*, DStZ 2011, 667, 671.

1275 Stellungnahme BRat, BR-Drs. 344/08, S. 5.

1276 RegE BilMoG, BT-Drs. 16/10067, S. 122.

1277 *Ernst/Seidler*, ZGR 2008, 631, 641.

cc) Auswirkungen auf den Kapitalschutz

Aufgrund der verschiedenen Änderungen in der Rückstellungsbewertung ist der Gesamteffekt auf den Kapitalschutz etwas diffus.[1278] Auch ist eine Steigerung der Informationsfunktion bei Gesamtbetrachtung der Änderungen nicht eindeutig zu bejahen.[1279]

i. Zugangsbewertung

Die Einbeziehung künftiger Preis- und Kostenentwicklungen in die Bewertung der Rückstellungen führt bei steigenden Kosten zu einem höheren Rückstellungsbetrag als nach altem Recht. Dadurch werden künftige Preis- und Kostensteigerungen aufwandswirksam antizipiert. Dies führt prinzipiell zu einem realistischeren Wertansatz von Rückstellungen, was zugleich mit einer Stärkung des Kapitalschutzes verbunden ist, da zu erwartende Belastungen das ausschüttungsfähige Volumen reduzieren. Daher ist die Neuregelung grundsätzlich für den informationellen und institutionellen Gläubigerschutz zu begrüßen.[1280]

Dass durch die Dynamisierung der Rückstellungsbewertung auch Kostensenkungen zu berücksichtigen sind, kann aus Kapitalschutzgründen hingenommen werden, da es sich um Vermögensbestandteile handelt, die nicht zur Deckung der entsprechenden Verpflichtungen benötigt werden. Eine zusätzliche Bindung würde zu stillen Reserven führen und kann daher nicht gerechtfertigt werden. Allerdings muss beachtet werden, dass aufgrund der der Rückstellungsbewertung inhärenten Unsicherheiten wegen der notwendigen Prognostizierung der Preis- und Kostensteigerungen die Ermessenspielräume sich nicht verringert haben. Das Objektivierungsprinzip ist in diesem Bilanzposten eher schwach ausgeprägt. Daher gilt es, durch strikte Beachtung des Vorsichtsprinzips eine zu optimistische Bewertung zu verhindern.

Der europäische Gesetzgeber hat in Art 12 Abs. 12 UAbs. 3 S. 1 der neuen Bilanzrichtlinie Rückstellungen als die am Bilanzstichtag auf besten Schätzwerten von Aufwendungen, die wahrscheinlich eintreten werden, bzw. im Fall einer Verbindlichkeit den Betrag, der zu ihrer Abgeltung erforderlich ist, definiert. Ein Handlungsbedarf des nationalen Gesetzgebers wird dadurch aber nicht ausgelöst, da in dem Begriff des Erfüllungsbetrags zukünftige Preis- und Kostensteigerungen ebenfalls auf Grundlage von Schätzungen zu berücksichtigen sind. Eine Abkehr vom Vorsichtsprinzip, wie teilweise befürchtet,[1281] kann darin nicht gesehen werden. Auch für das europäische Recht gilt, dass dadurch eine Antizipierung von zu erwartenden Belastungen erfolgt.

1278 Ähnlich auch *Pellens/Kemper/Schmidt*, ZGR 2008, 381, 409.

1279 *Weinand/Oldewurtel/Wolz*, KoR 2011, 161, 166.

1280 *Gros/Wallek*, Der Konzern 2009, 541, 545.

1281 *Zwirner*, DStR 2014, 439, 441 f.

ii. Folgebewertung: Abzinsungspflicht

Bei der Abzinsung von Rückstellungen wird die Überlegung zugrunde gelegt, dass die durch die Rückstellung gebundenen Mittel bis zum Zeitpunkt der tatsächlichen Ausgabe ertragbringend angelegt werden können.[1282] Die Gesellschaft kann selbstverständlich das in der Rücklage zinslos gebundene Vermögen nutzen und mit ihm wirtschaften. Daraus entstehende und angesammelte Kapitalerträge können dann zur Reduzierung der Verbindlichkeit verwandt werden.

Problematisch ist allerdings, dass die generelle Abzinsungspflicht solche Kapitalerträge unterstellt, ohne dass die Zinsen sich tatsächlich realisiert haben. Es werden somit künftige Erträge vorweggenommen, da der Zinsanteil in den folgenden Geschäftsjahren erst noch erwirtschaftet werden muss.[1283] Daher ist es unbestritten, dass die Abzinsung von Rückstellungen ohne Zinsanteil einen Verstoß gegen das Realisationsprinzip darstellt.[1284] Wenn die Abzinsung aus ökonomischer Sicht auch als sinnvoll dargestellt wird,[1285] missachtet dies gleichwohl den Zusammenhang des Einzelabschlusses mit der Ausschüttungsbemessung. Der realistischere Ausweis der Vermögens-, Finanz- und Ertragslage erfolgt zulasten des kapitalschützenden Realisationsprinzips.[1286]

Um den Widerspruch von Informations- und Kapitalschutzaspekten hinsichtlich der Abzinsung zu einem Ausgleich zu bringen, wäre die Erfassung der unrealisierten Erträge durch eine Ausschüttungssperre sinnvoll gewesen.[1287] Bei der bestehenden Regelung würde der Vorrang der Fremdkapitalgeber beeinträchtigt, da unrealisierte Gewinne durch Ausschüttungen an die Gesellschafter ermöglicht würden. Entgegen gewissen Befürchtungen hinsichtlich des Ermittlungsaufwands der gesperrten Beträge[1288] muss nur der undiskontierte Erfüllungsbetrag von dem in der Bilanz angesetzten Barwert abgezogen und im Anhang angegeben werden.

Auch die einheitliche Ermittlung des Marktzinssatzes kann zur Beeinträchtigung des Kapitalschutzes führen, wenn der unternehmensindividuelle Zinssatz aufgrund schlechter Bonität der Gesellschaft unter dem von der Bundesbank ermittelten Zinssatz liegt. Dann ist es für das Unternehmen nicht möglich, die von der

---

1282 *Kleindiek*, in: GroßKomm HGB 5. Aufl. 2014, § 253, Rn. 65.

1283 *Theile/Stahnke/Nagafi*, StuB 2011, 323, 324.

1284 *Arbeitskreis Bilanzrecht der Hochschullehrer Rechtswissenschaft*, BB 2008, 209; *Kleindiek*, in: GroßKomm HGB 5. Aufl. 2014, § 253, Rn. 66; *Tiedchen*, in: MüKo BilanzR 2013, § 253, Rn. 52; *Küting/Cassel/Metz*, DB 2008, 2317, 2320; *Pellens/Kemper/Schmidt*, ZGR 2008, 381, 416; *Rammert/Thies*, WPg 2009, 34, 38; *Schulze-Osterloh*, DStR 2008, 63, 70; *Theile/Stahnke/Nagafi*, StuB 2011, 323, 324; *Moxter/Engel-Ciric*, BB 2014, 489, 491.

1285 *Fülbier/Gassen*, DB 2007, 2605, 2610.

1286 *Baetge/Kirsch/Solmecke*, WPg 2009, 1211, 1216.

1287 *Arbeitskreis Bilanzrecht der Hochschullehrer Rechtswissenschaft*, BB 2008, 209; *Rammert/Thies*, WPg 2009, 34, 38. Siehe dazu auch S. 332 ff.

1288 *Küting/Cassel/Metz*, DB 2008, 2317, 2320.

Bundesbank angenommene Rendite zu erwirtschaften. Letztlich resultiert dies aus der Typisierung des Zinssatzes.[1289] M. E. hat der Gesetzgeber der damit verbundenen Vereinfachung und Objektivierung zu Recht Vorrang eingeräumt. Gravierender hinsichtlich des Kapitalschutzes wirkt die Abzinsungspflicht als solche, da auch bei einem unternehmensindividuellen Zinssatz die Erträge noch nicht realisiert sind. Die Implementierung der neu eingeführten Ausschüttungssperre gem. § 268 Abs. 8 HGB auch für die Abzinsung von Rückstellungen könnte das Problem an sich entschärfen.

c) Pensionsrückstellungen

Pensionsrückstellungen sind Rückstellungen für ungewisse Verbindlichkeiten aus betrieblicher Altersversorgung für Pensionen oder ähnlicher Verpflichtungen zugunsten der Arbeitnehmer. Bezüglich Höhe und Fälligkeit ist die Versorgungszusage ungewiss, da diese abhängig vom Eintritt des Versorgungsfalls und der während der Betriebszugehörigkeit erwirtschafteten Ansprüche sind.[1290]

aa) Alte Rechtslage

Nach altem Recht existierten im HGB keine Sonderregelungen für den Ansatz und die Bewertung von Pensionsrückstellungen. Diese sind als eine besondere Art der Verbindlichkeitsrückstellungen nach den allgemeinen Regelungen zu bilanzieren.[1291]

Eine Besonderheit gilt allerdings gem. Art. 28 EGHGB für sog. Altzusagen und mittelbare Verpflichtungen. Dazu sogleich ausführlicher.

bb) Neue Rechtslage

(1) Grundsatz

Grundsätzlich gelten für Pensionsrückstellungen die gleichen Passivierungsvorschriften wie bei ungewissen Verbindlichkeiten. Es sind nunmehr solche Lohn-, Gehalts- und Rententrends zu berücksichtigen, die auf begründeten Erwartungen und hinreichend objektivierten Hinweisen beruhen.[1292] Dadurch sind natürlich auch hier in großem Umfang Ermessensspielräume eröffnet. Für die Berechnung wird auch künftig kein bestimmtes versicherungsmathematisches Verfahren verpflichtend vorgegeben.[1293] Lediglich im Anhang ist das gewählte Verfahren anzugeben

---

1289 *Theile/Stahnke/Nagafi*, StuB 2011, 323, 324.

1290 *Coenenberg/Haller/Schultze*, Jahresabschluss, 24. Aufl. 2016, S. 438.

1291 ADS, § 249, Rn. 79.

1292 *Fink/Kunath*, DB 2010, 2345, 2450; *Hasenburg/Hausen*, DB-Beilage (5) 2009, 38, 39; *Wolz/Oldewurtel*, StuB 2009, 424, 425; *Memis/Möhlmann-Mahlau*, StuB 2012, 459.

1293 RegE BilMoG, BT-Drs. 16/10067, S. 56. Mit Darstellung der Verfahren *Ballwieser*, in: Müko HGB 3. Aufl. 2013, § 253, Rn. 76 ff.; *Bertram/Johannleweling/Roß/Weiser*, WPg 2011, 57, 61 ff.; *Küting/Kessler/Keßler*, WPg 2008, 494, 501; *Küting/Kußmaul/Keßler*, DB 2009, 2557, 2562; *Höfer/Rhiel/Veit*, DB 2009, 1605, 1607.

und die grundlegenden Annahmen der Berechnung darzulegen (§ 285 Nr. 24 HGB). Dadurch ergibt sich ein faktisches Wahlrecht, das negative Auswirkungen auf die Vergleichbarkeit der Jahresabschlüsse nach sich zieht.[1294]

(2) Sonderregelungen

Durch das BilMoG wurde mit § 253 Abs. 2 S. 2 HGB eine Vereinfachungsregelung für Pensionsrückstellungen für die Abzinsung eingeführt. Anstelle der Ermittlung des individuellen Abzinsungssatzes für jede einzelne Pensionsverpflichtung kann nunmehr für Rückstellungen von laufenden Pensionen und Anwartschaften auf Pensionen eine pauschale Abzinsung erfolgen, d.h. unter Außerachtlassung des Einzelbewertungsgrundsatzes. Dabei ist pauschal der durchschnittliche Marktzinssatz anzuwenden, der sich bei einer angenommenen Restlaufzeit von 15 Jahren ergibt. Demgemäß kann der Bilanzierende den 7-jährigen Durchschnittszins für 15-jährige Laufzeiten wählen, sodass eine sog. Parametervereinheitlichung erfolgt.[1295]

Durch die Wahl eines Durchschnittszinssatzes ist eine korrekte Darstellung der Vermögens-, Finanz- und Ertragslage zugunsten der Vereinfachung denknotwendig nicht mehr möglich, was vor der gesetzgeberischen Zielsetzung der Informationssteigerung nicht unkritisch gesehen werden kann.[1296] Ohne die Vereinfachung müsste aber für jede einzelne Verpflichtung abhängig von der geschätzten Restlaufzeit ein individueller Zinssatz ermittelt werden. Diese Mehrbelastung stünde außer Verhältnis zu ihrem Nutzen.[1297] Bei stark abweichender Altersstruktur der Arbeitnehmer im Unternehmen kann dies zu einer stark verzerrten Darstellung der Vermögens-, Finanz- und Ertragslage führen. Dann darf das Vereinfachungswahlrecht nicht ausgeübt werden.[1298]

cc) Beibehaltung des Passivierungswahlrechts für Pensionsrückstellungen gem. Art. 28 EGHGB

(1) Passivierungswahlrecht

Die Ansatzkonzeption für Pensionsrückstellungen wurde durch das BilMoG nicht verändert. Die grundsätzliche Passivierungspflicht für Pensionsrückstellungen im HGB wird auch weiterhin durch eine „Kuriosität“[1299] erheblich eingeschränkt. Im Einführungsgesetz zum HGB findet sich in Art. 28 Abs. 1 S. 1 ein zusätzliches Wahlrecht. Dieses gewährt für unmittelbare Pensionsverpflichtungen, die vor dem

1294 *Wolz/Oldewurtel*, StuB 2009, 424, 426.

1295 *Hasenburg/Hausen*, DB-Beilage (5) 2009, 38, 41.

1296 *Memis/Möhlmann-Mahlau*, StuB 2012, 459, 461.

1297 *Bertram/Johannleweling/Roß/Weiser*, WPg 2011, 57, 63.

1298 *Ekkenga*, in: KK-RechnungslegungsR 2011, § 253 HGB, Rn. 75; *Tiedchen*, in: MüKo BilanzR 2013, § 253, Rn. 64; *Küting/Kessler/Keßler*, WPg 2008, 748, 752; *Merkt*, in: Hopt/Merkt, Bilanzrecht 2010, § 253, Rn. 6.

1299 *Baetge/Kirsch/Thiele*, Bilanzen, 14. Aufl. 2017, S. 439.

1. Januar 1987 erworben wurden (sog. Altzusagen), ein Passivierungswahlrecht. Auch mittelbare Pensionsverpflichtungen sowie unmittelbare und mittelbare pensionsähnliche Verpflichtungen müssen nicht passiviert werden, Art. 28 Abs. 1 S. 2 EGHGB.

Eine *unmittelbare* Pensionsverpflichtung liegt vor, wenn die Gesellschaft mit dem Pensionsempfänger eine Pensionsleistung vereinbart, ohne dass die Gesellschaft einen selbstständigen Versorgungsträger einschaltet.[1300] Bei einer *mittelbaren* Pensionsverpflichtung erfüllt die Verpflichtung ein anderer Rechtsträger (bspw. Pensionsfonds), die Trägergesellschaft hat aber nach § 1 BetrAVG dafür einzustehen.[1301]

Werden Rückstellungen nicht gebildet, so muss der entsprechende Betrag gem. Art. 28 Abs. 2 EGHGB im Anhang angegeben werden.

(2) Gesetzgeberische Erwägungen für die Beibehaltung

Im Referentenentwurf war noch die Aufhebung des Passivierungswahlrechts nach Art. 28 Abs. 1 S. 2 EGHGB vorgesehen, da keine Gründe ersichtlich seien, die eine von der allgemeinen Rückstellungsbewertung abweichende Bewertung rechtfertigen würden.[1302] Es wird auch nicht ausreichend deutlich, warum an dem Wahlrecht festzuhalten sein soll, wenn in der Regierungsbegründung lediglich pauschal auf Erwägungen der Rechtssicherheit verwiesen wird.[1303]

Für das Passivierungswahlrecht des Art. 28 Abs. 1 S. 1 EGHGB führt die Gesetzesbegründung aus, dass eine Streichung nicht erforderlich sei, da die Altzusagen sich durch Zeitablauf abbauen werden.[1304]

dd) Auswirkungen auf den Kapitalschutz

Die Berücksichtigung künftiger Preis- und Kostensteigerung führt im Gegensatz zum bisherigen Ansatz zu höheren Pensionsrückstellungen und damit zu einer Reduzierung des Ausschüttungsvolumens. Dies stärkt tendenziell das Vorsichtsprinzip.[1305]

Allerdings wird durch die Beibehaltung des Passivierungswahlrechts für Altzusagen und mittelbare Verpflichtungen des Vollständigkeitsgebots durchbrochen[1306]

1300 *Grottel/Rhiel*, in: BBK 10. Aufl. 2016, § 249, Rn. 164; *Küting/Kessler/Keßler*, WPg 2008, 494, 496.

1301 *Grottel/Rhiel*, in: BBK 10. Aufl. 2016, § 249, Rn. 164; *Küting/Kessler/Keßler*, WPg 2008, 494, 496.

1302 RefE BilMoG, S. 203.

1303 RegE BilMoG, BT-Drs. 16/10067, S. 39; dazu auch kritisch *Küting/Kessler/Keßler*, WPg 2008, 748, 749 f.; *Wolz/Oldewurtel*, StuB 2009, 424, 425.

1304 RegE BilMoG, BT-Drs. 16/10067, S. 38 f.; vgl. auch *Grottel/Rhiel*, in: BBK 10. Aufl. 2016, § 249, Rn. 260 („biologische Lösung").

1305 *Pellens/Kemper/Schmidt*, ZGR 2008, 381, 410; *Rammert/Thies*, WPg 2009, 34, 39.

1306 *Bertram/Johannleweling/Roß/Weiser*, WPg 2011, 57, 59.

und erhebliche Ermessens- und Gestaltungsspielräume aufrechterhalten.[1307] Die Vergleichbarkeit der Jahresabschlüsse wird außerdem erheblich beeinträchtigt. Dies wird als ein wesentlicher Kritikpunkt der Neuregelung im Bereich der Rückstellungsbewertung gesehen.[1308]

Aber auch aus Gründen des Kapitalschutzes ist das Wahlrecht zu kritisieren. Denn damit gilt nach dem HGB nur für sog. Neuzusagen, die ab dem 1. Januar 1987 entstanden sind, eine Passivierungspflicht. Solche Neuzusagen werden im Rahmen der Ergebnisermittlung aufwandswirksam erfasst und verringern dadurch das Ausschüttungsvolumen. Dies stärkt den Kapital- und Gläubigerschutz.[1309]

Bei den übrigen Pensionsverpflichtungen kann der Bilanzierende selbst entscheiden, ob er durch die Passivierung eine Ausrichtung seiner Bilanz am Kapitalschutz vornimmt oder nicht. Ohne die Bildung der betreffenden Pensionsrückstellungen kann es zu einer Ergebnisermittlung und Ausschüttung von Gewinnen kommen, als ob keine Verpflichtungen aus Pensionszusagen bestünden.[1310] In Anbetracht des meist hohen Anteils der Pensionszusagen im Jahresabschluss stellt dies eine kaum hinzunehmende Lücke im Kapitalschutz der Kapitalgesellschaften dar. Im Falle der tatsächlichen Belastung sind nicht ausreichend Mittel in der Bilanz gebunden. Dieser Befund verträgt sich aber hinsichtlich der Gewinnermittlung keinesfalls mit dem Realisations- und Imparitätsprinzip, da Mittel ausschüttungsfähig gestellt werden, die zur Deckung der Pensionsverbindlichkeiten erforderlich sind.

Dies war auch der Grund für das erheblich abweichende Bilanzergebnis der Daimler AG bei Listung an der New York Stock Exchange.[1311]

Die Begründung zur Beibehaltung der Wahlrechte des Art. 28 EGHGB überzeugt auch nur bedingt. Die Übergangsregelung des Art. 28 Abs. 1 S. 1 EGHGB wird richtigerweise durch Zeitablauf obsolet, sodass man auch auf eine sofortige Abschaffung noch verzichten kann. Die Beibehaltung des Passivierungswahlrechts gem. Art. 28 Abs. 1 S. 2 HGB stellt hingegen eine Beeinträchtigung des informationellen und des institutionellen Gläubigerschutzes dar,[1312] wofür aber keine schlüssigen Gründe vorgebracht werden. In der Literatur wird teilweise gemutmaßt, dass durch die Beibehaltung der Wahlrechte für staatliche Stellen eine umfangreiche Bildung von Pensionsrückstellungen für Verpflichtungen gegenüber Beamten verhindert werden sollte.[1313]

1307 *Fink/Kunath*, DB 2010, 2345, 2349.

1308 *Küting/Kessler/Keßler*, WPg 2008, 748, 749; *Wolz/Oldewurtel*, StuB 2009, 424.

1309 *Röhricht*, Gläubigerschutz, 2011, S. 127.

1310 *Hennrichs*, Wahlrechte, 1999, S. 225; *Röhricht*, Gläubigerschutz, 2011, S. 127.

1311 Siehe S. 169.

1312 *Gros/Wallek*, Der Konzern 2009, 541, 544; ähnlich *Küting/Kessler/Keßler*, WPg 2008, 748, 749; *Küting/Kessler/Keßler*, WPg 2008, 494, 496 f.

1313 So *Küting/Kessler/Keßler*, WPg 2008, 748, 750.

d) *Aufwandsrückstellungen*

aa) *Alte Rechtslage*

§ 249 Abs. 1 S. 3 HGB a.F. gewährte dem Bilanzierenden ein Wahlrecht zur Bildung von Rückstellungen für unterlassene Aufwendungen für Instandhaltung, wenn diese innerhalb des nächsten Geschäftsjahres nachgeholt würden. Diese Rückstellungsart stellt sich bei wirtschaftlicher Betrachtungsweise als Innenverpflichtung des Kaufmanns dar, die eigentlich den Charakter von Rücklagen hat.[1314] Daneben vermittelte § 249 Abs. 2 HGB a.F. ein Passivierungswahlrecht für ihre Eigenart nach genau umschriebene, dem Geschäftsjahr oder einem früheren Geschäftsjahr zuzuordnende Aufwendungen, die am Abschlussstichtag wahrscheinlich oder sicher, aber hinsichtlich ihrer Höhe oder des Zeitpunkts ihres Eintritts unbestimmt sind. Als typische Aufwandsrückstellungen verursachende Sachverhalte galten z.B. Großreparaturen, Kosten für die Jahresabschlussprüfung, nachzuholende Entsorgungsmaßnahmen oder Abbruchvorhaben.[1315]

Die durch das BiRiLiG eingeführte Vorschrift zur Bildung von Aufwandsrückstellungen war von Beginn an eine umstrittene Regelung.[1316] Die Ausgestaltung als Wahlrecht eröffnete den Bilanzierenden umfangreiche Ermessenspielräume[1317] und wurde in der Praxis als bilanzpolitisches Instrument zur Steuerung des Jahresergebnisses eingesetzt.[1318] Durch den Charakter als Innenverpflichtung und die Verwendung vieler unbestimmter Rechtsbegriffe ist der Ansatz und die Höhe der Rückstellungen kaum intersubjektiv nachprüfbar.[1319] Die Regelungen dienten nach überwiegender Ansicht der periodengerechten Gewinnermittlung und Verteilung des Aufwands über mehrere Perioden.[1320]

bb) *Neue Rechtslage*

(1) Aufhebung der Wahlrechte

Das Passivierungswahlrecht zur Bildung von Aufwandsrückstellungen gem. § 249 Abs. 2 HGB a.F. wurde ersatzlos gestrichen. Zugleich entfällt das Passivierungswahlrecht für unterlassene Instandhaltungsaufwendungen gem. § 249 Abs. 1 S. 3 HGB a.F. Dagegen sind die Rückstellungen für unterlassene Instandhaltung, die im folgenden Geschäftsjahr innerhalb von drei Monaten nachgeholt werden, oder für Abraumbeseitigungen, die im folgenden Geschäftsjahr nachgeholt werden,

1314 *Gelhausen/Fey/Kämpfer*, Rechnungslegung, 2009, S. 104.
1315 Siehe Fn. 1228.
1316 *Siegel*, BB 1986, 841; *Streim*, BB 1985, 1575.
1317 ADS, § 249, Rn. 221.
1318 *Arbeitskreis Bilanzrecht der Hochschullehrer Rechtswissenschaft*, BB 2008, 209; *Weigl/Weber/Costa*, BB 2009, 1062, 1063.
1319 *Streim*, BB 1985, 1575, 1582; *Velte*, KoR 2008, 61, 68.
1320 ADS, § 249, Rn. 189; *Baetge/Kirsch/Thiele*, Bilanzen, 9. Aufl. 2007, S. 442; *Hoyos/Ring*, in: BBK 6. Aufl. 2006, § 249, Rn. 4.

weiterhin zu passivieren, § 249 Abs. 1 S. 2 Nr. 1 HGB. Dies gilt auch für Gewährleistungen, die ohne rechtliche Verpflichtung erbracht werden, § 249 Abs. 1 S. 2 Nr. 1 HGB. Der Gesetzgeber bezweckt damit die Erhaltung gewisser steuerlicher Begünstigungen für die Bildung dieser Aufwandsrückstellungen.[1321]

(2) Zielsetzung

Durch die Abschaffung der Passivierungswahlrechte für Instandhaltungsrückstellungen (Abs. 1 S. 3 a.F.) und Aufwandsrückstellungen (Abs. 2 a.F.) soll eine Annäherung an die internationalen Standards erreicht und die Akzeptanz des nationalen Rechnungslegungsrechts gestärkt werden.[1322] Der Gesetzgeber trägt dem Umstand Rechnung, dass es sich bei den zugrunde liegenden Verbindlichkeiten um Innenverpflichtungen handelt, denen bei wirtschaftlicher Betrachtungsweise der Charakter von Rücklagen zukommt.[1323] Diese gaben dem Bilanzierenden einen erhöhten Ermessenspielraum, da bei Aufwandsrückstellungen keine im Eintreten oder in der Höhe unsicheren Verpflichtungen gegenüber einem Dritten bestehen, sondern nur sog. innerbetrieblicher Aufwand betroffen ist.[1324] Bildete die Gesellschaft hierfür Rückstellungen, konnte dies für den Abschlussadressaten zu einer irreführenden Darstellung der Vermögenslage führen,[1325] wenn im Rahmen der Gewinnermittlung ein Schuldposten statt einer Gewinnrücklage ausgewiesen wurde.[1326] Die Bildung von Aufwandsrückstellungen betraf nicht die periodengerechte Gewinnermittlung, sondern vielmehr die Gewinnverwendung.[1327] Es lag im Ermessen der Gesellschaft, durch Bildung dieser Art von Rückstellungen das Ergebnis zu mindern. International ist die Bildung von Rückstellungen für Innenverpflichtungen grundsätzlich nicht zulässig. Der Gesetzgeber begrenzt durch die Aufhebung der Wahlrechte ein Instrument der Bilanzpolitik[1328] und kehrt dadurch zu der vor dem BiRiliG geltenden Rechtslage zurück.[1329] Dies trägt zu einer deutlich erhöhten Vergleichbarkeit der Jahresabschlüsse bei.[1330]

1321 RegE BilMoG, BT-Drs. 16/10067, S. 51.

1322 RegE BilMoG, BT-Drs. 16/10067, S. 50.

1323 RegE BilMoG, BT-Drs. 16/10067, S. 51.

1324 *Arbeitskreis Bilanzrecht der Hochschullehrer Rechtswissenschaft*, BB 2008, 209; *Küting*, BB 2008, 1330, 1332; *Hennrichs*, in: Bilanzrecht in Familienunternehmen, S. 101, 106.

1325 RegE BilMoG, BT-Drs. 16/10067, S. 51.

1326 *Gelhausen/Fey/Kämpfer*, Rechnungslegung, 2009, S. 104 f.

1327 *Drinhausen/Ramsauer*, DB-Beilage (5) 2009, 46, 49; ähnlich *Hennrichs*, in: Bilanzrecht in Familienunternehmen, S. 101, 106.

1328 *Böcking/Dutzi*, in: FS Krawitz, S. 785, 791; *Fink/Kunath*, DB 2010, 2345, 2346.

1329 *Küting*, DStR 2009, 288, 291; *Altenburger*, in: KK-RechnungslegungsR 2011, § 249, Rn. 3.

1330 *Gros/Wallek*, Der Konzern 2009, 541, 543; *Hennrichs*, in: Bilanzrecht in Familienunternehmen, S. 101, 106; *Velte*, KoR 2008, 61, 68.

Zur Kompensation der Aufhebung der Wahlrechte für Aufwandsrückstellungen wird teilweise die Einführung des international üblichen sog. Komponentenansatzes[1331] gefordert, um vor allem den Aufwand für Großreparaturen o. ä. auf mehrere Perioden zu verteilen.[1332] Nach diesem Konzept werden einzelne Vermögensgegenstände in ihre wesentlichen Bestandteile zerlegt, separat erfasst und planmäßig abgeschrieben.[1333] Dadurch kann der durch Reparaturen einzelner Komponenten mit unterschiedlicher Nutzungsdauer verursachte Aufwand über die Gesamtnutzungsdauer des Vermögensgegenstandes verteilt werden. Somit hätte eine weitere Annäherung an die IFRS stattfinden können.[1334] Teilweise wird der Komponentenansatz bereits als zulässig erachtet,[1335] ein Anknüpfungspunkt im Gesetz ist aber nicht zu finden.

cc) Auswirkungen auf den Kapitalschutz

Aufwandsrückstellungen resultieren aus keiner Außenverpflichtung, sondern stellen nur innerbetrieblichen Aufwand dar. Dadurch entsteht eine Beeinträchtigung des Objektivierungsprinzips.[1336] Die Notwendigkeit und der Umfang der Rückstellungen sind hauptsächlich in das Ermessen des Bilanzierenden gestellt und können von Dritten kaum überprüft werden. Folge der Abschaffung der Passivierungswahlrechte für bestimmte Aufwandsrückstellungen ist eine Verbreiterung der Eigenkapitalbasis der Unternehmen, sofern von dem Wahlrecht bisher Gebrauch gemacht wurde.[1337] Es wird teilweise vorgetragen, dass die Informationsfunktion durch diese Maßnahme grundsätzlich verbessert werden kann. Gleichzeitig werde aber die Gläubigerschutzfunktion abgeschwächt, da das Ausschüttungsvolumen steigt.[1338]

Die Abschaffung von Wahlrechten ist grundsätzlich zu begrüßen, da die Vergleichbarkeit der Jahresabschlüsse verbessert, und bilanzpolitische Spielräume reduziert werden. Für die Kapitalerhaltung ergeben sich bei näherer Betrachtung aber überhaupt keine Beeinträchtigungen. Die Aufwandsrückstellungen wirken zwar wie Ausschüttungssperren, ihre Bildung lässt sich aber nicht mit Kapitalschutzerwägungen rechtfertigen. Durch sie wird kein Vermögen gebunden, das zur Deckung der Gesellschaftsverbindlichkeiten benötigt wird, da im Insolvenzfalle diese

---

1331 Siehe IAS 16.34 ff. Dazu *Mujkanovic/Raatz*, KoR 2008, 245, 246 f.

1332 *Drinhausen/Ramsauer*, DB-Beilage (5) 2009, 46, 49; *Fink/Kunath*, DB 2010, 2345, 2346; *Gelhausen/Fey/Kämpfer*, Rechnungslegung, 2009, S. 106; *Husemann/Hofer*, DB 2008, 2661, 2661 f.; *Mujkanovic/Raatz*, KoR 2008, 245, 250.

1333 *Husemann/Hofer*, DB 2008, 2661, 2664.

1334 *Zülch/Hoffmann*, StuB 2009, 369.

1335 IDW RH HFA 1.1016, dazu *Hommel/Rößler*, BB 2009, 251. Siehe auch *Husemann/Hofer*, DB 2008, 2661, 2664 f.; *Mujkanovic/Raatz*, KoR 2008, 245, 249.

1336 *Weinand/Oldewurtel/Wolz*, KoR 2011, 161, 162; *Husemann/Hofer*, DB 2008, 2661, 2662.

1337 *Gelhausen/Fey/Kämpfer*, Rechnungslegung, 2009, S. 105; *Pellens/Kemper/Schmidt*, ZGR 2008, 381, 405.

1338 *Gros/Wallek*, Der Konzern 2009, 541, 543.

nicht mehr anfallen.[1339] Sie entsprechen vielmehr den freien Rücklagen. Die Bildung steht im Belieben des Bilanzierenden, sodass es sich eher um ein bilanzpolitisches Instrument zur Senkung des Bilanzgewinns handelt als um eine kapitalschützende Regelung. Die Streichung der Wahlrechte ist somit als sinnvolle Regelung zur Steigerung der Vergleichbarkeit der Jahresabschlüsse einzuordnen, ohne dass negative Auswirkungen auf den Kapitalschutz zu befürchten sind.

4. Selbst erstellte immaterielle Vermögensgegenstände des Anlagevermögens, § 248 Abs. 2 HGB

Ein viel diskutiertes Problem, das oftmals als exemplarisch für die Unterschiede zwischen HGB-Rechnungslegung und IFRS angeführt wird, ist die Behandlung immaterieller Vermögensgegenstände in der Bilanz. Darunter fallen grundsätzlich alle Vermögensgegenstände, die nicht körperlich fassbar sind.[1340] Zu immateriellen Vermögensgegenständen des Anlagevermögens zählt der Gesetzgeber, ausweislich des Gliederungsschemas nach § 266 Abs. 2 I. HGB, Konzessionen (z.B. Betriebs- und Versorgungsrechte, Wegerechte), gewerbliche Schutzrechte (z.B. Patente, Warenzeichen, Marken-, Urheber- und Verlagsrechte sowie Geschmacks- und Gebrauchsmuster), ähnliche Rechte und Werte (z.B. Wohn-, Belieferungs-, Zuteilungsrechte, Nießbrauch, Emissionsrechte) sowie Lizenzen an solchen Rechten und Werten (z.B. ungeschützte Erfindungen, Rezepte oder Ähnliches).[1341] Wertpapiere, Geldforderungen und Unternehmensanteile gehören indes nicht zum bilanziellen immateriellen Vermögen, da deren Existenz nicht mit den entsprechenden Unsicherheiten behaftet ist.[1342]

Das deutsche vom Vorsichtsprinzip geprägte Bilanzrecht steht dem Ansatz selbst geschaffener immaterieller Vermögensgegenstände traditionell eher kritisch gegenüber.[1343] Insofern wird seit Langem darauf hingewiesen, dass immaterielle Vermögensgegenstände einen sehr unsicheren Posten darstellen, dessen Vermögensvorteil aufgrund der Unkörperlichkeit kaum oder gar nicht feststellbar sei, da es einerseits an willkürfrei zurechenbaren Herstellungskosten fehle, andererseits an

---

1339 *Coenenberg/Haller/Schultze*, Jahresabschluss, 24. Aufl. 2016, S. 431; a.A. *Husemann/Hofer*, DB 2008, 2661, 2663.

1340 *Baetge/Kirsch/Thiele*, Bilanzen, 14. Aufl. 2017, S. 243; *Coenenberg/Haller/Schultze*, Jahresabschluss, 24. Aufl. 2016, S. 181.

1341 Nach *Förschle*, in: BBK 6. Aufl. 2006, § 248, Rn. 7; siehe auch *Baetge/Kirsch/Thiele*, Bilanzen, 14. Aufl. 2017, S. 245. Ausführlich zu den Arten immaterieller Vermögensgegenstände *Niemann*, Immaterielle Wirtschaftsgüter im Handels- und Steuerrecht, 2. Aufl. 2006, S. 5 ff.

1342 *Keitz*, Immaterielle Güter, 1997, S. 43 ff.; *Hennrichs*, in: MüKo BilanzR 2013, § 248, Rn. 24.

1343 *Simon*, Bilanzen der Aktiengesellschaften, 1898, S. 169; *Moxter*, BB 1979, 1102 ff. Für einen kurzen Überblick über die Entwicklungsgeschichte siehe *Moxter*, DB 2008, 1514, 1515 f.

einem vom Markt bestätigten Kaufpreis.[1344] Der Ansatz solcher Werte sei nicht vereinbar mit dem Objektivierungsgedanken,[1345] der sowohl für die Informationsvermittlung als auch für den Gläubigerschutz in der Bilanz Grundvoraussetzung sei. Die Aktivierung habe außerdem zur Folge, dass die Gefahr der Ausschüttung von unsicheren Gewinnen (Scheingewinnen) entsteht. Es verwundert nicht, dass immaterielle Vermögensgegenstände als „ewige Sorgenkinder des Bilanzrechts"[1346] bezeichnet wurden. Diese Haltung wandelte sich mit der gestiegenen Bedeutung immaterieller Werte für die Wirtschaft. In einer modernen, dienstleistungsorientierten und technologiegeprägten Gesellschaft können selbst erstellte immaterielle Vermögensgegenstände den Hauptwert eines Unternehmens bedeuten.[1347] Werden solche Vermögenswerte vom Ansatz in der Bilanz ausgenommen, führt dies zur Bildung stiller Reserven und einer nicht sachgerechten Darstellung der Vermögens- und Ertragslage der Gesellschaft.[1348]

a) Alte Rechtslage

Das Vollständigkeitsgebot des § 246 Abs. 1 S. 1 HGB zwingt zur Aktivierung aller Vermögensgegenstände, soweit gesetzlich nichts anderes bestimmt ist. Als Vermögensgegenstand werden nach h.M. alle einzeln verwertbaren Güter qualifiziert.[1349] Die Aktivierungsfähigkeit wurde im alten Recht für immaterielle Vermögensgegenstände in § 248 Abs. 2 HGB a.F. eingeschränkt. Danach durften immaterielle Vermögensgegenstände des Anlagevermögens nur aktiviert werden, wenn sie entgeltlich erworben wurden. Für *selbst erstellte* immaterielle Vermögensgegenstände bestand somit im Umkehrschluss ein *Aktivierungsverbot.* Dieses galt aufgrund der mit selbst geschaffenen immateriellen Gütern verbundenen Unsicherheiten als Ausprägung des Vorsichtsprinzips und sicherte damit den Gläubigerschutz.[1350] Das Aktivierungsverbot war auch durch den bisher prägenden Objektivierungsgedanken stark beeinflusst.[1351]

1344 *Döllerer*, BB 1969, 501, 502; *Förschle*, in: BBK 6. Aufl. 2006, § 248, Rn. 7; *Ballwieser*, in: MüKo HGB 2. Aufl. 2008, § 248, Rn. 2; *Baetge/Kirsch/Thiele*, Bilanzen, 9. Aufl. 2007, S. 298; dies wird auch im RegE BilMoG, BT-Drs. 16/10067, S. 49 f. ausdrücklich anerkannt.

1345 *Moxter*, BB 1979, 1102, 1104 f. Siehe zum Objektivierungsgrundsatz allgemein S. 151 f.

1346 *Moxter*, BB 1979, 1102; ähnlich ebenfalls *Moxter*, DB 2008, 1514, 1515.

1347 *Mindermann*, WPg 2008, 273; *Herzig*, DB 2008, 1, 5; *Hennrichs*, GmbHR 2010, 17, 18; *Simon*, NZG 2009, 1081, 1082.

1348 *Baetge/Kirsch/Solmecke*, WPg 2009, 1211, 1215; *Arbeitskreis Bilanzrecht der Hochschullehrer Rechtswissenschaft*, BB 2008, 152, 157; *Hennrichs*, ZGR 2000, 627, 640 f.

1349 Zur abstrakten Aktivierungsfähigkeit siehe S. 118 ff.

1350 *Förschle*, in: BBK 6. Aufl. 2006, § 248, Rn. 9; *Ballwieser*, in: MüKo HGB 2. Aufl. 2008, § 248, Rn. 2; *Luttermann/Großfeld*, Bilanzrecht, 4. Aufl. 2005, Rn. 617; *Merkt*, in: Hopt/Merkt, Bilanzrecht 2010, § 248, Rn. 3.

1351 *Merschmeyer*, Kapitalschutzfunktion des Jahresabschlusses, 2005, S. 107.

Bei immateriellem Umlaufvermögen galt das Aktivierungsverbot nicht, sodass für diese auch ohne den entgeltlichen Erwerb nach dem Vollständigkeitsgebot (§ 246 Abs. 1 S. 1 HGB) eine Aktivierungspflicht bestand.[1352] Immaterielle Vermögensgegenstände des Umlaufvermögens werden in der Regel kurzfristig am Markt angeboten und abgesetzt, sodass Unsicherheiten in Bezug auf deren Werthaltigkeit im Vergleich zum Anlagevermögen, das zum dauerhaften Nutzen des Betriebs bestimmt ist, eher gering sind.[1353] Aufgrund des Vollständigkeitsgrundsatzes (§ 246 Abs. 1 S. 1 HGB) bestand für entgeltlich erworbene immaterielle Vermögensgegenstände dagegen eine Aktivierungspflicht. Das Merkmal des entgeltlichen Erwerbs als maßgebliches Ansatzkriterium unterstellt, dass der Erwerber eine gleichwertige Gegenleistung für den immateriellen Vermögensgegenstand gezahlt und durch diese Marktbestätigung eine gewisse Wertobjektivierung stattgefunden hat.[1354] Auf diese Weise wird die Bewertung des immateriellen Vermögensgegenstandes den subjektiven Einschätzungen des Bilanzierenden entzogen und durch die Markttransaktion bestätigt.[1355]

Die internationalen Standards kennen dagegen ein Aktivierungsverbot für selbst erstellte immaterielle Vermögensgegenstände nicht, wenn sie auch deren Besonderheiten bei der Erfassung Rechnung tragen.[1356]

b) Neue Rechtslage

Aufgrund der gestiegenen Bedeutung immaterieller Vermögensgegenstände für die moderne Wirtschaft und der Forderung nach einer informationsgerechteren Rechnungslegung war das Aktivierungsverbot gem. § 248 Abs. 2 HGB a.F. eine der meist kritisierten Regelungen im deutschen Handelsbilanzrecht.[1357] Durch das BilMoG wurde das bisherige Aktivierungsverbot aufgehoben und durch ein Aktivierungswahlrecht (§ 248 Abs. 2 S. 1 HGB) ersetzt. Dem Bilanzierenden steht es trotz des grundsätzlich geltenden Vollständigkeitsgebots (§ 246 Abs. 1 S. 1 HGB) frei, ob er einen selbst geschaffenen immateriellen Vermögensgegenstand des Anlagevermögens unter einem besonderen Bilanzposten (§ 266 Abs. 2 A. I. 1. HGB) in die Bilanz aufnimmt, solange das Gut Vermögensgegenstandsqualität aufweist. Die Ansatzstetigkeit (§ 246 Abs. 3 HGB) ist für dieses Wahlrecht zu beachten.[1358]

1352 ADS, § 248, Rn. 23 m.w.N.; *Förschle*, in: BBK 6. Aufl. 2006, § 248, Rn. 8.

1353 *Baetge/Kirsch/Thiele*, Bilanzen, 9. Aufl. 2007, S. 299.

1354 *Förschle*, in: BBK 6. Aufl. 2006, § 248, Rn. 9; ADS, § 248, Rn. 14; *Merschmeyer*, Kapitalschutzfunktion des Jahresabschlusses, 2005, S. 110; *Moxter*, BB 1979, 1102, 1105; *Dobler/Kurz*, KoR 2008, 485, 486.

1355 *Baetge/Kirsch/Thiele*, Bilanzen, 9. Aufl. 2007, S. 299; *Keitz*, Immaterielle Güter, 1997, S. 36.

1356 IAS 38; dazu *Mock*, Finanzverfassung der Kapitalgesellschaften, 2008, S. 121 ff.

1357 Statt vieler *Herzig*, DB 2008, 1, 5; *Arbeitskreis „Immaterielle Werte im Rechnungswesen“*, DB 2001, 989, 991 f.

1358 *Merkt*, in: Hopt/Merkt, Bilanzrecht 2010, § 248, Rn. 2; *Hennrichs*, DB 2008, 537, 541.

Diese Neuregelung ist eine der meistbeachteten Änderungen[1359] des BilMoG und wurde als eines der „Kernstücke" der Reform[1360] betrachtet.

Im Steuerrecht ist gem. § 5 Abs. 2 EStG eine Aktivierung selbst erstellter immaterieller Wirtschaftsgüter des Anlagevermögens ausgeschlossen. Wegen der daraus möglicherweise resultierenden Abweichungen zwischen Handels- und Steuerbilanz kommt es in der Folge zur Bildung von latenten Steuern.

aa) Gesetzgeberische Intention

Mit der Aufhebung des Aktivierungsverbots beabsichtigte der Gesetzgeber, der zunehmenden Bedeutung der immateriellen Vermögensgegenstände des Anlagevermögens im Wirtschaftsleben Rechnung zu tragen, um dadurch besonders innovativen Mittelständlern und Unternehmensneugründungen eine bessere Außendarstellung zu ermöglichen.[1361] Durch die Verbreiterung der Eigenkapitalbasis sollen die Chancen der Unternehmen auf die Eigen- und Fremdkapitalbeschaffung am Kapitalmarkt steigen.[1362] Das Bedürfnis, selbst erstellte immaterielle Vermögensgegenstände in der Bilanz zu berücksichtigen, wird aus dem „in Deutschland schon weit fortgeschrittenen Wandel von der produktions- zur wissensbasierten Gesellschaft"[1363] abgeleitet. Dadurch soll die internationale Vergleichbarkeit der Jahresabschlüsse gesteigert werden und das deutsche Bilanzrecht auf internationaler Ebene eine größere Akzeptanz erfahren. Um trotz der hohen Unsicherheiten, die immateriellen Vermögensgegenständen anhaften, einen hinreichenden Gläubigerschutz zu gewährleisten, wird dieser Posten jedoch mit einer Ausschüttungssperre (§ 268 Abs. 8 HGB) belegt.[1364]

Der Referentenentwurf zum BilMoG sah noch ein Aktivierungsgebot vor, welches im Laufe des Gesetzgebungsprozesses in ein Aktivierungswahlrecht geändert wurde.[1365] In der Stellungnahme des Bundesrates wurde das Wahlrecht mit dem Hinweis gefordert, dass mit der unerlässlichen Unterscheidung von Forschung und Entwicklung gem. § 255 Abs. 2a S. 4 HGB erhöhte Aufzeichnungs-, Darlegungs- und Nachweispflichten für die betroffenen Unternehmen verbunden sein können.[1366]

1359 Siehe nur *Mindermann*, WPg 2008, 273; *Arbeitskreis Bilanzrecht der Hochschullehrer Rechtswissenschaft*, BB 2008, 152, 157; *Arbeitskreis „Immaterielle Werte im Rechnungswesen"*, DB 2008, 1813; *Dobler/Kurz*, KoR 2008, 485; *Hennrichs*, DB 2008, 537; *Moxter*, DB 2008, 1514; *Theile*, WPg 2008, 1064.

1360 *Arbeitskreis Bilanzrecht der Hochschullehrer Rechtswissenschaft*, BB 2008, 152, 157; mit ähnlicher Wertung *Dobler/Kurz*, KoR 2008, 485, 493.

1361 RegE BilMoG, BT-Drs. 16/10067, S. 49.

1362 RefE BilMoG, S. 97 f.

1363 RegE BilMoG, BT-Drs. 16/10067, S. 49.

1364 RegE BilMoG, BT-Drs. 16/10067, S. 50. Siehe ausführlich zur Ausschüttungssperre S. 309 ff.

1365 Siehe dazu *Theile*, WPg 2008, 1064, 1069.

1366 Stellungnahme BRat, BR-Drs. 344/08, S. 7 f.; auch *Braun*, in: KK-RechnungslegungsR 2011, § 248 HGB, Rn. 10.

Entgegen der allgemeinen Tendenz des BilMoG wurde für die Aktivierung der Aufwendungen für selbst erstellte immaterielle Vermögensgegenstände ein Wahlrecht in das HGB aufgenommen, um einerseits innovativen Unternehmen eine entsprechende Darstellung in der Bilanz zu eröffnen; andererseits können Unternehmen, bei denen immateriellen Vermögensgegenständen keine große Bedeutung zukommt, auf die Aktivierung verzichten und dadurch die mit den Aufzeichnungs-, Darlegungs- und Nachweispflichten verbundenen Mehrbelastungen vermeiden. Es soll daher den betroffenen Unternehmen vorbehalten bleiben, aufgrund einer „Kosten-Nutzen-Abwägung" zu entscheiden, ob sie das Aktivierungswahlrecht ausüben oder nicht.[1367]

bb) Ansatzvoraussetzungen

(1) Einzelverwertbarkeit

Voraussetzung für die Aktivierung ist, dass ein Vermögensgegenstand i.S.d. § 246 Abs. 1 S. 1 HGB vorliegt. Das geschaffene wirtschaftliche Gut muss einzeln oder selbstständig verwertbar sein, d.h. das Gut muss seinem Wesen nach unabhängig vom Unternehmen zu Geld gemacht werden können. Problematisch ist dies im Hinblick auf rein wirtschaftliche Vorteile,[1368] die nicht rechtlich geschützt sind und nicht Objekt eines Rechtsgeschäfts sein können. Hierunter zählen etwa Mitarbeiterwissen, Kunden- und Lieferantenbeziehungen oder Ausgaben für Werbung.[1369] Diese rein wirtschaftlichen Vorteile können nicht unabhängig von dem Unternehmen veräußert werden, sodass eine selbstständige Verwertbarkeit nicht möglich ist. Diese sind vielmehr Bestandteile des originären Geschäfts- oder Firmenwerts.[1370] Die Aktivierung ist aber nur möglich, wenn sich die Aufwendungen eindeutig einem selbst geschaffenen immateriellen Vermögensgegenstand zuordnen lassen.[1371]

Der Referentenentwurf verwies auf die Kriterien des IAS 38.57, die ein erstes Indiz für das Vorliegen eines Vermögensgegenstandes liefern sollten.[1372] Dieser Verweis wurde im Regierungsentwurf gestrichen. Der Gesetzgeber wollte vermutlich vermeiden, dass die IFRS zur Interpretation der Neuregelungen im HGB herangezogen werden.

1367 Stellungnahme BRat, BR-Drs. 344/08, S. 8.

1368 *Arbeitskreis „Immaterielle Werte im Rechnungswesen"*, DB 2008, 1813, 1816; ausführlich *Keitz*, Immaterielle Güter, 1997, S. 77 ff.

1369 *Mindermann*, WPg 2008, 273, 274; *Hennrichs*, GmbHR 2010, 17, 19; *Hennrichs*, in: MüKo BilanzR 2013, § 248, Rn. 30.

1370 Siehe dazu S. 243 ff.

1371 *Braun*, in: KK-RechnungslegungsR 2011, § 248 HGB, Rn. 12.

1372 RefE BilMoG, S. 122. Unter dem Gesichtspunkt der unterschiedlichen Ansatzkonzeption zwischen HGB und IFRS kritisch *Mindermann*, WPg 2008, 273, 274 f.; *Hennrichs*, DB 2008, 537 f.

(2) Frühestmöglicher Aktivierungszeitpunkt – Wahrscheinlichkeit des Entstehens eines immateriellen Vermögensgegenstandes?

Der Regierungsbegründung ist zu entnehmen, dass die Aktivierung immaterieller Vermögensgegenstände schon in Betracht kommen soll, wenn „mit hoher Wahrscheinlichkeit davon ausgegangen werden kann, dass ein einzeln verwertbarer Vermögensgegenstand zur Entstehung gelangt".[1373] Dem folgend käme eine Aktivierung der Entwicklungskosten zu diesem Zeitpunkt bereits in Betracht, auch wenn dieser noch vor der Fertigstellung des immateriellen Vermögensgegenstandes liegt.[1374] Erforderlich wäre eine Zukunftsprognose, ob mit hoher Wahrscheinlichkeit „ein einzeln verwertbarer immaterieller Vermögensgegenstand zur Entstehung gelangt".[1375] Teilweise wird in der Literatur dieser Bemerkung des RegE gefolgt.[1376]

Dies stößt allerdings auf große Bedenken, da eine solche Interpretation nicht den Anforderungen des § 246 Abs. 1 S. 1 HGB entspricht. Auch ließe die notwendige Konkretisierung des Zeitpunkts, ab welchem eine „hohe Wahrscheinlichkeit" vorliegt, beträchtliche Unwägbarkeiten hinsichtlich des Objektivierungsgrundsatzes zu, was einen erheblichen Spielraum bei der Bilanzierung eröffnen würde. Daher kann eine Aktivierung erst in Betracht kommen, wenn die Vermögensgegenstandseigenschaft gegeben ist.[1377] Darauf weist auch der Rechtsausschuss in seiner Beschlussempfehlung ausdrücklich hin.[1378] Die Eigenschaft als Vermögensgegenstand eines immateriellen Werts lässt sich erst nach Beendigung des Herstellungsprozesses beantworten. Der immaterielle Vermögensgegenstand muss sich „im betriebsbereiten Zustand befinden und zur bestimmungsgemäßen dauernden Nutzung eingesetzt werden" können.[1379] Ungeachtet dieser konzeptionell eindeutigen Voraussetzungen kann bei immateriellen Vermögensgegenständen allerdings eine selbstständige Verwertbarkeit auch schon gegeben sein, wenn das Endprodukt noch nicht vorliegt und etwaige Veränderungen vorgenommen werden müssen.[1380] So kann eine Software schon vor der Endkonfiguration als funktionsfähig und nutzbar eingestuft

---

1373 RegE BilMoG, BT-Drs. 16/10067, S. 60.

1374 *Braun*, in: KK-RechnungslegungsR 2011, § 248 HGB, Rn. 13; vgl. auch *Moxter/Engel-Ciric*, BB 2014, 489, 491.

1375 RegE BilMoG, BT-Drs. 16/10067, S. 60.

1376 *Gelhausen/Fey/Kämpfer*, Rechnungslegung, 2009, S. 82 f.; *Braun*, in: KK-RechnungslegungsR 2011, § 248 HGB, Rn. 13; *Ballwieser*, in: Müko HGB 3. Aufl. 2013, § 248, Rn. 16; *Ernst/Seidler*, ZGR 2008, 631, 640; *Castedello/Kreher*, in: Fink/Schultze/Winkeljohann (Hrsg.), Bilanzpolitik und Bilanzanalyse nach neuem Handelsrecht, S. 65, 70; wohl auch *Laubach/Kraus/Bornhofen*, DB-Beilage (5) 2009, 19, 22.

1377 *Hennrichs*, in: MüKo BilanzR 2013, § 248, Rn. 36; *Hennrichs*, GmbHR 2010, 17, 19; *Oser/Roß/Wader/Drögemüller*, WPg 2009, 573, 577; *Schülke*, DStR 2010, 992, 998; *Theile*, WPg 2008, 1064, 1067; *Schmidt*, DB 2014, 1273, 1275.

1378 Beschlussempfehlung Rechtsausschuss, BT-Drs. 16/12407, S. 85.

1379 ADS, § 255, Rn. 169; *Mindermann*, WPg 2008, 273, 275.

1380 *Gelhausen/Fey/Kämpfer*, Rechnungslegung, 2009, S. 81; *Hennrichs*, GmbHR 2010, 17, 19; *Küting/Ellmann*, DStR 2010, 1300, 1303.

werden.[1381] Dieses Vorgehen deckt sich mit dem analogen Problem bei materiellen Vermögensgegenständen für im Bau befindliche Anlagen oder unfertige Erzeugnisse.[1382] Dies ist jedoch im Einzelfall anhand des jeweiligen Produkts zu beurteilen. Für die zitierte Gesetzesbegründung fehlt es darüber hinaus an einem normativen Anknüpfungspunkt; eine von der Ansatznorm des § 246 Abs. 1 S. 1 HGB abweichende Norm existiert nicht. Die teilweise für diese Ansicht herangezogene Norm des § 255 Abs. 2a HGB stellt keine Ansatz-,[1383] sondern eine Bewertungsvorschrift dar.[1384] Im Übrigen widerspricht sich die Gesetzesbegründung, wenn an anderer Stelle darauf hingewiesen wird, dass „immer zu prüfen ist, ob das zu aktivierende Gut als Vermögensgegenstand im handelsbilanziellen Sinn klassifiziert werden kann. Nur dann kommt eine Aktivierung überhaupt in Betracht."[1385]

Eine Aktivierung immaterieller Vermögensgegenstände kann nicht schon angenommen werden, wenn die Wahrscheinlichkeit des späteren Entstehens gegeben ist. Auch die missverständliche und widersprüchliche Gesetzesbegründung liefert dafür keine zwingenden Gründe. Ein derart von den allgemeinen Aktivierungsvoraussetzungen des § 246 Abs. 1 S. 1 HGB abweichender Aktivierungszeitpunkt für immaterielle Vermögensgegenstände würde ein breites Ermessen für den Bilanzierenden eröffnen und wäre intersubjektiv kaum nachprüfbar. Ein solches Vorgehen wäre im deutschen Handelsbilanzrecht systemwidrig und muss ohne ausdrückliche gesetzliche Regelung abgelehnt werden.

(3) Aktivierungszeitpunkt – Abgrenzbarkeit der Entwicklungsphase

Der Abgrenzung von Forschungs- und Entwicklungsphase kommt neben der Zugangsbewertung auch eine besondere Bedeutung für den Zeitpunkt der Aktivierung zu. Gem. § 255 Abs. 2 S. 4 HGB dürfen in der Forschungsphase angefallene Aufwendungen nicht aktiviert werden. Die Ver- und Bewertung von Forschungsergebnissen wird als sehr unsicher betrachtet, sodass noch nicht von der Eigenschaft als Vermögensgegenstand ausgegangen werden kann.[1386] Daher dürfen gem. § 255 Abs. 2a S. 1 HGB nur die Aufwendungen aktiviert werden, die bei der Entwicklung des Vermögensgegenstandes angefallen sind. Ist eine Trennung von Forschungs- und Entwicklungsphase nicht zweifelsfrei möglich, so folgt daraus ein Ansatzverbot für sämtliche dem immateriellen Vermögensgegenstand zuzuordnenden Aufwendungen (§ 255 Abs. 2a S. 4 HGB), und alle anfallenden Kosten sind aufwandswirksam zu erfassen. Damit wird der Zeitpunkt des Übergangs von Forschungs- zur

---

1381 *Hennrichs*, in: MüKo BilanzR 2013, § 248, Rn. 37; *Hennrichs*, GmbHR 2010, 17, 19.

1382 *Theile*, WPg 2008, 1064, 1067.

1383 So wohl aber *Ballwieser*, in: Müko HGB 3. Aufl. 2013, § 248, Rn. 16.

1384 *Merkt*, in: Hopt/Merkt, Bilanzrecht 2010, § 255 HGB, Rn. 22; *Schülke*, DStR 2010, 992, 996 f.; *Theile*, WPg 2008, 1064, 1067; *Schmidt*, DB 2014, 1273, 1275.

1385 RegE BilMoG, BT-Drs. 16/10067, S. 50.

1386 RegE BilMoG, BT-Drs. 16/10067, S. 60.

Entwicklungsphase als frühestmöglicher Zugangszeitpunkt definiert.[1387] Die Trennung bedingt eine entsprechende Dokumentation, die nachvollziehbar die für die bilanziellen Zwecke erforderlichen Abgrenzungen darlegt.[1388]

Die Abgrenzung dieser beiden Phasen ist daher von enormer Bedeutung und wird in der Literatur entsprechend stark diskutiert.[1389] Erste Anhaltspunkte können die im HGB enthaltenen Legaldefinitionen der Begriffe „Entwicklung“ und „Forschung“ in § 255 Abs. 2a S. 2 und 3 sein. *Forschung* ist gem. S. 3 die eigenständige und planmäßige Suche nach neuen wissenschaftlichen oder technischen Erkenntnissen oder Erfahrungen allgemeiner Art, über deren technische Verwertbarkeit und wirtschaftliche Erfolgsaussichten grundsätzlich keine Aussagen gemacht werden können. Aus der Definition ergibt sich bereits, dass weder die Verwertbarkeit noch die Erfolgsaussichten der Forschungsergebnisse zweifelsfrei gesichert sind, sodass eine Aktivierung der Aufwendungen für die Forschung ausscheidet. Dagegen ist *Entwicklung* nach S. 2 die Anwendung von Forschungsergebnissen oder von anderem Wissen für die Neuentwicklung von Gütern oder Verfahren oder die Weiterentwicklung von Gütern oder Verfahren mittels wesentlicher Änderung. Sobald in die Entwicklungsphase eingetreten wird, verfolgt die Gesellschaft das Ziel, die aus der Forschung gewonnenen Erkenntnisse zur Herstellung einzusetzen.[1390] Anders gewendet müssen ab diesem Zeitpunkt zuverlässige Aussagen über die technische Verwertbarkeit und wirtschaftlichen Erfolgsaussichten getroffen werden können. Die Beurteilung ist mit einer Zukunftsprognose und dementsprechend mit gewissen Unsicherheiten verbunden.[1391]

Verwunderlich war die These des Referentenentwurfs, dass der Übergang von Forschungs- zur Entwicklungsphase in der Unternehmenspraxis recht einfach vorgenommen werden könne.[1392] In der Realität wird eine trennscharfe Abgrenzung nach objektiven und intersubjektiv nachprüfbaren Kriterien vor dem Hintergrund der Vielzahl von immateriellen Vermögensgegenständen kaum möglich sein, sodass von einem erheblichen bilanzpolitischen Spielraum auszugehen ist.[1393]

1387 RegE BilMoG, BT-Drs. 16/10067, S. 60; *Gelhausen/Fey/Kämpfer*, Rechnungslegung, 2009, S. 84.

1388 *Küting/Ellmann*, DStR 2010, 1300, 1305; *Theile*, WPg 2008, 1064, 1065.

1389 Siehe etwa *Ballwieser*, in: Müko HGB 3. Aufl. 2013, § 248, Rn. 19; *Arbeitskreis „Immaterielle Werte im Rechnungswesen“*, DB 2008, 1813, 1818; *Pellens/Kemper/Schmidt*, ZGR 2008, 381, 402; *Mindermann*, WPg 2008, 273, 276.

1390 *Küting/Pfirmann/Ellmann*, KoR 2008, 689, 691; *Küting/Ellmann*, DStR 2010, 1300.

1391 *Küting/Ellmann*, DStR 2010, 1300; ähnlich *Schubert/Pastor*, in: BBK 10. Aufl. 2016, § 255, Rn. 487.

1392 RefE BilMoG, S. 122 f.

1393 *Schubert/Pastor*, in: BBK 10. Aufl. 2016, § 255, Rn. 488; *Hennrichs*, in: Bilanzrecht in Familienunternehmen, S. 101, 112; *Küting/Ellmann*, DStR 2010, 1300, 1306; *Mindermann*, WPg 2008, 273, 276.

(4) Aktivierungsverbot und zeitlicher Anwendungsbereich

Für Marken, Drucktitel, Verlagsrechte, Kundenlisten und vergleichbare selbst geschaffene immaterielle Vermögensgegenstände des Anlagevermögens bleibt es weiterhin bei dem Aktivierungsverbot (§ 248 Abs. 2 S. 2 HGB), da ihre Herstellungskosten oft nicht zuverlässig vom originären Geschäfts- oder Firmenwert abgrenzbar sind.[1394] Exemplarisch lassen sich Aufwendungen für Werbemaßnahmen nennen, die einerseits einer Marke, andererseits dem selbst geschaffenen Geschäfts- oder Firmenwert zugerechnet werden können.[1395]

Dieses partielle Aktivierungsverbot war im Referentenentwurf noch nicht vorgesehen.[1396] Allerdings wird für diese Vermögensgegenstände die Gefahr der fehlenden Objektivierung als besonders hoch eingeschätzt.[1397] Somit wird dem Vorsichtsprinzip Rechnung getragen, indem nicht zweifelsfrei zurechenbare Aufwendungen aufwandswirksam erfasst werden müssen.[1398] Gem. Art. 66 Abs. 7 EGHGB können nur Aufwendungen für immaterielle Vermögensgegenstände aktiviert werden, mit deren Entwicklung nach dem 31.12.2009 begonnen wurde.

(5) Anhangangaben

§ 285 Nr. 22 HGB verlangt die Angabe des Gesamtbetrags der Forschungs- und Entwicklungskosten des Geschäftsjahres sowie der davon auf die selbst geschaffenen immateriellen Vermögensgegenstände des Anlagevermögens entfallenden Beträge im Anhang. Dies gilt dem Wortlaut entsprechend nur bei tatsächlicher Aktivierung.[1399]

cc) Bewertung

Relevant ist die Trennung von Forschungs- und Entwicklungsphase nicht nur für den Aktivierungszeitpunkt, sondern auch für die anzusetzenden Kosten. Es wird vor allem darauf hingewiesen, dass nur hinreichend objektivierbare Beträge aktiviert werden sollen.[1400]

1394 RegE BilMoG, BT-Drs. 16/10067, S. 50.

1395 RegE BilMoG, BT-Drs. 16/10067, S. 50; *Ballwieser*, in: Müko HGB 3. Aufl. 2013, § 248, Rn. 13; *Hennrichs*, in: MüKo BilanzR 2013, § 248, Rn. 32; *Ernst/Seidler*, ZGR 2008, 631, 639.

1396 *Solmecke*, Auswirkungen BilMoG, 2009, S. 65; *Arbeitskreis „Immaterielle Werte im Rechnungswesen"*, DB 2008, 1813, 1816.

1397 RegE BilMoG, BT-Drs. 16/10067, S. 50.

1398 *Oser/Roß/Wader/Drögemüller*, WPg 2009, 573, 577; *Rossmanith*, in: Jahrbuch für Controlling und Rechnungswesen, S. 51, 60. Ausführlich zum Kriterium der Zurechenbarkeit siehe *Schülke*, DStR 2010, 992, 995 f.

1399 *Braun*, in: KK-RechnungslegungsR 2011, § 248 HGB, Rn. 20.

1400 *Arbeitskreis Externe Unternehmensrechnung der Schmalenbach-Gesellschaft für Betriebswirtschaft e.V.*, BB 2008, 994, 995; *Rossmanith*, in: Jahrbuch für Controlling und Rechnungswesen, S. 51, 61.

(1) Zugangsbewertung

Der Wortlaut des § 255 Abs. 2a S. 1 HGB normiert die „bei der Entwicklung" des immateriellen Vermögensgegenstands anfallenden Aufwendungen als Herstellungskosten. Aktivierungsfähig sind demnach grundsätzlich alle Entwicklungskosten der gesamten Entwicklungsphase, auch wenn diese vor dem Aktivierungszeitpunkt liegen.[1401] Zur Entwicklung zählen z.B. die Konstruktion und der Test neuer Prototypen und Modelle.[1402] Die in der Forschungsphase angefallenen Kosten bleiben dagegen weiterhin von der Aktivierung ausgeschlossen (§ 255 Abs. 2a S. 4 HGB) und sind aufwandswirksam zu erfassen. Dies wird mit der Unsicherheit des Forschungsergebnisses als Vermögensgegenstand begründet.[1403] Die Schwierigkeiten bei der Abgrenzung der Forschungs- von den Entwicklungskosten wurden bereits beim Aktivierungszeitpunkt angesprochen, sodass darauf verwiesen werden kann.[1404]

Probleme bei der Bewertung können sich auch ergeben, wenn die Entwicklungsphase sich über mehrere Geschäftsjahre erstreckt. Die h.M. lehnt eine überperiodische Nachaktivierung von bereits aufwandswirksam erfassten Entwicklungskosten ab.[1405] Kann die in einem Geschäftsjahr begonnene Entwicklung eines immateriellen Vermögensgegenstands erst im darauffolgenden Geschäftsjahr abgeschlossen werden, müssen die Entwicklungsaufwendungen des unvollendeten Produkts als Aufwand am Bilanzstichtag erfasst werden, da die Aktivierung erst mit Vorliegen der Vermögensgegenstandsqualität beginnen darf. Ursache ist die prinzipielle Bestandskraft von Jahresabschlüssen. Ist im vorangegangenen festgestellten Jahresabschluss ein Aufwand verbucht worden, kann dieser – mit Ausnahme der Grundsätze über die Bilanzänderung – nicht nachträglich umgewidmet werden.[1406]

Ausgeschlossen ist es auch – trotz Aufwandsbuchung in der vorangegangenen Periode –, im aktuellen Jahresabschluss dieselben Aufwendungen als Herstellungskosten nachzuaktivieren. Denn dies würde zu einer erneuten bzw. doppelten Aufwandserfassung über die planmäßigen Abschreibungen führen.[1407] Konnte der immaterielle Vermögensgegenstand allerdings in einer Periode hergestellt werden,

1401 *Hennrichs*, GmbHR 2010, 17, 19.

1402 RegE BilMoG, BT-Drs. 16/10067, S. 60.

1403 RegE BilMoG, BT-Drs. 16/10067, S. 60.

1404 Siehe S. 234.

1405 *Arbeitskreis „Immaterielle Werte im Rechnungswesen"*, DB 2008, 1813, 1818 f.; *Gelhausen/Fey/Kämpfer*, Rechnungslegung, 2009, S. 90 f.; *Schubert/Pastor*, in: BBK 10. Aufl. 2016, § 255, Rn. 489; *Hennrichs*, GmbHR 2010, 17, 19; *Hennrichs*, DB 2008, 537, 540; *Küting/Ellmann*, DStR 2010, 1300, 1304; *Schmidt*, DB 2014, 1273, 1275; a.A.: *Mindermann*, WPg 2008, 273, 275. Die h.M. deckt sich mit IAS 38.71.

1406 *Arbeitskreis „Immaterielle Werte im Rechnungswesen"*, DB 2008, 1813, 1818; *Hennrichs*, GmbHR 2010, 17, 19.

1407 *Hennrichs*, in: MüKo BilanzR 2013, § 248, Rn. 40; *Hennrichs*, GmbHR 2010, 17, 19; *Arbeitskreis „Immaterielle Werte im Rechnungswesen"*, DB 2008, 1813, 1819; *Mindermann*, WPg 2008, 273, 275; *Schmidt*, DB 2014, 1273, 1275.

dürfen auch die vor dem Aktivierungszeitpunkt entstandenen Entwicklungsaufwendungen des gesamten Geschäftsjahres angesetzt werden.[1408]

Auch wenn die Abgrenzung zwischen Forschungs- und Entwicklungskosten konzeptionell eindeutig erscheint, bleiben in der Praxis erhebliche bilanzielle Ermessensspielräume bezüglich der Höhe der zu aktivierenden Aufwendungen bestehen.[1409]

(2) Folgebewertung

Hier gelten die allgemeinen Abschreibungsregelungen gem. §§ 253 Abs. 1 S. 1, Abs. 3 HGB, sodass auch immaterielle Vermögensgegenstände höchstens mit den Anschaffungs- und Herstellungskosten bewertet werden dürfen. Sie sind planmäßig abzuschreiben, sofern eine zeitlich begrenzte Nutzbarkeit vorliegt. Die individuelle Nutzungsdauer ist zu schätzen, was in der Praxis auf Schwierigkeiten stoßen wird. Konzeptionell entspricht dies aber den Vorgaben des HGB und muss daher trotz praktischer Schwierigkeiten befolgt werden.[1410] Zur Bewältigung dieser Problematik wäre eine gesetzlich typisierte Nutzungsdauer hilfreich gewesen, falls die betriebsindividuelle nicht verlässlich geschätzt werden kann.[1411]

Daneben kommt auch eine außerplanmäßige Abschreibung auf den beizulegenden Zeitwert in Betracht, wenn eine dauerhafte Wertminderung vorliegt. Ungeachtet dieser klaren Vorgabe verbleiben aber auch hier neben praktischen Schwierigkeiten bei der Bestimmung des beizulegenden Zeitwerts erhebliche bilanzpolitische Spielräume für die Unternehmen,[1412] denn ohne aktiven Vergleichsmarkt ist die Bestimmung des beizulegenden Zeitwerts mit Unsicherheiten verbunden.[1413]

In diesem Bereich wurde ausdrücklich keine Annäherung an die internationalen Standards vorgenommen. Dort kann nach der sog. Neubewertungsmethode (IAS 38.75) eine Bewertung zum beizulegenden Zeitwert auch oberhalb der Herstellungskosten erfolgen.[1414]

1408 *Schubert/Pastor*, in: BBK 10. Aufl. 2016, § 255, Rn. 489.

1409 *Zwirner*, NZG 2009, 530, 533; *Arbeitskreis Bilanzrecht der Hochschullehrer Rechtswissenschaft*, BB 2008, 152, 158; ausführlich *Castedello/Kreher*, in: Fink/Schultze/Winkeljohann (Hrsg.), Bilanzpolitik und Bilanzanalyse nach neuem Handelsrecht, S. 65, 69 f.

1410 *Hennrichs*, DB 2008, 537, 541; *Mindermann*, WPg 2008, 273, 277; *Arbeitskreis „Immaterielle Werte im Rechnungswesen“*, DB 2008, 1813, 1819; *Dobler/Kurz*, KoR 2008, 485, 490.

1411 *Hennrichs*, DB 2008, 537, 541.

1412 *Castedello/Kreher*, in: Fink/Schultze/Winkeljohann (Hrsg.), Bilanzpolitik und Bilanzanalyse nach neuem Handelsrecht, S. 65, 75.

1413 *Küting/Pfirmann/Ellmann*, KoR 2008, 689, 695.

1414 *Mindermann*, WPg 2008, 273, 277; *Arbeitskreis „Immaterielle Werte im Rechnungswesen“*, DB 2008, 1813, 1819.

c) Empirische Bedeutung

Nach den ersten Einschätzungen und Untersuchungen wurde das Wahlrecht selten ausgeübt, wohl um den Aufwand zur Ermittlung der Herstellungskosten zu vermeiden.[1415] In einer Untersuchung haben nur fünf von 42 Unternehmen von dem Wahlrecht im Jahresabschluss Gebrauch gemacht.[1416] Dabei fällt auf, dass diese Unternehmen auch einen IFRS-Konzernabschluss erstellt und dort selbst erstellte immaterielle Vermögensgegenstände ausgewiesen haben. Weitere 25 Unternehmen haben nur im IFRS-Konzernabschluss eine Aktivierung vorgenommen, vermutlich um einen Gleichlauf mit dem Steuerrecht zu erzielen. Eine Anpassung an die internationalen Standards wurde aber tendenziell nicht durchgeführt.

Eine andere Studie zeigt, dass die von dem Wahlrecht gebrauchmachenden Unternehmen tendenziell am Anfang ihrer Unternehmenstätigkeit liegen und einen höheren Verschuldensgrad aufweisen. Daraus lässt sich der Schluss ziehen, dass die vom Gesetzgeber verfolgte Zielsetzung, Neugründungen von innovativen mittelständischen Unternehmen zu erleichtern, aufgeht.[1417]

d) Kritik

Obschon die Aufhebung des Aktivierungsverbots immaterieller Vermögensgegenstände einer weitverbreiteten Forderung nach einer informationsgerechteren Rechnungslegung folgt, gab es auch kritische Stimmen, die für eine Beibehaltung des Aktivierungsverbots eintraten.[1418] Die Bedenken beschränken sich aber in der Regel auf die bekannten Argumente, die gegen die Aktivierung immaterieller Vermögensgegenstände des Anlagevermögens sprechen. Durch die Berücksichtigung dieses unsicheren Bilanzpostens bestehe die Gefahr der Entobjektivierung der Bilanz.[1419] Die dem neu geschaffenen Ansatzwahlrecht impliziten Gestaltungsspielräume[1420] (Zeitpunkt der Aktivierung, Abgrenzung von Forschungs- und Entwicklungsphase, Dauer der Abschreibung) verhindern eine objektiv nachprüfbare und willkürfreie

1415 *Bertram*, WPg 2011, S. I; *Küting/Ellmann*, DStR 2010, 1300, 1306; *Eierle/Wencki*, DB 2014, 1029, 1036.

1416 *Keitz/Wenk/Jagosch*, DB 2011, 2445, 2448.

1417 *Eierle/Wencki*, DB 2014, 1029, 1036.

1418 *Hennrichs*, in: Henze/Hoffmann-Becking (Hrsg.), Gesellschaftsrecht 2003, S. 101, 135; *Küting/Ellmann*, DStR 2010, 1300, 1306; *Schulze-Osterloh*, ZIP 2004, 1128, 1137; *Schulze-Osterloh*, in: Festgabe 100 Jahre Deloitte, S. 413, 414; *Velte*, KoR 2008, 61, 66; kritisch aus Objektivierungsgesichtspunkten, aber als Kompromiss im Interesse der Stärkung der Informationsfunktion als noch akzeptabel eingestuft von *Arbeitskreis Bilanzrecht der Hochschullehrer Rechtswissenschaft*, BB 2008, 152, 157.

1419 *Arbeitskreis Bilanzrecht der Hochschullehrer Rechtswissenschaft*, BB 2008, 152, 153; *Hennrichs*, in: Bilanzrecht in Familienunternehmen, S. 101, 112; *Küting*, DStR 2009, 288, 293; *Küting/Ellmann*, DStR 2010, 1300, 1306.

1420 *Castedello/Kreher*, in: Fink/Schultze/Winkeljohann (Hrsg.), Bilanzpolitik und Bilanzanalyse nach neuem Handelsrecht, S. 65.

Lösung und eröffnen große Manipulationsspielräume.[1421] Außerdem werden Auswirkungen der Neuregelung auf das Vorsichtsprinzip befürchtet;[1422] teilweise wird sogar von einem Verstoß ausgegangen.[1423] Es wird auch eingewendet, dass die Bilanzierung von Entwicklungskosten für die Kapitalbeschaffung überschätzt werde, da für die Unternehmen bei der Kreditnachfrage relevantere Möglichkeiten existieren, die Bedeutung immaterieller Werte hervorzuheben.[1424] Auch sei es rechtspolitisch verfehlt, wenn der Gesetzgeber die Beschaffung von Kapital auf Grundlage eines unsicheren Bilanzpostens begünstige.[1425]

Trotz der mit der Aktivierung verbundenen Unsicherheiten und bilanzpolitischen Spielräume wird die Neuregelung dennoch überwiegend als wesentliche Verbesserung der Informationsfunktion und der internationalen Vergleichbarkeit des Jahresabschlusses eingeordnet.[1426] Kritisiert wurde in diesem Zusammenhang teilweise die Ausgestaltung als Aktivierungswahlrecht. Dies laufe dem generellen Ziel des BilMoG zuwider, Wahlrechte zu reduzieren und dadurch die Vergleichbarkeit der Jahresabschlüsse zu stärken.[1427] Dem ist jedoch entgegenzuhalten, dass auch bei einer Aktivierungspflicht durch die impliziten Ermessensspielräume faktisch ein Aktivierungswahlrecht entstehen würde.[1428] Die Unternehmen hätten auf die fehlende Abgrenzbarkeit zwischen Entwicklung und Forschung verweisen können, um eine Aktivierung aufgrund des § 255 Abs. 2a S. 4 HGB zu vermeiden.[1429] Für Außenstehende ist es ohne entsprechende Dokumentation nicht ersichtlich, wie selbst geschaffene immaterielle Vermögensgegenstände, die für die interne Nutzung

---

1421 *Arbeitskreis Bilanzrecht der Hochschullehrer Rechtswissenschaft*, BB 2008, 152, 157; *Küting/Pfirmann/Ellmann*, KoR 2008, 689, 691; *Küting*, DStR 2009, 288, 293; *Moxter*, DB 2008, 1514, 1516; *Schulze-Osterloh*, DStR 2008, 63, 66.

1422 *Dobler/Kurz*, KoR 2008, 485, 493 („Erosion"); *Hennrichs*, DB 2008, 537; *Mindermann/Brösel*, in: Petersen/Zwirner (Hrsg.), Bilanzrechtsmodernisierungsgesetz, S. 390, 394.

1423 *Küting*, DStR 2009, 288, 293.

1424 *Arbeitskreis Bilanzrecht der Hochschullehrer Rechtswissenschaft*, BB 2008, 152, 157.

1425 *Schulze-Osterloh*, DStR 2008, 63, 66.

1426 *Arbeitskreis „Immaterielle Werte im Rechnungswesen"*, DB 2008, 1813, 1821; *Dobler/Kurz*, KoR 2008, 485, 492; *Hommelhoff*, ZGR 2008, 250, 255; *Gros/Wallek*, Der Konzern 2009, 541, 545; a.A. *Moxter*, DB 2008, 1514, 1516 der in der fehlenden Objektivierung auch eine Beeinträchtigung der Informationsfunktion sieht; in eine ähnliche Richtung argumentierend *Mindermann/Brösel*, in: Petersen/Zwirner (Hrsg.), Bilanzrechtsmodernisierungsgesetz, S. 390, 394.

1427 *Castedello/Kreher*, in: Fink/Schultze/Winkeljohann (Hrsg.), Bilanzpolitik und Bilanzanalyse nach neuem Handelsrecht, S. 65, 68; *Oser/Roß/Wader/Drögemüller*, WPg 2009, 573, 577; *Mindermann/Brösel*, in: Petersen/Zwirner (Hrsg.), Bilanzrechtsmodernisierungsgesetz, S. 390, 395.

1428 *Dobler/Kurz*, KoR 2008, 485, 489; *Hennrichs*, Der Konzern 2008, 478, 483; *Küting/Pfirmann/Ellmann*, KoR 2008, 689, 691; *Mindermann*, WPg 2008, 273, 276; *Solmecke*, Auswirkungen BilMoG, 2009, S. 67 m.w.N.

1429 *Dobler/Kurz*, KoR 2008, 485, 489; *Mindermann*, WPg 2008, 273, 276.

bestimmt sind, entwickelt wurden.[1430] Daher ist die Umsetzung als Aktivierungswahlrecht ausnahmsweise zu befürworten, um es den Unternehmen zu überlassen, ob sie selbst erstellte immaterielle Vermögensgegenstände des Anlagevermögens aktivieren oder nicht.

Bemerkenswert ist der Vergleich zu den IFRS-SME, wonach die Aktivierbarkeit selbst erstellter immaterieller Vermögensgegenstände ausgeschlossen ist (IFRS-SME 18.4(c)).[1431] Begründet wird dies mit der fehlenden Informationsrelevanz der Entwicklungskosten für die Banken als bedeutsamste Jahresabschlussadressaten kleiner und mittlerer Unternehmen aufgrund der fehlenden Objektivierbarkeit.[1432]

e) Auswirkungen auf den Kapitalschutz

Die Aufhebung des Aktivierungsverbots für selbst geschaffene immaterielle Vermögensgegenstände des Anlagevermögens lässt in Anbetracht der Unsicherheiten und Objektivierungsschwierigkeiten auch Auswirkungen auf den Kapital- und Gläubigerschutz befürchten. Neben der erwarteten „Erosion von Vorsichts- und Objektivierungsgrundsatz“[1433] liegt es auf der Hand, dass mit der Möglichkeit der Aktivierung von Entwicklungsaufwendungen eine Erhöhung des Eigenkapitals der Gesellschaften, und damit auch ein Anstieg des potentiell ausschüttungsfähigen Volumens einhergehen. Die Verbreiterung der Eigenkapitalbasis zur verbesserten Außendarstellung war ausdrückliches Ziel der Reform.[1434] Daher ist es auf den ersten Blick befremdlich, dass in der Gesetzesbegründung ausdrücklich die Argumente Erwähnung finden, die gegen eine Aktivierung von selbst geschaffenen immateriellen Vermögensgegenständen des Anlagevermögens sprechen. Der Gesetzgeber erkennt, dass sich durch die Möglichkeit der Aktivierung das ausschüttungsfähige Volumen um unsichere Anteile erhöht. Den immateriellen Vermögensgegenständen des Anlagevermögens wird dabei richtigerweise kein Schuldendeckungspotential zugewiesen.[1435] Das bisherige Verbot der Aktivierung selbst erstellter immaterieller Vermögensgegenstände beruhe auf „dem Gedanken des Gläubigerschutzes“.[1436]

Um Informationsinteressen und Gläubigerschutz gleichzeitig in der Bilanz zu berücksichtigen, wird ein Instrument gewählt, das bisher nur vereinzelt[1437] im

---

1430 *Mindermann*, WPg 2008, 273, 276.

1431 Siehe dazu *Kirsch*, IFRS-KMU, 3. Aufl. 2016, S. 65; *Küting/Ellmann*, DStR 2010, 1300, 1305.

1432 *Fülbier/Klein*, in: Bruns/Eierle/Klein/Knorr/Marten, IFRS for SMEs 2010, Abschnitt 18 – Immaterielle Vermögenswerte, Rn. 22.

1433 *Dobler/Kurz*, KoR 2008, 485, 493.

1434 RegE BilMoG, BT-Drs. 16/10067, S. 49.

1435 *Küting/Pfirmann/Ellmann*, KoR 2008, 689, 697.

1436 RegE BilMoG, BT-Drs. 16/10067, S. 49.

1437 Für die Bilanzierungshilfe bei Ingangsetzungsaufwendung und Erweiterungskosten galt eine vergleichbare Ausschüttungssperre gem. § 269 S. 2 HGB a.F. Siehe dazu S. 256.

Jahresabschluss zu finden war. Die Aktivierung selbst geschaffener immaterieller Vermögensgegenstände gem. § 248 Abs. 2 HGB wird an die neu geschaffene Ausschüttungssperre gem. § 268 Abs. 8 S. 1 HGB gekoppelt, wodurch die Gefahren für den Gläubigerschutz kompensiert werden sollen.[1438] Demnach darf eine Gewinnausschüttung nur und insoweit vorgenommen werden, als die nach Ausschüttung verbleibenden Gewinnrücklagen zuzüglich eines Gewinnvortrags und abzüglich eines Verlustvortrags mindestens dem Betrag des Ertrags entsprechen, welcher aus der Aktivierung entsteht. Durch die Koppelung des Aktivierungswahlrechts mit der Ausschüttungssperre stehen die unsicheren Vermögensbestandteile nicht zur Ausschüttung an die Gesellschafter zur Verfügung. Die Höhe des ausschüttungsfähigen Volumens bleibt insoweit gleich, als hätte eine Aktivierung der selbst geschaffenen immateriellen Vermögensgegenstände des Anlagevermögens nicht stattgefunden.

Die Bindung des um die aktivierten Beträge erhöhten Ausschüttungsvolumens ist nachvollziehbar, da das Schuldendeckungspotential bei selbst geschaffenen immateriellen Vermögensgegenständen nicht zweifelsfrei ermittelt werden kann und auch die Entwicklungskosten keinen vollkommen objektiven Maßstab bilden.[1439] Eine eindeutige Zuordnung der Kosten ist kaum möglich. Darüber hinaus ist zu bedenken, dass sich selbst erstellte immaterielle Vermögensgegenstände, die zur dauerhaften Nutzung in der Gesellschaft bestimmt sind, durch ihre Einzigartigkeit und ihren individuellen Zuschnitt auf das jeweilige Unternehmen auszeichnen, sodass kein Vergleichsmarkt existiert, der eine Objektivierung und Begrenzung der Kosten bietet.[1440]

Nach allgemeiner Einschätzung ergeben sich aufgrund der Ausschüttungssperre keine Auswirkungen auf den Umfang des Ausschüttungsvolumens und die Zahlungsbemessungsfunktion.[1441] Um eine punktuelle Annäherung des deutschen Handelsbilanzrechts an die internationalen Standards sowie eine Steigerung des Informationswertes unter gleichzeitiger Wahrung der Ausschüttungsbemessungsfunktion zu erreichen, erfolgt eine Verlagerung des Gläubigerschutzes. Auch die Anhangangaben gem. § 285 Nr. 22 HGB tragen zum Gläubigerschutz bei. Die Abschlussadressaten können selbst beurteilen, auf welche Weise die Gesellschaft bei der Bewertung der selbst erstellten immateriellen Vermögensgegenstände verfährt.

Eine abschließende Beurteilung der Auswirkungen auf den Gläubiger- und Kapitalschutz ist abhängig von der Wirkweise der Ausschüttungssperre gem. § 268 Abs. 8 HGB. Diese gilt allerdings nicht nur für selbst erstellte immaterielle Vermögensgegenstände des Anlagevermögens, sodass die Untersuchung und Bewertung an späterer Stelle erfolgen soll.[1442]

1438 RegE BilMoG, BT-Drs. 16/10067, S. 50. Ausführlich zur Ausschüttungssperre siehe S. 309 ff.

1439 *Mindermann*, WPg 2008, 273, 277; *Moxter*, DB 2008, 1514, 1516 f.

1440 *Mindermann*, WPg 2008, 273, 278.

1441 *Arbeitskreis Bilanzrecht der Hochschullehrer Rechtswissenschaft*, BB 2008, 152, 157; *Hommelhoff*, ZGR 2008, 250, 257 f.; *Pellens/Kemper/Schmidt*, ZGR 2008, 381, 402.

1442 Siehe dazu S. 335 ff.

5. Derivativer Geschäfts- oder Firmenwert (GoF), § 246 Abs. 1 S. 4 HGB

a) *Begriffsbestimmung*

Der *derivative* Geschäfts- oder Firmenwert ist der „Unterschiedsbetrag, um den die für die Übernahme eines Unternehmens bewirkte Gegenleistung den Wert der einzelnen Vermögensgegenstände des Unternehmens abzüglich der Schulden im Zeitpunkt der Übernahme übersteigt" (vgl. § 255 Abs. 4 S. 1 HGB a.F.; § 246 Abs. 1 S. 4 HGB). Der derivative GoF ist das Ergebnis einer Unternehmenstransaktion und somit der Bestandteil des Kaufpreises eines Unternehmens, der über den Saldo der Zeitwerte aller bilanzierten Vermögensgegenstände und Schulden hinausgeht.[1443] Wird ein Unternehmen in seiner Gesamtheit erworben, beeinflussen nicht nur die Summe der aktvierungsfähigen Vermögensgegenstände abzüglich Schulden und zuzüglich stiller Reserven (Substanzwert) die Höhe des Kaufpreises, sondern vor allem auch nicht bilanzierungsfähige Werte. Darunter fallen z.B. die Qualität der Organisation und des Managements, Vertriebskanäle, Kundenstamm, nicht bilanzierungsfähige selbst geschaffene immaterielle Vermögensgegenstände und insbesondere der Ruf und das Marktpotential des Unternehmens.[1444] Daneben erhöht sich der Kaufpreis auch aufgrund des sog. Kapitalisierungsmehrwerts, der dadurch entsteht, dass einzelne Faktoren erst durch die Kombination mit den Faktoren des kaufenden Unternehmens zu Synergieeffekten und wirtschaftlichen Mehrwert führen.[1445] Mit dem GoF werden vor allem positive Erwartungen an die künftige Geschäftsentwicklung verknüpft. Der derivative GoF ist somit ein Bündel von geschäftswertbildenden Faktoren, die nicht voneinander und vom Unternehmen als solchem separiert werden können, sodass eine Verwertung im Falle einer Insolvenz nicht immer möglich ist.[1446]

Vom derivativen ist der sog. *originäre* GoF zu unterscheiden. Dieser entsteht im Laufe der Geschäftstätigkeit durch den stetigen Ausbau der oben bereits beschriebenen Werte. Diesem selbst aufgebauten Mehrwert fehlt es aber an der Marktbestätigung, die den derivativen GoF objektivierbar macht.[1447] Der selbst geschaffene GoF

1443 *Hennrichs*, in: MüKo BilanzR 2013, § 246, Rn. 143; *Hennrichs*, in: FS Schaumburg, S. 367, 368.

1444 BFH v. 16.3.1996, BStBl. II, S. 576; *Kleindiek*, in: GroßKomm HGB 5. Aufl. 2014, § 246, Rn. 77; *Schubert/F. Huber*, in: BBK 10. Aufl. 2016, § 247, Rn. 406; *Baetge/Kirsch/Thiele*, Bilanzen, 9. Aufl. 2007, S. 303.

1445 *Solmecke*, Auswirkungen BilMoG, 2009, S. 56.

1446 *Schubert/F. Huber*, in: BBK 10. Aufl. 2016, § 247, Rn. 406; *Mock*, Finanzverfassung der Kapitalgesellschaften, 2008, S. 42; vgl. auch *Ballwieser*, in: MüKo HGB 2. Aufl. 2008, § 255, Rn. 106 f.; *Scheren/Scheren*, WPg 2014, 88.

1447 *Hennrichs*, in: FS Schaumburg, S. 367, 368.

ist nicht hinreichend sicher und basiert auf unrealisierten Ertragserwartungen des Unternehmens. Aus diesem Grund darf ein originärer GoF nicht aktiviert werden.[1448]

b) Alte Rechtslage

Mangels Vermögensgegenstandsqualität können die im GoF enthaltenen Werte grundsätzlich nicht in die Bilanz aufgenommen werden. Aus diesem Grund bestand gem. § 255 Abs. 4 S. 1 HGB a.F. für die Differenz zwischen Substanzwert und Kaufpreis ein Ansatzwahlrecht,[1449] dessen Rechtsnatur im Schrifttum unterschiedlich beurteilt wurde,[1450] wobei die h.M. von einer Bilanzierungshilfe ausging.[1451] Auch ein teilweiser Ansatz wurde überwiegend als zulässig erachtet.[1452]

Die Aktivierung des GoF war unter zwei Voraussetzungen möglich: Zum einen muss es sich um eine Unternehmensakquisition gehandelt haben; zum anderen muss die gezahlte Gegenleistung den Wert der einzelnen Vermögensgegenstände des Unternehmens abzüglich Schulden zum Zeitpunkt der Übernahme übersteigen.[1453] Die Übernahme muss durch Übertragung der Vermögensgegenstände erfolgen (sog. *asset deal*), indem alle Vermögensgegenstände und Schulden des Unternehmens einzeln auf das kaufende Unternehmen übertragen werden.[1454] Bei der Übernahme eines Unternehmens im Wege des Erwerbs der Anteile einer Kapitalgesellschaft (sog. *share deal*) wurde der Kaufpreis unter dem Posten „Beteiligungen“ oder „Anteile an verbundenen Unternehmen“ aktiviert. Der derivative GoF ist in diesem Fall implizit in den Anschaffungskosten der aktivierten Beteiligung enthalten und muss nicht separat ausgewiesen werden.[1455] Durch die Gegenleistung wird der Wert des derivativen GoF im Sinne einer Nachprüfbarkeit objektiviert.[1456] Die Aktivierung des GoF entspricht einer erfolgsneutralen Erfassung des Erwerbsvorgangs von

---

1448 *Hennrichs*, in: FS Schaumburg, S. 367, 369; ADS, § 255, Rn. 257; *Kleindiek*, in: GroßKomm HGB 5. Aufl. 2014, § 246, Rn. 80 jeweils m.w.N.

1449 *Hennrichs*, Wahlrechte, 1999, S. 155 ff. geht von einer Aktivierungspflicht im Wege der richtlinienkonformen Auslegung aus.

1450 Zu den unterschiedlichen Ansichten siehe *Baetge/Kirsch/Thiele*, Bilanzen, 9. Aufl. 2007, S. 304 ff.; *Kleindiek*, in: GroßKomm HGB 4. Aufl. 2002, § 255, Rn. 40 m.w.N.

1451 *Baetge/Kirsch/Thiele*, Bilanzen, 9. Aufl. 2007, S. 306; *Ballwieser*, in: MüKo HGB 2. Aufl. 2008, § 255, Rn. 104; *Ellrott/Brendt*, in: BBK 6. Aufl. 2006, § 255, Rn. 511; *Kleindiek*, in: GroßKomm HGB 4. Aufl. 2002, § 255, Rn. 41; a.A. ADS, § 255, Rn. 272 („Wert eigener Art“).

1452 ADS, § 255, Rn. 274; *Ballwieser*, in: MüKo HGB 2. Aufl. 2008, § 255, Rn. 105; *Kleindiek*, in: GroßKomm HGB 4. Aufl. 2002, § 255, Rn. 42 m.w.N.; *Ellrott/Brendt*, in: BBK 6. Aufl. 2006, § 255, Rn. 517.

1453 *Kleindiek*, in: GroßKomm HGB 4. Aufl. 2002, § 255, Rn. 45.

1454 *Ballwieser*, in: MüKo HGB 2. Aufl. 2008, § 255, Rn. 103; *Engel-Ciric*, BC 2009, 445.

1455 *Ballwieser*, in: MüKo HGB 2. Aufl. 2008, § 255, Rn. 103; *Engel-Ciric*, BC 2009, 445; *Hennrichs*, in: FS Schaumburg, S. 367, 370; *Solmecke*, Auswirkungen BilMoG, 2009, S. 57.

1456 *Baetge/Kirsch/Thiele*, Bilanzen, 9. Aufl. 2007, S. 304.

Unternehmen. Der GoF enthält somit die Anschaffungskosten eines Unternehmens. Wurde das Wahlrecht nicht oder nur teilweise ausgeübt, musste der Differenzbetrag ergebniswirksam als Aufwand erfasst werden.

Durch das Ansatzwahlrecht wurde dem Bilanzierenden ein sehr weitgehender bilanzpolitischer Spielraum zugestanden,[1457] der von vollständiger Aktivierung bis zur vollständigen Aufwandsbuchung reichen konnte.

Auch im Bereich der Abschreibung setzte sich für das bilanzierende Unternehmen der Spielraum fort. Der angesetzte GoF konnte entweder nach Maßgabe des S. 2 innerhalb von fünf Jahren oder gem. S. 3 planmäßig auf die voraussichtliche Nutzungsdauer abgeschrieben werden; diese kann entsprechend der steuerrechtlich festgelegten Nutzungsdauer bis zu 15 Jahre betragen.[1458] Die Wahlmöglichkeiten zwischen verschiedenen Abschreibungsmodi erhöhen den bilanzpolitischen Spielraum zusätzlich.[1459] Auch ohne ausdrückliche Regelung konnte eine außerplanmäßige Abschreibung des GoF bei Wertminderungen durch nicht vorhersehbare Entwicklungen der für das erworbene Unternehmen relevanten wirtschaftlichen Verhältnisse begründet sein.[1460]

Die Regelung führte zu einer hohen Bandbreite bilanzieller Abbildungsmöglichkeiten und wurde aufgrund der erheblichen Möglichkeiten zur Bilanzpolitik in der Literatur kritisiert; es wurde die Abschaffung des Wahlrechts gefordert.[1461]

c) Neue Rechtslage

aa) Aktivierungspflicht

Das BilMoG hat mit § 246 Abs. 1 S. 4 HGB eine Aktivierungspflicht für den GoF eingeführt. Das bisherige Aktivierungswahlrecht, wonach der derivative GoF ganz, teilweise und gar nicht anzusetzen ist, entfällt. § 255 Abs. 4 HGB a.F. wird aufgehoben, wobei Satz 1 a.F. in § 246 Abs. 1 S. 4 HGB n.F. aufgenommen und S. 2 und 3 a.F. ersatzlos gestrichen wurden. Der entgeltlich erworbene GoF unterliegt dem Vollständigkeitsgebot gem. § 246 Abs. 1 S. 1 HGB und ist somit zwingend in der Bilanz zu berücksichtigen. Eine erfolgswirksame Erfassung des Aufwandes, der durch den Differenzbetrag zwischen Kaufpreis und Wert der einzelnen Vermögensgegenstände abzüglich Schulden entsteht, ist nicht mehr möglich. Künftig ist der entgeltlich erworbene GoF in voller Höhe zu aktivieren, was Auswirkungen auf das Jahresergebnis haben kann, wenn zuvor von dem bilanzierenden Unternehmen

---

1457 *Ellrott/Brendt*, in: BBK 6. Aufl. 2006, § 255, Rn. 517.

1458 *Ellrott/Brendt*, in: BBK 6. Aufl. 2006, § 255, Rn. 520; *Baetge/Kirsch/Thiele*, Bilanzen, 9. Aufl. 2007, S. 310.

1459 *Baetge/Kirsch/Thiele*, Bilanzen, 9. Aufl. 2007, S. 308.

1460 ADS, § 255, Rn. 285; *Kleindiek*, in: GroßKomm HGB 4. Aufl. 2002, § 255, Rn. 49; *Ellrott/Brendt*, in: BBK 6. Aufl. 2006, § 255, Rn. 524; *Baetge/Kirsch/Thiele*, Bilanzen, 9. Aufl. 2007, S. 310.

1461 *Arbeitskreis Bilanzrecht der Hochschullehrer Rechtswissenschaft*, BB 2008, 152, 153; *Schulze-Osterloh*, DStR 2008, 63.

das Wahlrecht nicht ausgeübt wurde. Für den originären GoF bleibt es bei dem Aktivierungsverbot.

Der GoF wird „im Wege der Fiktion“[1462] zu einem zeitlich begrenzt nutzbaren Vermögensgegenstand erhoben und wird dadurch aktivierungspflichtig, ohne aber selbst einen Vermögensgegenstand darzustellen.[1463] Dies zeigt sich deutlich in der Formulierung „gilt als Vermögensgegenstand“. Der handelsrechtliche Vermögensgegenstandsbegriff soll dadurch konzeptionell unverändert bleiben.[1464] Damit hat sich der bisherige Streit über die Rechtsnatur des GoF erledigt. Der GoF ist auf der Aktivseite beim Anlagevermögen unter dem Punkt immaterielle Vermögensgegenstände gesondert auszuweisen (§ 266 Abs. 2 A.I.3. HGB).

bb) Folgebewertung: Abschreibung des GoF

Hinsichtlich der Folgebewertung wurden die bisher geltenden Sonderregelungen für den derivativen GoF (§ 255 Abs. 4 S. 2 und 3 HGB a.F.) im BilMoG gestrichen, die eine pauschale Abschreibung über 5 Jahre vorschrieben. Aufgrund der ausdrücklichen Behandlung in § 246 Abs. 1 S. 4 HGB als zeitlich begrenzt nutzbarer Vermögensgegenstand gelten für den derivativen GoF künftig die allgemeinen Abschreibungsregeln gem. § 253 HGB. Vermögensgegenstände des Anlagevermögens sind demnach grundsätzlich planmäßig über die individuelle betriebliche Nutzungsdauer gem. § 253 Abs. 3 S. 1 und 2 HGB abzuschreiben. Nur sofern in Ausnahmefällen die Nutzungsdauer nicht zuverlässig bestimmbar ist, wird in § 253 Abs. 3 S. 4 HGB eine typisierte Nutzungsdauer von zehn Jahren vorgeschrieben. Zusätzlich gilt aber bei voraussichtlich dauernden Wertminderungen eine außerplanmäßige Abschreibung auf den niedrigeren Zeitwert gem. § 253 Abs. 3 S. 5 HGB.

(1) Planmäßige Abschreibung

Das HGB sah in der Fassung des BilMoG zunächst vor, dass die planmäßige Abschreibung des GoF gem. § 253 Abs. 3 S. 1 HGB über den Zeitraum der individuellen Nutzungsdauer erfolgt. Dies bedeutete eine Veränderung zu den alten Regelungen, wonach eine gesetzlich typisierte Abschreibungsdauer von fünf Jahren vorgegeben wurde (§ 255 Abs. 4 S. 2 HGB a.F.). Die planmäßige Abschreibung über die betriebliche Nutzungsdauer dient einer realitätsgetreueren Abbildung des Wertverzehrs

---

1462 RegE BilMoG, BT-Drs. 16/10067, S. 47.

1463 *Arbeitskreis Bilanzrecht der Hochschullehrer Rechtswissenschaft*, BB 2008, 152, 156; *Schulze-Osterloh*, DStR 2008, 63, 63; *Ernst/Seidler*, ZGR 2008, 631, 636; a.A. ohne nähere Begründung *Küting*, BB 2008, 1330, 1333. Kritisch dazu *Velte*, ZVglRWiss 113 (2014), 15, 27 f., der für die Klassifizierung als Sonderposten eigener Art plädiert.

1464 RegE BilMoG, BT-Drs. 16/10067, S. 48; *Hennrichs*, in: MüKo BilanzR 2013, § 246, Rn. 144.

und soll somit zu einer zutreffenderen Darstellung der Vermögenslage und einer periodengerechteren Verteilung der Anschaffungskosten führen.[1465]

Für die Praxis dürfte sich die Bestimmung der individuellen Nutzungsdauer allerdings als problematisch darstellen. Zur Bestimmung der individuellen Nutzungsdauer ist nunmehr im Zeitpunkt des Erwerbs unter Beachtung der rechtlichen, wirtschaftlichen und technischen Gegebenheiten des erworbenen Unternehmens eine Schätzung vorzunehmen; eine typisierte Abschreibungsdauer ist nicht mehr vorgegeben. Als Richtschnur führt die Regierungsbegründung Sachverhalte auf, welche Hinweis auf die Nutzungsdauer geben können:[1466]

- Art und voraussichtliche Bestandsdauer der erworbenen Unternehmung,
- Stabilität und Bestandsdauer der Branche der erworbenen Unternehmung,
- Lebenszyklus von Veränderungen der Absatz- und Beschaffungsmärkte, die sich auf die erworbene Unternehmung auswirken,
- Umfang der Erhaltungsaufwendungen, die erforderlich sind, um den erwarteten ökonomischen Nutzen der Unternehmung zu realisieren,
- Laufzeit wichtiger Absatz- oder Beschaffungsverträge der erworbenen Unternehmung,
- voraussichtliche Tätigkeit von wichtigen Mitarbeitern oder Mitarbeitergruppen für die erworbene Unternehmung,
- erwartetes Verhalten möglicher Wettbewerber der erworbenen Unternehmung,
- voraussichtliche Dauer der Beherrschung der erworbenen Unternehmung.

Lassen sich Unsicherheiten bei der Schätzung nicht vermeiden, ist unter Beachtung des Vorsichtsprinzips im Zweifel eine kürzere Nutzungsdauer festzulegen.[1467] Trotz dieser möglichen Kriterien wird eine zuverlässige Bestimmung kaum möglich sein. Auch eine exakte Überprüfung der Nutzungsdauer durch Externe ist kaum möglich, solange sich die Einschätzung im Rahmen des Vertretbaren bewegt.[1468] Die Norm eröffnet an dieser Stelle einen weiten Ermessensspielraum.[1469]

Durch das Bilanzrichtlinien-Umsetzungsgesetz hat der Gesetzgeber in § 253 Abs. 3 S. 4 HGB für den Ausnahmefall, dass eine Nutzungsdauer nicht zuverlässig bestimmbar ist, wieder eine typisierte Nutzungsdauer von zehn Jahren vorgesehen. Die Änderung geht auf Art. 12 Abs. 11 UAbs. 2 der europäischen Bilanzrichtiline zurück.[1470]

Wird allerdings eine planmäßige Abschreibung des derivativen GoF über einen Zeitraum von mehr als fünf Jahren gewählt, so muss dies im Anhang angegeben und nachvollziehbar begründet werden (§ 285 Nr. 13 HGB). In der steuerlichen Regelung

---

1465 RegE BilMoG, BT-Drs. 16/10067, S. 48; *Hennrichs*, in: FS Schaumburg, S. 367, 370.

1466 RegE BilMoG, BT-Drs. 16/10067, S. 48.

1467 *Kozikowski/Andrejewski/Roscher*, in: BBK 10. Aufl. 2016, § 253, Rn. 673.

1468 *Hennrichs*, in: Bilanzrecht in Familienunternehmen, S. 101, 110 f.; siehe ferner auch *Hennrichs*, AG 2006, 698, 704.

1469 *Schulze-Osterloh*, DStR 2008, 63, 69; siehe auch *Scheren/Scheren*, WPg 2014, 92 f.

1470 Siehe Fn. 711.

(§ 7 Abs. 1 EStG) ist eine Nutzungsdauer von 15 Jahren vorgesehen. Soll eine solche Nutzungsdauer gewählt werden, genügt ein Hinweis auf die steuerliche Reglung aber nicht.[1471] Es müssen bei einer derart langen Zeitspanne weitere substantiierte Gründe dargelegt werden, die eine solche Dauer rechtfertigen.[1472] Aufgrund der Begründungspflicht im Anhang bei Abweichungen von einer fünf-jährigen Nutzungsdauer kann man von der Regel ausgehen, dass der Begründungsaufwand mit der Länge der Nutzungsdauer steigt. Faktisch besteht daher eine typisierte Abschreibungsdauer.[1473] Durch die Abweichung von Handelsbilanz- und Steuerbilanzrecht kommt es zwingend zur Berücksichtigung latenter Steuern.[1474]

Erste empirische Untersuchungen haben gezeigt, dass bei Ausweisung eines derivativen GoF meist ein Abschreibungszeitraum von mehr als fünf Jahren gewählt wurde.[1475]

(2) Außerplanmäßige Abschreibung

Für die Ermittlung des niedrigeren beizulegenden Zeitwerts eines derivativen GoF wurden ebenfalls keine Sonderregelungen getroffen. Auch dies führt zu der praktisch schwierigen Frage, auf welche Weise der niedrigere Zeitwert ermittelt werden muss. Nach den allgemeinen Abschreibungsregeln ist bei Vorliegen einer dauernden Wertminderung eine außerplanmäßige Abschreibung gem. § 253 Abs. 3 S. 5 HGB vorzunehmen. Dies gilt somit auch für den entgeltlich erworbenen GoF. Gründe für die außerplanmäßige dauernde Wertminderung des derivativen GoF können darin liegen, dass sich ein oder mehrere für die Bestimmung des Kaufpreises oder der Nutzungsdauer wesentliche Faktoren ungünstiger als erwartet entwickelt haben und somit die angenommene Rentabilität des erworbenen Unternehmens nicht mehr rechtfertigen.[1476] Die Vielzahl der möglichen Ursachen lässt sich nicht anhand abstrakter Kriterien beschreiben. Als Beispiele werden das unerwartete vorzeitige Ausscheiden wichtiger Personen aus dem Unternehmen, die Verkürzung des Lebenszyklus erworbener Produktlinien durch technische oder rechtliche

---

1471 *Schubert/Andrejewski/Roscher*, in: BBK 10. Aufl. 2016, § 253, Rn. 672; *Engel-Ciric*, BC 2009, 445, 449.

1472 *Braun*, in: KK-RechnungslegungsR 2011, § 246 HGB, Rn. 87.

1473 Vgl. *Scheren/Scheren*, WPg 2014, 92; *Hennrichs*, in: MüKo BilanzR 2013, § 246, Rn. 146.

1474 *Petersen/Zwirner*, KoR-Beilage (1) 2009, 1, 10. Zu den latenten Steuern siehe S. 258 ff.

1475 *Keitz/Wenk/Jagosch*, DB 2011, 2445, 2448. Danach haben 8 von 42 Unternehmen einen derivativen GoF ausgewiesen, wovon fünf einen längeren Zeitraum als fünf Jahre gewählt haben. Siehe ferner auch *Keitz/Gloth*, DB 2013, 129, 131. Danach wurde der Begründungspflicht für einen längeren Zeitraum als fünf Jahre in den meisten Fällen hinreichend genügt.

1476 *Schubert/Andrejewski/Roscher*, in: BBK 10. Aufl. 2016, § 253, Rn. 673; *Hennrichs*, in: FS Schaumburg, S. 367, 378; *Engel-Ciric*, BC 2009, 445, 449.

Veränderungen oder der teilweise Wegfall des Umsatzpotentials genannt.[1477] Abgestellt wird bei allen genannten Kriterien auf den Nutzen des Vermögensgegenstandes unter Zugrundelegung der beabsichtigten Verwendung. Kein relevanter Faktor ist die Preisentwicklung auf dem Absatz- oder Beschaffungsmarkt.[1478] Dies ergibt sich aus der Beachtung des Einzelbewertungsgrundsatzes (§ 252 Abs. 1 Nr. 4 HGB). Bedeutsam sind nur solche Faktoren, die den erworbenen GoF ausmachen. Bei der Wertermittlung müssen Faktoren außer Acht bleiben, die sich auf das gesamte Unternehmen beziehen. Eine Gesamtbewertung hätte ansonsten die unzulässige Vermischung von originärem und derivativem GoF zur Folge.[1479]

Eine solch klare Trennung der einzelnen Komponenten ist aber aus praktischer Sicht unmöglich.[1480] Denn nach Aufnahme des gekauften in das kaufende Unternehmen vereinigen sich deren Potenziale (Qualität der Unternehmensführung, Zugang zu den Absatz- und Beschaffungsmärkten, Kundenstamm, einheitliche Konkurrenzsituation) mit der Folge einer „unentwirrbaren Vermischung von derivativem und originärem GoF".[1481] Bei einer vollständigen Integration bleibt für eine Wertminderungsprüfung nur eine Gesamtbetrachtung des neuen Unternehmens, sodass in diesem Ausnahmefall von dem Einzelbewertungsgrundsatz abgewichen werden muss.[1482]

Es ist aber auch der umgekehrte Fall denkbar, dass eine Eingliederung in das kaufende Unternehmen nicht stattfindet und das erworbene Unternehmen selbstständig weitergeführt wird. In solchen Fällen kann ein separater Wertminderungstest unproblematisch für den derivativen GoF durchgeführt werden.

(3) Wertaufholungsverbot, § 253 Abs. 5 S. 2 HGB

Anzumerken ist, dass ein niedrigerer Wertansatz gem. § 253 Abs. 5 S. 2 HGB beizubehalten ist, falls die Gründe für die außerplanmäßige Abschreibung in einer späteren Periode entfallen. Das strikte Wertaufholungsgebot des § 253 Abs. 5 S. 1 HGB ist für den derivativen GoF ausdrücklich nicht anwendbar. Grund für dieses Wertaufholungs*verbot* gem. § 253 Abs. 5 S. 2 HGB ist, dass eine „schleichende Nachaktivierung"[1483] des originären GoF verhindert werden soll. Denn ob die eintretende Werterholung nach einer planmäßigen Abschreibung auf dem entgeltlich erworbenen GoF oder auf der aktuellen Geschäftstätigkeit beruht, ist nicht verlässlich zu unterscheiden. Ohne dieses Wertaufholungsverbot bestünde die Gefahr, dass

---

1477 *Schubert/Andrejewski/Roscher*, in: BBK 10. Aufl. 2016, § 253, Rn. 673; *Ekkenga*, in: KK-RechnungslegungsR 2011, § 253 HGB, Rn. 123.

1478 *Ekkenga*, in: KK-RechnungslegungsR 2011, § 253 HGB, Rn. 123.

1479 *Hennrichs*, in: MüKo BilanzR 2013, § 246, Rn. 147; *Hennrichs*, in: FS Schaumburg, S. 367, 378.

1480 *Küting*, DStR 2008, 1795, 1800; *Engel-Ciric*, BC 2009, 445, 449.

1481 *Moxter*, BB 2011, Heft 50 S. I.

1482 *Hennrichs*, in: FS Schaumburg, S. 367, 378.

1483 *Hennrichs*, in: FS Schaumburg, S. 367, 376.

Elemente des originären GoF nachträglich Einzug in die Bilanz finden, obwohl für diesen ein striktes Ansatzverbot gilt.[1484] Eine außerplanmäßige Abschreibung legt somit eine Wertobergrenze für die Folgejahre fest, unabhängig davon, ob eine Wertaufholung stattfindet oder nicht.

(4) Absage an den sog. impairment only approach

Den derivativen GoF den allgemeinen Abschreibungsregelungen zu unterwerfen und somit auch eine planmäßige Abschreibung zuzulassen, bedeutet zugleich eine Absage an das international übliche Modell, nach welchem eine Wertberichtigung des GoF ausschließlich auf Basis der außerplanmäßigen Abschreibung erfolgt (sog. *impairment only approach*, vgl. IAS 36[1485]).[1486] Dahinter steht der Gedanke, dass die Abnutzungsdauer schwer zu beurteilen ist und eine typisierte Abnutzungsdauer nicht entscheidungsnützlich ist.[1487]

In seiner Stellungnahme hat der Bundesrat eine solche Regelung auch für das deutsche Handelsbilanzrecht vorgeschlagen und diese Empfehlung mit einer größeren Annäherung an die Modalitäten der internationalen Standards und einer entsprechend höheren Vergleichbarkeit begründet.[1488] Es überwiegen jedoch die Gründe, die gegen eine Annäherung an die internationalen Standards in diesem Bereich und gegen die Einführung des Modells des *impairment only approach* sprechen. Bei Beurteilung des derivativen GoF ohne Zusammenschau mit dem selbst geschaffenen originären GoF wird deutlich, dass auch dieser Bilanzposten einem Wertverzehr unterliegt. Denn dessen wertbildende Faktoren verlieren ohne beständige Fortsetzung der unternehmerischen Tätigkeit früher oder später an Wert.[1489] Dies könnte jedoch zu der Annahme führen, dass die beständige unternehmerische Tätigkeit den Wert des GoF erhält. Allerdings gilt dies nur bei einheitlicher Betrachtung des GoF. Der erworbene GoF an sich behält seine Werthaltigkeit nicht, sondern wird sukzessive durch den originären GoF eingeholt und überlagert.[1490] Der Verzicht auf eine planmäßige Abschreibung des entgeltlich erworbenen GoF hätte eine

---

1484 Stellungnahme BRat, BR-Drs. 344/08, S. 3; *Schubert/Grottel/Andrejewski/Roscher*, in: BBK 10. Aufl. 2016, § 253, Rn. 676; *Arbeitskreis Bilanzrecht der Hochschullehrer Rechtswissenschaft*, BB 2008, 152, 156; *Engel-Ciric*, BC 2009, 445, 450; *Ernst/Seidler*, BB 2007, 2557, 2558.

1485 Siehe zum „*impairment only approach*" *Freiberg/Hoffmann*, in: Haufe IFRS-Kommentar 15. Aufl. 2017, § 11, Rn. 138 ff.; *Velte*, StuW 2008, 280, 284. Kritisch dazu mit Hinweis auf die geringe Anwendung in der Bilanzierungspraxis *Scheren/Scheren*, WPg 2014, 86 ff.

1486 Vgl. *Arbeitskreis Bilanzrecht der Hochschullehrer Rechtswissenschaft*, BB 2008, 152, 156; *Merkt*, in: Hopt/Merkt, Bilanzrecht 2010, § 246 HGB, Rn. 9.

1487 Vgl. IAS 36. BC 131E; siehe ferner *Hennrichs*, in: FS Schaumburg, S. 367, 372.

1488 Stellungnahme BRat, BR-Drs. 344/08, S. 3; zustimmend *Luttermann*, ZIP 2008, 1605, 1609.

1489 *Hennrichs*, in: FS Schaumburg, S. 367, 371; *Hennrichs*, Wahlrechte, 1999, S. 159.

1490 *Hennrichs*, NZG 2005, 783, 785; *Velte*, StuW 2008, 280, 285.

„schleichende Nachaktivierung“ des originären GoF zur Folge.[1491] Dies würde eine Umgehung des Aktivierungsverbots für den originären GoF bedeuten,[1492] der auch nach den IFRS nicht aktiviert werden darf. Auch widerspräche die Einführung des *impairment only approach* in das HGB der ausdrücklichen Zielsetzung des BilMoG, wonach eine Deregulierung und Kostensenkung gerade für den Mittelstand erreicht werden soll. Ein mindestens jährlich durchzuführender *impairment*-test ist ein sehr aufwendiges Verfahren.[1493] Im Übrigen ist das Konzept des *impairment only approach* nicht mit europäischem Recht vereinbar.[1494] So schreibt Art. 12 Abs. 11 UAbs. 1 Bilanzrichtlinie (Art. 37 Abs. 2 i.V.m. Art. 34 Abs. 1 lit. a) Jahresabschlussrichtlinie) die laufende Abschreibung eines aktivierten derivativen GoF grundsätzlich über die Nutzungsdauer vor. Für den Fall, dass die Nutzungsdauer des GoF nicht verlässlich geschätzt werden kann, schreiben die Mitgliedstaaten einen höchstzulässigen Zeitraum vor, der zwischen fünf und zehn Jahren liegen muss, Art. 12 Abs. 11 UAbs. 2 Bilanzrichtlinie.[1495] Der Zeitraum muss im Anhang erläutert werden. Die Beschränkung auf eine außerplanmäßige Abschreibung des derivativen GoF ist aber unzweifelhaft nicht zulässig. Aus den genannten Gründen ist es nicht nur sachgerecht, an dem „Kombinationsmodell“[1496] aus planmäßiger und außerplanmäßiger Abschreibung festzuhalten, sondern etwas anderes wäre europarechtlich auch gar nicht zulässig. Eine Annäherung an die internationalen Standards um jeden Preis wurde sinnvollerweise unterlassen.[1497]

Bemerkenswert ist, dass auch nach 19.23 IFRS-SME der *impairment-only-approach* für den GoF nicht vorgesehen ist, sondern stattdessen eine planmäßige oder ggf. eine außerplanmäßige Abschreibung vorzunehmen ist, sodass keine konzeptionellen Unterschiede zwischen HGB und IFRS-SME bestehen.[1498]

1491 *Hennrichs*, in: FS Schaumburg, S. 367, 373; *Hennrichs*, ZHR 170 (2006), 498, 508; *Schulze-Osterloh*, ZIP 2004, 1128, 1131; vgl. ferner IFRS 3. B140.

1492 *Scheren/Scheren*, WPg 2014, 88; *Velte*, StuW 2008, 280, 284.

1493 *Scheren/Scheren*, WPg 2014, 90 f.

1494 *Kleindiek*, BB 2001, 2572, 2574.

1495 Nach der Jahresabschlussrichtlinie war gem. Art. 37 Abs. 2 S. 1 i.V.m. Art. 34 Abs. 2 lit. a eine grundsätzlich Abschreibungsdauer von fünf Jahren vorgesehen, von der durch Mitgliedsstaatenwahlrecht gem. Art. 37 Abs. 2 S. 2 JahresabschlussRL nach oben abgewichen werden konnte.

1496 *Velte*, StuW 2008, 280; *Velte*, KoR 2008, 61, 71.

1497 Vgl. *Rossmanith*, in: Jahrbuch für Controlling und Rechnungswesen, S. 51, 58; *Hennrichs*, in: FS Karsten Schmidt, S. 581, 585; *Hennrichs*, in: Bilanzrecht in Familienunternehmen, S. 101, 108; *Schulze-Osterloh*, ZIP 2004, 1128, 1131; *Schulze-Osterloh*, in: Festgabe 100 Jahre Deloitte, S. 413, 422 f.

1498 *Coenenberg/Haller/Schultze*, Jahresabschluss, 24. Aufl. 2016, S. 193; *Winkeljohann/Ull*, in: Fink/Schultze/Winkeljohann (Hrsg.), Bilanzpolitik und Bilanzanalyse nach neuem Handelsrecht, S. 27, 34. Zur Abschreibung nach IFRS-SME siehe ausführlich *Buschhüter/Schwedler*, in: Bruns/Eierle/Klein/Knorr/Marten, IFRS for SMEs 2010, Abschnitt 19 – Unternehmenszusammenschlüsse und GoF, Rn. 49 ff.

d) *Auswirkungen auf den Kapitalschutz*

Durch den derivativen GoF kommen in der Bilanz Werte zum Ansatz, die nicht als Vermögensgegenstand qualifiziert werden können. Letztlich beruht der entgeltlich erworbene GoF auf künftigen Ertragserwartungen, die aber nicht einzeln verwertet werden können und deren Beitrag zur Schuldendeckung und Gläubigerbefriedigung zweifelhaft ist.[1499] Aus Sicht des Gläubigerschutzes und des Vorsichtsprinzips müsste daher eine Aktivierung des GoF ausgeschlossen werden. Aufgrund der wirtschaftlichen Bedeutung geht das deutsche Handelsbilanzrecht aber dennoch von einer Aktivierbarkeit aus, sofern eine objektiv messbare Gegenleistung vorliegt.[1500]

Bereits vor dem BilMoG war durch das Ansatzwahlrecht des § 255 Abs. 4 S. 1 HGB die Aktivierung des derivativen GoF möglich. Für Unternehmen, die durch die Aktivierung den Erwerbsvorgang erfolgsneutral erfassen und damit ein höheres Ausschüttungsvolumen generieren konnten, erfolgt keine Änderung im Bilanzansatz. Alle übrigen Unternehmen sind nun zur Aktivierung verpflichtet. Der derivative GoF kann nicht mehr als Aufwand gebucht werden und steht damit zur Ausschüttung zur Verfügung, wodurch eine tendenzielle Erhöhung des Ausschüttungsvolumens zu erwarten ist. Dieser Effekt kehrt sich aber im Laufe der Zeit wieder um, da durch die verpflichtende planmäßige Abschreibung der Aufwand über die Perioden verteilt wird. Die Beibehaltung der planmäßigen Abschreibung relativiert somit die Bedenken hinsichtlich des Kapitalschutzes etwas.[1501]

Der Gesetzgeber verfolgt, wie bei der Abschaffung aller betreffenden Wahlrechte, die Stärkung des Informationswertes des Jahresabschlusses.[1502] Positive Effekte ergeben sich bei der zwischenbetrieblichen Vergleichbarkeit.[1503] Für den Bilanzleser stellt der entgeltlich erworbene GoF darüber hinaus einen Indikator zur Beurteilung der Erfolgspotentiale dar.[1504] Durch die Ansatzpflicht zeichnet sich demzufolge ein realistischeres Bild der Vermögenslage der Gesellschaft ab und das Risiko von Fehlinvestition wird reduziert.

Ob durch die Neuregelungen generell eine Verbesserung des Informationsniveaus erreicht wurde, bleibt abzuwarten. Zwar hat die Einführung des Aktivierungsgebots die Einschränkung bilanzpolitischer Spielräume zur Folge, zugleich wurde aber im Bereich der planmäßigen Abschreibung ein Einfallstor für bilanzielle Unsicherheiten geschaffen. Die Abschreibung über die individuelle Nutzungsdauer eröffnet

1499 *Baetge/Kirsch/Solmecke*, WPg 2009, 1211, 1220.

1500 *Mock*, Finanzverfassung der Kapitalgesellschaften, 2008, S. 42.

1501 *Baetge/Kirsch/Solmecke*, WPg 2009, 1211, 1220; ähnlich *Hommelhoff*, in: Gedächtnisschrift Schindhelm, S. 365, 370.

1502 RegE BilMoG, BT-Drs. 16/10067, S. 48.

1503 *Hommelhoff*, ZGR 2008, 250, 256; *Baetge/Kirsch/Solmecke*, WPg 2009, 1211, 1215; kritischer mit Verweis auf Bewertungsprobleme *Moxter/Engel-Ciric*, BB 2014, 489, 491.

1504 *Pellens/Kemper/Schmidt*, ZGR 2008, 381, 403; *Velte*, KoR 2008, 61, 68; *Gros/Wallek*, Der Konzern 2009, 541, 544.

weite Ermessensspielräume, wodurch eine Beeinträchtigung des Objektivierungsverbots zu befürchten ist.[1505] Hierzu wird vorgebracht, dass für die Unternehmen dadurch auch keine Erleichterung zu erkennen sei; die Bestimmung der betrieblichen Nutzungsdauer stelle für sie eine hohe Hürde mit erheblichen Personal- und Kosteneinsatz dar.[1506] Die Forderung nach einer gesetzlich typisierten Nutzungsdauer[1507] wurde durch spätere Einführung des § 253 Abs. 3 S. 4 HGB umgesetzt. Diese typisierte Nutzungsdauer soll aber nach dem Gesetzeswortlaut nur im „Ausnahmefall" gelten. Daher ist von den bilanzierenden Unternehmen zu fordern, dass diese nicht hinreichende Bemühungen zur Bestimmung der Nutzungsdauer vornehmen und nicht voreilig einen Ausnahmefall annehmen. Es sollte auch beachtet werden, dass der Gesetzgeber durch die Pflicht zur Angabe im Anhang gem. § 285 Nr. 13 HGB ein Regel-Ausnahme-Prinzip geschaffen hat, wodurch eine grundsätzliche Abschreibedauer von fünf Jahren festgelegt wird. Zugegebenermaßen liegt die Hürde für das Abweichen von dieser Regeldauer nicht sehr hoch.

Die tendenzielle Erhöhung des Ausschüttungsvolumens durch zwingende Aktivierung des derivativen GoF birgt die Gefahr des negativen Einflusses auf die Kapitalerhaltung.[1508] Statt der erfolgswirksamen Buchung als Aufwand führt die Aktivierungspflicht zu einer erfolgsneutralen Erfassung des GoF und damit zu einem höheren Eigenkapital und Gewinnausweis. Dadurch besteht die Gefahr, dass aufgrund der unsicheren Werte des GoF betriebliche Haftungsmasse an die Gesellschafter ausgeschüttet wird und damit nicht mehr für die Befriedigung der Gläubigeransprüche zur Verfügung steht. Vonseiten der Wissenschaft wurde daher teilweise das Fehlen einer flankierenden Ausschüttungssperre kritisiert.[1509] Die Würdigung dieser Frage soll im Zusammenhang mit der Darstellung der Ausschüttungssperre an späterer Stelle erfolgen.[1510]

1505 *Schulze-Osterloh*, ZIP 2004, 1128, 1137; *Schulze-Osterloh*, DStR 2008, 63, 69; *Hennrichs*, in: Bilanzrecht in Familienunternehmen, S. 101, 110 f.; *Winkeljohann/Ull*, in: Fink/Schultze/Winkeljohann (Hrsg.), Bilanzpolitik und Bilanzanalyse nach neuem Handelsrecht, S. 27, 29. Ohne nähere Begründung wird in der Literatur teilweise darin eine Steigerung des Informationsniveaus gesehen, siehe *Gros/Wallek*, Der Konzern 2009, 541, 544.

1506 *Rossmanith*, in: Jahrbuch für Controlling und Rechnungswesen, S. 51, 58; ähnlich auch *Hennrichs*, in: FS Schaumburg, S. 367, 371.

1507 *Hennrichs*, in: FS Schaumburg, S. 367, 374; *Arbeitskreis Bilanzrecht der Hochschullehrer Rechtswissenschaft*, BB 2008, 152, 156; *Küting*, DStR 2008, 1795, 1802; *Moxter/Engel-Ciric*, BB 2014, 489, 491.

1508 *Baetge/Kirsch/Solmecke*, WPg 2009, 1211, 1220; *Velte*, KoR 2008, 61, 68.

1509 *Hennrichs*, in: Bilanzrecht in Familienunternehmen, S. 101, 117; *Velte*, KoR 2008, 61, 68; a.A. *Arbeitskreis Bilanzrecht der Hochschullehrer Rechtswissenschaft*, BB 2008, 152, 156; *Pellens/Kemper/Schmidt*, ZGR 2008, 381, 403.

1510 Siehe S. 331 f.

6. Aufhebung der Aktivierbarkeit von Ingangsetzungskosten und Erweiterungskosten, § 269 HGB a.F.

a) Alte Rechtslage

aa) Allgemeines

Nach § 269 S. 1 HGB a.F. durften Aufwendungen für die Ingangsetzung des Geschäftsbetriebs und dessen Erweiterung aktiviert werden, wenn sie ansonsten nicht bilanzierungsfähig waren. Bei diesem Aktivierungswahlrecht handelte es sich ausdrücklich um eine sog. Bilanzierungshilfe,[1511] wodurch deutlich wird, dass kein Vermögensgegenstand geschaffen wurde.[1512] Bei Anwendung des Wahlrechts wurden die Aufwendungen unter der Bezeichnung „Aufwendungen für die Ingangsetzung und Erweiterung des Geschäftsbetriebs" vor dem Anlagevermögen ausgewiesen und mussten im Anhang erläutert werden, § 269 S. 1 Hs. 2 HGB a.F.

Als Ingangsetzungsaufwendungen wurden alle Aufwendungen verstanden, die während der Anlaufphase des Betriebs durch erstmaligen Aufbau der Innen- und Außenorganisation durch die Bereitmachung des Betriebs für die Aufnahme einer geregelten Leistungserbringung ausgelöst werden **und** die weder Anschaffungs- noch Herstellungskosten von aktivierungsfähigen Vermögensgegenständen darstellten.[1513] Dazu gehörten etwa Aufwendungen für die Auswahl und Schulung des Personals, für den Aufbau von Beschaffungs- und Absatzwegen, Aufwendungen für Organisationsberatung, Marktstudien sowie Abschreibungen, Mieten und Zinsen in der Anlaufphase.[1514] Sogar Aufwendungen für selbst hergestellte immaterielle Vermögensgegenstände des Anlagevermögens (Bsp.: spezielle EDV für den Geschäftsbetrieb) konnten nach h.M. über diese Bilanzierungshilfe aktiviert werden.[1515] Abgrenzungsschwierigkeiten können sich indes zu Aufwendungen für die Gründung des Unternehmens und für die Beschaffung von Eigenkapital ergeben, für die bereits vor dem BilMoG gem. § 248 Abs. 1 HGB ein Aktivierungsverbot galt.[1516] Erweiterungsaufwendungen sind alle Aufwendungen, die zu einem beliebigen Zeitpunkt nach dem Ende der Anlaufphase getätigt wurden und durch eine räumliche oder sonstige Erweiterung des Betriebs ausgelöst wurden und nicht

---

1511 Zur Funktion von Bilanzierungshilfen siehe *Veit*, DB 1992, 101 ff.

1512 ADS, § 269, Rn. 1; *Küting*, DStR 2009, 288, 290.

1513 *Winkeljohann/Lawall*, in: BBK 6. Aufl. 2006, § 269, Rn. 2; *Littkemann*, WPg 1994, 207, 209.

1514 ADS, § 269, Rn. 12; *Hüttemann*, in: GroßKomm HGB 4. Aufl. 2002, § 269, Rn. 9; *Winkeljohann/Lawall*, in: BBK 6. Aufl. 2006, § 269, Rn. 2; *Baetge/Kirsch/Thiele*, Bilanzen, 9. Aufl. 2007, S. 590; *Kudert*, DB 1992, 437, 440.

1515 *Winkeljohann/Lawall*, in: BBK 6. Aufl. 2006, § 269, Rn. 2; *Hüttemann*, in: GroßKomm HGB 4. Aufl. 2002, § 269, Rn. 8.

1516 *Velte*, KoR 2008, 61, 67; *Hüttemann*, in: GroßKomm HGB 4. Aufl. 2002, § 269, Rn. 9.

aktivierungsfähig waren.[1517] Um eine übermäßige Anwendung der Bilanzierungshilfe zu vermeiden, war der Begriff der „Erweiterung" eng auszulegen.[1518]

bb) Regelungszweck

Die Bilanzierungshilfe ermöglicht den Unternehmen in der Anfangsphase des Geschäftsbetriebs, Aufwendungen zu aktivieren und damit einen erfolgswirksamen Ausweis zu vermeiden. Denn grundsätzlich mindern alle Ausgaben für die Ingangsetzung und Erweiterung des Geschäftsbetriebs, die nicht als selbstständig verwertbare Güter abstrakt ansatzfähig sind, als Aufwendungen das Jahresergebnis. § 269 S. 1 HGB a.F. ermöglichte aber den Unternehmen, gewisse Aufwendungen zu aktivieren und durch erfolgswirksame Auflösung des Postens auf die Folgejahre zu verteilen.[1519] Gem. § 282 HGB a.F. waren die aktivierten Aufwendungen in den Folgejahren mit mindestens 25 % des ausgewiesenen Betrags abzuschreiben. Dies führte zu der Glättung des Periodenerfolgs.[1520]

Diese Billigkeitsmaßnahme des Gesetzgebers[1521] soll eine „eventuell eintretende Überschuldung"[1522] bzw. eine Unterbilanz oder einen Verlustausweis in der Anlaufphase vermeiden.[1523] Dadurch soll insbesondere ein frühzeitiges Eingreifen der Pflicht zur Einberufung der Gesellschafter- bzw. Hauptversammlung (§§ 92 Abs. 1 AktG, 49 Abs. 3 GmbHG) verhindert werden.[1524] Denn durch die Ergebnisverbesserung – als Folge der Ausübung des Aktivierungswahlrechts – wird der Fall des hälftigen Verlusts des Grundkapitals und die damit verbundene Einberufungspflicht hinausgezögert. Gerade zu Beginn der Geschäftstätigkeit kann diese Pflicht relativ schnell ausgelöst werden.

Mit den übereinstimmenden Meinungen in der Literatur muss allerdings festgehalten werden, dass § 269 HGB a.F. vor allem der Zielsetzung der Überschuldungsvermeidung nicht gerecht werden konnte.[1525] Denn die Bilanzierungshilfe nach § 269 HGB a.F. trug nicht zur Ergebnisverbesserung bei der insolvenzrechtlichen Überschuldungsprüfung bei. Diese erfolgt nämlich nicht durch die Handelsbilanz, sondern in einer eigenständigen Überschuldungsbilanz gem. § 19 Abs. 2 InsO, bei der Bilanzierungshilfen außer Betracht bleiben, da diese keinen Vermögensgegenstand

1517 *Winkeljohann/Lawall*, in: BBK 6. Aufl. 2006, § 269, Rn. 4.

1518 *Winkeljohann/Lawall*, in: BBK 6. Aufl. 2006, § 269, Rn. 5.

1519 *Baetge/Kirsch/Thiele*, Bilanzen, 9. Aufl. 2007, S. 588.

1520 *Littkemann*, WPg 1994, 207, 208; *Ordelheide/Hartle*, GmbHR 1986, 9, 15; *Kudert*, DB 1992, 437, 439; *Reiner/Haußer*, in: Müko HGB 3. Aufl. 2013, § 269 a.F., Rn. 1.

1521 *Hüttemann*, in: GroßKomm HGB 4. Aufl. 2002, § 269, Rn. 3.

1522 Begr. RegE BiRiLiG, BT-Drs. 10/317, S. 80.

1523 RefE BilMoG, S. 133; *Littkemann*, WPg 1994, 207 f.; *Küting*, BB 2008, 1330, 1332.

1524 Bericht Rechtsausschuss zum BilRiLiG, BT-Drs. 10/4268, S. 106; *Kudert*, DB 1992, 437, 438; *Reiner/Haußer*, in: Müko HGB 3. Aufl. 2013, § 269 a.F., Rn. 1; *Schulze-Osterloh*, ZIP 2004, 1128, 1131.

1525 ADS, § 269, Rn. 8; *Winkeljohann/Lawall*, in: BBK 6. Aufl. 2006, § 269, Rn. 16; *Hüttemann*, in: GroßKomm HGB 4. Aufl. 2002, § 269, Rn. 3 m.w.N.

darstellen und deshalb nicht realisierbar sind.[1526] Die Vorschrift wurde auch in der Praxis selten zur Vermeidung einer Unterbilanz in besonderen Ausnahmefällen, sondern vielmehr aus bilanzpolitischen Erwägungen genutzt.[1527]

Steuerrechtlich wurde dieser Posten nicht anerkannt, sodass die praktische Bedeutung insgesamt wohl gering war.[1528]

cc) Ausschüttungssperre

Diese gesetzliche Ausnahmeregelung zur abstrakten Aktivierungsfähigkeit barg allerdings die Gefahr, dass der Gewinnausweis der Unternehmen ansteigen konnte, ohne dass ein nach deutschem Recht zur Schuldendeckung geeigneter Wert vorhanden gewesen wäre. Der Gesetzgeber war sich dieses Verstoßes gegen das Vorsichtsprinzip bei Einführung auch bewusst.[1529] Daher durften aus Gründen des Gläubigerschutzes[1530] bei Aktivierung der Aufwendungen nach § 269 S. 1 HGB a.F. nur dann Gewinne ausgeschüttet werden, wenn die nach einer Ausschüttung verbleibenden jederzeit auflösbaren Gewinnrücklagen zuzüglich eines Gewinnvortrags und abzüglich eines Verlustvortrags dem angesetzten Betrag mindestens entsprachen, § 269 S. 2 HGB a.F.

Diese Ausschüttungssperre beruhte auf Art. 34 Abs. 1 Buchst. b der 4. EG-Richtlinie und dient dem Gläubigerschutz. Es wurde verhindert, dass durch Aktivierung der Bilanzierungshilfe das Ausschüttungsvolumen ansteigt.[1531] Eine höhere Gewinnausschüttung als eine ohne die Aktivierung der Ingangsetzungs- bzw. Erweiterungsaufwendungen war somit nicht zulässig. Ein Gewinnausschüttungsbeschluss entgegen § 269 S. 2 HGB a.F. hatte die Nichtigkeit zur Folge (§ 241 Nr. 3 AktG), da mit dieser Vorschrift der Schutz der Gläubiger bezweckt wird.[1532]

b) Neue Rechtslage

Das BilMoG führte zur Aufhebung des § 269 HGB a.F. und der damit verbundenen Abschreibungsregelung in § 282 HGB a.F., womit nunmehr implizit ein generelles Aktivierungsverbot für Aufwendungen zur Ingangsetzung und Erweiterung des

---

1526 ADS, § 269, Rn. 8; *Winkeljohann/Lawall*, in: BBK 6. Aufl. 2006, § 269, Rn. 16; *Arbeitskreis Bilanzrecht der Hochschullehrer Rechtswissenschaft*, BB 2008, 209, 214; *Kudert*, DB 1992, 437, 439.

1527 Siehe *Littkemann*, WPg 1994, 207 ff.

1528 *Küting*, BB 2008, 1330, 1332; *Hennrichs*, in: Bilanzrecht in Familienunternehmen, S. 101, 109; *Reiner/Haußer*, in: Müko HGB 3. Aufl. 2013, § 269 a.F., Rn. 1.

1529 Bericht Rechtsausschuss zum BilRiLiG, BT-Drs. 10/4268, S. 106.

1530 *Reiner/Haußer*, in: Müko HGB 3. Aufl. 2013, § 269 a.F., Rn. 1.

1531 ADS, § 269, Rn. 21; *Hüttemann*, in: GroßKomm HGB 4. Aufl. 2002, § 269, Rn. 16; *Winkeljohann/Lawall*, in: BBK 6. Aufl. 2006, § 269, Rn. 13; *Kudert*, DB 1992, 437, 442.

1532 *Winkeljohann/Lawall*, in: BBK 6. Aufl. 2006, § 269, Rn. 17; *Hüttemann*, in: GroßKomm HGB 4. Aufl. 2002, § 269, Rn. 21.

Geschäftsbetriebs vorliegt.[1533] Begründet wird dies mit dem bilanzpolitischen Gestaltungsspielraum, der sich bisher aus der Norm ergab und der Darstellung einer den tatsächlichen Verhältnissen entsprechenden Vermögens-, Finanz- und Ertragslage abträglich war, sowie die Vergleichbarkeit der Jahresabschlüsse erschwerte.[1534] Außerdem wird dadurch eine Annäherung an die IFRS vollzogen.[1535] Gem. IAS 38.69 Buchst. a) besteht für jede Art von Gründungs- oder Anlaufkosten (sog. *start up costs*) ein explizites Aktivierungsverbot. Die Ingangsetzungs- und Erweiterungsaufwendungen (sog. *pre-operating costs*) sind als Aufwand zu buchen.[1536]

Unklar erscheint die weitere Begründung im RefE, wonach der Gedanke der Überschuldungsvermeidung besser durch die Aktivierung selbst geschaffener immaterieller Vermögensgegenstände des Anlagevermögens verwirklicht werden kann.[1537] Wie bereits beschrieben, können gem. § 255 Abs. 2 S. 4 HGB bei selbst geschaffenen immateriellen Vermögensgegenständen keine Forschungskosten, sondern lediglich Entwicklungskosten angesetzt werden.[1538] Allerdings wird der Entwicklungsphase regelmäßig ein längerer Forschungszeitraum vorangehen, dessen Aufwendungen nicht aktiviert werden dürfen. Es ist daher nicht davon auszugehen, dass in der Anlaufphase der Geschäftstätigkeit das Stadium der Forschungsphase bereits überwunden wurde.[1539] Im Übrigen konnten bereits nach § 269 HGB a.F. die Aufwendungen in der Ingangsetzungsphase für selbst erstellte immaterielle Vermögensgegenstände in der Bilanzierungshilfe berücksichtigt werden.[1540] Die Begründung im Referentenentwurf, der zufolge es durch das Aktivierungswahlrecht des § 248 Abs. 2 HGB zu einer Kompensation des § 269 HGB a.F. komme, kann somit nicht gefolgt werden.[1541]

c) Auswirkungen auf den Kapitalschutz

Die Aufhebung des § 269 HGB a.F. ist zu begrüßen, da bilanzpolitische Gestaltungsspielräume reduziert und somit der Informationsgehalt des Jahresabschlusses angehoben wird. Die Bilanzierungshilfe für Ingangsetzungs- und Erweiterungsaufwendungen stellte außerdem eine Durchbrechung der allgemeinen Aktivierungskriterien dar. So durften Aufwendungen aktiviert werden, denen kein Wert zur

1533 *Velte*, KoR 2008, 61, 67.
1534 RegE BilMoG, BT-Drs. 16/10067, S. 64 f.
1535 RefE BilMoG, S. 134.
1536 *Reiner/Haußer*, in: Müko HGB 3. Aufl. 2013, § 269 a.F., Rn. 3; siehe dazu auch *Coenenberg/Haller/Schultze*, Jahresabschluss, 24. Aufl. 2016, S. 190.
1537 RefE BilMoG, S. 133.
1538 Siehe S. 234 f.
1539 *Velte*, KoR 2008, 61, 67.
1540 Siehe Fn. 1515.
1541 *Arbeitskreis Bilanzrecht der Hochschullehrer Rechtswissenschaft*, BB 2008, 209, 214; *Velte*, KoR 2008, 61, 67.

Schuldendeckung gegenüberstand.[1542] Letztlich sind Ingangsetzungs- und Erweiterungsaufwendungen faktisch Bestandteile des originären GoF, für den nach dem HGB ein Aktivierungsverbot existiert.[1543] Der Kapitalschutz wird durch diese Maßnahme nicht geschwächt, sondern vielmehr gestärkt. Mit der Abschaffung dieser Regelung wurde den Unternehmen ein Instrument zur Glättung ihres Periodenergebnisses genommen. Zwar war, konnten auch bisher keine Ausschüttungen aufgrund der aktivierten Ingangsetzungsaufwendungen vorgenommen werden (§ 269 S. 2 HGB a.F.), allerdings ist es aus Sicht des informationellen Gläubigerschutzes zu begrüßen, dass dieser Aktivposten ohne Schuldendeckungspotential wegfällt.

Bedenken wurden allerdings in Bezug auf die gesellschaftsrechtliche Pflicht zur Anzeige des Verlusts des halben Stamm- oder Grundkapitals gegenüber der Gesellschafterversammlung gem. §§ 49 Abs. 3 GmbHG, 92 Abs. 1 AktG angemeldet.[1544] Die Gefahr der frühzeitigen insolvenzrechtlichen Überschuldung konnte zwar auch bisher durch § 269 HGB a.F. nicht gebannt werden; allerdings ist zu befürchten, dass die auf die Handelsbilanz bezogene Einberufungspflicht[1545] nunmehr deutlich früher ausgelöst wird als zuvor. Dies kann ebenfalls nicht durch das Aktivierungswahlrecht für selbst geschaffene immaterielle Vermögensgegenstände nach § 248 Abs. 2 HGB kompensiert werden. Der Gesetzgeber räumt hier aber dem Ziel der Annäherung an die IFRS Vorrang gegenüber den gesellschaftsrechtlichen Zusammenhängen ein.

7. Latente Steuern, § 274 HGB

a) Begriffsbestimmung

Latente Steuern entstehen aufgrund von Differenzen im handelsrechtlichen und steuerrechtlichen Wertansatz, die sich in späteren Geschäftsjahren abbauen.[1546] Durch den steuerrechtlich und handelsrechtlich abweichenden Gewinn ergeben sich im Zeitpunkt des Abbaus Steuerbe- oder -entlastungen. Ist durch den Ausweis in der Handelsbilanz eine zu geringe Steuerbelastung ausgewiesen und müssen künftig wahrscheinlich Steuern nachgezahlt werden, ist dies auf der Passivseite abzubilden. Wurden umgekehrt zu viel Steuern bezahlt und kann mit einer Steuerentlastung gerechnet werden, führt dies auf der Aktivseite zu aktiven latenten Steuern. Aktiv latente Steuern bilden demzufolge zukünftige Steuervorteile ab, passiv latente Steuern zeigen zukünftige Steuerbelastungen.[1547] Die tatsächliche Wirkung der Besteuerung tritt zu einem späteren Zeitpunkt ein als dem ihr zugrunde liegenden,

---

1542 *Schulze-Osterloh*, DStR 2008, 63, 64.

1543 *Velte*, KoR 2008, 61, 67; siehe dazu auch S. 243.

1544 *Schulze-Osterloh*, DStR 2008, 63, 64; *Arbeitskreis Bilanzrecht der Hochschullehrer Rechtswissenschaft*, BB 2008, 209, 214.

1545 Siehe bereits S. 96 f.

1546 Zur Bedeutung der Periodisierung siehe *Reiner*, in: Müko HGB 3. Aufl. 2013, § 274, Rn. 2 ff.

1547 *Baetge/Kirsch/Thiele*, Bilanzen, 14. Aufl. 2017, S. 549; *Hennrichs*, GmbHR 2010, 17, 22.

handelsbilanziellen Ergebnisausweis.[1548] Durch den Ansatz latenter Steuern werden die Wirkungen handelsbilanziell antizipiert.[1549] Der Ausweis latenter Steuern dient damit der Steigerung der Aussagekraft des Jahresabschlusses; ohne die bilanzielle Korrektur würde der Steueraufwand abweichend von der tatsächlichen Belastung in der Handelsbilanz ausgewiesen.

b) Alte Rechtslage

Nach bisherigem Recht galt das an der Gewinn- und Verlustrechnung orientierte sog. *timing-concept.* Danach wurden die Jahresergebnisse nach Handels- und Steuerrecht miteinander verglichen und eine sog. Gesamtdifferenzbetrachtung vorgenommen.[1550] Wurde in der Handelsbilanz ein höheres Ergebnis als in der Steuerbilanz ausgewiesen, war der Steueraufwand in der Handelsbilanz zu erhöhen und eine Rückstellung gem. § 249 Abs. 1 HGB für die künftige Steuerbelastung auszuweisen (§ 274 Abs. 1 S. 1 HGB a.F.). War das handelsbilanzielle Ergebnis niedriger als der zu versteuernde Gewinn, konnte zur Reduzierung des Steueraufwands ein aktiver Abgrenzungsposten für die künftigen Steuerentlastungen gebildet werden (§ 274 Abs. 1 S. 2 HGB a.F.). In diesem Fall war ein Wahlrecht für den sich aktiv ergebenden Saldo vorgesehen.[1551]

Es wurden nur solche Bilanzierungsunterschiede berücksichtigt, die sich bei Entstehung als auch Umkehrung in der Gewinn- und Verlustrechnung niederschlagen. Erfolgsneutral entstandene Vorgänge wurden nicht berücksichtigt, da es zu keiner Abweichung beim zu versteuernden Gewinn und beim handelsrechtlichen Ergebnis kam.[1552] Sog. quasi-permanente und permanente Differenzen, die sich nicht automatisch durch Zeitablauf oder überhaupt nicht ausgleichen, waren nach damaliger h.M. nicht anzusetzen.[1553] Auch die Bildung latenter Steuern auf Verlustvorträge im Jahresabschluss war aufgrund des unsicheren Charakters nicht zulässig.[1554]

Ziel des *timing-concept* ist die zutreffende Periodisierung des bilanzwirksamen Steueraufwands.[1555] Aus Sicht des Bilanzierenden spricht für das Konzept die relativ

---

1548 *Kanitz*, Bilanzkunde für Juristen, 3. Aufl. 2014, Rn. 673.

1549 *Reiner*, in: Müko HGB 3. Aufl. 2013, § 274, Rn. 35.

1550 ADS, § 274, Rn. 21; *Küting/Gattung*, StuB 2005, 241, 242.

1551 *Hoyos/Fischer*, in: BBK 6. Aufl. 2006, § 274, Rn. 5; *Wendholt/Wesemann*, DB 2009, 64, 66.

1552 *Hoyos/Fischer*, in: BBK 6. Aufl. 2006, § 274, Rn. 6; *Küting/Gattung*, StuB 2005, 241, 242 f.

1553 Siehe nur ADS, § 274, Rn. 21; *Hoyos/Fischer*, in: BBK 6. Aufl. 2006, § 274, Rn. 9.

1554 *Hoyos/Fischer*, in: BBK 6. Aufl. 2006, § 274, Rn. 18 f.; *Reiner*, in: MüKo HGB 2. Aufl. 2008, § 274, Rn. 27 f.; *Velte*, KoR 2008, 61, 69.

1555 *Reiner*, in: Müko HGB 3. Aufl. 2013, § 274, Rn. 6; *Baetge/Kirsch/Thiele*, Bilanzen, 9. Aufl. 2007, S. 547.

einfache Ermittlung.[1556] Es werden der zu versteuernde und der nach Handelsrecht ermittelte Gewinn miteinander verglichen und der entsprechende Saldo ausgewiesen.

Nach bisheriger Gesetzeslage war aus Gründen des Gläubigerschutzes in Höhe des Betrags der aktiven latenten Steuern eine spezielle Ausschüttungssperre gem. § 274 Abs. 2 S. 3 HGB a.F. vorgesehen. Eine Ausschüttung durfte demnach nur vorgenommen werden, wenn die nach der Ausschüttung verbleibenden jederzeit auflösbaren Gewinnrücklagen zuzüglich eines Gewinnvortrags und abzüglich eines Verlustvortrags dem angesetzten Betrag mindestens entsprachen. Erfasst war demnach nur der nach einer Saldierung verbleibende aktive Überhang. Die durch die aktive Steuerabgrenzung entstandenen Ergebnisverbesserungen waren daher von der Ausschüttungssperre nur teilweise erfasst.[1557]

Die praktische Bedeutung latenter Steuern war gering, da durch das Maßgeblichkeitsprinzip die Unternehmen eine Einheitsbilanz aufzustellen konnten.[1558] Fälle latenter Steuern ergaben sich nur bei den seltenen Durchbrechungen des Maßgeblichkeitsprinzips. Außerdem führte die Saldierungspflicht aktiver und passiver latenter Steuern in der Regel zu einem aktiven Überhang, sodass es kaum zur Passivierung von latenten Steuern kam. Auf einen Ausweis konnte durch das Aktivierungswahlrecht verzichtet werden. Ferner standen Unternehmen, die eine Bilanzierung aktiver Latenzen vornahmen, im Verdacht, aufgrund einer Krisensituation ihre Eigenkapitalquote aufbessern und daher „Luft bilanzieren zu müssen“.[1559]

c) Neue Rechtslage

Trotz der Beibehaltung des Aktivierungswahlrechts für aktive latente Steuern (§ 274 Abs. 1 S. 2 HGB) hat das BilMoG zu einer deutlichen Veränderung der Bilanzierung latenter Steuern geführt. Die Abweichungen von Steuer- und Handelsbilanz haben sich durch das BilMoG merklich erhöht.[1560] Auch die Abschaffung der umgekehrten Maßgeblichkeit (§ 5 Abs. 1 S. 2 EStG a.F.) hat dazu beigetragen. Daher ist der Anwendungsbereich latenter Steuern angestiegen, sodass es zu einer größeren Bedeutung latenter Steuern in der Praxis gekommen ist.[1561]

1556 *Küting/Seel*, DB 2009, 922, 923; siehe ferner *Baetge/Kirsch/Thiele*, Bilanzen, 9. Aufl. 2007, S. 561.

1557 *Hoyos/Fischer*, in: BBK 6. Aufl. 2006, § 274, Rn. 13.

1558 *Küting/Gattung*, StuB 2005, 241.

1559 *Engels*, BB 2008, 1554; *Herzig/Vossel*, BB 2009, 1174; *Prinz*, in: KK-RechnungslegungsR 2011, § 274 HGB, Rn. 3; vgl. auch *Karrenbrock*, Latente Steuern, 1991, S. 285.

1560 Anwendungsfälle bei *Petersen/Zwirner*, StuB 2009, 416, 422.

1561 *Arbeitskreis Bilanzrecht der Hochschullehrer Rechtswissenschaft*, BB 2008, 209, 215; *Hennrichs*, GmbHR 2010, 17, 22; *Petersen/Zwirner*, StuB 2009, 416, 421 f.; *Prinz*, in: KK-RechnungslegungsR 2011, § 274 HGB, Rn. 15 f.; mit empirischen Daten unterlegt *Keitz/Wenk/Jagosch*, DB 2011, 2503, 2506 f.

aa) Ansatzkonzeption

Das HGB ist mit dem BilMoG auf das international übliche[1562] bilanzorientierte *temporary-concept* gewechselt. Zur Steuerabgrenzung werden solche Differenzen berücksichtigt, die sich aus den unterschiedlichen Wertansätzen in der Handels- und Steuerbilanz ergeben. Diese dürfen aber nur angesetzt werden, wenn sich die bilanziellen Unterschiede in den kommenden Perioden wieder umkehren und dadurch zu Steuerbe- oder -entlastungen führen. Nach dem *temporary concept* sind alle Bilanzierungs- und Bewertungsdifferenzen zwischen Handels- und Steuerbilanz separat bei der Ermittlung latenter Steuern zu berücksichtigen. Dazu muss jeder handelsrechtliche Aktiv- oder Passivposten mit dem entsprechenden Wertansatz in der Steuerbilanz gegenübergestellt und verglichen werden.[1563] Sofern sich die ergebenden Unterschiede durch Zeitablauf auflösen (temporäre Differenzen), sind latente Steuern zu bilden.[1564] Es sind auch solche Abweichungen erfasst, die sich erfolgsneutral direkt im Eigenkapital vollziehen. Nach altem an der Gewinn- und Verlustrechnung orientiertem Recht blieben diese Änderungen bei der Ermittlung latenter Steuern außen vor, da sie zu keinen Abweichungen des handelsrechtlichen und des zu versteuernden Gewinns führten.[1565] Zu betonen ist aber, dass die Erfolgsneutralität sich nur auf das Geschäftsjahr der Entstehung bezieht, d.h. die Differenzen bleiben im Geschäftsjahr ihrer Entstehung ohne Auswirkungen auf das Jahresergebnis, sind aber in späteren Jahren erfolgswirksam aufzulösen.[1566] Eine Steuerabgrenzung von vollständig ergebnisneutralen Abweichungen ergäbe freilich keinen Sinn. Erfasst sind auch die sog. quasi-permanenten Differenzen.[1567] Dabei handelt es sich um zeitlich begrenzte Differenzen, die sich nicht durch Zeitablauf, sondern durch unternehmerische Entscheidung, ggf. erst bei Liquidation auflösen.[1568] Dagegen bleiben permanente Differenzen, deren Wertansatz sich auch in späteren Geschäftsjahren nicht ausgleicht, bei der Berechnung latenter Steuern außen vor.[1569]

Passive latente Steuern entstehen, wenn

1562 Vgl. IAS 12. Für einen übersichtartigen Vergleich siehe *Wendholt/Wesemann*, DB 2009, 64, 75 f.; *Petersen/Zwirner*, StuB 2009, 416, 420.

1563 *Grottel/Larenz*, in: BBK 10. Aufl. 2016, § 274, Rn. 5; *Risse*, in: MüKo BilanzR 2013, § 274, Rn. 29; *Hennrichs*, GmbHR 2010, 17, 22 („Pärchenbildung"); *Loitz*, DB 2009, 913, 915 f., 919 („Mapping"); *Wendholt/Wesemann*, DB 2009, 64, 65.

1564 *Gelhausen/Fey/Kämpfer*, Rechnungslegung, 2009, S. 301; *Grottel/Larenz*, in: BBK 10. Aufl. 2016, § 274, Rn. 5.

1565 RegE BilMoG, BT-Drs. 16/10067, S. 67.

1566 *Reiner*, in: Müko HGB 3. Aufl. 2013, § 274, Rn. 8, 10; *Karrenbrock*, in: FS Krawitz, S. 633, 634; *Kühne/Melcher/Wesemann*, WPg 2009, 1005, 1009.

1567 RegE BilMoG, BT-Drs. 16/10067, S. 67; *Gelhausen/Fey/Kämpfer*, Rechnungslegung, 2009, S. 301; *Grottel/Larenz*, in: BBK 10. Aufl. 2016, § 274, Rn. 5; *Wendholt/Wesemann*, DB 2009, 64, 66.

1568 *Grottel/Larenz*, in: BBK 10. Aufl. 2016, § 274, Rn. 13; *Prinz*, in: KK-RechnungslegungsR 2011, § 274 HGB, Rn. 10; *Reiner*, in: Müko HGB 3. Aufl. 2013, § 274, Rn. 24.

1569 *Gelhausen/Fey/Kämpfer*, Rechnungslegung, 2009, S. 302; *Grottel/Larenz*, in: BBK 10. Aufl. 2016, § 274, Rn. 56; *Reiner*, in: Müko HGB 3. Aufl. 2013, § 274, Rn. 21 ff.

- ein Vermögensgegenstand in der Handelsbilanz höher bewertet wird als in der Steuerbilanz oder
- ein Schuldposten in der Handelsbilanz niedriger bewertet wird als in der Steuerbilanz.[1570]

Aktive latente Steuern entstehen, wenn

- ein Vermögensgegenstand in der Handelsbilanz niedriger bewertet wird als in der Steuerbilanz oder
- ein Schuldposten in der Handelsbilanz höher bewertet wird als in der Steuerbilanz.[1571]

Daraus ergibt sich folgende Übersicht:

	HB > StB	**HB < StB**
Vermögensgegenstand	Passive Latenz	Aktive Latenz
Schuldposten	Aktive Latenz	Passive Latenz

Eine der häufigsten Ursachen für die Entstehung von latenten Steuern liegt vor allem in der unterschiedlichen Nutzungsdauer von Vermögensgegenständen im Bereich der planmäßigen Abschreibungen von Vermögensgegenständen oder des originären GoF, Aktivierung selbst geschaffener immaterieller Vermögensgegenstände oder der Zeitwertbewertung des sog. Planvermögens.[1572]

bb) Steuerliche Verlustvorträge

Das BilMoG erweitert den Anwendungsbereich der latenten Steuern ferner durch die Erfassung steuerlicher Verlustvorträge als Aktivposten (§ 274 Abs. 1 S. 4 HGB), auch wenn es sich nicht um Differenzen im eigentlichen Sinne handelt.[1573] Einschränkend werden nur solche Verlustvorträge berücksichtigt, die in den nächsten fünf Jahren als Verlustverrechnung wahrscheinlich genutzt werden können.[1574] Unklar bleibt, ab wann eine ausreichende Wahrscheinlichkeit vorliegen soll. Ausweislich der Regierungsbegründung sollen die Wahrscheinlichkeitserwägungen unter besonderer Berücksichtigung des Vorsichtsprinzips erfolgen. Letztlich muss deutlich mehr für als gegen die Verlustverrechnung in den nächsten fünf Jahren sprechen.

1570 *Grottel/Larenz*, in: BBK 10. Aufl. 2016, § 274, Rn. 20, siehe zu den Entstehungssachverhalten für passive latente Steuern Rn. 21, 25.

1571 *Grottel/Larenz*, in: BBK 10. Aufl. 2016, § 274, Rn. 30, siehe zu den Entstehungssachverhalten für aktive latente Steuern Rn. 31 f., 35–39; *Reiner*, in: Müko HGB 3. Aufl. 2013, § 274, Rn. 38.

1572 *Hennrichs*, GmbHR 2010, 17, 22.

1573 RegE BilMoG, BT-Drs. 16/10067, S. 67.

1574 *Engels*, BB 2008, 1554, 1555.

Durch den Verweis auf das Vorsichtsprinzip kann ein bloßes Überwiegen der Wahrscheinlichkeit nicht ausreichen. Es sind umso höhere Anforderungen an die Wahrscheinlichkeit zu stellen, wenn ein Unternehmen in der Vergangenheit aufgrund zu niedriger Gewinne bereits kaum Verrechnungsvolumen zur Verfügung hatte.[1575] Die willkürliche Begrenzung auf fünf Jahre wird mit Praktikabilitätsgründen gerechtfertigt, sodass für Dritte die Erwägungen der Wahrscheinlichkeit nachvollziehbar und überprüfbar bleiben.[1576] Die Vorschrift ist auch auf Steuergutschriften und Zinsvorträge zu übertragen.[1577]

cc) Ausweis

(1) Darstellung in Bilanz und Gewinn- und Verlustrechnung

Die latenten Steuern sind fortan auch von den sonstigen Bilanzposten getrennt als „Passive latente Steuern" gem. § 266 Abs. 3 E. HGB oder „Aktive latente Steuern" gem. § 266 Abs. 2 D. HGB auszuweisen. Dadurch wird die Darstellung für den Bilanzleser verbessert und dem Umstand Rechnung getragen, dass es sich um einen „Sonderposten eigener Art" handelt.[1578]

Es erfolgt weiterhin grundsätzlich eine Verrechnung beider Posten. Dies entspricht im Prinzip der Gesamtdifferenzbetrachtung nach bisherigem Recht.[1579] Allerdings ist nach § 274 Abs. 1 S. 3 HGB auch ein unsaldierter Ausweis möglich.[1580]

(2) Aktivierungswahlrecht

Während passive latente Steuern einer Passivierungspflicht unterliegen (§ 274 Abs. 1 S. 1 HGB), besteht für die aktiven latenten Steuern ein Ansatzwahlrecht (§ 274 Abs. 1 S. 2 HGB). Das Wahlrecht bezieht sich aber nur auf den nach Verrechnung entstehenden Aktivüberhang (Abgrenzungsspitze) und nicht auf den Gesamtbetrag der aktiven latenten Steuern.[1581] Im Gesetzeswortlaut des § 274 Abs. 1 S. 2 HGB wird dies durch den Begriff „insgesamt ergebende Steuerentlastung" deutlich. Bei einem

---

1575 RegE BilMoG, BT-Drs. 16/10067, S. 67; ausführlich *Wendholt/Wesemann*, DB 2009, 64, 70.

1576 RegE BilMoG, BT-Drs. 16/10067, S. 67; kritisch zu der Fünf-Jahres-Grenze *Prinz*, in: KK-RechnungslegungsR 2011, § 274 HGB, Rn. 41; *Prinz/Ruberg*, Der Konzern 2009, 343, 348.

1577 RegE BilMoG, BT-Drs. 16/10067, S. 67; siehe dazu *Risse*, in: MüKo BilanzR 2013, § 274, Rn. 74.

1578 RegE BilMoG, BT-Drs. 16/10067, S. 67; kritisch zur Einordnung passiv latenter Steuern als Sonderposten *Karrenbrock*, in: FS Krawitz, S. 633, 637 f.; *Steinbach*, Latente Steuern, 2012, S. 88.

1579 *Risse*, in: MüKo BilanzR 2013, § 274, Rn. 50; *Oser/Roß/Wader/Drögemüller*, WPg 2009, 573, 580.

1580 Dazu sogleich ausführlich.

1581 *Gelhausen/Fey/Kämpfer*, Rechnungslegung, 2009, S. 303; *Risse*, in: MüKo BilanzR 2013, § 274, Rn. 50; *Prinz/Ruberg*, Der Konzern 2009, 343, 346.

saldierten Ausweis muss eine sich insgesamt ergebende Steuerbelastung als passive latente Steuer ausgewiesen werden. Ergibt sich insgesamt eine Steuerentlastung, kann aufgrund des Ansatzwahlrechts ein Ausweis aktiver latenter Steuern erfolgen, jedoch ist dies nicht zwingend. Der teilweise Ansatz von aktiven latenten Steuern ist aber unzulässig. Ansonsten hätte der Bilanzierende ein bilanzpolitisches Instrument, um den Informationswert zu verzerren.[1582]

Entsprechend der Zielsetzung der Bilanzrechtsmodernisierung, die Wahlrechte im HGB zu reduzieren, war im Referentenentwurf noch eine Aktivierungspflicht vorgesehen.[1583] Die Beibehaltung des Aktivierungswahlrechts wurde im Gesetzgebungsprozess erstmals auf Vorschlag des Bundesrats eingebracht. Für mittelständische Unternehmen entstünden hohe Anforderungen an den Nachweis der Wahrscheinlichkeit der Umkehrung der latenten Steuern in späteren Geschäftsjahren. Dadurch seien die Unternehmen mit einem zusätzlichen Kostenaufwand belastet. Ein Aktivierungswahlrecht ermögliche es, den Ermittlungs- und Dokumentationsaufwand für den Ansatz aktiver latenter Steuern zu vermeiden.[1584] Zunächst hat die Bundesregierung in ihrer Gegenäußerung ablehnend auf den Vorschlag des Bundesrats reagiert, da mit einem Wahlrecht Einschränkungen der Vergleichbarkeit der Jahresabschlüsse und die Eröffnung bilanzpolitischer Spielräume verbunden wären.[1585] Schlussendlich sprach sich der Rechtausschuss unter Hinweis auf die Argumentation des Bundesrates für die Einführung als „Ausweiswahlrecht“ aus.[1586]

(3) Saldierungswahlrecht

Allerdings wurde durch das BilMoG auch ein Saldierungswahlrecht (§ 274 Abs. 1 S. 3 HGB) für die latenten Steuern eingefügt. Statt einen Saldoposten auf der Aktiv- oder Passivseite einzufügen, können nunmehr die aktiven und passiven latenten Steuern unsaldiert ausgewiesen werden. Im Regierungsentwurf war noch der unsaldierte Ausweis (Bruttoausweis) zwingend vorgeschrieben. Der Gesetzgeber hält den Bruttoausweis für die informativere Variante.[1587]

Durch die Kombination von Ansatzwahlrecht und Saldierungswahlrecht sind vier verschiedene Konstellationen denkbar, von denen folgende drei unstreitig sind:

1582 *Reiner*, in: Müko HGB 3. Aufl. 2013, § 274, Rn. 41; *Karrenbrock*, BB 2011, 683, 685; *Loitz*, DB 2009, 913, 914 f.

1583 Tabellarische Übersicht zur Entwicklung des § 274 HGB im Entstehungsprozess bei *Loitz*, DB 2009, 913.

1584 Stellungnahme BRat, BR-Drs. 344/08, S. 8; zustimmend *Rossmanith*, in: Jahrbuch für Controlling und Rechnungswesen, S. 51, 64 f.

1585 RegE BilMoG, BT-Drs. 16/10067, S. 123.

1586 Beschlussempfehlung Rechtsausschuss, BT-Drs. 16/12407, S. 87; mit Hinweis auf die unpräzise Wortwahl *Prinz*, in: KK-RechnungslegungsR 2011, § 274 HGB, Rn. 33.

1587 Beschlussempfehlung Rechtsausschuss, BT-Drs. 16/12407, S. 87.

- Saldierung und ggf. Ausweis des Aktivüberhangs
- Saldierung und Verzicht auf den Ansatz eines Aktivüberhangs
- Die unverrechneten Posten können jeweils auf Aktiv- und Passivseite angesetzt werden

Umstritten ist aber, ob ein unsaldierter Ausweis vorgenommen und mit dem Ansatzwahlrecht kombiniert werden kann. Wird von der Möglichkeit des unsaldierten Ausweises nach § 274 Abs. 1 S. 3 HGB Gebrauch gemacht, erlaubt das Ansatzwahlrecht freilich nicht, gänzlich auf den Ausweis aktiver latenter Steuern zu verzichten, sondern allenfalls auf den die passiven Latenzen übersteigenden Teil (Aktivüberhang).[1588] Dies ergibt sich aus dem Wortlaut des § 274 Abs. 1 S. 2 HGB, der von einer „sich insgesamt ergebenden Steuerentlastung" spricht. Umstritten ist aber, ob das Aktivierungswahlrecht gem. § 274 Abs. 1 S. 2 HGB mit dem unsaldierten Ausweis nach § 274 Abs. 1 S. 3 HGB kombiniert werden kann. Eine Ansicht lässt diese Kombination der Wahlrechte zu und erlaubt dem Bilanzierenden, auf den Ausweis eines möglichen Aktivüberhangs zu verzichten und die aktiven latenten Steuern nur bis zur Höhe der passiven latenten Steuern auszuweisen.[1589]

Nach der Gegenansicht soll die Ausübung des Aktivierungswahlrechts für den aktiven Überhang gem. § 274 Abs. 1 S. 2 HGB nur möglich sein, wenn der saldierte Ausweis gewählt wurde.[1590] Es wird ausdrücklich auf die Begründung des Saldierungswahlrechts verwiesen. Der unsaldierte Ausweis soll den Gesellschaften die Möglichkeit eröffnen, eine für die Bilanzadressaten vollständigere und differenziertere Darstellung der Vermögens-, Finanz- und Ertragslage zu wählen.[1591] Die Kombination der Wahlrechte würde die Transparenz im Jahresabschluss aber erheblich einschränken. Im Übrigen widerspräche diese Vorgehensweise auch der Intention des Aktivierungswahlrechts des § 274 Abs. 1 S. 2 HGB, den Unternehmen den mit der Ermittlung latenter Steuern verbundenen Mehraufwand zu ersparen.[1592]

Bei Wahlrechtskombination würden die latenten Steuern außerdem nur mit einem Teilbetrag angesetzt, nämlich begrenzt auf die Höhe der passiven latenten

1588 *Gelhausen/Fey/Kämpfer*, Rechnungslegung, 2009, S. 312; *Hennrichs*, GmbHR 2010, 17, 23; *Herzig/Vossel*, BB 2009, 1174, 1177.

1589 *Gelhausen/Fey/Kämpfer*, Rechnungslegung, 2009, S. 312; *Herzig/Vossel*, BB 2009, 1174, 1177; *Prinz/Ruberg*, Der Konzern 2009, 343, 346; wohl auch *Wendholt/Wesemann*, DB 2009, 64, 67; *Hennrichs*, GmbHR 2010, 17, 23.

1590 *Reiner*, in: Müko HGB 3. Aufl. 2013, § 274, Rn. 43; *Prinz*, in: KK-RechnungslegungsR 2011, § 274 HGB, Rn. 38; *Küting/Seel*, DB 2009, 922, 924; *Karrenbrock*, BB 2011, 683, 684; *Karrenbrock*, in: FS Krawitz, S. 633, 640; *Kessler/Leinen/Paulus*, KoR 2009, 716, 718; *Loitz*, DB 2009, 913, 918; *Oser/Roß/Wader/Drögemüller*, WPg 2009, 573, 580.

1591 Siehe Fn. 1587.

1592 *Karrenbrock*, BB 2011, 683; *Loitz*, DB 2009, 913, 918; *Oser/Roß/Wader/Drögemüller*, WPg 2009, 573, 580.

Steuern. Dies ist nach h.M. beim saldierten Ausweis nicht möglich.[1593] Die Kombination der Wahlrechte würde dann aber bei Wahl des Bruttoausweises im Ergebnis zu einem Teilansatz führen.[1594] Auch der Wortlaut wird gegen die Wahlrechtskombination herangezogen. Es entstehe bei dieser Vorgehensweise nämlich kein Überhang („insgesamt ergebende Steuerentlastung"), denn dazu müsste wieder eine Verrechnung vorgenommen werden, auf die nach § 274 Abs. 1 S. 3 HGB gerade verzichtet wird.[1595]

Insgesamt sprechen für diese Ansicht die besseren Argumente. Die Kombination der Wahlrechte ist daher ausgeschlossen. Der Gesetzgeber hatte wahrscheinlich die Problematik übersehen, da im Regierungsentwurf sowohl das Aktivierungs- als auch das Saldierungswahlrecht noch nicht vorgesehen waren und erst im Laufe des Gesetzgebungsprozesses Einzug in die Gesetzesfassung gefunden hatten.

Aus Sicht des Bilanzierenden kann durch die Saldierung eine bessere Eigenkapitalquote erreicht werden, da mit der Saldierung eine Bilanzverkürzung eintritt und das Verhältnis von Eigenkapital zum Fremdkapital verbessert wird.[1596]

(4) Auflösung

Die ausgewiesenen Posten sind gem. § 274 Abs. 2 S. 2 HGB aufzulösen, wenn die steuerliche Wirkung, also die Be- oder Entlastung eintritt oder wenn damit nicht mehr zu rechnen ist.[1597] § 274 Abs. 2 S. 3 HGB bestimmt, dass der aus der Veränderung der bilanzierten latenten Steuern entstehende Aufwand oder Ertrag in der GuV unter dem Posten „Steuern vom Einkommen und vom Ertrag" auszuweisen ist.

dd) Bewertung

Die Bewertung erfolgt nach der sog. *liability*-Methode, wonach die unternehmensindividuellen Steuersätze im Zeitpunkt der Umkehr der Differenz zur Bewertung heranzuziehen sind.[1598] Sind diese nicht bekannt, sind die am Bilanzstichtag geltenden Steuersätze zugrunde zu legen.[1599]

Als Sonderposten eigener Art dürfen latente Steuern nicht abgezinst werden, § 274 Abs. 2 S. 1 HGB. Das Abzinsungsverbot beruht weniger auf konzeptionellen Bedenken als vielmehr auf praktischen Schwierigkeiten, die Auswirkungen auf

---

1593 Siehe Fn. 1582.

1594 *Reiner*, in: Müko HGB 3. Aufl. 2013, § 274, Rn. 43.

1595 *Küting/Seel*, DB 2009, 922, 924.

1596 *Herzig/Vossel*, BB 2009, 1174, 1177.

1597 Siehe dazu ausführlich *Risse*, in: MüKo BilanzR 2013, § 274, Rn. 80 ff.

1598 *Grottel/Larenz*, in: BBK 10. Aufl. 2016, § 274, Rn. 61; *Merkt*, in: Hopt/Merkt, Bilanzrecht 2010, § 274, Rn. 6; *Reiner*, in: Müko HGB 3. Aufl. 2013, § 274, Rn. 51; *Baetge/Kirsch/Thiele*, Bilanzen, 9. Aufl. 2007, S. 538.

1599 RegE BilMoG, BT-Drs. 16/10067, S. 68; *Gelhausen/Fey/Kämpfer*, Rechnungslegung, 2009, S. 311; ausführlich *Prinz*, in: KK-RechnungslegungsR 2011, § 274 HGB, Rn. 45.

die Vergleichbarkeit der Jahresabschlüsse haben könnten.[1600] Für passive latente Steuern hat dies aufgrund des Rückstellungscharakters lediglich deklaratorische Bedeutung.[1601]

ee) Zielsetzung

Die Neuregelung soll durch eine Annäherung an die internationalen Standards die Informationsfunktion des Jahresabschlusses und die internationale Akzeptanz des nationalen Handelsbilanzrechts stärken.[1602] Das bilanzorientierte *temporary-concept* verfolgt einen zutreffenderen Vermögens- oder Schuldenausweis, indem zukünftiger Steueraufwand für handelsrechtliche Gewinne im Geschäftsjahr ihres Entstehens abgebildet wird.[1603] Dies zeigt sich vor allem in der Erfassung von erfolgsneutralen Differenzen, wodurch der Bilanzleser detailliertere Information über die Vermögens- und Finanzlage der Gesellschaft erhält.

Das *temporary*-Konzept umfasst auch die bisherigen Phasenverschiebungen nach dem *timing*-Konzept, ist aber deutlich weitreichender.[1604] Die *timing differences* stellen somit eine Teilmenge der *temporary differences* dar.[1605] Auch die bei Bewertung anzuwendende *liability*-Methode zielt auf einen zutreffenderen Ausweis der Vermögenslage ab, da die künftigen Steuersätze anzuwenden sind.[1606]

d) Rechtspolitische Kritik

Die Neuregelung der latenten Steuern wird vonseiten der Wissenschaft stark kritisch beurteilt. Die nunmehr geltende Konzeption der latenten Steuern verfolgt das Ziel, den Informationsgehalt der Vermögens-, Finanz- und Ertragslage zu erhöhen und insbesondere die Vergleichbarkeit der Jahresabschlüsse im internationalen Kontext zu verbessern. Die Schaffung bzw. Beibehaltung des Aktivierungswahlrechts steht

---

1600 *Prinz/Ruberg*, Der Konzern 2009, 343, 349; ähnlich *Kühne/Melcher/Wesemann*, WPg 2009, 1005, 1011.

1601 RegE BilMoG, BT-Drs. 16/10067, S. 68; *Merkt*, in: Hopt/Merkt, Bilanzrecht 2010, § 274, Rn. 6; kritisch zum Abzinsungsverbot *Prinz*, in: KK-RechnungslegungsR 2011, § 274 HGB, Rn. 46.

1602 RegE BilMoG, BT-Drs. 16/10067, S. 67; *Ernst/Seidler*, ZGR 2008, 631, 650 f.; *Prinz*, in: KK-RechnungslegungsR 2011, § 274 HGB, Rn. 1.

1603 *Reiner*, in: Müko HGB 3. Aufl. 2013, § 274, Rn. 7; *Risse*, in: MüKo BilanzR 2013, § 274, Rn. 13; siehe auch *Karrenbrock*, in: FS Krawitz, S. 633, 634; *Petersen/Zwirner*, in: Petersen/Zwirner (Hrsg.), Bilanzrechtsmodernisierungsgesetz, S. 478, 479; *Steinbach*, Latente Steuern, 2012, S. 48 f.

1604 *Reiner*, in: Müko HGB 3. Aufl. 2013, § 274, Rn. 9.

1605 *Küting/Gattung*, StuB 2005, 241, 242.

1606 *Petersen/Zwirner*, in: Petersen/Zwirner (Hrsg.), Bilanzrechtsmodernisierungsgesetz, S. 478, 480; *Ballwieser*, in: FS Krawitz, S. 540, 542 f.; ausführlich *Steinbach*, Latente Steuern, 2012, S. 63 f.

aber in Widerspruch zu dieser Zielsetzung, denn es beeinträchtigt die Vergleichbarkeit der Jahresabschlüsse und erweitert das bilanzpolitische Gestaltungspotential.[1607]

Auch die Gründe, die für die Beibehaltung des Aktivierungswahlrechts angeführt werden, sind fragwürdig. Der konzeptionelle Ansatz, alle Wertansatzdifferenzen separat zu betrachten, bedingt einen erheblich größeren Arbeitsaufwand hinsichtlich Ermittlung und Dokumentation, unabhängig davon, ob der Aktivüberhang ausgewiesen wird oder nicht.[1608] Es ist nämlich künftig auch im Anhang anzugeben, auf welchen Differenzen oder Verlustvorträgen die latenten Steuern beruhen (§ 285 Nr. 29 HGB). Diese Angabe hat unabhängig von dem gewählten Ausweis in der Bilanz zu erfolgen.[1609] Auch wenn auf eine Aktivierung verzichtet wird, müssen hinreichende Angaben zu den bestehenden Differenzen und Verlustvorträgen vorgenommen werden, sodass im Anhang eine entsprechende bilanzorientierte Darstellung zu den aktiven und passiven latenten Steuern aufgenommen werden muss.[1610] Das Aktivierungswahlrecht für den Aktivüberhang führt dementsprechend zu keinen merklichen Entlastungen, denn die „Saldierung ist der Ermittlung" nachgelagert.[1611] Die Neuregelung verursacht dagegen einen deutlich erhöhten Bilanzierungsaufwand.[1612] Besonders bei der Einbeziehung von Verlustvorträgen sind die Bilanzierenden mit hohen Anforderungen an den Nachweis und die Dokumentation konfrontiert. Dies kann von den Bilanzierenden auch genutzt werden, um auf eine Einbeziehung bewusst zu verzichten, da für sie ein Ermessensspielraum bei der Beurteilung entsteht. In der Folge entstehe durch den Prognosecharakter für die Verlustvorträge ein faktisches Wahlrecht.[1613] Positiv ist dagegen anzumerken, dass durch die nunmehr verpflichtenden Anhangangaben der Verstoß gegen Art. 17 Abs. 1 lit. f Bilanzrichtlinie (Art. 43 Abs. 1

1607 *Herzig/Vossel*, BB 2009, 1174, 1177; *Küting/Seel*, DB 2009, 922, 924; *Loitz*, DB 2009, 913, 914; *Prinz*, in: KK-RechnungslegungsR 2011, § 274 HGB, Rn. 15; *Petersen/Zwirner*, StuB 2009, 416, 421; *Wendholt/Wesemann*, DB 2009, 64, 75.

1608 *Herzig/Vossel*, BB 2009, 1174, 1177; *Küting/Seel*, DB 2009, 922, 924; *Prinz/Ruberg*, Der Konzern 2009, 343, 344. Eine Entlastung durch das Wahlrecht aufgrund der unklaren Rechtsnatur, der Komplexität, Volatilität und der praktischen Ermittlungsschwierigkeiten sieht *Prinz*, in: KK-RechnungslegungsR 2011, § 274 HGB, Rn. 33.

1609 Beschlussempfehlung Rechtsausschuss, BT-Drs. 16/12407, S. 88; *Grottel*, in: BBK 10. Aufl. 2016, § 285, Rn. 831; *Loitz*, DB 2009, 913, 914.

1610 *Petersen/Zwirner*, StuB 2009, 416, 418; *Reiner*, in: Müko HGB 3. Aufl. 2013, § 274, Rn. 13.

1611 *Herzig/Vossel*, BB 2009, 1174, 1178; ähnlich *Loitz*, DB 2009, 913, 919; *Karrenbrock*, BB 2011, 683 f.

1612 *Hennrichs*, in: Bilanzrecht in Familienunternehmen, S. 101, 109; *Küting*, DStR 2009, 288, 294; *Oser/Roß/Wader/Drögemüller*, WPg 2009, 573, 579; *Petersen/Zwirner*, StuB 2009, 416, 421; mit Darstellung der einzelnen Ermittlungsschritte *Kühne/Melcher/Wesemann*, WPg 2009, 1005, 1013.

1613 Vgl. *Lüdenbach/Freiberg*, BB 2010, 1971, 1974; *Prinz/Ruberg*, Der Konzern 2009, 343, 346.

Nr. 11 Jahresabschlussrichtlinie) beseitigt wird.[1614] Denn nach altem Recht mussten die Anhangangaben nur vorgenommen werden, wenn das Aktivierungswahlrecht ausgeübt wurde (§ 274 Abs. 2 S. 2 HGB a.F.).

Auch das Saldierungswahlrecht in § 274 Abs. 1 S. 3 HGB wurde mit ähnlicher Kritik bedacht. Anzumerken ist, dass der unsaldierte Ausweis als informativer gilt. Auch bei der Ermittlung ist der Aufwand beim getrennten Ausweis aktiver und passiver latenter Steuern nicht höher, da durch den Vergleich der einzelnen Bilanzposten und durch die Anhangangaben eine vollständige Ermittlung notwendig ist. Es ist daher nicht nachvollziehbar, warum der Gesetzgeber das Wahlrecht zu einem späten Zeitpunkt des Gesetzgebungsverfahrens noch eingefügt hat. In den Gesetzesmaterialien findet sich hierfür keine Begründung. Es deutet vieles auf einen Kompromiss hin.[1615] Letztlich werden aber die bilanzpolitischen Spielräume dadurch noch vergrößert.[1616] Denn insgesamt sind durch die Wahlrechte drei verschiedene zulässige Darstellungsmöglichkeiten denkbar,[1617] sodass ein identischer Sachverhalt sehr unterschiedlich in der Bilanz dargestellt werden kann. Dies führt die Zielsetzung, den Aussagegehalt des Jahresabschlusses zu steigern, ad absurdum. Zwar unterliegen die Wahlrechte der Ansatzstetigkeit;[1618] dennoch wird dadurch die Vergleichbarkeit der Abschlüsse zwischen den Unternehmen stark eingeschränkt.[1619] Auch die bilanzpolitischen Spielräume für die Unternehmen sind durch die Wahlrechte nicht eingeschränkt worden.[1620]

Es wird teilweise auch die Frage gestellt, ob eine Neuregelung der latenten Steuern überhaupt sinnvoll und nötig gewesen ist oder ob nicht gänzlich auf den Ausweis in der Bilanz verzichtet werden sollte.[1621] Stattdessen könnten verpflichtende Angaben im Anhang ausreichen.[1622] Denn auch die Entscheidungsrelevanz latenter Steuern ist nicht völlig unbestritten. So zeigen Studien, dass für die Vermittlung entscheidungsrelevanter Informationen Angaben im Anhang ausreichen könnten.[1623]

1614 *Reiner*, in: Müko HGB 3. Aufl. 2013, § 274, Rn. 13; *Schulze-Osterloh*, DStR 2008, 63, 67. Zur Europarechtswidrigkeit des alten Rechts *Hüttemann*, in: GroßKomm HGB 4. Aufl. 2002, § 274, Rn. 6.

1615 *Karrenbrock*, in: FS Krawitz, S. 633, 639.

1616 *Küting/Seel*, DB 2009, 922, 924; *Loitz*, DB 2009, 913, 918; *Steinbach*, Latente Steuern, 2012, S. 187.

1617 Siehe dazu S. 264 f.

1618 *Karrenbrock*, BB 2011, 683, 685 f.; siehe auch *Gelhausen/Fey/Kämpfer*, Rechnungslegung, 2009, S. 303; *Risse*, in: MüKo BilanzR 2013, § 274, Rn. 56.

1619 *Herzig/Vossel*, BB 2009, 1174, 1178.

1620 *Küting*, DStR 2009, 288, 293; *Hennrichs*, in: Bilanzrecht in Familienunternehmen, S. 101, 111; a.A. *Karrenbrock*, BB 2011, 683, 688.

1621 So der Vorschlag von *Küting*, DStR 2009, 288, 293.

1622 Vgl. *Küting*, DStR 2009, 288, 293; *Steinbach*, Latente Steuern, 2012, S. 214, 390 ff.; so bereits schon *Karrenbrock*, Latente Steuern, 1991, S. 252.

1623 Nach *Ballwieser*, in: FS Krawitz, S. 540, 548 f. sei dies empirisch belegbar.

Außerdem werden in der Jahresabschlussanalyse die latenten Steuern wegen ihres unsicheren Charakters oftmals eliminiert.[1624]

Vor diesem Hintergrund ist es fraglich, ob der Aufwand zur Ermittlung der latenten Steuern nach der Neuregelung in einem angemessenen Verhältnis zum Nutzen steht.[1625]

e) Auswirkungen auf den Kapitalschutz

Aufgrund des vergrößerten Anwendungsbereichs latenter Steuern kann nicht mehr wie in der Vergangenheit davon ausgegangen werden, dass nur Krisenunternehmen aktive latente Steuern ausweisen.[1626] Allerdings wird die Frage nach den Effekten des Ausweises latenter Steuern auf den Kapitalschutz umso relevanter. Passive latente Steuern stellen eine wirtschaftliche Belastung für die Gesellschaft dar, deren Entstehung, Höhe und Zeitpunkt noch ungewiss sind.[1627] Eine Passivierung ist aufgrund des Vorsichtsprinzips bzw. des Imparitätsprinzips aber geboten. Infolge der weiterreichenden Erfassung von latenten Steuern durch das *temporary-concept* führen die als Aufwand verbuchten passiven Latenzen zu einem größeren „Verlustminderungspotential".[1628]

Aktive latente Steuern bilden dagegen einen wirtschaftlichen Vorteil in Gestalt einer möglichen steuerlichen Entlastung in einer späteren Periode ab, dessen Realisierbarkeit aber nicht sicher ist. Die steuerliche Entlastung ist nämlich abhängig von der Erzielung zukünftiger steuerlicher Gewinne.[1629] Ohne steuerpflichtige Gewinne in der Periode, in der sich die aktiven Differenzen abbauen, kann sich der wirtschaftliche Vorteil nicht realisieren. Die aktiven latenten Steuern stellen demgemäß nur einen möglichen Anspruch gegen den Staat dar, der aber nicht durchsetzbar und damit auch nicht abtretbar ist. Potential zur Schuldendeckung entfalten sie nicht, da es an der Einzelverwertbarkeit fehlt. Aus diesem Grund erfüllen aktive latente Steuern nicht die Voraussetzungen eines Vermögensgegenstandes.[1630]

1624 *Herzig/Vossel*, BB 2009, 1174, 1178; *Hennrichs*, in: Bilanzrecht in Familienunternehmen, S. 101, 109.

1625 *Hennrichs*, in: Bilanzrecht in Familienunternehmen, S. 101, 109; *Herzig/Vossel*, BB 2009, 1174, 1178; ähnlich auch *Küting*, DStR 2009, 288, 294.

1626 *Prinz*, in: KK-RechnungslegungsR 2011, § 274 HGB, Rn. 16.

1627 *Karrenbrock*, in: FS Krawitz, S. 633, 636.

1628 *Knoch*, Rechnungslegung einer Limited, 2014, S. 241.

1629 *Steinbach*, Latente Steuern, 2012, S. 109 ff.

1630 *Karrenbrock*, Latente Steuern, 1991, S. 23; *Karrenbrock*, in: FS Krawitz, S. 633, 335; *Kühne/Melcher/Wesemann*, WPg 2009, 1005, 1008; *Kessler/Leinen/Paulus*, KoR 2009, 716, 725; *Steinbach*, Latente Steuern, 2012, S. 92 ff.; *Claußen/Steinbach*, DStR 2013, 2409, 2410.

aa) Kompensation der Kapitalgefährdung durch die Ausschüttungssperre?

Werden dessen ungeachtet aktive Latenzen ausgewiesen, führen diese zu einer Ergebnisverbesserung. Diese resultiert aber aufgrund des unsicheren Charakters aktiver latenter Steuern auf unrealisierten Erträgen, sodass eine Beeinträchtigung des Vorsichtsprinzips in der Konkretisierung des Realisationsprinzips vorliegt.[1631] Der daraus erzielte Mehrgewinn kann somit nicht unbedenklich ausgeschüttet werden.[1632]

Der Gesetzgeber versucht einen Ausgleich dieser elementaren Bilanzierungs- und Gläubigerschutzprinzipien durch Beibehaltung der Ausschüttungssperre für aktive latente Steuern zu erreichen. Die bereits vor dem BilMoG geltende Ausschüttungssperre für aktive latente Steuern (§ 274 Abs. 2 S. 3 HGB a.F.) wurde in das neue Recht in § 268 Abs. 8 S. 2 i.V.m. S. 1 HGB nahezu wortgleich übernommen. Die neue Ausschüttungssperre gilt daneben noch für die Aktivierung selbst geschaffener immaterieller Vermögensgegenstände des Anlagevermögens und im Fall der Bewertung des sog. Deckungsvermögens zum Zeitwert. Nach § 268 Abs. 8 S. 1 i.V.m. S. 2 HGB dürfen Gewinne nur ausgeschüttet werden, wenn die nach der Ausschüttung frei verfügbaren Rücklagen zuzüglich eines Gewinnvortrags und abzüglich eines Verlustvortrags mindestens dem Betrag entsprechen, um den die aktivierten latenten Steuern die passiven latenten Steuern übersteigen.

Vielfach wird eine Wahrung des Vorsichtsprinzips und der Kapitalerhaltung durch die Ausschüttungssperre angenommen, da es im Vergleich zur vormals geltenden Regelung zu keiner Erhöhung des ausschüttungsfähigen Volumens kommt.[1633] Im Grundsatz ist dem zuzustimmen. Bei rein formaler Betrachtung wird an den gläubigerschützenden Regelungen für aktive latente Steuern nichts verändert. Allerdings wurde die bisher geltende Ausschüttungssperre mangels praktischer Relevanz kaum näher betrachtet.

bb) Reichweite der Ausschüttungssperre

Die Ausschüttungssperre ist (und war) auf den Betrag der aktiven latenten Steuern begrenzt, der die passiven latenten Steuern übersteigt (Aktivüberhang), unabhängig davon, ob der Ausweis saldiert oder unsaldiert erfolgt.[1634] Der Gesetzgeber scheint bei den saldierten Beträgen hinsichtlich Gläubigerschutz und Ausschüttungsbemessung keine Bedenken zu hegen, obwohl dadurch nur teilweise sichergestellt wird, dass die mit den aktiven Steuerabgrenzungen verbundenen Ergebnisverbesserungen

---

1631 *Karrenbrock*, Latente Steuern, 1991, S. 250; *Küting*, DStR 2009, 288, 294; *Rammert/Thies*, WPg 2009, 34, 37.

1632 *Kessler/Leinen/Paulus*, KoR 2009, 716, 725.

1633 *Pellens/Kemper/Schmidt*, ZGR 2008, 381, 404; *Kühne/Melcher/Wesemann*, WPg 2009, 1005, 1011; *Kühnberger*, DStR 2012, 1149, 1151; wohl auch *Hommelhoff*, ZGR 2008, 250, 259 f.

1634 *Reiner*, in: Müko HGB 3. Aufl. 2013, § 274, Rn. 42; *Karrenbrock*, BB 2011, 683, 686; *Wendholt/Wesemann*, DB 2009, 64, 69; *Link*, Ausschüttungssperre, 2014, S. 128.

das ausschüttungsfähige Volumen nicht beeinflussen.[1635] Ein hinreichender Kapitalschutz sollte gewährleisten, dass sämtliche unsicheren Bilanzposten, sofern sie überhaupt in der Bilanz ausgewiesen werden, ausschüttungsgesperrt sind. Nur weil die aktiven mit den passiven Latenzen verrechnet werden, entfallen nicht die Bedenken hinsichtlich ihrer Realisierbarkeit. Daher wäre es aus Sicht des Gläubiger- und Kapitalschutzes effektiver, den gesamten Betrag der aktiven latenten Steuern – unabhängig davon, ob eine Saldierung vorgenommen wird oder nicht – mit der Ausschüttungssperre zu belegen.[1636]

Die Saldierung der aktiven und der passiven Latenzen hat nicht zur Folge, dass der saldierte Teil der aktiven latenten Steuern als realisierbar gelten kann. Denn die aktiven latenten Steuern sind in ihrer Gesamtheit ein unsicherer Posten. Dass je nach gewähltem Ausweis nur der Aktivüberhang in der Bilanz erscheint, ändert daran nichts.[1637] Dies zeigt sich in einer von *Karrenbrock* beschrieben Konstellation.[1638] Danach ist die Saldierung aktiver und passiver Latenzen unbedenklich, solange sich die aktiven latenten Steuern in derselben oder einer früheren Periode auflösen als die passiven latenten Steuern (Phasengleichheit). Die Saldierung verstößt dann aber gegen das Vorsichtsprinzip und führt zu einer Beeinträchtigung des Kapitalschutzes, wenn die ermittelten aktiven latenten Steuern sich erst in einer späteren Periode auflösen als die passiven latenten Steuern. Die Realisation der aktiven Latenzen ist dann davon abhängig, ob in der Auflösungsperiode ein entsprechendes zu versteuerndes Einkommen realisiert wird, das zur Minderung des steuerlichen Ergebnisses gegengerechnet werden kann.[1639] Diese Konstellation, in der die unsicheren aktiven Differenzen mit Steuerverbindlichkeiten, die sich in einer früheren Periode auflösen, saldiert werden, führt zu einer Ergebnisverbesserung aufgrund eines unrealisierten Bilanzpostens. Dies widerspricht dem Vorsichts- und dem Realisationsprinzip. Derartige Ergebniserhöhungen werden zudem nicht von der Ausschüttungssperre des § 268 Abs. 8 S. 2 HGB erfasst.[1640]

Die Berücksichtigung der Verlustvorträge bei Berechnung der aktiven latenten Steuern verschärft die Problematik zusätzlich.[1641] Dadurch werden bloße

---

1635 *Steinbach*, Latente Steuern, 2012, S. 190; siehe noch zum alten Recht *Hoyos/Fischer*, in: BBK 6. Aufl. 2006, § 274, Rn. 13.

1636 *Arbeitskreis Bilanzrecht der Hochschullehrer Rechtswissenschaft*, BB 2008, 209, 215; *Schulze-Osterloh*, DStR 2008, 63, 67. Siehe dazu ausführlich S. 332 f.

1637 A.A., aber ohne nähere Begründung *Gelhausen/Fey/Kämpfer*, Rechnungslegung, 2009, S. 332 f.

1638 *Karrenbrock*, in: FS Krawitz, S. 633, 641 f.; vgl. auch *Steinbach*, Latente Steuern, 2012, S. 211.

1639 *Karrenbrock*, in: FS Krawitz, S. 633, 641 f.; *Karrenbrock*, BB 2011, 683, 686.

1640 *Karrenbrock*, in: FS Krawitz, S. 633, 642; vgl. auch *Steinbach*, Latente Steuern, 2012, S. 242.

1641 *Arbeitskreis Bilanzrecht der Hochschullehrer Rechtswissenschaft*, BB 2008, 209, 215; *Karrenbrock*, WPg 2008, 328, 330 f.; *Karrenbrock*, in: FS Krawitz, S. 633, 642 f.; *Velte*, KoR 2008, 61, 69 f.

Ertragserwartungen in Form von künftigen Steuerersparnissen erfasst, deren Nutzung aber auch an zukünftig zu erzielende Gewinne geknüpft ist.[1642] Diese liegen jedoch nicht immer in der Hand der bilanzierenden Gesellschaft, sodass von der Realisierbarkeit nicht mit Sicherheit ausgegangen werden kann.

8. Ausweis des gezeichneten Kapitals, § 272 HGB

Die Höhe des gezeichneten Kapitals bestimmt sich grundsätzlich nach der konstitutiven Handelsregistereintragung des Stamm- oder Grundkapitals der Gesellschaft und setzt sich aus den Einlagen der Gesellschafter zusammen.[1643] Dieses nominelle Eigenkapital wird in der Bilanz unter dem Posten „gezeichnetes Kapital" (§§ 272 Abs. 1 HGB, 42 Abs. 1 GmbHG, 152 Abs. 1 S. 1 AktG) geführt. Die Begrifflichkeit soll verdeutlichen, dass es sich nicht um bereits eingezahltes Kapital handeln muss.[1644]

Das gezeichnete Kapital ist stets getrennt vom übrigen Eigenkapital auszuweisen. Ein Jahresüberschuss oder ein Jahresfehlbetrag wird nicht dem gezeichneten Kapital hinzugefügt oder abgezogen; es erfolgt vielmehr eine Erhöhung oder Senkung der Rücklagen. Eine Änderung des gezeichneten Kapitals darf nur über die förmlichen Verfahren der Kapitalerhöhung (§§ 182 ff. AktG, 55–57o GmbHG) oder Kapitalherabsetzung (§§ 237–240 AktG, 58–58f GmbHG) erfolgen. Außerdem ist das gezeichnete Kapital Referenzgröße für die Einberufungspflicht der Hauptversammlung bei hälftigem Verlust des Stamm- oder Grundkapitals, §§ 92 Abs. 1 AktG, 49 Abs. 3 GmbHG).

a) Ausstehende Einlagen

Das Kapitalgesellschaftsrecht verlangt in § 7 Abs. 2 GmbHG und § 36a Abs. 1 AktG, dass lediglich ein Viertel des Stamm- oder Grundkapitals in bar eingezahlt sein muss. Infolgedessen kann es zu einer Differenz zwischen gezeichnetem Kapital und dem tatsächlich eingezahlten Kapital kommen. Ist das Kapital noch nicht voll eingezahlt, so liegen „Ausstehende Einlagen" vor. Diese fungieren einerseits als Korrekturposten des gezeichneten Kapitals in der Bilanz, andererseits handelt es sich zivilrechtlich um Forderungen gegen die Gesellschafter.[1645] Aus wirtschaftlicher

---

1642 *Steinbach*, Latente Steuern, 2012, S. 115 f.; *Petersen/Zwirner*, in: Petersen/Zwirner (Hrsg.), Bilanzrechtsmodernisierungsgesetz, S. 478, 480; siehe auch *Risse*, in: MüKo BilanzR 2013, § 274, Rn. 63.

1643 *Förschle/Hoffmann*, in: BBK 6. Aufl. 2006, § 272, Rn. 8.

1644 *Merkt*, in: Hopt/Merkt, Bilanzrecht 2010, § 272, Rn. 1. Siehe zur Missverständlichkeit der Legaldefinition des § 272 Abs. 1 S. 1 HGB bereits S. 46 f.

1645 ADS, § 272, Rn. 58; *Kropff*, in: MüKo BilanzR 2013, § 272, Rn. 35; *Luttermann/Großfeld*, Bilanzrecht, 4. Aufl. 2005, Rn. 699; *Baetge/Kirsch/Thiele*, Bilanzen, 14. Aufl. 2017, S. 488.

Sicht liegen mangels Einforderung allerdings noch keine Forderungen vor, sondern nur ein Korrekturposten auf der Aktivseite zum gezeichneten Kapital auf der Passivseite, der allenfalls das Haftungspotential der Gesellschaft erkennen lässt.[1646] Die ausstehenden Einlagen werden bei der Aktiengesellschaft fällig, wenn sie vom Vorstand nach § 63 Abs. 1 S. 1 AktG eingefordert werden. Bei der GmbH ist dies Aufgabe der Gesellschafter, § 46 Nr. 2 GmbHG. Erst mit Geltendmachung erhalten die Forderungen auch wirtschaftlich einen Wert.

aa) Alte Rechtslage

(1) Ausweiswahlrecht

Nach altem Recht galt für den Bilanzierenden ein Ausweiswahlrecht zur Darstellung der ausstehenden Einlagen auf das gezeichnete Kapital. Es konnte zwischen dem sog. „Bruttoausweis" (§ 272 Abs. 1 S. 2 HGB a.F.) oder dem „Nettoausweis" (§ 272 Abs. 1 S. 3 HGB a.F.) gewählt werden. Dies war der Überlegung geschuldet, dass es sich bei den ausstehenden Einlagen einerseits um einen Korrekturposten, andererseits um einen Vermögensgegenstand handelt. Je nach Bilanzierungsmethode kommt die unterschiedliche Eigenschaft deutlicher zum Ausdruck.

Gem. § 272 Abs. 1 S. 2 HGB a.F. wurden beim *Bruttoausweis* die ausstehenden Einlagen auf das gezeichnete Kapital vor dem Anlagevermögen auf der Aktivseite der Bilanz gesondert ausgewiesen, wobei die bereits eingeforderten Einlagen zu vermerken waren. Das gezeichnete Kapital wurde ungekürzt – deshalb brutto – dargestellt.

Bruttomethode A				P
A. Ausstehende Einlagen auf das gezeichnete Kapital		50	A. Eigenkapital	
davon eingefordert	10		I. Gezeichnetes Kapital	100
…			…	

Beim *Nettoausweis* gem. § 272 Abs. 1 S. 3 HGB a.F. durften die nicht eingeforderten ausstehenden Einlagen auch in einer Vorspalte vom Posten „Gezeichnetes Kapital" offen abgesetzt werden. Der verbleibende Unterschiedsbetrag erscheint in der Hauptspalte der Passivseite als „Eingefordertes Kapital". Entsprechend werden die eingeforderten Einlagen als Forderungen auf der Aktivseite ausgewiesen. Der Begriff Nettoausweis bezieht sich auf die nicht eingeforderten ausstehenden Einlagen, die auf der Passivseite gesondert dargestellt werden und im Gegensatz zum Bruttoausweis nicht im Gesamtposten „Ausstehende Einlagen" aufgehen.[1647] Der

1646 *Hüttemann/Meyer*, in: GroßKomm HGB 5. Aufl. 2014, § 272, Rn. 14.
1647 *Reiner*, in: MüKo HGB 2. Aufl. 2008, § 272, Rn. 6.

Nettoausweis bewirkt den Ausweis des Kapitals in der Höhe der tatsächlich eingeforderten Einlage und nicht zum vollen Nennbetrag.

Nettomethode			
A			P
A. Anlagevermögen		A. Eigenkapital	
B. Umlaufvermögen II. Forderungen und sonstige Vermögensgegenstände		I. Gezeichnetes Kapital	100
		./.Nicht eingeforderte ausstehende Einlagen 40	
Eingeforderte ausstehende Einlagen	10	= Eingefordertes Kapital	60
...		...	

Missverständlich ist der Begriff „Eingefordertes Kapital“, da dieser Betrag auch die bereits eingezahlte Einlage erfasst.[1648] Nur in der Zusammenschau mit dem Aktivposten „Eingeforderte ausstehende Einlagen“ wird die Zusammensetzung deutlich.[1649] Bei Darstellung nach der Bruttomethode war dies mit dem Nachteil einer unzutreffenden Vermögens- und Finanzlage der Gesellschaft verbunden. Danach wird auf der Passivseite die nicht eingeforderte ausstehende Einlage als bilanzielles Eigenkapital ausgewiesen, welches allerdings nicht zu bilanziellem Vermögen geführt hat. Das Eigenkapital kann erst nach Abzug der ausstehenden Einlagen ermittelt werden.[1650] Außerdem erhöht sich bei der Nettomethode auch ein „nicht durch Eigenkapital gedeckter Fehlbetrag“.[1651]

Das Ausweiswahlrecht verstieß ferner nach überwiegender Ansicht[1652] gegen Anhang 3 Bilanzrichtlinie (Art. 9 Jahresabschlussrichtlinie), denn diese gewährt den Mitgliedstaaten zwar ein Mitgliedstaatenwahlrecht, aber kein Unternehmenswahlrecht. Dadurch wurde den Unternehmen ein ganz besonderer bilanzpolitischer Spielraum eröffnet, denn die Wahl der Ausweismethode hatte Einfluss auf die Bilanzsumme und damit auf die Größenmerkmale des § 267 HGB.[1653]

1648 *Merkt*, in: Baumbach/Hopt, HGB 33. Aufl. 2008, § 272, Rn. 3; *Hüttemann*, in: GroßKomm HGB 4. Aufl. 2002, § 272, Rn. 13.

1649 *Küting/Reuter*, StuB 2008, 535, 539.

1650 *Baetge/Kirsch/Thiele*, Bilanzen, 9. Aufl. 2007, S. 484.

1651 *Kropff*, in: MüKo/AktG 2. Aufl. 2003, § 272 HGB, Rn. 19; ADS, § 268, Rn. 93 mit Rechenbeispiel.

1652 Siehe nur ADS, § 272, Rn. 61; *Hüttemann*, in: GroßKomm HGB 4. Aufl. 2002, § 272, Rn. 15.

1653 *Reiner*, in: MüKo HGB 2. Aufl. 2008, § 272, Rn. 6; *Kropff*, in: MüKo BilanzR 2013, § 272, Rn. 37; *Kropff*, in: MüKo/AktG 2. Aufl. 2003, § 272 HGB, Rn. 19.

(2) Bewertung der ausstehenden Einlage

Gewisse Besonderheiten waren bei der Bewertung ausstehender Einlagen zu beachten. Insbesondere war umstritten, ob zwischen *eingeforderten* ausstehenden Einlagen und *nicht eingeforderten* ausstehenden Einlagen unterschieden werden musste. Unstreitig waren eingeforderte Einlagen nach den allgemeinen Grundsätzen für Forderungen zu bewerten.[1654] Demnach musste eine Werthaltigkeitsprüfung und ggf. eine risikobedingte Abwertung vorgenommen werden. Die Differenz zum Nominalbetrag musste wegen § 283 HGB a.F. erkennbar sein.[1655]

Bei nicht eingeforderten ausstehenden Einlagen war umstritten, ob diese überhaupt einer Bewertung zugänglich waren. Nach einer stark verbreiteten Ansicht wurde dies mit dem Hinweis verneint, es handele sich um einen bloßen Korrekturposten zum gezeichneten Kapital und wirtschaftlich gesehen um keinen Vermögensgegenstand.[1656] Als rechnerische Saldogröße komme für diesen Posten eine Abwertung wegen Bonitätsrisiken vor Einforderung der ausstehenden Einlage nicht in Betracht. Ist die Erbringlichkeit der Einlage aber zweifelhaft, so ergebe sich aus § 264 Abs. 2 S. 2 HGB eine Pflicht zur Erläuterung im Anhang, um eine hinreichende Darstellung der Vermögenslage der Gesellschaft zu erreichen.

Die wohl herrschende Gegenansicht wendete die allgemeinen Bewertungsmaßstäbe auch auf die noch nicht eingeforderten Einlagen an und forderte ggf. die Durchführung einer Wertberichtigung.[1657] Da eine Aktivierung der ausstehenden Einlagen nur im Rahmen des Nettoausweises erfolgte, sollte im Falle von Wertabschlägen die Anwendung der Bruttomethode geboten sein. Aus Gläubigerschutzperspektive war diese Ansicht vorzugswürdig, da durch die Abschreibung der nicht mehr erbringlichen ausstehenden Einlage der entsprechende Betrag von der Ausschüttung ausgenommen wird.[1658] Anderenfalls wäre der Eindruck erweckt worden, dass das Garantiekapital voll gedeckt sei.[1659] Der Nettoausweis war nach h.M. im Falle nicht vollwertiger ausstehender Einlagen somit unzulässig.

1654 ADS, § 272, Rn. 66; *Förschle/Hoffmann*, in: BBK 6. Aufl. 2006, § 272, Rn. 15; *Hüttemann*, in: GroßKomm HGB 4. Aufl. 2002, § 272, Rn. 17; *Reiner*, in: MüKo HGB 2. Aufl. 2008, § 272, Rn. 11; *Kropff*, in: MüKo/AktG 2. Aufl. 2003, § 272 HGB, Rn. 21.

1655 Siehe zur Darstellungsmöglichkeit ADS, § 272, Rn. 70.

1656 *Reiner*, in: MüKo HGB 2. Aufl. 2008, § 272, Rn. 11; *Hüttemann*, in: GroßKomm HGB 4. Aufl. 2002, § 272, Rn. 18.

1657 ADS, § 272, Rn. 66, 71; *Kropff*, in: MüKo/AktG 2. Aufl. 2003, § 272 HGB, Rn. 22; ähnlich *Förschle/Hoffmann*, in: BBK 6. Aufl. 2006, § 272, Rn. 15; *Kropff*, ZIP 2009, 1137, 1139 m.w.N.

1658 *Förschle/Hoffmann*, in: BBK 6. Aufl. 2006, § 272, Rn. 15.

1659 *Kropff*, in: MüKo/AktG 2. Aufl. 2003, § 272 HGB, Rn. 22.

bb) Neue Rechtslage

Durch die Neuregelung wird das bisher geltende Ausweiswahlrecht zwischen Brutto- und Nettoausweis beseitigt und die Bilanzierung nach dem Nettoausweis zur Pflicht.

Nicht eingeforderte ausstehende Einlagen dürfen gem. § 272 Abs. 1 S. 3 HGB nicht mehr aktiviert, sondern müssen künftig in der Bilanz vom gezeichneten Kapital abgesetzt werden.

Von § 272 Abs. 1 S. 3 HGB sind alle Gründungen einer Kapitalgesellschaft sowie bei Kapitalerhöhungen wirksam entstehende Einlageverpflichtungen erfasst.[1660] § 283 HGB a.F. wurde in den neu gefassten § 272 Abs. 1 HGB übernommen. Dieser sah den Ausweis des gezeichneten Kapitals zum Nennbetrag vor. Die Streichung erfolgte aus redaktionellen Gründen, ohne dass damit eine inhaltliche Änderung einhergehen soll.[1661]

(1) Bilanzielle Abbildung

Weiterhin ist zwischen *nicht eingeforderten ausstehenden* Einlagen und *eingeforderten ausstehenden Einlagen* zu unterscheiden. Die nicht eingeforderten ausstehenden Einlagen sind von dem Posten „Gezeichnetes Kapital" offen abzusetzen (Abs. 1 S. 3, Hs. 1). Nach Abs. 1 S. 3, HS. 2 ist der nach der Saldierung des gezeichneten Kapitals mit den nicht eingeforderten ausstehenden Einlagen verbleibende Betrag unter dem Posten „*Eingefordertes Kapital*" auf der Passivseite in der Hauptspalte auszuweisen. Soweit der Betrag eingefordert, aber von den Gesellschaftern noch nicht eingezahlt wurde, ist dieser unter den Bilanzposten „Forderungen" auf der Aktivseite gesondert auszuweisen und entsprechend zu bezeichnen (Abs. 1 S. 3, Hs. 3). Der Ausweis erfolgt grundsätzlich im Rahmen der sonstigen Vermögensgegenstände (§ 266 Abs. 2 B. II. 4. HGB).

§ 272 Abs. 1 HGB				
A				P
A. Anlagevermögen		A. Eigenkapital		
B. Umlaufvermögen		I. Gezeichnetes Kapital	100	
II. Forderungen und sonstige Vermögensgegenstände		./.Nicht eingeforderte ausstehende Einlagen	40	
4. sonstige Vermögensgegenstände		= Eingefordertes Kapital		60
Eingeforderte ausstehende Einlagen	10			
…		…		

1660 *Mock*, in: KK-RechnungslegungsR 2011, § 272 HGB, Rn. 42.

1661 RegE BilMoG, BT-Drs. 16/10067, S. 65.

Der Nettoausweis bewirkt den Ausweis des Kapitals in der Höhe der tatsächlich eingeforderten Einlage und nicht zum vollen Nennbetrag.

(2) Zielsetzung

Nach Ansicht des Gesetzgebers dient die Neuregelung der Vereinheitlichung und Vereinfachung des bilanziellen Eigenkapitalausweises; gleichzeitig sei sie eine Annäherung an die Darstellungsweise nach den internationalen Standards. Aufgrund der zugrunde liegenden wirtschaftlichen Betrachtungsweise werde die Vermögens- und Finanzlage der Gesellschaft zutreffender dargestellt.[1662] Sinnvollerweise und ganz dem allgemeinen Trend des BilMoG entsprechend ergibt sich durch die Abschaffung des Wahlrechts eine Einschränkung bilanzpolitischer Spielräume.

Der Hinweis auf die möglicherweise irreführende Bezeichnung „Eingefordertes Kapital" wird von der Gesetzesbegründung aufgenommen und mit der Anmerkung zurückgewiesen, dass in der Zusammenschau mit dem gesondert auszuweisenden Bilanzposten des eingeforderten Kapitals auf der Aktivseite die Höhe der geleisteten Kapitalanteile bestimmbar wird.[1663] Zu möglichen Auswirkungen auf den Kapitalschutz schweigt die Gesetzesbegründung.

(3) Auswirkungen auf den Kapitalschutz

Durch die Einführung des Nettoausweises wird in der Hauptspalte des Bilanzpostens „Gezeichnetes Kapital" nur noch der Nettobetrag der Einlagen und nicht der Nennbetrag des Stamm- oder Grundkapitals ausgewiesen, sodass in der Bilanz nur Aktivmittel im entsprechenden Umfang gebunden werden. Daher liegt der Schluss nahe, dass statt des Grund- bzw. Stammkapitals fortan dieser Betrag den Umfang der Ausschüttungssperre bestimmen könnte.[1664] Die Auswirkungen des Nettoausweises auf den Kapitalschutz sollen im Folgenden dargestellt werden.

i. Aktiengesellschaft

Im Aktienrecht scheint die zwingende Anwendung des Nettoausweises keine Auswirkungen auf die Kapitalbindung zu haben, da die Änderungen auf der Aktiv- und Passivseite einander entsprechen und somit keine Abweichungen im Bereich der Gewinnermittlung bewirken.[1665] Wie bereits bei der alten Rechtslage angesprochen, führt der Nettoausweis einerseits zu einer niedrigeren Bilanzsumme, was Auswirkungen auf die Publizitätspflichten hat. Andererseits erhöht sich durch den Nettoausweis ein „nicht durch Eigenkapital gedeckter Fehlbetrag".

1662 RegE BilMoG, BT-Drs. 16/10067, S. 65.

1663 RegE BilMoG, BT-Drs. 16/10067, S. 65; vgl. *Baetge/Kirsch/Thiele*, Bilanzen, 14. Aufl. 2017, S. 489.

1664 Vgl. *Kropff*, ZIP 2009, 1137, 1138.

1665 *Kropff*, ZIP 2009, 1137, 1138.

Die Problematik der fehlenden Vollwertigkeit der Einlageansprüche ergibt sich sowohl bei der Aktiengesellschaft als auch bei der GmbH und wird sogleich im Anschluss unter Abschnitt E.V.8.a)bb)(3) iii (S. 281 ff.) gesondert erörtert.

ii. GmbH

Nach § 30 Abs. 1 GmbHG darf das zur Erhaltung des Stammkapitals erforderliche Vermögen der Gesellschaft nicht an die Gesellschafter ausgezahlt werden. Ausgeschüttet werden kann demnach nur der Teil des Aktivvermögens, der das Stammkapital plus Verbindlichkeiten übersteigt. Für die Ermittlung des bilanziellen Vermögens gelten grundsätzlich die handelsbilanziellen Regelungen.[1666] Das Stammkapital als maßgebliche Bezugsgröße des Kapitalschutzes in der GmbH ist unabhängig von der Bilanzierung, denn es gilt die im Handelsregister eingetragene Summe.[1667] Vom Kapitalschutz ist nämlich das ungekürzte Stammkapital erfasst und nicht das um die ausstehenden Einlagen gekürzte „Eingeforderte Kapital".[1668] Auswirkungen hat der Nettoausweis allerdings bei der Höhe des Aktivvermögens. Die ausstehenden nicht eingeforderten Einlagen werden gem. § 272 Abs. 1 S. 3 HGB nicht mehr aktiviert. Das niedrigere Aktivvermögen müsste bei konsequenter Anwendung – d.h. ohne Aktivierung der eingeforderten ausstehenden Einlagen – das Stammkapital und Verbindlichkeiten decken. Die Bindung des Gesellschaftskapitals wäre in der Folge durch das BilMoG im Vergleich zum bisherigen GmbH-Recht sogar noch strenger als im Aktienrecht.[1669] Infolgedessen kann es in der Bilanz zu einem Gewinnausweis kommen, der ungewöhnlicherweise[1670] dennoch nicht ausgeschüttet werden darf. Dies ist der Fall, wenn ein das eingeforderte Kapital und die Verbindlichkeiten übersteigende Aktivvermögen als Gewinn ausgewiesen wird, dieser aber durch das Stammkapital bzw. den Bilanzposten des „Gezeichneten Kapitals" als maßgebliche Größe des § 30 Abs. 1 GmbH gegen Ausschüttungen gesperrt ist.

Verdeutlicht hat dies erstmalig *Kropff* anhand eines Vergleichs von Brutto- und Nettoausweis:[1671] Im vorliegenden Beispiel ist ein Stammkapital von 200 GE vereinbart, wobei 80 GE noch nicht eingezahlt wurden. Von diesen noch in Höhe von 80 GE ausstehenden Einlagen sind 2 GE aber eingefordert; 78 GE sind noch nicht eingefordert.

1666 Siehe S. 79 f.

1667 *Weyer*, in: Heidel/Schall, HGB 2. Aufl. 2015, § 272, Rn. 4; *Winkeljohann/K. Hoffmann*, in: BBK 10. Aufl. 2016, § 272, Rn. 25.

1668 *Ekkenga*, in: MüKo GmbHG 2. Aufl. 2015, § 30, Rn. 99; *Verse*, in: Scholz, GmbHG 11. Aufl. 2012, § 30, Rn. 55; *Hüttemann/Meyer*, in: GroßKomm HGB 5. Aufl. 2014, § 272, Rn. 20.

1669 *Mock*, in: KK-RechnungslegungsR 2011, § 272 HGB, Rn. 57; *Verse*, in: GesR in der Diskussion 2009, S. 67, 89; *Kropff*, ZIP 2009, 1137, 1139; *Hüttemann/Meyer*, in: GroßKomm HGB 5. Aufl. 2014, § 272, Rn. 20.

1670 Abgesehen von den Beträgen, die von der Ausschüttungssperre gem. § 268 Abs. 8 HGB erfasst sind.

1671 Siehe dazu und zu dem folgenden Zahlenbeispiel *Kropff*, ZIP 2009, 1137, 1139.

Bruttoausweis					
A					P
A. Ausstehende Einlagen auf das gezeichnete Kapital		80	A. Eigenkapital I. Gezeichnetes Kapital		200
davon eingefordert	2		…		
…			V. Jahresüberschuss		20
B. sonstige Aktiva		320	B. sonstige Passiva		180
…			…		
		400			**400**

Nettoausweis					
A					P
A. Anlagevermögen			A. Eigenkapital		
B. Umlaufvermögen			I. Gezeichnetes Kapital	200	
II. Forderungen und sonstige Vermögensgegenstände			./.Nicht eingeforderte ausstehende Einlagen	78	
4. sonstige Vermögensgegenstände			= Eingefordertes Kapital		122
Eingeforderte ausstehende Einlagen		2	…		
C. Sonstige Aktiva		320	V. Jahresüberschuss		20
			B. sonstige Passiva		180
…			…		
		322			**322**

In diesem Beispiel wäre beim Nettoausweis der Gewinn von 20 GE nicht ausschüttungsfähig, da das Nettoaktivvermögen (Aktiva 322./. sonstige Passiva 180 = 142 GE) nicht mehr das gezeichnete Kapital von 200 GE deckt.

Der Bruttoausweis ließ dagegen die Aktivierung der ausstehenden Einlagen zu, wodurch sich das Aktivvermögen entsprechend erhöht und dadurch ausschüttungsfähiges Nettoaktivvermögen entsteht. Aufgrund des eindeutigen Wortlauts des § 30 Abs. 1 GmbHG darf das Ausschüttungsverbot sich auch nicht am Bilanzposten „Eingefordertes Kapital" orientieren.[1672]

Die h.M. erkennt indessen diese Verschärfung der Kapitalbindung in der GmbH nicht an.[1673] Der Gesetzgeber hätte einen strengeren Kapitalschutz durch die

1672 *Verse*, in: Scholz, GmbHG 11. Aufl. 2012, § 30, Rn. 55; *Fastrich*, in: Baumbach/Hueck, GmbHG 21. Aufl. 2017, § 30, Rn. 14.

1673 *Ekkenga*, in: MüKo GmbHG 2. Aufl. 2015, § 30, Rn. 99; *Fastrich*, in: Baumbach/Hueck, GmbHG 21. Aufl. 2017, § 30, Rn. 15; *Hommelhoff*, in: Lutter/Hommelhoff, GmbHG 19. Aufl. 2016, § 30, Rn. 13; *Heidinger*, in: Michalski, GmbHG 3. Aufl. 2017, § 30, Rn. 34; *Kropff*, ZIP 2009, 1137, 1140; *Verse*, in: Scholz, GmbHG 11. Aufl. 2012, § 30, Rn. 63; *Verse*, in: GesR in der Diskussion 2009, S. 67, 89.

Neuregelung des § 272 Abs. 1 S. 3 HGB nicht bezwecken wollen. Insbesondere der Vergleich zur Kapitalbindung in der Aktiengesellschaft erfordere es, die Nettomethode für Ausschüttungen zu modifizieren. Daher sollen für die Zwecke des § 30 Abs. 1 GmbHG die ausstehenden nicht eingeforderten Einlagen weiterhin aktiviert werden. Durch diese Vorgehensweise würde sich am bisherigen Kapitalschutz in der GmbH nichts ändern.

Dagegen wird von anderer Seite vorgebracht, dass die Verschärfung des GmbH-rechtlichen Kapitalschutzes zwar vermutlich nicht bezweckt worden sei, dies aber aufgrund der eindeutigen Abschaffung des Bruttoausweises hingenommen werden müsse.[1674]

iii. Problem: fehlende Werthaltigkeit des Einlageanspruchs

Durch den Wegfall der Aktivierungsmöglichkeit ausstehender nicht eingeforderter Einlagen nach der Bruttomethode stellt sich sowohl in der Aktiengesellschaft als auch in der GmbH die Frage, wie zu verfahren ist, wenn Zweifel an der Werthaltigkeit der Einlageforderungen bestehen. Die Problematik wurde nach alter Rechtslage durch eine Einschränkung des Wahlrechts bei fehlender Werthaltigkeit des Einlageanspruchs gelöst. Nach h.M. zur früheren Rechtslage war der Nettoausweis dann nicht zulässig. Es musste der Bruttoausweis gewählt werden, um im Sinne des Kapitalschutzes eine Abwertung vornehmen zu können.[1675]

Sofern die Einlagen eingefordert sind, ist die Bewertung unproblematisch, da diese nach § 272 Abs. 1 S. 3 Hs. 3 HGB als Forderungen auszuweisen sind.[1676] Eine Abwertung erfolgt dann nach den allgemeinen Regeln (§ 253 Abs. 3 S. 5 HGB). Wenn die eingeforderten Einlagen nicht einzubringen sind, müssen sie entsprechend niedriger angesetzt werden. Dadurch wird ein entsprechend höherer Teil der übrigen Aktiva durch das gezeichnete Kapital gebunden, wodurch der Gewinn entsprechend reduziert wird.[1677]

Nicht eingeforderte ausstehende Einlagen dagegen sind als Korrekturposten zum gezeichneten Kapital mit ihrem Nennbetrag offen vom gezeichneten Kapital auf der Passivseite abzusetzen. Eine Abwertung nach den allgemeinen Regeln ist somit beim Nettoausweis nicht möglich, da kein entsprechender Aktivposten mehr

---

1674 *Mock*, in: KK-RechnungslegungsR 2011, § 272 HGB, Rn. 57; *Schmolke*, Kapitalerhaltung, 2009, § 30, Rn. 69.

1675 Siehe Fn. 1657.

1676 Siehe nur *Mock*, in: KK-RechnungslegungsR 2011, § 272 HGB, Rn. 54; *Winkeljohann/K. Hoffmann*, in: BBK 10. Aufl. 2016, § 272, Rn. 36; *Kropff*, in: MüKo BilanzR 2013, § 272, Rn. 39.

1677 *Kropff*, ZIP 2009, 1137, 1139; *Mock*, in: KK-RechnungslegungsR 2011, § 272 HGB, Rn. 55.

gebildet werden darf.[1678] Ausstehende Einlagen, deren tatsächlicher Wert geringer ist als deren Nennbetrag, binden jedoch entsprechend weniger Aktivvermögen, sodass ein höherer Gewinnausweis möglich ist und es damit zu einer Erhöhung des Ausschüttungsvolumens kommt.[1679] Dem gezeichneten Kapital steht u.U. auch kein entsprechendes Aktivvermögen mehr gegenüber. Legt man zukünftig im Rahmen der Ausschüttungsbemessung den Nennbetrag und nicht den tatsächlichen Wert der Einlageforderung zugrunde, kommt es zu einer Lücke im Kapitalschutz.[1680] Bei der Berechnung des Ausschüttungsvolumens würden die nicht eingeforderten Einlagen mit einem unrealistisch hohen Wert berücksichtigt. Das Grundkapital wäre in Höhe der Differenz zwischen Nennbetrag und niedrigerem tatsächlichen Wert der ausstehenden Einlagen nicht mehr gedeckt.

Aufgrund der eindeutigen gesetzlichen Anordnung des Nettoausweises ist der Ausweis in Höhe des Nennbetrags der ausstehenden Einlagen zwingend vorgeschrieben. Hierzu wird vornehmlich die Meinung vertreten, eine Einschränkung oder Abwertung komme daher trotz der entstehenden Lücke im Kapitalschutz nicht in Betracht,[1681] zumal in der Praxis etwa entstehende Deckungslücken durch die gesetzliche Rücklage geschlossen werden können.[1682] Da dies nur im Einzelfall und nicht als generelle Lösung sinnvoll ist, werden Instrumentarien auf der gesellschaftsrechtlichen Ebene gesucht. In der Aktiengesellschaft widerspreche es den Pflichten der Leitungsorgane, trotz der fehlenden Deckung eine Ausschüttung vorzuschlagen. Der Vorstand müsse im Rahmen des Gewinnverwendungsbeschlusses (§ 170 Abs. 2 AktG) die fehlende Werthaltigkeit der nicht eingeforderten Einlagen prüfen und ggf. den ausgewiesenen Gewinn thesaurieren.[1683]

Ein anderer Weg, diese Lücke im Kapitalschutz zu vermeiden wird in Weiterentwicklung der h.M. zur gedanklichen Aktivierung nicht eingeforderter Einlagen für die Zwecke der Ausschüttungsbemessung in der GmbH[1684] vorgeschlagen. Wenn schon eine Aktivierung vorgenommen wird, dann müsse dies auch in der

1678 So ausdrücklich RegE BilMoG, BT-Drs. 16/10067, S. 65; *Mock*, in: KK-RechnungslegungsR 2011, § 272 HGB, Rn. 55; *Winkeljohann/K. Hoffmann*, in: BBK 10. Aufl. 2016, § 272, Rn. 36; *Hüttemann/Meyer*, in: GroßKomm HGB 5. Aufl. 2014, § 272, Rn. 18.

1679 *Kropff*, ZIP 2009, 1137, 1139; *Mock*, in: KK-RechnungslegungsR 2011, § 272 HGB, Rn. 55.

1680 *Kropff*, ZIP 2009, 1137, 1139; *Verse*, in: GesR in der Diskussion 2009, S. 67, 89.

1681 *Gelhausen/Fey/Kämpfer*, Rechnungslegung, 2009, S. 283; *Kropff*, ZIP 2009, 1137, 1139; *Mock*, in: KK-RechnungslegungsR 2011, § 272 HGB, Rn. 55; *Kropff*, in: MüKo BilanzR 2013, § 272, Rn. 39; *Hüttemann/Meyer*, in: GroßKomm HGB 5. Aufl. 2014, § 272, Rn. 19.

1682 *Kropff*, ZIP 2009, 1137, 1139.

1683 *Mock*, in: KK-RechnungslegungsR 2011, § 272 HGB, Rn. 56; *Kropff*, ZIP 2009, 1137, 1139; *Kühnberger*, BB 2011, 1387.

1684 Siehe für die h.M. Fn. 1673.

Konsequenz mit dem niedrigeren Wert erfolgen.[1685] Dem Einwand des damit verbundenen verzerrten Einblicks in die Vermögenslage der Gesellschaft[1686] wird über eine Pflicht aus § 264 Abs. 2 S. 2 HGB zur Angabe im Anhang begegnet.[1687] Das Gleiche soll dann auch für die Aktiengesellschaft gelten, um ein Auseinanderfallen der Bilanzierung zu vermeiden.[1688]

iv. Eigene Würdigung

Die Abschaffung des Wahlrechts für ausstehende Einlagen zugunsten des nun zwingenden Nettoausweises hat in der GmbH zu nicht vorhergesehenen Konsequenzen der Kapitalbindung geführt. Entgegen der allgemeinen Tendenz des BilMoG hat die wortlautgetreue Neuregelung eine Verschärfung des Kapitalschutzes zur Folge. Die h.M. zielt darauf ab, diese unerwünschte Konsequenz zu verhindern, indem durch eine Auslegung contra legem die Abschaffung des Ausweiswahlrechts des § 272 Abs. 1 HGB a.F. ignoriert wird und die ausstehenden nicht eingeforderten Einlagen für die Zwecke des § 30 Abs. 1 GmbHG weiterhin aktiviert werden, sodass im Ergebnis weiterhin der Bruttoausweis angewendet wird. Die Begründung der h.M. wirkt jedoch unzureichend und folgt keiner normativen Argumentation, wenn darauf verwiesen wird, es entspreche nicht dem Willen des Gesetzgebers, dass es zu einer Verschärfung des Kapitalschutzes in der GmbH kommt. Das diesbezügliche Schweigen des Gesetzgebers bietet für eine solche Argumentation jedenfalls keinen Anknüpfungspunkt. Dies gilt umso mehr, als eine derartige Auslegung unzweifelhaft gegen den in § 272 Abs. 1 HGB vorgeschriebenen Ausweis ausstehender Einlagen auf der Passivseite und das damit implizit verbundene Aktivierungsverbot[1689] verstößt. Letztlich hält die h.M. trotz der Gesetzesänderung für die Ausschüttungsbemessung weiter am Bruttoausweis fest.

Darüber hinaus spricht auch das Telos des BilMoG gegen die h.M. Durch deren Lösungsansatz wird eine verzerrte Darstellung des Ausschüttungspotentials der GmbH in Kauf genommen. Denn bei (gedanklicher) Aktivierung ausstehender nicht eingeforderter Einlagen wäre aus der Bilanz nicht mehr ersichtlich, in welchem Umfang Kapital ausgeschüttet werden könnte.[1690] Die bezweckte Verbesserung der Aussagekraft des Jahresabschlusses würde konterkariert. Zwar ergibt sich durch die

---

1685 *Verse*, in: GesR in der Diskussion 2009, S. 67, 90; *Kropff*, ZIP 2009, 1137, 1140; *Hommelhoff*, in: Lutter/Hommelhoff, GmbHG 19. Aufl. 2016, § 30, Rn. 13; *Fastrich*, in: Baumbach/Hueck, GmbHG 21. Aufl. 2017, § 30, Rn. 15.

1686 Etwa *Hüttemann/Meyer*, in: GroßKomm HGB 5. Aufl. 2014, § 272, Rn. 20.

1687 *Verse*, in: GesR in der Diskussion 2009, S. 67, 90; *Winkeljohann/K. Hoffmann*, in: BBK 10. Aufl. 2016, § 272, Rn. 36.

1688 *Verse*, in: GesR in der Diskussion 2009, S. 67, 90.

1689 Vgl. *Thiessen*, in: Bork/Schäfer, GmbHG 3. Aufl. 2015, § 30, Rn. 20.

1690 So auch *Verse*, in: GesR in der Diskussion 2009, S. 67, 90 f.; *Kropff*, ZIP 2009, 1137, 1140.

neu eingeführte Ausschüttungssperre des § 268 Abs. 8 HGB ein ähnlicher Mechanismus;[1691] dieser ist jedoch ausdrücklich gesetzlich normiert.

Selbst wenn der Gesetzgeber die Auswirkungen der Neuregelung übersehen hat, kann dies nicht mit der Begründung der h.M. im Nachhinein korrigiert werden. Es fehlt an einem Anknüpfungspunkt in der Gesetzesbegründung. Die Verschärfung ist aufgrund der zwingenden Anwendung des Nettoausweises hinzunehmen. Im Übrigen verwundert es, dass solche Korrekturbestrebungen bei einer Neuregelung vorherrschen, die zum einen das Informationsniveau des Jahresabschlusses steigert und andererseits zugleich den Kapitalschutz sogar noch verstärkt.

Durch den Wechsel zum zwingenden Nettoausweis ergibt sich ein weiteres kapitalschutzrechtliches Problem, falls ausstehende nicht eingeforderte Einlagen nicht mehr werthaltig sind. Mangels Aktivposten kann eine Abwertung nicht vorgenommen werden. Im schlimmsten Fall ist nicht genügend Aktivvermögen vorhanden, um das Grund- oder Stammkapital zu decken. Von der h.M., die bereits eine Aktivierung der ausstehenden nicht eingeforderten Einlagen annimmt, wird entsprechend auch eine Abwertung bei fehlender Werthaltigkeit befürwortet. Dies ist konsequent und wäre aus Sicht des Kapitalschutzes zielführend.

Legt man aber die hier vertretene Meinung zugrunde, kommt eine Abwertung ausstehender nicht eingeforderter Einlagen nicht in Betracht, da eine Aktivierung der Einlageforderungen nicht vorgenommen werden darf. Als Passivposten sind diese keiner Bewertung zugänglich. Die Gesetzesbegründung unterstützt diese Annahme und betont sogar ausdrücklich, dass „die Frage nach der Zulässigkeit der Abwertung der noch nicht eingeforderten ausstehenden Einlagen geklärt ist“.[1692]

Selbst wenn man die Abwertung der Einlagen nur für die Zwecke der Ausschüttungsbemessung zulässt,[1693] setzt man sich ausdrücklich über die Erwägungen des Gesetzgebers hinweg. Betrachtet man nun die Ausführungen der h.M. auch im Hinblick auf die Aktivierung der ausstehenden Einlagen, so scheint man die Gesetzesbegründung je nach Belieben für die jeweilige Argumentation heranzuziehen. Auch für die Aktiengesellschaft ist das Ergebnis der h.M. alles andere als zwingend, denn nach Art. 15 Abs. 1 lit. b) Kapitalrichtlinie ist nur das eingeforderte Kapital (Gezeichnetes Kapital abzüglich des Nennbetrags der noch nicht eingeforderten Anteile) von der Kapitalbindung umfasst. Diese Mindestvorgabe hindert die Mitgliedsstaaten zwar nicht, einen strengeren Kapitalschutz im nationalen Recht zu verankern,[1694] dies sollte dann aber durch eine gesetzliche Normierung geschehen.

1691 Siehe dazu ausführlich S. 309 ff.

1692 RegE BilMoG, BT-Drs. 16/10067, S. 65.

1693 So das Argument von *Verse*, in: GesR in der Diskussion 2009, S. 67, 90 in dortiger Fn. 75.

1694 Siehe nur *Habersack/Verse*, Europäisches Gesellschaftsrecht, 4. Aufl. 2011, § 6, Rn. 44 m.w.N.

Des Weiteren bedingt die gedankliche Aktivierung und Bewertung der Einlageforderungen, dass das ausschüttungsfähige Kapital nur unter Zuhilfenahme des Anhangs zu ermitteln wäre. Aus Informationsgesichtspunkten ist dies jedoch verfehlt und führt nicht zu einer verbesserten Darstellung der Lage der Gesellschaft.

Die überzeugenderen Argumente sprechen somit gegen die Bewertbarkeit von ausstehenden nicht eingeforderten Einlagen, auch wenn dies rechtspolitisch nicht wünschenswert und dadurch ein „Schwachpunkt im traditionell sorgfältig ausbalancierten Konzept des Kapitalschutzes nicht zu leugnen“[1695] ist. Notfalls sind die Leitungsorgane verpflichtet, entsprechende Vorkehrungen zu treffen.

b) Erwerb und Veräußerung eigener Anteile, § 272 Abs. 1a, Abs. 1b HGB

Kapitalgesellschaften haben die Möglichkeit, durch Rückkauf eigene Anteile zu halten. Der Erwerb eigener Anteile stellt wirtschaftlich eine Rückzahlung der geleisteten Einlage an die Gesellschafter dar, die nach § 57 Abs. 1 S. 1 AktG grundsätzlich verboten ist. Außerdem können die Anteile im Insolvenzfall kaum verwertet werden. Aus diesen Gründen ist der Erwerb bereits aus gesellschaftsrechtlicher Sicht eingeschränkt (§§ 71 AktG, 33 f. GmbHG).

Parallel zu der Problematik ausstehender Einlagen haben eigene Anteile in der Bilanz eine Doppelnatur. Einerseits handelt es sich um einen Vermögensgegenstand, wenn die Möglichkeit zur Wiederveräußerung besteht, andererseits stellen sie einen Korrekturposten zum Eigenkapital dar.[1696] Der Erwerb eigener Anteile hat in der Unternehmenspraxis einen hohen Stellenwert.[1697]

aa) Alte Rechtslage

(1) Erwerb eigener Anteile und Rücklagenbildung

Erwirbt die Gesellschaft eigene Anteile von Aktionären (vgl. § 71 AktG) oder Gesellschaftern (§§ 33 f. GmbHG) zurück, waren diese grundsätzlich als „eigene Anteile“ zu den Anschaffungskosten zu aktivieren.[1698] Der Rückerwerb hatte somit keinen Einfluss auf die Bilanzsumme. Es kam zu einem bloßen Aktivtausch; für den Ansatz der eigenen Anteile floss der Kaufpreis ab.[1699]

Im Gegenzug musste gem. § 272 Abs. 4 S. 1 HGB a.F. eine „Rücklage für eigene Anteile“ in der Höhe des Betrags gebildet werden, mit dem die Anteile auf der

---

1695 *Kropff*, ZIP 2009, 1137, 1139.

1696 Siehe nur *Baetge/Kirsch/Thiele*, Bilanzen, 14. Aufl. 2017, S. 489 f.; *Bezzenberger*, Erwerb eigener Aktien durch die AG, 2002, Rn. 95 m.w.N.

1697 *Küting/Reuter*, BB 2008, 658; *Coenenberg/Haller/Schultze*, Jahresabschluss, 24. Aufl. 2016, S. 358 f. Siehe zu den Zielen und Vorteilen des Erwerbs eigener Anteile *Cahn*, in: Bayer/Habersack (Hrsg.), Aktienrecht im Wandel, S. 768 ff., Rn. 4 ff.

1698 *Kropff*, in: MüKo/AktG 2. Aufl. 2003, § 272 HGB, Rn. 117; *Baetge/Kirsch/Thiele*, Bilanzen, 9. Aufl. 2007, S. 501.

1699 *Bezzenberger*, Erwerb eigener Aktien durch die AG, 2002, Rn. 93.

Aktivseite angesetzt wurden. In bilanzieller Weise trug die „Rücklage für eigene Anteile" dem Gedanken des Gläubigerschutzes Rechnung, indem die aktivierten eigenen Anteile bilanziell neutralisiert wurden und keine Ausschüttung dieser Beträge erfolgen konnte.[1700] Dadurch wurde eine Ausschüttungssperre in Höhe des Erwerbspreises der eigenen Anteile erzeugt. Die Rücklage musste gem. § 272 Abs. 4 S. 3 HGB a.F. aus frei verfügbaren Rücklagen gebildet werden. Auch das Aktienrecht ließ die relevantesten Fälle des Erwerbs eigener Aktien nur zu, wenn die Gesellschaft gem. § 71 Abs. 2 S. 2 AktG a.F. eine Rücklage bilden konnte, „ohne das Grundkapital oder eine nach Gesetz oder Satzung zu bildende Rücklage zu mindern, die nicht zur Zahlungen an die Aktionäre verwendet werden darf". Dadurch wurde sichergestellt, dass die Aktiengesellschaft den Erwerb eigener Anteile aus Finanzmitteln vornimmt, die das Grundkapital zuzüglich der gesetzlichen oder satzungsmäßig gebundenen Rücklagen nicht unterschreiten, sodass nur solche Mittel verwendet werden konnten, die auch an die Aktionäre hätten ausgeschüttet werden können.[1701] Das Ausschüttungsvolumen wurde entsprechend vermindert.[1702] § 272 Abs. 4 HGB a.F. ging davon aus, dass die eigenen Anteile wieder verkauft werden können und dann die Rücklage aufzulösen ist.

Eine Besonderheit galt gem. § 272 Abs. 1 S. 4–6 HGB a.F. für den Erwerb eigener Anteile hinsichtlich solcher, die von der Aktiengesellschaft zur Einziehung erworben wurden (§ 71 Abs. 1 Nr. 6 AktG) oder deren Weiterveräußerung von einem Beschluss der Hauptversammlung abhängig war (§ 71 Abs. 1 Nr. 8 AktG; sog. eingefrorene Aktien). Dann war für diese Anteile der Nettoausweis vorgeschrieben. Statt einer Aktivierung der Anteile unter zeitgleicher Bildung einer korrespondierenden Rücklage wurde der Nennbetrag dieser Anteile gem. § 272 Abs. 1 S. 4 HGB a.F. offen vom Grundkapital der Aktiengesellschaft abgesetzt. Die Differenz zwischen den Anschaffungskosten der eigenen Aktien und dem Nennbetrag war mit der Gewinnrücklage zu verrechnen (§ 272 Abs. 1 S. 6 HGB a.F.). Mangels Aktivierung der eigenen Anteile reduzierte sich das Eigenkapital auf der Passivseite um den Kaufpreis der Anteile. Die bilanzielle Sonderbehandlung konnte damit gerechtfertigt werden, dass solche Anteile im Gegensatz zu den in sonstiger Weise erworbenen eigenen Anteilen nicht mehr (§ 71 Abs. 1 Nr. 6 AktG) oder nur unter engen Voraussetzungen (§ 71 Abs. 1 Nr. 8 AktG) wieder veräußert werden können.[1703] Diese Anteile waren daher „eingefroren".[1704]

1700 ADS, § 272, Rn. 183; *Kropff*, in: MüKo/AktG 2. Aufl. 2003, § 272 HGB, Rn. 118; *Förschle/Hoffmann*, in: BBK 6. Aufl. 2006, § 272, Rn. 118; *Bezzenberger*, Erwerb eigener Aktien durch die AG, 2002, Rn. 100; *Hüttemann*, in: FS Herzig, S. 595.

1701 *Klingberg*, BB 1998, 1575.

1702 *Bezzenberger*, Erwerb eigener Aktien durch die AG, 2002, Rn. 101.

1703 *Reiner*, in: MüKo HGB 2. Aufl. 2008, § 272, Rn. 12; *Merkt*, in: Baumbach/Hopt, HGB 33. Aufl. 2008, § 272, Rn. 4; *Winnefeld*, Bilanzhandbuch, 4. Aufl. 2006, M, Rn. 757.

1704 Begr. RegE KonTraG, BT-Drs. 13/9712, S. 25; *Reiner*, in: MüKo HGB 2. Aufl. 2008, § 272, Rn. 12; *Hüttemann*, in: GroßKomm HGB 4. Aufl. 2002, § 272, Rn. 22.

Beim Erwerb eigener Aktien hat das Unternehmen im Ergebnis Mittel für ein „bedrucktes Papier ohne wirtschaftlichen Wert“[1705] aufgewendet, denn sie führen zu keiner Vermögensmehrung und verleihen der Aktiengesellschaft keine zusätzlichen Rechte (vgl. § 71b AktG).[1706] Im Gegensatz zu eigenen Aktien, die zur Einziehung erworben wurden, können sonstige eigene Anteile aber jederzeit vom Vorstand durch Weiterveräußerung verwertet werden. Daher lässt das Gesetz für die sonstigen eigenen Anteile eine Aktivierung als Vermögensgegenstand zu. Für nach § 71 Abs. 1 Nrn. 6 und 8 AktG erworbene Anteile kann aber eine Einzelverwertbarkeit nicht angenommen werden. Bereits der Erwerb führt zu einer Kapitalbindung. Dass es sich insoweit um eine Kapitalrückzahlung handelt und der Betrag sonst den Aktionären zugefallen wäre, wurde vom Gesetz in § 272 Abs. 1 S. 4–6 HGB a.F. durch die offene Absetzung vom gezeichneten Kapital berücksichtigt.[1707]

Sind die zur Einziehung erworbenen Aktien mit einem Betrag unterhalb ihres Nennbetrags erworben worden, so entstand durch Verrechnung mit dem gezeichneten Kapital ein Buchgewinn, bei dem allerdings nicht sichergestellt werden konnte, dass er vom Kapital vollwertig gedeckt war. Daher wurde überwiegend vertreten, diesen gegen eine Ausschüttung zu sperren und in die Kapitalrücklage einzustellen.[1708]

Die Sonderfälle nach § 272 Abs. 1 S. 4–5 HGB a.F. waren in der Praxis eher selten, da der Vorstand dadurch stark in seiner Handlungsfähigkeit eingeschränkt war. Regelmäßig erwirbt die Gesellschaft eigene Aktien mit allgemeiner Ermächtigung der Hauptversammlung (§ 71 Abs. 1 Nr. 8 AktG) ohne konkrete Verwendungspläne, um sich für die Zukunft einen möglichst großen Spielraum offen zu halten. In diesen Fällen waren die Voraussetzungen der § 272 Abs. 1 S. 4–5 HGB a.F. nicht erfüllt, sodass eine Aktivierung vorgenommen werden musste. Daher war nach alter Rechtslage grundsätzlich von einem Aktivierungsgebot auszugehen.[1709]

(2) Auflösung der Rücklage

Die Auflösung der Rücklage war gem. § 272 Abs. 4 S. 2 HGB a.F. nur zulässig, soweit die eigenen Anteile ausgegeben, veräußert oder eingezogen wurden oder soweit eine Abwertung gem. § 253 Abs. 3 HGB vorzunehmen war. Bei einer Wertaufholung

---

1705 *Cahn*, in: Bayer/Habersack (Hrsg.), Aktienrecht im Wandel, S. 767, Rn. 2; *Thiel*, DB 1998, 1583, 1586; *Reiner*, in: MüKo HGB 2. Aufl. 2008, § 272, Rn. 12; *Gelhausen*, in: FS Baetge, 2007, S. 191, 203.

1706 *Bezzenberger*, Erwerb eigener Aktien durch die AG, 2002, Rn. 54 ff.; *Klingberg*, BB 1998, 1575, 1576; *Winnefeld*, Bilanzhandbuch, 4. Aufl. 2006, M, Rn. 757.

1707 *Hüttemann*, in: GroßKomm HGB 4. Aufl. 2002, § 272, Rn. 21 f.; *Kropff*, in: MüKo/AktG 2. Aufl. 2003, § 272 HGB, Rn. 27, 31; *Klingberg*, BB 1998, 1575, 1576; *Thiel*, DB 1998, 1583, 1584.

1708 *Kropff*, in: MüKo/AktG 2. Aufl. 2003, § 272 HGB, Rn. 37; *Winnefeld*, Bilanzhandbuch, 4. Aufl. 2006, M, Rn. 760 f.; *Thiel*, DB 1998, 1583, 1585; für Einstellung in die Gewinnrücklage *Förschle/Hoffmann*, in: BBK 6. Aufl. 2006, § 272, Rn. 9.

1709 *Bezzenberger*, Erwerb eigener Aktien durch die AG, 2002, Rn. 94.

war die Rücklage gem. § 280 HGB a.F. wieder aufzufüllen. Die Auflösung der Rücklage erfolgte nach der überwiegenden Ansicht entsprechend ihrer Bildung, sodass die Mittel wieder in diejenige Rücklage zurückgeführt werden mussten, aus denen sie entnommen worden waren, oder, wenn die Bildung zu Lasten des Bilanzergebnisses vorgenommen worden war, wieder zugunsten des Bilanzergebnisses.[1710] Die Rücklage war somit aufzulösen, wenn der Grund für die Ausschüttungssperre weggefallen war.[1711] Kann die Gesellschaft einen Veräußerungserlös erzielen, der den Buchwert der eigenen Anteile übersteigt, entsteht ein Gewinn. In Höhe der aufgelösten Rücklage kann ebenfalls ein Ertrag ausgewiesen werden.[1712]

(3) Kritik an der vormaligen Rechtslage

Das grundsätzliche Aktivierungsgebot nach alter Rechtslage sah sich aber auch rechtspolitischer Kritik ausgesetzt. *Bezzenberger* bemängelte, dass durch die Aktivierung eigener Anteile „Scheinwerte“[1713] in die Bilanz einfließen. So seien eigene Anteile nur formal gesehen einzeln verwertbare Rechtsgegenstände; materiell hätten sie aber keinen wirtschaftlichen Wert, da sie im Besitz der Gesellschaft wertlos wären.[1714] Das Vermögen der Gesellschaft wirke größer, als es tatsächlich sei, sodass eine Verfälschung des Bildes vom Erfolg der Gesellschaft entstünde.[1715] Das Gesetz verhalte sich diesbezüglich widersprüchlich. Einerseits werde der Aktienrückkauf scharfen Beschränkungen unterworfen, weil es die Gefahr der Wertlosigkeit eigener Aktien erkennt; andererseits werden diese leeren Beteiligungshüllen in der Bilanz aktiviert.[1716] Zwar berücksichtige die Rücklage diese Gefahren, die sich aus der Aktivierung der eigenen Anteile für die Kapitalerhaltung ergeben,[1717] letztlich sei aber die Rücklage, genauso wie der aktivierte Wertansatz, lediglich ein „Luftposten“.[1718] Im Ergebnis werde die Aktivierung durch die Rücklagenbildung auf der Passivseite zum Zwecke der Ausschüttungsbemessung wieder neutralisiert. Die Sinnhaftigkeit der Aktivierung der eigenen Anteile wird von *Bezzenberger* somit bezweifelt.

Aber auch gegenüber dem Nettoausweis nach § 272 Abs. 1 S. 4–5 HGB a.F. wurden aus Gründen des Kapitalschutzes Bedenken geäußert. Den Rückerwerb der „eingefrorenen Aktien“ behandelt das Bilanzrecht richtigerweise als

---

1710 Siehe nur *Förschle/Hoffmann*, in: BBK 6. Aufl. 2006, § 272, Rn. 125; ADS, § 272, Rn. 203.

1711 ADS, § 272, Rn. 202; *Baetge/Kirsch/Thiele*, Bilanzen, 9. Aufl. 2007, S. 502.

1712 *Klingberg*, BB 1998, 1575, 1578.

1713 *Bezzenberger*, Erwerb eigener Aktien durch die AG, 2002, Rn. 96.

1714 *Bezzenberger*, Erwerb eigener Aktien durch die AG, 2002, Rn. 95.

1715 *Bezzenberger*, Erwerb eigener Aktien durch die AG, 2002, Rn. 96.

1716 *Bezzenberger*, Erwerb eigener Aktien durch die AG, 2002, Rn. 98.

1717 *Bezzenberger*, Erwerb eigener Aktien durch die AG, 2002, Rn. 102.

1718 *Bezzenberger*, Erwerb eigener Aktien durch die AG, 2002, Rn. 103.

eine Kapitalrückzahlung.[1719] Dieser Rückzahlung werde aber die Wirkung einer Kapitalherabsetzung zugemessen, jedoch ohne die sonst geltenden gläubigerschützenden Instrumentarien.[1720] Grundsätzlich ist die Herabsetzung des Grundkapitals nur durch Beschluss der Hauptversammlung und unter Sicherungen für die Gläubiger zulässig. Außerdem sollen sich Dritte prinzipiell auf das in der Satzung (§ 23 Abs. 3 Nr. 3 AktG) und im Handelsregister (§§ 39 Abs. 1 S. 1, 189, 201 Abs. 1, 224 AktG) verlautbarte Grundkapital verlassen können. Die offene Absetzung der Aktien nach § 272 Abs. 1 S. 4–5 AktG verlaufe aber außerhalb des Handelsregisters. Die Sperrwirkung beziehe sich dann nur noch auf das „gezeichnete Kapital abzüglich Kapitalrückzahlung".

Außerdem werde bei dem bilanziellen Ausweis als Kapitalherabsetzung die Pflicht zur Einlagendotierung der Kapitalrücklage aus § 237 Abs. 5 AktG umgangen. Erst wenn es aus aktienrechtlicher Sicht später tatsächlich zu einer förmlichen Kapitalherabsetzung komme, muss die Einlage gem. § 237 Abs. 5 AktG gebildet werden. In der Zwischenzeit kann sich jedoch das Problem ergeben, dass keine verwendbaren Rücklagen oder keine Gewinne mehr für die Einlagendotierung zur Verfügung stehen.[1721] Der Betrag, der ansonsten in die Kapitalrücklage einzustellen wäre, könnte sogar an die Aktionäre ausgeschüttet werden. Dadurch entstehe eine Lücke im Kapital- und Gläubigerschutzsystem des Aktienrechts.[1722]

bb) Neue Rechtslage

Mit § 272 Abs. 1a HGB hat der Gesetzgeber eine rechtsformunabhängige Vorschrift zur Erfassung eigener Anteile vorgesehen. Die Differenzierung zwischen eigenen Aktien und eigenen Anteilen wird aufgegeben und damit dem wirtschaftlichen Gehalt des Rückkaufs bzw. der Wiederveräußerung eigener Anteile als Kapitalherabsetzung Rechnung getragen.[1723]

(1) Bilanzielle Abbildung

Der Nennbetrag[1724] der erworbenen Anteile ist in einer Vorspalte offen vom gezeichneten Kapital abzusetzen (§ 272 Abs. 1a S. 1 HGB), unabhängig davon, zu welchem Zweck die eigenen Anteile erworben wurden. Der verbleibende Betrag

---

1719 *Gelhausen*, in: FS Baetge, 2007, S. 191, 195; *Kropff*, in: MüKo/AktG 2. Aufl. 2003, § 272 HGB, Rn. 28.

1720 Dazu und im Folgenden *Kropff*, in: MüKo/AktG 2. Aufl. 2003, § 272 HGB, Rn. 28, 43; *Gelhausen*, in: FS Baetge, 2007, S. 191, 208 ff.

1721 *Gelhausen*, in: FS Baetge, 2007, S. 191, 208.

1722 *Gelhausen*, in: FS Baetge, 2007, S. 191, 210; *Kropff*, in: MüKo/AktG 2. Aufl. 2003, § 272 HGB, Rn. 43; *Zätsch*, in: FS Welf Müller, S. 773, 786 f.

1723 RegE BilMoG, BT-Drs. 16/10067, S. 65; *Kußmaul/Gräbe*, in: Petersen/Zwirner (Hrsg.), Bilanzrechtsmodernisierungsgesetz, S. 474, 476.

1724 Bei Stückaktien (§ 8 AktG) ist der rechnerische Wert relevant. Im Folgenden wird der Einfachheit halber nur vom Nennbetrag gesprochen.

kann als „ausgegebenes Kapital“ bezeichnet werden.[1725] Der Unterschiedsbetrag zwischen dem Nennbetrag und den Anschaffungskosten der eigenen Anteile ist mit den frei verfügbaren Rücklagen zu verrechnen (§ 272 Abs. 1a S. 2 HGB). Anschaffungsnebenkosten sind als Aufwand unmittelbar zu verbuchen (§ 272 Abs. 1a S. 3 HGB). Die „Rücklage für eigene Anteile“ entfällt.

Die aktienrechtliche Vorschrift des § 71 Abs. 2 S. 2 AktG, wonach der Erwerb eigener Aktien nur zulässig ist, wenn die Gesellschaft die Rücklage für eigene Aktien bilden kann, ohne gebundenes Kapital zu verwenden, wurde dahin gehend geändert, dass die Gesellschaft lediglich hypothetisch eine Rücklage bilden können müsste, sodass der Erwerb also aus ausschüttungsfähigem Vermögen erfolgt.

§ 272 Abs. 1a HGB				
A				P
Aktiva	90	A. Eigenkapital		
		I. Gezeichnetes Kapital	100	
		./.Nennbetrag eigener Anteile	10	
		= Ausgegebenes Kapital		90
…		…		

Damit ist der Streit um die Doppelnatur eigener Anteile aus bilanzieller Sicht obsolet geworden.[1726] Der Gesetzgeber geht durch die passivistische Abbildung von einem reinen Korrekturposten zum Gezeichneten Kapital aus.

(2) Zielsetzung

Der Nettoausweis war bisher nur beim Erwerb zum Zwecke der Einziehung (§ 71 Abs. 1 Nr. 6 AktG) oder aufgrund einer Ermächtigung der Hauptversammlung (§ 71 Abs. 1 Nr. 8 AktG) zulässig. Diese bisherige Differenzierung zwischen den unterschiedlichen Erwerbstatbeständen in § 71 AktG anhand (subjektiver) Absichten soll durch die Neuregelung aufgegeben und der Ausweis an dem wirtschaftlichen Gehalt des Rückkaufs oder der Veräußerung ausgerichtet und demgemäß vereinheitlicht werden.[1727] Der Gesetzgeber erkennt an, dass in jedem Rückkauf eigener Anteile eine Auskehrung frei verfügbarer Rücklagen an die Anteilseigner vorliegt. Eigene Anteile werden in der Bilanz somit wie eine Kapitalherabsetzung behandelt.[1728] Die Bilanzierung auf der Passivseite, durch offene Absetzung des Nennbetrags in der Vorspalte von dem Posten „Gezeichnetes Kapital“, informiere

1725 *Winkeljohann/K. Hoffmann*, in: BBK 10. Aufl. 2016, § 272, Rn. 131.

1726 A.A. *Oser/Kropp*, Der Konzern 2012, 185, 189, die trotz des Aktivierungsverbots von einem Vermögensgegenstand ausgehen, der aber nicht aktiviert werden dürfe.

1727 RegE BilMoG, BT-Drs. 16/10067, S. 65 f.

1728 *Oechsler*, AG 2010, 105, 106 f.; *Rodewald/Pohl*, GmbHR 2009, 32, 34.

den Abschlussadressaten besser, da der Umfang der zurückgekauften eigenen Anteile bereits ausweislich der Bilanz erkennbar ist und nicht nur im Anhang dargelegt wird.[1729]

Gleichzeitig soll dadurch eine Annäherung an die IFRS erreicht werden, die den Rückkauf und die Wiederveräußerung eigener Anteile grundsätzlich erfolgsneutral innerhalb des Eigenkapitals vornehmen.[1730]

(3) Wiederveräußerung, § 272 Abs. 1b HGB

i. Grundstruktur

Werden die eigenen Anteile später wieder veräußert, so entfällt nach der Neuregelung gem. § 272 Abs. 1b S. 1 HGB der Ausweis nach Abs. 1a S. 1. Die bilanziellen Folgen sind spiegelbildlich zu neutralisieren.[1731] Nach S. 2 ist ein den Nennbetrag übersteigender Differenzbetrag aus dem Veräußerungserlös bis zur Höhe des mit den frei verfügbaren Rücklagen verrechneten Betrags wieder in die jeweilige Rücklage einzustellen. Konnten die eigenen Anteile zu einem höheren Preis als dem Erwerbspreis veräußert werden, muss dieser Mehrbetrag nach S. 3 in die (gebundene[1732]) Kapitalrücklage eingestellt werden. Dies erklärt sich daraus, dass die Wiederveräußerung der eigenen Anteile im Wege des Verkaufs wirtschaftlich einer Kapitalerhöhung gleichkommt.[1733] Ein aus dem Rückerwerb und der Wiederveräußerung eigener Anteile generierter „Gewinn" führt damit nicht zu einer Erhöhung des ausschüttungsfähigen Vermögens.[1734] Ein (risikoreicher) Handel mit eigenen Anteilen zu Gewinnerzielungszwecken wird dadurch eingeschränkt. Für die GmbH hat § 272 Abs. 1b S. 3 HGB keine Bedeutung, da hier keine verwendungsbeschränkte Rücklage vorgesehen ist.[1735]

ii. Zweck

Die Neuregelung bezweckt die vollständige Rückgängigmachung des bilanziellen Ausweises, wenn es zum Wiederverkauf der Anteile kommt. Durch die Auffüllung der frei verfügbaren Rücklagen soll der Veräußerungserlös in Höhe der

---

1729 RegE BilMoG, BT-Drs. 16/10067, S. 66.

1730 RefE BilMoG, S. 137.

1731 *Weyer*, in: Heidel/Schall, HGB 2. Aufl. 2015, § 272, Rn. 31; *Oser/Kropp*, Der Konzern 2012, 185, 190 („actus contrarius").

1732 Die Rücklage kann nur unter den Voraussetzungen des § 150 Abs. 3 und 4 AktG aufgelöst werden.

1733 RegE BilMoG, BT-Drs. 16/10067, S. 66; *Mock*, in: KK-RechnungslegungsR 2011, § 272 HGB, Rn. 100; *Gelhausen/Fey/Kämpfer*, Rechnungslegung, 2009, S. 291; *Thiel*, DB 1998, 1583, 1585.

1734 *Weyer*, in: Heidel/Schall, HGB 2. Aufl. 2015, § 272, Rn. 32; vgl. auch *Oser/Kropp*, Der Konzern 2012, 185, 191.

1735 *Mock*, in: KK-RechnungslegungsR 2011, § 272 HGB, Rn. 176; *Gelhausen/Fey/Kämpfer*, Rechnungslegung, 2009, S. 291.

ursprünglichen Anschaffungskosten den Anteilseignern wieder zur Verfügung gestellt werden.[1736]

iii. Veräußerungsverlust

Ungeregelt ist der Fall des Veräußerungsverlusts, d.h. wenn der Verkaufserlös unterhalb der ursprünglichen Erwerbskosten liegt. Die Wiederveräußerung soll erfolgsneutral abgebildet werden, daher ist es sinnvoll lediglich den Betrag in die Gewinnrücklage einzustellen, um den der Veräußerungserlös den Nennwert der Anteile übersteigt.[1737]

Veräußert die Gesellschaft ihre Anteile noch unter dem Nennwert der Anteile, so kann kein übersteigender Differenzbetrag nach Abs. 1b S. 2 entstehen, sodass keine Verrechnung mit den Rücklagen erfolgt. Die durch den Erwerb erfolgte Verrechnung mit den freien Rücklagen kann nicht rückgängig gemacht werden. Es muss aber Abs. 1b S. 1 entsprochen werden, sodass trotz der Veräußerung unter pari die Absetzung in der Vorspalte vollständig entfällt. Der durch die Veräußerung entstandene Verlust ist dann erfolgswirksam zu berücksichtigen und schlägt auf das Bilanzergebnis durch.[1738]

cc) Probleme des Kapitalschutzes

Der Regierungsentwurf hält es unter Kapitalerhaltungsgesichtspunkten für ausreichend, dass eine Verrechnung der eigenen Anteile mit den frei verfügbaren Rücklagen erfolgt.[1739] Dass der Gesetzgeber hierbei aber einer eklatanten Fehleinschätzung unterliegt, wird in den folgenden Ausführungen dargelegt.

(1) Eigene Aktien

Die kapitalschutzrechtliche Problematik, die sich durch den Wechsel von Brutto- auf Nettomethode ergibt, soll anhand folgenden Beispiels verdeutlicht werden:

Eine Gesellschaft mit gezeichnetem Kapital von 200 GE erwirbt eigene Anteile mit dem Nennbetrag 10 GE zu einem Kaufpreis von 15 GE.

1736 RegE BilMoG, BT-Drs. 16/10067, S. 66.

1737 *Winkeljohann/K. Hoffmann*, in: BBK 10. Aufl. 2016, § 272, Rn. 144; *Mock*, in: KK-RechnungslegungsR 2011, § 272 HGB, Rn. 102; *Kropff*, in: MüKo BilanzR 2013, § 272, Rn. 83; *Gelhausen/Fey/Kämpfer*, Rechnungslegung, 2009, S. 289; *Baetge/Kirsch/Thiele*, Bilanzen, 14. Aufl. 2017, S. 490.

1738 *Mock*, in: KK-RechnungslegungsR 2011, § 272 HGB, Rn. 103; *Gelhausen/Fey/Kämpfer*, Rechnungslegung, 2009, S. 290; *Kropff*, in: MüKo BilanzR 2013, § 272, Rn. 82; a.A. *Bruckmeier/Zwirner/Künkele*, DStR 2010, 1640, 1642 (Verrechnung mit freien Rücklagen).

1739 RegE BilMoG, BT-Drs. 16/10067, S. 66.

Ausgangspunkt			
A			P
Aktiva	400	A. Eigenkapital	
		Gezeichnetes Kapital	200
		…	
		Andere Gewinnrücklage	100
		B. sonstige Passiva	100
…		…	
	400		**400**

Bruttoausweis			
A			P
A. Eigene Anteile	15	A. Eigenkapital	
		Gezeichnetes Kapital	200
B. sonstige Aktiva	385	Rücklage für eigene Aktien	15
		Andere Gewinnrücklage	85
		B. sonstige Passiva	100
…		…	
	400		**400**

Nettoausweis				
A				P
Aktiva	385	A. Eigenkapital		
		I. Gezeichnetes Kapital	200	
		./. Nennbetrag Eigene Aktien	10	
		= Ausgegebenes Kapital		190
		…		
		Andere Gewinnrücklage		95
		B. sonstige Passiva		100
…		…		
	385			**385**

Der Nennbetrag wird nach dem Nettoausweis offen vom gezeichneten Kapital abgesetzt, sodass der Posten „ausgegebenes Kapital" mit 190 GE anzusetzen ist. Der Differenzbetrag von Nennbetrag und Kaufpreis beträgt 5 GE und wird mit der frei verfügbaren Rücklage verrechnet. Dadurch sinkt die frei verfügbare „andere Gewinnrücklage" von 100 GE auf 95 GE. Insgesamt kommt es zu einer Bilanzverkürzung von 15 GE.

Dagegen sind beim Bruttoausweis ein Aktivposten wegen eigener Anteile und eine korrespondierende Rücklage zu bilden. Die frei verfügbare Rücklage sinkt somit um 15 GE auf 85 GE, während die Anschaffungskosten in eine gebundene Rücklage einzustellen sind. Die Bilanzsumme bleibt unverändert.

Auffällig ist, dass die „andere Gewinnrücklage" beim Nettoausweis (95) höher als beim Bruttoausweis (85) ist. Die „andere Gewinnrücklage" stellt eine freie Rücklage dar; somit handelt es sich um potentiell ausschüttungsfähiges Kapital, das nach neuer Rechtslage höher ausfällt. Der Unterschiedsbetrag von 10 GE bildet den Nennbetrag der eigenen Aktien ab. Ursache dafür ist, dass nach neuem Recht eine Verrechnung mit den frei verfügbaren Rücklagen nur mit dem Differenzbetrag zwischen Kaufpreis und Nennwert der Aktien stattfindet (§ 272 Abs. 1a S. 2 HGB). Lediglich dieser Betrag ist ausschüttungsgesperrt, nicht aber der gesamte Erwerbspreis. Nach dem zuvor geltenden Bruttoausweis waren die gesamten Anschaffungskosten in eine gebundene Rücklage einzustellen. Dies entfällt beim Nettoausweis. Somit verbleibt in Höhe des Nennbetrags der eigenen Anteile das Kapital in der „anderen Gewinnrücklage".[1740]

Zudem ist der Erwerb eigener Anteile gem. § 71 Abs. 2 S. 2 AktG nur zulässig, wenn die Gesellschaft im Zeitpunkt des Erwerbs eine Rücklage in Höhe der Aufwendungen für den Erwerb bilden könnte, ohne das Grundkapital oder eine gebundene Rücklage zu mindern. Diese hypothetische Rücklage bezweckt zwar, dass im Erwerbszeitpunkt ausreichend freies Vermögen in der Gesellschaft vorhanden ist, jedoch kann durch die Vorschrift nicht verhindert werden, dass dieses Vermögen später an die Gesellschafter ausgezahlt wird, denn die Rücklage muss tatsächlich nicht gebildet werden. Dies stellt möglicherweise eine Absenkung des Kapitalschutzes in der Aktiengesellschaft dar, wenn dieser erhöhte Teil der Gewinnrücklage ausschüttungsfähig ist. Die Folgen dieser sehr praxisrelevanten Frage werden in der Literatur diskutiert.[1741]

Nur vereinzelt wird jedoch darauf verwiesen, dass aufgrund der eindeutigen Ausgestaltung eine Kapitalbindung des im Vergleich zum Bruttoausweis erhöhten Teils der Gewinnrücklage nicht in Betracht kommt.[1742] Die Literatur geht ganz überwiegend davon aus, dass hier eine Abschwächung des Kapitalschutzes vom Gesetzgeber nicht beabsichtigt war und diese Lücke durch Parallelwertungen des allgemeinen Kapitalschutzsystems geschlossen werden muss.[1743]

1740 *Verse*, in: GesR in der Diskussion 2009, S. 67, 84; *Kropff*, ZIP 2009, 1137, 1141; *Arbeitskreis Bilanzrecht der Hochschullehrer Rechtswissenschaft*, BB 2008, 209, 215.

1741 *Hüttemann*, in: FS Herzig, S. 595, 601; *Kessler/Suchan*, in: FS Hommelhoff, S. 509, 510; *Verse*, in: GesR in der Diskussion 2009, S. 67, 80 ff.; *Kropff*, ZIP 2009, 1137, 1400 ff.; *Kropff*, in: MüKo BilanzR 2013, § 272, Rn. 53 ff.; *Winkeljohann/K. Hoffmann*, in: BBK 10. Aufl. 2016, § 272, Rn. 134, 136; *Mock*, in: KK-RechnungslegungsR 2011, § 272 HGB, Rn. 71 ff.; *Rodewald/Pohl*, GmbHR 2009, 32, 32 ff.; *Oser/Kropp*, Der Konzern 2012, 185, 186 f.

1742 *Mock*, in: KK-RechnungslegungsR 2011, § 272 HGB, Rn. 71 f.; *Kropff*, in: MüKo BilanzR 2013, § 272, Rn. 54; wohl auch *Kropff*, ZIP 2009, 1137, 1141, 1143. Einschränkungen sollen nur im Bereich des Unter-pari-Erwerbs gemacht werden. Siehe dazu S. 303 ff.

1743 Siehe nur *Kessler/Suchan*, in: FS Hommelhoff, S. 509; *Winkeljohann/K. Hoffmann*, in: BBK 10. Aufl. 2016, § 272, Rn. 134; *Verse*, in: GesR in der Diskussion 2009, S. 67, 80 ff.

i. Hypothetische Rücklage gem. § 71 Abs. 2 S. 2 AktG

Im System der Kapitalerhaltung dürfen Auszahlungen nur aus frei verfügbarem Vermögen erfolgen. Aus diesem Grund ist es konsequent, wenn auch der Erwerb eigener Anteile nur aus frei verfügbaren Mitteln möglich ist (§§ 71 Abs. 2 S. 2 AktG).[1744]

Nach alter Rechtslage war für die wichtigsten Fälle gem. § 71 Abs. 2 S. 2 AktG a.F. vorgeschrieben, dass der Erwerb eigener Anteile nur zulässig war, wenn eine entsprechende Rücklage gebildet werden *kann*. Obwohl diese Voraussetzung nunmehr mangels Aktivierung der eigenen Anteile ins Leere läuft, hat der Gesetzgeber den Wortlaut der Vorschrift nur minimal verändert. So ist der Erwerb gem. § 71 Abs. 2 S. 2 AktG n.F. nur zulässig, wenn die Gesellschaft eine Rücklage aus freien Mitteln bilden *könnte*. Der Regierungsentwurf weist dieser hypothetischen Rücklage die Aufgabe zu, sicherzustellen, dass der Rückkauf eigener Aktien nur aus freiem, ausschüttungsfähigem Vermögen erfolgt. Auch die gesetzgeberischen Erwägungen zu der Neuregelung des § 272 Abs. 1a HGB zeigen, dass eine Ausschüttung gebundenen Vermögens auf Grundlage der Neuregelung nicht möglich sein soll.[1745] Darin kommt klar der Wille des Gesetzgebers zum Ausdruck, dass eine Veränderung im Kapitalschutzniveau nicht bezweckt war.[1746] Diese gesetzgeberische Absicht bei der Neuregelung wird indessen im Gesetzeswortlaut selbst nur eingeschränkt deutlich. Die frühere tatsächliche Bildung einer Rücklage für eigene Aktien verhinderte, dass Mittel in Höhe des bereits an den verkaufenden Aktionär ausgezahlten Erwerbspreis später noch als Dividende ausgeschüttet wurden.[1747] Die eigenen Anteile waren somit vollständig von Ausschüttungen ausgenommen.

Nach der heutigen Rechtslage ist der relevante Zeitpunkt für das Vorhandensein ausreichender Mittel zur Bildung der hypothetischen Rücklage der Erwerb der eigenen Anteile.[1748] Dadurch wird aber nicht verhindert, dass zu einem späteren Zeitpunkt eine Ausschüttung derjenigen Mittel möglich bleibt, die nicht durch den Nettoausweis verbraucht sind. Konkret ist nur der Differenzbetrag zwischen Nennbetrag und Erwerbspreis der Anteile durch die Verrechnung mit der freien Gewinnrücklage von der Kapitalbindung erfasst. Die für die hypothetische Rücklage notwendigen Mittel stehen jedoch abzüglich dieses Differenzbetrags, also in Höhe des Nennbetrages der erworbenen Anteile, für eine Ausschüttung zur Verfügung.[1749]

1744 *Hüttemann*, in: FS Herzig, S. 595, 597.

1745 RegE BilMoG, BT-Drs. 16/10067, S. 66.

1746 *Kessler/Suchan*, in: FS Hommelhoff, S. 509, 511; *Winkeljohann/K. Hoffmann*, in: BBK 10. Aufl. 2016, § 272, Rn. 134.

1747 Siehe *Kropff*, ZIP 2009, 1137, 1140.

1748 *Kessler/Suchan*, in: FS Hommelhoff, S. 509, 511; *Verse*, in: GesR in der Diskussion 2009, S. 67, 82; *Kropff*, ZIP 2009, 1137, 1140; *Kropff*, in: MüKo BilanzR 2013, § 272, Rn. 70.

1749 *Kropff*, ZIP 2009, 1137, 1141; *Kropff*, in: MüKo BilanzR 2013, § 272, Rn. 54; *Arbeitskreis Bilanzrecht der Hochschullehrer Rechtswissenschaft*, BB 2008, 209, 215; *Hüttemann*, in: FS Herzig, S. 595, 601.

Unter Verweis auf die Begründung des Gesetzgebers wird dieser Befund als korrekturwürdig eingestuft. Der Gesetzgeber habe deutlich gemacht, dass er am Kapitalschutzniveau keine Änderungen beabsichtigt hatte und am bisherigen Denkmodell festhalten möchte. Somit müsse man davon ausgehen, dass der durch die Neuregelung entstandene Mehrbetrag nicht zur Ausschüttung zur Verfügung stehen sollte, da die entstandene Lücke vom Gesetzgeber übersehen wurde.[1750] Solange sich die eigenen Anteile im Bestand der Gesellschaft befinden, sollen die für die Bildung der hypothetischen Rücklage notwendigen Mittel von der Kapitalbindung erfasst werden.

Fröschle/Hoffmann verweisen außerdem auf den Sinn und Zweck der Vorschrift. Müssten nur im Erwerbszeitpunkt ausreichend Mittel zur Bildung einer hypothetischen Rücklage vorhanden sein, die aber anschließend unmittelbar wieder zur Ausschüttung verfügbar wären, ergäbe die Vorschrift keinen Sinn.[1751] Man könnte allenfalls annehmen, dass dadurch zumindest sichergestellt würde, dass nur Gesellschaften mit ausreichenden Mitteln eigene Anteile grundsätzlich erwerben können. Um die zusätzliche Kapitalbindung in Höhe des Nennbetrags der eigenen Anteile zu begründen, genügen die Absichten des Gesetzgebers allerdings noch nicht. Festzuhalten ist, dass bei strikter Anwendung der gesetzlichen Regelung eine Lücke im Kapitalschutz entstünde.

ii. Vergleich mit § 272 Abs. 1b HGB

Kessler/Suchan führen als weiteres Argument gegen die Ausschüttungsfähigkeit der Gewinnrücklage im Umfang des Nennwerts der eigenen Anteile eine systematische Gesamtschau mit der Neuregelung des Wiederverkaufs der eigenen Anteile gem. § 272 Abs. 1b HGB an.[1752]

§ 272 Abs. 1b HGB behandele als Parallelvorschrift zu § 272 Abs. 1a HGB den Wiederverkauf als Kehrseite zum Erwerb der eigenen Anteile. Bei Veräußerung sind die bilanziellen Änderungen des Erwerbs eigener Anteile spiegelbildlich wieder rückgängig zu machen. Im ersten Schritt ist der Vorspaltenausweis in Höhe des Nennbetrags der veräußerten Anteile wieder aufzulösen. Im zweiten Schritt werden die freien Rücklagen um den Umfang des Differenzbetrags zwischen Nennwert und Verkaufserlös wieder aufgefüllt. Nur ein darüber hinausgehender Mehrbetrag ist in die Kapitalrücklage einzustellen (§ 272 Abs. 1b S. 3 HGB). Entspricht der Veräußerungserlös den ursprünglichen Anschaffungskosten und werden alle eigenen Anteile vollständig veräußert, haben die Bilanzposten wieder den gleichen Wert wie zuvor. Der Gesetzgeber verfolge mit dieser Form der Verrechnung das Ziel, dass „etwaige Veräußerungserlöse in Höhe der ursprünglichen Anschaffungskosten den

---

1750 *Kessler/Suchan*, in: FS Hommelhoff, S. 509, 511; *Gelhausen/Fey/Kämpfer*, Rechnungslegung, 2009, S. 285; in die gleiche Richtung aber ohne Begründung *Oser/Kropp*, Der Konzern 2012, 185, 187.

1751 *Winkeljohann/K. Hoffmann*, in: BBK 10. Aufl. 2016, § 272, Rn. 134.

1752 *Kessler/Suchan*, in: FS Hommelhoff, S. 509, 516.

Anteilseignern wieder zur Verfügung gestellt werden".[1753] Insbesondere die freien Rücklagen entsprechen dann wieder dem Stand vor dem Erwerb der eigenen Anteile und stehen nach den Vorstellungen des Gesetzgebers somit auch wieder für eine Ausschüttung zur Verfügung. Daraus lasse sich im Umkehrschluss aber ableiten, dass vor der Wiederveräußerung der eigenen Anteile die vollen Anschaffungskosten ausschüttungsgesperrt sein sollen.[1754]

iii. Wertungen der Kapitalherabsetzungsvorschriften (§§ 222 ff. AktG)

Da sich aus der Neuregelung keine eindeutigen Vorgaben ergeben, muss auf Parallelwertungen von ähnlichen kapitalschützenden Instrumenten zurückgegriffen werden. Anhaltspunkte kann dabei ein Blick auf die Vorschriften über die Kapitalherabsetzung (§§ 222 ff. AktG) bieten. Denn die Kapitalherabsetzung regelt eine Maßnahme mit ähnlicher wirtschaftlicher Wirkung wie der Erwerb eigener Aktien.[1755] Auch bilanziell wird der Erwerb eigener Anteile ähnlich wie eine Kapitalherabsetzung behandelt.[1756] Aus Sicht der Gesellschaft handelt es sich nämlich sowohl beim Erwerb eigener Aktien als auch bei der Kapitalherabsetzung um einen Mittelabfluss an die veräußernden Gesellschafter. Im Regierungsentwurf wird ferner klargestellt, dass bei wirtschaftlicher Betrachtung bei jedem Rückkauf eigener Anteile eine Auskehrung frei verfügbarer Rücklagen an die Aktionäre vorliegt.[1757]

Kapitalherabsetzungen sind aber an bestimmte Voraussetzungen gebunden; insbesondere darf eine Kapitalherabsetzung nur unter Beachtung der Gläubigerschutzvorschrift des § 225 AktG durchgeführt werden. § 225 Abs. 2 AktG normiert eine Auszahlungssperre, die das Verbot der Einlagenrückgewähr (§ 57 Abs. 1 S. 1 AktG) für die besondere Situation der Kapitalherabsetzung fortsetzt. Das durch die Kapitalherabsetzung freigewordene Vermögen soll zunächst für seinen anfänglichen Zweck der Gläubigerbefriedigung reserviert bleiben.[1758] § 225 Abs. 2 S. 1 AktG schreibt daher vor, dass eine Ausschüttung an die Aktionäre erst erfolgen darf, nachdem eine 6-monatige Sperrfrist abgelaufen ist und für die Gläubiger Sicherheit geleistet wurde. Darin zeigt sich, dass nach der Wertung des Gesetzes eine Kapitalherabsetzung nicht zum Nachteil der Gläubiger erfolgen darf.

Auch bei der Kapitalherabsetzung durch (entgeltliche) Einziehung von Aktien (§ 237 AktG) finden Gläubigerbelange Berücksichtigung, weil die Schutzvorschrift des § 225 AktG gemäß § 237 Abs. 2 AktG hier ebenfalls Anwendung findet. Die Gläubigerschutzregeln der ordentlichen Kapitalerhaltung dürfen ausnahmsweise in

---

1753 RegE BilMoG, BT-Drs. 16/10067, S. 66.

1754 *Kessler/Suchan*, in: FS Hommelhoff, S. 509, 517.

1755 *Kessler/Suchan*, in: FS Hommelhoff, S. 509, 512; *Verse*, in: GesR in der Diskussion 2009, S. 67, 85; *Arbeitskreis Bilanzrecht der Hochschullehrer Rechtswissenschaft*, BB 2008, 209, 215.

1756 Siehe bereits Fn. 1728.

1757 RegE BilMoG, BT-Drs. 16/10067, S. 65 f.

1758 *Oechsler*, in: MüKo AktG 4. Aufl. 2016, § 225, Rn. 31.

den Fällen des § 237 Abs. 3 AktG unter bestimmten Voraussetzungen außer Acht bleiben. Dieser Vorgang entspricht wirtschaftlich dem Erwerb eigener Aktien.[1759] Im praktisch relevantesten Fall des § 237 Abs. 3 Nr. 2 AktG müssen die Schutzvorschriften der ordentlichen Kapitalherabsetzung nicht beachtet werden, wenn die Einziehung zulasten des Gewinns oder einer freien Rücklage erfolgt. Als Ausgleich muss gem. § 237 Abs. 5 AktG der bei Einziehung entstehende Ertrag aus der Kapitalherabsetzung in die gebundene Kapitalrücklage eingestellt werden. Die Auflösung der dotierten Rücklage ist nur unter den Voraussetzungen des § 150 Abs. 3 und 4 AktG möglich.

Nach § 272 Abs. 1a HGB erworbene eigene Aktien können später im Wege der Einziehung zu einer Kapitalherabsetzung beitragen. Zum Zeitpunkt des Erwerbs der eigenen Anteile muss allerdings die Rücklage nach § 237 Abs. 5 AktG noch nicht gebildet werden. Um aber eine Ausschüttung des entsprechenden Vermögens in der Zwischenzeit dennoch zu verhindern, soll bereits beim Erwerb der eigenen Anteile die Bildung einer Rücklage nach § 237 Abs. 5 AktG (analog) erfolgen.[1760] *Verse* weist ferner darauf hin, dass § 237 Abs. 5 AktG auf Art. 37 Abs. 2 der Kapitalrichtlinie zurückgeht und daher auch aus europäischer Perspektive eine Ausschüttung unzulässig sei.[1761]

Gegen eine analoge Anwendung des § 237 Abs. 5 AktG spricht, dass mit dem Erwerb eigener Aktien nicht immer eine Kapitalherabsetzung durch Einziehung bezweckt ist. Deutlich wird in der Vorschrift aber jedenfalls, dass die Kapitalherabsetzung nur unter Beachtung gläubigerschützender Regelungen ablaufen darf.[1762]

Die Ausschüttung des durch den Umstieg auf den Bruttoausweis erhöhten Betrags der freien Rücklage führe aber zu einem „unerklärlichen Wertungswiderspruch".[1763] Der für den Kaufpreis der eigenen Anteile aufgewendete Betrag wird als Kapitalrückzahlung an die Aktionäre verstanden. Wäre darüber hinaus noch die Ausschüttung der dem Nennbetrag entsprechenden freien Rücklagen möglich, könnte in der Summe ein Kapitalabfluss an die Aktionäre erfolgen, der die freien Rücklagen vor dem Erwerb übersteigt.[1764] Dies wäre der Fall, wenn die Gesellschaft eigene Anteile mit dem Nennbetrag 60 GE zu einem Kaufpreis von 120 GE erwirbt.[1765]

1759 *Winkeljohann/K. Hoffmann*, in: BBK 10. Aufl. 2016, § 272, Rn. 134.

1760 *Winkeljohann/K. Hoffmann*, in: BBK 10. Aufl. 2016, § 272, Rn. 134; *Verse*, in: GesR in der Diskussion 2009, S. 67, 85; *Gelhausen/Fey/Kämpfer*, Rechnungslegung, 2009, S. 287; *Bezzenberger*, in: Schmidt/Lutter, Aktiengesetz 3. Aufl. 2015, § 71, Rn. 60. Zur alten Rechtslage bereits *Bezzenberger*, Erwerb eigener Aktien durch die AG, 2002, Rn. 109 ff. A.A.: *Mock*, in: KK-RechnungslegungsR 2011, § 272 HGB, Rn. 85.

1761 *Verse*, in: GesR in der Diskussion 2009, S. 67, 85.

1762 *Kessler/Suchan*, in: FS Hommelhoff, S. 509, 514.

1763 *Verse*, in: GesR in der Diskussion 2009, S. 67, 84 f.

1764 *Kessler/Suchan*, in: FS Hommelhoff, S. 509, 512; *Verse*, in: GesR in der Diskussion 2009, S. 67, 85; *Cahn*, in: Spindler/Stilz, AktG 3. Aufl. 2015, § 71, Rn. 225.

1765 Dabei soll einstweilen § 71 Abs. 2 S. 1 AktG außer Acht bleiben, wonach der Erwerb eigener Anteile bei der AG in bestimmten Fällen auf 10 % des Grundkapitals beschränkt ist.

Der Differenzbetrag zwischen Nennwert und Kaufpreis beträgt 60 GE und muss mit der freien Rücklage verrechnet werden, sodass sich folgendes Bilanzbild ergibt:

§ 272 Abs. 1a AktG				
A				P
Aktiva	300	A. Eigenkapital		
		I. Gezeichnetes Kapital	200	
		./. Nennbetrag Eigene Aktien	60	
		= Ausgegebenes Kapital		140
		...		
		Andere Gewinnrücklage		60
		B. sonstige Passiva		100
...		...		
	300			**300**

Wäre nun die vollständige Ausschüttung der freien Gewinnrücklage in Höhe von 60 GE möglich, könnten Mittel mit einem Betrag von 120 GE aus dem Vermögen der Gesellschaft ausgekehrt werden, obwohl vor dem Erwerb der eigenen Aktien nur 100 GE in der freien Rücklage verbucht waren. Macht die Gesellschaft von dieser Möglichkeit Gebrauch, könnte ein höherer Betrag an die Aktionäre ausgeschüttet werden als bei einer reinen Dividendenauszahlung. Bedenkt man, dass die Vorschriften über die Kapitalherabsetzung das Ausschüttungsverbot des § 57 Abs. 1 AktG substituieren sollen, ist darin ein Systembruch zu sehen.

Da auch der Rückkauf eigener Anteile wirtschaftlich die Rückzahlung von Gesellschaftsvermögen darstellt, würde die Ausschüttung der nach dem neuen Recht „erhöhten" freien Rücklage faktisch eine Kapitalherabsetzung bedeuten, ohne dass die geltenden Gläubigerschutzbestimmungen (§§ 225, 230, 237 Abs. 5 AktG) eingehalten würden.[1766] Die wirtschaftliche Kapitalherabsetzung im Wege des Erwerbs eigener Aktien würde dann anders behandelt als die rechtliche Kapitalherabsetzung.[1767]

iv. Schlussfolgerung

Daher sprechen die besseren Gründe dafür, dass die durch die Umstellung auf den Bruttoausweis bedingte Erhöhung der freien Rücklagen nicht zur Ausschüttung zur Verfügung steht. Neben dem gesetzgeberischen Willen, dass kein zusätzliches Ausschüttungsvolumen durch die Neuregelung generiert werden soll, sind auch die Wertungen der Vorschriften über die Kapitalherabsetzung zu berücksichtigen.

1766 *Kessler/Suchan*, in: FS Hommelhoff, S. 509, 512 f.; *Verse*, in: GesR in der Diskussion 2009, S. 67, 85; *Arbeitskreis Bilanzrecht der Hochschullehrer Rechtswissenschaft*, BB 2008, 209, 215; *Cahn*, in: Spindler/Stilz, AktG 3. Aufl. 2015, § 71, Rn. 225; für das alte Recht bereits *Kropff*, in: MüKo/AktG 2. Aufl. 2003, § 272 HGB, Rn. 28, 43.

1767 *Hüttemann*, in: FS Herzig, S. 595, 601.

Diese würden ohne eine entsprechende Bindung der Gewinnrücklage in Höhe des Nennbetrags der erworbenen eigenen Anteile umgangen.

v. Bilanzielle Konsequenzen der Kapitalbindung

Es lässt sich festhalten, dass die nach dem Erwerb eigener Anteile ausgewiesene Gewinnrücklage nach h.M. in Höhe des Nennbetrags der Anteile für Ausschüttungen gesperrt ist.[1768] Nur vereinzelt wird eine derartige Kapitalbindung abgelehnt, solange der Gesetzgeber die Regelungslücke nicht ausdrücklich schließt.[1769] Uneinheitlicher ist das Bild in Bezug auf die bilanziellen Konsequenzen. In jedem Fall muss aber sichergestellt werden, dass die Bindung des Kapitals für den Bilanzadressaten hinreichend ersichtlich wird. Dafür bieten sich grundsätzlich zwei Wege an. Einerseits wird eine (separate) gebundene Rücklage für den ausschüttungsgesperrten Teil der Gewinnrücklage befürwortet,[1770] andererseits soll die Ausschüttungssperre lediglich durch Angaben im Anhang kenntlich gemacht werden.[1771]

Für die Einstellung des gesperrten Betrags in eine *gebundene Rück*lage sprechen in erster Linie ein Höchstmaß an Transparenz und Übersichtlichkeit.[1772] Der Bilanzleser erkennt auf Anhieb, in welcher Höhe ausschüttungsfähiges Vermögen zu Verfügung steht und welche Beträge für Ausschüttungen gesperrt sind. Vorgeschlagen wird eine Benennung als „Rücklage wegen eigener Anteile".[1773]

Gegen die Bildung einer solchen Rücklage wird auf die fehlende gesetzliche Verankerung verwiesen.[1774] Auch das Risiko der Nichtigkeit des Jahresabschlusses gem. § 256 Abs. 1 Nr. 4 AktG wird angeführt.[1775] Danach ist der Jahresabschluss nichtig, wenn bei seiner Feststellung die Bestimmungen des Gesetzes oder der Satzung über die Einstellung von Beträgen in die Kapital- oder Gewinnrücklagen oder über die

1768 Siehe nur *Kessler/Suchan*, in: FS Hommelhoff, S. 509, 523; *Winkeljohann/K. Hoffmann*, in: BBK 10. Aufl. 2016, § 272, Rn. 134; *Hüttemann/Meyer*, in: GroßKomm HGB 5. Aufl. 2014, § 272, Rn. 25; *Verse*, in: GesR in der Diskussion 2009, S. 67, 86.

1769 Siehe Fn. 1742. *Gelhausen*, in: FS Baetge, 2007, S. 191, 211, dieser noch zur alten Rechtslage bei eigenen Aktien, die zur Einziehung erworben wurden.

1770 *Winkeljohann/K. Hoffmann*, in: BBK 10. Aufl. 2016, § 272, Rn. 134; *Arbeitskreis Bilanzrecht der Hochschullehrer Rechtswissenschaft*, BB 2008, 209, 215; *Oechsler*, AG 2010, 105, 110; *Weyer*, in: Heidel/Schall, HGB 2. Aufl. 2015, § 272, Rn. 29; *Hüttemann*, in: FS Herzig, S. 595, 601; *Bezzenberger*, in: Schmidt/Lutter, Aktiengesetz 3. Aufl. 2015, § 71, Rn. 60; *Fastrich*, in: Baumbach/Hueck, GmbHG 21. Aufl. 2017, § 33, Rn. 10.

1771 *Verse*, in: GesR in der Diskussion 2009, S. 67, 86 ff.; *Kessler/Suchan*, in: FS Hommelhoff, S. 509, 524; *Oser/Kropp*, Der Konzern 2012, 185, 187; *Kühnberger*, BB 2011, 1387, 1388.

1772 *Kessler/Suchan*, in: FS Hommelhoff, S. 509, 523.

1773 *Winkeljohann/K. Hoffmann*, in: BBK 10. Aufl. 2016, § 272, Rn. 134.

1774 *Kühnberger*, BB 2011, 1387, 1388.

1775 *Kessler/Suchan*, in: FS Hommelhoff, S. 509, 523 f.; *Oser/Kropp*, Der Konzern 2012, 185, 187.

Entnahme von Beträgen aus Kapital- oder Gewinnrücklagen verletzt worden sind. Die Vorschrift dient als lex specialis zu § 256 Abs. 1 Nr. 1 AktG dem Schutz der Gläubiger.[1776] Durch die Vorschrift soll die korrekte Darstellung der Kapitalbindung in der Bilanz gesichert werden.

Gegen die Nichtigkeit des Jahresabschlusses bei Bildung einer solchen Rücklage spricht indes, dass diese gerade dem Schutz der Gläubiger dient und deren Interessen nicht beeinträchtigt, sodass die Nichtigkeit wohl nicht zu befürchten wäre.[1777] Zudem stellt sich hier nicht die materielle Frage der Beachtung oder Nichtbeachtung über die Einstellung oder Entnahme aus Rücklagen. Die Kapitalbindung als solche steht gemäß der h.M. für den entsprechenden Betrag fest. Lediglich über den formalen Ausweis in der Bilanz besteht Unklarheit; solche formalen Ausweisfragen werden aber von § 256 Abs. 1 Nr. 4 AktG nicht erfasst.[1778] Um sich dem Risiko der Nichtigkeit dennoch nicht aussetzen zu müssen und zugleich dem Informationsinteresse der Bilanzadressaten bezüglich Höhe der ausschüttungsgesperrten Beträge gerecht zu werden, wird stattdessen die Abbildung des gebundenen Kapitals im Anhang befürwortet.[1779] Eine solche „implizite"[1780] Ausschüttungssperre wäre dem System der §§ 268 Abs. 8, 285 Nr. 28 HGB nachempfunden.[1781] Die Höhe der ausschüttungsgesperrten Beträge würde sich dann allerdings nur aus den Angaben im Anhang ergeben; fernerhin wäre die Kapitalbindung für den Nennbetrag der eigenen Anteile bilanziell unsichtbar.[1782] Ein Anknüpfungspunkt für eine solche Anhangangabe könnte sich aus § 160 Abs. 1 Nr. 2 AktG ergeben.

Jenseits dieser beiden Lösungsmöglichkeiten zur Darstellung der Kapitalbindung, erscheint es sinnvoll die gebundenen Beträge in die neu geschaffene Ausschüttungssperre des § 268 Abs. 8 HGB einzustellen, ggf. durch eine analoge Anwendung der Vorschrift.[1783]

(2) Eigene GmbH-Anteile

Der Erwerb eigener Anteile durch die GmbH richtet sich nach § 33 GmbHG. Für den bilanziellen Ausweis gilt aber die rechtsformneutrale Neuregelung des § 272 Abs. 1a HGB.

1776 Vgl. *J. Koch*, in: MüKo AktG 4. Aufl. 2016, § 256, Rn. 31.

1777 *Kropff*, ZIP 2009, 1137, 1142.

1778 *J. Koch*, in: MüKo AktG 4. Aufl. 2016, § 256, Rn. 31; *Kessler/Suchan*, in: FS Hommelhoff, S. 509, 524. *Kropff*, ZIP 2009, 1137, 1142.

1779 *Kessler/Suchan*, in: FS Hommelhoff, S. 509, 524.

1780 *Oser/Kropp*, Der Konzern 2012, 185, 187.

1781 *Verse*, in: GesR in der Diskussion 2009, S. 67, 86; *Kessler/Suchan*, in: FS Hommelhoff, S. 509, 524. Dazu näher S. 320 f.

1782 *Oechsler*, AG 2010, 105, 109.

1783 Dazu ausführlich S. 308, S. 333 ff.

i. Gezeichnetes Kapital als Ausgangspunkt

Wie im Falle ausstehender Einlagen[1784] orientiert sich nach der h.M. der Kapitalschutz der GmbH nicht an dem Bilanzposten „ausgegebenes Kapital“, sondern wegen des eindeutigen Wortlauts des § 30 Abs. 1 GmbHG am Stammkapital (=gezeichnetes Kapital).[1785] Die Gegenansicht von *Kropff* hält es dagegen für geboten, unter dem Begriff „Stammkapital“ das ausgegebene Kapital zu verstehen, da sonst bilanziell ein Gewinn entstünde, der aber nicht ausgeschüttet werden könnte, da das im Handelsregister verlautbarte Stammkapital nicht gedeckt wäre.[1786]

Für die h.M. sprechen indes die besseren Gründe. Angesichts des eindeutigen Wortlauts des § 30 Abs. 1 GmbHG kann nicht davon ausgegangen werden, dass der Gesetzgeber die Ausschüttungsgrenze verschieben wollte. Vielmehr wurde § 30 Abs. 1 GmbHG als eine gläubigerschützende Vorschrift unverändert gelassen,[1787] wodurch der gleichbleibend hohe Stellenwert des Gläubigerschutzes im GmbH-Recht zum Ausdruck kommt.[1788] Um das bereits auf den ersten Blick merkwürdige Ergebnis des gesperrten Gewinnausweises zu vermeiden, wird statt der begrifflichen Umdeutung des „Stammkapitals“ in „ausgegebenes Kapital“ als Lösung vorgeschlagen, den ausschüttungsgesperrten Differenzbetrag in eine gebundene Rücklage einzustellen.[1789]

ii. Hypothetische Rücklage

Ebenso wie bei der bereits erwähnten Neuregelung des § 71 Abs. 2 S. 2 AktG wurde auch eine Änderung des § 33 Abs. 2 S. 1 GmbHG vorgenommen. Danach muss eine Rücklage für eigene Anteile tatsächlich nicht mehr gebildet werden. Es reicht aus, dass sie hypothetisch im Erwerbszeitpunkt[1790] durch die GmbH gebildet werden könnte. Die Änderung war nur aufgrund des Übergangs von Netto- zu

---

1784 Siehe S. 279 ff.

1785 *Winkeljohann/K. Hoffmann*, in: BBK 10. Aufl. 2016, § 272, Rn. 136; *Kessler/Suchan*, in: FS Hommelhoff, S. 509, 516; *Rodewald/Pohl*, GmbHR 2009, 32, 34 f.; *Hüttemann*, in: FS Herzig, S. 595, 600 f.; *Oser/Kropp*, Der Konzern 2012, 185, 187; *Verse*, in: GesR in der Diskussion 2009, S. 67, 80 ff.; *Verse*, in: Scholz, GmbHG 11. Aufl. 2012, § 30, Rn. 55; *Lutter*, in: Lutter/Hommelhoff, GmbHG 19. Aufl. 2016, § 33, Rn. 28.

1786 *Kropff*, ZIP 2009, 1137, 1143. Siehe oben das Beispiel auf S. 279 f.

1787 *Hommelhoff*, in: Lutter/Hommelhoff, GmbHG 19. Aufl. 2016, § 30, Rn. 12; *Winkeljohann/K. Hoffmann*, in: BBK 10. Aufl. 2016, § 272, Rn. 136.

1788 *Verse*, in: GesR in der Diskussion 2009, S. 67, 84; *Rodewald/Pohl*, GmbHR 2009, 32, 35; *Kessler/Suchan*, in: FS Hommelhoff, S. 509, 516.

1789 *Rodewald/Pohl*, GmbHR 2009, 32, 35; *Fastrich*, in: Baumbach/Hueck, GmbHG 21. Aufl. 2017, § 33, Rn. 10; als Empfehlung *Winkeljohann/K. Hoffmann*, in: BBK 10. Aufl. 2016, § 272, Rn. 136.

1790 OLG Rostock GmbHR 2013, 305 vom 30.1.2013 hält den Zeitpunkt des Abschlusses des schuldrechtlichen Verpflichtungsgeschäfts für maßgeblich. Kritisch dazu *Priester*, GmbHR 2013, 1121, 1122 ff.

Bruttomethode nötig geworden.[1791] Die Erwägungen zu § 71 Abs. 2 S. 2 AktG lassen sich daher auch auf die Regelungen in der GmbH übertragen, zumal die Vorschriften formulierungsgleich geändert wurden.[1792] Somit gilt auch für § 33 Abs. 2 S. 1 GmbHG, dass der Gesetzgeber durch Festhalten am aktienrechtlich bewährten Denkmodell keine Absenkung des Kapitalschutzes bezweckte.[1793]

iii. Wertung der Kapitalherabsetzungsvorschriften (§§ 58 ff. GmbHG)

Die Wertungen der Vorschriften über die Kapitalherabsetzung in der GmbH (§§ 58 ff. GmbHG) führen ebenfalls zu dem gleichen Befund wie bei der Aktiengesellschaft. Auch in der GmbH ist eine Kapitalherabsetzung ohne Beachtung der Gläubigerbelange nicht möglich. Eine Erhöhung des ausschüttungsfähigen Volumens durch den Übergang zum Nettoausweis sollte verhindert werden. Denn auch bei der GmbH gilt gleichermaßen, dass ansonsten eine höhere Auskehrung von Gesellschaftsvermögen möglich wäre, als freie Rücklagen zur Verfügung stünden.[1794] Der bei Kapitalherabsetzung geltende Gläubigerschutz[1795] würde durch die Ausschüttungsfähigkeit des Nennwerts der eigenen Anteile ansonsten umgangen.[1796]

(3) Behandlung des Erwerbs unter pari

i. Bindung der erhöhten Rücklage

Werden die eigenen Anteile zu einem höheren Betrag als dem Nennwert erworben, muss dieser Unterschiedsbetrag gem. Abs. 1a S. 2 mit den freien Rücklagen verrechnet werden. In Höhe des Unterschiedsbetrags wird Eigenkapital zurückgezahlt und dieser Betrag eben nicht offen vom gezeichneten Kapital abgesetzt.[1797] Die freien Rücklagen – und damit potentiell ausschüttbares Kapital – reduzieren sich entsprechend.

Problematischer ist der Fall, wenn die Gesellschaft eigene Anteile zu einem geringeren Wert als dem Nennbetrag (unter pari) erwirbt. Konsequenterweise müsste ein „Minusbetrag" mit den freien Rücklagen verrechnet werden, sodass kein Abzug, sondern in der Summe ein Anstieg der freien Rücklagen zu verzeichnen wäre.[1798]

1791 RegE BilMoG, BT-Drs. 16/10067, S. 106.

1792 *Kessler/Suchan*, in: FS Hommelhoff, S. 509, 517 f.

1793 *Kessler/Suchan*, in: FS Hommelhoff, S. 509, 518.

1794 Siehe S. 297 ff.

1795 Zu Einzelheiten ausführlich *Casper*, in: Ulmer/Habersack/Winter, GmbHG 2010, § 58, Rn. 39 ff.

1796 *Rodewald/Pohl*, GmbHR 2009, 32, 34; *Kessler/Suchan*, in: FS Hommelhoff, S. 509, 519.

1797 *Mock*, in: KK-RechnungslegungsR 2011, § 272 HGB, Rn. 83; *Kessler/Suchan*, in: FS Hommelhoff, S. 509, 518.

1798 *Winkeljohann/K. Hoffmann*, in: BBK 10. Aufl. 2016, § 272, Rn. 131; *Mock*, in: KK-RechnungslegungsR 2011, § 272 HGB, Rn. 84; *Verse*, in: GesR in der Diskussion 2009, S. 67, 87.

Der Nettoausweis bewirkt die Erhöhung der freien Rücklagen durch den schlichten Erwerbsvorgang eigener Anteile.[1799] Dieses Ergebnis ist unter Gläubiger- und Kapitalschutzgesichtspunkten bedenklich.[1800] Es ist nahezu unstreitig, dass dieser Betrag daher nicht ausgeschüttet werden darf.[1801] Anzumerken ist, dass die Gesellschaft, wenn sie Anteile unter Nennwert erwirbt, auch kein besonders günstiges Geschäft gemacht hat. Zum einen haben die Anteile in den Händen der Gesellschaft keinen Wert und vermitteln auch keine Vermögensrechte. Zum anderen ist eine Wiederveräußerung der Anteile, die unter pari erworbenen wurden, alles andere als sicher. Fallen die Anteile in ihrem Wert unter den Nennbetrag, befindet sich die Gesellschaft in der Regel in wirtschaftlichen Schwierigkeiten.[1802]

Für diejenigen, die eine Ausschüttungsfähigkeit der im Vergleich zum Bruttoausweis erhöhten freien Gewinnrücklage im Umfang des Nennbetrags der eigenen Anteile ablehnen, darf für den Fall des Erwerbs unter pari erst recht nichts anderes gelten.[1803]

Kropff, der eine solche Bindung in Höhe des Nennbetrags eigener Anteile grundsätzlich ablehnt, befürwortet aber im Falle des Erwerbs unter pari gleichwohl eine Kapitalbindung.[1804] Der Gesetzgeber habe diese Deckungslücke nicht gesehen,[1805] sodass ein Rückgriff auf die allgemeinen Grundsätze des Kapitalschutzes naheliege. Dabei wird vor allem ein Vergleich mit den Vorschriften über die Kapitalherabsetzung gezogen. Im Ergebnis wird eine Einstellung des Differenzbetrags zwischen Nennbetrag und tatsächlichen Anschaffungskosten in eine gebundene Rücklage befürwortet.[1806]

Oser/Kropp plädieren ebenfalls für die Einstellung in eine Rücklage.[1807] Dabei wird ausdrücklich die Kapitalrücklage gem. § 272 Abs. 2 Nr. 4 HGB angesprochen, da es sich bei dem Betrag, der zu einer Erhöhung der Rücklagen führt, nicht um einen Betrag handele, der aus dem Ergebnis der Gesellschaft gebildet wurde. Darüber hinaus sei es auch kein Ertrag, der aus der Geschäftstätigkeit der Gesellschaft resultiert. Der wirtschaftliche Charakter des Anteilserwerbs entspreche der einer Kapitalherabsetzung, sodass mit diesem rein gesellschaftsrechtlichen Vorgang keine Gewinnrealisierung bezweckt sei.

Auch ein Vergleich mit § 272 Abs. 1b HGB zeigt deutlich, dass der Gesetzgeber für diese Konstellation eine Erhöhung des Ausschüttungsvolumens nicht im Sinn hatte.

1799 *Kropff*, in: MüKo BilanzR 2013, § 272, Rn. 55; *Kropff*, ZIP 2009, 1137, 1142; dem zustimmend *Kessler/Suchan*, in: FS Hommelhoff, S. 509, 519.

1800 So auch *Bruckmeier/Zwirner/Künkele*, DStR 2010, 1640, 1641.

1801 A.A. *Mock*, in: KK-RechnungslegungsR 2011, § 272 HGB, Rn. 85 f.

1802 *Kessler/Suchan*, in: FS Hommelhoff, S. 509, 521.

1803 Vgl. auch *Kessler/Suchan*, in: FS Hommelhoff, S. 509, 519 f.; *Verse*, in: GesR in der Diskussion 2009, S. 67, 87 f.

1804 *Kropff*, ZIP 2009, 1137, 1141; *Kropff*, in: MüKo BilanzR 2013, § 272, Rn. 55.

1805 zustimmend *Kessler/Suchan*, in: FS Hommelhoff, S. 509, 520.

1806 *Kropff*, ZIP 2009, 1137, 1142.

1807 *Oser/Kropp*, Der Konzern 2012, 185, 192.

Ein durch den Wiederverkauf erzielter Erlös, der noch über den Anschaffungskosten liegt, steht den Aktionären auch nicht zur Gewinnausschüttung zur Verfügung (vgl. § 272 Abs. 1b S. 3 HGB), sondern muss in die gebundene Kapitalrücklage eingestellt werden. Im Umkehrschluss kann im Rahmen des Erwerbs unter pari dann auch kein ausschüttungsfähiges Vermögen entstehen.[1808]

Einzig *Mock* lehnt eine Bindung der beim Erwerb unter pari ansteigenden freien Rücklagen ab.[1809] Zwar erkennt er an, dass die Neuregelung zu einem fragwürdigen Ergebnis führt, verweist aber dennoch auf den Wortlaut des Abs. 1a S. 2, aus dem eine Bindung nicht abgeleitet werden könne. Außerdem habe der Gesetzgeber durch die rechtsformneutrale Ausgestaltung des Erwerbs eigener Aktien klargestellt, dass gesellschaftsrechtliche Vorgaben nicht zu berücksichtigen seien. Während das Gesellschaftsrecht die Zulässigkeit des Erwerbs eigener Anteile regele, betrifft das Bilanzrecht nur deren bilanziellen Ausweis.

ii. Umfang der Bindung

Die h.M. will die Lücke im Kapitalschutz beim Erwerb eigener Anteile unter pari durch die Bildung einer Rücklage schließen. Dadurch ist für den Bilanzadressaten sowohl erkennbar, dass ausschüttungsgesperrte Beträge vorhanden sind, als auch, dass die Anteile zu einem geringeren Wert als ihrem Nennbetrag erworben wurden.

Noch keine einheitliche Meinung hat sich zu dem Umfang der Kapitalbindung herauskristallisiert. Die Höhe des Betrags, der in eine gebundene Rücklage eingestellt werden soll, ist unklar.

Nach *Kropff* und *Oser/Kropp* soll lediglich der Unterschiedsbetrag zwischen dem Nennbetrag der eigenen Anteile und den Anschaffungskosten in eine Rücklage eingestellt werden.[1810] Bei dieser Lösung müsste allerdings eine äußerst unpraktikable Fortschreibung des Werts der eigenen Anteile vorgenommen werden, um einen effektiven Kapitalschutz zu gewährleisten.[1811] Denkbar wäre nämlich, dass die Anschaffungskosten der eigenen Anteile nur geringfügig unter dem Nennbetrag liegen, aber später weiter absinken. Allerdings entfällt die Bewertung des tatsächlichen Werts der eigenen Anteile nach der Nettomethode. Erforderlich wäre für eine solche Lösung, dass der Wert eigener Anteile mittelbar für die Fortschreibung der Werte der Rücklage ständig ermittelt werden müsste.

Die wohl überwiegende Ansicht vertritt einen Kapitalschutz in Höhe des Nennbetrags aller erworbenen Anteile.[1812] Die zu sperrenden Mittel speisen sich zum einen durch die Erhöhung der Rücklagen, die sich aus der „Verrechnung" des Minusbetrags

---

1808 *Kessler/Suchan*, in: FS Hommelhoff, S. 509, 521.

1809 *Mock*, in: KK-RechnungslegungsR 2011, § 272 HGB, Rn. 85 f.

1810 *Kropff*, ZIP 2009, 1137, 1142; *Oser/Kropp*, Der Konzern 2012, 185, 192.

1811 Die Fortschreibung entsprechend der Wertentwicklung wird ausdrücklich vorgeschlagen von *Kropff*, ZIP 2009, 1137, 1142.

1812 *Kessler/Suchan*, in: FS Hommelhoff, S. 509, 522; *Winkeljohann/K. Hoffmann*, in: BBK 10. Aufl. 2016, § 272, Rn. 135; *Verse*, in: GesR in der Diskussion 2009, S. 67, 87 f.

ergibt, und zum anderen aus bestehenden freien Rücklagen.[1813] Dafür spricht vor allem, dass dadurch eine Beibehaltung des geltenden Niveaus des Kapitalschutzes unter dem Bruttoausweis erreicht werden kann. Nach der auch hier vertretenen h.M. folgt für den Nettoausweis eine generelle Bindung in Höhe des Nennbetrags der eigenen Anteile auch bei einem Erwerb zum oder über Nennwert. Es ist daher nur konsequent und deutlich einfacher für den Bilanzersteller, dass auch für den Erwerb unter pari der gesamte Nennbetrag der eigenen Anteile in eine Rücklage einzustellen ist.[1814]

iii. Eigene Bewertung

Festzuhalten bleibt, dass für den Erwerb eigener Anteile zu einem geringeren Betrag als zum Nennwert eine zusätzliche Kapitalbindung durch Einstellung in eine Rücklage vorzunehmen ist. Ansonsten würde der schlichte Erwerbsvorgang eigener Anteile zu ausschüttungsfähigem Vermögen führen.[1815] Dies widerspricht dem Grundgedanken der (bilanziellen) Kapitalerhaltungsvorschriften, den Ausweis und die Ausschüttung unsicherer Vermögenswerte zu verhindern. Dies gilt umso mehr, wenn man bedenkt, dass eigene Anteile einen besonders unsicheren Posten darstellen. Diese verkörpern lediglich eine Chance, sie später wieder gegen Entgelt zu veräußern,[1816] wobei diese Chance beim Erwerb unter pari nicht einmal sonderlich hoch erscheint. Im Falle der Insolvenz sind die eigenen Anteile sogar völlig wertlos, da sie kein Schuldendeckungspotential aufweisen.

Lässt man die Ausschüttungsfähigkeit des erhöhten Teils der Gewinnrücklagen zu, setzt dies massive Fehlanreize und verschärft die *moral-hazard*-Problematik. Der Erwerb eigener Anteile unter pari erfolgt zumeist in einer wirtschaftlich schwierigen Lage, bei der u.U. auch eine spätere Insolvenz nicht auszuschließen ist. Eine Erhöhung des ausschüttungsfähigen Volumens böte in dieser Konstellation den Gesellschaftern die Möglichkeit, Mittel aus der Gesellschaft abzuziehen, indem lediglich eigene Anteile erworben werden. Auch ein etwaiger Rückzahlungsanspruch nach §§ 64 S. 3 GmbHG, 92 Abs. 2 S. 3 AktG trägt nicht zu einer hinreichenden Lösung bei, da das Risiko der Erbringlichkeit und Beweisführung auf die Gläubiger verlagert würde.

Daher ist die Bindung des erhöhten Teils der Gewinnrücklage beim Erwerb unter pari dringend geboten. Vor allem überzeugt es nicht, wenn darauf verwiesen wird, dass die rechtsformneutrale Ausgestaltung der Vorschrift zu einer völligen Trennung von gesellschaftsrechtlichen und bilanzrechtlichen Erwägungen geführt haben soll. Wie bereits gezeigt, stehen das Gesellschaftsrecht und das Bilanzrecht gerade im Bereich des Kapitalschutzes in einer engen Wechselbeziehung.[1817] Das Bilanzrecht nimmt insbesondere die Wertungen des Kapitalgesellschaftsrechts auf und muss diesen Geltung verschaffen. Vor allem beim Erwerb eigener Anteile, einem

1813 Siehe das Bsp. bei *Winkeljohann/K. Hoffmann*, in: BBK 10. Aufl. 2016, § 272, Rn. 135.
1814 Vgl. *Kessler/Suchan*, in: FS Hommelhoff, S. 509, 522.
1815 *Kessler/Suchan*, in: FS Hommelhoff, S. 509, 521; *Kropff*, ZIP 2009, 1137, 1142.
1816 *Hüttemann*, in: FS Herzig, S. 595, 596.
1817 Siehe S. 166 f.

originär gesellschaftsrechtlichen Vorgang, kann eine Trennung dieser funktional zusammengehörenden Rechtsgebiete nicht angenommen werden.

Sinnvollerweise ist die Kapitalbindung durch Einstellung in eine gebundene Rücklage zu gewährleisten. Die Einstellung in die Kapitalrücklage gem. § 272 Abs. 2 HGB ist indes verfehlt, da für die GmbH keine vergleichbare Bindung wie bei der Aktiengesellschaft existiert. Zwar hat auch § 272 Abs. 1b S. 3 HGB für die GmbH keine Bedeutung, allerdings sind bei der Veräußerung der Anteile tatsächlich Mittel in die Gesellschaft geflossen. Beim Erwerb unter pari ergibt sich die Steigerung der Rücklage nur aufgrund der Bilanzierungsmethode, deren Folgen der Gesetzgeber wohl übersehen hat.

dd) Würdigung: Auswirkungen auf den Kapitalschutz

Die Vielzahl von Diskussionsbereichen zeigt, dass die vom Gesetzgeber geschaffene Neuregelung in Bezug auf den Erwerb eigener Anteile als verfehlt anzusehen ist. Ziel war die Steigerung des Informationswerts der Bilanz beim Erwerb eigener Anteile. Für den Bilanzadressaten sollte durch die offene Absetzung der eigenen Anteile vom gezeichneten Kapital auf den ersten Blick ersichtlich sein, ob und in welcher Höhe die Gesellschaft eigene Anteile erworben hat und somit dem wirtschaftlichen Gehalt als Kapitalherabsetzung Rechnung getragen wurde.

Dieses Vorhaben hat der Gesetzgeber auf den ersten Blick erreicht. Die Darstellung, dass Teile des gezeichneten Kapitals an die Gesellschafter zurückgeflossen sind, wird durch den Nettoausweis transparenter als zuvor durch den Bruttoausweis. Auch wenn man die Funktion des Stamm- oder Grundkapitals als Seriositätssignal an die potentiellen Gesellschaftsgläubiger deutet, wird die Neuregelung diesem Verständnis durch den Nettoausweis durchaus gerecht. Es wird deutlich, dass einmal zur Verfügung gestelltes Kapital nachträglich wieder aus der Gesellschaft entnommen wurde. Der Rechtsverkehr kann dies leicht erkennen und wird in die Lage versetzt, daraus entsprechende Schlüsse zu ziehen.

Anzumerken ist dagegen, dass die bilanzielle Darstellung des Erwerbs eigener Anteile immer im Zusammenhang mit den gesellschaftsrechtlichen Regelungen gesehen werden muss.[1818] Diese Verknüpfung scheint sich der Gesetzgeber nicht bewusst gemacht zu haben, als er den Nettoausweis zwingend vorgeschrieben und zugleich am aktienrechtlich „bewährten Denkmodell“ festgehalten hat. In der Neuregelung wird der Rückerwerb eigener Anteile bilanzrechtlich und aktienrechtlich nicht parallel behandelt. Diese „fehlende systematische Abstimmung“[1819] zwischen § 71 Abs. 2 S. 2 AktG und § 272 Abs. 1a HGB führt zu den dargelegten Schwierigkeiten und Lücken im Kapitalschutz, die nun durch Parallelwertungen anderer kapitalschützender Instrumente, insb. der Kapitalherabsetzung, zu lösen sind, um eine „schleichende Erosion“[1820] der Prinzipien im deutschen Kapitalschutzrecht zu

1818 *Hüttemann*, in: FS Herzig, S. 595, 600.

1819 *Oechsler*, AG 2010, 105, 105.

1820 *Arbeitskreis Bilanzrecht der Hochschullehrer Rechtswissenschaft*, BB 2008, 209, 215.

verhindern. Erst durch die Auslegung von Sinn und Zweck der hypothetischen Rücklage und den Wertungen der Vorschriften über die Kapitalherabsetzungen sowie der gesetzgeberischen Intentionen gelangt man zu einem stimmigen System, das die Kapitalbindung der entsprechenden Teile der Gewinnrücklagen vorsieht, solange sich die Anteile in der Hand der Gesellschaft befinden. Die Wertungen des gesellschaftsrechtlichen Kapitalschutzes gehen der bilanzrechtlichen Betrachtung in diesem Bereich richtigerweise vor.[1821]

Diese Umsetzung der Neuregelung lässt sich somit als Paradebeispiel für eine Wertungswidersprüche verursachende Annäherung der nationalen Rechnungslegungsvorschriften an die IFRS klassifizieren. In Rechtsordnungen ohne festes Kapital führt die offene Absetzung nämlich nicht zu den oben beschriebenen kapitalschutzrechtlichen Problemen.[1822] Der von der h.M. vorgetragenen Forderung nach einer Kapitalbindung in Höhe des Nennbetrags eigener Anteile ist vollumfänglich zuzustimmen. Der Gesetzgeber hat schlicht übersehen, dass es für einen adäquaten Kapitalschutz nicht ausreicht, den Differenzbetrag zwischen Nennwert und Erwerbspreis der eigenen Anteile mit den freien Rücklagen zu verrechnen. Dies zeigt die systematische Zusammenschau mit § 272 Abs. 1b HGB und dem Sinn der hypothetischen Rücklage gem. §§ 71 Abs. 2 S. 2 AktG, 33 Abs. 2 S. 1 GmbHG, den Erwerb nur aus freien Mitteln zuzulassen. Ohne eine Bindung würde die hypothetische Rücklage nur sicherstellen, dass im Erwerbszeitpunkt ausreichend Kapital zur Verfügung steht. Die Ausschüttung in einer späteren Periode würde aber nicht verhindert. Dadurch wäre aber eben kein Festhalten am aktienrechtlich bewährten Denkmodell gewährleistet.

De lege ferenda wurde auch vorgeschlagen den gesamten Kaufpreis mit der Gewinnrücklage zu verrechnen und das gezeichnete Kapital unberührt zulassen.[1823] Dies trüge dem Kapitalschutz zwar vollständig Rechnung, da keine unsicheren Werte in das ausschüttungsfähige Volumen einfließen würden und auch auf der Aktivseite unberücksichtigt blieben. Eine solche Regelung bleibt aber auf Ebene der Informationsvermittlung deutlich sowohl hinter dem Brutto- als auch dem Nettoausweis zurück. Es wäre nur aus dem Anhang ersichtlich, dass der Erwerb eigener Anteile stattgefunden hat. Um das generelle Ziel des BilMoG im Auge zu behalten, ist es ratsam die Kapitalbindung in Form einer separaten gebundenen Rücklage „wegen eigener Anteile“[1824] zu realisieren. Denkbar wäre auch, dass der Nennbetrag der erworbenen Anteile von der neu geschaffenen außerbilanziellen Ausschüttungssperre gem. § 268 Abs. 8 HGB erfasst würde.[1825]

1821 *Oechsler*, AG 2010, 105, 108.

1822 *Hüttemann*, in: FS Herzig, S. 595, 600.

1823 *Verse*, in: GesR in der Diskussion 2009, S. 67, 86 f.; bereits zur alten Rechtslage *Bezzenberger*, Erwerb eigener Aktien durch die AG, 2002, Rn. 113.

1824 So der Vorschlag von *Winkeljohann/K. Hoffmann*, in: BBK 10. Aufl. 2016, § 272, Rn. 134.

1825 Dazu näher S. 333 f.

VI. Die neue Ausschüttungssperre des § 268 Abs. 8 HGB

Der Gesetzgeber hat mit dem BilMoG eine viel beachtete Vorschrift zur Kompensation von gläubigerschutzgefährdenden Aktivierungs- und Bewertungspotentialen geschaffen. Durch die neue Ausschüttungssperre des § 268 Abs. 8 HGB soll der angebrachten Skepsis gegenüber vom Gesetzgeber als unsicher eingestuften Vermögensgegenständen Rechnung getragen werden.[1826]

1. Vorbilder aus der alten Rechtslage

Das Prinzip der außerbilanziellen Ausschüttungssperre ist nicht per se neu. Bereits im alten HGB-Rechnungslegungsrecht war in § 269 S. 2 HGB a.F. eine Ausschüttungssperre für den Aktivposten „Aufwendungen für die Ingangsetzung und Erweiterung des Geschäftsbetriebs" vorgesehen. Diese ist jedoch konsequenterweise zusammen mit der Aufhebung dieses Bilanzpostens[1827] weggefallen. Auch in § 274 Abs. 2 S. 3 HGB a.F. war für aktivierte latente Steuern eine solche Ausschüttungssperre vorgesehen. Dieser Anwendungsbereich wurde in die neue Ausschüttungssperre des § 268 Abs. 8 HGB eingegliedert. Früher war umstritten, ob die ausschüttungsgesperrten Beträge auch gegen eine Abführung im Rahmen von Gewinnabführungsverträgen gem. § 301 AktG gesperrt sind.[1828]

Insgesamt kam den beiden Bilanzposten aufgrund ihres eingeschränkten Anwendungsbereichs in der Praxis nur eine sehr geringe Bedeutung zu. Auch den zugehörigen Ausschüttungssperren wurde daher nur wenig Beachtung geschenkt.[1829]

Die Ausschüttungssperre des § 268 Abs. 8 HGB ist den bisherigen Sperren vom Wortlaut her nachgebildet.[1830]

2. Die neue Ausschüttungssperre

a) Grundüberlegung/Zweck

Ausdrückliches Ziel des BilMoG war die Neuausrichtung des nationalen Handelsbilanzrechts mit einer verstärkten Hinwendung zur Vermittlung entscheidungsnützlicher Informationen. Dies hatte zur Folge, dass einige am Gläubigerschutz orientierte Bilanzierungsvorschriften punktuelle Annäherung an die IFRS erfahren haben und somit eine Aufweichung des Kapitalschutzes zu befürchten war. Der Gesetzgeber verfolgte aber von Beginn an das Ziel, an den „bewährten Eckpfeilern

---

1826 Vgl. *von der Laage*, WM 2012, 1322.

1827 Siehe dazu S. 254 ff.

1828 Siehe dazu *Lanfermann/Röhricht*, DStR 2009, 1216, 1218; *Funnemann/Kerssenbrock*, BB 2008, 2674, 2767.

1829 *Gelhausen/Althoff*, WPg 2009, 584; *Kropff*, in: FS Hüffer, S. 539, 540; *Zülch/Hoffmann*, DB 2010, 909; *Link*, Ausschüttungssperre, 2014, S. 97.

1830 *Gelhausen/Fey/Kämpfer*, Rechnungslegung, 2009, S. 321; *Marx/Dallmann*, Stbg 2010, 453–455, 458–464; vgl. auch *Lanfermann/Röhricht*, DStR 2009, 1216, 1217.

der handelsrechtlichen" Rechnungslegungen und am System der Grundsätze ordnungsmäßiger Buchführung festzuhalten.[1831] Dadurch entsteht allerdings ein Spannungsverhältnis zwischen der Informationsvermittlung einerseits und dem Vorsichts- und Realisationsprinzip andererseits.[1832] Um dieses Spannungsverhältnis aufzulösen, wurde für drei Bilanzposten, deren Realisierbarkeit im Zweifel steht, die Ausschüttungssperre gem. § 268 Abs. 8 HGB in das nationale Bilanzrecht implementiert. Die durch die unsicheren Bilanzposten bewirkten Erhöhungen der Aktiva sollen zwar für den Bilanzleser einen besseren Einblick in die Vermögens-, Finanz- und Ertragslage der Gesellschaft vermitteln, jedoch soll dies nicht zulasten des Gläubigerschutzes erfolgen, sodass die entsprechenden Beträge nicht zur Ausschüttung an die Gesellschafter zur Verfügung stehen.

Namentlich erfasst § 268 Abs. 8 HGB:

- nach S. 1 das Aktivierungswahlrecht für selbst geschaffene immaterielle Vermögensgegenstände des Anlagevermögens gem. § 248 Abs. 2 HGB,
- nach S. 2 das Aktivierungswahlrecht für aktive latente Steuern gem. § 274 Abs. 1 S. 2 HGB und
- nach S. 3 die Erträge aus Bewertung von Vermögensgegenständen des Deckungsvermögens zum Zeitwert gem. § 246 Abs. 2 S. 2 HGB.

Die entsprechenden Bilanzposten wurden im Laufe der Reform stark diskutiert. Auch die noch im Regierungsentwurf vorgesehene Zeitwertbilanzierung für zu Handelszwecken erworbenen Finanzinstrumente (§ 253 Abs. 1 S. 3 HGB-E)[1833] sollte von der Ausschüttungssperre erfasst werden.[1834] Durch die Streichung dieser Vorschrift im Gesetzgebungsverfahren entfällt auch der Anwendungsfall für die Ausschüttungssperre.

Im Rahmen der Neuregelungen dieser Bilanzposten hinsichtlich Ansatz oder Bewertung wurden vom Gesetzgeber bewusst Vorschriften geschaffen, die den Ausweis noch nicht realisierter Erträge ermöglichen. Die Erfassung der genannten Posten war bisher untersagt oder beschränkt, da diese regelmäßig nicht eindeutig ermittelt werden konnten und mit Unsicherheiten verbunden waren. Ferner bestreitet der Gesetzgeber die auch weiterhin gültigen Erwägungen nicht.[1835] Er versucht stattdessen aber, den Bedenken Rechnung zu tragen, indem durch Einführung einer außerbilanziellen Ausschüttungssperre die noch nicht realisierten und nicht objektivierbaren Gewinnbestandteile von der Ausschüttung an die Gesellschafter ausgenommen werden. Dabei soll das bisherige Gläubigerschutzniveau beibehalten

1831 RegE BilMoG, BT-Drs. 16/10067, S. 32.

1832 *Kaya/Borgwardt*, StuB 2010, 727, 731; *Petersen/Zwirner/Froschhammer*, KoR 2010, 334; *Simon*, NZG 2009, 1081.

1833 Siehe dazu S. 202.

1834 RegE BilMoG, BT-Drs. 16/10067, S. 53.

1835 Siehe RegE BilMoG, BT-Drs. 16/10067, S. 64.

werden, weshalb die Vorschrift keine höheren Ausschüttungen zulässt, als bei Nicht-Aktivierung der betreffenden unsicheren Beträge möglich gewesen wäre.[1836]

Parallel zu der Ausschüttungssperre wird auch im Rahmen der Bestimmung des maximal abführbaren Betrags nach § 301 AktG aus Unternehmensverträgen eine Abführungssperre eingeführt, die nach h.M. auch bei der GmbH Anwendung findet.[1837] Damit ist der diesbezügliche bisherige Streit[1838] obsolet geworden.

b) Funktionsweise

aa) sachlicher Anwendungsbereich

Die genannten Bilanzposten waren im Gesetzgebungsverfahren bereits Gegenstand kontroverser Diskussionen, was sich vor allem in der öffentlichen Sitzung des Rechtsausschusses vom 17.12.2008 zeigte.[1839] Im Gegensatz zu der noch im Regierungsentwurf vorgesehenen einheitlichen Formulierung für alle Bilanzposten[1840] wurden in der Gesetzesfassung die entsprechenden Aktivposten einzeln erfasst, ohne dass damit eine Änderung im Funktionsmechanismus einherging.[1841]

(1) Selbst erstellte immaterielle Vermögensgegenstände des Anlagevermögens gem. § 268 Abs. 8 S. 1 HGB

Das bisherige Aktivierungsverbot (§ 248 Abs. 2 HGB a.F.) für selbst geschaffene immaterielle Vermögensgegenstände des Anlagevermögens wurde gelockert und durch ein Ansatzwahlrecht für Aufwendungen der Entwicklungsphase gem. § 248 Abs. 2 S. 1 HGB ersetzt.[1842] Allerdings bestehen die bisherigen Bedenken, die gegen eine Aktivierung solcher Vermögensgegenstände sprechen, für den Gesetzgeber weiterhin fort.[1843] Denn die Einzelverwertbarkeit selbst erstellter immaterieller Vermögensgegenstände des Anlagevermögens ist trotz des Ausweises in der Bilanz nicht gesichert, da diese sich vor allem durch ihre Individualität und spezifische Ausrichtung für die jeweilige Gesellschaft auszeichnen, sodass gerade kein Absatzmarkt besteht.[1844] Daher werden die durch die Aktivierung verursachten Ergebniserhöhungen gem. § 268 Abs. 8 HGB von der Ausschüttungssperre erfasst.

1836 *Gelhausen/Fey/Kämpfer*, Rechnungslegung, 2009, S. 321; *Suchan*, in: MüKo BilanzR 2013, § 268, Rn. 79; *Kaya/Borgwardt*, StuB 2010, 727; *Marx/Dallmann*, Stbg 2010, 453–455, 458–464; ähnlich auch *Althoff*, DStR 2012, 868; *Ruberg*, NZG 2011, 1048.

1837 *Gelhausen/Fey/Kämpfer*, Rechnungslegung, 2009, S. 319; *Reiner/Haußer*, in: Müko HGB 3. Aufl. 2013, § 268, Rn. 46.

1838 Siehe Fn. 1828.

1839 Siehe bereits S. 172 f.

1840 Vgl. RegE BilMoG, BT-Drs. 16/10067, S. 8.

1841 *Simon*, NZG 2009, 1081, 1084.

1842 Siehe dazu ausführlich S. 228 ff.

1843 RegE BilMoG, BT-Drs. 16/10067, S. 49 f.

1844 *Mindermann*, WPg 2008, 273, 278.

(2) Vermögensgegenstände i.S.v. § 246 Abs. 2 S. 2 HGB gem. § 268 Abs. 8 S. 3 HGB

§ 246 Abs. 2 S. 2 HGB sieht eine Verrechnung von Vermögensgegenständen, die dem Zugriff der Gläubiger entzogen sind und ausschließlich zur Deckung von Altersversorgungsverbindlichkeiten dienen, mit diesen Verbindlichkeiten vor.[1845] Die zu verrechnenden Vermögensgegenstände sind in Abweichung des grundsätzlich geltenden Anschaffungskostenprinzips (§ 253 Abs. 1 S. 1 HGB) mit ihrem beizulegenden Zeitwert gem. § 253 Abs. 1 S. 4 HGB zu bewerten. Übersteigt die Zeitwertbewertung die zu deckenden Schulden, hat nach § 246 Abs. 2 S. 3 HGB eine Aktivierung des übersteigenden Betrags als Sonderposten gem. § 266 Abs. 2 E. HGB zu erfolgen.[1846]

Die Zeitwertbewertung beeinträchtigt bekanntermaßen einige grundlegende Prinzipien des deutschen Handelsbilanzrechts.[1847] Vor allem erfolgt eine Durchbrechung des Anschaffungskosten- und Realisationsprinzips, sodass es mit der Zeitwertbewertung zu einem Anstieg des Aktivvermögens kommen kann, der auf bloßen Buch- oder Scheingewinnen beruht. Auch ist mit der Bewertung zum beizulegenden Wert eine Beeinträchtigung des Objektivierungsprinzips verbunden, wenn der jeweilige Vermögensgegenstand nicht an einem aktiven Markt gehandelt wird und somit auf vermeintlich anerkannte Bewertungsmethoden zurückgegriffen werden muss. Aufgrund dieser Unsicherheiten wurde auch für diesen Bilanzposten die Ausschüttungssperre eingeführt. Zu bemerken ist allerdings, dass die Ausschüttungssperre über den nach § 246 Abs. 2 S. 2 HGB aktivierten positiven Saldo der zum Zeitwert angesetzten Vermögensgegenstände und dem miteinander verrechneten Planvermögen hinausgehen kann. Denn unabhängig vom Ausweis des Sonderpostens ist der die Anschaffungskosten übersteigende Betrag, abzüglich der passiven latenten Steuern, nach § 268 Abs. 8 S. 3 HGB gesperrt.[1848] Denn die Bewertungsunsicherheiten beziehen sich auf den gesamten Betrag der die Anschaffungskosten übersteigenden Zeitwertbewertung und nicht nur auf den aktivierten Unterschiedsbetrag.[1849] Für die Berechnung sind die historischen Anschaffungskosten[1850] heranzuziehen, auch wenn es aus Gläubigerschutzgründen sinnvoller wäre, auf die fortgeschriebenen Kosten abzustellen.

1845 Siehe dazu ausführlich S. 190 ff.

1846 Siehe zum Ausweis des Unterschiedsbetrags ausführlich S. 194 ff.

1847 Siehe zu den Gefahren der Zeitwertbewertung hinsichtlich des Kapitalschutzes S. 187 ff.

1848 *Reiner/Haußer*, in: Müko HGB 3. Aufl. 2013, § 268, Rn. 48; *Petersen/Zwirner/Froschhammer*, KoR 2010, 334, 336; *Zwirner/Boecker*, BC 2011, 7, 8. Für die Untersuchung des Anwendungsbereichs der Ausschüttungssperre hinsichtlich dieses Postens siehe ausführlich S. 196 ff.

1849 *Marx/Dallmann*, Stbg 2010, 453–455, 458–464, 459; *Petersen/Zwirner/Froschhammer*, KoR 2010, 334, 336.

1850 Beschlussempfehlung Rechtsausschuss, BT-Drs. 16/12407, S. 87; *Petersen/Zwirner/Froschhammer*, KoR 2010, 334, 336; *Link*, Ausschüttungssperre, 2014, S. 120; a.A.

(3) Aktive latente Steuern gem. § 268 Abs. 8 S. 2 HGB

Die Aktivierung aktiver latenter Steuern in der Handelsbilanz bringt zum Ausdruck, dass der Bilanzierende in zukünftigen Perioden mit steuerlichen Vorteilen rechnet. Diese Erwartungshaltung kann aber nicht als hinreichend sicher qualifiziert werden, da die Realisierung des wirtschaftlichen Vorteils von der Erzielung zukünftiger Gewinne abhängt.[1851] Dieser Unsicherheit soll durch Erfassung der aktivierten latenten Steuern von der Ausschüttungssperre gem. § 268 Abs. 8 S. 2 HGB begegnet werden. Allerdings greift die Ausschüttungssperre nur insoweit, als die aktiven latenten Steuern die passiven latenten Steuern übersteigen (§ 268 Abs. 8 S. 2 HGB). Dabei ist es unerheblich, ob lediglich die Abgrenzungsspitze angesetzt wird oder ob von dem Wahlrecht nach § 274 Abs. 1 S. 3 HGB Gebrauch gemacht wurde, die aktiven und die passiven latenten Steuern separat auszuweisen.[1852]

Obwohl sich die Unsicherheit hinsichtlich der Realisation aktiver latenter Steuern eigentlich auf den Gesamtbetrag bezieht, ist nach dem Wortlaut des § 268 Abs. 8 S. 2 HGB nur der Aktivüberhang ausschüttungsgesperrt. Denn den unsicheren wirtschaftlichen Vorteilen der aktiven latenten Steuern stehen durch die passiven latenten Steuern ebenfalls unsichere wirtschaftliche Belastungen gegenüber.[1853] Die unsicheren Erträge aus den aktiven latenten Steuern werden in der Bilanz durch die unsicheren Aufwendungen aus den passiven latenten Steuern kompensiert, sodass es nach der Intention des Gesetzes nicht zu einer Ausschüttung unsicherer Erträge kommen kann.[1854] Diese „Entsperrwirkung“ passiver latenter Steuern reduziert den Schutzumfang der Ausschüttungssperre im Vergleich zu den Sachverhalten nach § 268 Abs. 8 S. 1 und 3 HGB.[1855]

bb) Ermittlung des ausschüttungsgesperrten Betrags

§ 268 Abs. 8 HGB gibt für die Ermittlung des ausschüttungsfähigen Betrags vor, dass Gewinne nur ausgeschüttet werden dürfen, wenn die nach der Ausschüttung verbleibenden frei verfügbaren Rücklagen zuzüglich eines Gewinnvortrags und abzüglich eines Verlustvortrags mindestens den jeweils angesetzten Beträgen entsprechen. Für selbst erstellte immaterielle Vermögensgegenstände des Anlagevermögens gilt gem. Satz 1 und für Vermögensgegenstände des Deckungsvermögens

---

Reiner/Haußer, in: Müko HGB 3. Aufl. 2013, § 268, Rn. 49. Siehe ausführlich bereits S. 199.

1851 Siehe dazu bereits S. 270 f.; vgl. auch *Althoff*, DStR 2012, 868, 869; *Simon*, NZG 2009, 1081, 1803.

1852 Beschlussempfehlung Rechtsausschuss, BT-Drs. 16/12407, S. 87; *Kaya/Borgwardt*, StuB 2010, 727, 729; *Küting/Lorson/Eichenlaub/Toebe*, GmbHR 2011, 1, 4; *Link*, Ausschüttungssperre, 2014, S. 128.

1853 *Althoff*, DStR 2012, 868, 869; *Ruberg*, NZG 2011, 1048, 1049.

1854 *Althoff*, DStR 2012, 868, 870.

1855 *Ruberg*, NZG 2011, 1048, 1050.

gem. Satz 3, dass die hierauf gebildeten passiven latenten Steuern von dem jeweiligen Bilanzansatz abzuziehen sind.

Daraus folgt, dass bei der Berechnung des ausschüttungsfähigen Betrags in zwei Schritten vorzugehen ist. Zunächst muss der ohne Berücksichtigung des § 268 Abs. 8 HGB maximale Ausschüttungsbetrag ermittelt werden.[1856] Im nächsten Schritt sind die aus den jeweiligen Bilanzierungssachverhalten resultierenden, für die Ausschüttungssperre relevanten „Bemessungsbeträge" zu ermitteln und von dem maximalen Ausschüttungsbetrag abzuziehen.[1857] Verbleibt dabei ein positiver Betrag, kann dieser ausgeschüttet werden. Sind die Bemessungsbeträge höher als die frei verfügbaren Rücklagen, sodass sich bei Verrechnung ein negativer Betrag ergeben würde, muss auf eine Ausschüttung verzichtet werden.[1858]

(1) Maximaler Ausschüttungsbetrag vor Berücksichtigung des § 268 Abs. 8 HGB

Bei der Berechnung des maximal ausschüttbaren Betrags sind gem. § 268 Abs. 8 HGB neben einem Gewinn- oder Verlustvortrag die „frei verfügbaren Rücklagen" zu berücksichtigen. Die Regierungsbegründung will damit klarstellen, dass der Begriff sowohl Gewinn- als auch Kapitalrücklagen umfasst.[1859] Die nach altem Recht in § 269 S. 2 HGB a.F. bestehende Beschränkung auf „freie Gewinnrücklagen" wurde somit aufgegeben.[1860]

Unter die frei verfügbaren Rücklagen fallen die Gewinnrücklagen i.S.v. § 266 Abs. 3 A. III. Nr. 3 und 4 HGB (andere Gewinnrücklagen und satzungsmäßig nicht gebundene Rücklagen), deren Auflösung weder gesetzliche noch satzungsmäßige Vorschriften entgegenstehen. Außerdem stehen ausweislich des nunmehr geltenden Wortlauts und der Gesetzesbegründungen auch die frei verfügbaren Kapitalrücklagen nach § 272 Abs. 2 Nr. 4 HGB zur Deckung der Bemessungsbeträge i.S.d. § 268 Abs. 8 HGB zur Verfügung.

Ob die übrigen Kapitalrücklagen zur freien Verfügung stehen, ist abhängig von der jeweiligen Rechtsform und muss den entsprechenden gesellschaftsrechtlichen

---

1856 *Gelhausen/Fey/Kämpfer*, Rechnungslegung, 2009, S. 322; *Link*, Ausschüttungssperre, 2014, S. 94.

1857 *Zülch/Hoffmann*, DB 2010, 909; dem folgend *Kaya/Borgwardt*, StuB 2010, 727, 728.

1858 *Zülch/Hoffmann*, DB 2010, 909; dem folgend *Kaya/Borgwardt*, StuB 2010, 727, 728, siehe auch *Link*, Ausschüttungssperre, 2014, S. 142 f.

1859 RegE BilMoG, BT-Drs. 16/10067, S. 64; zustimmend *Funnemann/Kerssenbrock*, BB 2008, 2674, 2677; *Küting/Lorson/Eichenlaub/Toebe*, GmbHR 2011, 1, 6; *Kropff*, in: FS Hüffer, S. 539, 542 f.; *Link*, Ausschüttungssperre, 2014, S. 97. Damit wurde der zur alten Rechtslage vertretenen h.M. entsprochen, siehe *Winkeljohann/Lawall*, in: BBK 6. Aufl. 2006, § 269, Rn. 13; ADS, § 269, Rn. 21.

1860 *Lanfermann/Röhricht*, DStR 2009, 1216, 1217. Wenn auch nach altem Recht die h.M. bereits die freien Kapitalrücklagen ebenfalls mit herangezogen hatte; siehe dazu nur ADS, § 272 Rn. 191; *Winkeljohann/Lawall*, in: BBK 6. Aufl. 2006, § 269, Rn. 13.

Normen entnommen werden.[1861] Bei der GmbH sind in der Regel sowohl die Gewinn- als auch die Kapitalrücklagen frei verfügbar, während bei der Aktiengesellschaft die Kapitalrücklagen gem. § 272 Abs. 2 Nr. 1–3 AktG durch § 150 Abs. 3 und 4 AktG einer Bindung unterliegen und somit nicht zur Deckung der Bemessungsbeträge nach § 268 Abs. 8 HGB herangezogen werden dürfen. Auch die gesetzlichen Rücklagen nach § 150 AktG und § 5a Abs. 3 GmbHG sind nicht als „frei verfügbare Rücklagen" nach § 268 Abs. 8 HGB einzustufen und daher bei der Ermittlung des maximalen Ausschüttungsbetrags vom Jahresüberschuss abzusetzen.[1862] Dies entspricht auch dem Sinn der abgestuften Kapitalbindung im Aktienrecht,[1863] die eine Ausschüttung dieser festen Rücklagen untersagt. Daher ist eine Berücksichtigung der gesetzlichen Rücklagen im Rahmen der Ermittlung des nach § 268 Abs. 8 HGB ausschüttungsfähigen Betrags ebenfalls nicht angezeigt, da ansonsten mittelbar doch eine Ausschüttung möglich wäre.

Letztlich sind nach dem Sinn und Zweck der Ausschüttungssperre alle Teile des Eigenkapitals als „frei verfügbar" zu qualifizieren, die „nach der Entscheidung der dafür zuständigen Gesellschaftsorgane aufgelöst und ausgeschüttet werden könnten".[1864] Zusätzlich zu den frei verfügbaren Rücklagen muss auch ein Gewinnvortrag aus dem vorangegangenen Geschäftsjahr zu dem maximalen Ausschüttungsbetrag hinzugerechnet werden, während ein Verlustvortrag den Betrag mindert. Ist der auf diese Weise ermittelte Betrag bereits negativ, kommt es auf die Ausschüttungssperre gem. § 268 Abs. 8 HGB nicht mehr an, da eine Ausschüttung ohnehin nicht in Betracht kommt.[1865]

(2) Zweiter Schritt: Ausschüttungsgesperrter Betrag

i. Ermittlung der ausschüttungsgesperrten Beträge nach § 268 Abs. 8 HGB

Im nächsten Schritt ist der ausschüttungsfähige Betrag nach Berücksichtigung der Ausschüttungssperre zu ermitteln. Gemäß § 268 Abs. 8 HGB sind Gewinne nur dann ausschüttungsfähig, wenn die nach der Ausschüttung verbleibenden frei verfügbaren Rücklagen zuzüglich eines Gewinnvortrags und abzüglich eines Verlustvortrags mindestens dem insgesamt „angesetzten Betrag" abzüglich der hierfür gebildeten passiven latenten Steuern entsprechen. Dadurch soll das ausschüttungsfähige Volumen auf den Betrag beschränkt werden, der ausgeschüttet werden könnte, wenn auf den Ansatz der unsicheren und unrealisierten Beträge verzichtet

---

1861 *Kaya/Borgwardt*, StuB 2010, 727, 729; *Lanfermann/Röhricht*, DStR 2009, 1216, 1217; *Link*, Ausschüttungssperre, 2014, S. 98.

1862 *Gelhausen/Fey/Kämpfer*, Rechnungslegung, 2009, S. 322; *Lanfermann/Röhricht*, DStR 2009, 1216, 1217; *Petersen/Zwirner/Froschhammer*, KoR 2010, 334, 337.

1863 Siehe dazu S. 72 f.

1864 *Kropff*, in: FS Hüffer, S. 539, 542.

1865 *Gelhausen/Fey/Kämpfer*, Rechnungslegung, 2009, S. 323; *Petersen/Zwirner/Froschhammer*, KoR 2010, 334, 337.

würde.[1866] Der „angesetzte Betrag" umfasst dabei alle diejenigen Beträge, die in den sachlichen Anwendungsbereich der Ausschüttungssperre fallen.[1867] Relevant für die Höhe der Ausschüttungssperre ist der jeweilige Bilanzansatz.[1868] Dabei ist eine Gesamtbetrachtung zugrunde zu legen. Die Bilanzposten werden nicht jeder für sich als Bemessungsgrundlage gewählt, sondern es ist eine Gesamtbetrachtung vorzunehmen, um einen „Verdopplungseffekt" der passiven Steuerlatenz zu vermeiden.[1869]

ii. Zu verrechnende passive latente Steuern

Für die selbst erstellten immateriellen Vermögensgegenstände des Anlagevermögens sowie für die die Anschaffungskosten übersteigende Bewertung des Deckungsvermögens zum Zeitwert sind passive latente Steuern zu bilden. Diese entstehen, da für die selbst geschaffenen immateriellen Wirtschaftsgüter des Anlagevermögens gem. § 5 Abs. 2 EStG ein steuerliches Aktivierungsverbot gilt und eine Bewertung von Wirtschaftsgütern zum Zeitwert gem. § 6 Abs. 1 Nr. 1 und 2 EStG ausgeschlossen ist. Die für die entsprechenden Posten gebildeten passiven latenten Steuern sind gem. § 268 Abs. 8 S. 1 und 3 HGB von den ausschüttungsgesperrten Beträgen abzuziehen. Durch diese Verrechnung soll eine Doppelberücksichtigung vermieden werden.[1870] Dies war bei der Ausschüttungssperre nach altem Recht (§ 269 S. 2 HGB a.F.) noch nicht vorgesehen, sodass die passiven latenten Steuern kumulativ berücksichtigt werden mussten.[1871]

Durch die Bildung der passiven Latenzen wird der Jahresüberschuss an sich bereits vermindert, da in ihnen eine zukünftige Steuerbelastung zum Ausdruck kommt. Außerdem werden die passiven latenten Steuern für die selbst geschaffenen immateriellen Vermögensgegenstände des Anlagevermögens und die für die Zeitwertbewertung des Deckungsvermögens bei der Ermittlung des Saldos von aktiven und passiven latenten Steuern nach § 268 Abs. 8 S. 2 HGB berücksichtigt. Ohne Abzug der passiven latenten Steuern gem. § 268 Abs. 8 S. 1 und 3 HGB käme es somit

---

1866 *Gelhausen/Althoff*, WPg 2009, 584, 586; *Küting/Lorson/Eichenlaub/Toebe*, GmbHR 2011, 1, 2.

1867 *Gelhausen/Fey/Kämpfer*, Rechnungslegung, 2009, S. 323.

1868 Siehe zunächst nur *Gelhausen/Fey/Kämpfer*, Rechnungslegung, 2009, S. 324; *Petersen/Zwirner/Froschhammer*, KoR 2010, 334, 335. Ausführlicher S. 320 f.

1869 Ausführlich bei *Zülch/Hoffmann*, DB 2010, 909, 910 ff.; dem folgend *Hoffmann/Lüdenbach*, in: NWB Kommentar Bilanzierung 7. Aufl. 2016, § 268, Rn. 159; *Petersen/Zwirner/Froschhammer*, KoR 2010, 334, 341; *Link*, Ausschüttungssperre, 2014, S. 141 f.

1870 RegE BilMoG, BT-Drs. 16/10067, S. 64; vgl. auch *Funnemann/Kerssenbrock*, BB 2008, 2674, 2677; *Kaya/Borgwardt*, StuB 2010, 727, 729; *Küting/Lorson/Eichenlaub/Toebe*, GmbHR 2011, 1, 3; *Reiner/Haußer*, in: Müko HGB 3. Aufl. 2013, § 268, Rn. 51.

1871 ADS, § 269, Rn. 23; *Lanfermann/Röhricht*, DStR 2009, 1216, 1217; mit Hinweis auf mangelnde sachliche Rechtfertigung der Doppelberücksichtigung *Funnemann/Kerssenbrock*, BB 2008, 2674, 2675.

zu einer doppelten Berücksichtigung und damit zu einer sachlich nicht gerechtfertigten Reduzierung des Ausschüttungsbetrags, wie noch nach alter Rechtslage.[1872]

Die selbst geschaffenen immateriellen Vermögensgegenstände des Anlagevermögens und die mit dem Zeitwert erfassten Gegenstände des Deckungsvermögens sind daher nicht mit ihrem vollen Bilanzansatz in die Ausschüttungssperre einzustellen, sondern abzüglich der entsprechenden passiven latenten Steuern.

(3) Berechnungsschema

Für die Aktiengesellschaft ergibt sich daraus folgendes Berechnungsschema:

Jahresergebnis nach Gewinn- und Verlustrechnung
+ frei verfügbare Rücklagen
+ Gewinnvortrag
./. verpflichtende Einstellung in die gesetzlich oder satzungsmäßig gebundene Rücklage
./. Verlustvortrag
= **maximal ausschüttungsfähiger Betrag ohne Berücksichtigung der Ausschüttungssperre des § 268 Abs. 8 HGB**
./. **gesperrter Betrag** nach § 268 Abs. 8 HGB
Betrag aus der Aktivierung selbst erstellter immaterieller Vermögensgegenstände des Anlagevermögens
./. hierfür gebildete passive latente Steuern
+ Betrag aus der Zeitwertbewertung des Deckungsvermögens
./. hierfür gebildete passive latente Steuern
+ Betrag aus der Aktivierung latenter Steuern nach Abzug sonstiger passiver latenter Steuern
= maximal ausschüttbarer Betrag unter Berücksichtigung der Ausschüttungssperre

(4) Besonderheiten bei der GmbH

Bei der GmbH knüpft die Ausschüttungsbegrenzung nach § 30 Abs. 1 S. 1 GmbHG nicht am Bilanzgewinn an, sondern verbietet lediglich Ausschüttungen zulasten des Stammkapitals. Alles übrige Vermögen, das weder zur Deckung von Verbindlichkeiten noch des Stammkapitals erforderlich ist, kann nach § 30 Abs. 1 GmbHG entnommen werden. Zur Verwirklichung der Ausschüttungssperre nach § 268 Abs. 8 HGB muss aber gewährleistet werden, dass die ausschüttungsgesperrten Bemessungsbeträge trotz des am Stammkapital anknüpfenden Wortlauts nicht entnommen werden können.

Nach bisherigem Recht waren die ausschüttungsgesperrten Beträge nach §§ 269 S. 2, 274 Abs. 2 S. 3 HGB a.F. bei der Ermittlung des ausschüttungsfähigen Betrags

1872 *Ruberg*, NZG 2011, 1048, 1049.

im Rahmen des § 30 Abs. 1 S. 1 GmbHG vom Gesellschaftsvermögen abzuziehen bzw. bei der Berechnung erst gar nicht anzusetzen.[1873] Dies entspricht dem Sinn und Zweck der Ausschüttungssperre und der damit verwirklichten Kapitalerhaltung, denn es wäre widersprüchlich, wenn nach § 268 Abs. 8 HGB ausschüttungsgesperrte Beträge das nach § 30 Abs. 1 GmbHG ausschüttungsfähige Volumen erhöhen würden.[1874] Daher sind auch nach neuem Recht für Ermittlung des nach § 30 Abs. 1 GmbHG ausschüttungsfähigen Volumens die nach § 268 Abs. 8 HGB ausschüttungsgesperrten Beträge herauszurechnen.[1875]

(5) Zwischenergebnis

Eine Ausschüttung des Jahresüberschusses ist nur möglich, wenn ausreichend freie Rücklagen vorhanden sind. Aus einem Vergleich der ausschüttungsgesperrten Bemessungsbeträge mit den freien Rücklagen lässt sich ermitteln, ob eine Ausschüttung zulässig ist. Sind die ausschüttungsgesperrten Beträge höher als die frei verfügbaren Eigenkapitalbestandteile, muss eine Ausschüttung unterbleiben.[1876] Es muss von der Gesellschaft folglich so viel frei verwendbares Eigenkapital vorgehalten werden, wie auf die als unsicher eingestuften Posten entfällt. Wenn nicht ausreichend freie Rücklagen vorhanden sind, müssen diese vor der Ausschüttung aufgefüllt werden oder ein Gewinnvortrag in entsprechender Höher erfolgen.[1877] Die freien Rücklagen sind dann ggf. gesperrt und dürfen nicht aufgelöst werden. Dadurch entsteht ein „zusätzlicher Eigenkapitalpuffer“,[1878] der zum Ausgleich möglicher künftiger Verluste durch die unsicheren Posten verwendet werden kann.[1879]

cc) Bilanzielle Behandlung

Aus der Ermittlung des ausschüttungsgesperrten Betrags und dem Vergleich mit dem frei verfügbaren Eigenkapitalbestandteil kann sich ergeben, dass ein in der Bilanz ausgewiesener Gewinn nicht vollständig für eine Ausschüttung bereit steht.

1873 *Ekkenga*, AG 2006, 389, 391 f.; *Müller*, DStR 1997, 1577, 1578; *Schmolke*, Kapitalerhaltung, 2009, § 30, Rn. 68.

1874 *von der Laage*, WM 2012, 1322, 1327.

1875 *Hommelhoff*, in: Lutter/Hommelhoff, GmbHG 19. Aufl. 2016, § 30, Rn. 12; *Ekkenga*, in: MüKo GmbHG 2. Aufl. 2015, § 30, Rn. 106 f.; *Fastrich*, in: Baumbach/Hueck, GmbHG 21. Aufl. 2017, § 30, Rn. 16; *Reiner/Haußer*, in: Müko HGB 3. Aufl. 2013, § 268, Rn. 55; *von der Laage*, WM 2012, 1322, 1327; *Verse*, in: GesR in der Diskussion 2009, S. 67, 73; *Link*, Ausschüttungssperre, 2014, S. 172 f.

1876 *Kaya/Borgwardt*, StuB 2010, 727, 728; *Zülch/Hoffmann*, DB 2010, 909.

1877 *Kropff*, in: FS Hüffer, S. 539, 543; *Lanfermann/Röhricht*, DStR 2009, 1216, 1217; *Petersen/Zwirner/Froschhammer*, KoR 2010, 334.

1878 *Gelhausen/Althoff*, WPg 2009, 584, 587.

1879 *Petersen/Zwirner/Froschhammer*, KoR 2010, 334, 341; *Kaya/Borgwardt*, StuB 2010, 727, 732.

Es stellt sich daher die Frage, wie die Sperrung der entsprechenden Beträge in der Bilanz zum Ausdruck kommt.

(1) Sperrsystematik

Die Ausschüttungssperre verfolgt den Zweck, das Gesellschaftsvermögen in Höhe der ausschüttungsgesperrten Bemessungsbeträge in der Bilanz zu binden und von der Ausschüttung an die Gesellschafter auszunehmen. Funktional erinnert dies an eine gesetzliche Zwangsrücklage, wie z.B. § 150 AktG.[1880] § 268 Abs. 8 HGB schreibt jedoch weder eine Rücklagendotierung noch die bilanzielle Erfassung in einem Sonderposten vor.[1881]

Die freien Rücklagen und der Verlustvortrag können zwar zur Deckung der ausschüttungsgesperrten Beträge herangezogen werden, ändern dadurch aber nicht ihren Charakter.[1882] Es erfolgt bilanziell kein gesonderter Ausweis oder eine Kennzeichnung (etwa durch einen Davon-Vermerk o. ä.). Der ausschüttungsgesperrte Betrag muss aber, auch wenn er in der Bilanz als freier Eigenkapitalbestandteil ausgewiesen wird, in der Gesellschaft verbleiben. Das „Wie" der Sperrung ist jedoch § 268 Abs. 8 HGB nicht zu entnehmen.[1883] Es verbleibt somit für die Verwendung des „gesperrten Gewinns" bei den allgemeinen Regelungen in §§ 58 Abs. 3 S. 1 AktG, 29 Abs. 2 GmbHG. Nach nahezu unbestrittener h.M. kann der ausschüttungsgesperrte Anteil des Bilanzgewinns entweder in eine freie Rücklage eingestellt oder als Gewinn vorgetragen werden.[1884] Der gesperrte Betrag ergibt sich für den Bilanzleser aber nur durch die Angaben im Anhang gem. § 285 Nr. 28 HGB. Aus der Bilanz allein ist der gesperrte Betrag nicht ersichtlich.[1885]

Daher kann der Sperrmechanismus des § 268 Abs. 8 HGB auch als außerbilanzielle Zwangsthesaurierung bezeichnet werden, da eine Rücklagendotierung nicht vorgeschrieben ist.[1886] Aus bilanzieller Sicht entsteht kein gebundenes Vermögen,

---

1880 *Hommelhoff*, in: Lutter/Hommelhoff, GmbHG 19. Aufl. 2016, § 29, Rn. 9; dem folgend *Kühnberger*, DStR 2012, 1149, 1153; ähnlich auch *von der Laage*, WM 2012, 1322, 1323.

1881 *Gelhausen/Althoff*, WPg 2009, 584, 587; *von der Laage*, WM 2012, 1322, 1323; *Petersen/Zwirner/Froschhammer*, KoR 2010, 334, 337.

1882 *Reiner/Haußer*, in: Müko HGB 3. Aufl. 2013, § 268, Rn. 54; *Kropff*, in: FS Hüffer, S. 539, 543.

1883 *von der Laage*, WM 2012, 1322, 1323.

1884 *Gelhausen/Fey/Kämpfer*, Rechnungslegung, 2009, S. 334; *Gelhausen/Althoff*, WPg 2009, 584, 590 f.; *Lanfermann/Röhricht*, DStR 2009, 1216, 1217; *von der Laage*, WM 2012, 1322, 1323; *Petersen/Zwirner/Froschhammer*, KoR 2010, 334; 337; *Simon*, NZG 2009, 1081, 1084; *Verse*, in: GesR in der Diskussion 2009, S. 67, 76; *Link*, Ausschüttungssperre, 2014, S. 144.

1885 *Simon*, NZG 2009, 1081, 1087; *Verse*, in: GesR in der Diskussion 2009, S. 67, 72.

1886 *Hommelhoff*, ZGR 2008, 250, 258; *Simon*, NZG 2009, 1081, 1083; *Verse*, in: GesR in der Diskussion 2009, S. 67, 71; *Link*, Ausschüttungssperre, 2014, S. 144 f.

stattdessen verbleibt es bei freiem Vermögen, das aber nicht ausgeschüttet werden darf.[1887] Somit können ausschüttungsgesperrte Teile im Bilanzgewinn enthalten sein.

Die Ausschüttungssperre sieht erst auf Ebene der Gewinnverwendung Einschränkungen vor, sodass aus bilanzieller Sicht frei verfügbare Anteile des Jahresüberschusses nicht zur Ausschüttung verwendet werden können.

(2) Vergleich mit der Rücklagendotierung

Die Art und Weise der Sperrung von Gesellschaftsvermögen im Wege der Rücklagendotierung unterscheidet sich von der eben beschriebenen außerbilanziellen Ausschüttungssperre. Die Bildung der gesetzlichen Rücklage nach § 150 Abs. 1 und 2 AktG[1888] erfolgt bereits bei Aufstellung des Jahresabschlusses (§ 270 Abs. 2 HGB). Daher sind die in den Rücklagen eingestellten Beträge nicht mehr im Gewinnverwendungsbeschluss (§ 174 AktG) und somit auch nicht im Bilanzgewinn enthalten.[1889] Die Beträge verbleiben solange in der Rücklage, bis eine Auflösung gem. § 150 Abs. 3 und 4 AktG erfolgen darf. Die Regelungstechnik „Rücklagendotierung" führt automatisch zu einer Sperrwirkung im Bereich der Gewinnermittlung, da die Sperrbeträge gleichsam von selbst aus der Gewinnverwendungsmasse beseitigt werden.[1890] Im Gegensatz zur außerbilanziellen Ausschüttungssperre erfolgt somit eine bilanzielle Bindung der in die Rücklage eingestellten Beträge.

dd) Anhangangabe

Durch die Ausschüttungssperre des § 268 Abs. 8 HGB kann nicht mehr auf das in der GuV angegebene Ergebnis zurückgegriffen werden, wenn es um die Bestimmung des ausschüttungsfähigen Betrags geht. Der Bilanzleser ist auf die Angaben im Anhang angewiesen. Der gesperrte Betrag wird durch eine Nebenrechnung zur Bilanz ermittelt, dessen Ergebnis gem. § 285 Nr. 28 HGB aufgegliedert nach Posten im Anhang anzugeben ist, damit die Adressaten des Jahresabschlusses diesen leichter nachvollziehen können.[1891] Die Vorschrift dient damit auch dem Schutz der Gläubiger, indem eine Kontrolle der Einhaltung der Norm erleichtert wird.[1892]

Bei den selbst erstellten immateriellen Vermögensgegenständen des Anlagevermögens (§ 248 Abs. 2 HGB) und dem zum Zeitwert bewerteten Deckungsvermögen (§ 246 Abs. 2 S. 2 i.V.m. § 253 Abs. 1 S. 4 HGB) sind die um die jeweiligen passiven

1887 *Simon*, NZG 2009, 1081, 1083.
1888 Dies gilt entsprechend auch für andere gesperrte Rücklage wie §§ 5a Abs. 3 GmbHG, 272 Abs. 4 HGB.
1889 *Gelhausen/Althoff*, WPg 2009, 584, 587; *von der Laage*, WM 2012, 1322, 1323.
1890 *Gelhausen/Althoff*, WPg 2009, 584, 587; *von der Laage*, WM 2012, 1322, 1323.
1891 RegE BilMoG, BT-Drs. 16/10067, S. 64.
1892 *Grottel*, in: BBK 10. Aufl. 2016, § 285, Rn. 800; *Peters*, in: KK-RechnungslegungsR 2011, § 285, Rn. 292; *Poelzig*, in: Müko HGB 3. Aufl. 2013, § 285, Rn. 456.

latenten Steuern gekürzten Beträge im Anhang anzugeben.[1893] Nur in diesem Umfang erfasst die Ausschüttungssperre die jeweiligen Bilanzposten. Die gesetzgeberische Intention, die Einschränkungen der Informationsfunktion durch die gesetzlich verpflichtenden Anhangangaben auszugleichen, wird aber durch § 285 Nr. 28 HGB nicht vollständig erfüllt. Denn es wird durch die Angaben nicht unmittelbar ersichtlich, in welcher Höhe der Bilanzgewinn um den ausschüttungsgesperrten Betrag reduziert wird und inwieweit dem frei verwendbare Eigenkapitalbestandteile gegenüberstehen.[1894] Für die Ermittlung des tatsächlich ausschüttungsfähigen Volumens ist ein Vergleich mit den frei verfügbaren Rücklagen erforderlich. Daher wird eine sog. Deckungsrechnung vorgeschlagen, auch wenn diese gesetzlich nicht vorgeschrieben ist.[1895] In dieser können Erläuterungen zur Deckung der gesperrten Beträge mit frei verfügbaren Eigenkapitalbestandteilen aufgenommen werden. Über die Mindestanforderungen hinausgehende Angaben werden ersten Praxisuntersuchungen zufolge nur selten vorgenommen.[1896]

c) *Mehrperiodische Betrachtung*

aa) *Überperiodische Wirkung*

Die Ausschüttungssperre verfolgt das Ziel, grundsätzlich frei verfügbare Eigenkapitalbestandteile im Gesellschaftsvermögen zu binden, um mögliche Verluste der als unsicher qualifizierten Vermögensgegenstände aufzufangen und eine Ausschüttung zulasten der Gläubiger zu verhindern. Die Gefahr künftiger Verluste besteht, solange die entsprechenden Vermögensgegenstände in der Bilanz der Gesellschaft angesetzt sind.

Daher ist auch die Ansicht abzulehnen, dass die Ausschüttungssperre nur im Jahr der erstmaligen Ertragserfassung gelten soll.[1897] In der Konsequenz wären die aktivierten Beträge in dem folgenden Geschäftsjahr ausschüttungsfähig und die Ausschüttungssperre würde insoweit nur im ersten Jahr der Entstehung der unsicheren

---

1893 *Grottel*, in: BBK 10. Aufl. 2016, § 285, Rn. 805; *Peters*, in: KK-RechnungslegungsR 2011, § 285, Rn. 294; *Poelzig*, in: Müko HGB 3. Aufl. 2013, § 285, Rn. 459.

1894 *Gelhausen/Althoff*, WPg 2009, 584, 591; *Küting/Lorson/Eichenlaub/Toebe*, GmbHR 2011, 1, 7; *Poelzig*, in: Müko HGB 3. Aufl. 2013, § 285, Rn. 463; *Link*, Ausschüttungssperre, 2014, S. 153 f.

1895 *Gelhausen/Althoff*, WPg 2009, 584, 591; *Gelhausen/Fey/Kämpfer*, Rechnungslegung, 2009, S. 418 f.; *Küting/Lorson/Eichenlaub/Toebe*, GmbHR 2011, 1, 7, jeweils mit beispielhafter Darstellung. Dem folgend *Grottel*, in: BBK 10. Aufl. 2016, § 285, Rn. 806; *Kaya/Borgwardt*, StuB 2010, 727, 730; *Peters*, in: KK-RechnungslegungsR 2011, § 285, Rn. 296; *Poelzig*, in: Müko HGB 3. Aufl. 2013, § 285, Rn. 463. Ausführlicher Überblick mit eigenem Lösungsvorschlag *Link*, Ausschüttungssperre, 2014, S. 155 ff.

1896 *Keitz/Gloth*, DB 2013, 185, 186.

1897 *Arbeitskreis „Steuern und Revision" im Bund der Wirtschaftsakademiker e.V.*, DStR 2008, 1299; *Rammert/Thies*, WPg 2009, 34, 36.

Gewinnbestandteile wirken.[1898] Es wäre allerdings nicht mit dem Schutzzweck der Norm vereinbar, wenn die unsicheren Beträge in den Folgejahren für Ausschüttungen zur Verfügung stünden.[1899] Auslöser für diese Ansicht der nur einjährigen Ausschüttungssperre war eine sprachliche Ungenauigkeit im Regierungsentwurf, der statt des ursprünglich bilanzorientierten Ansatzes im Referentenentwurf den Begriff „Erträge" verwendete.[1900]

In der endgültigen Gesetzesfassung orientierte sich der Gesetzgeber wieder an der Fassung des Referentenentwurfs und verwendete den Terminus des „angesetzten Betrags", wodurch klargestellt werden soll, dass es auf den jeweiligen Bilanzansatz ankommt.[1901] Die Ausschüttungssperre hat daher überperiodische Wirkung, solange der Wert in der Bilanz angesetzt ist.

bb) Fortschreibung der Werte

Als weitere Konsequenz aus der Bezugnahme auf den Bilanzansatz muss sich die Ausschüttungssperre auch in den Folgejahren an den Veränderungen der Vermögensgegenstände orientieren. Es ist zu jedem Bilanzstichtag auf die Höhe des jeweiligen Bilanzpostens abzustellen und jede Änderung für die Zwecke der Ausschüttungssperre nachzuvollziehen.[1902] Die Fortführung erfolgt in den Folgejahren mittels einer Nebenrechnung.[1903]

Vermindert sich etwa der Ansatz der selbst erstellten immateriellen Vermögensgegenstände des Anlagevermögens durch planmäßige oder außerplanmäßige Abschreibungen (§ 253 Abs. 3 HGB), ist die Ausschüttungssperre entsprechend anzupassen. Insoweit besteht auch aus Gläubiger- und Kapitalschutzsicht keine

---

1898 *Theile*, WPg 2008, 1064, 1065.

1899 *Hennrichs*, in: Bilanzrecht in Familienunternehmen, S. 101, 116; siehe auch *Gelhausen/Althoff*, WPg 2009, 584, 586; *Gelhausen/Fey/Kämpfer*, Rechnungslegung, 2009, S. 324.

1900 RegE BilMoG, BT-Drs. 16/10067, S. 8. Mit Kritik an der im RegE verwendeten Terminologie *Funnemann/Kerssenbrock*, BB 2008, 2674, 2677; *Küting/Pfirmann/Ellmann*, KoR 2008, 689, 695.

1901 Beschlussempfehlung Rechtsausschuss, BT-Drs. 16/12407, S. 86 f.; *Gelhausen/Fey/Kämpfer*, Rechnungslegung, 2009, S. 324; *von der Laage*, WM 2012, 1322, 1323; *Petersen/Zwirner/Froschhammer*, KoR 2010, 334, 335; *Ruberg*, NZG 2011, 1048; *Zwirner/Boecker*, BC 2011, 7.

1902 *Petersen/Zwirner/Froschhammer*, KoR 2011, 437 f.; *Küting/Lorson/Eichenlaub/Toebe*, GmbHR 2011, 1, 3.

1903 *Althoff*, DStR 2012, 868; 869; *Gelhausen/Fey/Kämpfer*, Rechnungslegung, 2009, S. 324; *Gelhausen/Althoff*, WPg 2009, 584, 586; *Funnemann/Kerssenbrock*, BB 2008, 2674, 2677; *Küting/Lorson/Eichenlaub/Toebe*, GmbHR 2011, 1, 2; *Lanfermann/Röhricht*, DStR 2009, 1216, 1218; *Marx/Dallmann*, Stbg 2010, 453–455, 458–464, 461; *Petersen/Zwirner/Froschhammer*, KoR 2011, 437; *Zwirner/Boecker*, BC 2011, 7.

Notwendigkeit mehr für eine Sperrung.[1904] Die Abschreibung hat infolgedessen bereits eine Verminderung des Jahresergebnisses zur Folge; eine weitere Reduzierung des ausschüttungsfähigen Volumens durch § 268 Abs. 8 HGB ist dann weder notwendig noch sachgerecht.[1905] Dabei sind auch die jeweiligen passiven latenten Steuern in den Folgejahren weiterzurechnen und entsprechend in Abzug zu bringen.[1906]

Auch wenn sich der Vermögensgegenstand durch Veräußerung nicht mehr im Gesellschaftsvermögen befindet, entfällt die Sperre, da auf diese Weise die Werthaltigkeit durch den Marktbezug bestätigt wird und es zu einer Objektivierung des Werts kommt.[1907] Der Bilanzposten hat sich infolgedessen realisiert. Es erfolgt somit eine „Entsperrung" der Beträge.[1908]

d) Rechtsfolgen bei Verstoß gegen § 268 Abs. 8 HGB

Die Ausschüttungssperre des § 268 Abs. 8 HGB soll Ausschüttungen von Bilanzpositionen verhindern, die vom Gesetzgeber als unsicher eingestuft werden. Dies geschieht zur Sicherung der Gläubiger und zum Erhalt des Gesellschaftsvermögens.[1909] Aus der Norm ergibt sich unmittelbar keine spezielle Rechtsfolge bei Verstößen. Daher ist auf die allgemeinen Regelungen zurückzugreifen.

aa) Nichtigkeit des Gewinnverwendungsbeschlusses

Beschließt die Hauptversammlung eine Gewinnausschüttung, die § 268 Abs. 8 HGB widerspricht, so ist der Gewinnverwendungsbeschluss gem. § 241 Nr. 3 Alt. 2 AktG nichtig, da die Vorschrift dem Gläubigerschutz dient.[1910] Für die GmbH gilt dies analog.[1911]

1904 *Gelhausen/Fey/Kämpfer*, Rechnungslegung, 2009, S. 324 f.; *Küting/Lorson/Eichenlaub/Toebe*, GmbHR 2011, 1, 3; *Petersen/Zwirner/Froschhammer*, KoR 2011, 437, 438.

1905 *Gelhausen/Althoff*, WPg 2009, 584, 586.

1906 *Küting/Lorson/Eichenlaub/Toebe*, GmbHR 2011, 1, 5; *Petersen/Zwirner/Froschhammer*, KoR 2010, 334, 336.

1907 *Gelhausen/Althoff*, WPg 2009, 584, 586; *Küting/Lorson/Eichenlaub/Toebe*, GmbHR 2011, 1, 4; *Petersen/Zwirner/Froschhammer*, KoR 2011, 437, 438.

1908 *Petersen/Zwirner/Froschhammer*, KoR 2011, 437, 438.

1909 RegE BilMoG, BT-Drs. 16/10067, S. 64; *Grottel/Huber*, in: BBK 10. Aufl. 2016, § 268, Rn. 65; *Küting/Lorson/Eichenlaub/Toebe*, GmbHR 2011, 1, 7; *Reiner/Haußer*, in: Müko HGB 3. Aufl. 2013, § 268, Rn. 45.

1910 *Suchan*, in: MüKo BilanzR 2013, § 268, Rn. 89; *Gelhausen/Fey/Kämpfer*, Rechnungslegung, 2009, S. 334; *Gelhausen/Althoff*, WPg 2009, 584, 590; *Kropff*, in: FS Hüffer, S. 539, 541; *von der Laage*, WM 2012, 1322, 1326; *Simon*, NZG 2009, 1081, 1085; *Link*, Ausschüttungssperre, 2014, S. 167. Dies galt auch schon nach alter Rechtslage, siehe dazu ADS, § 269, Rn. 24; *Funnemann/Kerssenbrock*, BB 2008, 2674, 2675.

1911 Siehe nur *Bayer*, in: Lutter/Hommelhoff, GmbHG 19. Aufl. 2016, Anh. § 47, Rn. 1; *Teichmann*, in: Gehrlein/Born/Simon, GmbHG 3. Aufl. 2017, Anh. § 47, Rn. 1, 4 jeweils m.w.N.

bb) Umfang der Nichtigkeit

Klärungsbedürftig ist jedoch die Frage, ob die Nichtigkeit des Gewinnverwendungsbeschlusses die Nichtigkeit des Beschlusses in vollem Umfang[1912] oder nur die Teilnichtigkeit[1913] zur Folge hat. Zur Beurteilung, ob ein Rechtsgeschäft als gesamt- oder nur teilnichtig anzusehen ist, dient § 139 BGB. Danach ist grundsätzlich von der Gesamtnichtigkeit auszugehen, wenn nicht die Auslegung des Parteiwillens ergibt, dass es auch ohne den nichtigen Teil geschlossen worden wäre. Die Norm kann auf Hauptversammlungsbeschlüsse analog angewandt werden.[1914] Die Teilnichtigkeit kommt aber nur in Betracht, wenn sich das Rechtsgeschäft auf einen abtrennbaren Teil beschränken und der verbleibende Teil selbstständig Bestand haben kann.[1915] Somit muss durch Auslegung ermittelt werden, ob es dem mutmaßlichen Willen der Aktionäre in der Hauptversammlung entspricht, auch dann an dem gefassten Gewinnverwendungsbeschluss festhalten zu wollen, wenn dieser nicht in dem beschlossenen Umfang Bestand haben kann.

Der Gewinnverwendungsbeschluss ist in seiner Höhe variabel, sodass die Nichtigkeit auch einen beschränkbaren Teil des Beschlusses betreffen kann. Daher ist in einem Folgeschritt zu prüfen, ob es dem hypothetischen Willen der Gesellschafter entspricht, dass der Gewinnverwendungsbeschluss in der Höhe bestehen bleibt, in der keine ausschüttungsgesperrten Beträge vorhanden sind. Für den Fall, dass eine Ausschüttung in geringerem Umfang als in der beschlossenen Höhe möglich ist, kann davon ausgegangen werden, dass es dem Willen der Gesellschafter entspricht, zumindest im höchstmöglichen Umfang (abzüglich der gesperrten Teile) am Gewinnverwendungsbeschluss festzuhalten.[1916] Durch die Streichung des nichtigen Teils erfolgt eine gesetzeskonforme Regelung, die als Maßstab für den mutmaßlichen Willen herangezogen werden kann.[1917] Der nicht auszuschüttende Betrag ist dann aus Vereinfachungsgründen als Gewinn vorzutragen, da die Aktionäre auf diese Weise in den Folgeperioden auf den Betrag zugreifen können, falls der die Ausschüttungssperre verursachende Sachverhalt wegfällt.[1918]

Die Teilnichtigkeit kommt als Möglichkeit überhaupt nur deshalb in Betracht, weil die Ausschüttungssperre des § 268 Abs. 8 HGB außerbilanziell wirkt. Denn

---

1912 *Kaya/Borgwardt*, StuB 2010, 727; *Grottel/Huber*, in: BBK 10. Aufl. 2016, § 268, Rn. 81; *Marx/Dallmann*, Stbg 2010, 453–455, 458–464, 464; wohl auch *Kropff*, in: FS Hüffer, S. 539, 541.

1913 *Gelhausen/Althoff*, WPg 2009, 584, 590; *Küting/Lorson/Eichenlaub/Toebe*, GmbHR 2011, 1, 7; *von der Laage*, WM 2012, 1322, 1326; *Simon*, NZG 2009, 1081, 1085; *Verse*, in: GesR in der Diskussion 2009, S. 67, 73.

1914 *Ellenberger*, in: Palandt, Bürgerliches Gesetzbuch 76. Aufl. 2017, § 139, Rn. 3; *Koch*, in: Hüffer/Koch, AktG 12. Aufl. 2016, § 241, Rn. 33 m.w.N.; *von der Laage*, WM 2012, 1322, 1326; *Simon*, NZG 2009, 1081, 1085.

1915 *Ellenberger*, in: Palandt, Bürgerliches Gesetzbuch 76. Aufl. 2017, § 139, Rn. 10.

1916 *von der Laage*, WM 2012, 1322, 1326; *Link*, Ausschüttungssperre, 2014, S. 169.

1917 *von der Laage*, WM 2012, 1322, 1327.

1918 *von der Laage*, WM 2012, 1322, 1326; *Link*, Ausschüttungssperre, 2014, S. 171.

wenn der Gewinnverwendungsbeschluss bereits auf einem festgestellten nichtigen Jahresabschluss beruht, kommt eine Teilnichtigkeit von vorneherein nicht infrage.[1919] Wird gegen die Vorschriften zur Bildung der gesetzlichen Rücklage verstoßen, so betrifft dies nicht nur den Gewinnverwendungsverschluss, sondern die Feststellung des Jahresabschlusses. Dieser ist dann gem. § 256 Abs. 1 Nr. 1, 4 AktG (analog) nichtig.[1920] Beim Jahresabschluss kommt aber eine Teilnichtigkeit von vorneherein nicht in Betracht; der „fehlerhafte Teil kann nicht einfach weggestrichen werden".[1921]

cc) Rückgewähr zu Unrecht bezogener Auszahlungen

Nach dem aktienrechtlichen Kapitalschutz besteht als Rechtsfolge zu Unrecht gewährter Dividenden ein Rückzahlungsanspruch gem. § 62 Abs. 1 S. 1 AktG der Gesellschaft gegen die Aktionäre.[1922] Soweit der Gewinnverwendungsbeschluss in Widerspruch zur Ausschüttungssperre ergangen ist, ist dieser als teilnichtig einzustufen. Dadurch sind die Ausschüttungen in der entsprechenden Höhe aufgrund eines unwirksamen Gewinnverwendungsbeschlusses ergangen. Der gesellschaftsrechtliche Rückzahlungsanspruch ergibt sich somit unmittelbar aus der Teilnichtigkeit des Gewinnverwendungsbeschlusses.[1923] Ein daneben denkbarer bereicherungsrechtlicher Anspruch auf Rückzahlung der zu Unrecht ausgezahlten Beträge ist aufgrund der Sondervorschrift des § 62 AkG als lex specialis nicht einschlägig.[1924]

Auch bei der GmbH entsteht ein Rückzahlungsanspruch der Gesellschaft nach den allgemeinen Regelungen der §§ 30 Abs. 1 S. 1, 31 Abs. 1 GmbHG. Da § 30 Abs. 1 S. 1 GmbHG vom Wortlaut her nur das Stammkapital schützt, sind die ausschüttungsgesperrten Beträge bei der Ermittlung der Unterbilanz nicht einzubeziehen.[1925] Sollten diese Beträge dennoch berücksichtigt und in entsprechender Höhe ausgeschüttet worden sein, erfolgte die Zahlung entgegen der Vorschrift des § 30 Abs. 1 GmbHG, sodass der Rückzahlungsanspruch nach § 31 Abs. 1 GmbHG besteht. Bei der GmbH kommt mangels lex specialis ein bereicherungsrechtlicher Anspruch in Betracht, da die auf dem nichtigen Gewinnverwendungsbeschluss beruhende Ausschüttung in diesem Umfang rechtsgrundlos erfolgte.[1926]

1919 Vgl. *Koch*, in: Hüffer/Koch, AktG 12. Aufl. 2016, § 241, Rn. 33.

1920 *Hennrichs/Pöschke*, in: MüKo AktG 3. Aufl. 2013, § 150, Rn. 36 f.; *Koch*, in: Hüffer/Koch, AktG 12. Aufl. 2016, § 150, Rn. 13; *Lutter/Kleindiek*, in: Lutter/Hommelhoff, GmbHG 19. Aufl. 2016, § 5a, Rn. 48; *Veil*, ZGR 2009, 623, 634.

1921 *von der Laage*, WM 2012, 1322, 1327.

1922 Siehe allgemein dazu S. 75 ff., S. 80 ff.

1923 *von der Laage*, WM 2012, 1322, 1327.

1924 Siehe dazu nur *Drygala*, in: KK-AktG 3. Aufl. 2011, § 62, Rn. 74; *Link*, Ausschüttungssperre, 2014, S. 171; a.A. *von der Laage*, WM 2012, 1322, 1327.

1925 Siehe S. 317.

1926 Statt vieler *Ekkenga*, in: MüKo GmbHG 2. Aufl. 2015, § 31, Rn. 39; *von der Laage*, WM 2012, 1322, 1327; *Link*, Ausschüttungssperre, 2014, S. 172.

e) Vermeidung der Doppelberücksichtigung passiver latenter Steuern

Das Bestreben des Gesetzgebers ging explizit dahin, die doppelte Berücksichtigung latenter Steuern zu vermeiden.[1927] Dies wird durch die Verrechnung der passiven latenten Steuern mit den ausschüttungsgesperrten Sachverhalten bei § 268 Abs. 8 S. 1 und 3 HGB erreicht.[1928] Allerdings gilt dies nur, wenn nicht von dem Ausweiswahlrecht zur Aktivierung latenter Steuern gem. § 274 Abs. 1 S. 2 HGB Gebrauch gemacht wird. Wird aber ein Aktivüberhang latenter Steuern ausgewiesen, kann es doch zu einer Doppelberücksichtigung kommen, allerdings mit der Folge, dass die Ausschüttungssperre nicht zu hoch, sondern aus Gläubigerschutzgründen zu niedrig ausfällt. Dieses Phänomen ergibt sich aus der Wechselwirkung der die Ausschüttungssperre verursachenden Sachverhalte zueinander.[1929]

Die einzelnen gesperrten Bilanzposten stehen bei der Ermittlung der Ausschüttungssperre in einem Zusammenhang. Durch die Verrechnung der entsprechenden passiven latenten Steuern bei § 268 Abs. 8 S. 1 und 3 HGB werden bei den immateriellen Vermögensgegenständen des Anlagevermögens gem. § 248 Abs. 2 HGB und beim Deckungsvermögen gem. § 246 Abs. 2 S. 2 HGB nur die Nettobeträge ausschüttungsgesperrt. Fraglich ist, ob die bereits auf diese Weise kompensatorisch berücksichtigten passiven latenten Steuern bei der Bemessung der Ausschüttungssperre für die aktiven latenten Steuern gem. § 268 Abs. 8 S. 2 HGB nochmals einfließen.[1930] Denn die passiven latenten Steuern haben in Bezug auf die aktiven latenten Steuern eine „Entsperrwirkung“,[1931] da nur der Aktivüberhang latenter Steuern von der Ausschüttungssperre erfasst ist. Je höher die für § 268 Abs. 8 S. 2 HGB berücksichtigten passiven latenten Steuern sind, desto niedriger fällt der Aktivüberhang aus. Dadurch führen die passiven latenten Steuern einerseits zu einer Reduzierung des Aktivsaldos (§ 274 Abs. 2 S. 1 HGB) und andererseits zur Reduzierung der für die Ausschüttungssperre gebildeten latenten Steuern beim jeweiligen Bilanzposten (bspw. bei selbst geschaffene immaterielle Vermögensgegenstände des Anlagevermögens). Dies zeigt sich in folgender Beispielsrechnung:[1932]

Es wurden immaterielle Vermögensgegenstände des Anlagevermögens i.H.v. 150 GE in der Bilanz ausgewiesen. Bei einem unterstellten Steuersatz von 30 %

1927 RegE BilMoG, BT-Drs. 16/10067, S. 64; Beschlussempfehlung Rechtsausschuss, BT-Drs. 16/12407, S. 87.

1928 Siehe S. 316 f.

1929 Ausführliche Darstellung der Problematik mit Erarbeitung eines eigenen Ansatzes bei *Link*, Ausschüttungssperre, 2014, S. 129 ff.

1930 *Ruberg*, NZG 2011, 1048, 1051.

1931 *Ruberg*, NZG 2011, 1048, 1049 f. Siehe auch bereits S. 313.

1932 Zu weiteren Berechnungsbeispielen siehe *Althoff*, DStR 2012, 868, 869 f.; *Karrenbrock*, BB 2011, 683, 686 f.; *Küting/Seel*, DB 2009, 922; *Küting/Lorson/Eichenlaub/Toebe*, GmbHR 2011, 1, 4 f.; *Lüdenbach*, StuB 2010, 588 f.; *Link*, Ausschüttungssperre, 2014, S. 132; *Steinbach*, Latente Steuern, 2012, S. 243; *Zülch/Hoffmann*, DB 2010, 909, 910.

entfallen auf diesen Posten 45 GE passive latente Steuern. Daneben sind in Gesamtumfang passive latente Steuern von 50 GE und aktive latente Steuern von 100 GE zu bilanzieren.

A					P
Immaterielle Vermögensgegenstände des Anlagevermögens		150			
(Darauf entfallende passive latente Steuern)	45				
Aktive Latenzen		100	Passive Latenzen		50
Ausschüttungssperre (nach dem Wortlaut des § 268 Abs. 8 HGB)					
§ 268 Abs. 8 S. 1 HGB	= 105 GE		(150 GE./. 45 GE)		
§ 268 Abs. 8 S. 2 HGB	= 50 GE		(inkl. passiver Latenzen auf immaterielle Vermögensgegenstände)		
	= **155 GE**				

Die Ausschüttungssperre beträgt für die immateriellen Vermögensgegenstände 105 GE. Dies ergibt sich nach § 268 Abs. 8 S. 1 HGB aus dem Bilanzansatz abzüglich der passiven latenten Steuern auf den entsprechenden Posten (150 GE – 45 GE =105 GE). Daneben ist gem. § 268 Abs. 8 S. 2 HGB der aktivierte Saldo der passiven latenten Steuern und der aktiven latenten Steuern ausschüttungsgesperrt, er beträgt hier 50 GE. Nach dieser wortlautgetreuen Anwendung der Ausschüttungssperre ergäbe sich bei der Gesamtbetrachtung ein gesperrter Betrag von 155 GE.

Die auf die immateriellen Vermögensgegenstände entfallenden passiven latenten Steuern i.H.v. 45 GE würden dann von dem aktivierten Bilanzansatz abgezogen und zusätzlich bei der Berechnung des Aktivsaldos im Gesamtbetrag der passiven Latenzen (50 GE) enthalten sein. Ohne diese Doppelberücksichtigung ergäbe sich eine Ausschüttungssperre von 200 GE (=105 + [100-5]).

Folge der Doppelberücksichtigung wäre somit, dass die passiven latenten Steuern eines ausschüttungsgesperrten Sachverhalts den Bemessungsbetrag für die Ausschüttungssperre doppelt mindern und diese aus Gläubigerschutzperspektive zu niedrig angesetzt wird.[1933] Es besteht weitestgehend Einigkeit, dass die Doppelberücksichtigung passiver latenter Steuern daher im Widerspruch zum Sinn und Zweck der Ausschüttungssperre steht, unsichere Gewinnanteile aus dem potentiellen Ausschüttungsvolumen zu eliminieren.[1934] Das ausschüttungsfähige Volumen wird durch die doppelte Berücksichtigung unangemessen stark reduziert.

1933 *Karrenbrock*, BB 2011, 683, 686; *Küting/Lorson/Eichenlaub/Toebe*, GmbHR 2011, 1, 3; *Küting/Seel*, DB 2009, 922, 925; *Kessler/Leinen/Paulus*, KoR 2009, 716, 725; *Marx/ Dallmann*, Stbg 2010, 453–455, 458–464, 460; *Petersen/Zwirner/Froschhammer*, KoR 2010, 334, 337; *Zülch/Hoffmann*, DB 2010, 909, 910.

1934 *Althoff*, DStR 2012, 868, 869; *Gelhausen/Fey/Kämpfer*, Rechnungslegung, 2009, S. 333; *Hoffmann/Lüdenbach*, in: NWB Kommentar Bilanzierung 7. Aufl. 2016,

Zur Lösung dieses Problems wird ganz überwiegend die Ansicht vertreten, dass statt der wortlautgetreuen Anwendung des § 268 Abs. 8 S. 2 HGB eine Modifikation vorgenommen werden muss, und zwar dergestalt, dass die bereits durch § 268 Abs. 8 S. 1 und 3 HGB berücksichtigten passiven latenten Steuern bei der Ermittlung der Ausschüttungssperre für aktivierte latente Steuern wieder hinzugerechnet werden müssen.[1935]

Dieses Vorgehen führt nach einer anderen Ansicht aber nicht generell zu einer sachgerechten Lösung.[1936] Außerdem erfolge die Hinzurechnung der nach § 268 Abs. 8 S. 1 und 3 HGB bereits berücksichtigten passiven latenten Steuern nicht nur unabhängig vom Ansatz des Aktivüberhangs, sondern sei vielmehr immer (wenn auch nur dann) bei der Verrechnung von aktiven latenten und passiven latenten Steuern notwendig.[1937] Daher wird vorgeschlagen, nur bei Verrechnung von passiven latenten Steuern, die auf der Aktivierung selbst geschaffener immaterieller Vermögensgegenstände des Anlagevermögens oder auf der Bewertung des Deckungsvermögens zum Zeitwert beruhen, eine Korrektur herbeizuführen.[1938]

f) Auswirkungen auf die Gewinnverwendungskompetenz der Gesellschaftsorgane

aa) Thesaurierungskompetenz

Grundsätzlich können die in der Gesellschaft verbleibenden Vermögensanteile in eine freie Rücklage eingestellt oder als Gewinn vorgetragen werden. Allerdings macht § 268 Abs. 8 HGB keine Vorgaben, welches Gesellschaftsorgan für diese Entscheidung zuständig ist. Es stellt sich die Frage, ob bei der Aktiengesellschaft darüber die Hauptversammlung oder der Vorstand und Aufsichtsrat zu entscheiden haben.

Die Ausschüttungssperre soll eine Auszahlung der gesperrten Mittel an die Aktionäre verhindern. Ein Gewinnverwendungsbeschluss, der dagegen verstößt, ist nichtig. Um einen solchen Fall von vornherein zu vermeiden, könnte man darauf verfallen, die Thesaurierungskompetenz des Vorstands gem. § 58 Abs. 2 und 2a AktG zu erweitern; die Hauptversammlung darf ohnehin keine Ausschüttung der gesperrten Beträge beschließen. Durch diese Kompetenzerweiterung könnte man

---

§ 268, Rn. 164; *Kessler/Leinen/Paulus*, KoR 2009, 716, 725; *Küting/Seel*, DB 2009, 922, 925; *Link*, Ausschüttungssperre, 2014, S. 131.

1935 *Herzig/Vossel*, BB 2009, 1174, 1177; *Kessler/Leinen/Paulus*, KoR 2009, 716, 725; *Grottel/Huber*, in: BBK 10. Aufl. 2016, § 268, Rn. 71; *Suchan*, in: MüKo BilanzR 2013, § 268, Rn. 85; *Kühne/Melcher/Wesemann*, WPg 2009, 1005, 1012; *Küting/Seel*, DB 2009, 922, 925; *Zülch/Hoffmann*, DB 2010, 909, 910.

1936 *Karrenbrock*, BB 2011, 683, 687; *Steinbach*, Latente Steuern, 2012, S. 243 f.

1937 *Karrenbrock*, BB 2011, 683, 687; dem folgend *Steinbach*, Latente Steuern, 2012, S. 243 f.

1938 *Karrenbrock*, BB 2011, 683, 687; dem folgend *Steinbach*, Latente Steuern, 2012, S. 247 f.

bereits bei Aufstellung des Jahresabschlusses den gesperrten Betrag durch Einstellung in eine Rücklage der Verwendung für Ausschüttungen entziehen.[1939] Das ist allerdings nicht unproblematisch, denn wenn der Vorstand etwa bereits bei Aufstellung des Jahresabschlusses die ausschüttungsgesperrten Beträge in die Kapitalrücklage einstellt und keinen Gewinnvortrag vorschlägt, wären die gesperrten Vermögensanteile den Aktionären dauerhaft entzogen, selbst dann, wenn die Sperre in den Folgeperioden wegfiele.[1940] Bei Betrachtung der allgemeinen Vorschriften zur Auflösung von Rücklagen im Aktienrecht (§ 150 Abs. 3 und 4 HGB) wird deutlich, dass der Hauptversammlung nicht die Kompetenz zur Auflösung zukommt. Auch die freien Gewinnrücklagen können nur bei der Aufstellung des Jahresabschlusses durch den Vorstand (§ 172 AktG) oder bei der Feststellung durch den Aufsichtsrat (§ 173 AktG) aufgelöst werden. Damit ergeben sich, je nachdem, ob die ausschüttungsgesperrten Anteile in eine Rücklage eingestellt oder als Gewinn vorgetragen werden, unterschiedliche Auswirkungen hinsichtlich der Verwendungskompetenz in den Folgejahren.

Es ist ferner auch nach den gesetzlichen Wertungen Sache der Hauptversammlung, darüber zu entscheiden, wie mit dem ausschüttungsgesperrten Betrag verfahren wird. Ihr steht gem. § 58 Abs. 3 AktG die Verwendungskompetenz zu, auch wenn diese insoweit beschränkt ist, als eine Ausschüttung nicht erfolgen darf.[1941] Eine Befugnis des Vorstands oder des Aufsichtsrats, die ausschüttungsgesperrten Beträge bereits bei der Aufstellung des Jahresabschlusses in eine Rücklage einzustellen, ergibt sich daher weder aus dem Wortlaut oder dem Sinn der Vorschrift noch aus der Gesetzessystematik.[1942]

Aus der Regelung des § 268 Abs. 8 HGB folgt somit keine Änderung im gesellschaftsrechtlichen Kompetenzgefüge, es ist daher auf die reguläre Organkompetenz zurückzugreifen.[1943] Bei der Aktiengesellschaft entscheidet gem. §§ 174, 58 Abs. 3 AktG die Hauptversammlung über die Verwendung des Bilanzgewinns. Dies gilt unabhängig von möglichen Sperrbeträgen. Die Ausschüttungssperre schreibt hingegen einen Höchstbetrag für zulässige Ausschüttungen vor. Daraus folgt, dass der Gewinnverwendungsvorschlag an die Gesellschafter die Ausschüttungssperre berücksichtigen muss und keine höheren als nach § 268 Abs. 8 HGB zulässige Beträge

---

1939 *Gelhausen/Althoff*, WPg 2009, 584, 590.

1940 *Verse*, in: GesR in der Diskussion 2009, S. 67, 76; *Gelhausen/Althoff*, WPg 2009, 584, 591; *Küting/Lorson/Eichenlaub/Toebe*, GmbHR 2011, 1, 8; *Petersen/Zwirner/Froschhammer*, KoR 2010, 334, 338; *Petersen/Zwirner/Froschhammer*, KoR 2011, 437, 439; *Link*, Ausschüttungssperre, 2014, S. 144 f.

1941 Vgl. *Kropff*, in: FS Hüffer, S. 539, 541; *Kühnberger*, BB 2011, 1387, 1390; *Petersen/Zwirner/Froschhammer*, KoR 2010, 334, 337. Kritisch dazu *Verse*, in: GesR in der Diskussion 2009, S. 67, 77.

1942 *Kropff*, in: FS Hüffer, S. 539, 541; *Küting/Lorson/Eichenlaub/Toebe*, GmbHR 2011, 1, 8; *Simon*, NZG 2009, 1081, 1084.

1943 *Gelhausen/Althoff*, WPg 2009, 584, 591; *Kaya/Borgwardt*, StuB 2010, 727, 731; *Küting/Lorson/Eichenlaub/Toebe*, GmbHR 2011, 1, 8; *Simon*, NZG 2009, 1081, 1084.

zur Ausschüttung enthalten darf. Durch die Ausschüttungssperre erfolgt demgemäß eine Beschränkung der Gewinnverwendungskompetenz der Gesellschaftsorgane (§§ 58, 174 AktG, 29, 46 Nr. 1 GmbHG).[1944] Die Entscheidung, ob der gesperrte Betrag in eine Gewinnrücklage eingestellt oder als Gewinn vorgetragen wird, trifft aber weiterhin die Hauptversammlung oder die Gesellschafterversammlung.

Sofern die Hauptversammlung einer Aktiengesellschaft in den Folgejahren auf die dann möglicherweise entsperrten Beträge zugreifen möchte, ist es notwendig den Gewinn vorzutragen.

bb) Verhältnis zu den gesetzlichen Rücklagen

Auch im Verhältnis zu den nach §§ 150 Abs. 1 und 2, 272 Abs. 4 AktG, § 5a Abs. 3 GmbHG obligatorisch zu bildenden Rücklagen hat die Ausschüttungssperre des § 268 Abs. 8 HGB keinen Einfluss. Die Rücklagen sind unabhängig von der Ausschüttungssperre aus dem Jahresüberschuss zu bilden.[1945] Es erfolgt hinsichtlich der Rücklagenbildung kein vorheriger Abzug der ausschüttungsgesperrten Gewinnanteile vom Jahresabschluss.[1946] Denn die Ausschüttungssperre auf der einen Seite verfolgt ein anderes Regelungsziel als die verpflichtend zu bildenden Rücklagen auf der anderen Seite.[1947]

g) Inkonsistenzen des Anwendungsbereichs

Durch die Ausschüttungssperre sollen die Beeinträchtigungen des Vorsichts- und Realisationsprinzips ausgeglichen und das bestehende Gläubigerschutzniveau beibehalten werden.[1948] Dieser Intention des Gesetzgebers folgend wäre es angezeigt gewesen, sämtliche neu geregelten Bilanzierungssachverhalte, die das Vorsichts- und Realisationsprinzip beeinträchtigen, mit der Ausschüttungssperre zu belegen. Vor allem das Aktivierungsgebot für den derivativen GoF gem. § 246 Abs. 1 S. 4 HGB und die Abzinsungspflicht von Rückstellungen gem. § 253 Abs. 2 S. 1 HGB hätten eine Ausschüttungssperre erfordert, um das Kapitalschutzsystem konsequent auszugestalten. Auch bei den aktivierten latenten Steuern wäre ein erweiterter Anwendungsbereich sinnvoll gewesen, um alle Bewertungsunsicherheiten zu erfassen.

1944 *Gelhausen/Althoff*, WPg 2009, 584, 589 f.; *Kaya/Borgwardt*, StuB 2010, 727, 731; *von der Laage*, WM 2012, 1322, 1323; *Marx/Dallmann*, Stbg 2010, 453–455, 458–464, 462; *Simon*, NZG 2009, 1081, 1085; *Petersen/Zwirner/Froschhammer*, KoR 2010, 334, 337.

1945 *Küting/Lorson/Eichenlaub/Toebe*, GmbHR 2011, 1, 8; *Petersen/Zwirner/Froschhammer*, KoR 2010, 334, 337; *Simon*, NZG 2009, 1081, 1084; *Kaya/Borgwardt*, StuB 2010, 727, 731.

1946 *Simon*, NZG 2009, 1081, 1084.

1947 *Simon*, NZG 2009, 1081; ähnlich *Gelhausen/Althoff*, WPg 2009, 584, 588 f.

1948 RegE BilMoG, BT-Drs. 16/10067, S. 50, 64, 67.

(1) Derivativer GoF

Die Ausschüttungsfähigkeit des aktivierten entgeltlich erworbenen GoF ist rechtspolitisch fragwürdig.[1949] In dem derivativen GoF kommt die Erwartung zukünftiger Erträge des kaufenden an das erworbene Unternehmen zum Ausdruck, die sich im Kaufpreis manifestieren. Der GoF vereint in sich Faktoren wie Standortvorteile, Mitarbeiterpotentiale, Kundenstamm usw. Mangels Einzelverwertbarkeit dieser Einflüsse handelt es sich daher auch nicht um einen Vermögensgegenstand, sodass der Gesetzgeber diesen Bilanzposten qua Fiktion (§ 246 Abs. 1 S. 4 HGB) den allgemeinen Regeln für Vermögensgegenstände unterwirft. Rein dogmatisch zeigt sich aber an dieser Notwendigkeit, dass es sich um keinen Vermögensgegenstand an sich handelt. Demgemäß wird in der Literatur geschlussfolgert, dass auf eine flankierende Ausschüttungssperre aus systematischen Gründen nicht verzichtet werden könne.[1950] Denn bereits Werte, die den Anforderungen an die Vermögensgegenstandseigenschaft genügen, wie selbst geschaffene immaterielle Vermögensgegenstände des Anlagevermögens, werden vom Gesetzgeber aufgrund ihrer latenten Unsicherheit mit der Ausschüttungssperre belegt. Dies müsse dann für den derivativen GoF erst recht gelten.[1951]

Dagegen wird eingewendet, dass die Ausschüttungssperre für den GoF nicht zwingend erforderlich sei, denn es handele sich im eigentlichen Sinne auch nicht um einen Vermögensgegenstand.[1952] Als Argument lässt sich für diese Ansicht anführen, dass der entgeltlich erworbene GoF eine hinreichende Objektivierung durch Marktbestätigung in Form des Unternehmenskaufs erfahren hat, sodass von seiner Werthaltigkeit ausgegangen werden kann.

Zwar war auch nach altem Recht keine Sperre für den derivativen GoF vorgesehen[1953] und der Ansatz von selbst geschaffenen immateriellen Vermögensgegenständen des Anlagevermögens untersagt. Daher könnte man auf den ersten Blick vermuten, dass eine Differenzierung hinsichtlich der Erfassung durch die Ausschüttungssperre gerechtfertigt sei. Mit der Ungleichbehandlung dieser nunmehr aktivierungsfähigen selbst erstellten immateriellen Vermögensgegenstände des Anlagevermögens im Vergleich zum derivativen GoF setzt der Gesetzgeber aber das fatale Signal, dass mit dem GoF eine höhere Wertsicherheit verbunden sei.[1954]

1949 Siehe auch S. 252.

1950 *Hennrichs*, in: Bilanzrecht in Familienunternehmen, S. 101, 117; *Kaya/Borgwardt*, StuB 2010, 727, 728; *Moxter*, DB 2008, 1514, 1517; *Rammert/Thies*, WPg 2009, 34, 36; *Velte*, KoR 2008, 61, 68; ähnlich, aber vorsichtiger *Marx/Dallmann*, Stbg 2010, 453–455, 458–464, 458.

1951 *Hennrichs*, in: Bilanzrecht in Familienunternehmen, S. 101, 117.

1952 *Arbeitskreis Bilanzrecht der Hochschullehrer Rechtswissenschaft*, BB 2008, 152, 156; *Pellens/Kemper/Schmidt*, ZGR 2008, 381, 403; *Röhricht*, Gläubigerschutz, 2011, S. 122.

1953 Vgl. *Verse*, in: GesR in der Diskussion 2009, S. 67, 79.

1954 *Rammert/Thies*, WPg 2009, 34, 36; ähnlich *Petersen/Zwirner/Froschhammer*, KoR 2010, 334, 336; *Velte/Köster*, Buchführung, Bilanzierung, Kostenrechnung 2009, 959, 963.

Dem kann indes nicht zugestimmt werden. Zwar konnte durch den Unternehmenskauf ein gewisser Werthaltigkeitsbeweis angetreten werden; allerdings trägt der derivative GoF im Gegensatz zu den selbst geschaffenen immateriellen Vermögensgegenständen des Anlagevermögens keinesfalls zur Schuldendeckung der Gesellschaftsverbindlichkeiten bei. Dies zeigt sich auch in der fehlenden Eigenschaft als Vermögensgegenstand. Konsequenterweise hätte daher die Ausschüttungssperre auch auf den derivativen GoF erstreckt werden müssen.

(2) Abzinsung von Rückstellungen

Die neu eingeführte Abzinsungspflicht von Rückstellungen gem. § 253 Abs. 2 S. 1 HGB stellt eine Vorwegnahme künftiger Erträge dar. Dies ist bei einseitiger Verpflichtungslage mit dem Realisationsprinzip grundsätzlich unvereinbar.[1955] Allerdings ist im Rahmen der Rückstellungsbewertung durch die Berücksichtigung künftiger Preis- und Kostensteigerung auch ein gewinnmindernder Effekt zu beobachten.[1956] Gleichwohl ändert dies nichts an der Feststellung, dass diese zwei gegenläufigen Effekte keinen unmittelbaren Zusammenhang besitzen und daher getrennt voneinander beurteilt werden müssen. Vielmehr wäre die Erfassung durch die Ausschüttungssperre sinnvoll, um die mit der Abzinsungspflicht verbundene Durchbrechung des Realisationsprinzips auszugleichen.[1957]

(3) Beschränkung auf den Aktivüberhang latenter Steuern

Wie bereits beschrieben, ist aufgrund der kompensatorischen „Entsperrwirkung"[1958] der passiven latenten Steuern nur der Aktivüberhang der latenten Steuern von der Ausschüttungssperre erfasst. Wenn schon nicht auf den Ansatz aktiver latenter Steuern in der Bilanz verzichtet werden soll, darf die Ausschüttungssperre gem. § 268 Abs. 8 S. 2 HGB aber nicht auf den Aktivüberhang beschränkt werden, sondern muss den gesamten Umfang aktiver latenter Steuern erfassen, um einen hinreichenden und effizienten Kapitalschutz zu gewährleisten.[1959] Denn die Unsicherheiten beziehen sich auf den gesamten Betrag aktiver latenter Steuern, unabhängig davon, in welcher Höhe passive latente Steuern dem gegenüberstehen.[1960] So besteht die Gefahr, dass bei einer außerplanmäßigen Abschreibung der aktiven latenten Steuern nicht ausreichend Mittel im Unternehmen verbleiben, um potentielle Verluste

---

1955 Siehe dazu S. 220 f.; vgl. auch *Schulze-Osterloh*, in: Festgabe 100 Jahre Deloitte, S. 413, 425; *Schulze-Osterloh*, DStR 2008, 63, 70.

1956 *Verse*, in: GesR in der Diskussion 2009, S. 67, 75.

1957 *Arbeitskreis Bilanzrecht der Hochschullehrer Rechtswissenschaft*, BB 2008, 209; *Hennrichs*, in: Bilanzrecht in Familienunternehmen, S. 101, 118; *Verse*, in: GesR in der Diskussion 2009, S. 67, 75.

1958 *Ruberg*, NZG 2011, 1048, 1050. Siehe ausführlich S. 313.

1959 So auch *Arbeitskreis Bilanzrecht der Hochschullehrer Rechtswissenschaft*, BB 2008, 209, 215; *Schulze-Osterloh*, DStR 2008, 63, 67.

1960 *Verse*, in: GesR in der Diskussion 2009, S. 67, 75.

aufzufangen.[1961] Daher wäre es aus Kapitalschutzgründen sinnvoll, die aktiven latenten Steuern voll zu erfassen.

Für das vor dem BilMoG geltende *timing*-Konzept wäre eine solche Lösung auf praktische Schwierigkeiten gestoßen, da die Ermittlung der latenten Steuern durch einen Vergleich des handelsrechtlichen Ergebnisses mit dem zu versteuernden Gewinn erfolgte. Die Bestimmung der exakten Höhe der gesamten aktiven latenten Steuern hätte einen zusätzlichen Aufwand bedeutet. Nach dem *temporary*-Konzept werden hingegen die latenten Steuern durch eine Gegenüberstellung der einzelnen Bilanzposten ermittelt. Die Verrechnung erfolgt erst im zweiten Schritt, sodass unabhängig von der Wahl der Darstellung kein zusätzlicher Aufwand für die Bestimmung der gesamten aktiven latenten Steuern entstünde. Die Summen könnten aus dem Anhang entnommen werden. Im Übrigen könnte diese kapitalschutzstärkende Maßnahme ohne Auswirkungen auf die Informationsfunktion durchgeführt werden. Die ausschüttungsgesperrten Beträge werden außerhalb der Bilanz dargestellt und führen zu keiner Änderung des Ausweises.

Auch eine übermäßige Beschränkung der Ansprüche der Gesellschafter könnte in einer Erstreckung auf den Gesamtbetrag nicht gesehen werden. Aktive latente Steuern nahmen vor dem BilMoG eine völlig untergeordnete Rolle ein. Dies hat sich deutlich gewandelt, mit der Folge, dass nunmehr in einem viel größeren Umfang eine Erhöhung der Gesellschaftsvermögen durch aktive Latenzen zu erwarten ist. Eine Beschneidung der Gewinnansprüche kann in der Erfassung des Anstiegs nicht gesehen werden, da diese auch vor der Reform nicht in vergleichbarem Maße für Ausschüttungen bereitstanden.

(4) Eigene Anteile

i. Fehlende bilanzielle Bindung

Bei dem Erwerb eigener Anteile hat der Gesetzgeber die bisher geltende „Rücklage für eigene Anteile“ gem. § 272 Abs. 4 HGB a.F. abgeschafft und stattdessen den Nettoausweis gem. § 272 Abs. 1a HGB verpflichtend vorgeschrieben. Trotz dieser Änderung sollte nach dem gesetzgeberischen Willen am „aktienrechtlich bewährten Denkmodell“ festgehalten werden, indem statt der tatsächlichen Bildung einer Rücklage eine solche nur noch hypothetisch im Zeitpunkt des Rückerwerbs eigener Anteile gebildet werden können muss (§ 71 Abs. 2 S. 2 AktG).[1962] Die Kapitalbindung in Höhe des Nennbetrags der eigenen Anteile kann damit nur im Erwerbszeitpunkt gewährleistet werden, danach ist das Vermögen bei wortlautgetreuer Gesetzesanwendung in der entsprechenden Höhe ausschüttungsfähig. Um diese Lücke im Kapitalschutz zu schließen, sieht die h.M. eine Bindung der freien Rücklagen

---

1961 *Ruberg*, NZG 2011, 1048, 1050; *Schulze-Osterloh*, DStR 2008, 63, 68; *Petersen/Zwirner*, in: Petersen/Zwirner (Hrsg.), Bilanzrechtsmodernisierungsgesetz, S. 478, 486.

1962 Siehe dazu S. 295 f.

in Höhe des Nennbetrags eigener Anteile vor.[1963] Die Umsetzung der Bindung ist allerdings umstritten. Neben der Einstellung in eine gebundene Rücklage und der Einschränkung der Ausschüttungskompetenz der Gesellschaftsorgane ist vereinzelt auch die Abbildung der gebundenen Kapitalanteile im Anhang vorgeschlagen worden.[1964] Ein solcher Mechanismus käme der neuen Ausschüttungssperre des § 268 Abs. 8 HGB sehr nahe. Indes fehlt es diesbezüglich an einem passenden gesetzlichen Anknüpfungspunkt.

Dennoch würde sich dieser Vorschlag in die neue Konzeption der Ausschüttungsbemessung nahtlos einfügen. Für den Gesetzgeber bestünde die Möglichkeit, die beim Erwerb eigener Anteile entstehende Lücke im Kapitalschutz[1965] durch einfache Erweiterung des Anwendungsbereichs des § 268 Abs. 8 HGB zu schließen.

ii. Analoge Anwendung des § 268 Abs. 8 HGB

Solange es aber an einer ausdrücklichen gesetzlichen Regelung fehlt, kommt auch eine analoge Anwendung des § 268 Abs. 8 HGB in Betracht. Die Planwidrigkeit der Regelungslücke zeigt sich direkt in den gesetzgeberischen Erwägungen, wonach an dem bewährten aktienrechtlichen Denkmodell festgehalten werden sollte. Der gesetzgeberische Wille wird gerade von der h.M. als Argument für eine zusätzliche Bindung der freien Rücklagen angesehen. Die Auswirkungen der Neuregelung wurden vom Gesetzgeber offensichtlich übersehen.[1966]

Für die Bestimmung einer vergleichbaren Interessenslage ist der Zweck des § 268 Abs. 8 HGB zu betrachten: Die Ausschüttungssperre dient dazu, Bilanzposten, deren Ansatz in Konflikt mit dem Realisationsprinzip steht, von der Ausschüttung auszunehmen, um die Beibehaltung des bisherigen Gläubigerschutzniveaus zu gewährleisten. Dies entspricht der Situation bei dem Erwerb eigener Anteile. Mit der h.M. soll verhindert werden, dass es zur Ausschüttungsfähigkeit der erhöhten Gewinnrücklage in den Folgeperioden kommt. Denn die Erhöhung der Gewinnrücklage durch den Erwerb eigener Anteile beruht nicht auf der Realisierung eines Umsatzaktes, wie es das Realisationsprinzip vorschreibt. Stattdessen erhöhen sich durch den Nettoausweis die Gewinnrücklagen, obwohl der Erwerb eigener Anteile wirtschaftlich einer Auskehrung freier Rücklagen an die Anteilseigner entspricht.[1967] Ein Ertrag wird hier nicht realisiert, die Erhöhung der freien Rücklagen ist lediglich der bilanziellen Darstellung geschuldet. Die Vermeidung dieses paradoxen Ergebnisses ist mit der Interessenlage und Zwecksetzung der Ausschüttungssperre des § 268 Abs. 8 HGB vergleichbar. Auch die Ausschüttungssperre führt dazu, dass ein gewisser Teil der freien Gewinnrücklagen oder des Gewinnvortrags nicht ausschüttungsfähig ist.

1963 Siehe Fn. 1768.
1964 *Kessler/Suchan*, in: FS Hommelhoff, S. 509, 524. Zu den Einzelheiten S. 301.
1965 Siehe S. 307 f.
1966 Siehe Fn. 1750.
1967 Siehe S. 290 f.

Die analoge Anwendung des § 268 Abs. 8 HGB ist gegenüber den vorgeschlagenen Lösungen auch die vorzugswürdige Lösung, da mit der Ausschüttungssperre ein Instrument zur Verfügung steht, das die entstandene Kapitalschutzlücke schließt und eine gesetzliche Anknüpfung bietet.

(5) Finanzinstrumente des Handelsbestands, § 340e Abs. 3 und 4 HGB

Auch bei der Zeitwertbewertung von Finanzinstrumenten des Handelsbestands ist das Realisationsprinzip beeinträchtigt.[1968] Der Gesetzgeber versucht, durch den Risikoabschlag gem. § 340e Abs. 3 S. 1 HGB und durch einen Sonderposten gem. § 340e Abs. 4 i.V.m. § 340g HGB die Ausschüttung unrealisierter Gewinne zu verhindern. Allerdings überzeugen die Instrumente nicht.[1969] Stattdessen wäre es sinnvoller gewesen, die Ausschüttungssperre auch auf die Zeitwertbewertung der Finanzinstrumente des Handelsbestands zu erstrecken.

(6) Fazit

Die Ausschüttungssperre soll als ein Kompromissinstrument das Spannungsverhältnis zwischen Informations- und Kapitalschutzfunktion auflösen. Dabei werden aber wesentliche Durchbrechungen und Einschränkungen des Vorsichtsprinzips, speziell in der Ausprägung des Realisationsprinzips, nicht erfasst. Die Intention und der Hauptzweck des § 268 Abs. 8 HGB liegt darin, unsichere Bilanzwerte, die gegen das Vorsichts- bzw. Realisationsprinzip verstoßen, aus dem ausschüttungsfähigen Volumen zu neutralisieren. Dies wird nicht konsequent verwirklicht, wenn derivativer GoF, die Abzinsung von Rückstellungen, der Nennbetrag eigener Anteile, die mit der Zeitwertbewertung von Finanzinstrumenten Durchbrechung des Realisationsprinzips und nur der Aktivüberhang latenter Steuern ohne Ausschüttungsrestriktion in dem Jahresabschluss aufgenommen werden.[1970]

3. Auswirkungen auf den Kapitalschutz

Die Konsequenzen für die Ausschüttungssperren nach altem Recht wurden angesichts der untergeordneten Bedeutung kaum betrachtet. Für die neue Ausschüttungssperre des § 268 Abs. 8 HGB gibt es durch die höhere Bedeutung der erfassten Bilanzposten ein deutlich weiteres Anwendungsfeld.[1971] Dies hat erhebliche Auswirkungen auf den bilanziellen Kapitalschutz.

1968 Siehe S. 209 f.

1969 Siehe S. 207 ff.

1970 Vgl. auch *Arbeitskreis Bilanzrecht der Hochschullehrer Rechtswissenschaft*, BB 2008, 152, 154.

1971 So auch *Verse*, in: GesR in der Diskussion 2009, S. 67, 73.

a) Allgemein

In der Literatur wird überwiegend vertreten, dass der Gesetzgeber mit der Ausschüttungssperre ein sinnvolles Instrument gewählt habe, durch welches Beeinträchtigungen im Gesamtgefüge des bilanziellen Kapital- und Gläubigerschutzes vermieden werden können.[1972] Um das Spannungsverhältnis von Ausschüttungsbemessung und Informationsfunktion aufzulösen, verhindert der Gesetzgeber mittels eines „buchungstechnischen Kunstgriffes",[1973] dass unsichere bilanzielle Vermögensgegenstände an die Gesellschafter ausgeschüttet werden. Der § 268 Abs. 8 HGB sei daher eine „gesellschaftsrechtliche Kapitalerhaltungsvorschrift"[1974], die die Gläubigerschutzfunktion des Vorsichtsprinzips substituiere, das durch die Bilanzrechtsreform an manchen Stellen durchbrochen wird.[1975]

Auf der einen Seite soll dadurch den Interessen der Gläubiger Rechnung getragen werden, indem es trotz der Erhöhung gewisser Aktivierungspotentiale zu keinem Anstieg des ausschüttungsfähigen Volumens kommt. Zugleich soll der Einblick in die Vermögens-, Finanz- und Ertragslage der Gesellschaft verbessert werden, da aus der Bilanz nun weitere Informationen vermittelt werden. Die Konzeption der Ausschüttungssperre kann mit der viel zitierten Phrase des „Prinzips der gläsernen, aber verschlossenen Tatsachen" beschrieben werden.[1976] Das Jahresergebnis wird durch eine „duale Bilanzierung"[1977] gedanklich in einen sicheren, zur Ausschüttung geeigneten, und einen unsicheren, zu Informationszwecken erforderlichen Teil getrennt. Darin zeigt sich aber auch, dass der Gesetzgeber selbst den bilanziellen Werten aufgrund der eingeschränkten Objektivität misstraut und davon ausgeht, dass die Bilanz ohne dieses Instrument nicht mehr ihrer gläubigerschützenden Funktion der Ausschüttungsbemessung hinreichend genügen kann.[1978] Jedoch werde durch die Koppelung der entsprechenden Bilanzposten mit der Ausschüttungssperre des § 268 Abs. 8 HGB „dem handelsrechtlichen Vorsichtsprinzip Rechnung getragen", so die Gesetzesbegründung.[1979]

1972 *Hennrichs*, in: Bilanzrecht in Familienunternehmen, S. 101, 116; *Hommelhoff*, ZGR 2008, 250, 257 f., 259 f.; *Verse*, in: GesR in der Diskussion 2009, S. 67, 77 f.; *Pellens/Kemper/Schmidt*, ZGR 2008, 381, 416, 418; *Gros/Wallek*, Der Konzern 2009, 541, 546.

1973 *Böcking/Dutzi*, in: FS Krawitz, S. 785, 787.

1974 *Gelhausen/Fey/Kämpfer*, Rechnungslegung, 2009, S. 320; so auch *Link*, Ausschüttungssperre, 2014, S. 40.

1975 *Hommelhoff*, ZGR 2008, 250, 260.

1976 *Kronstein/Claussen*, Publizität und Gewinnverteilung im neuen Aktienrecht, 1960, S. 136.

1977 *Mayer*, DStR 2009, 129, 130.

1978 *Küting/Lauer*, DB 2011, 1985, 1989; *Baetge/Schmidt*, in: Rau (Hrsg.), Kapitalmarkt in Theorie und Praxis, S. 170, 177; *Mindermann*, WPg 2008, 273, 277.

1979 RegE BilMoG, BT-Drs. 16/10067, S. 50.

b) *Kompensation für Durchbrechungen des Vorsichtsprinzips?*

Das Vorsichtsprinzip wird somit als Grund für die Ausschüttungssperre genannt. Dies scheint auf den ersten Blick durchaus einleuchtend, wenn man als einzige Prämisse für den Kapital- und Gläubigerschutz die Höhe des ausschüttungsfähigen Volumens zugrunde legt, welches durch die Ausschüttungssperre hinsichtlich der betreffenden Bilanzposten unverändert bleiben soll. Jedoch zeigt sich bei näherer Betrachtung, dass diese Begründung mit der bisherigen Konzeption des bilanziellen Kapitalschutzes nicht vereinbar ist. Denn das Vorsichtsprinzip in seiner prinzipiellen Ausgestaltung als Bewertungsgrundsatz soll sicherstellen, dass der in der Bilanz ausgewiesene Gewinn auch unbedenklich ausgeschüttet werden kann.[1980] Durch die Einräumung informationsorientierter Aktivierungswahlrechte für selbst erstellte immaterielle Vermögensgegenstände des Anlagevermögens und aktive latente Steuern sowie die Zeitwertbewertung des Deckungsvermögens wird von diesem dem deutschen Bilanzrecht traditionell innewohnenden Paradigma ausdrücklich abgewichen. Der fortan in der Bilanz ausgewiesene Gewinn muss durch § 268 Abs. 8 HGB zunächst um unsichere Bestandteile bereinigt werden. Streng genommen lässt sich die Ausschüttungssperre daher auch nicht als Ausgestaltung des Vorsichtsprinzips qualifizieren,[1981] sondern vielmehr als ein Verstoß, da dieses grundsätzlich als Gewinn*ermittlungs*prinzip[1982] ausgestaltet ist.

Der Gesetzgeber vollzieht somit einen nicht nur unerheblichen Paradigmenwechsel, denn statt bei der Ergebnisermittlung setzt der Kapital- und Gläubigerschutz nun erst auf Ebene der Ergebnisverwendung an.[1983] Beträge, die der Gesetzgeber als nicht ausschüttungsgeeignet einstuft, werden durch außerbilanzielle Zwangsthesaurierung in der Gesellschaft gebunden.

Zudem wurden dabei auch nicht alle kritischen Neuregelungen mit der Ausschüttungssperre belegt,[1984] sodass an es den benannten Stellen zu einer eindeutigen Aufweichung des Vorsichtsprinzips und damit einhergehend zu einer Abschwächung des Kapitalschutzes gekommen ist.

Außerdem darf der psychologische Aspekt, der mit der Erhöhung des Bilanzgewinns einhergeht, nicht vernachlässigt werden. Die Einbeziehung der durch unsichere Bilanzposten entstandenen Erträge kann trotz der Kopplung mit der Ausschüttungssperre zu einer Überschätzung des Ausschüttungspotentials führen.

1980 Siehe auch *Balke*, Gesellschafterhaftung in der GmbH, 2013, S. 44.

1981 So etwa *Petersen/Zwirner/Froschhammer*, KoR 2010, 334, 341; ähnlich auch *Hommelhoff*, ZGR 2008, 250, 259 („Das Vorsichtsprinzip bleibt unverändert in Kraft").

1982 Siehe Fn. 748.

1983 *Böcking/Gros*, Der Konzern 2009, 355, 358; *Gros/Wallek*, Der Konzern 2009, 541; *von der Laage*, WM 2012, 1322; *Hommelhoff*, ZGR 2008, 250, 257 f.; *Hennrichs*, in: Bilanzrecht in Familienunternehmen, S. 101, 116; *Rammert/Thies*, WPg 2009, 34, 36 f.; vgl. auch *Funke*, Gläubigerschutz durch Information im Recht der Aktiengesellschaft, 2011, S. 241 f.

1984 Siehe dazu S. 330 ff.

Durch den „optischen Vorteil des erhöhten Gewinnausweises“[1985] können Begehrlichkeiten geweckt werden und Missstimmung in den Leitungsorganen entstehen.[1986] Desgleichen können gewinnorientierte Bonuszahlungen oder andere gewinnabhängigen Verpflichtungen durch die Ausschüttungssperre grundsätzlich nicht verhindert werden.[1987] Allenfalls kommt eine Auslegung der jeweiligen gewinnabhängigen Zahlungsverpflichtung im Einzelfall in Betracht.[1988]

c) Keine Stärkung des informationellen Gläubigerschutzes

Auch hinsichtlich der Informationsfunktion bestehen gewisse Zweifel, ob durch die Ausschüttungssperre tatsächlich eine vorbehaltlose Verbesserung eingetreten ist. Zwar wird vorgebracht, dass durch die neu geschaffenen Aktivierungs- und Bewertungsmöglichkeiten eine Steigerung entscheidungsnützlicher Informationen zu verzeichnen ist;[1989] allerdings wird dabei nicht berücksichtigt, dass aus der Bilanz fortan nicht mehr das ausschüttungsfähige Volumen erkennbar ist.[1990] Die außerbilanzielle Bindung führe daher nicht zwingend zu einem verbesserten Einblick in die wirtschaftliche Lage der Gesellschaft.[1991] Für den informationellen Gläubigerschutz ist dieser Umstand nicht förderlich, da die Ermittlung der sicheren Haftungsmasse nur noch mittels Nebenrechnung möglich ist.

Der bilanzielle Gläubigerschutz soll nämlich auch sicherstellen, dass aus der Bilanz klar und einfach ersichtlich wird, ob ausreichend Aktivvermögen zur Befriedigung aller Verbindlichkeiten vorhanden ist. Sind im Aktivvermögen im beträchtlichen Umfang unsichere Vermögensbestandteile ausgewiesen, entsteht der falsche Eindruck, dass die Gesellschaft in jedem Fall alle Verbindlichkeiten bedienen könnte. Der Begriff „unsicher“ impliziert indes, dass keineswegs von einer vollständigen Schuldendeckung bei den entsprechenden Vermögensgegenständen ausgegangen werden kann. Das Konzept der gläsernen, aber verschlossenen Tatsachen hat somit sehr wohl auch negative Auswirkungen auf den Gläubigerschutz. Zumindest als Schuldendeckungsbilanz oder im Sinne einer Überschuldungsmessung taugt der Jahresabschluss nach dem BilMoG nur noch sehr eingeschränkt.

1985 *Steinbach*, Latente Steuern, 2012, S. 114.

1986 *Küting/Lauer*, DB 2011, 1985, 1989.

1987 *Jessen/Haaker*, DStR 2009, 499, 503; a.A. *Küting/Lorson/Eichenlaub/Toebe*, GmbHR 2011, 1, 9 plädieren für eine zwingende Verrechnung der Sperrbeträge.

1988 *Simon*, NZG 2009, 1081, 1085.

1989 *Gros/Wallek*, Der Konzern 2009, 541, 546.

1990 Siehe bereits S. 320.

1991 *Rammert/Thies*, WPg 2009, 34, 36; vorsichtiger *Petersen/Zwirner/Froschhammer*, KoR 2010, 334, 341; a.A. *Böcking/Dutzi*, in: FS Krawitz, S. 785, 787, die darin eine Stärkung des informationellen Gläubigerschutzes sehen.

Außerdem ist ein erheblicher Mehraufwand bei der Berechnung und Zunahme der Komplexität zu erwarten.[1992] Insbesondere der Umstand, dass auch aus den Anhangangaben nicht unmittelbar der ausschüttungsfähige Betrag ermittelbar ist, sondern zusätzlich ein Vergleich mit den frei verfügbaren Rücklagen notwendig ist,[1993] macht es nicht leichter für die Gläubiger, die für sie notwendigen Informationen auf unkomplizierte Weise zu erhalten.

d) Regelungsalternative

Um die beschriebenen Nachteile der außerbilanziellen Ausschüttungssperre zu verhindern, hätte sich eine andere Vorgehensweise empfohlen, etwa die betreffenden Beträge in eine gesonderte Gewinnrücklage einzustellen.[1994] Dies würde ebenfalls gewährleisten, dass die als unsicher identifizierten Beträge nicht an die Gesellschafter ausgeschüttet werden; gleichzeitig wäre der entziehbare Gewinn aus der Bilanz ersichtlich gewesen. Eine aufwendige Nebenrechnung, aus der ebenso wenig ersichtlich ist, in welcher Höhe das Gesellschaftsvermögen ausschüttungsfähig ist, würde auf diese Weise vermieden. Die Ermittlung der ausschüttungsgesperrten Beträge wäre einfacher, da kein Vergleich mit den frei verfügbaren Eigenkapitalbestandeilen notwendig wäre, denn der verbleibende Bilanzgewinn entspräche dann dem maximal ausschüttungsfähigen Betrag.[1995] Damit hätte man auch am Konzept des bedenkenlos „entziehbaren Gewinns“ festhalten könnten. Mit der einfacheren Ermittlung würde zugleich eine potentiell große Fehlerquelle für Gewinnverwendungsbeschlüssen entfallen.[1996]

Ferner könnte auch die Vermittlung entscheidungsnützlicher Informationen verbessert werden.[1997] Der Bilanzadressat könnte ohne zusätzlichen Blick in den Anhang erkennen, in welchem Umfang unsichere Vermögensbestandteile in der Bilanz ausgewiesen wurden. Eine solche Rücklage könnte etwa als „Rücklage für Gewinne aufgrund unsicherer Vermögensgegenstände“ ausgewiesen werden.

Auch würde es sich sinnvoll in das GmbH-rechtliche Ausschüttungsregime einfügen, wenn die gesperrte Rücklage für die Zwecke des § 30 Abs. 1 S. 1 GmbHG einfach zum Stammkapital addiert würde. Dieses wäre transparenter als ein außerbilanzieller Abzug der betreffenden Bilanzposten.

1992 *Petersen/Zwirner/Froschhammer*, KoR 2010, 334, 341; *Petersen/Zwirner/Froschhammer*, KoR 2011, 437, 441; *Kaya/Borgwardt*, StuB 2010, 727, 731.

1993 Siehe S. 320 f.

1994 *Funnemann/Kerssenbrock*, BB 2008, 2674, 2678; *Simon*, NZG 2009, 1081, 1087; *Kaya/Borgwardt*, StuB 2010, 727, 733.

1995 *Funnemann/Kerssenbrock*, BB 2008, 2674, 2678; dem folgend *Kaya/Borgwardt*, StuB 2010, 727, 733.

1996 *Funnemann/Kerssenbrock*, BB 2008, 2674, 2678; dem folgend *Kaya/Borgwardt*, StuB 2010, 727, 733.

1997 *Kaya/Borgwardt*, StuB 2010, 727, 733; *Simon*, NZG 2009, 1081, 1087.

e) *Auswirkungen auf die Verlustanzeigepflichten*

Durch die Erhöhung des Aktivvermögens der Gesellschaft greifen die Verlustanzeigepflichten gem. § 92 Abs. 1 AktG, § 49 Abs. 3 GmbHG erst später ein. Fraglich ist, ob für diese Zwecke die ausschüttungsgesperrten Beträge neutralisiert werden müssen.[1998] Nach altem Recht war dies nicht der Fall.[1999] Auch nach neuem Recht findet sich weder im Gesetz noch in den Gesetzesmaterialien ein Anknüpfungspunkt für eine Verrechnung. Gegen eine Verrechnung spricht vor allem die einfache Ermittlung der kritischen Grenze für die Anzeigepflicht. Sollten die ausschüttungsgesperrten Beträge zunächst in Abzug zu bringen sein, wäre eine komplizierte Parallelrechnung zur Handelsbilanz erforderlich. In Anbetracht der wohl nur eingeschränkten Effektivität hinsichtlich des Gläubigerschutzes stünde der Aufwand einer zusätzlichen Nebenrechnung außer Verhältnis zu deren Nutzen.

1998 *Pellens/Kemper/Schmidt*, ZGR 2008, 381, 402; *Verse*, in: GesR in der Diskussion 2009, S. 67, 77.

1999 ADS, § 269, Rn. 8; *Verse*, in: GesR in der Diskussion 2009, S. 67, 77.

F. Schlussbetrachtung

I. Allgemein

1. Bewertungen in der Literatur

Der Gesetzgeber ist unter der ausdrücklichen Zielsetzung an die Bilanzrechtsmodernisierung herangegangen, dass die Stärkung der Informationsfunktion unter gleichzeitiger Wahrung der Zahlungsbemessungsfunktion und des Gläubigerschutzes erfolgen soll.[2000] Die Wissenschaft befürchtete bereits eine erhebliche Neugewichtung der gegenläufigen Funktionen und mahnte daher, dass die „Gläubigerbelange [nicht] auf dem Altar der Informationsadressaten geopfert" werden dürften.[2001] Die Analyse der einzelnen Neuregelungen hat indes gezeigt, dass durch die Bilanzrechtsreform an einigen Stellen Kapital- und Gläubigerschutzaspekte zugunsten der Informationsfunktion anders gewichtet wurden. In der Forschung findet sich diesbezüglich eine große Bandbreite an Bewertungen. Diese reichen von einer „Erosion der Kapitalerhaltung"[2002] und „Abkehr von ehernen, tradierten Grundsätzen der Rechnungslegung"[2003] über leichte Mängel oder punktuelle Verschiebungen[2004] bis zu einer Wahrung des Gläubigerschutzniveaus im „Großen und Ganzen"[2005]. Weitgehend Einigkeit besteht darüber, dass es durch die tendenzielle Zurückdrängung des Vorsichtsprinzips bzw. die Durchbrechung des Realisationsprinzips an einigen Stellen zu einer Erhöhung des potentiellen Ausschüttungsvolumens gekommen ist.[2006] Diese Beeinträchtigungen des Kapital- und Gläubigerschutzes sollen aber durch die Ausschüttungssperre des § 268 Abs. 8 HGB als Instrument zur schutzneutralen Steigerung der Informationskraft

2000 RegE BilMoG, BT-Drs. 16/10067, S. 34.

2001 *Hommelhoff*, ZGR 2008, 250, 257.

2002 *Rammert/Thies*, WPg 2009, 34, 38; ähnlich *Moxter/Engel-Ciric*, BB 2014, 489 ff. („Erosion des bilanzrechtlichen Vorsichtsprinzips").

2003 *Petersen/Zwirner*, KoR-Beilage (1) 2009, 1, 44; ähnlich *Böcking/Gros*, Der Konzern 2009, 355, 358 („Paradigmenwechsel").

2004 *Ull/Denecke*, in: Gedächtnisschrift Schindhelm, S. 597, 616; *Pellens/Kemper/Schmidt*, ZGR 2008, 381, 418; *Velte*, KoR 2008, 61, 73; *Küting/Pfitzer/Weber*, IFRS oder HGB?, 2. Aufl. 2013, S. 11.

2005 *Verse*, in: GesR in der Diskussion 2009, S. 67, 91; ebenfalls keine wesentlichen Beeinträchtigungen sehen *Hennrichs*, in: Bilanzrecht in Familienunternehmen, S. 101, 115; *Hommelhoff*, ZGR 2008, 250, 259 f.

2006 Siehe nur *Hommelhoff*, in: Gedächtnisschrift Schindhelm, S. 365, 366, 372; *Ull/Denecke*, in: Gedächtnisschrift Schindhelm, S. 597, 600; *Verse*, in: GesR in der Diskussion 2009, S. 67, 69.

ausgeglichen worden sein.[2007] Von einer Stärkung der Informationsfunktion wird zwar allgemein ausgegangen;[2008] ob dies allerdings unter dem Gesichtspunkt des informationellen Gläubigerschutzes auch zu einer eindeutigen Verbesserung der Informationswirkung führt, wird angezweifelt.[2009]

2. Übersicht über die kapitalschutzrelevanten Neuregelungen

Neuregelung	**Auswirkungen auf den Kapitalschutz**	**Bemerkung**
Aufhebung § 253 Abs. 3 S. 3 HGB a.F. (S. 179 ff.)	Keine, da bisher schon als Wahlrecht ausgestaltet.	
Verschiebung der Herstellungskostenuntergrenze (§ 255 Abs. 2 S. 2 HGB) (S. 181 ff.)	Tendenzielle Erhöhung des ausschüttungsfähigen Volumens, aber ein bereits zuvor häufig genutztes Wahlrecht, sodass sich faktisch keine Auswirkungen ergeben.	
Zeitwertbewertung des Deckungsvermögens, § 246 Abs. 2 S. 3 HGB (S. 190 ff.)	**Durchbrechung des Realisationsprinzips**, aber § 268 Abs. 8 HGB; Durchbrechung des AH/HK-Prinzips	zusätzlich Schwächung des Objektivierungsgrundsatzes; Volatilität
Zeitwertbewertung von Finanzinstrumenten des Handelsbestands, § 340e Abs. 3 HGB (S. 201 ff.)	**Durchbrechung des Realisationsprinzips; Durchbrechung des AH/HK-Prinzips** → Keine hinreichende Kompensation durch Risikoabschlag (§ 340e Abs. 3 S. 1 HGB) und Sonderfonds (§ 340e Abs. 4 HGB)	zusätzlich Schwächung des Objektivierungsgrundsatzes; Volatilität ➔ Erfassung durch **§ 268 Abs. 8 HGB sinnvoll**
Zugangsbewertung von Rückstellungen, § 253 Abs. 1 S. 2 HGB (S. 214 ff.)	Stärkung, da künftige Kosten- und Preissteigerungen berücksichtigt werden	

2007 *Hommelhoff*, ZGR 2008, 250, 259 f.; ähnlich *Gros/Wallek*, Der Konzern 2009, 541, 541.

2008 Anhand einer empirischen Studie *Lopatta/Kaspereit/Jaeschke/Stockem*, corporate finance law 2013, 234 ff.

2009 *Arbeitskreis Bilanzrecht der Hochschullehrer Rechtswissenschaft*, BB 2008, 152, 153; *Pellens/Kemper/Schmidt*, ZGR 2008, 381, 415; *Velte*, KoR 2008, 61, 73.

Neuregelung	**Auswirkungen auf den Kapitalschutz**	**Bemerkung**
Abzinsung von Rückstellungen, § 253 Abs. 2 HGB (S. 216 ff.)	**Durchbrechung des Realisationsprinzips**	**➔ § 268 Abs. 8 HGB sinnvoll**
Pensionsrückstellungen, § 253 Abs. 1 S. 2 HGB, Art. 28 EGHGB (S. 221 ff.)	Stärkung, da künftige Kosten- und Preissteigerungen berücksichtigt werden	Abschaffung des Art. 28 EGHGB wäre dringend geboten gewesen
Streichung bestimmter Aufwandsrückstellungen, §§ 249 Abs. 3, Abs. 2 HGB (S. 225 f.)	Keine, da bisher schon als Wahlrecht ausgestaltet.	
Aktivierungswahlrecht für selbst geschaffene immaterielle Vermögensgegenstände des Anlagevermögens, § 248 Abs. 2 HGB (S. 228 ff.)	**Zurückdrängung des Vorsichtsprinzips**, aber keine Erhöhung des ausschüttungsfähigen Volumens, da § 268 Abs. 8 HGB.	Erhöhte Ermessensspielräume
Aktivierungspflicht des derivativen GoF, § 246 Abs. 1 S. 4 HGB (S. 243 ff.)	Tendenzielle Erhöhung des ausschüttungsfähigen Volumens, aber früher bereits Wahlrecht.	**➔ § 268 Abs. 8 HGB wäre sinnvoll**, da sonst Wertungswiderspruch mit § 248 Abs. 2 HGB
Aufhebung des Aktivierungswahlrechts für Ingangsetzungsaufwendungen, § 269 HGB a.F. (S. 254 ff.)	Stärkung des informationellen Gläubigerschutzes	
Latente Steuern, § 274 HGB (S. 258 ff.)	Aktive Latenzen **durchbrechen das Realisationsprinzip**, daher § 268 Abs. 8 HGB. Aber keine ausreichende Reichweite (nur Aktivüberhang)	**➔ § 268 Abs. 8 HGB** auf den gesamten Betrag aktiver latenter Steuern **sinnvoll** statt nur auf den Überhang der saldierten aktiv und passiv latenten Steuern
Ausstehende Einlagen, § 272 Abs. 1 HGB (S. 273 ff.)	Klare Stärkung im GmbH-rechtlichen Kapitalschutz; allerdings wird dies von der h.M. nicht anerkannt, daher keine Auswirkungen	Neuregelung hatte erhebliche unvorhergesehene Effekte

Neuregelung	**Auswirkungen auf den Kapitalschutz**	**Bemerkung**
Erwerb eigener Anteile, § 272 Abs. 1a HGB (S. 285 ff.)	**Erhebliche Kapitalschutzlücke**, die erst im Wege der Auslegung zu einer Kapitalbindung führt. Dies verhindert auch eine Steigerung des Informationswertes.	keine Abstimmung zwischen Bilanz- und Gesellschaftsrecht ➔ Kapitalbindung durch **§ 268 Abs. 8 HGB sinnvoll**

3. Abschaffung von Wahlrechten

Von der Literatur wird die Reduzierung vieler Wahlrechte überwiegend begrüßt,[2010] denn diese Maßnahme führt zu einer Stärkung der Vergleichbarkeit der Jahresabschlüsse und zu einer Reduzierung stiller Reserven. Daraus folgt eine Verbesserung der Informationsfunktion.[2011]

Näher betrachtet wurden insbesondere folgende ehemalige Wahlrechte:

- Aktivierungswahlrecht des derivativen Geschäfts- oder Firmenwerts, § 255 Abs. 4 S. 1 HGB a.F.
- Streichung der Wahlrechte für Aufwandsrückstellungen, § 249 Abs. 1 S. 3, Abs. 2 HGB a.F.
- Abschreibungswahlrecht für Wertschwankungen des Umlaufvermögens, § 253 Abs. 3 S. 3 HGB a.F.
- Wahlrecht zur Berücksichtigung von material- und fertigungsbezogenen Gemeinkosten bei den Herstellungskosten, § 255 Abs. 2 S. 3 HGB a.F.

Der Wegfall zahlreicher Wahlrechte wird im BilMoG nicht durch zusätzliche Maßnahmen kompensiert. Folge ist eine tendenzielle Erhöhung des Ausschüttungsvolumens, da die Unternehmen nun verpflichtet sind, bestimmte Vermögensgegenstände in der Bilanz zu aktivieren. Dies kann aber nicht als Beeinträchtigung des Kapitalschutzes gewertet werden. Auch bislang mussten die Gläubiger sich mit der bloßen Aussicht begnügen, dass aufgrund einer unterbliebenen Aktivierung der ausschüttungsfähige Betrag nicht erhöht wird und das Vermögen (in Form von stillen Reserven) in der Gesellschaft verbleibt.[2012] Die Ausübung von Wahlrechten wird nicht durch gesetzliche gläubigerschützende Vorgaben eingeschränkt und liegt somit im freien Ermessen der Leitungsorgane der Gesellschaft. Zweck von Aktivierungswahlrechten ist somit nicht der Schutz der Gesellschaftsgläubiger. Die

2010 *Arbeitskreis Bilanzrecht der Hochschullehrer Rechtswissenschaft*, BB 2008, 152, 153; *Herzig*, DB 2008, 1, 5; *Schulze-Osterloh*, ZIP 2004, 1128 ff.

2011 *Gros/Wallek*, Der Konzern 2009, 541, 543.

2012 Siehe bereits S. 161; siehe außerdem *Hommelhoff*, ZGR 2008, 250, 258; *Verse*, in: GesR in der Diskussion 2009, S. 67, 79.

Abschaffung von Wahlrechten hat infolgedessen, auch wenn es zu einer generellen Erhöhung des ausschüttungsfähigen Ergebnisses gekommen ist, keinen Einfluss auf den Gläubigerschutz und muss daher nicht durch flankierende Instrumente neutralisiert werden.[2013]

Einzig für die nunmehr zwingende Aktivierung des entgeltlich erworbenen Geschäfts- oder Firmenwerts gem. § 246 Abs. 1 S. 4 HGB muss diese Feststellung eingeschränkt werden. Beim derivativen Geschäfts- oder Firmenwert wurde auf die Erfassung durch die Ausschüttungssperre des § 268 Abs. 8 HGB verzichtet. Dies führt allerdings zu einem Wertungswiderspruch mit der Aktivierbarkeit selbst geschaffener immaterieller Vermögensgegenstände des Anlagevermögens gem. § 248 Abs. 2 HGB.[2014]

4. Verlustanzeigepflicht

Besonders im Hinblick auf die Verlustanzeigepflichten nach § 49 Abs. 3 GmbHG, § 92 Abs. 1 AktG sind durch das BilMoG starke Auswirkungen zu verzeichnen. Durch die tendenzielle Erhöhung des Eigenkapitals greifen diese Pflichten erst später ein. Dies gilt umso mehr, als die als unsicher eingestuften und daher ausschüttungsgesperrten Bilanzposten dessen ungeachtet bei der Vermögensermittlung berücksichtigt werden. Es erfolgt keine Kompensation über die Ausschüttungssperre, da die gesperrten Beträge nicht für die Verlustanzeigepflichten herausgerechnet werden.[2015]

Daher kann festgehalten werden, dass durch die mit der Bilanzrechtsreform insgesamt entstandenen zusätzlichen Aktivierungspotentiale die Funktionsfähigkeit dieses gläubigerschützenden Instituts weiter abgeschwächt wird.[2016] Die Verlustanzeigepflichten werden dadurch später ausgelöst als vor dem BilMoG. Allerdings ist nur ein mittelbarer Schutz der Gläubiger gegeben, da für die Gesellschaftsorgane keine Verpflichtung zu krisenabwehrenden Handlungen besteht.[2017] Auch im Übrigen wird die Effektivität dieses Instruments allgemein angezweifelt,[2018] sodass die negativen Auswirkungen auf den Kapitalschutz vernachlässigt werden können.

II. Paradigmenwechsel: Abkehr vom bilanzorientierten Gläubigerschutz

Die Analyse der einzelnen Posten hat gezeigt, dass nach dem BilMoG das Eigenkapital der Gesellschaften tendenziell angestiegen ist. Dabei handelt es sich allerdings nicht in vollem Umfang um ausschüttungsfähiges Volumen. Die neu eingeführte

---

2013 *Hommelhoff*, ZGR 2008, 250, 258.

2014 Siehe dazu S. 331 f.

2015 Siehe S. 340.

2016 *Hennrichs*, in: Bilanzrecht in Familienunternehmen, S. 101, 116 in dortiger Fn. 49; *Verse*, in: GesR in der Diskussion 2009, S. 67, 77.

2017 Siehe S. 95 f.

2018 Siehe S. 99 f.

Ausschüttungssperre des § 268 Abs. 8 HGB verhindert, dass unsichere Bilanzposten, deren Realisierbarkeit zweifelhaft ist, zur Verteilung an die Gesellschafter zur Verfügung stehen. Der Gesetzgeber will damit zum Ausdruck bringen, dass die Informationsfunktion nicht auf Kosten des Vorsichtsprinzips gestärkt werden soll. Dieser Vorgabe wird die Bilanzrechtsmodernisierung indes nicht gerecht.

1. Das Vorsichtsprinzip als Gewinnverwendungsprinzip

Das Vorsichtsprinzip wurde durch das BilMoG an einigen Stellen zugunsten einer verbesserten Informationsvermittlung eingeschränkt bzw. durchbrochen. Dabei sollte insbesondere durch das Instrument der außerbilanziellen Ausschüttungssperre des § 268 Abs. 8 HGB eine Kompensation erreicht werden. Die Aktivierung der von § 268 Abs. 8 HGB erfassten Positionen sollte zu keinen höheren Ausschüttungen führen, als dies bei Nicht-Aktivierung der betreffenden Posten möglich gewesen wäre. Dabei muss sich der Gesetzgeber angesichts des Echos aus der Wissenschaft[2019] bestärkt gefühlt haben, durch diesen Kunstgriff sein Ziel, der „Stärkung der Informationsvermittlung unter gleichzeitiger Wahrung des Gläubigerschutzniveaus“ erreichen zu können.

Übersehen wurde dabei indes, dass die Ausschüttungssperre kein Surrogat für die Schutzwirkung des Vorsichtsprinzips darstellt. Denn während das Vorsichtsprinzip auf Ebene der Gewinn*ermittlung* ansetzt, greift die Ausschüttungssperre auf einer späteren Ebene und beschränkt lediglich die Gewinn*verwendung*. Das Vorsichtsprinzip tritt als Ansatz- und Bewertungsprinzip zurück und wird gänzlich neu interpretiert. Neben den Durchbrechungen, die von der Ausschüttungssperre „kompensiert“ werden sollen, bestehen weitere virulente Punkte, die das Vorsichtsprinzip zulasten einer besseren Darstellung von Informationen ohne einen gleichzeitigen Ausgleich einschränken bzw. beeinträchtigen. Das Vorsichtsprinzip und damit verbunden auch der darauf fußende Kapital- und Gläubigerschutz bleibt in der Bilanz nur insoweit bestehen, als dies mit der Informationsfunktion vereinbar ist.

Das Vorsichtsprinzip ist somit durch das BilMoG in seiner Wirkungsebene teilweise verlagert worden, indem es erst auf Ebene der Gewinnverwendung eingreift. Bei dem Vorsichtsprinzip kann nunmehr von einem Gewinnverwendungsprinzip gesprochen werden.

Auch die überwiegende Literatur setzt den Kapitalschutz beim Erwerb eigener Anteile auf der Gewinnverwendungsebene an, indem die nach dem Erwerb ausgewiesene Gewinnrücklage in Höhe des Nennbetrags der eigenen Anteile zur Ausschüttung nicht verwendet werden darf.[2020] Hier wird der gesetzgeberische Wille aufgegriffen, der am „bewährten Denkmodel“ festhalten wollte, aber scheinbar übersehen hat, dass durch die nunmehr nur noch fiktiv zu bildende Rücklage (§ 71

2019 Siehe Fn. 1972.
2020 Siehe S. 292 ff.

Abs. 2 S. 2 AktG, § 33 Abs. 2 S. 1 GmbHG) keine bilanzielle Bindung der durch den Erwerb eigener Anteile angestiegenen Gewinnrücklage erfolgt. Diese erhebliche Kapitalschutzlücke wird durch die entsprechende Auslegung geschlossen, führt aber nicht zu einer bilanziellen Bindung. Es wird zwar die Einstellung in eine gebundene Rücklage vorgeschlagen,[2021] hierfür fehlt es aber an einem gesetzlichen Anknüpfungspunkt. Sinnvoller erscheint eine analoge Anwendung des § 268 Abs. 8 HGB.[2022]

2. Abkehr vom Prinzip des „entziehbaren Gewinns“

Die Verlagerung der Wirkungsebene des Vorsichtsprinzips von der Gewinnermittlung auf die Ebene der Gewinnverwendung ist nicht nur dogmatisch bedeutsam, sondern hat vielmehr grundsätzliche Auswirkungen auf die Systematik des Kapital- und Gläubigerschutzes. Der Bilanzgewinn steigt an, da Vermögensgegenstände entgegen der bisherigen Konzeption unter Durchbrechung einiger kapitalschützender GoB aktiviert oder höher bewertet werden. Dieser Bilanzgewinn ist aber nicht vollständig an die Gesellschafter verteilungsfähig. Durch § 286 Abs. 8 HGB wird eine außerbilanzielle Korrektur vorgenommen.

Daneben korrigiert auch die Literatur, jenseits des § 268 Abs. 8 HGB, das ausschüttungsfähige Volumen durch Herausrechnung von Vermögensbestandteilen, die bei einer streng bilanzorientierten Sichtweise ausschüttungsfähig wären. Bei der GmbH wird von der überwiegenden Ansicht der Literatur beim Ausweis für ausstehende nicht eingeforderte Einlagen für die Zwecke des § 30 Abs. 1 GmbHG weiter am Bruttoausweis festgehalten, obwohl dieser nicht im Einklang mit § 272 Abs. 1 HGB steht.[2023] Dadurch wird eine stärkere Kapitalbindung in der GmbH verhindert und das Ausschüttungsvolumen nochmals außerbilanziell korrigiert.

Der ausschüttungsfähige Gewinn kann somit nicht mehr durch einen Blick in die Handelsbilanz ermittelt werden, sondern erst durch eine Art Nebenrechnung. Auf diese Weise wird das Jahresergebnis durch eine „duale Bilanzierung“[2024] gedanklich in einen sicheren, zur Ausschüttung geeigneten, und einen unsicheren, zu Informationszwecken erforderlichen Teil getrennt. Das bisher den bilanziellen Kapitalschutz prägende Konzept des „entziehbaren Gewinns“ wird somit durch die außerbilanzielle Ausschüttungssperre des § 268 Abs. 8 HGB weitgehend aufgegeben.[2025] Die Bilanz liefert für die ausschüttungsorientierte Gewinnermittlung lediglich noch den Ausgangspunkt, der aber weiterer Korrekturen bedarf.

2021 Siehe Fn. 1770.
2022 Siehe S. 334 ff.
2023 Siehe S. 279 ff.
2024 Siehe Fn. 1977.
2025 Vgl. auch die ähnliche Argumentation bei *Rammert/Thies*, WPg 2009, 34, 37.

3. Trennung des Funktionsmechanismus von Gesellschafts- und Bilanzrecht

Die Untersuchung des gesellschaftsrechtlichen Kapitalschutzes hat gezeigt, dass der Hauptzweck die Verhinderung unberechtigter Ausschüttungen an die Gesellschafter ist.[2026] Dazu knüpfen die Kapitalerhaltungsvorschriften der § 57 Abs. 3 AktG und § 30 Abs. 1 S. 1 GmbHG an bilanzielle Größen an. Das gesellschaftsrechtliche Kapitalerhaltungsrecht ist damit rein formaler Natur, deren Umfang sich erst durch das bilanzielle Bezugssystem bestimmt. Das Bilanzrecht ist demgemäß als rechnungsmäßiges Fundament des gesellschaftsrechtlichen Kapital- und Gläubigerschutzes beschrieben worden.[2027] Der sich daraus ergebende unmittelbare Funktionszusammenhang ist indes durch das BilMoG in bemerkenswertem Umfang aufgehoben worden.

Das angenommene Primat des Gläubigerschutzes unter dem die Regeln der bilanziellen Gewinnermittlung standen,[2028] ist durch die Zurückdrängung des Vorsichtsprinzips erheblich gelockert, wenn nicht aufgehoben worden. Die zum Ausgleich eingeführte Ausschüttungssperre des § 268 Abs. 8 HGB vermag die Abkehr vom Gedanken des bilanziellen Kapitalschutzes durch die Ermittlung des „entziehbaren Gewinns" nicht auszugleichen. Auch wenn das ausschüttungsfähige Volumen hinsichtlich der drei gem. § 268 Abs. 8 HGB in Bezug genommenen Bilanzposten nicht ansteigt, wird dadurch die Statik des Kapitalschutzes verändert. Statt eines bilanziellen Schutzes – wie etwa durch einen Rücklagenmechanismus[2029] – erfolgt eine Verlagerung des Schutzsystems außerhalb der Bilanz. Die Ausschüttungssperre ist daher auch keine bilanzielle Regelung. Stattdessen wurde sie richtigerweise als „gesellschaftsrechtliche Kapitalerhaltungsvorschrift" beschrieben.[2030]

Durch die Verlagerung der kapitalschützenden Instrumente und die Abkehr vom Konzept des „entziehbaren Gewinns" kann beim Handelsbilanzrecht auch nicht mehr von einem bloßen „Hilfs- und Folgerecht" gesprochen werden. Das Bilanzrecht hat sich von dem Gesellschaftsrecht ein Stück weit emanzipiert und von dessen Vorgaben entfernt. Die Ausschüttungsbemessung ist nunmehr verstärkt Aufgabe des Gesellschaftsrechts. Diese Verschiebung des institutionellen Gläubigerschutzes aus der Bilanz heraus kann Anstoß für ein zukünftig verändertes Verständnis der Ausschüttungsbemessungsfunktion des Jahresabschlusses sein, an deren Ende der ausschüttungsfähige Gewinn gar nicht mehr aus der Bilanz, sondern nur noch mittels außerbilanzieller Instrumente bestimmt werden kann.[2031]

2026 Siehe S. 69 ff. und S. 113 f.
2027 Siehe Fn. 597.
2028 Siehe S. 166 f.
2029 Siehe dazu S. 339.
2030 Siehe Fn. 1974.
2031 Siehe für einen Ausblick S. 351 ff.

4. Vorrang der Informationsfunktion

Es kann im Hinblick auf die festgestellten Verschiebungen der gläubigerschützenden Regelungen konstatiert werden, dass dies auch für das Verhältnis von Informationsfunktion und Ausschüttungsbemessungen Auswirkungen hat. Der Gesetzgeber hatte die Vorstellung, dass durch das BilMoG die Informationsfunktion und Kapital- und Gläubigerschutzfunktion auf gleicher Ebene stehen.[2032]

Nahezu sämtliche kapitalschutzrelevanten Änderungen fanden mit Verweis auf die erforderliche Anhebung des Informationsniveaus im nationalen Handelsbilanzrecht ihre Rechtfertigung. Die gesetzgeberische Zielsetzung ging zwar von einer gleichzeitigen Wahrung der Zahlungsbemessungsfunktion und des Gläubigerschutzes aus,[2033] konnte diesem selbst gesteckten Anspruch aber, wie dargestellt, nicht gerecht werden. Die Bilanz dient nicht mehr vorrangig der vorsichtigen Ermittlung des ausschüttungsfähigen Gewinns. Das Vorsichtsprinzip bleibt nur noch insoweit als Gewinn*ermittlungs*prinzip bestehen, als es mit der Informationsfunktion vereinbar ist. Sofern die Gläubigerinteressen betroffen sind, erfolgt deren Schutz nicht mehr durch Bilanz als solche, sondern durch die außerbilanzielle Ausschüttungssperre des § 268 Abs. 8 HGB und die von der herrschenden Literatur vorgenommene Korrektur im Bereich der eigenen Anteile.

Auch die wenigen Änderungen, die zu einer etwaigen Stärkung des Kapitalschutzes geführt haben, sind lediglich zum Zwecke der Anhebung des Informationsniveaus erfolgt. Namentlich handelt es sich um die Rückstellungsbewertung[2034] und Aufhebung der Aktivierbarkeit von Ingangsetzungsaufwendungen gem. § 269 HGB a.F.[2035] Die Änderung im Bereich der ausstehenden Einlagen im GmbH-Recht hätte zwar zu einer wesentlichen Stärkung führen können, wird aber von der h.M. nicht anerkannt, sodass es hier zu keinen Auswirkungen auf den bilanziellen Kapitalschutz gekommen ist.[2036]

In alledem kommt zum Ausdruck, dass nunmehr dem Informationszweck der Bilanz erheblich größere Bedeutung zukommt als zuvor und dieser fortan das deutsche Handelsbilanzrecht im Gegensatz zu der vorsichtigen Ausschüttungsbemessung dominiert. Daneben hat sich anhand der Untersuchung ein veränderter Adressatenbezug angedeutet: Nach der bisherigen gesetzlichen Konzeption galten nach überwiegendem Verständnis in erster Linie die Gesellschafter und die aktuellen Gläubiger als Adressaten des Jahresabschlusses.[2037]

Die GoB und speziell das Vorsichtsprinzip dienten einem informationsbasierten Gläubigerschutz durch die Darstellung des vorsichtig ermittelten, aber verlässlichen Gewinns. Durchbrechungen des Realisationsprinzips und des AK/HK-Prinzips

---

2032 RegE BilMoG, BT-Drs. 16/10067, S. 59.
2033 RegE BilMoG, BT-Drs. 16/10067, S. 32; siehe dazu ausführlich S. 173 ff.
2034 Siehe S. 215 f.
2035 Siehe S. 256 f.
2036 Siehe S. 279 f.
2037 Siehe S. 136 ff.

bergen die Gefahr, dass vermehrt Ertragschancen statt verlässlicher Werte in der Bilanz abgebildet werden. Für die Gläubiger ist es aber von entscheidender Bedeutung, dass klar und einfach ersichtlich wird, ob ausreichend Aktivvermögen zur Befriedigung aller Verbindlichkeiten zur Verfügung steht.[2038] Soweit unsichere Gewinne in der Bilanz ausgewiesen werden, ist dies für die Gläubiger nicht ohne Weiteres ersichtlich. Die Beeinträchtigung der Informationen aus Gläubigersicht wird im Gegensatz zur Ausschüttungsbemessung auch nicht durch die Ausschüttungssperre des § 268 Abs. 8 HGB kompensiert. Stattdessen muss durch eine aufwendigere Nebenrechnung ermittelt werden, in welchem Umfang eine „sichere Haftungsmasse" zur Befriedigung der bestehenden Ansprüche zur Verfügung steht.[2039]

Daneben gibt vor allem die Gesetzesbegründung einen eindeutigen Hinweis darauf, dass der Informationswert der durch die Bilanz vermittelten Werte in erster Linie für die Interessen potentieller Investoren gesteigert werden sollte:

> *„Mit der Anhebung des Informationsniveaus des handelsrechtlichen Jahresabschlusses werden auch die Anforderungen des Kapitalmarkts an eine informationsorientierte Rechnungslegung berücksichtigt und folglich die Fähigkeit der Unternehmen verbessert, sich im Wettbewerb um kostengünstige Fremd- oder Eigenkapitalfinanzierungen am Kapitalmarkt zu behaupten."*[2040]

Ebenso unterstreicht die Entscheidung des Gesetzgebers gegen eine bilanzielle Sperrung unsicherer Bilanzposten mittels eines Rücklagenmechanismus[2041] die Annahme, dass die Informationsfunktion im Hinblick auf die Interessen externer potentieller Investoren künftig den vorrangigen Zweck der Bilanz darstellt. Denn mit einer gesperrten Rücklage wären auch Auswirkungen auf die Höhe des Gewinns verbunden. Dieser würde um die Höhe der entsprechenden Bilanzposten reduziert. Vermutlich wollte der Gesetzgeber mit Blick auf die IFRS und die Vergleichbarkeit von nationalen mit internationalen Unternehmen eine Senkung des Bilanzgewinns vermeiden. Gerade bei den selbst geschaffenen immateriellen Vermögensgegenständen des Anlagevermögens gem. § 248 Abs. 8 HGB gibt die Gesetzesbegründung einen deutlichen Hinweis für diese Vermutung: Innovative mittelständische Unternehmen sollten die „Möglichkeit [erhalten], ihre Außendarstellung zu verbessern".[2042] Das sollte wahrscheinlich, auch wenn es nicht ausdrücklich geäußert wurde, durch eine Erhöhung des Bilanzgewinns erreicht werden.

Die exakte Bestimmung des neuen Adressatenbezugs der Informationsfunktion der Handelsbilanz sowie die Untersuchung unter Effizienzgesichtspunkten muss einer gesonderten Analyse vorbehalten bleiben, da sich die Ergründung dieser

---

2038 Siehe S. 166 f.
2039 Siehe S. 338 f.
2040 RegE BilMoG, BT-Drs. 16/10067, S. 34.
2041 Siehe auch S. 339.
2042 RegE BilMoG, BT-Drs. 16/10067, S. 49.

Fragen zu weit von dem Thema der Arbeit entfernen würde. Allerdings liegt der Schluss nahe, dass es zu einer Neuinterpretation des Einblicksgebots gem. § 264 Abs. 2 S. 1 HGB kommen könnte. Dieses steht nach ganz überwiegender Meinung unter Vorbehalt der GoB, sodass es bisher nicht als ein sog. *„overriding principle"* wie bei den IFRS verstanden wurde.[2043] Aber durch die Neugewichtung und Verschiebung der Wirkweise des Vorsichtsprinzips könnte es diesbezüglich zu einem neuen Verständnis kommen.

5. Fazit

Im Regierungsentwurf wird das Vorsichtsprinzip als das die handelsrechtliche Rechnungslegung dominierende Prinzip bestätigt.[2044] Jedoch läuft die Vorgabe der Stärkung der Informationsfunktion unter gleichzeitiger Wahrung der Zahlungsbemessungsfunktion ins Leere.[2045] Auch kann nicht mehr eindeutig davon ausgegangen werden, dass auch nach dem BilMoG die vorsichtige Gewinnermittlung vor der Informationsfunktion vorrangig bleibt.[2046] Vielmehr hat sich an der Statik des Kapitalschutzes eine auf den ersten Blick nur leichte, aber dennoch entscheidende Verschiebung ergeben, wenn fortan der Jahresabschluss nicht mehr grundsätzlich der vorsichtigen Gewinnermittlung dient.

Stattdessen greift der Gläubigerschutz in Form der Ausschüttungssperre nunmehr erst auf Ebene der Gewinnverwendung ein. Aufgrund dessen deutet sich die Tendenz einer Trennung von Ausschüttungsrechnung und Informationsbilanz an.[2047] Der Abschied von dem Gedanken der Einheitsbilanz kann kaum noch geleugnet werden.

III. Ausblick: Überleitungsrechnung als Ausschüttungsbegrenzung?

Bei der Reformdebatte um den gesellschaftsrechtlichen und bilanziellen Kapitalschutz wurden verschiedene Alternativen zum System des festen Kapitals vorgeschlagen.[2048] Darunter u.a. die strikte Ausrichtung der Handelsbilanz an dem Ziel der Informationsvermittlung, verbunden mit gleichzeitiger Einführung einer

2043 Siehe S. 136 ff.

2044 RegE BilMoG, BT-Drs. 16/10067, S. 33.

2045 Ebenso *Velte*, KoR 2008, 61, 73.

2046 So aber *Wüstemann/Wüstemann*, in: FS Krawitz, S. 753, 759; *Arbeitskreis Bilanzrecht der Hochschullehrer Rechtswissenschaft*, BB 2008, 152, 153.

2047 Dazu näher sogleich.

2048 Mit Einzelheiten zu den verschiedenen Alternativen *Hennrichs*, ZGR 2008, 361, 367 ff.; *Merkt*, in: Müller-Graff/Teichmann (Hrsg.), Europäisches Gesellschaftsrecht auf neuen Wegen, S. 81, 84; *Pellens/Kemper/Schmidt*, ZGR 2008, 381, 418 ff.

Überleitungsrechnung, in der unsichere und unrealisierte Bilanzposten für die Zwecke der Ausschüttungsbemessung herausgerechnet werden.[2049]

1. Überblick zur Konzeption einer Überleitungsrechnung

Bei Einführung einer solchen Überleitungsrechnung wird das bilanzielle Ausgangsmaterial unter Kapital- und Gläubigerschutzgesichtspunkten als ungeeignet angesehen. Eine Überleitungsrechnung korrigiert das bilanzielle Bezugssystem zum Zwecke der Ausschüttungsbemessung unter strikter Beachtung von Kapitalschutzerwägungen ohne Berücksichtigung etwaiger Informationsinteressen, sodass ein Abfluss unrealisierter Gewinne an die Gesellschafter verhindert wird. Strukturell wird dann außerbilanziell auf einen ausschüttungsfähigen Gewinn übergeleitet, indem bestimmte Bilanzierungssachverhalte, die als unvereinbar mit dem institutionellen Gläubigerschutz eingestuft werden, aus der Bilanz eliminiert werden.[2050]

Dabei kann man sich aus unterschiedlichen Sichtweisen dem Ziel nähern. Einerseits kann durch eine enumerative Aufzählung vorgegeben werden, welche entsprechenden Bilanzposten als unrealisiert gelten und somit aus dem Gewinn herausgerechnet werden müssen („negative Ausschüttungssperre").[2051] Andererseits kann eine Bestimmung erfolgen, wann Bilanzposten als realisiert gelten („positive Ausschüttungssperre").[2052]

2. Überleitungsrechnung nach britischem Vorbild

Ein solches Konzept der Überleitungsrechnung ist derzeit Grundlage der Ausschüttungsbemessung im Kapitalerhaltungsrecht des Vereinigten Königreichs.

Der Jahresabschluss nach UK-GAAP ist nicht am Prinzip des Gläubigerschutzes durch Kapitalerhaltung ausgerichtet, sondern dient der Vermittlung entscheidungsnützlicher Informationen. Die Gläubiger sollen auf diese Weise die Grundlagen für ihren Selbstschutz erhalten.[2053] Gleichzeitig dienen die vermittelten Informationen potentiellen Investoren. Infolgedessen kommt aber dem Realisationsprinzip im Jahresabschluss nach UK-GAAP eine nur untergeordnete Bedeutung zu, sodass in der Bilanz unrealisierte Gewinne ausgewiesen werden.[2054] Aus diesem Grund bedarf

2049 Siehe dazu *Hennrichs*, ZGR 2008, 361, 372; *Merschmeyer*, Kapitalschutzfunktion des Jahresabschlusses, 2005, S. 294 f. m.w.N.; *Pellens/Kemper/Schmidt*, ZGR 2008, 381, 427. Im Hinblick auf die IFRS *Krey*, IFRS und Ausschüttungsbemessung, 2013, S. 212 f.

2050 *Maul/Lanfermann/Richard*, AG 2010, 279, 280; *Krey*, IFRS und Ausschüttungsbemessung, 2013, S. 212.

2051 *Krey*, IFRS und Ausschüttungsbemessung, 2013, S. 212.

2052 *Krey*, IFRS und Ausschüttungsbemessung, 2013, S. 212.

2053 *Röhricht*, Gläubigerschutz, 2011, S. 172; vgl. auch *Kahle*, WPg 2003, 262, 270.

2054 *Knoch*, Rechnungslegung einer Limited, 2014, S. 45.

es für die Ausschüttungsbemessung einer zusätzlichen Regelung für die Kapitalerhaltung, deren zentrale Vorschriften die ss. 830, 831 Companies Act 2006 darstellen.

Danach darf nicht der im Jahresabschluss ausgewiesene Jahresüberschuss an die Gesellschafter ausgeschüttet werden, sondern nur der für eine Ausschüttung verfügbare Gewinn („*profits available for distribution*"), sec. 830 Abs. 1 Companies Act 2006. Dieser wird mittels des sog. *realised profit test* bestimmt.[2055] Aus sec. 830 Abs. 2 ergibt sich, dass darunter die kumulierten, realisierten Gewinne, soweit sie nicht zuvor ausgeschüttet oder für Kapitalumwandlungen verwendet worden sind, abzüglich der kumulierten, realisierten Verluste zu verstehen sind. Durch den Begriff „kumuliert" kommt zum Ausdruck, dass es sich dabei im Wesentlichen um den Gesamtbetrag der seit Bestehen der Gesellschaft aufgelaufenen realisierten Gewinne, die noch nicht ausgeschüttet wurden, handelt, abzüglich der aufgelaufenen realisierten Verluste, unabhängig von der abgelaufenen Periode.[2056]

Grundlage für die Ermittlung bleibt aber der Jahresabschluss (sec. 836 Abs. 2 Companies Act 2006). Dieser gibt die bilanziellen Ausgangsgrößen für die Überleitungsrechnung vor.[2057] In dieser wird jeder bilanziell erfolgswirksame Vorgang dahin gehend überprüft, ob er für Ausschüttungszwecke als realisiert anzusehen ist.[2058] Dadurch werden die realisierten Gewinne und Verluste außerhalb des Jahresabschlusses aus dem Jahresüberschuss herausgerechnet.[2059]

Zur Bestimmung, wann ein bilanzieller Vorgang als „realisiert" i.S.d. Ausschüttungsbemessung gilt, ist auf einen von den Accountant-Instituten von Schottland (ICAS) sowie England und Wales (ICAEW) herausgegebenen Leitfaden (sog. *Technical Release 02/10*) zurückzugreifen.[2060] Diese Empfehlungen sind zwar nicht verbindlich, werden aber von der Praxis als bewährte und sachgerechte Herangehensweise verstanden und somit faktisch von allen Bilanzierenden als Interpretationshilfe herangezogen.[2061] In diesem 168 Seiten umfassenden Leitfaden wird abstrakt festgelegt, wann Gewinne und Verluste für Ausschüttungszwecke als realisiert gelten. Allerdings erfolgt keine konkret-individuelle Identifizierung

---

2055 Zu weiteren Einzelheiten *Hannigan*, Company law, 3. Aufl. 2012, S. 511 ff.; *Röhricht*, Gläubigerschutz, 2011, S. 144 ff.; *Knoch*, Rechnungslegung einer Limited, 2014, S. 46, 58 f.

2056 *Knoch*, Rechnungslegung einer Limited, 2014, S. 46; *Ebert/Levedag*, GmbHR 2003, 1337, 1343.

2057 *Röhricht*, Gläubigerschutz, 2011, S. 146; vgl. auch *Hannigan*, Company law, 3. Aufl. 2012, S. 511.

2058 *Röhricht*, Gläubigerschutz, 2011, S. 145.

2059 *Kahle*, WPg 2003, 262, 270; *Lanfermann/Röhricht*, DStR 2009, 1216, 1220; *Röhricht*, Gläubigerschutz, 2011, S. 146; *Knoch*, Rechnungslegung einer Limited, 2014, S. 46.

2060 Abrufbar unter: http://www.icaew.com/~/media/Files/Technical/technical-releases/legal-and-regulatory/TECH-02-10-Guidance-on-realised-and-distributable-profits-under-the-Companies-Act-2006.pdf (zuletzt abgerufen am 30.9.2014). Siehe dazu auch *Knoch*, Rechnungslegung einer Limited, 2014, S. 48 f.

2061 *Knoch*, Rechnungslegung einer Limited, 2014, S. 39.

der ausschüttungsgesperrten Beträge, sondern es werden stattdessen generelle Grundsätze festgelegt, ab wann ein Gewinn und Verlust als realisiert i.S.d. Ausschüttungsbemessung gilt.[2062] Bemerkenswert ist, dass in dem Leitfaden auch dem Vorsichtsprinzip eine erhöhte Bedeutung zukommt.[2063]

Es besteht somit im Vereinigten Königreich kein unmittelbarer Funktionszusammenhang zwischen Bilanzrecht und Kapitalgesellschaftsrecht.[2064] Die ausschüttungsfähigen Gewinne werden nicht aus der Bilanz, sondern erst durch eine gesonderte Überleitungsrechnung ermittelt, in der bestimmt wird, ob ein Gewinn bereits realisiert und daher für eine Ausschüttung an die Gesellschafter verfügbar ist. Daher kann auch von einem „gesellschaftsrechtlichen Realisationsbegriff" gesprochen werden.[2065] Dieses Konzept einer sog. „positiven Ausschüttungssperre"[2066] ist in der britischen Umsetzung jedoch sehr aufwendig und von erheblichen Unsicherheiten geprägt, die für die Unternehmen teilweise nur mit einem erheblichen zeitlichen Mehraufwand oder nur unter Hinzuziehung von externem Expertenwissen unter Inkaufnahme erhöhter Kosten zu bewältigen sind.[2067]

3. Die Zukunft des Kapitalschutzes im HGB

In Deutschland wurde durch Einführung der Ausschüttungssperre gem. § 268 Abs. 8 HGB das Konzept des „entziehbaren (bilanziellen) Gewinns" aufgegeben.[2068] Es wurden einige informationsorientierte Neuregelungen, die sich ergebniserhöhend auswirken, von dem ausschüttungsfähigen Volumen ausgenommen. Aufgrund dessen ist aus der Bilanz nicht mehr unmittelbar ersichtlich, in welchem Umfang der Bilanzgewinn an die Gesellschafter ausgeschüttet werden kann. Auch anhand der Angaben im Anhang über die ausschüttungsgesperrten Beträge lässt sich das ausschüttungsfähige Volumen nicht ohne Weiteres ermitteln.[2069]

In der Struktur und Funktionsweise der neu eingeführten außerbilanziellen Ausschüttungssperre des § 268 Abs. 8 HGB ähnelt diese durchaus der Überleitungsrechnung nach britischem Recht.[2070] Das auf Basis einer informationsorientierten

---

2062 *Lanfermann/Röhricht*, DStR 2009, 1216, 1220; *Maul/Lanfermann/Richard*, AG 2010, 279, 281.

2063 *Krey*, IFRS und Ausschüttungsbemessung, 2013, S. 206.

2064 *Röhricht*, Gläubigerschutz, 2011, S. 172.

2065 *Knoch*, Rechnungslegung einer Limited, 2014, S. 48.

2066 Siehe Fn. 2052.

2067 *Maul/Lanfermann/Richard*, AG 2010, 279, 282; *Lanfermann/Röhricht*, DStR 2009, 1216, 1220.

2068 Siehe S. 347.

2069 Siehe S. 320 f.

2070 *Lanfermann/Röhricht*, DStR 2009, 1216, 1220; *Maul/Lanfermann/Richard*, AG 2010, 279, 282; *Krey*, IFRS und Ausschüttungsbemessung, 2013, S. 206; vorsichtig andeutend *Gros/Wallek*, Der Konzern 2009, 541, 546; *Röhricht*, Gläubigerschutz, 2011, S. 174.

Bilanz ermittelte Ergebnis wird nachträglich aus Erwägungen des Kapitalschutzes von unrealisierten Gewinnen befreit.

Wenngleich auch die unterschiedliche Herangehensweise in den Regelungen nicht übersehen werden darf, entspricht die Struktur in der deutschen Regelung einer „negativen Ausschüttungssperre".[2071] Ausdrücklich benannte Bilanzierunsgsachverhalte werden als „unrealisiert" eingestuft und außerbilanziell aus dem ausschüttungsfähigen Gewinn herausgerechnet. Dagegen muss mittels des *Technical Release* im Vereinigten Königreich anhand abstrakter Kriterien ermittelt werden, wann ein Gewinn zur Ausschüttung geeignet ist. Dies ist mit einem beträchtlichen Arbeitsaufwand verbunden. Je umfangreicher aber solche kapitalschützenden Bereinigungen vorgeschrieben werden, desto größer ist die Gefahr einer zweiten Schattenbilanz.[2072] Aus diesen Gründen steht das Konzept einer außerbilanziellen Überleitungsrechnung im Vereinigten Königreich auch stark in der Kritik.[2073]

Die Erstellung einer Überleitungsrechnung zur Ermittlung des ausschüttungsfähigen Gewinns darf aber nicht aufwendiger und komplexer sein als die Aufstellung einer eigenständigen Bilanz.[2074] Ansonsten entfiele die Rechtfertigung für ein solches Instrument, das die Erstellung mehrerer Bilanzen für die unterschiedlichen Zwecke gerade verhindern soll. Der deutsche Gesetzgeber hat durch das BilMoG lediglich drei eindeutig festgelegte bilanzielle Sachverhalte mit der Ausschüttungssperre belegt und daher nicht in einem der britischen Überleitungsrechnung vergleichbar großem Umfang eine außerbilanzielle Sonderrechnung in das Handelsbilanzrecht eingeführt. Allerdings kann nach der Analyse des nunmehr geltenden Kapital- und Gläubigerschutzniveaus festgehalten werden, dass die Ausschüttungssperre des § 268 Abs. 8 HGB sinnvollerweise weitere Bilanzposten hätte erfassen müssen, um eine hinreichende Lösung bieten zu können.[2075] Dies wäre aus Gründen der Kapitalerhaltung geboten gewesen, hätte aber auch zu einer deutlich umfangreicheren „Nebenrechnung" geführt. Daneben korrigiert auch die h.M. das bilanzielle Ergebnis zum Zwecke der Ausschüttungsbemessung.[2076] Daher befindet sich der Gesetzgeber durch die Einführung des Konzepts einer außerbilanziellen Ausschüttungsbegrenzung in einem Dilemma: Entweder kommt es zu einer vollständigen Erfassung aller den Kapitalschutz beeinträchtigenden Bilanzposten durch § 268 Abs. 8 HGB, die dann der Überleitungsrechnung nach britischem Vorbild immer näherkommt, oder man nimmt die punktuelle Beeinträchtigung des Vorsichts- und Realisationsprinzips und damit des Kapitalschutzes in Kauf.

Festzuhalten bleibt, dass der Gesetzgeber sich mit Einführung der Ausschüttungssperre von dem tradierten deutschen Kapitalschutzsystem im Grundsatz

---

2071 *Krey*, IFRS und Ausschüttungsbemessung, 2013, S. 212.

2072 *Hennrichs*, ZGR 2008, 361, 373 m.w.N.

2073 *Rickford*, EBLR 15 (2004), 919, 947; *Lanfermann/Röhricht*, DStR 2009, 1216, 1220.

2074 *Maul/Lanfermann/Richard*, AG 2010, 279, 281, die auf diese Gefahr bei einer Überleitungsrechnung allgemein hinweisen.

2075 Siehe dazu S. 330 ff.

2076 Siehe S. 279 ff. und S. 292 ff.

verabschiedet und einen neuen Weg eingeschlagen hat. Das gesellschaftsrechtliche Kapitalerhaltungsrecht nimmt nicht mehr auf den Bilanzgewinn, sondern auf den bereinigten ausschüttungsfähigen Gewinn Bezug.

Aufgrund der aufgezeigten Inkonsistenzen bei der Ausschüttungssperre[2077] ist es zu erwarten, dass man am Anfang einer Entwicklung steht, die den Kapitalschutz nicht mehr als bilanzielle Aufgabe versteht und den bisherigen Zweckpluralismus des Bilanzrechts weiter auflöst. Dies sollte man sich bei künftigen Reformdiskussionen bewusst machen und nicht an überholten Denkmustern festhalten. Ob die vollständige Hinwendung zur reinen Informationsbilanz nach Vorbild der IFRS zu befürchten ist oder lediglich moderate Annäherungen bevorstehen, ist nicht absehbar.

Vorteil bei der konzeptionellen Schaffung einer weitreichenden Ausschüttungssperre ist, dass ohne Rücksicht auf die Informationsfunktion des Jahresabschlusses diskutiert werden kann, welche Bilanzposten von der Ausschüttung ausgenommen werden sollen.[2078] Je umfangreicher jedoch der Anwendungsbereich, desto größer ist die Gefahr, dass die Bemessung des ausschüttungsfähigen Gewinns deutlich komplexer wird.[2079] Dabei sollte das britische Modell aber als mahnendes Beispiel dienen, dass die Anforderungen an die Ausschüttungsbemessung auch zukünftig in der einfachen und rechtssicheren Handhabbarkeit gesehen werden sollten.

Außerdem sollte das Informationsinteresse der Gläubiger in der künftigen Diskussion Berücksichtigung finden. Diese richtet sich darauf, auf einfache und verlässliche Weise unsichere Werte und deren Umfang in der Bilanz identifizieren zu können. Denkbar wäre, diese Werte in der Bilanz zu kennzeichnen, indem man sie entsprechend gruppiert oder markiert.

IV. Schluss

Die Operation am Rückgrat hat dazu geführt, dass die Unternehmen einen aufrechteren Gang präsentieren können, obgleich die bisherige Statik im Kapitalschutz stark verändert wurde. Der Gang ist aufrechter, ob das Rückgrat der Unternehmen jedoch weiterhin eine vergleichbare Stabilität bieten kann, bleibt abzuwarten. Zweifelsfrei kann festgehalten werden, dass der Gesetzgeber einen Paradigmenwechsel vollzogen hat. Statt den vorsichtig ermittelten und somit bedenkenlos entziehbaren Gewinn auszuweisen, ist für die Bestimmung des ausschüttungsfähigen Betrags eine Nebenrechnung notwendig, die als vom Gesetzgeber kritisch eingestufte Bilanzposten aus dem Bilanzgewinn eliminiert. Dadurch wird die Bestimmung des ausschüttungsfähigen Volumens aus der Bilanz heraus verlagert. Es steht somit zu befürchten, dass die Handelsbilanz als bilanzielles Bezugssystem für die

2077 Siehe S. 330 ff.

2078 *Krey*, IFRS und Ausschüttungsbemessung, 2013, S. 212.

2079 *Röhricht*, Gläubigerschutz, 2011, S. 174.

Ausschüttungsbemessung zukünftig weiter an Bedeutung verlieren wird, denn bereits jetzt ist der bilanzielle Gewinn nicht mehr vorbehaltlos ausschüttungsfähig.[2080]

In zukünftigen Debatten um das Kapitalschutzsystem sprächen dann kaum noch Argumente gegen einen Dualismus von Informationsbilanz nach IFRS und Ausschüttungsbilanz nach HGB (etwa auch in Form einer Überleitungsrechnung), womit eine erhebliche finanzielle und zeitliche Mehrbelastung für die Unternehmen verbunden wäre.

2080 Ähnlich *Röhricht*, Gläubigerschutz, 2011, S. 174.

Literaturverzeichnis

Adams, Michael, Eigentum, Kontrolle und beschränkte Haftung, 1991.

Altenburger, Otto A./Kropff, Bruno/Semler, Johannes, Münchener Kommentar zum Aktiengesetz, 2. Auflage 2003 (zitiert als: *Bearbeiter,* in: MüKo/AktG).

Althoff, Frank, Ausschüttungssperre für Steuerlatenzen auch ohne Aktivierung latenter Steuern?, DStR 2012, S. 868–872.

Altmeppen, Holger, Die Grenzen der Zulässigkeit des Cash Pooling, ZIP 2006, S. 1025–1035.

Altmeppen, Holger, Die rätselhafte Haftung von Geschäftsleitern für insolvenzbegründende „Zahlung" an Gesellschafter, in: Kindler/Koch/Winter (Hrsg.), Festschrift für Uwe Hüffer zum 70. Geburtstag, 2010 (Zitiert *Altmeppen,* in: FS Hüffer), S. 1–14.

Arbeitsgruppe europäisches Gesellschaftsrecht, Zur Entwicklung des Europäischen Gesellschaftsrechts: Stellungnahme der Group of German Experts on Corporate Law zum Konsultationsdokument der High Level Group of Experts on Corporate Law, ZIP 2002, S. 1310–1324.

Arbeitsgruppe europäisches Gesellschaftsrecht, Zur Entwicklung des Europäischen Gesellschaftsrechts: Stellungnahme der Arbeitsgruppe Europäisches Gesellschaftsrecht (Group of German Experts on Corporate Law) zum Report of the High Level Group of Company Law Experts on a modern Regulatory Framework for Company Law in Europe, ZIP 2003, S. 863–880.

Arbeitskreis „Immaterielle Werte im Rechnungswesen", Kategorisierung und bilanzielle Erfassung immaterieller Werte, DB 2001, S. 989–995.

Arbeitskreis „Immaterielle Werte im Rechnungswesen", Leitlinien zur Bilanzierung selbstgeschaffener immaterieller Vermögensgegenstände des Anlagevermögens nach dem Regierungsentwurf des BilMoG, DB 2008, S. 1813–1821.

Arbeitskreis „Steuern und Revision" im Bund der Wirtschaftsakademiker e.V., Abkehr vom Gläubigerschutz im BilMoG – nur einjährige Ausschüttungssperre!, DStR 2008, S. 1299–1300.

Arbeitskreis Bilanzrecht der Hochschullehrer Rechtswissenschaft, Zur Fortentwicklung des deutschen Bilanzrechts, BB 2002, S. 2372–2381.

Arbeitskreis Bilanzrecht der Hochschullehrer Rechtswissenschaft, Nochmals: Plädoyer für eine Abschaffung der „umgekehrten Maßgeblichkeit", DStR 2008, S. 1057–1060.

Arbeitskreis Bilanzrecht der Hochschullehrer Rechtswissenschaft, Stellungnahme zu dem Entwurf eines BilMoG: Einzelfragen zum materiellen Bilanzrecht, BB 2008, S. 209–216.

Arbeitskreis Bilanzrecht der Hochschullehrer Rechtswissenschaft, Stellungnahme zu dem Entwurf eines BilMoG: Grundkonzept und Aktivierungsfragen, BB 2008, S. 152–158.

Arbeitskreis Externe Unternehmensrechnung der Schmalenbach-Gesellschaft für Betriebswirtschaft e.V., International Financial Reporting Standards im Einzel- und Konzernabschluss unter der Prämisse eines Einheitsabschlusses für unter anderem steuerliche Zwecke, DB 2003, S. 1585–1588.

Arbeitskreis Externe Unternehmensrechnung der Schmalenbach-Gesellschaft für Betriebswirtschaft e.V., Stellungnahme zu dem Referentenentwurf eines Bilanzrechtsmodernisierungsgesetzes, BB 2008, S. 994–997.

Armour, John, Legal Capital: An Outdated Concept?, EBOR 7 (2006), S. 5–27.

Assmann, Heinz-Dieter/Hopt, Klaus J./Wiedemann, Herbert/Gadow, Wilhelm/Heinichen, Eduard, Aktiengesetz Großkommentar, 4. Auflage 2004 (zitiert als: *Bearbeiter*, in: GroßkommAktG).

Baetge, Jörg, Die Rechnungslegungszwecke des aktienrechtlichen Jahresabschlusses, in: Baetge/Moxter/Schneider (Hrsg.), Bilanzfragen, Festschrift zum 65. Geburtstag von Ulrich Leffson, 1976 (Zitiert *Baetge*, in: FS Leffson), S. 12–30.

Baetge, Jörg/Kirsch, Hans-Jürgen/Solmecke, Henrik, Auswirkungen des BilMoG auf die Zwecke des handelsrechtlichen Jahresabschlusses, WPg 2009, S. 1211–1222.

Baetge, Jörg/Kirsch, Hans-Jürgen/Thiele, Stefan, Bilanzen, 9. Auflage 2007.

Baetge, Jörg/Kirsch, Hans-Jürgen/Thiele, Stefan, Bilanzen, 14. Auflage 2017.

Baetge, Jörg/Schmidt, Andreas, Das BilMoG – Erleichterung oder Erschwernis für die Bilanzanalyse?, in: Rau (Hrsg.), Kapitalmarkt in Theorie und Praxis, Festschrift zum 50-jährigen Jubiläum der DVFA, 2010, S. 170–186.

Baetge, Jörg/Solmecke, Henrik, „Wetterfest": Die deutsche Bilanzrechtsmodernisierung, Status: Recht 2009, S. 124.

Baetge, Jörg/Thiele, Stefan, Gesellschafterschutz versus Gläubigerschutz – Rechenschaft versus Kapitalerhaltung, in: Budde/Moxter/Offerhaus (Hrsg.), Handelsbilanzen und Steuerbilanzen, Festschrift zum 70. Geburtstag von Prof. Dr. h.c. Heinrich Beisse, 1997 (Zitiert *Baetge/Thiele*, in: FS Beisse), S. 11–24.

Balke, Michaela, Die Gesellschafterhaftung in der GmbH nach dem MoMiG und ihre Übertragbarkeit auf EU-Auslandsgesellschaften, 2013 (Zitiert *Balke*, Gesellschafterhaftung in der GmbH).

Ballerstedt, Kurt, Kapital, Gewinn und Ausschüttungen bei Kapitalgesellschaften, 1949.

Ballwieser, Wolfgang, Zum Nutzen handelsrechtlicher Rechnungslegung, in: Ballwieser/Moxter/Nonnenmacher (Hrsg.), Rechnungslegung – warum und wie, Festschrift für Hermann Clemm zum 70. Geburtstag, 1996 (Zitiert *Ballwieser*, in: FS Clemm), S. 1–25.

Ballwieser, Wolfgang, Gläubigerschutz durch bilanzielle Kapitalerhaltung, Der Konzern 2007, S. 419–421.

Ballwieser, Wolfgang, Latente Steuern – Konzeption und Entscheidungsnützlichkeit, in: Baumhoff/Dücker/Köhler (Hrsg.), Besteuerung, Rechnungslegung und Prüfung der Unternehmen, Festschrift für Professor Dr. Norbert Krawitz, 2010 (Zitiert *Ballwieser,* in: FS Krawitz), S. 540–553.

Ballwieser, Wolfgang/Kuhner, Christoph, Rechnungslegungsvorschriften und wirtschaftliche Stabilität, 1994.

Ballwieser, Wolfgang/Küting, Karlheinz/Schildbach, Thomas, Fair value – erstrebenswerter Wertansatz im Rahmen einer Reform der handelsrechtlichen Rechnungslegung?, BFuP 2004, S. 529–549.

Barta, Sebastian, Das Kapitalsystem von GmbH und AG – Inhalt und Zweck der Regelungen über Stamm- bzw. Grundkapital – Zugleich Anmerkungen zum Referentenentwurf eines „Gesetzes zur Neuregelung des Mindestkapitals der GmbH (MindestKapG)“, GmbHR 2005, S. 657–662.

Barth, Kuno, Die Entwicklung des deutschen Bilanzrechts und der auf ihm beruhenden Bilanzauffassungen, handelsrechtlich und steuerrechtlich, 1953.

Baumbach, Adolf/Hopt, Klaus J./Merkt, Hanno, Handelsgesetzbuch mit GmbH & Co., Handelsklauseln, Bank- und Börsenrecht, Transportrecht (ohne Seerecht), 33. Auflage 2008 (zitiert als: *Bearbeiter,* in: Baumbach/Hopt, HGB).

Baumbach, Adolf/Hueck, Alfred, GmbHG Gesetz betreffend die Gesellschaften mit beschränkter Haftung, 21. Auflage 2017.

Baums, Theodor, Die Fremdkapitalsfinanzierung der Aktiengesellschaft durch das Publikum, in: Bayer/Habersack (Hrsg.), Aktienrecht im Wandel, Grundsatzfragen des Aktienrechts, 2007, S. 955–994.

Baums, Theodor, Eigenkapital: Begriff, Aufgaben, Sicherung, ZHR 175 (2011), S. 160–209.

Baums, Theodor, Risiko und Risikosteuerung im Aktienrecht, ZGR 2011, S. 218–274.

Bayer, Walter, Empfehlen sich besondere Regelungen für börsennotierte und für geschloßene Gesellschaften? – Gutachten E für den 67. Deutschen Juristentag 2008.

Bayer, Walter, 17. Kapitel: Grundkapital, Kapitalaufbringung, Kapitalerhaltung, in: Bayer/Habersack(Hrsg.), Aktienrecht im Wandel, Grundsatzfragen des Aktienrechts, 2007, S. 708–762.

Bayer, Walter/Hoffmann, Sebastian, Was ist aus der ersten Generation von Unternehmergesellschaften geworden?, GmbHR 2011, S. R 321–322.

Bayer, Walter/Hoffmann, Thomas, Die Unternehmergesellschaft (haftungsbeschränkt) des MoMiG zum 1.1.2009 – eine erste Bilanz, GmbHR 2009, S. 124–125.

Beck, Lukas/Schaub, Peter, Unternehmergesellschaft: Rechtsscheinhaftung bei geschäftlichem Handeln mit dem unrichtigen Rechtsformzusatz „GmbH“, GmbHR 2012, S. 1331–1335.

Beisse, Heinrich, Zum Verhältnis von Bilanzrecht und Betriebswirtschaftslehre, StuW 1984, S. 1–14.

Beisse, Heinrich, Gläubigerschutz – Grundprinzip des deutschen Bilanzrechts, in: Beisse/Lutter/Närger (Hrsg.), Festschrift für Karl Beusch zum 68. Geburtstag, 1993, (Zitiert *Beisse*, in: FS Beusch), S. 77–97.

Beisse, Heinrich, Zum neuen Bild des Bilanzrechts, in: Ballwieser/Böcking/Drukarczyk/Schmidt (Hrsg.), Bilanzrecht und Kapitalmarkt, Festschrift zum 65. Geburtstag von Professor Dr. Dr. h.c. Dr. h.c. Adolf Moxter, 1994 (Zitiert *Beisse*, in: FS Moxter), S. 3–31.

Beisse, Heinrich, Zehn Jahre „True and fair view", in: Ballwieser/Moxter/Nonnenmacher (Hrsg.), Rechnungslegung – warum und wie, Festschrift für Hermann Clemm zum 70. Geburtstag, 1996 (Zitiert *Beisse*, in: FS Clemm), S. 27–58.

Bertram, Klaus, BilMoG – Erfahrungen mit der Umsetzung, WPg 2011, S. I.

Bertram, Klaus/Johannleweling, Andreas/Roß, Norbert/Weiser, Felix, Handelsrechtliche Bilanzierung von Altersversorgungsverpflichtungen nach IDW RS HFA 30, WPg 2011, S. 57–69.

Bertram, Klaus/Kessler, Harald, IDW ERS HFA 34: Mehr Sicherheit bei der Bewertung unsicherer Schulden, DB 2012, S. 985–990.

Bezzenberger, Tilman, Erwerb eigener Aktien durch die AG, 2002.

Bezzenberger, Tilman, Das Kapital der Aktiengesellschaft. Kapitalerhaltung – Vermögensbindung – Konzernrecht, 2005.

Bieg, Hartmut/Bofinger, Peter/Küting, Karlheinz/Kußmaul, Heinz/Waschbusch, Gerd/Weber, Claus-Peter, Die Saarbrücker Initiative gegen den Fair Value, DB 2008, S. 2549–2552.

Bitter, Georg, Konzernrechtliche Durchgriffshaftung bei Personengesellschaften, 2000.

Bitter, Georg, Rechtsperson und Kapitalerhaltung – Gesellschafterschutz vor „verdeckten Gewinnausschüttungen" bei Kapital- und Personengesellschaften, ZHR 168 (2004), S. 302–351.

Bitz, Michael, Schöpfungswille und Harmoniestreben des Renaissancemenschen: Luca Pacioli und die Folgen – Dogmenhistorische und sprachtheoretische Reflektionen zum Begriff des Eigenkapital, in: Winkeljohann/Bareis/Volk (Hrsg.), Rechnungslegung, Eigenkapital und Besteuerung, Festschrift für Dieter Schneeloch zum 65. Geburtstag, 2007 (Zitiert *Bitz*, in: FS Schneeloch), S. 147–163.

Blaurock, Uwe, Mindestkapital und Haftung bei der GmbH, in: Damm/Heermann/Veil (Hrsg.), Festschrift für Thomas Raiser zum 70. Geburtstag am 20. Februar 2005, 2005 (Zitiert *Blaurock*, in: FS Raiser), S. 3–22.

Böcker, Philipp, §§ 30, 31 GmbHG im Wandel – Zwei Jahre nach BGHZ 157, 72 – auch positive Impulse?, ZGR 2006, S. 213–239.

Böcker, Philipp/Poertzgen, Christoph, Der insolvenzrechtliche Überschuldungsbegriff ab 2014 – Perpetuierung einer Übergangsregelung statt Neuanfang, GmbHR 2013, S. 17–22.

Böcking, Hans-Joachim, IAS für Konzern und Einzelabschluss!, WPg 2002, S. 925–926.

Böcking, Hans-Joachim/Dreisbach, Marius/Gros, Marius, Der fair value als Wertmaßstab – eine Diskussion vor dem Hintergrund des Referentenentwurfs des BilMoG, Der Konzern 2008, S. 207–214.

Böcking, Hans-Joachim/Dutzi, Andreas, Zur Notwendigkeit eines zusätzlichen Solvenztests, Der Konzern 2007, S. 435–441.

Böcking, Hans-Joachim/Dutzi, Andreas, Verbesserung der Qualität der deutschen Rechnungslegung durch das Bilanzrechtsmodernisierungsgesetz (BilMoG)?, in: Baumhoff/Dücker/Köhler (Hrsg.), Besteuerung, Rechnungslegung und Prüfung der Unternehmen, Festschrift für Professor Dr. Norbert Krawitz, 2010 (Zitiert *Böcking/Dutzi,* in: FS Krawitz), S. 785–803.

Böcking, Hans-Joachim/Flick, Caroline, Die Saarbrückener Initiative gegen den Fair Value – Erwiderung von Prof. Dr. Böcking und Dr. Flick, DB 2009, S. 185–188.

Böcking, Hans-Joachim/Gros, Marius, Ausgewählte Änderungen im Jahres- und Konzernabschluss, Der Konzern 2009, S. 355–361.

Böcking, Hans-Joachim/Herold, Christian/Müßig, Anke, IFRS für nicht kapitalmarktorientierte Unternehmen – unter besonderer Berücksichtigung mittelständischer Belange, Der Konzern 2004, S. 664–672.

Böcking, Hans-Joachim/Torabian, Farhood, Zeitwertbilanzierung von Finanzinstrumenten des Handelsbestands nach dem Entwurf eines BilMoG, BB 2008, S. 265–267.

Bork, Reinhard/Schäfer, Carsten, GmbHG Kommentar zum GmbH-Gesetz, 2. Auflage 2012.

Brösel, Gerrit/Wittko, Anikke, Gläubigerschutzorientierte Rechnungslegung – Auf internationalen Pfaden oder am seidenen Faden, in: Brösel/Keuper (Hrsg.), Controlling und Medien, Festschrift für Rolf Dintner zum 65. Geburtstag, 2009, Berlin (Zitiert *Brösel/Wittko,* in: FS Dintner), S. 238–252.

Bruckmeier, Gerhard/Zwirner, Christian/Künkele, Kai Peter, Die Behandlung eigener Anteile – Das BilMoG kürzt das Steuersubstrat und fördert Investition in eigene Anteile, DStR 2010, S. 1640–1644.

Bruns, Hans-Georg/Eierle, Brigitte/Klein, Klaus-Günther/Knorr, Liese/Marten, Kai-Uwe, IFRS for SMEs Kommentar zur Rechnungslegung nach IFRS für nicht kapitalmarktorientierte Unternehmen, 2010.

Buck, Petra, Internationalisierung von Recht – Wandel in der deutschen Rechnungslegung, JZ 2004, S. 883–888.

Budde, Wolfgang Dieter/Steuber, Elgin, Rechnungslegung im Spannungsfeld zwischen Gläubigerschutz und Information der Gesellschafter, AG 1996, S. 542–550.

Cahn, Andreas, 18. Kapital: Eigene Aktien und gegenseitige Beteiligungen, in: Bayer/Habersack (Hrsg.), Aktienrecht im Wandel, Grundsatzfragen des Aktienrechts, 2007, S. 763–826.

Cahn, Andreas, Das Zahlungsverbot nach § 92 Abs. 2 Satz 3 AktG – aktien- und konzernrechtliche Aspekte des neuen Liquiditätsschutzes, Der Konzern 2009, S. 7–17.

Castedello, Marc/Kreher, Markus, Spielräume bei der Aktivierung selbst geschaffener immaterieller Vermögensgegenstände, in: Fink/Schultze/Winkeljohann (Hrsg.), Bilanzpolitik und Bilanzanalyse nach neuem Handelsrecht, 2010, S. 65–83.

Claussen, Carsten Peter, Das Bilanzrichtliniengesetz – Praktische Folgerungen und erste Wertungen, AG 1986, S. 145–154.

Claussen, Carsten Peter, So mußte es kommen! – Über die Situation des deutschen Rechnungslegungsrechts, AG 1993, S. 278–280.

Claussen, Carsten Peter, Zum Stellenwert des Rechnungslegungsrechts, in: Forster/Grunewald/Lutter/Semler (Hrsg.), Aktien- und Bilanzrecht, Festschrift für Bruno Kropff, 1997 (Zitiert *Claussen*, in: FS Kropff), S. 431–444.

Claussen, Carsten Peter, Die stillen Reserven, das BVerfG und die sieben Hochschullehrer, in: Hommelhoff/Zätsch/Erle (Hrsg.), Gesellschaftsrecht, Rechnungslegung, Steuerrecht, Festschrift für Welf Müller zum 65. Geburtstag, 2001 (Zitiert *Claussen*, in: FS Welf Müller), S. 409–424.

Claussen, Carsten Peter, Ein Versuch der Standortbestimmung des neuen Rechnungslegungsrechts, in: Habersack/Hüffer/Hommelhoff/Schmidt (Hrsg.), Festschrift für Peter Ulmer zum 70. Geburtstag, 2003 (Zitiert *Claussen*, in: FS Ulmer), S. 801–815.

Claussen, Carsten Peter, Das BilMoG, AG 2008, S. 577–583.

Claussen, Carsten Peter/Altenburger, Otto, Kölner Kommentar zum Rechnungslegungsrecht (§§ 238–342e HGB), 2011 (zitiert als: *Bearbeiter*, in: KK-RechnungslegungsR).

Claußen, Lisa/Steinbach, Tom, Die Bilanzierung latenter Steuern bei Unternehmen in der Krise – Besonderheiten im Überschuldungsstatus und Sanierungsfall, DStR 2013, S. 2409–2415.

Clemm, Hermann, Bilanzpolitik und Ehrlichkeits-(„true and fair view"-)Gebot, WPg 1989, S. 357–366.

Clemm, Hermann, § 264 HGB und Wahlrechte, in: Förschle/Kaiser/Moxter (Hrsg.), Rechenschaftslegung im Wandel, Festschrift für Wolfgang Dieter Budde, 1995 (Zitiert *Clemm*, in: FS Budde), S. 135–155.

Coenenberg, Adolf Gerhard/Haller, Axel/Schultze, Wolfgang, Jahresabschluss und Jahresabschlussanalyse. Betriebswirtschaftliche, handelsrechtliche, steuerrechtliche und internationale Grundlagen – HGB, IAS/IFRS, US-GAAP, DRS, 24. Auflage 2016 (Zitiert *Coenenberg/Haller/Schultze*, Jahresabschluss).

Coenenberg, Adolf Gerhard/Straub, Barbara, Rechenschaft versus Entscheidungsunterstützung: Harmonie oder Disharmonie der Rechnungszwecke?, KoR 2008, S. 17–26.

Colbe, Walther Busse von, Die Entwicklung des Jahresabschlusses als Informationsinstrument, in: Wagner (Hrsg.), Ökonomische Analyse des Bilanzrechts, Entwicklungslinien u. Perspektiven, 1993, Düsseldorf, Frankfurt, S. 11–29.

Colbe, Walther Busse von, Ausbau der Konzernrechnungslegung im Lichte internationaler Entwicklungen, ZGR 2000, S. 651–673.

Crezelius, Georg, Einführung in das Handelsbilanzrecht (Teil 1), JA 1990, S. 366–369.

Dobler, Michael/Kurz, Gerhard, Aktivierungspflicht für immaterielle Vermögensgegenstände in der Entstehung nach dem RegE eines BilMoG – Kritische Würdigung der F&E-Bilanzierung im HGB-Abschluss de lege ferenda, KoR 2008, S. 485–493.

Döllerer, Georg, Die Maßgeblichkeit der Handelsbilanz für die Steuerbilanz, BB 1969, S. 501–507.

Döllerer, Georg, Zweck der aktienrechtlichen Publizität, BB 1958, S. 1281–1284.

Döllerer, Georg, Grundsätze ordnungsmäßiger Bilanzierung, deren Entstehung und Ermittlung, BB 1959, S. 1217–1221.

Drinhausen, Andrea/Ramsauer, Jürgen, Zur Umsetzung der HGB-Modernisierung durch das BilMoG: Ansatz und Bewertung von Rückstellungen, DB-Beilage (5) 2009, S. 46–53.

Drukarczyk, Jochen/Schüler, Andreas, Insolvenztatbestände, prognostische Elemente und ihre gesetzeskonforme Handhabung, WPg 2003, S. 56–67.

Drygala, Tim, Stammkapital heute – Zum veränderten System des festen Kapitals und seinen Konsequenzen, ZGR 2006, S. 587–637.

Drygala, Tim, Zweifelsfragen im Regierungsentwurf zum MoMiG, NZG 2007, S. 561–565.

Drygala, Tim/Kremer, Tim, Alles neu macht der Mai – Zur Neuregelung der Kapitalerhaltungsvorschriften im Regierungsentwurf zum MoMiG, ZIP 2007, S. 1289–1296.

Ebert, Sabine/Levedag, Christian, Die zugezogene „private company limited by shares (Ltd.)" nach dem Recht von England und Wales als Rechtsformalternative für in- und ausländische Investoren in Deutschland, GmbHR 2003, S. 1337–1346.

Eidenmüller, Horst, Kapitalgesellschaftsrecht im Spiegel der ökonomischen Theorie, JZ 2001, S. 1041–1051.

Eidenmüller, Horst, Wettbewerb der Gesellschaftsrechte in Europa – Zugleich Besprechung des Urteils des Europäischen Gerichtshofs vom 5.11.2002 in der Rechtssache C-208/00 (Überseering BV gegen Nordic Construction Company Baumanagement GmbH), ZIP 2002, S. 2233–2245.

Eidenmüller, Horst, Europäisches und deutsches Gesellschaftsrecht im europäischen Wettbewerb der Gesellschaftsrechte, in: Lorenz, Stephan/Trunk/Eidenmüller/Wendehorst/Adolff (Hrsg.), Festschrift für Andreas Heldrich zum 70. Geburtstag, 2005 (Zitiert *Eidenmüller*, in: FS Heldrich), S. 581–595.

Eidenmüller, Horst/Engert, Andreas, Die angemessene Höhe des Grundkapitals der Aktiengesellschaft, AG 2005, S. 97–108.

Eidenmüller, Horst/Engert, Andreas, Rechtsökonomik des Mindestkapitals im GmbH-Recht, GmbHR 2005, S. 433–438.

Eidenmüller, Horst/Grunewald, Barbara/Noack, Ulrich, Das Mindestkapital im System des festen Kapitals, in: Lutter (Hrsg.), Das Kapital der Aktiengesellschaft in Europa, 2006 (Zitiert *Eidenmüller/Grunewald/Noack*, in: Lutter, Kapital in Europa), S. 17–41.

Eierle, Brigitte/ Wencki, Simone, Wird das handelsrechtliche Wahlrecht zur Aktivierung von Entwicklungskosten vom deutschen Mittelstand genommen?, DB 2014, S. 1029–1036.

Ekkenga, Jens, Einzelabschlüsse nach IFRS – Ende der aktien- und GmbH-rechtlichen Kapitalerhaltung?, AG 2006, S. 389–397.

Ellrott, Helmut/Förschle, Gerhart/Hoyos, Martin/Winkeljohann, Norbert, Beck'scher Bilanz-Kommentar Handels- und Steuerbilanz; §§ 238 bis 339, 342 bis 342e HGB mit EGHGB und IAS/IFRS-Abweichungen, 6. Auflage 2006 (zitiert als: *Bearbeiter*, in: BBK).

Engel-Ciric, Dejan, Bilanzierung des Geschäfts- oder Firmenwerts nach BilMoG, BC 2009, S. 445–450.

Engels, Wolfgang, Aktive latente Steuern auf Verlustvorträge – Was erwartet den HGB-Bilanzierenden bei Umsetzung des RegE BilMoG?, BB 2008, S. 1554–1558.

Engert, Andreas, Solvenzanforderungen als gesetzliche Ausschüttungssperre bei Kapitalgesellschaften, ZHR 170 (2006), S. 296–335.

Engert, Andreas, Die Wirksamkeit des Gläubigerschutzes durch Nennkapital – Überprüfung anhand von Daten der Creditreform Rating AG und weiteren Rechtstatsachen, GmbHR 2007, S. 337–344.

Ernst, Christoph/Seidler, Holger, Kernpunkte des Referentenentwurfs eines Bilanzrechtsmodernisierungsgesetzes, BB 2007, S. 2557–2566.

Ernst, Christoph/Seidler, Holger, Der Regierungsentwurf eines Gesetzes zur Modernisierung des Bilanzrechts, ZGR 2008, S. 631–675.

Ertel, Markus/Rosnitschek, Sabrina/Schanz, Sebastian, Abweichungen zwischen Handelsbilanz und Steuerbilanz vor und nach dem BilMoG, DStR 2017, S. 2068–2075.

Eusani, Guido, Das neue Deckungsgebot und Leistungen causa societatis nach § 30 Abs. 1 GmbHG, GmbHR 2009, S. 512–518.

Eusani, Guido, Systematik der neuen Kapitalerhaltung bei der GmbH, Jura 2009, S. 502–507.

Fink, Christian/Kunath, Oliver, Bilanzpolitisches Potenzial bei der Rückstellungsbildung und -bewertung nach neuem Handelsrecht, DB 2010, S. 2345–2352.

Fleischer, Holger, Covenants und Kapialersatz, ZIP 1998, S. 313–321.

Fleischer, Holger, Grundfragen der ökonomischen Theorie im Gesellschafts- und Kapitalmarktrecht, ZGR 2001, S. 1–32.

Fleischer, Holger/Goette, Wulf, Münchner Kommentar zum GmbHG §§ 1–34 Band 1, 2. Auflage 2015, (zitiert als: *Bearbeiter*, in: MüKo GmbHG).

Forster, Karl-Heinz, Vom Gläubigerschutz zum Aktionärsschutz – der Wandel in den Bewertungsbestimmungen des Aktienrechts, WPg 1964, S. 422–429.

Fülbier, Uwe/Gassen, Joachim, Das Bilanzrechtsmodernisierungsgesetz (BilMoG): Handelsrechtliche GoB vor der Neuinterpretation, DB 2007, S. 2605–2612.

Funke, Marcus C., Gläubigerschutz durch Information im Recht der Aktiengesellschaft, 2011.

Funnemann, Carl-Bernhard/Kerssenbrock, Otto-Ferdinand Graf, Ausschüttungssperren im BilMoG-RegE, BB 2008, S. 2674–2678.

Gehrlein, Markus, Der aktuelle Stand des neuen GmbH-Rechts, Der Konzern 2007, S. 771–796.

Gehrlein, Markus/Born, Manfred/Simon, Stefan, GmbHG Gesetz betreffend die Gesellschaften mit beschränkter Haftung, Kommentar, 3. Auflage 2017.

Geißler, Markus, Verhaltensmaßnahmen und Rechtspflichten des Geschäftsführers in der Krise der GmbH, DZWIR 2011, S. 309–317.

Gelhausen, Hans Friedrich, Bilanzierung zur Einziehung erworbener Aktien und Kapitalschutz, in: Kirsch/Thiele (Hrsg.), Rechnungslegung und Wirtschaftsprüfung, Festschrift zum 70. Geburtstag von Jörg Baetge, 2007 (Zitiert *Gelhausen*, in: FS Baetge, 2007), S. 191–215.

Gelhausen, Hans Friedrich/Althoff, Frank, Die Bilanzierung ausschüttungs- und abführungsgesperrter Beträge im handelsrechtlichen Jahresabschluss nach dem BilMoG (Teil 1), WPg 2009, S. 584–592.

Gelhausen, Hans Friedrich/Fey, Gerd/Kämpfer, Georg, Rechnungslegung und Prüfung nach dem Bilanzrechtsmodernisierungsgesetz. Kommentar, 2009 (Zitiert *Gelhausen/Fey/Kämpfer*, Rechnungslegung).

Gelhausen, Hans Friedrich/Fey, Gerd/Rimmelspacher, Dirk/Fey, Dirk, Absatzmarktorientierte Verlustantizipation im handelsrechtlichen Jahresabschluss, WPg 2012, S. 1235–1241.

Gemeinhardt, Jürgen/Bode, Marcel, Änderungen bei der Bewertung von zu Handelszwecken erworbenen Finanzinstrumenten nach dem BilMoG-Entwurf, StuB 2008, S. 170–177.

Geßler, Ernst, Der Bedeutungswandel der Rechnungslegung im Aktienrecht, in: Muthesius (Hrsg.), 75 Jahre Deutsche Treuhand-Gesellschaft 1890–1965, 1965, S. 129–166.

Gloger, Christian, Haftungsbeschränkung versus Gläubigerschutz in der GmbH, 2007.

Goette, Wulf, Zur systematischen Einordnung des § 64 Abs. 2 GmbHG, in: Haarmeyer, Hans/Hirte/Kirchhof (Hrsg.), Verschuldung, Haftung, Vollstreckung, Insolvenz, Festschrift für Gerhart Kreft zum 65. Geburtstag, 2004 (Zitiert *Goette*, in: FS Kreft), S. 53–64.

Goette, Wulf/Habersack, Mathias/Kalss, Susanne, Münchner Kommentar zum Aktiengesetz §§ 1–75, 4. Auflage 2016 (zitiert als: *Bearbeiter*, in: MüKo AktG).

Goette, Wulf/Habersack, Mathias/Kalss, Susanne, Münchner Kommentar zum Aktiengesetz §§ 118–178, 3. Auflage 2013 (zitiert als: *Bearbeiter*, in: MüKo AktG).

Goette, Wulf/Habersack, Mathias/Kalss, Susanne, Münchner Kommentar zum Aktiengesetz §§ 179–277, 4. Auflage 2016 (zitiert als: *Bearbeiter*, in: MüKo AktG).

Götz, Jan, Entwicklungslinien insolvenzrechtlicher Überschuldungsmessung, KTS 2003, S. 1–39.

Greulich, Sven/Bunnemann, Jan, Geschäftsführerhaftung für zur Zahlungsunfähigkeit führende Zahlungen an die Gesellschafter nach § 64 II 3 GmbHG-RefE – Solvenztest im deutschen Recht?, NZG 2006, S. 681–687.

Greulich, Sven/Rau, Thomas, Zur partiellen Insolvenzverursachungshaftung des GmbH-Geschäftsführers nach § 64 S. 3 GmbHG, NZG 2008, S. 284–289.

Gros, Marius, Bilanzrechtsmodernisierungsgesetz und Annäherung an die IFRS: Auswirkungen auf Publizität, Ausschüttungsbemessung und steuerliche Gewinnermittlung, Der Konzern 2008, S. 466–477.

Gros, Marius/Wallek, Christoph, Informationeller Gläubigerschutz nach dem BilMoG, Der Konzern 2009, S. 541–547.

Großfeld, Bernhard, Bilanzrecht für Juristen – Das Bilanzrichtlinien-Gesetz vom 19.12.1985, NJW 1986, S. 955–962.

Gross, Gerhard, Das Fell des Bären, in: Baetge/Börner/Forster/Schruff (Hrsg.), Rechnungslegung, Prüfung und Beratung, Festschrift zum 70. Geburtstag von Professor Dr. Rainer Ludewig, 1996 (Zitiert *Gross*, in: FS Ludewig), S. 333–364.

Grottel, Dieter/Schmidt, Stefan/Schubert, Wolfgang/Winkeljohann, Norbert, Beck'scher Bilanz-Kommentar Handels- und Steuerbilanz; §§ 238 bis 339, 342 bis 342e HGB; mit IFRS-Abweichungen, 10. Auflage 2016 (zitiert als: *Bearbeiter*, in: BBK).

Grüner, Michael, Anmerkung BVerfG, Beschluss vom 21.9.1999–1 BvR 168/93, NZG 2000, S. 196–198.

Grunewald, Barbara, Satzungsfreiheit für das Beschlussmängelrecht, NZG 2009, S. 967–970.

Grunewald, Barbara, Gesellschaftsrecht, 9. Auflage 2014.

Grunewald, Barbara/Noack, Ulrich, Zur Zukunft des Kapitalsystems der GmbH – Die Ein-Euro-GmbH in Deutschland, GmbHR 2005, S. 189–195.

Haaker, Andreas, Zur Logik des bilanziellen Gläubigerschutzes, DB 2014, Heft 22, M 1.

Haas, Stefan/David, Kathrin/Skowronek, Thomas, Aktuelle Anwendungsfragen bei der Abzinsung von sonstigen Rückstellungen nach BilMoG, KoR 2010, S. 483–492.

Haas, Ulrich, Reform des gesellschaftsrechtlichen Gläubigerschutzes – Gutachten E für den 66. Deutschen Juristentag 2006.

Haas, Ulrich, Mindestkapital und Gläubigerschutz in der GmbH, DStR 2006, S. 993–1000.

Haas, Ulrich, Gewährt die Haftungsnorm in § 64 S. 3 GmbHG ein Leistungsverweigerungsrecht?, DStR 2010, S. 1991–1992.

Haas, Ulrich, § 64 S. 3 GmbHG – Erste Eckpunkte des BGH, NZG 2013, S. 41–46.

Haberer, Thomas, Zwingendes Kapitalgesellschaftsrecht. Rechtfertigung und Grenzen, 2009.

Habersack, Mathias, Wandlungen des Aktienrechts, AG 2009, S. 1–14.

Habersack, Mathias/Verse, Dirk A., Europäisches Gesellschaftsrecht. Einführung für Studium und Praxis, 4. Auflage 2011.

Hadding, Walther/Kießling, Erik, Die Europäische Privatgesellschaft {Societas Privata Europaea – SPE}, WM 2009, S. 145–158.

Haaker, Andreas/Velte, Patrick, Zu den Problemen einer absatzmarktorientierten Bewertung im handelsrechtlichen Jahresabschluss, BB 2014, S. 970–974.

Hannigan, Brenda, Company law, 3. Auflage 2012.

Hartung, Werner, Ist die deutsche Herstellungskostenobergrenze richtlinienkonform?, BB 1992, S. 2392–2395.

Hartung, Werner, Herstellungskosten bei Kuppelproduktion, BB 1997, S. 1627–1632.

Hasenburg, Christof/Hausen, Raphael, Zur Umsetzung der HGB-Modernisierung durch das BilMoG: Bilanzierung von Altersversorgungsverpflichtungen (insbesondere Pensionszusagen) und vergleichbaren langfristig fälligen Verpflichtungen unter Einbeziehung der Verrechnung mit Planvermögen, DB-Beilage (5) 2009, S. 38–46.

Heidel, Thomas, AnwaltsK-Aktienrecht, 2003.

Heidel, Thomas/Schall, Alexander, HGB Handkommentar, 2. Auflage 2015.

Helke, Iris/Wiechens, Gero/Klaus, Andreas, Zur Umsetzung der HGB-Modernisierung durch das BilMoG: Die Bilanzierung von Finanzinstrumenten, DB-Beilage (5) 2009, S. 30–37.

Hennrichs, Joachim, Wahlrechte im Bilanzrecht der Kapitalgesellschaften. Unter besonderer Berücksichtigung der EG-Bilanz-Richtlinie., 1999 (Zitiert *Hennrichs*, Wahlrechte).

Hennrichs, Joachim, Ausbau der Konzernrechnungslegung im Lichte der internationaler Entwicklungen, ZGR 2000, S. 627–650.

Hennrichs, Joachim, IAS für die Einzelbilanz? – Nationale und europarechtliche Aspekte, in: Henze/Hoffmann-Becking (Hrsg.), Gesellschaftsrecht 2003, Tagungsband zum RWS-Forum am 8. und 9. Mai 2003 in Berlin, 2003, S. 101–138.

Hennrichs, Joachim, Bilanzgestützte Kapitalerhaltung, HGB-Jahresabschluß und Maßgeblichkeitsprinzip – Dinosaurier der Rechtsgeschichte?, StuW 2005, S. 256–264.

Hennrichs, Joachim, Zur normativen Reichweite der IFRS – Zugleich Anmerkung zu den Urteilen des EuGH und des FG Hamburg in der Rechtssache „BIAO“, NZG 2005, S. 783–787.

Hennrichs, Joachim, Prognosen im Bilanzrecht, AG 2006, S. 698–706.

Hennrichs, Joachim, Unternehmensfinanzierung und IFRS im deutschen Mittelstand, ZHR 170 (2006), S. 498–521.

Hennrichs, Joachim, IFRS – Eignung für Ausschüttungszwecke?, BFuP 2008, S. 415–432.

Hennrichs, Joachim, IFRS und Mittelstand – Auswirkungen der GmbH-Reform und Zukunft der Kapitalerhaltung, ZGR 2008, S. 361–380.

Hennrichs, Joachim, Immaterielle Vermögensgegenstände nach dem Entwurf des Bilanzrechtsmodernisierungsgestz (BilMoG) – Gemeinsamkeiten und verbleibende Unterschiede zwischen modernisiertem HGB-Bilanzrecht und IFRS (IAS 38, IFRS 3), DB 2008, S. 537–542.

Hennrichs, Joachim, Pro und Contra IFRS vs. BilMoG für den Mittelstand, Der Konzern 2008, S. 478–485.

Hennrichs, Joachim, Zur Zukunft der Kapitalerhaltung: Bilanztest – Solvenztest – oder beides?, Der Konzern 2008, S. 42–50.

Hennrichs, Joachim, Auswirkungen des BilMoG auf Bilanzpolitik, Gläubigerschutz und Ausschüttungsbemessung in Familienunternehmen, in: Winkeljohann/Reuther (Hrsg.), Zukunft des Bilanzrechts in Familienunternehmen, Perspektiven und Modernisierungsansätze nach HGB und IFRS, 2009 (Zitiert *Hennrichs*, in: Bilanzrecht in Familienunternehmen), S. 101–122.

Hennrichs, Joachim, Bilanzierung und Bewertung eines Geschäfts- oder Firmenwertes nach BilMoG, Steuerbilanzrecht und IFRS, in: Spindler/Tipke/Rödder (Hrsg.), Steuerzentrierte Rechtsberatung, Festschrift für Harald Schaumburg zum 65. Geburtstag, 2009 (Zitiert *Hennrichs*, in: FS Schaumburg), S. 367–385.

Hennrichs, Joachim, Bilanzrechtsmodernisierung – erste Grundsatzfragen aus handels- und gesellschaftsrechtlicher Sicht, in: Bitter/Lutter/Priester/Schön/Ulmer (Hrsg.), Festschrift für Karsten Schmidt zum 70. Geburtstag, 2009 (Zitiert *Hennrichs*, in: FS Karsten Schmidt), S. 581–599.

Hennrichs, Joachim, Kapitalschutz bei GmbH, UG (haftungsbeschränkt) und SPE, NZG 2009, S. 921–928.

Hennrichs, Joachim, Neue Herausforderungen für den Mittelstand im BilMoG, GmbHR 2010, S. 17–23.

Hennrichs, Joachim, Stand und Perspektiven des Europäischen Bilanzrechts, GmbHR 2011, S. 1065–1072.

Hennrichs, Joachim, Bilanzwahrheit, Realisationsprinzip und wirtschaftliche Betrachtungsweise nach dem EU-Bilanzrecht, WPg 2015, S. 315–321.

Hennrichs, Joachim/Kleindiek, Detlef/Watrin, Christoph, Münchner Kommentar zum Bilanzrecht §§ 238–342 e HGB, 2013 (zitiert als: *Bearbeiter*, in: MüKo BilanzR).

Hennrichs, Joachim/Pöschke, Moritz, Fortentwicklung der GoB vor dem Hintergrund von BilMoG und IFRS, in: Fink/Schultze/Winkeljohann (Hrsg.), Bilanzpolitik und Bilanzanalyse nach neuem Handelsrecht, 2010, S. 47–63.

Henze, Hartwig, Reichweite und Grenzen des aktienrechtlichen Grundsatzes der Vermögensbindung – Ergänzung durch die Rechtsprechung zum Existenz vernichtenden Eingriff?, AG 2004, S. 405–415.

Henze, Hartwig, Konzernfinanzierung und Besicherung – Das Upstreamrisiko aus Gesellschafter- und Bankensicht, WM 2005, S. 717–727.

Henze, Hartwig, Vermögensbindungsprinzip und Anlegerschutz, NZG 2005, S. 115–121.

Herzig, Norbert, Modernisierung des Bilanzrechts und Besteuerung, DB 2008, S. 1–10.

Herzig, Norbert, Auswirkungen des BilMoG auf die steuerliche Gewinnermittlung von Familienunternehmen, in: Winkeljohann/Reuther (Hrsg.), Zukunft des Bilanzrechts in Familienunternehmen, Perspektiven und Modernisierungsansätze nach HGB und IFRS, 2009 (Zitiert *Herzig*, in: Bilanzrecht in Familienunternehmen), S. 123–151.

Herzig, Norbert/Vossel, Stephan, Paradigmenwechsel bei latenten Steuern nach dem BilMoG, BB 2009, S. 1174–1178.

Hirte, Reform des gesellschaftsrechtlichen Gläubigerschutzes – Referat zum 66. DJT 2006.

Hirte, Heribert, Die „Große GmbH-Reform" – Ein Überblick über das Gesetz zur Modernisierung des GmbH-Rechts und zur Bekämpfung von Missbräuchen (MoMiG), NZG 2008, S. 761–766.

Hirte, Heribert, IFRS und Insolvenzrecht, ZGR 2008, S. 284–293.

Hirte, Heribert, Kapitalgesellschaftsrecht, 8. Auflage 2016.

Höfer, Reinhold/Rhiel, Raimund/Veit, Annekatrin, Die Rechnungslegung für betriebliche Altersversorgung im Bilanzrechtsmodernisierungsgesetz (BilMoG), DB 2009, S. 1605–1612.

Hoffmann, Sebastian/Zülch, Henning, Die Stellungnahme des Bundesrats zum BilMoG-RegE – Anmerkungen zu den vorgeschlagenen Änderungen, DB 2008, S. 1643–1644.

Hoffmann, Wolf-Dieter/Lüdenbach, Norbert, NWB Kommentar Bilanzierung Handels- und Steuerrecht, 7. Auflage 2016 (zitiert als: *Bearbeiter*, in: NWB Kommentar Bilanzierung).

Hölzle, Gerrit, Gesellschafterfremdfinanzierung und Kapitalerhaltung im Regierungsentwurf des MoMiG, GmbHR 2007, S. 729–736.

Hommelhoff, Peter, Eigenkontrolle statt Staatskontrolle, in: Schubert/Hommelhoff, (Hrsg.), Hundert Jahre modernes Aktienrecht, Eine Sammlung von Texten und Quellen zur Aktienrechtsreform 1884 mit zwei Einführungen, 1985, S. 53–105.

Hommelhoff, Peter, Zum Wegfall des Erstattungsanspruchs aus § 31 GmbHG, in: Goerdeler/Hommelhoff/Lutter/Odersky/Wiedemann (Hrsg.), Festschrift für Alfred Kellermann zum 70. Geburtstag, 1991 (Zitiert *Hommelhoff*, in: FS Kellermann), S. 165–179.

Hommelhoff, Peter, Europäisches Bilanzrecht im Aufbruch, RabelsZ 62 (1998), S. 381–404.

Hommelhoff, Peter, Modernisiertes HGB-Bilanzrecht im Wettbewerb der Regelungssysteme – Konzeptionelle Bemerkungen aus Anlass des RefE BilMoG, ZGR 2008, S. 250–274.

Hommelhoff, Peter, Gesellschaftsrechtliche Implikationen des BilMoG, in: Bar/Hellwege/Mössner/Winkeljohann (Hrsg.), Recht und Wirtschaft, Gedächtnisschrift für Malte Schindhelm, 2009 (Zitiert *Hommelhoff*, in: Gedächtnisschrift Schindhelm), S. 365–375.

Hommelhoff, Peter/Sokol, Susanne, Internationales Bilanzrecht für den Mittelstand, in: Teichmann (Hrsg.), Europa und der Mittelstand, 2010, S. 129–160.

Hommel, Michael/Rößler, Bettina, Komponentenansatz des IDW RH HFA 1.016 – eine GoB-konforme Konkretisierung der planmäßigen Abschreibungen?, BB 2009, S. 251–253.

Hopt, Klaus J./Merkt, Hanno, Bilanzrecht §§ 238–342e HGB mit Bezügen zu den IFRS, 2010.

Hopt, Klaus J./Wiedemann, Herbert, Großkommentar zum Aktiengesetz, 4. Auflage 2006 (zitiert als: *Bearbeiter*, in: GroßKomm AktG).

Hüffer, Uwe/Koch, Jens, Aktiengesetz, 12. Auflage 2016 (zitiert als: *Bearbeiter*, in: Hüffer/Koch, AktG).

Husemann, Walter/Hofer, Heinz, Die Abschaffung der Aufwandsrückstellungen nach dem BilMoG-RegE, DB 2008, S. 2661–2666.

Hüttemann, Rainer, Erwerb eigener Anteile im Bilanz- und Steuerrecht nach BilMoG, in: Kessler/Förster/Watrin (Hrsg.), Unternehmensbesteuerung, Festschrift für Norbert Herzig, 2010 (Zitiert *Hüttemann*, in: FS Herzig), S. 595–607.

Icking, Jan, Die Rechtsnatur des Handelsbilanzrechts. Zugleich ein Beitrag zur Abgrenzung von öffentlichem und privatem Recht, 2000.

Janssen, Jördis, Bilanzorientierte Kapitalerhaltung oder Solvenztest. Vergleichende Analyse aktienrechtlicher Ausschüttungskonzepte, 2010.

Jessen, Ulf/Haaker, Andreas, Zur Fair Value-Bewertung im „modernisierten" Handelsbilanzrecht – Ein Plädoyer für einen hinreichenden Gläubigerschutz, DStR 2009, S. 499–505.

Joost, Detlev, Kapitalbegriff und Reichweite der Bindung des aufgebrachten Vermögens in der GmbH, GmbHR 1983, S. 285–290.

Joost, Detlev, Grundlagen und Rechtsfolgen der Kapitalerhaltungsregeln in der GmbH, ZHR 148 (1984), S. 27–55.

Joost, Detlev, Grundlagen und Rechtsfolgen der Kapitalerhaltungsregeln im Aktienrecht, ZHR 149 (1985), S. 419–433.

Joost, Detlev, Das Kapital in Bedrängnis, in: Hommelhoff/Rawert/Schmidt (Hrsg.), Festschrift für Hans-Joachim Priester zum 70. Geburtstag, 2007 (Zitiert *Joost*, in: FS Priester), S. 337–351.

Joost, Detlev, Unternehmergesellschaft, Unterbilanz und Verlustanzeige, ZIP 2007, S. 2242–2248.

Jungmann, Carsten, Solvenztest- versus Kapitalschutzregeln – Zwei Systeme im Spannungsfeld von Gläubigerschutz und Finanzierungsfreiheit der Kapitalgesellschaft, ZGR 2006, S. 638–682.

Kahle, Holger, Zur Zukunft der Rechnungslegung in Deutschland: IAS im Einzel- und Konzernabschluss?, WPg 2003, S. 262–275.

Kaiser, Thomas, Die Crux mit dem Going Concern – Einige Gedanken zu § 252 Abs. 1 Nr. 2 HGB, ZIP 2012, S. 2478–2489.

Kanitz, Friedrich von, Bilanzkunde für Juristen, 3. Auflage 2014.

Karrenbrock, Holger, Latente Steuern in Bilanz und Anhang, 1991 (Zitiert *Karrenbrock*, Latente Steuern).

Karrenbrock, Holger, Zum Saldierungsbereich und zur Abzinsung von Drohverlustrückstellungen – Stellungnahme zum Vorlagebeschluß des BFH von 26.5.1993 XR 72/90, WPg 1994, S. 97–106.

Karrenbrock, Holger, Von der Steuerabgrenzung zur Bilanzierung latenter Steuern – Die Neuregelung der Bilanzierung latenter Steuerzahlungen nach dem Entwurf des Bilanzrechtsmodernisierungsgesetztes (BilMoG), WPg 2008, S. 328–337.

Karrenbrock, Holger, Zur Ausweis- und Saldierungsproblematik latenter Steuern im Einzelabschluss nach dem BilMoG, in: Baumhoff/Dücker/Köhler (Hrsg.), Besteuerung, Rechnungslegung und Prüfung der Unternehmen, Festschrift für Professor Dr. Norbert Krawitz, 2010 (Zitiert *Karrenbrock*, in: FS Krawitz), S. 633–647.

Karrenbrock, Holger, Zweifelsfragen der Berücksichtigung aktiver latenter Steuern im Jahresabschluss nach BilMoG, BB 2011, S. 683–688.

Kaya, Devrimi/Borgwardt, Lena, Ausschüttungssperre nach § 268 Abs. 8 HGB – Spannungsverhältnis zwischen Informationsfunktion und Gläubigerschutz?, StuB 2010, S. 727–733.

Keitz, Isabel von, Immaterielle Güter in der internationalen Rechnungslegung. Grundsätze für den Ansatz von immateriellen Gütern in Deutschland im Vergleich zu den Grundsätzen in den USA und nach IASC, 1997 (Zitiert *Keitz*, Immaterielle Güter).

Keitz, Isabel von/Gloth, Thomas, Praxis ausgewählter HGB-Anhangangaben (Teil 1), DB 2013, S. 129–138.

Keitz, Isabel von/Gloth, Thomas, Praxis ausgewählter HGB-Anhangangaben (Teil 2), DB 2013, S. 185–194.

Keitz, Isabel von/Wenk, Marc Oliver/Jagosch, Christian, HGB-Bilanzierungspraxis nach dem BilMoG (Teil 1) – Eine empirische Analyse von ausgewählten Familienunternehmen, DB 2011, S. 2445–2450.

Keitz, Isabel von/Wenk, Marc Oliver/Jagosch, Christian, HGB-Bilanzierungspraxis nach dem BilMoG (Teil 2) – Eine empirische Analyse von ausgewählten Familienunternehmen, DB 2011, S. 2503–2508.

Kerber, Markus, Die Beurteilung von Cash-Pool-Verträgen im Lichte höchstrichterlicher Rechtsprechung – Beiläufige Notizen zum Interpretationswettbewerb um das Urteil BGH ZIP 2004, 263, ZGR 2005, S. 437–449.

Kessler, Harald/Leinen, Markus/Paulus, Benjamin, Das BilMoG und die latenten Steuern (Teil 1), KoR 2009, S. 716–728.

Kessler, Jürgen, Die Durchgriffshaftung der GmbH-Gesellschafter wegen „existenzgefährdender" Eingriffe – Zur dogmatischen Konzeption des Gläubigerschutzes in der GmbH – Besprechung der Entscheidung BGH v. 24.6.2002 – II ZR 300/00 – „KBV", GmbHR 2002, 902 mit Komm. Schröder, GmbHR 2002, S. 945–951.

Kessler, Manfred/Suchan, Stefan, Kapitalschutz bei Erwerb eigener Anteile nach BilMoG, in: Erle/Goette/Krieger/Priester/Schubel/Teichmann/Witt (Hrsg.), Festschrift für Peter Hommelhoff: zum 70. Geburtstag, 2012, (Zitiert *Kessler/Suchan*, in: FS Hommelhoff), S. 509–525.

Kieninger, Eva-Maria, Wettbewerb der Privatrechtsordnungen im Europäischen Binnenmarkt. Studien zur Privatrechtskoordinierung in der Europäischen Union auf den Gebieten des Gesellschafts- und Vertragsrechts, 2002.

Kirsch, Hanno, IFRS-Rechnungslegung für kleine und mittlere Unternehmen. Der Standard, 3. Auflage 2016 (Zitiert *Kirsch,* IFRS-KMU).

Kleindiek, Detlef, Geschäftsleitertätigkeit und Geschäftsleitungskontrolle: Treuhänderische Vermögensverwaltung und Rechnungslegung, ZGR 1998, S. 466–498.

Kleindiek, Detlef, Neue Goodwill-Bilanzierung nach US-GAAP und europäisches Bilanzrecht – Stellungnahme zum E-DRS 1 a, BB 2001, S. 2572–2577.

Kleindiek, Detlef, Auf dem Weg zur Reform des GmbH-Rechts – Die Initiative zur Neuregelung des Mindestkapitals der GmbH (MindestkapG), DStR 2005, S. 1366–1369.

Kleindiek, Detlef, Krisenvermeidung in der GmbH: Gesetzliches Mindestkapital, Kapitalschutz und Eigenkapitalersatz, ZGR 2006, S. 335–365.

Kleindiek, Detlef, Geschäftsführerhaftung nach der GmbH-Reform, in: Bitter/Lutter/Priester/Schön/Ulmer (Hrsg.), Festschrift für Karsten Schmidt zum 70. Geburtstag, 2009 (Zitiert *Kleindiek,* in: FS Karsten Schmidt), S. 893–907.

Kleindiek, Detlef, IFRS für KMU und die Gestaltungsaufgaben im europäischen Bilanzrecht, GmbHR 2010, S. 1333–1340.

Kleindiek, Detlef, Eigenkapital im nationalen und internationalen Bilanzrecht: Kapitalabgrenzung nach IFRS und HGB, ZHR 175 (2011), S. 247–276.

Klingberg, Dietgard, Der Aktienrückkauf nach dem KonTraG aus bilanzieller und steuerlicher Sicht, BB 1998, S. 1575–1581.

Knapp, Christoph, Auswirkungen des MoMiG auf Aktiengesellschaften und ihre Organmitglieder, DStR 2008, S. 2371–2375.

Knobbe-Keuk, Brigitte, Bilanz- und Unternehmenssteuerrecht, 9. Auflage 1993.

Knoch, Susanne, Rechnungslegung einer Limited mit Verwaltungssitz in Deutschland – Rechtsvergleichende Gegenüberstellung der britischen, deutschen und internationalen Rechnungslegungsvorschriften im Kontext des auf eine Limited mit Verwaltungssitz in Deutschland anwendbaren Rechts, 2014 (im Erscheinen) (Zitiert *Knoch,* Rechnungslegung einer Limited).

Knof, Béla, Die neue Insolvenzverursachungshaftung nach § 64 Satz 3 RegE-GmbHG (Teil I), DStR 2007, S. 1536–1542.

Knof, Béla, Die neue Insolvenzverursachungshaftung nach § 64 Satz 3 RegE-GmbHG (Teil II), DStR 2007, S. 1580–1586.

Körber, Hans Christian, Neuausrichtung der Kapitalaufbringung in der GmbH – Die Änderungen durch das MoMiG und ihre Fernwirkungen, 2015 (Zitiert *Körber,* Kapitalaufbringung).

Krejci, Heinz, GmbH-Reform: Gründerfreiheit statt Rechtssicherheit und Gläubigerschutz?, in: Bitter/Lutter/Priester/Schön/Ulmer (Hrsg.), Festschrift für Karsten Schmidt zum 70. Geburtstag, 2009 (Zitiert *Krejci,* in: FS Karsten Schmidt), S. 981–998.

Krey, Daniel, IFRS und Ausschüttungsbemessung, 2013.

Kronstein, Heinrich/Claussen, Carsten Peter, Publizität und Gewinnverteilung im neuen Aktienrecht. Rechtsvergleichende Untersuchung unter Berücksichtigung des amerikanischen Rechts, 1960.

Kropff, Bruno, Leitgedanken der Bewertungsvorschriften des künftigen Aktienrechts, WPg 1964, S. 565–575.

Kropff, Bruno, Bilanzwahrheit und Ermessensspielraum in den Rechnungslegungsvorschriften des Aktiengesetzes 1965, WPg 1966, S. 369–380.

Kropff, Bruno, Nettoausweis des Gezeichneten Kapitals und Kapitalschutz, ZIP 2009, S. 1137–1145.

Kropff, Bruno, Gesellschaftsrechtliche Auswirkungen der Ausschüttungssperre in § 268 Abs. 8 HGB, in: Kindler/Koch/Winter (Hrsg.), Festschrift für Uwe Hüffer zum 70. Geburtstag, 2010 (Zitiert *Kropff,* in: FS Hüffer), S. 539–553.

Kropp, Manfred/Wirtz, Holger, Problembereiche bei der Abzinsung von Rückstellungen, DB 2011, S. 541–545.

Krüger, Markus E., Mindestkapital und Gläubigerschutz, 2005.

Kübler, Friedrich, Institutioneller Gläubigerschutz oder Kapitalmarkttransparenz?, ZHR 159 (1995), S. 550–566.

Kübler, Friedrich, Rechnungslegung im Dienste finanzieller Stabilität?, NZG 2003, S. 358–362.

Kudert, Stephan, Offene Fragen bei den Aufwendungen für die Ingangsetzung und Erweiterung des Geschäftsbetriebs i. S. des § 269 HGB, DB 1992, S. 437–443.

Kühnberger, Manfred, Eigenkapitalausweis und Kompetenzregeln für die AG bei der Kapitalaufbringung und -erhaltung nach BilMoG, BB 2011, S. 1387–1391.

Kühnberger, Manfred, Gesellschaftsrechtliche Implikationen des BilMoG, DStR 2012, S. 1149–1155.

Kühne, Erhard/Melcher, Winfried/Wesemann, Michael, Latente Steuern nach BilMoG – Grundlagen und Zweifelsfrage (Teil 1), WPg 2009, S. 1005–1014.

Kuhner, Christoph, Zur Zukunft der Kapitalerhaltung durch bilanzielle Ausschüttungssperren im Gesellschaftsrecht der Staaten Europas, ZGR 2005, S. 753–787.

Kümpel, Katharina/Oldewurtel, Christoph/Wolz, Matthias, Der fair value als Wertmaßstab handelsrechtlicher Rechnungslegung, StuB 2012, S. 171–178.

Künkele, Kai Peter/Koss, Claus, XII. § 255 HGB. Bewertungsgrundsätze, in: Petersen, Karl; Zwirner, Christian (Hrsg.), Bilanzrechtsmodernisierungsgesetz, Gesetze, Materialien, Erläuterungen, 2009, S. 433–448.

Künkele, Kai Peter/Zwirner, Christian, Steuerbilanzpolitik: Ausweitung der Möglichkeiten durch das BilMoG, DStR 2010, S. 2263–2270.

Kußmaul, Heinz/Gräbe, Sebastian, XXII. § 272 HGB. Eigenkapital, in: Petersen/Zwirner (Hrsg.), Bilanzrechtsmodernisierungsgesetz, Gesetze, Materialien, Erläuterungen, 2009, S. 474–478.

Küting, Karlheinz, Der Geschäfts- oder Firmenwert in der deutschen Konsolidierungspraxis 2007 – Ein Beitrag zur empirischen Rechnungslegungsforschung, DStR 2008, S. 1795–1802.

Küting, Karlheinz, Die Ermittlung der Herstellungskosten nach den Änderungen durch das Bilanzrechtsmodernisierungsgesetz, StuB 2008, S. 419–427.

Küting, Karlheinz, Geplante Neuregelungen der Bilanzansatzwahlrechte durch das Bilanzrechtsmodernisierungsgesetz, BB 2008, S. 1330–1334.

Küting, Karlheinz, Das deutsche Bilanzrecht im Spiegel der Zeiten – Zugleich eine Einordnung des Bilanzrechtsmodernisierungsgesetzes in das aktuelle und historische Bilanzrecht, DStR 2009, S. 288–294.

Küting, Karlheinz, Der Objektivierungsgrundsatz im HGB- und IFRS-System, DB 2011, S. 1404–1410.

Küting, Karlheinz, Zum Schwierigkeitsgrad einer HGB- und IFRS-Abschlussprüfung, DB 2012, S. 1521–1528.

Küting, Karlheinz/Cassel, Jochen/Metz, Christian, Die Bewertung von Rückstellungen nach neuem Recht, DB 2008, S. 2317–2324.

Küting, Karlheinz/Ellmann, David, Die Herstellungskosten von selbst geschaffenen immateriellen Vermögensgegenständen des Anlagevermögens, DStR 2010, S. 1300–1306.

Küting, Karlheinz/Gattung, Andreas, Abgrenzung latenter Steuern auf timing und temporary differences – Grundlagen der Abgrenzung bilanzierungs- und bewertungsbedingter Differenzen nach HGB sowie DRS 10 und IAS 12, StuB 2005, S. 241–248.

Küting, Karlheinz/Kessler, Harald/Keßler, Marco, Das Bilanzrechtsmodernisierungsgesetz (BilMoG): Moderne Bilanzierungsvorschriften für die betriebliche Altersversorgung? – Auswirkungen auf die bilanzielle Abbildung von Pensionsverpflichtungen deutscher Unternehmen, WPg 2008, S. 494–504.

Küting, Karlheinz/Kessler, Harald/Keßler, Marco, Der Regierungsentwurf des Bilanrechtsmodernisierungsgesetzes (BilMoG-ReGE): Zwei Schritt vor, ein Schritt zurück bei der bilanziellen Abbildung von der betrieblichen Altersversorgung, WPg 2008, S. 748–756.

Küting, Karlheinz/Kußmaul, Heinz/Keßler, Marco, Einfluss des Bilanzrechtsmodernisierungsgesetzes (BilMoG) auf die Unternehmenslage am Beispiel der Pensionsverpflichtungen, DB 2009, S. 2557–2563.

Küting, Karlheinz/Lauer, Peter, Der Fair Value in der Krise, BFuP 2009, S. 547–567.

Küting, Karlheinz/Lauer, Peter, Die Jahresabschlusszwecke nach HGB und IFRS – Polarität oder Konvergenz, DB 2011, S. 1985–1991.

Küting, Karlheinz/Lorson, Peter/Eichenlaub, Raphael/Toebe, Marc, Die Ausschüttungssperre im neuen deutschen Bilanzrecht nach § 268 Abs. 8 HGB, GmbHR 2011, S. 1–10.

Küting, Karlheinz/Pfirmann, Armin/Ellmann, David, Die Bilanzierung von selbsterstellten immateriellen Vermögensgegenständen nach dem RegE des BilMoG, KoR 2008, S. 689–697.

Küting, Karlheinz/Pfitzer, Norbert/Weber, Claus-Peter, IFRS oder HGB? Systemvergleich und Beurteilung, 2. Auflage 2013.

Küting, Karlheinz/Reuter, Michael, Abbildung von eigenen Anteilen nach dem Entwurf des BilMoG – Auswirkungen auf die Bilanzierungs- und Bilanzanalysepraxis, BB 2008, S. 658–662.

Küting, Karlheinz/Reuter, Michael, Der Bilanzausweis des Eigenkapitals nach den dem BilMoG-RegE, StuB 2008, S. 535–541.

Küting, Karlheinz/Seel, Christoph, Die Ungereimtheiten der Regelung zu latenten Steuern im neuen Bilanzrecht, DB 2009, S. 922–925.

Kütter, Georg/Prahl, Reinhard, Die handelsrechtliche Bilanzierung der Eigenhandelsaktivitäten von Kreditinstituten – Reformstau des deutschen Handelsrechts, WPg 2006, S. 9–20.

Laage, Gudrun von der, Die Ausschüttungssperre des § 268 Abs. 8 HGB nach dem Bilanzrechtsmodernisierungsgesetz – Systematik der Sperre, ihre Anwendung auf Personenhandelsgesellschaften i.S.d. § 264a HGB sowie Rechtsfolgen eines Verstoßes, WM 2012, S. 1322–1328.

Lanfermann, Georg/Röhricht, Victoria, § 268 Abs. 8 HGB als neue Generalnorm für außerbilanzielle Ausschüttungssperren, DStR 2009, S. 1216–1222.

Laubach, Wolfgang/Kraus, Silvia/Bornhofen, Martin, Zur Durchführung der HGB-Modernisierung durch das BilMoG: Die Bilanzierung selbst geschaffener immaterieller Vermögensgegenstände, DB-Beilage (5) 2009, S. 19–24.

Leffson, Ulrich, Die Grundsätze ordnungsmäßiger Buchführung, 7. Auflage 1987 (Zitiert *Leffson,* GoB).

Lehmann, Michael, Das Privileg der beschränkten Haftung und der Durchgriff im Gesellschafts- und Konzernrecht, ZGR 1986, S. 345–370.

Lengsfeld, Stephan/Wielenberg, Stefan, Zur Herstellungskostenuntergrenze nach dem Entwurf des BilMoG, WPg 2008, S. 321–327.

Leuz, Christian/Deller, Dominic/Stubenrath, Michael, An International Comparison of Accounting-Based Payout Restrictions in the United States, United Kingdom and Germany, Accounting and Business Research 28 (1998), S. 111–129.

Link, Sebastian, Die Ausschüttungssperre des § 268 Abs. 8 HGB – Anwendung und Auswirkung bei Kapital- und Personenhandelsgesellschaften, 2014 (zitiert *Link,* Ausschüttungssperre).

Littkemann, Jörn, Ingangsetzungs- und Erweiterungsaufwendungen – aus bilanzanalytischer Perspektive, WPg 1994, S. 207–214.

Loitz, Rüdiger, Latente Steuern nach dem Bilanzrechtsmodernisierungsgesetz (BilMoG) – ein Wahlrecht als Mogelpackung?, DB 2009, S. 913–921.

Lopatta, Kerstin/Kaspereit, Thomas/Jaeschke, Reemda/Stockem, Gesa, The Effect of the German Accouting Law Modernization Act (BilMoG) on the Earnings Quality of Private Firms, corporate finance law 2013, S. 234–242.

Löw, Edgar/Scharpf, Paul/Weigel, Wolfgang, Auswirkungen des Regierungsentwurfs zur Modernisierung des Bilanzrechts auf die Bilanzierung von Finanzinstrumenten, WPg 2008, S. 1011–1020.

Lüdenbach, Norbert, Ausschüttungssperre nach § 268 Abs. 8 HGB, StuB 2010, S. 588–589.

Lüdenbach, Norbert/Freiberg, Jens, Beitrag von DRS 18 zur Klärung strittiger Fragen der Steuerlatenzierung, BB 2010, S. 1971–1976.

Lüdenbach, Norbert/Hoffmann Wolf-Dieter, Die langen Schatten der IFRS über der HGB-Rechnungslegung, DStR-Beihefter (50) 2007, S. 3–20.

Lüdenbach, Norbert/Hoffmann, Wolf-Dieter/Freiberg, Jens, Haufe IFRS-Kommentar, 15. Auflage 2017 (zitiert als: *Bearbeiter*, in: Haufe IFRS-Kommentar).

Lutter, Marcus, Kapital, Sicherung und Kapitalerhaltung in den Aktien- und GmbH-Rechten der EWG, 1964 (Zitiert *Lutter*, Kapital).

Lutter, Marcus, Gesetzliches Garantiekapital als Problem europäischer und deutscher Rechtspolitik, AG 1998, S. 375–377.

Lutter, Marcus/Hommelhoff, Peter, GmbH-Gesetz Kommentar, 19. Auflage 2016, Köln (zitiert als: *Bearbeiter*, in: Lutter/Hommelhoff, GmbHG).

Luttermann, Claus, Über Buchführung und Bilanzrecht, in: Baetge/Börner/Forster/Schruff (Hrsg.), Rechnungslegung, Prüfung und Beratung, Festschrift zum 70. Geburtstag von Professor Dr. Rainer Ludewig, 1996 (Zitiert *Luttermann*, in: FS Ludewig), S. 595–626.

Luttermann, Claus, BVerfG EWiR § 131 AktG 2/99, EWIR 1999, S. 1033–1034.

Luttermann, Claus, Europäisches Bilanzrecht für Personen- und Kapitalgesellschaften – IFRS for SMEs: Kapitalmarktorientierte und börsenunabhängige Unternehmen, ZIP 2006, S. 1137–1145.

Luttermann, Claus, Das Gesetz zur Modernisierung des Bilanzrechts, ZIP 2008, S. 1605–1614.

Luttermann, Claus, „Fair Value“: Mythos, Methoden und Maß international, RIW 2009, S. 1–11.

Luttermann, Claus, Das Bilanzstatut – Über Abkoppelungspraxis und Schadensersatz von Vorständen, Aufsichtsräten und Abschlussprüfern bei Bilanztatbeständen, AG 2010, S. 341–350.

Luttermann, Claus, Europäisches Bilanzrecht für mittelständische Gesellschaften: IFRS (for SMEs) als Reformkonzept?, RIW 2010, S. 417–424.

Luttermann, Claus/Großfeld, Bernhard, Bilanzrecht. Die Rechnungslegung in Jahresabschluß und Konzernabschluß nach Handelsrecht und Steuerrecht, Europarecht und IAS/IFRS, 4. Auflage 2005.

Maul, Silja/Lanfermann, Georg/Richard, Marc, Zur Leistungsfähigkeit der Ausschüttungsmodelle in Europa und Drittstaaten, AG 2010, S. 279–291.

Marx, Franz-Jürgen/Dallmann, Holger, Problembereiche und Anwendungsfragen der außerbilanziellen Ausschüttungssperre des § 268 Abs. 8 HGB, Stbg 2010, S. 453–455, 458–464.

Massenberg, Hans-Joachim/Borchardt, Anke, Rating und Rechnungslegung im Mittelstand, BFuP 2007, S. 346–357.

Mayer, Stefan, Die Fortentwicklung des Jahresabschlusses in Deutschland nach dem BilMoG, DStR 2009, S. 129–134.

Melcher, Winfried/Schaier, Sven, Zur Umsetzung der HGB-Modernisierung durch das BilMoG: Einführung und Überblick, DB-Beilage (5) 2009, S. 4–8.

Mellwig, Winfried, Herstellungskosten und Realisationsprinzip, in: Förschle/Kaiser/Moxter (Hrsg.), Rechenschaftslegung im Wandel, Festschrift für Wolfgang Dieter Budde, 1995 (Zitiert *Mellwig*, in: FS Budde), S. 397–417.

Memis, Tamer/Möhlmann-Mahlau, Thomas, Die bilanzielle Behandlung von Pensionszusagen nach HGB, StuB 2012, S. 459–465.

Merkt, Hanno, Der Kapitalschutz in Europa – ein rocher de bronze?, ZGR 2004, S. 305–323.

Merkt, Hanno, Schutz der Gesellschaftsgläubiger im Binnenmarkt durch gesetzliches Mindeskapital und andere Maßnahmen, in: Müller-Graff/Teichmann (Hrsg.), Europäisches Gesellschaftsrecht auf neuen Wegen, 2010, S. 81–103.

Merschmeyer, Marc, Die Kapitalschutzfunktion des Jahresabschlusses und Übernahme der IAS/IFRS für die Einzelbilanz, 2005 (Zitiert *Merschmeyer*, Kapitalschutzfunktion des Jahresabschlusses).

Mertens, Hans-Joachim, Anwendbarkeit von § 92 Abs. 1 AktG im Vergleichsverfahren?, AG 1983, S. 173–178.

Meyer, Justus, Haftungsbeschränkung im Recht der Handelsgesellschaften, 2000 (Zitiert *Meyer*, Haftungsbeschränkung).

Meyer, Susanne, Die Verantwortlichkeit des Geschäftsführers für Gläubigerinteressen – Veränderungen durch das MoMiG, BB 2008, S. 1742–1748.

Michalski, Lutz/Heidinger, Andreas/Leible, Stefan/Schmidt, Jessica, Kommentar zum Gesetz betreffend die Gesellschaften mit beschränkter Haftung (GmbH-Gesetz), 3. Auflage 2017 (zitiert als: *Bearbeiter*, in: Michalski, GmbHG).

Mindermann, Torsten, Zur Aktivierung selbst erstellter immaterieller Vermögensgegenstände nach dem Entwurf eines Bilanzrechtsmodernisierungsgesetz (BilMoG), WPg 2008, S. 273–278.

Mindermann, Torsten/Brösel, Gerrit, VI. § 248 HGB. Bilanzierungsverbote und Wahlrechte, in: Petersen/Zwirner (Hrsg.), Bilanzrechtsmodernisierungsgesetz, Gesetze, Materialien, Erläuterungen, 2009, S. 390–395.

Miras, Antonio, Die neue Unternehmergesellschaft. UG (haftungsbeschränkt) und vereinfachte Gründung nach neuem Recht, 2. Auflage 2011.

Mock, Sebastian, Finanzverfassung der Kapitalgesellschaften und internationale Rechnungslegung, 2008 (Zitiert *Mock*, Finanzverfassung der Kapitalgesellschaften).

Mödl, Robert, Pflichten des einzigen Gesellschafters gegenüber „seiner" GmbH – BGHZ 149, 10, JuS 2003, S. 14–17.

Moxter, Adolf, Der Einfluss von Publizitätsvorschriften auf das unternehmerische Verhalten, 1962.

Moxter, Adolf, Der Einfluß der EG-Bilanzrichtlinie auf das Bilanzsteuerrecht, BB 1978, S. 1629–1632.

Moxter, Adolf, Die Jahresabschlußaufgaben nach der EG-Bilanzrichtlinie: Zur Auslegung von Art. 2. EG-Bilanzrichtlinie, AG 1979, S. 141–146.

Moxter, Adolf, Immaterielle Anlagewerte im neuen Bilanzrecht, BB 1979, S. 1102–1109.

Moxter, Adolf, Die handelsrechtlichen Grundsätze ordnungsmäßiger Buchführung und das neue Bilanzrecht, ZGR 1980, S. 254–276.

Moxter, Adolf, Das Realisationsprinzip – 1884 und heute, BB 1984, S. 1780–1786.

Moxter, Adolf, Selbständige Bewertbarkeit als Aktivierungsvoraussetzung, BB 1987, S. 1846–1851.

Moxter, Adolf, Aktivierungspflichtige Herstellungskosten in Handels- und Steuerbilanz, BB 1988, S. 937–945.

Moxter, Adolf, Bilanzlehre II, 3. Auflage 1991.

Moxter, Adolf, Entziebarer Gewinn?, in: Ballwieser/Moxter/Nonnenmacher (Hrsg.), Rechnungslegung – warum und wie, Festschrift für Hermann Clemm zum 70. Geburtstag, 1996 (Zitiert *Moxter*, in: FS Clemm), S. 231–241.

Moxter, Adolf, Gewinnrealisierung nach dem IAS/IFRS: Erosion des HGB-Realisationsprinzips, ZVerglRWiss 103 (2004), S. 268–280.

Moxter, Adolf, Bilanzrechtsprechung, 6. Auflage 2007.

Moxter, Adolf, Aktivierungspflicht für selbsterstellte immaterielle Anlagewerte?, DB 2008, S. 1514–1517.

Moxter, Adolf, Deutscher Standardisierungsrat auf Irrwegen, BB 2011, Heft 50, S. I.

Moxter, Adolf/Engel-Ciric, Dejan, Erosion des bilanzrechtlichen Vorsichtsprinzips?, BB 2014, S. 489–492.

Mujkanovic, Robin/Raatz, Pascal, Der Component Approach nach lAS 16 im HGB-Abschluss?, KoR 2008, S. 245–250.

Mülbert, Peter O., Die Zukunft der Kapitalaufbringung/Kapitalerhaltung, Der Konzern 2004, S. 151–162.

Mülbert, Peter O., A Synthetic View of Different Concepts of Creditor Protection, or: A High-Level Framework for Corporate Creditor Protection, EBOR 7 (2006), S. 357–408.

Mülbert, Peter O./Birke, Max, Legal Capital – Is There a Case against the European Legal Capital Rules?, EBOR 3 (2002), S. 695–732.

Müller, Jürgen, Das Stetigkeitsprinzip im neuen Bilanzrecht, BB 1987, S. 1629–1637.

Müller, Klaus J., Kapitalerhaltung und Bilanzierung: zur Ermittlung der Unterbilanz bei § 30 Abs. 1 GmbHG, DStR 1997, S. 1577–1581.

Müller, Welf, Der Verlust der Hälfte des Grund- oder Stammkapitals – Der Verlust der Hälfte des Grund- oder Stammkapitals, ZGR 1985, S. 191–213.

Mylich, Falk, Rückgewähransprüche einer AG nach Ausschüttung oder Abführung von Scheingewinnen, AG 2011, S. 765–774.

Neukamp, Das Dogma von der „Bilanzwahrheit", ZHR 48 (1899), S. 450–507.

Niemann, Ursula, Immaterielle Wirtschaftsgüter im Handels- und Steuerrecht. Bilanzierung, Bewertung, Sonderfälle, 2. Auflage 2006.

Niemeier, Wilhelm, Die „Mini-GmbH" (UG) trotz Marktwende bei der Limited?, ZIP 2007, S. 1794–1801.

Niemeier, Wilhelm, What Kinds of Companies will a „One-Euro-EPC" generate?, in: Hirte/Teichmann(Hrsg.), The European Private Company – Societas Privata Europaea (SPE), 2013, S. 293–347.

Noack, Ulrich, Reform des deutschen Kapitalgesellschaftsrecht: Das Gesetz zur Modernisierung des GmbH-Rechts und zur Bekämpfung von Missbräuchen, DB 2006, S. 1475–1483.

Oechsler, Jürgen, Die neue Kapitalgrenze beim Rückerwerb eigener Aktien (§ 71 Abs. 2 S. 2 AktG), AG 2010, S. 105–110.

Ordelheide, Dieter/Hartle, Joachim, Rechnungslegung und Gewinnermittlung von Kapitalgesellschaften nach dem Bilanzrichtlinien-Gesetz (I), GmbHR 1986, S. 9–19.

Oser, Peter/Kropp, Manfred, Eigene Anteile in Gesellschafts-, Bilanz- und Steuerrecht, Der Konzern 2012, S. 185–199.

Oser, Peter/Roß, Norbert/Wader, Dominic/Drögemüller, Steffen, Änderungen des Bilanzrechts durch das Bilanzrechtsmodernisierungsgesetz (BilMoG), WPg 2009, S. 573–583.

Palandt, Otto, Bürgerliches Gesetzbuch Mit Nebengesetzen, 76. Auflage 2017.

Pellens, Bernhard/Fülbier, Uwe/Gassen, Joachim/Sellhorn, Thorsten, Internationale Rechnungslegung. IFRS 1 bis 9, IAS 1 bis 41, IFRIC-Interpretationen, Standardentwürfe, 9. Auflage 2014.

Pellens, Bernhard/Jödicke, Dirk/Richard, Marc, Solvenztests als Alternative zur bilanziellen Kapitalerhaltung?, DB 2005, S. 1393–1401.

Pellens, Bernhard/Kemper, Thomas/Schmidt, André, Geplante Reformen im Recht der GmbH: Konsequenzen für den Gläubigerschutz, ZGR 2008, S. 381–430.

Pellens, Bernhard/Sellhorn, Thorsten, Zukunft des bilanziellen Kapitalschutzes, in: Lutter (Hrsg.), Das Kapital der Aktiengesellschaft in Europa, 2006 (Zitiert *Pellens/Sellhorn*, in: Lutter, Kapital in Europa), S. 451–487.

Petersen, Karl/Zwirner, Christian, Die deutsche Rechnungslegung und Prüfung im Umbruch – Veränderte Rahmenbedingungen durch die geplanten Reformen des Bilanzrechtsmodernisierungsgesetzes (BiIMoG) gemäß dem Gesetzentwurf der Bundesregierung vom 21.5.2008, KoR-Beilage (3) 2008, S. 1–36.

Petersen, Karl/Zwirner, Christian, Die deutsche Rechnungslegung und Prüfung im Umbruch – Veränderte Rahmenbedingungen durch die geplanten Reformen des Bilanzrechtsmodernisierungsgesetzes (BilMoG) gemäß dem Referentenentwurf vom 8.11.2007, KoR-Beilage (1) 2008, S. 1–31.

Petersen, Karl/Zwirner, Christian, I. Gesetzesentstehung, in: Petersen/Zwirner (Hrsg.), Bilanzrechtsmodernisierungsgesetz, Gesetze, Materialien, Erläuterungen, 2009, S. 371–377.

Petersen, Karl/Zwirner, Christian, Latente Steuern nach dem BilMoG – Darstellung und Würdigung der Neukonzeption, StuB 2009, S. 416–423.

Petersen, Karl/Zwirner, Christian, Rechnungslegung und Prüfung im Umbruch: Überblick über das neue deutsche Bilanzrecht – Veränderte Rahmenbedingungen durch das verabschiedete Bilanzrechtsmodernisierungsgesetz (BilMoG), KoR-Beilage (1) 2009, S. 1–44.

Petersen, Karl/Zwirner, Christian, XXIV. § 274. Latente Steuern, in: Petersen/Zwirner (Hrsg.), Bilanzrechtsmodernisierungsgesetz, Gesetze, Materialien, Erläuterungen, 2009, S. 478–495.

Petersen, Karl/Zwirner, Christian/Froschhammer, Matthias, Funktionsweise und Problembereiche der im Rahmen des BilMoG neu eingeführten außerbilanziellen Ausschüttungssperre des § 268 Abs. 8 HGB, KoR 2010, S. 334–341.

Petersen, Karl/Zwirner, Christian/Froschhammer, Matthias, Ausschüttungssperre nach § 268 Abs. 8 HGB, KoR 2011, S. 437–441.

Poertzgen, Christoph/Meyer, Benedikt, Aktuelle Probleme des § 64 Satz 3 GmbHG, ZinsO 2012, S. 249–258.

Pöschke, Moritz, Bilanzielle Abgrenzung von Eigen- und Fremdkapital, corporate finance law 2011, S. 195–201.

Priester, Hans-Joachim, Verlustanzeige und Eigenkapitalersatz – Zur Funktion der §§ 92 Abs. 1 AktG, 49 Abs. 3 GmbHG, ZGR 1999, S. 533–547.

Priester, Hans-Joachim, Die deutsche GmbH nach „Inspire Art" – brauchen wir eine neue? – Bemerkungen zur „Entrümpelungs"-Debatte, DB 2005, S. 1315–1320.

Priester, Hans-Joachim, „GmbH light" – Ein Holzweg, ZIP 2005, S. 921–922.

Priester, Hans-Joachim, Zeitpunkt der Rücklagendeckung beim Erwerb eigener GmbH-Anteile, GmbHR 2013, S. 1121–1124.

Prinz, Ulrich/Ruberg, Lars, Latente Steuern nach dem BilMoG – Grundkonzept, Bedeutungswandel, erste Anwendungsfragen, Der Konzern 2009, S. 343–355.

Raiser, Thomas, Die Haftungsbeschränkung ist kein Wesensmerkmal der juristischen Person, in: Schneider/Hommelhoff/Schmidt/Timm/Grunewald/Drygala (Hrsg.), Festschrift für Marcus Lutter zum 70. Geburtstag, Deutsches und europäisches Gesellschafts-, Konzern- und Kapitalmarktrecht, 2000 (Zitiert *Raiser*, in: FS Lutter), S. 637–650.

Raiser, Thomas/Veil, Rüdiger, Recht der Kapitalgesellschaften. Ein Handbuch für Praxis und Wissenschaft, 6. Auflage 2015.

Rammert, Stefan, Lohnt die Erhaltung der Kapitalerhaltung?, BFuP 2004, S. 578–593.

Rammert, Stefan/Thies, Angelika, Mit dem Bilanzrechtsmodernisierungsgesetz zurück in die Zukunft – was wird aus Kapitalerhaltung und Besteuerung?, WPg 2009, S. 34–46.

Rehm, Herrmann, Die Bilanzen der Aktiengesellschaften und Gesellschaften m.b.H., Kommanditgesellschaften auf Aktien, eingetragenen Genossenschaften, Versicherungsvereine auf Gegenseitigkeit, Hypotheken- und Notenbanken und Handelsgesellschaften überhaupt nach deutschem und österreichischem Handels-, Steuer-, Verwaltungs- und Strafrecht, 1903 (zitiert als: *Rehm*, Die Bilanzen der Aktiengesellschaften).

Reuther, Frank/Fink, Christian, Besonderheiten der Bilanzierung in Familienunternehmen, BB 2010, S. 363–367.

Rickford, Jonathan, Report of the Interdisciplinary Group on Capital Maintenance, EBLR 15 (2004), S. 919–1027.

Rickford, Jonathan, Legal Approaches to Restricting Distributions to Shareholders: Balance Sheet Tests and Solvency Tests, EBOR 7 (2006), S. 135–179.

Rittershaus, Gerald/Mickel, Corinna, Hat die GmbH noch eine Zukunft?, in: Erle/Goette/Krieger/Priester/Schubel/Teichmann/Witt (Hrsg.), Festschrift für Peter Hommelhoff: zum 70. Geburtstag, 2012 (Zitiert *Rittershaus/Mickel*, in: FS Hommelhoff), S. 927–938.

Rodewald, Jörg/Pohl, Matthias, Neuregelungen des Erwerbs von eigenen Anteilen durch die GmbH im Bilanzrechtsmodernisierungsgesetz (BilMoG) – Möglichkeiten einer „vereinfachten" Kapitalherabsetzung oder (nur) verminderte Aussagekraft der Bilanz?, GmbHR 2009, S. 32–35.

Röhricht, Victoria, Gläubigerschutz im Spannungsverhältnis zwischen Gesellschafts-, Bilanz- und Insolvenzrecht. Eine rechtsvergleichende Analyse, 2011 (Zitiert *Röhricht*, Gläubigerschutz).

Röhricht, Volker, Die GmbH im Spannungsfeld zwischen wirtschaftlicher Dispositionsfreiheit ihrer Gesellschafter und Gläubigerschutz, in: Geiß (Hrsg.), Festschrift aus Anlaß des fünfzigjährigen Bestehens von Bundesgerichtshof, Bundesanwaltschaft und Rechtsanwaltschaft beim Bundesgerichtshof, 2000 (Zitiert *Röhricht*, in: FS BGH), S. 83–122.

Röhricht, Volker, Insolvenzrechtliche Aspekte im Gesellschaftsrecht, ZIP 2005, S. 505–516.

Roth, Günter H./Altmeppen, Holger, Gesetz betreffend die Gesellschaften mit beschränkter Haftung, 8. Auflage 2015 (zitiert als: *Bearbeiter*, in: Roth/Altmeppen, GmbHG).

Rossmanith, Jonas, Bilanzrechtsmodernisierungsgesetz (BilMoG), in: Seicht (Hrsg.), Jahrbuch für Controlling und Rechnungswesen: Bilanzrechtsmodernisierungsgesetz, Konzernrechnungslegung, Steuern und Steuerreform, Unternehmenssteuerung, Anreizsysteme und Managemententlohnung, Unternehmensrestrukturierung, Unternehmensbewertung, Varia, 2009 (Zitiert *Rossmanith*, in: Jahrbuch für Controlling und Rechnungswesen), S. 51–66.

Roß, Norbert, Bilanzierung des Postens „Aktiver Unterschiedsbetrag aus der Vermögensverrechnung“, BB 2011, S. 1835–1838.

Roth, Günter H., Zur „economic analysis“ der beschränkten Haftung, ZGR 1986, S. 371–382.

Roth, Günter H., Unterkapitalisierung und persönliche Haftung, ZGR 1993, S. 170–209.

Roth, Günter H., Gläubigerschutz durch Existenzschutz, NZG 2003, S. 1081–1085.

Ruberg, Lars, Keine Mehrdeutigkeit der Ausschüttungssperre gem. § 268 VIII HGB, NZG 2011, S. 1048–1053.

Schall, Alexander, Kapitalaufbringung nach dem MoMiG, ZGR 2009, S. 126–155.

Schall, Alexander, Kapitalgesellschaftsrechtlicher Gläubigerschutz. Grund und Grenzen der Haftungsbeschränkung nach Kapitaldebatte, MoMiG und Trihotel, 2009.

Scharpf, Paul/Schaber, Mathias/Löw, Edgar/Treitz, Christina/Weigel, Wolfgang/Goldschmidt, Peter, Bilanzierung von Finanzinstrumenten des Handelsbestands bei Kreditinstituten – Erläuterungen von IDW RS BFA 2 (Teil 1), WPg 2010, S. 439–453.

Schaub, Peter/Schaub, Michael, Rating-Urteile als Entscheidungsgrundlage für Vorstand und Abschlussprüfer, ZIP 2013, S. 656–664.

Scheffler, Wolfram, Bestandsaufnahme zur Reichweite des Maßgeblichkeitsprinzip, S. 482–489.

Scheren, Michael/Scheren, Thomas, Der Geschäfts- oder Firmenwert nach IFRS -Plädoyer für eine typisierte planmäßige Abschreibung, WPg 2014, S. 86–93.

Schildbach, Thomas, Was bringt die Lockerung der IFRS für Finanzinstrumente?, DStR 2008, S. 2381–2385.

Schmalenbach, Eugen, Grundsätze ordnungsmäßiger Bilanzierung, Zfbf 1933, S. 225–233.

Schmidt, Christopher, Grundfragen zur abstrakten Aktivierungsfähigkeit selbst geschaffener immaterieller Vermögensgegenstände des Anlagevermögens, DB 2014, S. 1273–1276.

Schmidt, Karsten, Grundzüge der GmbH-Novelle, NJW 1980, S. 1769–1776.

Schmidt, Karsten, Die Eigenkapitalausstattung der Unternehmen als rechtspolitisches Problem, JZ 1984, S. 771–786.

Schmidt, Karsten, Handelsrecht – Unternehmensrecht I, 6. Auflage 2014.

Schmidt, Karsten, Gesellschaftsrecht, 4. Auflage 2002.

Schmidt, Karsten, GmbH-Reform, Solvenzgewährung und Insolvenzpraxis, GmbHR 2007, S. 1–11.

Schmidt, Karsten, Reform der Kapitalsicherung und Haftung in der Krise nach dem Regierungsentwurf des MoMiG – Sechs Leitsätze zu § 30 GmbHG-E, § 64 GmbHG-E und § 15 a InsO-E, GmbHR 2007, S. 1072–1080.

Schmidt, Karsten, Anmerkung zum Urteil BGI-I, Urteil v. 17.3.2008 – II ZR 24/07., JZ 2008, S. 734–737.

Schmidt, Karsten, GmbHG-Reform – Zum (Un)-Gleichgewicht zwischen Gesellschafterrisiko und Geschäftsführerrisiko im Entwurf des MoMiG und in der BGH-Rechtsprechung, GmbHR 2008, S. 449–458.

Schmidt, Karsten/Ebke, Werner F., Münchener Kommentar zum Handelsgesetzbuch, 2. Auflage 2008 (zitiert als: *Bearbeiter*, in: MüKo HGB).

Schmidt, Karsten/Ebke, Werner F., Münchner Kommentar HGB Handelsbücher; §§ 238–342e HGB, 3. Auflage 2013 (zitiert als: *Bearbeiter*, in: Müko HGB).

Schmidt, Karsten/Lutter, Marcus, Aktiengesetz §§ 1–149, 3. Auflage 2015.

Schmolke, Klaus Ulrich, Kapitalerhaltung in der GmbH nach dem MoMiG. Kommentierung zu §§ 30, 31 GmbHG, 2009 (Zitiert *Schmolke*, Kapitalerhaltung).

Schneider, Dieter, Messung des Eigenkapitals als Risikokapital, DB 1987, S. 185–191.

Scholz, Franz, GmbHG Bd. I §§ 1–34; mit Anhang Konzernrecht, 11. Auflage 2012.

Schön, Helmut, Entwicklung und Perspektive des Handelsbilanzrechts: vom ADHGB zum IASC, ZHR 161 (1997), S. 133–159.

Schön, Wolfgang, Kreditbesicherung durch abhängige Kapitalgesellschaften, ZHR 159 (1995), S. 351–374.

Schön, Wolfgang, Steuerbilanz zwischen Handelsrecht und Grundgesetz, StuW 1995, S. 366–377.

Schön, Wolfgang, Gesellschafter-, Gläubiger- und Anlegerschutz im Europäischen Bilanzrecht, ZGR 2000, S. 706–742.

Schön, Wolfgang, Wer schützt den Kapitalschutz?, ZHR 166 (2002), S. 1–5.

Schön, Wolfgang, Die Zukunft der Kapitalaufbringung/-erhaltung, Der Konzern 2004, S. 162–170.

Schön, Wolfgang, Vermögensbindung und Kapitalschutz in der AG – Versuch einer Differenzierung, in: Crezelius/Hirte/Vieweg (Hrsg.), Festschrift für Volker Röhricht zum 65. Geburtstag, Gesellschaftsrecht, Rechnungslegung, Sportrecht, 2005 (Zitiert *Schön*, in: FS Röhricht), S. 559–570.

Schön, Wolfgang, Balance Sheet Tests or Solvency Tests – or Both?, EBOR 7 (2006), S. 181–198.

Schön, Wolfgang, Verdeckte Einlage in Kapitalgesellschaften – unsichtbar für den EuGH?, ZHR 178 (2014), S. 373–387.

Schubert, Werner, Die Abschaffung des Konzessionssystems durch die Akitenrechtsnovelle von 1870, ZGR 1981, S. 285–317.

Schülke, Thilo, Zur Aktivierbarkeit selbstgeschaffener immaterieller Vermögensgegenstände, DStR 2010, S. 992–998. *Schulze-Osterloh, Joachim*, Die Rechnungslegung der Einzelkaufleute und Personenhandelsgesellschaften nach dem Bilanzrichtlinien-Gesetz, ZHR 150 (1986), S. 403–433.

Schulze-Osterloh, Joachim, Jahresabschluß, Abschlußprüfung und Publizität der Kapitalgesellschaften nach dem Bilanzrichtlinien-Gesetz, ZHR 150 (1986), S. 532–569.

Schulze-Osterloh, Joachim, Die Rechnungslegung der GmbH als Spiegelbild sich wandelnder Bilanzauffassungen und Publizitätsinteressen, in: Lutter/Ulmer/Zöllner (Hrsg.), Festschrift 100 Jahre GmbH-Gesetz, 1992 (Zitiert *Schulze-Osterloh*, in: FS 100 Jahre GmbHG), S. 501–520.

Schulze-Osterloh, Joachim, Internationale Rechnungslegung für den Einzelabschluß und für Unternehmen, die den öffentlichen Kapitalmarkt nicht in Anspruch nehmen – Zur Ausübung des Mitgliedstaatenwahlrechts nach Art. 5 der IAS-Verordnung, ZIP 2003, S. 93–101.

Schulze-Osterloh, Joachim, Rückzahlungsbetrag und Abzinsung von Rückstellungen und Verbindlichkeiten – Überlegungen zur Reform des HGB-Bilanzrechts, BB 2003, S. 351–355.

Schulze-Osterloh, Joachim, Internationalisierung der Rechnungslegung und ihre Auswirkungen auf die Grundprinzipien des deutschen Rechts, Der Konzern 2004, S. 173–177.

Schulze-Osterloh, Joachim, Vorschläge für ein Bilanzrechtsmodernisierungsgesetz, ZIP 2004, S. 1128–1137.

Schulze-Osterloh, Joachim, Ausgewählte Änderungen des Jahresabschlusses nach dem Referentenentwurf eines Bilanzrechtsmodernisierungsgesetzes, DStR 2008, S. 63–73.

Schulze-Osterloh, Joachim, IFRS und HGB-Reform, in: Ballwieser/Grewe (Hrsg.), Wirtschaftsprüfung im Wandel, Herausforderungen an Wirtschaftsprüfung, Steuerberatung, Consulting und Corporate Finance; Festgabe 100 Jahre Südtreu/Deloitte 1907 bis 2007, 2008 (Zitiert *Schulze-Osterloh*, in: Festgabe 100 Jahre Deloitte), S. 413–427.

Schwarz, Günter Christian, Europäisches Gesellschaftsrecht. Ein Handbuch für Wissenschaft und Praxis, 2000.

Seibert, Ulrich, Das 10-Punkte-Programm ‚Unternehmensintegrität und Anlegerschutz', BB 2003, S. 693–698.

Sieder, Roland, Cash Pooling im GmbH-Konzern. Rechtliche Grenzen des Cash Pooling im GmbH-Konzern vor und nach dem Inkrafttreten des MoMiG unter dem Gesichtspunkt von Gläubiger und Minderheitenschutz, 2011.

Siegel, Theodor, Echte Aufwandsrückstellungen und der Wandel des Gesellschafterschutzes im neuen Bilanzrecht, BB 1986, S. 841–844.

Siegel, Theodor, Mangelnde Ernsthaftigkeit des Gläubigerschutzes als offene Flanke der deutschen Rechnungslegungsvorschriften, in: Fischer/Hömberg (Hrsg.), Jahresabschluß und Jahresabschlußprüfung, Probleme, Perspektiven, internationale Einflüsse; Festschrift zum 60. Geburtstag von Jörg Baetge, 1997 (Zitiert *Siegel*, in: FS Baetge, 1997), S. 118–145.

Siegel, Theodor, Zur geplanten Neuregelung der Rückstellungen in Handelsbilanz und Steuerbilanz, DStR 2001, S. 1674–1676.

Siegel, Theodor/Bareis, Peter, Der „negative Geschäftswert" – eine Schimäre als Steuersparmodell?, BB 1993, S. 1477–1485.

Siegel, Theodor/Bareis, Peter/Rückle, Dieter/Schneider, Dieter/Sigloch, Jochen/Streim, Hannes/Wagner, Franz, Stille Reserven und aktienrechtliche Informationspflichten, ZIP 1999, S. 2077–2085.

Simon, Herman Veit, Die Bilanzen der Aktiengesellschaften und der Kommanditgesellschaften auf Aktien, 1898 (Zitiert *Simon*, Bilanzen der Aktiengesellschaften).

Simon, Stefan, Ausschüttungs- und Abführungssperre als gläubigerschützendes Institut in der reformierten HGB-Bilanzierung – Zur Regelung des § 268 Absatz VIII HGB n.F., NZG 2009, S. 1081–1087.

Solmecke, Henrik, Auswirkungen des Bilanzrechtsmodernisierungsgesetzes (BilMoG) auf die handelsrechtlichen Grundsätze ordnungsmässiger Buchführung, 2009 (Zitiert *Solmecke*, Auswirkungen BilMoG).

Spindler, Gerald, Der Gläubigerschutz zwischen Gesellschafts- und Insolvenzrecht, JZ 2006, S. 839–850.

Spindler, Gerald/Stilz, Eberhard, Aktiengesetz §§ 1–149, 3. Auflage 2015 (zitiert als: *Bearbeiter*, in: Spindler/Stilz, AktG).

Spindler, Gerald/Stilz, Eberhard, Aktiengesetz, §§ 150–410, SpruchG, SEVO, 3. Auflage 2015 (zitiert als: *Bearbeiter*, in: Spindler/Stilz, AktG).

Staub, Hermann, Großkommentar HGB, 4. Auflage 2002, (zitiert als: *Bearbeiter*, in: GroßKomm HGB).

Staub, Hermann, Großkommentar HGB, 5. Auflage 2014, (zitiert als: *Bearbeiter*, in: GroßKomm HGB).

Steinbach, Tom, Latente Steuern im Einzel- und Konzernabschluss nach HGB, 2012 (Zitiert *Steinbach*, Latente Steuern).

Streim, Hannes, Rückstellungen für Großreparaturen, BB 1985, S. 1575–1583.

Streim, Hannes, Die Generalnorm des § 264 Abs. 2 HGB – Eine kritische Analyse, in: Ballwieser/Böcking/Drukarczyk/Schmidt (Hrsg.), Bilanzrecht und Kapitalmarkt, Festschrift zum 65. Geburtstag von Professor Dr. Dr. h.c. Dr. h.c. Adolf Moxter, 1994 (Zitiert *Streim*, in: FS Moxter), S. 391–406.

Streim, Hannes/Esser, Maik, Rechnungslegung nach IASsIFRS – Ein geeignetes Instrument zur Zahlungsbemessung?: Ansatzfragen, StuB 2003, S. 736–742.

Strobl, Elisabeth, IASC-Rechnungslegung und Gläubigerschutzbestimmungen nach deutschem Recht, in: Ballwieser/Moxter/Nonnenmacher (Hrsg.), Rechnungslegung – warum und wie, Festschrift für Hermann Clemm zum 70. Geburtstag, 1996 (Zitiert *Strobl*, in: FS Clemm), S. 389–412.

Teichmann, Christoph, Binnenmarktkonformes Gesellschaftsrecht, 2006.

Teichmann, Christoph, Reform des Gläubigerschutzes im Kapitalgesellschaftsrecht, NJW 2006, S. 2444–2451.

Teichmann, Christoph/Körber, Christian, Gewichtsverlagerung des GmbH-Gläubigerschutzes in das Insolvenzrecht, in: Bachner/Cierpial/Lemanska/Liebscher (Hrsg.), Aktuelle Entwicklungen im polnischen, deutschen und österreichischen Privatrecht, Vereinheitlichung oder Auseinanderentwicklung?; zweites Jahrbuch des Krakauer Forums der Rechtswissenschaften, 2010, S. 109–144.

Teichmann, Christoph/Knaier, Ralf, Die deutsche Unternehmergesellschaft als Alternative für österreichische Gründer – Eine empirische Annäherung, GesRZ 2014, S. 285–294.

Theile, Carsten, Die Auswirkungen des Referentenentwurfs zum Bilanzrechtsmodernisierungsgesetz auf die Rechnungslegung der GmbH – Übersicht der wesentlichen Änderungen für den Jahres- und Konzernabschluss, GmbHR 2007, S. 1296–1300.

Theile, Carsten, Immaterielle Vermögensgegenstände nach RegE BilMoG – Akzentverschiebung beim Begriff des Vermögensgegenstands?, WPg 2008, S. 1064–1069.

Theile, Carsten/Stahnke, Melanie/Nagafi, Human, Abzinsung sonstiger Rückstellungen im Jahresabschluss nach BilMoG, StuB 2011, S. 323–330.

Thiel, Jochen, Bilanzielle und steuerrechtliche Behandlung eigener Aktien nach der Neuregelung des Aktienerwerbs durch das KonTraG, DB 1998, S. 1583–1586.

Thiessen, Jan, Johann Buddenbrook und die Reform des GmbH-Rechts (Teil I), DStR 2007, S. 202–209.

Thümmel, Roderich C./Burkhardt, Anastasia, Neue Haftungsrisiken für Vorstände und Aufsichtsräte aus § 57 Abs. 1 AktG und § 92 Abs. 2 Satz 3 AktG in der Neufassung des MoMiG, AG 2009, S. 885–894.

Uhlenbruck, Wilhelm/Hirte, Heribert/Vallender, Heinz, Insolvenzordnung Kommentar, 13. Auflage 2010.

Ull, Thomas/Denecke, Inga Marie, BilMoG vs. IFRS for SMEs, in: Bar/Hellwege/Mössner/Winkeljohann (Hrsg.), Recht und Wirtschaft, Gedächtnisschrift für Malte Schindhelm, 2009 (Zitiert *Ull/Denecke*, in: Gedächtnisschrift Schindhelm), S. 597–614.

Ulmer, Peter/Habersack, Mathias/Winter, Martin, Kommentar zum Gesetz betreffend die Gesellschaften mit beschränkter Haftung (GmbHG) §§ 29 bis 52, 2006, (zitiert als: *Bearbeiter*, in: Ulmer/Habersack/Winter, GmbHG).

Ulmer, Peter/Habersack, Mathias/Winter, Martin, Gesetz betreffend die Gesellschaften mit beschränkter Haftung (GmbHG) – Ergänzungsband MoMiG, 2010 (zitiert als: *Bearbeiter*, in: Ulmer/Habersack/Winter, GmbHG).

Veil, Rüdiger, Krisenbewältigung durch Gesellschaftsrecht – Verlust des halben Kapitals, Pflicht zu ordnungsgemäßer Liquidation und Unterkapitalisierung, ZGR 2006, S. 374–397.

Veil, Rüdiger, Die Unternehmergesellschaft im System der Kapitalgesellschaften, ZGR 2009, S. 623–643.

Veit, Klaus-Rüdiger, Die Funktion von Bilanzierungshilfen, DB 1992, S. 101–104.

Velte, Patrick, Auswirkungen des BilMoG-RefE auf die Informations- und Zahlungsbemessungsfunktion des handelsrechtlichen Jahresabschlusses, KoR 2008, S. 61–73.

Velte, Patrick, Zur Abnutzbarkeit des derivativen Geschäfts- oder Firmenwerts – „Renaissance“ der steuerrechtlichen Einheitstheorie?, StuW 2008, S. 280–287.

Velte, Patrick/Köster, Max, Was bewirkt die Ausschüttungssperre nach § 268 Abs. 8 HGB? – Gläubigerschutz nach BilMoG, Buchführung, Bilanzierung, Kostenrechnung 2009, S. 959–964.

Velte, Patrick, Annäherung der handelsrechtlichen Vermögenskonzeption an die IFRS? Eine rechtsvergleichende Analyse zum Bilanzansatz des derivativen Geschäfts- oder Firmenwerts, ZVglRWiss 113 (2014), S. 15–28.

Verse, Dirk A., Auswirkungen der Bilanzrechtsmodernisierung auf den Kapitalschutz, in: Gesellschaftsrechtliche Vereinigung (Hrsg.), Gesellschaftsrecht in der Diskussion 2009, Jahrestagung der Gesellschaftsrechtlichen Vereinigung (VGR), 2010 (Zitiert *Verse*, in: GesR in der Diskussion 2009), S. 67–96.

Vetter, Reform des gesellschaftsrechtlichen Gläubigerschutzes-Referat zum 66. DJT 2006.

Vetter, Jochen, Grundlinien der GmbH-Gesellschafterhaftung, ZGR 2005, S. 788–831.

Waldenberger, Arthur/Sieber, Dorothée M., Die Unternehmergesellschaft (haftungsbeschränkt) jenseits der „Existenzgründer" – Rechtliche Besonderheiten und praktischer Nutzen, GmbHR 2009, S. 114–124.

Wanner, Timo, Die GmbH in der Krise – Geschäftsführerverantwortlichkeit im Vorfeld der Insolvenz, 2014 (im Erscheinen) (zitiert *Wanner*, GmbH in der Krise).

Waschbusch, Gerd, LVI. §§ 340–340o HGB. Ergänzende Vorschriften für Kreditinstitute und Finanzdienstleistungsinstitute, in: Petersen/Zwirner (Hrsg.), Bilanzrechtsmodernisierungsgesetz, Gesetze, Materialien, Erläuterungen, 2009, S. 584–593.

Weigl, Roland/Weber, Hans-Georg/Costa, Martin, Bilanzierung von Rückstellungen nach dem BilMoG, BB 2009, S. 1062–1066.

Weinand, Martin/Oldewurtel, Christoph/Wolz, Matthias, Rückstellungen nach BilMoG – Das Ende der Bilanzpolitik oder Bilanzpolitik ohne Ende?, KoR 2011, S. 161–166.

Wendholt, Wolfgang/Wesemann, Michael, Zur Umsetzung der HGB-Modernisierung durch das BilMoG: Bilanzierung von latenten Steuern im Einzelabschluss und Konzernabschluss, DB 2009, S. 64–76.

Wiedemann, Herbert, Gesellschaftsrecht I, 1980.

Wiedemann, Herbert, Eigenkapital und Fremdkapital, in: Beisse/Lutter/Närger (Hrsg.), Festschrift für Karl Beusch zum 68. Geburtstag am 31. Oktober 1993, 1993 (Zitiert *Wiedemann*, in: FS Beusch), S. 893–913.

Wiedemann, Herbert, Entwicklungen im Kapitalgesellschaftsrecht, DB 1993, S. 141–153.

Wiedemann, Herbert, Reflexionen zur Durchgriffshaftung – Zugleich Besprechung des Urteils BGH WM 2002, 1804 – KBV, ZGR 2003, S. 283–297.

Wilhelmi, Rüdiger, Das Mindestkapital als Mindestschutz – eine Apologie im Hinblick auf die Diskussion um eine Reform der GmbH angesichts der englischen Limited, GmbHR 2006, S. 13–24.

Winkeljohann, Norbert/Haenelt, Timo, Das geplante Bilanzrechtsmodernisierungsgesetz und der ED IFRS for SME aus der Perspektive des Mittelstandes, in: Kirsch/Thiele (Hrsg.), Rechnungslegung und Wirtschaftsprüfung, Festschrift zum 70. Geburtstag von Jörg Baetge, 2007 (Zitiert *Winkeljohann/Haenelt*, in: FS Baetge, 2007), S. 719–748.

Winkeljohann, Norbert/Ull, Thomas, Wesentliche Neuerungen durch das Bilanzrechtsmodernisierungsgesetz (BilMoG) für den Einzelabschluss von Familienunternehmen, in: Winkeljohann/Reuther (Hrsg.), Zukunft des Bilanzrechts in Familienunternehmen, Perspektiven und Modernisierungsansätze nach HGB und IFRS, 2009 (Zitiert *Winkeljohann/Ull*, in: Bilanzrecht in Familienunternehmen), S. 71–98.

Winkeljohann, Norbert/Ull, Thomas, Das BilMoG vor dem Hintergrund eines IFRS for SMEs und europäischer Entwicklungen, in: Fink/Schultze/Winkeljohann (Hrsg.), Bilanzpolitik und Bilanzanalyse nach neuem Handelsrecht, 2010, S. 27–45.

Winnefeld, Robert, Bilanzhandbuch, 4. Auflage 2006.

Winter, Michael, Upstream-Finanzierung nach dem MoMiG-Regierungsentwurf Rückkehr zum bilanziellen Denken, DStR 2007, S. 1484–1491.

Wöhe, Günter/Mock, Sebastian, Die Handels- und Steuerbilanz. Betriebswirtschaftliche, handelsrechtliche und steuerrechtliche Grundsätze der Bilanzierung – Betriebswirtschaftliche, handels- und steuerrechtliche Grundsätze der Bilanzierung, 6. Auflage 2010.

Wolf, Nathalie, Grundlagen der Buchführung für Juristen, JuS 2012, S. 486–490.

Wolz, Matthias/Janssen, Jan, Ist der Fair Value fair zum Mittelstand? – Ein Plädoyer für KMU-Rahmengrundsätze mit Augenmaß am Beispiel von Finanzinstrumenten, WPg 2009, S. 593–604.

Wolz, Matthias/Oldewurtel, Christoph, Pensionsrückstellungen nach dem BilMoG, StuB 2009, S. 424–429.

Wulf, Inge, Bewertung sonstiger Rückstellungen nach den Änderungen durch das BilMoG, DStZ 2011, S. 667–676.

Wüstemann, Jens/Bischof, Jannis, Eigenkapital im nationalen und internationalen Bilanzrecht: Eine ökonomische Analyse, ZHR 175 (2011), S. 210–246.

Wüstemann, Jens/Wüstemann, Sonja, Das System der Grundsätze ordnungsmäßiger Buchführung nach dem Bilanzrechtsmodernisierungsgesetz, in: Baumhoff/Dücker/Köhler (Hrsg.), Besteuerung, Rechnungslegung und Prüfung der Unternehmen, Festschrift für Professor Dr. Norbert Krawitz, 2010 (Zitiert *Wüstemann/Wüstemann*, in: FS Krawitz), S. 753–780.

Zätsch, Roger, Eingefrorene Aktien in der Rechnungslegung: HGB versus AktG und Europarecht – Auswirkungen im Steuerrecht, in: Hommelhoff/Zätsch/Erle (Hrsg.), Gesellschaftsrecht, Rechnungslegung, Steuerrecht, Festschrift für Welf Müller zum 65. Geburtstag, 2001 (Zitiert *Zätsch*, in: FS Welf Müller), S. 773–792.

Zöllner, Wolfgang/Noack, Ulrich, Kölner Kommentar zum Aktiengesetz §§ 1–53 AktG, 3. Auflage 2010 (zitiert als: *Bearbeiter*, in: KK-AktG).

Zöllner, Wolfgang/Noack, Ulrich, Kölner Kommentar zum Aktiengesetz §§ 76–94 AktG, 3. Auflage 2010 (zitiert als: *Bearbeiter*, in: KK-AktG).

Zöllner, Wolfgang/Noack, Ulrich, Kölner Kommentar zum Aktiengesetz §§ 118–132 AktG, 3. Auflage 2010 (zitiert als: *Bearbeiter*, in: KK-AktG).

Zöllner, Wolfgang/Noack, Ulrich, Kölner Kommentar zum Aktiengesetz §§ 53a–66 AktG, 3. Auflage 2011 (zitiert als: *Bearbeiter*, in: KK-AktG).

Zülch, Henning/Hoffmann, Sebastian, Die Bilanzierung sonstiger Rückstellungen nach BilMoG, StuB 2009, S. 369–373.

Zülch, Henning/Hoffmann, Sebastian, Plädoyer für einen deutschen Weg der Zeitwertbewertung, DB 2009, S. 189–190.

Zülch, Henning/Hoffmann, Sebastian, Probleme und mögliche Lösungsansätze der „neuen" Ausschüttungssperre nach § 268 VIII HGB, DB 2010, S. 909–912.

Zwirner, Christian, Das neue deutsche Bilanzrecht nach BilMoG: Umfassende Reformierung – Ein Überblick über die neuen Regelungen, NZG 2009, S. 530–537.

Zwirner, Christian, Auswirkungen des BilMoG auf die Ausschüttungspolitik und Ergebnisabführung der Unternehmen – Zugleich Anmerkungen zu einer zutreffenden Ermittlung der Abführungssperre, StuB 2011, S. 643–649.

Zwirner, Christian/Boecker, Corinna, BilMoG: Funktionsweise der (neuen) außerbilanziellen Ausschüttungssperre, BC 2011, S. 7–9.

Zwirner, Christian, Neue Rechnungslegungsvorschriften ab 2016 – EU Rechnungslegungsrichtlinie: Zusammenfassung und Überarbeitung der Bilanz- und Konzernrichtlinie, DStR 2014, 439–445.

www.ingramcontent.com/pod-product-compliance
Ingram Content Group UK Ltd.
Pitfield, Milton Keynes, MK11 3LW, UK
UKHW041827290926
8980IPUK00002B/117

9 783631 749753